最高人民法院发布的
典型案例汇编

2009-2024年

行政·国家赔偿·司法救助卷

人民法院出版社 编

人民法院出版社

图书在版编目（CIP）数据
最高人民法院发布的典型案例汇编. 2009—2024年. 行政·国家赔偿·司法救助卷 / 人民法院出版社编. 北京 : 人民法院出版社, 2024. 12. -- ISBN 978-7-5109-4298-3
Ⅰ. D920.5
中国国家版本馆CIP数据核字第2024JU6728号

最高人民法院发布的典型案例汇编（2009—2024年）

行政·国家赔偿·司法救助卷

人民法院出版社 编

责任编辑 王 婷
出版发行 人民法院出版社
地　　址 北京市东城区东交民巷27号（100745）
电　　话 （010）67550617（责任编辑） 67550558（发行部查询）
65223677（读者服务部）
客服QQ 2092078039
网　　址 http://www.courtbook.com.cn
E－mail courtpress@sohu.com
印　　刷 保定市中画美凯印刷有限公司
经　　销 新华书店

开　　本 787毫米×1092毫米 1/16
字　　数 678千字
印　　张 37.75
版　　次 2024年12月第1版 2024年12月第1次印刷
书　　号 ISBN 978-7-5109-4298-3
定　　价 129.00元

编写说明

最高人民法院发布的典型案例以案例的形式将法律精神传播给社会大众，也是进一步彰显以公开促公正理念，切实推进司法公开工作的重要举措，具有十分重要的社会意义和参考价值，并具有重要的示范引导作用。

为方便各级人民法院、人民检察院以及律师等法律职业共同体和社会公众对典型案例的学习与使用，更好地发挥典型案例的价值和作用，人民法院出版社编辑出版了《最高人民法院发布的典型案例汇编（2009—2024 年）》丛书。丛书收录了自 2009 年至 2024 年 12 月最高人民法院发布的 2700 余个典型案例，并对所收录案例进行全面梳理、系统整合。本丛书分为刑事卷、民事卷、商事卷、知识产权卷、民事诉讼卷、行政·国家赔偿·司法救助卷六卷。案例栏目有基本案情、裁判结果、典型意义等，通过对案情的简要介绍、裁判结果的法理评析、典型意义的权威阐释，体现了人民法院对各类型案件的法律适用标准，为各级法院法官审理类似案件提供示范参考依据，也对社会公众起到引导和教育作用。

本书具有以下几个特点：**一、全面系统。**本书收录了最高人民法院自 2009 年至 2024 年 12 月发布的对审判和执行工作具有示范参考意义的所有典型案例，包括刑事、民事、商事、知识产权、民事诉讼、行政、国家赔偿、司法救助等各领域。**二、权威准确。**本书所有案例来源于最高人民法院官方网站和《最高人民法院公报》，案例来源渠道权威。因属不同发布批次专题，个别案例存在重复情况，为完整地向读者呈现案例内容，书中均予以保留。**三、科学实用。**为方便读者快速查阅，我们对所收录案例按不同类别进行归类整合。读者在查阅时，根据案例公布时间即可找到所需内容。

因本书中收录的典型案例为最高人民法院2009年至2024年发布，时间跨度较大，案例所依据的法律、法规、司法解释条文有的已发生变化，书中不再逐一标注，特此说明。

本丛书是首次对最高人民法院发布的典型案例进行系统分类汇编的大型案例图书，收录的案例全面、权威、实用，有助于读者全面系统地了解最高人民法院发布的各类型典型案例，可为法学理论研究和司法审判实务工作者提供重要参考，并对司法实践具有重要的指导意义和实用价值。

编　者

2024年12月

总 目 录

行 政 编

目 录

行政编

一、行政处罚

二、行政强制

三、行政许可

四、行政征收或者征用

五、行政登记

六、行政确认

七、行政给付

八、行政征缴

九、行政奖励

十、政府信息公开

十一、行政批复

十二、行政处理

十三、行政复议

十四、行政裁决

十五、行政协议

十六、行政补偿

十七、行政赔偿

十八、不履行××职责

十九、××（行政行为）公益诉讼

二十、司法处罚

二十一、政府采购

国家赔偿编

司法救助编

行 政 编

一、行政处罚

上海某生物科技有限公司诉上海市工商行政管理局不服工商行政处罚决定案

《最高人民法院公布第二批保障民生典型案例》第4号

2014年3月19日

【基本案情】

原告某公司自2011年9月起，以60元/盒（2012年1月后为65元/盒）的价格向三港公司采购“花旗·金竹康”等六个品种的“花旗”系列保健食品在上海地区销售。经营过程中，原告自行搜集大量上海市私人电话，以60岁以上的老年人作为目标人群，要求员工使用公司统一设计、制作的《旅游话术》等含有欺骗性的预设话术，以假冒的美国花旗集团、花旗银行等名义邀请老年人免费参加其组织的旅游活动，还谎称美国花旗集团成立于1832年，播放“花旗”系列产品相应治疗作用等宣传内容的视频或者PPT资料。会销过程中，原告安排无行医资质的员工以“中医”的名义，现场为老年人把脉，对照公司之前要求老年人填写的《美国花旗旅游申请调研表》中所反映的疾病，相应地逐一“诊断”老年人所患疾病，并借机以898元/盒（2012年2月前为798元/盒）的价格向老年人销售“花旗”系列保健食品。经上海公信中南会计师事务所有限公司专项审计，某公司自2011年9月至2012年9月，销售额总计20532458元；扣除产品采购、营销费用等成本合计16891096.13元、向消费者退款2365535.00元、相关税费12795.92元，违法所得计1263030.95元。

上海市工商行政管理局检查总队（以下简称检查总队）于2013年6月18日对某公司作出行政处罚决定，认定其上述行为已构成欺诈，依据《上海市消费者权益保护条例》的规定，决定对当事人处罚如下：没收违法所得1263030.95元；处以违法所得一倍罚款1263030.95元，以上合计处罚2526061.90元，并告知诉权和起诉期限。原告认为应援引《反不正当竞争法》中有关虚假宣传的条款对其进行处罚，遂向上海市徐汇区人民法院提起行政诉讼，请求法院撤销对其作出的行政处罚决定。

【裁判结果】

上海市徐汇区人民法院认为，本案的争议焦点系法律适用问题，亦即原告的行为构成“欺诈”还是“虚假宣传”。《上海市消费者权益保护条例》第二十二条规定：“经营者提供商品或者服务时，不得用以假充真、以次充好、销售掺杂掺假商品、虚假标价等欺诈方法，损害消费者合法权益。前款所称的欺诈，是指故意告知消费者虚假情况或者故意隐瞒真实情况，诱使消费者作出错误意思表示的行为。”可见，对“消费欺诈”采取了列举加兜底概括的方式。除了明确列举的四种欺诈方法，只要商家使用的方法符合要件，都可以认定为消费欺诈。本案中，原告针对老年消费者组织的名为免费旅游、实为会销活动中，对“花旗”系列保健品的功效进行虚假宣传，通过假冒中医“把脉”等方式推销花旗系列保健品，均符合法条关于欺诈的定义。孤立地看，每一个欺诈手段都可能构成《反不正当竞争法》《广告法》等法律中规定的虚假宣传、违法广告等行为，但上述方式和手段系紧密衔接，最终构成一个完整的消费欺诈行为。此外，欺诈行为的认定侧重于保护消费者的合法权益，虚假宣传的认定则侧重于其他竞争者的权益，并不以消费者的错误决定为前提。综上，被诉行政处罚事实清楚，适用法律、法规正确，程序合法，据此一审作出了维持的判决。

一审判决后，某公司不服，向上海市第一中级人民法院提起上诉。二审期间，其主动撤回上诉。

【典型意义】

人民法院依法支持工商机关整顿市场经济秩序，切实维护广大消费者权益，同时通过辨法析理，让某公司意识到行为的违法性和应受处罚性，主动改过，撤回上诉，真正实现了案结事了。

据统计，中国每年保健品销售额为 2000 亿元人民币，老年人消费占 50% 以上。而在老龄化加剧的时代，老年人群体人数剧增、其辨识能力较弱，合法权益理应受到全社会的关注和保护。该案系一起以旅游为名实施消费欺诈、向老年人推销保健品被工商处罚的行政案件。一审中被告上海市工商行政管理局副局长出庭应诉，法院通过当庭判决有效震慑了违法单位，力促诚信环境的营造；判决后，中央电视台“焦点访谈”“每周质量报告”，上海市《新民晚报》《上海法治报》均对该案进行了专题报道。通过判后的“延伸效应”和大力宣传，有力揭露了保健品市场的乱象，也提醒了广大老年消费者警惕各类诈骗手段，取得了社会效果和法律效果的有机统一。

郭某胜诉河南省卫辉市国土资源局行政处罚案

《最高人民法院发布五起典型案例》第4号

2014年6月23日

【基本案情】

2009年，郭某胜在未办理土地使用手续的情况下建造养殖场一处，实际占用土地面积220.50平方米。2011年12月5日，河南省卫辉市国土资源管理局（以下简称卫辉市国土局）对原告郭某胜作出了卫国土监字〔2011〕第041号行政处罚决定书，要求原告拆除在非法占用的220.50平方米土地上新建的建筑物220.50平方米，恢复土地原状，并处罚款4410元。原告认为被告作出处罚决定认定事实错误，诉至河南省卫辉市人民法院，要求撤销该处罚决定。

【裁判结果】

河南省卫辉市人民法院认为，原告郭某胜未经批准非法占用土地建养殖场的行为，违反了我国《土地管理法》的有关规定，卫辉市国土局应当根据郭某胜非法占用土地的行为是否符合当地土地利用总体规划的事实，对郭某胜作出限期拆除非法占用土地上的建筑物或没收非法占用土地上的建筑物的行政处罚。但被告提供的标示郭某胜违法占用土地的具体位置的图纸未附说明材料，被告在庭审中亦未对该图纸中原告占用土地位置的确定方法作出说明、解释，致法院无法判断郭某胜占用的土地系农用地还是建设用地，即原告建造的养殖场是否符合当地土地利用总体规划，直接导致无法确定被告对原告的违法行为应如何处罚，即拆除还是没收在非法占用土地上的建筑物。同时，根据《行政处罚法》等规定，被告对原告作出限期拆除建筑物即较重的行政处罚决定之前，应当经过本单位领导集体讨论决定，但是被告未提供其对原告作出的处罚决定经过了本单位领导集体讨论决定的证据。因此，被告对原告作出的处罚决定主要证据不足，不符合法定程序，依法应予撤销。依据《行政诉讼法》规定，判决撤销卫辉市国土局 2011 年 12 月 5 日对原告郭某胜作出的卫国土监字〔2011〕第 041 号土地违法案件行政处罚决定书，并由被告重新作出处理。

一审宣判后，双方当事人均未上诉，一审判决已发生法律效力。

【典型意义】

《行政处罚法》第三十八条第二款规定："对情节复杂或者重大违法行为给予较重的行政处罚，行政机关的负责人应当集体讨论决定。"国家土地管理局《土地违法案件查处办法》第二十七条规定："土地违法案件应当由土地管理部门领导集体审议，但实行行政首长负责制。审议应当制作笔录，由参加审议的成员签名……"以上规定确立了行政处罚程序中的行政机关负责人集体讨论制度，即在对情节复杂或重大违法行为进行较重处罚前，行政机关的负责人通过党组会、联席会议、首长办公会等形式进行集体研究，再作出行政处罚决定。

较重的行政处罚，可能对被处罚人的权利造成巨大影响。如本案中国土资源部门作出的限期拆除建筑物的处罚，该处罚一经执行，将造成房屋灭失等无法逆转的后果，该处罚决定即使经过行政诉讼程序撤销，也不再具有恢复原状的可能性。经过负责人的集体讨论，不仅能够防止个别领导干部滥用权力，还能最大限度地保证行政决策的民主性和科学性，避免决策的随意性。

温州某贸易有限公司诉温州市工商行政管理局鹿城分局工商行政处罚案

《最高人民法院发布八起典型案例》第 6 号

2014 年 7 月 23 日

【基本案情】

鹿城工商分局于 2011 年 3 月 16 日对某公司作出温鹿工商处字（2011）

第0137号行政处罚决定书，认为：某公司经销假冒“贵州茅台”牌白酒，已构成侵犯他人注册商标专用权违法行为。根据《商标法》等有关规定，被告决定对原告的违法行为作如下处罚：一、责令立即停止侵权行为；二、对依法扣押的假冒“贵州茅台”牌白酒956瓶予以没收销毁，其余的“贵州茅台”牌白酒129瓶、白酒109箱予以发还；三、处以罚款50万元，上缴财政。

浙江省鹿城区人民法院经审理认定：“贵州茅台”商标由茅台酒公司注册，授权贵州茅台酒股份有限公司独家使用。2008年1月8日，被告鹿城工商分局接受茅台酒公司投诉，对原告某公司的经营场所进行调查，扣押了原告涉嫌假冒的“贵州茅台”牌系列白酒1085瓶，其他白酒109箱。经被告委托，贵州茅台酒股份有限公司于次日对涉案“贵州茅台”牌系列白酒作出鉴定，结论为其中956瓶属假冒。按原告公司的标牌价计算，该956瓶“贵州茅台”牌系列白酒价格总计816992元。因假冒商品的数额较大，2008年3月19日，被告将案件移送温州市公安局鹿城区分局处理。温州市公安局鹿城区分局经侦查，未能发现原告明知是假冒的茅台酒而进行销售的证据，于2010年5月19日将案件退回被告。被告经听证、审批后，于2011年3月16日作出被诉行政处罚决定。

【裁判结果】

法庭审查时，双方主要针对茅台酒公司出具的商品真伪鉴定表能否作为证据采信展开质证与辩论。浙江省鹿城区人民法院经审理认为，原告销售的商品经商标注册人鉴定为假冒，原告不能提供相反证据予以推翻，被告据此采纳鉴定结论认定原告销售侵犯注册商标专用权的商品，认定事实清楚，证据充分。原告非法经营额达816992元人民币，被告作出被诉行政处罚内容，适用法律正确。据此，判决维持被诉行政处罚决定。

宣判后，某公司不服，提起上诉。

温州市中级人民法院二审认为，行政证据应在依法收集并经行政机关审核确认可以证明案件事实的情况下，才能作为定案依据。由于对商标的真伪鉴别涉及一般人并不熟悉的专业判断，其结论的准确性对当事人至关重要。因此，鉴别人员应当对辨认经过、使用的方法、与真品的差异等基本情况进行说明，以供行政机关对其结论的准确性进行判断和确认。但本案贵州茅台酒股份有限公司出具的五份鉴定表只简单记载“包装材料：属假冒；酒质：

不是我公司生产的酒”，从而判断：“属假冒”，该所谓鉴定内容过于简单，实难确保结论的准确性和可靠性，法院不予采信。鹿城工商分局仅以贵州茅台股份有限公司有权鉴定及该公司可以承担相应法律责任为由，而将涉案商标真伪的鉴别判断权完全交给该公司，法院不予支持。鹿城工商分局对某公司作出的行政处罚决定，主要证据不足。据此，判决撤销原判；撤销被诉处罚决定；责令温州市工商行政管理局鹿城分局于判决生效之日起 60 日内对本案重新作出处理。

【典型意义】

根据我国现行法律规定，对知识产权的保护分为行政和司法两个途径。本案是行政机关对侵权知识产权的行为进行查处，产生行政争议的典型案例，因此入选 2011 年浙江知识产权审判十大案例。本案关键问题是商标侵权行政案件中工商行政管理机关的证据审核义务，司法既应支持行政机关依法查处知识产权侵权行为，同时也要履行对行政机关的司法审查职责，通过行政诉讼妥善化解知识产权执法中引发的行政争议。

近年来，随着市场经济的发展，商标注册申请日趋活跃。商标侵权案件的数量不断上升，行政执法实践中存在的问题日益凸显。由于商标的真伪鉴别涉及专业知识，辨别判断难度较大，故在当前对侵权商标查处的行政执法实践中，工商行政主管部门一般将商标真伪的鉴定工作交由商标注册人或合法使用人进行，并将其出具的书面鉴定结论作为行政处罚案件的证据。一旦进入行政诉讼程序，行政机关往往以商标注册人有权鉴定并由其承担相应法律责任提出抗辩，本案正是这方面的典型案例。司法实践中发现，商标注册人或合法使用人因其鉴定结论在行政案件中的“权威性”，鉴定结论内容日趋简单，甚至无法反映辨认经过、使用方法、与真品的差异等基本情况，其准确性和可靠性无法确保。严格从证据分类看，该鉴定结论在证据性质上相当于“被害人陈述”，而非证据法中的鉴定结论，况且在很多商标处罚案件中，商标注册人或合法使用人往往也是举报人。如果行政机关一味放弃审查职责而径行采纳作为定案证据，不仅不符合证据法的相关规定，也有违公平原则。因此，在做法尚未完全统一之前，探讨商标侵权案件中工商行政主管机关的证据审核义务具有积极且现实的实践意义。

佛山市某精细材料有限公司诉佛山市顺德区人民政府环保行政处罚案

《最高人民法院公布环境保护行政案件十大案例》第1号

2015年2月6日

【基本案情】

2011年12月2日，广东省佛山市顺德区环境运输和城市管理局（以下简称区环运局）以佛山市某精细材料有限公司（以下简称某公司）在生产过程中排放废气的臭气浓度超标为由，对该公司作出《限期治理决定书》，要求2012年1月31日前完成排放臭气浓度治理达到《恶臭污染物排放标准》的要求，并经环运局验收合格；逾期未申请验收或未完成限期治理任务，将按规定责令停业、关闭；要求该公司分析臭气浓度超标排放原因，制定限期治理达标计划以及落实各项污染防治措施，确保污染物达标排放。

2012年2月9日，某公司向区环运局申请治理验收。顺德区环境保护监测站受区环运局委托，于同年4月26日、6月28日对该公司进行臭气排放监测，两次监测报告均显示臭气浓度未达标。区环运局遂于2012年8月29日组织验收组现场检查并对法定代表人进行调查询问，告知该公司验收结果：即存在未提交限期治理方案、废气处理技术不能确保无组织废气达标排放、排放废气的臭气浓度超标、使用的燃油不符合环保要求等四个方面的问题，未通过限期治理验收。

2013年1月11日，顺德区人民政府作出《行政处罚告知书》，同年3月18日经听证后作出《行政处罚决定书》，决定某公司自收到行政处罚决定书之日起停业、关闭。该公司不服提起行政诉讼，请求法院撤销上述《行政处罚决定书》。

【裁判结果】

佛山市中级人民法院一审认为，某公司对顺德区人民政府作出处罚决定的职权依据及行政程序并无异议。原告认为上述两次臭气排放监测的采样点与频次不符合法定要求，未能排除其他干扰因素，故监测报告的结论不能作为定案依据。经查，顺德区环境保护监测站具有废气污染物检测的法定资质，该监测站两次臭气采样点即监测位置为某公司厂界敏感点，符合《恶臭污染物排放标准》及国家环境保护总局《关于恶臭物无组织排放检测问题的复函》规定。原告认为臭气监测采样点的设置不合法的主张于法无据，其亦未提供充分证据证明上述臭气监测采样点存在其他干扰因素。至于采样频次问题，该监测站两次臭气监测均采用了 4 次 ×3 点的监测频次并取其中最大测定值，但频次间隔不足 2 小时，存在一定瑕疵。但该瑕疵不足以推翻监测报告结论的正确性。由于原告在限期治理期限届满后，经两次监测臭气排放浓度仍未达到《恶臭污染物排放标准》的要求，且存在其他相关环保问题，经区环运局报请顺德区人民政府依照《广东省珠江三角洲大气污染防治办法》有关规定对原告作出停业、关闭的行政处罚决定，认定事实清楚，证据充分，适用法律正确，遂判决驳回原告诉讼请求。原告上诉后，广东省高级人民法院二审判决驳回上诉、维持原判。

【典型意义】

本案典型意义在于：当前，环境污染成为群众严重关切的社会问题。治理污染要从源头抓起，本案中行政机关对排污不达标企业提出限期治理要求，仍未达标的，依法作出责令停产、关闭的处罚，于法有据。人民法院在审理此类行政案件中，一方面要依法审查行政机关的执法职权、执法依据和执法程序，另一方面对于废气污染物监测报告等专业性判断和专家证据，也要从证据审查角度给予充分尊重，对合法形成的证据予以采信。人民法院对环境保护管理机关严格处罚污染物排放不达标企业的合法行政行为，依法予以坚决支持。

某国际高尔夫球场有限公司诉国家海洋局环保行政处罚案

《最高人民法院公布环境保护行政案件十大案例》第3号

2015年2月6日

【基本案情】

广东省海丰县某国际高尔夫球场有限公司（以下简称某公司）与海丰县人民政府（以下简称县政府）签订合同约定“征地范围南边的临海沙滩及向外延伸一公里海面给予乙方作为该项目建设旅游的配套设施”。某公司在海丰县后门镇红源管区某国际高尔夫球场五星级酒店以南海域进行涉案弧形护堤的建设。2009年3月9日，涉案弧形护堤部分形成。2010年3月19日，海监部门在执法检查中发现该公司未取得海域使用权证擅自建设涉案弧形护堤，涉嫌违反《海域使用管理法》第三条的规定。经逐级上报，国家海洋局立案审查。2011年3月，南海勘察中心受海监部门委托作出《汕尾市海丰县某国际高尔夫球场海岸线弧形护堤工程海域使用填海面积测量技术报告》，指出涉案弧形护堤填海形成非透水构筑物（堤坝），面积为0.1228公顷。

2011年6月2日，国家海洋局作出《行政处罚听证告知书》，告知某公司拟对其作出的处罚及事实和法律依据，经组织召开听证会，同年12月14日作出第12号行政处罚决定：认定某公司在未经有权机关批准的情况下，自2010年3月中旬进行涉案弧形护堤工程建设，以在海中直接堆筑碎石的方式进行填海活动，至2010年11月17日技术单位测量之日，填成弧形护堤面积为0.1228公顷。据此，依据《海域使用管理法》有关规定和《财政部、国家海洋局关于加强海域使用金征收管理的通知》，责令该公司退还非法占用的海域，恢复海域原状，并处非法占用海域期间该海域面积应缴纳的海域使用金15倍的罚款人民币82.89万元。该公司不服，申请行政复议。国家海洋局于2012年5月30日作出行政复议决定认为：第12号处罚决定关于某公司自2010年3月中旬进行涉案弧形护堤建设的认定与海监部门航空照片显示涉案弧形护堤2009年已存在的情况不一致，系认定事实不清，决定撤销第12号处罚决定。其后，国家海洋局经履行听证告知、举行听证会等程序，于2012

年 7 月 25 日作出海监七处罚〔2012〕003 号行政处罚决定书，指出证据显示 2009 年 3 月 9 日涉案弧形护堤已部分形成，至 2010 年 11 月 17 日海监机构委托技术单位进行现场测量之日，该弧形护堤非法占用海域的面积为 0. 1228 公顷；处罚依据与具体内容与上述 12 号处罚决定相同。某公司不服，提起行政诉讼，请求法院撤销海监七处罚〔2012〕003 号行政处罚决定书。

【裁判结果】

北京市第一中级人民法院一审认为，《国家海域使用管理暂行规定》《广东省海域使用管理规定》等有关规定明确了任何单位或个人实施填海等占用海域的行为均必须依法取得海域使用权，海洋行政主管部门颁发的海域使用权证书是当事人合法使用海域的凭证。本案中，某公司未经批准合法取得海域使用权，填海建设弧形护堤的行为，属于《海域使用管理法》第四十二条所指未经批准非法占用海域进行填海活动的情形，被诉处罚决定中的该部分认定证据充分，定性准确。某公司关于涉案弧形护堤并非建设于海域范围，故国家海洋局无管辖权的诉讼理由，缺乏事实依据，其关于海丰县政府与其签订的合同可以作为其取得海域使用权证明的诉讼理由，缺乏法律依据，遂判决驳回该公司的诉讼请求。某公司上诉后，北京市高级人民法院判决驳回上诉、维持原判。

【典型意义】

本案典型意义在于：人民法院通过发挥行政审判职能作用，有力地支持了海洋行政主管部门依法实施监督管理，切实保护海洋生态环境。党的十八届三中全会明确提出了完善自然资源监管体制，对海洋资源超载区域等实行限制性措施。海域属于国家所有，任何单位和个人在未依法取得有权机关颁发的海域使用权证书的情况下，不得侵占、买卖或者以其他形式非法转让海域，否则要受到相应的处罚。本案中，虽然海丰县政府与某公司签订了合同，允许其使用涉案海域，但依照《海域使用管理法》等有关规定，该公司仍需依法向项目所在地县以上海洋行政主管部门提出申请，并按照《广东省海域使用管理规定》第十一条规定的批准权限逐级上报，由批准机关的同级海洋行政主管部门发给海域使用证。本案的处理对于厘清地方政府与海洋行政主管部门的法定职权，对于相关行政执法和司法实践有着积极示范意义。

某机械厂诉六安市金安区环境保护局环保行政处罚案

《最高人民法院公布环境保护行政案件十大案例》第5号

2015年2月6日

【基本案情】

安徽省六安市金安区某机械厂（以下简称某机械厂）于2012年4月11日租用六安某厂家属区房屋，安装机械设备从事铸铁金属件制造和金属制品加工制造，但未依法报批建设项目环境影响评价文件。该厂在生产过程中使用乳化液对工件进行润滑和降温，有废水、固体废物和噪声产生，但该厂除对固体废物进行简单的堆放收集外，对其他污染未作出任何处理，也未建设相关的环境保护设施。该厂所在居民区居民多次反映其产生的噪声等污染严重影响群众正常生活。六安市金安区环境保护局（以下简称区环保局）经现场检查、调查取证、集体讨论等程序于2012年8月5日对该厂作出了行政处罚决定书以及限期补办决定书，责令某机械厂停止生产、限期补办环评手续，同时罚款5万元。该厂对此不服申请行政复议，经区人民政府复议后决定维持上述两个决定。该厂仍不服，以区环保局为被告提起行政诉讼，请求法院撤销上述两个决定。

【裁判结果】

六安市金安区人民法院一审认为，本案原告某机械厂在居民区从事机械加工生产，由此产生废水、固体废物及噪声等污染物，对周边环境及居民生活造成了一定影响，应当依法办理环评手续，并配套建设环境保护设施后，才能正式投入生产。但原告在未办理环评手续，也未建设配套环保设施的情况下，从事机械加工生产，显已违反了上述法律规定。被告区环保局依法对其作出行政处罚决定和限期补办决定，符合法律规定，依法应予支持，遂判决驳回原告诉讼请求。

某机械厂上诉后，六安市中级人民法院二审认为，上诉人某机械厂作为个体工商户，经营范围经工商部门核准登记为“机械加工”。国家环境保护部2008年颁布的《建设项目环境影响评价分类管理目录》，明确将机械加工类纳入环境影响评价管理范围内。因此上诉人在投产前，理应先办理环境影响评价手续。区环保局基于举报在立案查处上诉人污染环境过程中，发现该厂未办理环境影响评价手续，根据相关法律法规的规定，在履行了法定程序后，依法作出责令其限期补办环评手续的决定，并无不妥。上诉人在加工生产过程中，确实存在排放污染的现象，且并未配套建设环保设施，对周边环境已造成一定影响，故被上诉人依照《建设项目环境保护管理条例》的规定，责令其停止生产并处以罚款 5 万元，于法有据。二审判决驳回上诉、维持原判。

【典型意义】

本案典型意义在于：人民法院通过司法审查，支持环保机关针对废水、固体废物和噪声排放企业作出的合法处理决定，有力地维护了人民群众环境权益。本案中，涉案企业从事属于需要办理环境影响评价手续的行业，但在未取得任何环评手续的情况下，擅自在居民区内从事金属加工制造。而其生产过程中产生的噪声、排放的污染物又对周边居民的生活、学习造成一定影响。因此，环境保护部门依法对其进行行政处罚，并要求其限期整改，以合法正当的行政执法维护公民良好的居住生活环境，人民法院应当依法予以支持。

泉州某石业有限公司诉晋江市环境保护局环保行政管理案

《最高人民法院公布环境保护行政案件十大案例》第 7 号

2015 年 2 月 6 日

【基本案情】

福建省晋江市环境保护局（以下简称市环保局）于 2012 年 7 月 5 日现场检查发现泉州某石业有限公司（以下简称某公司）在从事石材加工生产过程中，存在需要配套建设的水污染防治设施和未经环境保护主管部门验收（合格）而投入生产情形，遂于同年 7 月 20 日作出行政处罚决定，责令该公司停止生产并罚款人民币 6 万元。某公司认为市环保局向其核发过《排放污染物临时许可证》，明确其建设项目的污水排放已达到零排放标准，符合项目环境保护的要求，应视同验收合格，遂申请行政复议。泉州市环境保护局复议后，决定维持上述行政处罚决定。某公司仍不服，以市环保局为被告提起行政诉讼，请求法院撤销该行政处罚决定。

【裁判结果】

晋江市人民法院一审认为，原告某公司作为石材加工企业，在生产过程中必然产生污水等污染物，必须建设水污染防治设施并经验收合格才能投产。被告市环保局对其核发《排放污染物临时许可证》，准许其临时排放污染物，并不能视同原告的水污染防治设施验收合格，不能免除水污染防治设施应当经过环境保护主管部门验收合格方可投产的义务。原告在《排放污染物临时许可证》已过期的情形下继续生产，且水污染防治设施仍未经环保部门验收合格，其行为不属于《行政处罚法》第二十九条规定的不予处罚情形，且违法行为呈持续状态，行政处罚的追诉时效应从违法行为终了之日起计算。被告在作出行政处罚前，已依法作出《行政处罚告知书》并送达原告，告知原告所享有的权利，遂判决维持被告作出的行政处罚决定书。某公司上诉后，泉州市中级人民法院二审以相同理由判决驳回上诉、维持原判。

【典型意义】

本案典型意义在于：人民法院通过判决的方式进一步明晰了环保机关核发《排放污染物临时许可证》，不能视同水污染防治设施已经验收合格。产生污水等污染物的排污企业，必须依法建设水污染防治设施并经环保机关验收合格后才能投入生产，否则环保机关有权依据《水污染防治法》以及地方性法规等规范性文件对违法排污企业予以处罚。本案中，某公司主张所领取的《排放污染物临时许可证》应视同水污染防治设施验收合格的理由不能成立，同时还存在《排放污染物临时许可证》已过期继续生产的情形，且该许可证允许其对外排放的污染物种类中不包括废水等。法院支持对其作出停止生产和罚款的行政处罚是正确的。此外，本案在法律适用上，结合污染物种类明确了对于废水的排放应适用《水污染防治法》，而对于“液态废物”的排放则适用《固体废物污染环境防治法》，具有直接指导环保机关行政执法和人民法院审理相关案件的实践意义。

某汽车系统（苏州工业园区）有限公司诉苏州工业园区环境保护局环保行政处罚案

《最高人民法院公布环境保护行政案件十大案例》第 8 号

2015 年 2 月 6 日

【基本案情】

江苏省苏州市工业园区环境保护局（以下简称园区环保局）连续接到某小区居民关于周围企业产生异味影响正常生活和健康的投诉，于 2013 年 9 月起对该小区周边企业废气排放情况集中排查整治，划定包括某汽车系统（苏州工业园区）有限公司（以下简称某公司）在内的 58 家企业作为检查对象。同年 9 月 30 日，园区环保局执法人员会同苏州市环境监察支队执法人员至某公司进行执法检查时，该公司保安以未办理来访预约为由拒绝执法人员进入现场检查。执法人员随即拨打 110 报警求助，在民警和执法人员的要求下，保安电话联系公司环保负责人后仍以未预约为由拒绝执法人员进入现场检查。园区环保局执法人员因受阻挠而认为丧失最佳检查时机，故未强行进入现场进行检查。2013 年 12 月 6 日，园区环保局向该公司邮寄送达了《行政处罚事先告知书》。在规定的期限内，该公司未向园区环保局提出陈述申辩意见。同年 12 月 20 日，园区环保局作出行政处罚决定，认定 2013 年 9 月 30 日园区环保局依法对某公司开展废气排放企业专项现场检查时，该公司拒绝其入内开展检查，违反《大气污染防治法》关于“环境保护行政主管部门和其他监督管理部门有权对管辖范围内的排污单位进行现场检查，被检查单位必须如实反映情况，提供必要的资料”的规定，根据《行政处罚法》《大气污染防治法》有关规定，对该公司处以罚款人民币 4 万元的行政处罚。某公司不服，提起行政诉讼，请求法院撤销该行政处罚决定。

【裁判结果】

苏州市姑苏区人民法院一审认为，国家环境保护行政机关依法实施环境保护执法检查，是法律赋予执法机关的权力和职责，原告某公司的内部管理规定不能对抗国家强制性法律规定。原告以公司管理规定为由阻碍、拒绝依法进行的行政执法行为，在公安民警到场介入的情况下，仍拒绝检查，其行为已构成拒绝执法检查。根据《大气污染防治法》相关规定，拒绝环境保护行政主管部门或者其他监督管理部门现场检查，环境保护行政主管部门或者法律规定的监督管理部门可以根据不同情节，责令停止违法行为，限期改正，给予警告或者处以 5 万元以下罚款，原告无正当理由拒绝被告的执法检查，事后也未及时采取补救、改正措施，其主观过错较大。被告对原告所作出的罚款在法定处罚幅度内，并无不当。故判决驳回原告的诉讼请求。一审宣判后，双方当事人均未上诉。

【典型意义】

本案典型意义在于：人民法院通过行政审判切实维护了环保机关的法定检查权和行政执法权威，裁判结果无论对被处罚企业还是其他相关排污企业，都是一次有意义的警示教育。现场检查是环境保护行政部门收集证据、制止环境污染违法行为的重要程序和手段，被检查单位拒绝环境保护行政部门现场检查的行为，依法应予处罚。

江西省某集团公司吉安公司诉吉安市工商行政管理局行政处罚案

《最高人民法院发布 10 起人民法院经济行政典型案例》第 2 号

2015 年 10 月 22 日

【基本案情】

江西省吉安市盐务局是国务院授权的某主管机构，江西省某集团公司吉安公司（以下简称吉安某公司）是经工商部门注册登记并办理营业执照的企业（经营范围为食盐、各类用盐、场地出租、日用百货等），二者属一套人马两块牌子。因吉安某公司除专营食盐批发业务外，还经营日用百货，为提高企业效益，该公司部分业务员在批发、配送食盐过程中，强制搭配非盐商品（食用油、白酒等）或在食盐配送过程中搭配低钠盐、深井盐，否则就以无高钠盐（中盐）或无盐为由停止供应食盐。部分食用盐零售商不满，向吉安市工商行政管理局（以下简称市工商局）投诉，该局先后于2012 年、2013 年两次向吉安某公司下达责令改正通知书。后经市工商局立案调查，告知该公司听证权利并听取陈述后，于 2014 年 7 月作出行政处罚决定：责令停止违法行为，处以罚款 16 万元。吉安某公司不服，申请行政复议后，复议机关维持上述处罚决定。该公司诉至法院，请求撤销市工商局的行政处罚决定。

【裁判结果】

吉安市吉州区人民法院一审认为，原告吉安某公司作为国家食盐专营企业，具有法定的独占经营权，与其他普通经营者对食盐零售商具有不同支配地位，但其经营主体、地位应当平等。原告在开启多种经营活动中，利用自身专营食用盐的批发、配送过程中的独占优势地位，强制食用盐零售商搭售低钠盐及非盐商品食用油、洗涤系列产品、白酒等商品，其行为构成了限定他人购买其指定的经营者的商品，违反了《反不正当竞争法》第六条规定，遂判决维持被告吉安市工商局作出的行政处罚决定。该公司上诉后，吉安市中级人民法院判决驳回上诉、维持原判。

【典型意义】

本案是行政机关依法查处不正当竞争行为的典型案件。不正当竞争行为的突出表现之一，是公用企业等依法具有独占地位的经营者，限定他人购买其指定的经营者的商品，或违背购买者意愿搭售商品或附加其他不合理的条件，上述行为严重侵害了其他经营者的公平竞争权，排挤、剥夺了他人公平获得财富的机会。要建立平等自由、竞争有序的市场秩序，离不开对于广大经营者公平竞争权的充分保护。这一权利是各类市场主体从事经营活动的基础性权利，是稳定市场秩序、激发创新活力的压舱石。本案中，吉安某公司利用独占经营权，强行搭售非盐商品，是一种典型的不正当竞争行为，工商机关根据举报对该公司强行搭售行为予以查处，是正确履行制止和处罚违法经营活动、保障市场秩序的职能行为。法院的裁判彰显了行政审判对公平竞争权益的有力维护，对行政机关严格执法的有力支持，对市场经济持续健康发展的有力推进。

德清某蛇类实业有限公司诉浙江省食品药品监督管理局行政监督案

《最高人民法院发布10起人民法院经济行政典型案例》第4号

2015年10月22日

【基本案情】

浙江省湖州市食品药品监督管理局于2013年10月抽检德清某蛇类实业有限公司（以下简称某公司）生产的某批号三蛇粉胶囊。省食品药品检验研究院对送检样品出具的检验报告为汞含量0.5mg/kg，该公司申请复检后省疾病预防控制中心的复检结果为汞含量0.45mg/kg。省食品药品监督管理局（以下简称省食药局）依据《保健（功能）食品通用标准》（GB16740－1997，规定胶囊产品中有害金属及有害物质限量应≤0.3mg/kg），认定被检样品汞超标，属不合格产品，并于2014年8月向各设区市、义乌市市场监督管理局下发《关于2013年度省级保健食品化妆品监督抽检结果的通报》（浙食药监稽〔2014〕15号文），对抽检不合格产品予以通报（含上述胶囊），并在该局网站上予以公布。某公司认为，检测报告在认定标准上存在错误，抽检样品应适用经备案的企业标准，该局在网站上通报该公司产品不合格的行为严重影响其声誉。故诉至法院，要求撤销浙食药监稽〔2014〕15号文中对其上述产品监督抽检不合格的通报。

【裁判结果】

杭州市西湖区人民法院一审认为，诉争产品首次检测结果汞含量为0.5mg/kg，经复检后汞含量为0.45mg/kg，不符合国家强制性标准（GB16740－1997，应≤0.3mg/kg），属不合格产品。原告某公司提出其制定了诉争产品的企业标准并经备案，其产品符合该标准。但企业标准中关于汞含量的限量指标要求不符合国家标准，不能对抗国家强制性标准的效力。被告省食药局具有进行食品安全监测和评估、检验、公布食品安全信息的法定职责，有权向社会公布检验信息，在其网站上公布的名单并未扩大原告实际抽检产品范围，符合法定程序。遂判决驳回原告诉讼请求。一审宣判后，双方当事人均未上诉。

【典型意义】

本案是维护市场安全、公众健康的典型案例。繁荣的市场必须是安全的、以人为本的市场。特别是流通中的食品药品质量，直接关乎人民群众生命健康，必须严格执行相关国家标准。即使是经过备案的企业标准，也必须服从于国家强制性标准。本案中，虽然某公司强调抽检产品应适用经备案的企业标准，但食药监督部门严格执法，认定抽检产品不合格，主张该产品系食品安全法定义之食品，已公布实施强制性国家标准，生产企业必须执行。人民法院对此予以支持，在判决中明确指出企业标准中关于汞含量的限量指标要求不符合国家标准，不能对抗国家强制性标准的效力。可以说，通过行政审判职能的充分发挥，对于维护市场安全、保护公众健康，促进行政机关依法严格管控食品药品的生产、销售等各个环节具有积极的现实意义。

青岛甲食品有限公司诉青岛市工商行政管理局四方分局行政处罚案

《最高人民法院发布 10 起人民法院经济行政典型案例》第 6 号

2015 年 10 月 22 日

【基本案情】

青岛甲食品有限公司（以下简称甲公司）于 2012 年 6 月从俄罗斯进口一批冰激凌，全部销售给青岛乙公司（以下简称乙公司），存放于乙公司租赁的一处冷库中，该批冰激凌销售时未加贴中文标签。2013 年 2 月，青岛市工商行政管理局四方分局（以下简称工商四方分局）在冷库中查获乙公司尚未销售的俄罗斯进口预包装冰激凌 283 箱（均未加贴中文标签）。乙公司承认该批冰激凌是 2012 年 6 月从甲公司购买，进货时包括两种口味的冰激凌共计 1300 箱（均未加贴中文标签）。工商四方分局于 2013 年 3 月对乙公司作出相应行政处罚决定（另案处理）。随后，根据上述案件中查获的线索，于 2013 年 5 月 17 日对甲公司作出行政处罚决定：认定该公司经营无中文标签进口预包装食品冰激凌的行为违反食品安全法有关规定，责令其立即停止违法行为，并处罚款人民币30万元。甲公司不服诉至法院，请求撤销对其的处罚决定。

【裁判结果】

青岛市市北区人民法院一审认为，被告工商四方分局所收集的证据能够证明原告甲公司将从俄罗斯进口的两种口味的冰激凌共计1300箱，卖给乙公司且均未加贴中文标签的事实。根据《食品安全法》第六十六条和第八十六条第二项规定，进口的预包装食品应当有中文标签、中文说明书。原告将未加贴中文标签的进口预包装食品冰激凌出售给乙公司，显然违反了上述规定。被告作出的行政处罚决定正确，遂判决驳回原告诉讼请求。甲公司上诉后，青岛市中级人民法院判决驳回上诉、维持原判。

【典型意义】

本案是有关进口商品强制性要求的典型案例。随着国际贸易快速发展，我国与其他国家之间的物资流通、人员往来日益频繁。对各种进口商品与货物的监管，不仅涉及质量、价格、税收，还会涉及使用安全、公众健康等一系列问题。进口食品就是一个需要高度关注、重视的领域。根据我国《食品安全法》第六十六条等规定，进口的预包装食品应当有中文标签、中文说明书，否则不得进口。生产经营无标签的预包装食品、食品添加剂进口食品必须贴中文标签才能上架。本案中，工商四方分局对违反上述规定的甲公司依法作出行政处罚，法院对此予以支持，有利于确保进口食品安全和大众健康，有利于防范和消除市场上进口产品质量参差不齐、鱼龙混杂的现象。本案判决对涉外贸易经营者的市场引导和类似行政案件的处理具有参考、借鉴价值。

福建某房地产开发有限公司诉平和县工商行政管理局行政处罚案

《最高人民法院发布10起人民法院经济行政典型案例》第9号

2015年10月22日

【基本案情】

福建某房地产开发有限公司（以下简称某公司）出售其开发的某项目商

品房时，除与购房者签订商品房买卖合同示范文本外，还补充约定“水电开户费及计量仪表均由买受人自理”的内容，作为合同的有效组成部分。该公司委托物业公司交房时未向当地自来水、供电公司缴纳水、电安装相关费用，也没有为购房者所购商品房配套安装水、电计量仪表，致使一期、二期商品房购房者自己缴纳自来水安装材料费、电安装工料费后，才通水、通电到户；三期商品房由该公司统一办理水、电报装手续，向购房者收取了水安装材料费、电安装工料费。以上三期商品房购房者共计缴纳上述费用 421480 元。2013 年 9 月，平和县工商行政管理局（以下简称县工商局）根据消费者投诉，依法作出行政处罚决定：责令某公司改正，按规定承担购房者房价之外缴纳的水安装材料费、电安装工料费；对该公司罚款人民币 147.518 万元。某公司不服，申请复议后复议机关维持上述处罚决定。该公司诉至法院，请求撤销县工商局的上述处罚决定。

【裁判结果】

福建省平和县人民法院一审认为，《福建省实施〈中华人民共和国消费者权益保护法〉办法》规定了经营者向消费者提供商品或者服务所使用的格式条款，不得“免除或者部分免除经营者应当承担的合同义务”。本案中，原告某公司与购房者签订商品房买卖合同时，增订了附件及补充协议约定“水电开户费及计量仪表均由买受人自理”的内容，与建设部《商品房销售管理办法》《房屋接管验收标准》及《福建省人民政府办公厅转发省建设厅等部门关于进一步完善住房供应体系规范和促进房地产市场持续健康发展若干意见的通知》等规定不符，把依法依规属于自己应承担的水、电建设安装成本支出以格式条款的形式转嫁给购房者承担，增加了购房者额外负担，属于违法行为。被告县工商局认定事实清楚、处罚程序合法。遂判决驳回原告诉讼请求。某公司上诉后，漳州市中级人民法院判决驳回上诉、维持原判。

【典型意义】

本案是涉及消费者权益保护的典型案例。经济生活中，与老百姓生活密切相关的水电气暖供应、交通、金融借贷、房屋买卖租赁等领域，经常会遇到合同中大量出现的格式条款。经营者向消费者提供商品或者服务时，可以使用格式条款，但格式条款不得有违法免除经营者责任、加重消费者责任或者排除消费者主要权利的内容。经营者与消费者之间签订的合同虽属民事法律关系，但其中的格式条款如果明显侵犯消费者权益，工商机关有权依据《消费者权益保护法》《行政处罚法》等规定履行查处职责，人民法院行政审判对此应给予有力支持。本案中，人民法院以裁判方式肯定了工商机关依法查处某公司利用格式条款加重购房者水、电建设安装成本支出负担之正确举措，切实保护消费者合法权益，维护了健康有序的市场经济秩序。

周某添、魏某志、陈某娇、何某增诉中国证券监督委员会行政处罚案

《最高人民法院发布10起人民法院经济行政典型案例》第10号

2015年10月22日

【基本案情】

1993年开始，宝安某地产集团股份有限公司（以下简称某公司）通过其他公司代持“皖能电力”“鄂武商A”和“昆百大A”等股票。2007年3月，深圳证券交易所发出《监管关注函》，要求某公司董事局核实并回复有关股价异动事项，同时针对媒体有关该公司法人股股票投资收益惊人的评述等事项报道，要求该公司刊登《澄清公告》并明确说明有关情况。时任某公司董事局秘书在核查公司以前年度报告时发现，该公司年度报告中披露的法人股持股数量少于其他上市公司股改公告中提到的该公司持股数量，其随即向董事长报告了有关情况。2007年3月19日某公司发布《澄清公告》，称该公司代其他公司持有“皖能电力”“鄂武商A”“昆百大A”等股票，其他公司是上述股票的实际所有人，代持股份不属于公司资产。发布2006年、2007年、2008年及2009年年度报告时，某公司存在未将上述三只股票收益计入报表、未披露上述股票虚假代持法人股出售和资金划转情况等问题。该公司董事局在审议2006年、2007年、2008年年度报告时，参会董事周某添、魏某志、陈某娇、何某增未对法人股事项提出异议；在审议2009年年度报告时，参会董事陈某娇、何某增未对法人股事项提出异议。2011年3月19日，某公司发布2010年年度报告，披露了对“代持股”的清查情况和资金清收情况，称根据专项审计报告，该公司代其他公司持有的上述三只股票，权益属于该公司。

中国证券监督管理委员会（以下简称中国证监会）于 2010 年 11 月对某公司进行立案调查，并于 2012 年 12 月作出行政处罚决定：认定某公司 2007 年 3 月 19 日《澄清公告》及 2006 年至 2009 年年度报告未如实披露其“代持股”问题，依据证券法有关规定，在对上市公司及董事长等责任人员作出处罚的同时，决定对周某添、魏某志、陈某娇、何某增给予警告，并分别处以 3 万元罚款。四人不服诉至法院，请求判决撤销对其的处罚。

【裁判结果】

北京市第一中级人民法院一审认为，周某添等四名原告认可某公司在 2006 年至 2009 年的年度报告中未如实披露“代持股”问题。根据证券法有关规定，上市公司董事、监事、高级管理人员应当保证上市公司所披露的信息真实、准确、完整。四名原告作为某公司的独立董事，应当勤勉尽责，实施必要、有效的监督。在案证据能够证明四人在审议相关年度报告时未对上述问题提出异议。且深圳证券交易所于 2007 年 3 月 15 日向某公司发出《监管关注函》，要求该公司刊登澄清公告并明确说明有关公司股票持续异常波动情况。之后四人对涉案的“代持股”问题并未实施必要、有效的监督，故被告中国证监会认定其未尽监督义务，未勤勉尽责，应当对某公司信息披露违法行为承担责任，并无不当。遂判决驳回四名原告的全部诉讼请求。周某添等四人上诉后，北京市高级人民法院判决驳回上诉、维持原判。

【典型意义】

本案是涉及证券市场监管的典型案例。证券市场在经济活动中重要性日益凸显，针对实践中不断出现的违法信息披露、内幕交易、操纵市场等违法行为，证券监督管理机构需要不断加大查处力度，以促进证券市场的稳定和健康发展，由此引发的行政纠纷也会增多。信息披露直接涉及股票市场价格和广大股东知情权保障，是证券监管的核心领域。上市公司的董事、监事和高级管理人员对披露信息的真实性、准确性和完整性负有法定责任，不可在其位不谋其政、不司其责甚至刻意参与、策划造假。本案中，中国证监会针对某公司及其有关人员在未如实披露信息过程中的责任大小，区分不同情况加以处罚，周某添等四名独立董事因未能提供其已尽到忠实、勤勉义务等免责证据，被视为《证券法》规定的“其他直接责任人员”一并受到处罚，处罚于法有据，人民法院给予充分支持，本案判决对于上市公司的独立董事和其他高管明确责任意识，切实勤勉履责是一种警示和借鉴，对维护广大投资者利益具有积极意义。

海南某水务有限公司诉海南省儋州市生态环境保护局环保行政处罚纠纷案

《最高人民法院公布环境资源刑事、民事、行政典型案例》第9号

2017年6月22日

【基本案情】

2013年6月5日，海南省环境监测中心站出具琼环监字〔2013〕第153号《监测报告》（以下简称153号《监测报告》）。儋州环保局根据该《监测报告》，认为某水务公司涉嫌违法排放水污染物，于2014年4月16日拟对某水务公司作出行政处罚。某水务公司在法定期限内未提出陈述、申辩和听证的申请。同年6月16日，儋州环保局作出被诉儋土环资罚决字〔2014〕47号《行政处罚决定书》（以下简称47号处罚决定），对某水务公司处以2013年5月应缴纳排污费2倍的罚款177719元。儋州市人民政府经复议后对47号处罚决定予以维持。某水务公司不服，遂诉至法院，请求撤销47号处罚决定。

【裁判结果】

海南省儋州市人民法院一审认为，儋州环保局作为儋州市环境保护工作的行政主管部门，具有对本辖区内违法排放水污染物的行为作出行政处罚的法定职权。根据《环境行政处罚办法》第三十四条规定，采样是本案监测的必经程序。但儋州环保局未能提供采样记录或采样过程等相关证据，无法证明其采样程序合法，进而无法证明送检样品的真实性，直接影响监测结果的真实性。因此，儋州环保局在没有收集确凿证据证实样品来源真实可靠的情况下，仅以海南省环境监测中心站出具的153号《监测报告》认定某水务公司超标排放废水，主要证据不足。儋州环保局于2014年6月16日同时分别对某水务公司2013年1月14日和5月22日超标排放行为给予二次处罚，程序违法。被诉47号处罚决定只给予某水务公司罚款，未责令某水务公司限期改

正，行政处罚行为明显不当。一审法院判决撤销 47 号处罚决定，由儋州环保局承担诉讼费用。海南省第二中级人民法院二审认为，153 号《监测报告》的合法性是审查本案被诉环保行政处罚事实认定是否清楚的基础。由于 153 号《监测报告》的取样程序违法，不能作为认定某水务公司存在环境违法行为事实的主要证据。而除 153 号《监测报告》外，儋州环保局没有进行相关调查，并且违反查处分离的规定，程序违法。47 号处罚决定认定事实的主要证据不足，适用法律错误。二审法院判决驳回上诉、维持原判。

【典型意义】

本案系环保行政处罚纠纷，涉及对环保行政处罚行为所依据证据的审查认定，具有典型性和指导意义。近年来，各级环保行政执法部门加大了生态环境违法案件的行政执法力度，有效遏制了环境持续恶化的基本态势。但从法院审理环境行政处罚案件情况看，环保行政执法不同程度存在执法不规范，“重结果、轻程序”等问题。环保行政执法部门在环境监测过程中，应重视环境监测程序的合法性，特别是在涉及水污染的环保处罚案件中，被检测标本的取样是否合乎技术规范，直接影响该标本检测结果的正确与否。因此，《环境行政处罚办法》专门对现场调查取样程序作了规定，要求制作取样记录或者将取样过程记入现场检查（勘察）笔录，并可以采取拍照、录像或者其他方式记录取样情况。由于儋州环保局在一审中未能提供取样记录或取样过程等相关证据，无法证明其取样程序的合法性，故法院认定 153 号《监测报告》不能作为认定某水务公司存在环境违法行为事实的主要证据，依法撤销处罚决定。本案判决体现了人民法院对环保行政执法行为的监督，对于推动环境保护行政主管部门规范行使行政处罚职权，促进依法行政具有积极作用。

【点评专家】

竺效，中国人民大学教授

【点评意见】

本案法院以程序合法性审查行政机关的具体行政行为的合法性。程序合法是依法行政的重要内容。本案中，儋州环保局以海南省环境监测中心站出具的 153 号《监测报告》认定某水务公司超标排放废水，并作出 47 号行政处罚决定。但儋州环保局却未能提供采样记录或采样过程等相关证据，无法证明其采样程序合法，进而无法证明送检样品的真实性，直接影响监测结果的真实性。儋州环保局环境执法中监测程序违法导致153号《监测报告》亦不具有合法性。可见，环保部门在环境行政执法过程中，尤其是环境监测过程中，应重视执法程序的合法性，摒弃环境行政执法“重结果、轻程序”的思想，规范行使行政处罚职权，促进依法行政。

另外，行政诉讼中行政主体需要提供证据证明其行为的合法性。本案中，由于儋州环保局未能提供采样记录或采样过程等相关证据，而承担诉讼中举证不利的法律后果。可见，环境监测证据的采集与提交对环境行政执法与环境行政诉讼均具有重大影响。随着公民法治意识的提高和环境执法案件量的增长，环境行政诉讼应诉将成为环境行政执法部门的一种“新常态”，事先执法必须重视证据收集的合法性，以及正确认识和对待事后应诉的法定举证义务。

陈某诉成都市成华区环境保护局环保行政处罚案

《最高人民法院公布环境资源刑事、民事、行政典型案例》第10号

2017年6月22日

【基本案情】

陈某系个体工商户龙泉驿区大面街道办某加工厂业主，自2011年3月开始加工生产钢化玻璃。2012年11月2日，成华区环保局在某加工厂位于成都市成华区保和街道办事处天鹅社区一组B－10号的厂房检查时，发现该厂涉嫌私自设置暗管偷排污水。成华区环保局经立案调查后，依照相关法定程序，于2012年12月11日作出成华环保罚字〔2012〕1130－01号行政处罚决定，认定陈某的行为违反《水污染防治法》第二十二条第二款的规定，遂根据《水污染防治法》第七十五条第二款的规定，作出责令立即拆除暗管，并处罚款10万元的处罚决定。陈某不服，遂诉至法院，请求撤销该处罚决定。

【裁判结果】

成都市成华区人民法院一审认为，某加工厂工商登记注册地虽然在成都

市龙泉驿区，但其生产加工形成环境违法事实的具体地点在成都市成华区，根据《行政处罚法》第二十条、《环境行政处罚办法》第十七条的规定，成华区环保局具有作出被诉处罚决定的行政职权；虽然成都市成华区环境监测站于 2012 年 5 月 22 日出具的《检测报告》，认为某加工厂排放的废水符合排放污水的相关标准，但某加工厂私设暗管排放的仍旧属于污水，违反了《水污染防治法》第二十二条第二款的规定；某加工厂曾因实施“未办理环评手续、环保设施未验收即投入生产”的违法行为受到过行政处罚，本案违法行为系二次违法行为，成华区环保局对某加工厂作出罚款 10 万元的行政处罚并无不妥。遂判决驳回陈某的诉讼请求。成都市中级人民法院二审认为，某加工厂的工商登记注册地虽然在龙泉驿区，但相关证据能够证明涉案地点在成华区，根据相关法律规定，成华区环保局具有作出被诉行政处罚的行政职权；陈某租赁成华区保和街道办事处天鹅社区厂房的目的是用于某加工厂的钢化玻璃生产加工，涉案生产点是否办理工商登记、租赁者是否为陈某个人，并不影响涉案生产点的经营主体为某加工厂这一客观事实，故成华区环保局将某加工厂作为处罚对象并无不当；涉案生产点存在私设暗管排放生产污水的违法行为，该生产点所排放的生产污水是否达标并不影响某加工厂私设暗管规避监管这一违法事实的成立；成华区环保局在《水污染防治法》第七十五条第二款所规定的幅度内，综合考虑某加工厂系二次违法等事实，作出罚款 10 万元的行政处罚并无不当。遂判决驳回上诉、维持原判。

【典型意义】

本案系典型的逃避监管和查处的环境违法案件。主要表现在以下方面：一是工商注册地与违法行为发生地不一致，导致监管缺失；二是违法行为实施主体隐蔽，导致处罚对象认定困难；三是违法行为和违法后果隐蔽，导致发现和查处困难。对此，在认定执法主体时，一审、二审法院依据法律关于违法行为发生地管辖的规定，在查明生产加工形成环境违法事实具体地点的基础上，准确界定了行政职权的行使主体，避免了执法监管的空白。在认定处罚对象时，一审、二审法院认为，尽管涉案生产点未办理工商登记，涉案厂房租赁者为陈某个人，但根据陈某系个体工商户某加工厂业主这一事实，以及涉案厂房生产加工的产品与某加工厂生产经营范围的关联性，可以认定涉案生产点的实际经营主体为某加工厂，违法行为的实施者和被处罚对象应为某加工厂，从而避免了违法行为人利用其身份的隐藏性、模糊性逃避监管和处罚。在认定违法行为时，一审、二审法院从《水污染防治法》第二十二条的立法目的出发，认为只要存在私设暗管等规避环境执法部门监管的行为，无论其排放的污染物是否达标，是否对环境实际造成了影响，均应受到处罚，从而更加有效地打击规避监管的违法行为。本案的处理有利于揭开该类逃避监管和查处的环境违法行为的面纱，为环保执法部门的行政执法提供有价值的参考，具有较好的示范意义。

【点评专家】

李挚萍，中山大学教授

【点评意见】

私设暗管或者采取其他规避监管的方式排放污染物是一种主观恶性更大的违法行为，其不仅可能导致更严重环境损害后果，而且对监管造成了严重的阻碍及干扰，大大增加了执法的难度和成本。《水污染防治法》第二十二条规定："向水体排放污染物的企业事业单位和个体工商户，应当按照法律、行政法规和国务院环境保护主管部门的规定设置排污口；禁止私设暗管或者采取其他规避监管的方式排放水污染物。"2014 年修订的《环境保护法》第四十二条第四款规定："严禁通过暗管、渗井、渗坑、灌注或者篡改、伪造监测数据，或者不正常运行防治污染设施等逃避监管的方式违法排放污染物。"相关的环保行政处罚规定和司法解释规定只要存在通过暗管、渗井、渗坑、灌注等逃避监管的方式违法排放污染物的行为，不管是否造成损害后果，都视为严重污染环境的行为，执行严格的行政处罚及刑事制裁。本案系典型的逃避监管和查处的环境违法案件，违法行为人不仅有私设暗管排放生产污水的行为，而且在违法实施主体身份上进行隐瞒混淆，法院根据这些重要违法事实所作出的判决对于社会普遍存在的规避监管的环境违法行为有重要的警示作用。

李某军诉浙江省绍兴市上虞区环境保护局行政处罚案

《最高人民法院发布人民法院服务保障新时代生态
文明建设典型案例》第 10 号
2018 年 6 月 4 日

【基本案情】

2014 年 6 月 9 日，浙江省绍兴市上虞区人民政府办公室印发《上虞区畜禽养殖禁养区、限养区划分方案的通知》（以下简称《通知》），并于 2014 年 7 月 1 日在上虞区人民政府门户网站公布。该通知第四部分划分区域（一）禁养区区域五为“省、绍兴市级（上虞段）及区级河道两侧 200 米”。2015 年 8 月 12 日，上虞区环保局经现场踏勘认定李某军在禁止养殖区域内从事畜禽养殖活动，依法作出环境违法行为限期改正决定书，责令李某军于 2015 年 8 月 21 日前停止养殖行为。2015 年 8 月 25 日，上虞区环保局再次检查时发现李某军仍在原区域从事养殖活动。2015 年 9 月 11 日，上虞区环保局执法人员向李某军留置送达行政处罚事先告知书，责令其立即停止违法行为，并依照违法情形拟作出罚款人民币 3000 元的行政处罚。2015 年 9 月 29 日，上虞区环保局作出虞环罚字〔2015〕176 号行政处罚决定书并于 2015 年 10 月 10 日向李某军留置送达。李某军不服上述行政处罚向绍兴市上虞区人民法院提起行政诉讼，要求确认上虞区环保局作出的行政处罚决定违法并撤销，一并审查绍兴市上虞区人民政府办公室《通知》的合法性。经绍兴市中级人民法院指定管辖，绍兴市越城区人民法院受理本案。

【裁判结果】

浙江省绍兴市越城区人民法院一审认为，行政规范性文件的司法审查和行政行为的合法性审查是本案审理重点。《通知》由上虞区人民政府办公室制定，内容涉及不特定公民、法人或者其他组织的权利义务，在一定时期内可反复适用，且在相应行政区域内具有普遍约束力，系法律效力在行政规章以下政府文件，属于行政规范性文件。同时李某军是对上虞区环保局作出的行政行为不服提起诉讼时一并提出审查，符合《行政诉讼法》第五十三条第一款规定。从制定权限看，依据《浙江省水污染防治条例》第二十五条规定，上虞区人民政府办公室具有划定本区域内畜禽养殖禁养区和限养区的合法权限。从制定内容来看，上虞区人民政府办公室从防治水污染，保护和改善环境，促进经济可持续发展角度考虑并依照法律、法规规定划定的禁止养殖区域符合上位法规定。从制定程序来看，上虞区人民政府办公室在《通知》起草过程中已公开征求有关基层单位的意见、经上虞区政府法制机构合法性审查并经制定机关负责人集体讨论决定，符合行政规范性文件制定的程序要求。李某军在禁止养殖区域内从事畜禽养殖活动，在上虞区环保局责令其停止违法行为后拒不停止违法行为且至今仍从事养殖活动的事实清楚。上虞区环保局认定李某军的养殖行为违反《浙江省畜禽养殖污染防治条例》第九条第一款，并依据该条例第二十条第一款作出行政处罚决定，证据确凿，适用法律、法规正确。一审法院判决：驳回李某军的诉讼请求。浙江省绍兴市中级人民法院二审维持原判。

【典型意义】

本案系行政相对人起诉时一并请求对规范性文件进行审查的行政诉讼案件。《行政诉讼法》第五十三条规定："公民、法人或者其他组织认为行政行为所依据的国务院部门和地方人民政府及其部门制定的规范性文件不合法，在对行政行为提起诉讼时，可以一并请求对该规范性文件进行审查。前款规定的规范性文件不含规章。"司法实践中，由于法律对规范性文件的含义、制发主体、程序、权限以及审查内容、程度、标准等缺乏明确规定，需要统一审查标准。本案判决阐述了规范性文件的含义，并从文件制定权限、制定内容和制定程序三方面对该规范性文件的合法性问题进行充分的说理和论证，对于此类案件的审理具有较好的借鉴意义。

方某女诉浙江省淳安县公安局治安管理行政处罚一案

《最高人民法院发布行政诉讼附带审查规范性文件典型案例》第 2 号

2018 年 10 月 30 日

【基本案情】

2015 年 1 月，浙江省淳安县公安局城区派出所（以下简称城区派出所）和淳安县公安消防大队（以下简称淳安消防大队）曾多次对方某女经营的坐落于淳安县千岛湖镇龙门路 53 弄 11 号出租房进行消防检查。同年 2 月 11 日，城区派出所和淳安消防大队再次对方某女的出租房进行消防检查。同年 2 月 13 日，城区派出所向方某女发出责令限期改正通知书，责令其改正消防安全违法行为。同日，淳安消防大队也向方某女发出责令限期改正通知书，其中认定的消防安全违法行为与淳安县公安局认定的基本相同，并责令方某女于 2015 年 3 月 11 日前改正。3 月 13 日，城区派出所和淳安消防大队民警对涉案出租房进行复查，发现方某女对“四、五、六、七层缺少一部疏散楼梯，未按要求配置逃生用口罩、报警哨、手电筒、逃生绳等”违法行为未予改正。同年 3 月 16 日，城区派出所决定立案调查，次日，城区派出所民警向方某女告知拟处罚的事实、理由和依据。同日，淳安县公安局作出淳公行罚决字〔2015〕第 1－0001 号《行政处罚决定书》（以下简称被诉处罚决定），认定方某女的行为构成违反安全规定致使场所有发生安全事故危险的违法行为，根据《治安管理处罚法》第三十九条的规定，对其决定行政拘留三日，并送淳安县拘留所执行。方某女不服诉至法院请求撤销被诉处罚决定，并对被诉处罚决定作出所依据的规范性文件，即行政程序中适用的《浙江省居住出租房屋消防安全要求》（以下简称《消防安全要求》）《关于解决消防监督执法工作若干问题的批复》（以下简称《消防执法问题批复》）和《关于居住出租房屋消防安全整治中若干问题的法律适用意见（试行）》（以下简称《消防安全法律适用意见》）合法性进行一并审查。

【裁判理由】

浙江省淳安县人民法院一审认为，方某女的出租房屋虽被确定为征迁范围，但其在征迁程序中仍用于出租，且出租房内未按要求配置逃生用口罩、报警哨、手电筒、逃生绳等消防设施。淳安县公安局根据《消防安全要求》《消防执法问题批复》和《消防安全法律适用意见》的规定，认定方某女的行为构成违反安全规定致使场所有发生安全事故危险的违法事实清楚。《消防安全要求》《消防执法问题批复》和《消防安全法律适用意见》均属于合法的规范性文件，淳安县公安局在行政程序中应参照适用。据此，一审判决驳回方某女的诉讼请求。方某女不服提出上诉。杭州市中级人民法院二审认为，根据对《消防安全要求》《消防执法问题批复》和《消防安全法律适用意见》的审查，淳安县公安局认定案涉居住出租房屋为《治安管理处罚法》第三十九条规定的“其他供社会公众活动的场所”，定性准确。方某女提供的证据以及询问笔录均显示其负责案涉出租房屋日常管理，系案涉出租房屋的经营管理人员，依法应对案涉出租经营的房屋消防安全承担责任。方某女要求撤销被诉处罚决定的诉讼请求不能成立，依法应予驳回。据此，二审判决驳回上诉、维持原判。

【典型意义】

本案争议的焦点在于：当事人申请附带审查的《消防安全要求》《消防执法问题批复》和《消防安全法律适用意见》是否对《治安管理处罚法》第三十九条规定的“其他供社会公众活动的场所”进行了扩大解释。《治安管理处罚法》第三十九条适用的对象是“旅馆、饭店、影剧院、娱乐场、运动场、展览馆或者其他供社会公众活动的场所的经营管理人员”。本案中，人民法院通过对案涉规范性文件条文的审查，明确了对居住的出租房屋能否视为“其他供社会公众活动的场所”这一法律适用问题。由于“其他供社会公众活动的场所”为不确定法律概念，其内容与范围并不固定。本案中，居住的出租房物理上将毗邻的多幢、多间（套）房屋集中用于向不特定多数人出租，并且承租人具有较高的流动性，已与一般的居住房屋只关涉公民私人领域有质的区别，已经构成了与旅馆类似的具有一定开放性的公共活动场所。对于此类场所的经营管理人员，在出租获利的同时理应承担更高的消防安全管理责任。因此，《消防安全要求》《消防执法问题批复》和《消防安全法律适用意见》所规定的内容并不与《治安管理处罚法》第三十九条之规定相抵触。

某（上海）商贸有限公司诉北京市丰台区食品药品监督管理局行政处罚案

《最高人民法院发布行政诉讼附带审查规范性文件典型案例》第 4 号

2018 年 10 月 30 日

【案情介绍】

2015 年 1 月，刘某杰通过“12331”投诉北京市丰台区丰台北路某商场一层超市销售的进口食品吉百利巧克力饼干中英文营养成分表数值不一致，要求进行调查，并提供了购物小票及涉案产品外包装，产品外包装显示涉案产品的中国经销商为某（上海）商贸有限公司（以下简称某公司）。

2015 年 2 月 2 日，北京市丰台区食品药品监督管理局（以下简称丰台食药局）对某商业有限公司某商场丰台北路店（以下简称某丰北路店）进行现场检查，于 2015 年 2 月 9 日予以立案。2015 年 5 月 11 日，丰台食药局作出（京丰）食药监食罚〔2015〕270020 号《行政处罚决定书》（以下简称被诉处罚决定书）及责令改正通知书并送达某丰北路店。被诉处罚决定书认为某丰北路店经营上述食品营养成分表中的中英文数值不一致，不符合 GB28050－2011《食品安全国家标准预包装食品营养标签通则》（以下简称《通则》）第 3.2 项的规定，属于经营标签标注不符合食品安全标准规定的行为，违反了原《食品安全法》第四十二条第一款第九项的规定。依据原《食品安全法》第八十六条第一款第二项的规定，决定给予某丰北路店没收违法所得 153.6 元，罚款 8000 元的行政处罚。

某公司认为《通则》第 3.2 项违背了原《食品安全法》的立法目的，超越了食品安全的适用范围以及食品安全的定义范畴。食品营养成分要求作为食品安全标准的内容仅仅涉及专供婴幼儿和其他特定人群的主辅食品的要求。本案所涉产品为普通食品，因此《通则》并不适用于本案。同时被诉处罚决定书在事实认定、法律适用及处罚程序方面均违法，故请求法院撤销丰台食药局作出的被诉处罚决定书，同时对《通则》第 3.2 项附带进行合法性审查。

【裁判结果】

北京市丰台区人民法院一审认为，《通则》的制定符合原《食品安全法》保障公众身体健康的立法目的，并为现行有效的食品安全国家标准的内容之一，其第3.2项与相关法律法规规章并不抵触，丰台食药局作为被诉处罚决定书的依据并无不妥。丰台食药局以此作出的被诉处罚决定书认定事实清楚，证据充分，适用法律法规正确，程序合法，处罚适当。一审法院判决驳回了某公司的全部诉讼请求。某公司不服一审判决，持原诉理由上诉至二审法院，请求二审法院撤销原判，支持其原诉请求或者将案件发回重审。北京市第二中级人民法院经审理认为，《通则》第3.2项的规定与立法目的并不相悖，没有违反上位法的规定，即《通则》第3.2项的规定合法，且应当作为本案被诉处罚决定书的适用依据，且某公司的标签标注行为构成了对《通则》第3.2项的违反，被诉处罚决定书并无不当，二审维持了一审判决。

【典型意义】

修改后的《行政诉讼法》第五十三条赋予了公民、法人或者其他组织对规范性文件请求附带审查的权利。第六十四条规定人民法院经审查认为规范性文件不合法的，规范性文件不作为认定行政行为合法的依据，并向制定机关提出处理建议。《最高人民法院关于适用〈中华人民共和国行政诉讼法〉的解释》第一百四十九条规定，规范性文件不合法的，人民法院不作为认定行政行为合法的依据，并在裁判理由中予以阐明。本案中，案涉《通则》第3.2项规定：预包装食品营养标签应使用中文。如同时使用外文标示的，其内容应当与中文相对应，外文字号不得大于中文字号。本案的裁判理由部分从立法目的、上位法的具体法律规定等角度详细阐明了《通则》第3.2项合法，应当在本案中作为法律依据予以适用的理由。二审法院更是将案件的争议焦点固定在《通则》第3.2项的法律适用方面，通过对《通则》第3.2项合法性的确认、《通则》第3.2项应作为本案的法律适用依据、某公司的行为构成对《通则》第3.2项的违反这三个焦点问题的深入说理，有理有据地驳回了某公司的主张。通过这一案件中规范性文件的附带审查，确保原《食品安全法》保障公众食品安全和身体健康立法宗旨的进一步落实。

资中县银山某工业有限责任公司诉原内江市环境保护局环境保护行政处罚案

《长江经济带生态环境司法保护典型案例》第 8 号

2020 年 1 月 9 日

【基本案情】

资中县银山某工业有限责任公司（以下简称某公司）位于长江支流沱江流域，是内江市废水国家重点监控企业及四川省水环境重点排污单位。2018 年 3 月 4 日，四川省岷、沱江流域水污染防治强化督查组会同内江市环境执法支队对某公司进行现场检查时，发现该公司位于废水总排污口的在线监测设备未按每两小时一次开展自动取样监测采集数据，取样泵损坏已不能正常使用，固定采样管道不能采样，在线监测设备已不能实时监控排放废水水质情况，自动监控所测数据明显失真。经采样检测，当日化学需氧量、总磷的排放浓度分别超过排放限值 1.61 倍、1.05 倍。原内江市环境保护局经立案调查和听证程序，依法对某公司作出罚款 70 万元的行政处罚决定。某公司不服，提起行政诉讼，请求撤销该行政处罚决定。

【裁判结果】

四川省威远县人民法院一审认为，某公司发现在线监测设备显示的化学需氧量超标、仪器无法采到水样后，未按规定及时通知运维人员检修、查找问题并向环境监管部门报告，对自动监测设备出现的异常情况持放任的态度，构成以不正常运行水污染防治设施等逃避监管的方式排放水污染物。原内江市环境保护局综合考量某公司存在 12 个月内连续实施环境违法行为的从重处罚情形，污染物排放浓度非一般性超标，以及该公司能够配合执法，超标排放行为尚未造成严重后果等因素，依照《水污染防治法》第三十九条、第八十三条之规定，在法律规定的裁量范围内对某公司作出罚款 70 万元的行政处罚决定，适用法律正确，过罚相当。一审法院判决驳回某公司的诉讼请求。

【典型意义】

本案是排污企业因违反环境监测管理规定受到环保监管部门行政处罚引发的行政诉讼案件。环境监测是环境管理的“哨兵”“耳目”，是环境监管最重要的基础性和前沿性工作。排污者自我监测是环境监测体系的重要组成部分，是弥补政府监测机构和社会第三方监测力量不足的重要方式。本案中，某公司作为重点监控企业，对企业污染物排放的自我监测履责不到位，对自我监测中存在的问题听之任之并造成污染物超标排放。环保监管部门针对某公司的处罚决定，坚持处罚与教育相结合，既考虑存在从重情节，在法律规定的幅度范围内从重处罚，也考虑违法行为人的配合执法表现、未造成严重后果等因素，没有顶格处罚，过罚相当。人民法院依法支持环保监管部门的严格执法和合理裁量行为，体现司法支持依法行政的力度和保护行政相对人合法权益的温度，有利于警示排污企业自我约束，诚实守信，严格执行自我监测规范和标准，不弄虚作假，确保监测过程规范和监测数据真实，同时自觉接受环保部门监管，共同促进长江流域水体质量和生态环境的有效改善。

资中县银山某工业有限责任公司诉原内江市环境保护局环境保护行政处罚案

《2019 年度人民法院环境资源典型案例》第二十三号

2020 年 5 月 8 日

【基本案情】

资中县银山某工业有限责任公司（以下简称某公司）位于长江支流沱江流域，是内江市废水国家重点监控企业及四川省水环境重点排污单位。2018 年 3 月，四川省岷、沱江流域水污染防治强化督查组会同内江市环境执法支队对某公司进行现场检查时，发现该公司位于废水总排污口的在线监测设备未按每两小时一次开展自动取样监测采集数据，取样泵损坏已不能正常使用，固定采样管道不能采样，在线监测设备已不能实时监控排放废水水质情况，自动监控所测数据明显失真。经采样检测，当日化学需氧量、总磷的排放浓度分别超过排放限值 1.61 倍、1.05 倍。原内江市环境保护局经立案调查和听证程序，依法对某公司作出罚款 70 万元的行政处罚决定。某公司不服，提起行政诉讼，请求撤销该行政处罚决定。

【裁判结果】

四川省威远县人民法院一审认为，某公司发现在线监测设备显示的化学需氧量超标、仪器无法采到水样后，未按规定及时通知运维人员检修、查找问题并向环境监管部门报告，对自动监测设备出现的异常情况持放任态度，构成以不正常运行水污染防治设施等逃避监管的方式排放水污染物。原内江市环境保护局综合考量某公司存在 12 个月内连续实施环境违法行为的从重处罚情形，污染物排放浓度非一般性超标，以及该公司能够配合执法，超标排放行为尚未造成严重后果等因素，依照《水污染防治法》第三十九条、第八十三条之规定，在法律规定的裁量范围内对某公司作出罚款 70 万元的行政处罚决定，适用法律正确，过罚相当。一审判决驳回某公司的诉讼请求。

【典型意义】

本案系排污企业因违反环境监测管理规定受到环保监管部门行政处罚引发的行政诉讼案件。环境监测是环境管理的“哨兵”“耳目”，是环境监管最重要的基础性和前沿性工作。排污者自我监测是环境监测体系的重要组成部分，是弥补政府监测机构和社会第三方监测力量不足的重要方式。本案中，某公司作为重点监控企业，对企业污染物排放的自我监测履责不到位，对自我监测中存在的问题听之任之并造成污染超标排放。环保监管部门针对某公司的处罚决定，坚持处罚与教育相结合，既考虑存在从重情节，在法律规定的幅度范围内从重处罚，也考虑违法行为人的配合执法表现、未造成严重后果等因素，没有顶格处罚，过罚相当。人民法院依法支持环保监管部门的严格执法和合理裁量行为，体现司法支持依法行政的力度和保护行政相对人合法权益的温度，有利于警示排污企业自我约束，诚实守信，严格执行自我监测规范和标准，不弄虚作假，确保监测过程规范和监测数据真实，同时自觉接受环保部门监管，共同促进长江流域水体质量和生态环境的有效改善。

某国际旅行卫生保健中心诉北京市海淀区生态环境局行政处罚及行政复议案

《2019年度人民法院环境资源典型案例》第二十四号

2020年5月8日

【基本案情】

2018年7月11日，北京市海淀区生态环境局（以下简称海淀区环境局）至某国际旅行卫生保健中心（以下简称某保健中心）进行现场检查，发现该单位安装的水污染治理设施处于断电状态，医疗污水未经处理直接排放入市政管道。次日，海淀区环境局对某保健中心的上述违法行为立案调查，并作出行政处罚决定。某保健中心不服，提起行政复议。北京市海淀区人民政府（以下简称海淀区政府）作出行政复议决定，维持被诉处罚决定。某保健中心不服，提起行政诉讼，请求撤销被诉处罚决定及被诉复议决定。

【裁判结果】

北京市海淀区人民法院一审认为，某保健中心的医疗污水未经处理直接排放入市政管道，违反了《水污染防治法》第三十九条的规定。海淀区环境局依法履行了立案、调查、听证等相关程序，对某保健中心进行行政处罚，并无不当。海淀区政府的行政复议决定，亦符合法律规定。一审判决驳回某保健中心的诉讼请求。北京市第一中级人民法院二审维持原判。

【典型意义】

本案系医疗污水未经处理直接排入市政管道引发的行政处罚案件。医疗废水具有特殊排放标准，其监管涉及《水污染防治法》《传染病防治法》以及《医疗废物处理条例》等法律法规。本案中，某保健中心作为医疗机构，采取不正常运行水污染防治设施的方式，将医疗污水直接排放至市政管道，给民生安全造成恶劣影响。人民法院在法律法规竞合时，支持行政机关适用处罚较重的《水污染防治法》进行处罚，符合法律适用原则，彰显了司法规范医疗废物处理，保障人民群众生命健康安全的力度。

北海市某海洋科技有限公司诉北海市海洋与渔业局海洋行政处罚案

《2019 年度人民法院环境资源典型案例》第二十五号

2020 年 5 月 8 日

【基本案情】

2016 年 7 月至 9 月，北海市某海洋科技有限公司（以下简称某公司）在未依法取得海域使用权的情形下，对其租赁的海边空地（实为海滩涂）利用机械和车辆从外运来泥土、建筑废料进行场地平整，建设临时码头，形成陆域，准备建设冷冻厂。2017 年 10 月，北海市海洋与渔业局（以下简称北海海洋渔业局）对该围填海施工行为进行立案查处，测定某公司填占海域面积为 0.38 公顷。经听取某公司陈述申辩意见，召开听证会，并经两次会审，北海海洋渔业局认定某公司填占海域行为违法，于 2018 年 4 月作出行政处罚，责令某公司退还非法占用海域，恢复海域原状，并处非法占用海域期间内该海域面积应缴纳海域使用金 15 倍计 256.77 万元的罚款。某公司不服，提起行政诉讼，请求撤销该行政处罚决定。

【裁判结果】

北海海事法院一审认为，北海海洋渔业局享有海洋行政处罚职权，某公司在未取得海域使用权的情况下，实施围海、填海活动，非法占用海域 0.38 公顷，违反《海域使用管理法》第四十二条的规定，北海海洋渔业局作出的行政处罚决定正确。一审判决驳回某公司的诉讼请求。广西壮族自治区高级人民法院二审维持原判。

【典型意义】

本案系涉非法围填海的海洋行政处罚案件。随着我国海洋经济的发展和人民生活水平的提高，从事海洋产业的单位和个人的用海需求迅速增长。部分企业和个人在未获得海域使用权的情况下，非法围海、占海甚至填海，对海洋生态环境保护和地方可持续发展造成严重影响。我国海岸线漫长，针对非法用海行为的行政管理存在“调查难”“处罚难”“执行难”等问题。本案的处理对非法围填海的主体认定、处罚正当程序及自由裁量权行使等均具有示范作用，充分表明人民法院坚持用最严格制度最严密法治保护国家海岸线和海洋环境生态安全的决心，对于推进依法用海、管海，服务保障海洋强国战略具有积极意义。

三沙市渔政支队申请执行海南临高某船务有限公司行政处罚案

《2019 年度人民法院环境资源典型案例》第二十六号

2020 年 5 月 8 日

【基本案情】

2014 年 8 月，海南临高某船务有限公司（以下简称某公司）所有的“椰丰 616”号运输船装载 250 吨砗磲贝壳，过程中，被海南省海警第三支队查获，将该船押解移送至三沙市渔政支队处理。经鉴定，上述贝壳 98% 为国家一级保护水生野生动物，2% 为国家二级保护水生野生动物，总价格为 37. 35 万元。三沙市渔政支队于 2018 年 2 月作出行政处罚，没收砗磲贝壳 250 吨，按实物价值 3 倍罚款人民币 112. 05 万元。某公司不服，提起行政诉讼，请求撤销该行政处罚决定。

【裁判结果】

海口海事法院一审认为，三沙市渔政支队的行政处罚决定正确。一审判决，驳回某公司的诉讼请求。海南省高级人民法院二审维持原判。2019 年 7 月，三沙市渔政支队在《海南日报》刊登《催告书》，催促某公司在收到该催告 10 日内履行义务。但某公司拒不履行义务。三沙市渔政支队于 2019 年 9 月向海口海事法院申请强制执行，该院作出行政裁定，准予执行。

【典型意义】

本案系行政处罚非诉执行案件。本案中，执法机关查获“椰丰 616”号运输船的地点位于三沙市中建岛北面附近海域，由海口海事法院行使司法管辖权。案涉砗磲贝壳是国家一、二级保护水生野生动物，人民法院依法支持行政机关对非法运输水生野生动物者施以行政处罚，并在相对人拒不履行义务时，依法准予强制执行，有力地维护了行政机关的执法权威，彰显了司法机关与行政机关合力打击非法运输国家保护水生野生动物行为、维护三沙海域生态环境安全的决心。

某某镇人民政府申请执行义务教育行政处罚决定书案

《最高人民法院发布依法严惩侵害未成年人权益典型案例》第 7 号

2020 年 5 月 18 日

【基本案情】

马某为适龄入学儿童，其监护人马某甲、马某乙无正当理由，未将马某按时送入学校接受九年义务教育。经青海省化隆回族自治县某某镇人民政府认定，马某甲、马某乙的行为违反了《义务教育法》的规定，于 2018 年 9 月作出行政处罚决定书，对马某甲、马某乙处以罚款，并责令将马某送入学校就读。被执行人马某甲、马某乙收到行政处罚决定书后，在法定期限内未申请复议，也未提起诉讼，且拒不履行行政处罚决定。镇人民政府于 2019 年 3 月向人民法院申请强制执行。

【裁判结果】

人民法院依法裁定，准予强制执行青海省化隆回族自治县某某镇人民政府作出的行政处罚决定书。裁定作出后，经法院多次执行，二名被执行人拒不履行义务。法院对被执行人马某甲依法作出了行政拘留 15 日的决定书。在拘留期间，被执行人马某甲、马某乙履行了行政处罚决定书所确定的义务，马某现已入学就读。

【典型意义】

青海省化隆回族自治县属特困区，当地农民有的不重视教育，不让适龄子女接受义务教育，严重违反《义务教育法》规定，严重背离法定监护职责。近年来，化隆回族自治县针对这一情况，采取了多项举措开展“控辍保学”

集中行动。一年多来，化隆回族自治县人民法院受理了几十起控辍保学的行政非诉案件，本案就是其中一起。在审理此类案件时，法院采取了巡回就地开庭的方式，以案释法，对旁听群众深入细致讲解《义务教育法》《未成年人保护法》等有关法律政策，让群众明白了作为监护人不送适龄子女上学是一种违法行为，要依法承担法律责任。法院通过此类案件的审理和执行，有力保护了未成年人合法权益，使一百多名留守儿童重返校园，受教育权得到法律保障。

新泰市某盐业有限公司诉原新泰市盐务局行政处罚案

《最高人民法院产权保护行政诉讼典型案例》第六号

2020年7月27日

【案情介绍】

2014年5月15日，原新泰市盐务局在执法检查过程中发现新泰市某盐业有限公司（以下简称某公司）涉嫌违规购进工业用盐。经调查，原新泰市盐务局认定该公司违规购进工业用盐52吨，违反了《山东省盐业管理条例》第二十一条“禁止任何单位和个人违反本条例规定擅自购进盐产品”的规定，故根据《山东省盐业管理条例》第四十四条之规定作出行政处罚决定，决定没收该公司工业盐52吨，罚款58000元。某公司不服，提起诉讼，要求撤销该行政处罚决定。

【裁判结果】

山东省新泰市人民法院一审认为，某公司购买工业用盐的行为违反了《山东省盐业管理条例》第二十一条的规定，原新泰市盐务局依据《山东省盐业管理条例》有关规定作出的行政处罚决定并无不当，故判决驳回了该公司的诉讼请求。山东省泰安市中级人民法院二审维持一审判决。某公司不服，向山东省高级人民法院申请再审。

山东省高级人民法院经审理认为，地方性法规与法律、行政法规规定不一致的，应当根据法律和行政法规的规定判断被诉行政处罚决定是否正确。《行政处罚法》第十一条规定，法律、行政法规对违法行为已经作出行政处罚规定，地方性法规需要作出具体规定的，必须在法律、行政法规规定的给予行政处罚的行为、种类和幅度的范围内规定。结合全国人民代表大会常务委员会法制工作委员会《关于地方性法规对法律中没有规定的行政处罚行为可否作出补充规定问题的答复》的精神，对于该条款的正确理解应当是“第一，国家已经有法律、行政法规的，地方性法规可以结合本地情况予以具体化，但是必须在法律、行政法规规定给予行政处罚的行为、种类和幅度的范围内规定。第二，在国家尚未制定法律、行政法规的情况下，地方性法规可以设定除限制人身自由、吊销企业营业执照以外的行政处罚”。为加强盐业管理，《盐业管理条例》这一行政法规对违反该条例的行为设定了相应的行政处罚，但对盐业公司之外的其他企业购买经营工业用盐的行为没有设定行政处罚。本案中，原新泰市盐务局依据地方性法规对某公司购买工业用盐的行为作出行政处罚决定，超出了《盐业管理条例》规定的给予行政处罚行为的范围，遂判决予以撤销一、二审法院判决和被诉行政处罚决定。

【典型意义】

盐资源作为关系国计民生的重要物资，盐业行政主管部门应当依法依规对相关生产、经营活动进行监管，深化“放管服”改革，满足市场和企业发展需求。《盐业管理条例》作为规范盐业管理领域的行政法规，对违反该条例的行为设定了相应的行政处罚，但对盐业公司之外的其他企业购买经营工业用盐的行为没有设定行政处罚，地方性法规不能对该行为设定行政处罚，盐业行政主管部门不能超出《盐业管理条例》规定的给予行政处罚行为的范围作出行政处罚决定。本案的典型意义在于，人民法院通过再审审查程序明确了设定行政处罚的权限，彰显了司法的监督纠错功能，保护了企业正常的生产经营权，有利于进一步激发市场活力，促进民营经济健康发展。

孙某诉西安市国土资源局土地行政处罚案

《耕地保护典型行政案例》第一号

2020 年 12 月 14 日

【基本案情】

2018 年 4 月 5 日，孙某在未取得相关行政主管部门批准的情况下在其租赁同村村民承包地上建设钢构大棚及其辅助设施，占用基本农田保护区范围土地 3.96 亩，用于苗木花卉种植。西安市国土资源局（以下简称西安市国土局）于 2018 年 4 月 8 日对孙某涉嫌非法用地违法行为立案查处，对孙某及证人孙某某进行了调查询问，孙某及孙某某均承认孙某占用村民的承包地进行建设钢构大棚的事实。同年 5 月 28 日，西安市国土局向孙某分别作出并送达了土地行政处罚告知书和听证告知书，孙某在规定的期限内未向被告提出陈述、申辩及听证申请。西安市国土局作出了市国土监字〔2018〕9－102 号《土地行政处罚决定书》，认定：2018 年 4 月 5 日，孙某未经批准占用细柳街办孙家湾村土地 3.96 亩建钢构大棚。经核查长安区细柳街办土地利用总体规划图（2006—2020 年），该宗土地性质为基本农田，现状为耕地。截至调查之日，长 60 米宽 33 米阳光大棚已基本建成，长 23 米宽 10 米房屋地基及钢构已建成。此行为违反了《土地管理法》第四十三条、第五十九条规定，该行为属于土地违法行为。依据《土地管理法》第七十六条、第八十三条，《土地管理法实施条例》第四十二条，《行政复议法》第二十一条，《行政强制法》第五十三条及《行政处罚法》第五十一条之规定，决定处罚如下：一、限接到本处罚决定书之日起 15 日内，自行拆除非法占用 3.96 亩土地上新建钢构大棚及其他设施，恢复土地原状；二、对非法占地 3.96 亩合计 2640 平方米处以每平方米 29 元罚款，共计 76560 元。孙某不服，诉至法院，请求撤销该处罚决定第一项处罚内容。

【裁判结果】

西安铁路运输法院一审认为，《土地管理法》第四十三条规定，任何单位和个人进行建设，需要使用土地的，必须依法申请使用国有土地；但是，兴办乡镇企业和村民建设住宅经依法批准使用本集体经济组织农民集体所有的土地的，或者乡（镇）村公共设施和公益事业建设经依法批准使用农民集体所有的土地的除外。本案中，孙某未经批准在租赁的集体所有的土地上建设钢构大棚及其他设施，不符合上述法律规定；同时根据孙某的陈述及证人孙某某证言，结合长安区细柳街办土地总体规划图（2006—2020 年），可以证明孙某建设钢构大棚及其他设施占用土地的性质为基本农田。根据《基本农田保护条例》第十七条第二款规定，禁止任何单位和个人占用基本农田发展林果业和挖塘养鱼。孙某占用基本农田建设钢构大棚用于苗木花卉种植的行为，不符合该条例的规定。西安市国土局作出的市国土监字〔2018〕9－102 号土地行政处罚决定书证据确凿，适用法律法规正确，符合法定程序。遂判决驳回孙某的诉讼请求。判决作出后，双方当事人均未提出上诉。

【典型意义】

《土地管理法》和《基本农田保护条例》明确规定，国家实行永久基本农田保护制度。永久基本农田经依法划定后，任何单位和个人不得擅自占用或者改变其用途。禁止占用永久基本农田发展林果业和挖塘养鱼。但实践中，利用基本农田发展非粮产业的现象在一些地方普遍存在，耕地“非粮化”问题突出。本案就是一起典型的未经批准在基本农田上进行施工建设，用于苗木花卉种植，并被行政机关依法处罚的案例。本案中，行政机关注重规范执法，在诉讼过程中提交了完整的证据，使相对人息诉服判，较为彻底地化解了行政争议，取得了良好的政治、社会和法律效果。

袁某某诉贵州省仁怀市综合执法局撤销行政处罚案

《耕地保护典型行政案例》第五号

2020 年 12 月 14 日

【基本案情】

2016 年，本案当事人袁某某未经批准，擅自在贵州省仁怀市九仓镇白果寺村白果寺组占用基本农田修建房屋进行黑豚养殖。2016 年 12 月 19 日，九仓镇村镇建设服务中心向袁某某发送《违章建筑停建通知书》，要求袁某某立即停止修建，袁某某拒绝签收。2017 年 2 月 8 日，仁怀市综合行政执法局九仓分局向袁某某发送《违章建筑责令整改通知书》，要求袁某某于 2017 年 2 月 15 日前自行将规划区内的违章建筑物拆除。2017 年 10 月 24 日，仁怀市综合行政执法局九仓分局向袁某某发送《调查询问通知书》，要求袁某某携带相关材料于 2017 年 10 月 26 日 12 时到九仓执法分局办公室接受调查询问。2018 年 4 月 10 日，仁怀市综合行政执法局向袁某某发送仁综执（土）罚告字〔2018〕第 17－003 号《行政处罚事先告知书》，告知袁某某拟拆除其在违法占用土地上新建的房屋，恢复土地原状，告知其有权在 3 日内申请听证，袁某某拒绝签收。2018 年 4 月 16 日，仁怀市综合行政执法局作出仁综执（土）罚字〔2018〕第 17－003 行政处罚决定，责令袁某某限期拆除在非法占用土地上新建的建筑物和其他设施，恢复土地原状。2018 年 4 月 20 日，仁怀市综合行政执法局认为其作出仁综执（土）罚字〔2018〕第 17－003 行政处罚决定过程中，错误适用《土地管理法》，处罚决定存在瑕疵，本着有错必究的原则，决定撤销前述行政处罚决定。2018 年 5 月 7 日，仁怀市综合行政执法局向袁某某发放行政处罚事先告知书。要求袁某某在 2018 年 5 月 20 日前拆除在违法占用基本农田上新建的房屋和其他设施，恢复原种植条件和处违法占用基本农田耕地开垦费每平方米 30 元的罚款共计 18067.2 元，并在收到告知书之日起 3 日内有提出听证的权利。但袁某某没有履行行政处罚事先告知书的内容，亦未申请听证。2018 年 5 月 14 日，仁怀市综合行政执法局以袁某某违反了《基本农田保护条例》第三十三条的规定，对袁某某作出仁综执（土）罚字〔2018〕第 17－004 号《行政处罚决定书》（以下简称被诉处罚决定书）：1. 限期 2018 年 5 月 20 日前拆除在违法占用基本农田上新建的房屋和其他设施，恢复原种植条件；2. 处违法占用基本农田耕地开垦费每平方米 30 元的罚款共计 18067.2 元的处罚。袁某某不服提起本案诉讼，请求撤销被诉处罚决定书。

【裁判结果】

贵州省习水县人民法院一审认为，本案中，袁某某修建房屋占用基本农田，破坏基本农田种植条件，且未获得相关职能部门的审批，违反了法律法规的规定，仁怀市综合执法局作为适格的执法主体，有权对行政相对人的违法行为作出调查处理，在调查事实成立后作出的行政处罚决定事实清楚，证据充分，程序合法。遂判决驳回袁某某的诉讼请求。

贵州省遵义市中级人民法院二审认为，行政机关认定袁某某所建建筑物位于基本农田保护区内，事实清楚。袁某某未经有权机关批准，违法占用基本农田修建建筑物，客观上破坏了基本农田种植条件，其行为违反了《基本农田保护条例》第三十三条之规定。仁怀市综合执法局作为适格的执法主体，有权对行政相对人的违法行为作出调查处理，且该局在对袁某某进行处罚前，依照法定程序调查案件事实，对相关知情人员进行询问，前往现场勘验，依法告知袁某某有申请听证的权利，结合袁某某的违法行为和情节，根据《基本农田保护条例》第三十三条的规定，并按照贵州省人民政府办公厅黔府办发〔2000〕87 号文件有关开垦费标准的规定，对袁某某作出被诉处罚决定，程序合法、处罚适当，遂判决驳回上诉、维持原判。

【典型意义】

与普通农业用地不同，基本农田是国家重点保护的耕地种类，未经批准，在基本农田保护区内修建属于农业设施的养殖用房同样是违反《基本农田保护条例》规定的行为，应按照《基本农田保护条例》第三十三条予以处理。本案对于农业生产设施用地的选择，具有很好的警示引导作用，有利于促进基本农田的保护。此外，本案中行政机关主动撤销有瑕疵的行政处罚决定，改正相关错误，也值得肯定。

沈某某诉贵州省黄平县自然资源局撤销行政处罚案

《耕地保护典型行政案例》第六号

2020 年 12 月 14 日

【基本案情】

本案当事人沈某某未经批准于 2013 年 9 月擅自占用贵州省黄平县旧州镇平西坝村何家一组耕地 436.38 平方米修建房屋用于经营梅乐山庄农家乐。2019 年 8 月 5 日，贵州省黄平县自然资源局（以下简称黄平县自然资源局）执法人员对沈某某涉嫌违法占地建房现场进行核查，发现该违法行为，随即进行立案调查，依程序收集、固定相关证据，经集体讨论后，于 2019 年 8 月

14日作出黄自然资执告〔2019〕23号《行政处罚告知书》，告知沈某某的违法事实、处罚依据及如对拟作出的行政处罚有异议，享有陈述、申辩及要求听证的权利，责令沈某某改正违法行为。2019年8月14日沈某某向黄平县自然资源局申请举行听证会。黄平县自然资源局依沈某某的申请于2019年8月20日举行听证会，经对沈某某在听证会中提出的意见不予采纳后，黄平县自然资源局于2019年8月23日作出黄自然资执罚〔2019〕23号《行政处罚决定书》，责令沈某某退还非法占用的黄平县旧州镇平西坝村耕地436.38平方米，限期拆除在非法占用的土地上修建的建筑物和其他设施，恢复土地原状，并送达沈某某。沈某某不服，提起本案诉讼。沈某某诉称，其对涉案建筑物管理使用已长达6年之久，黄平县自然资源局在此期间从未对其下达任何处罚决定书，现今的处罚决定已经超过行政处罚追诉时效。

【裁判结果】

贵州省镇远县人民法院一审认为，根据《土地管理法》（2004年修正）第五条第二款、第六十六条第一款和《贵州省土地管理条例》第四条第二款之规定精神，黄平县自然资源局具有对其辖区内沈某某非法占用耕地建房的违法行为作出行政处罚的法定职责。根据《土地管理法》（2004年修正）第七十六条之规定精神，沈某某未经批准非法占用其承包的耕地修建房屋用于经营梅乐山庄农家乐，黄平县自然资源局依法履行了初步核查、立案调查、现场勘测及询问调查等法定程序，告知了沈某某相应陈述、申辩及申请听证权利，经举行听证会及决定不予采纳听证意见后，作出被诉处罚决定并送达，认定事实清楚，处罚结果符合法律规定，程序合法。关于建房行为已经超过《行政处罚法》规定的追诉时效问题，一审法院认为，根据《行政处罚法》第二十九条之规定精神，沈某某对非法占用土地的违法行为，在未恢复原状之前，应视为具有继续状态。本案中，黄平县自然资源局对沈某某的违法行为从立案到作出处罚时，沈某某非法占用耕地仍然处于继续状态，黄平县自然资源局作出行政处罚的追诉时效，应根据《行政处罚法》第二十九条第二款的规定，从违法行为终了之日起计算，故沈某某的该诉讼意见，理由不能成立，不予采纳。最终，贵州省镇远县人民法院一审判决驳回沈某某的诉讼请求。一审判决作出后，当事人双方在法定期限内未提起上诉，该一审判决现已生效。

【典型意义】

本案的意义在于明确了违法占地行为的行政处罚追诉时效应从违法行为终了之日起计算。《行政处罚法》第二十九条第一款规定："违法行为在二年内未被发现的，不再给予行政处罚。法律另有规定的除外。"实践中，有当事人误以为行政处罚追诉时效从行为开始之日起算，认为违法行为持续二年即超过追诉时效，不会被处罚。本案明确了《行政处罚法》第二十九条第二款"前款规定期限，从违法行为发生之日起计算；违法行为有连续或者继续状态的，从行为终了之日起计算"规定的内涵，对于促使违法占地行为人放弃侥幸心理，及时停止违法行为，恢复土地原状保护耕地具有积极意义。

如皋市某纺织品有限公司诉江苏省如皋市自然资源局行政处罚案

《耕地保护典型行政案例》第七号

2020 年 12 月 14 日

【基本案情】

2017 年 3 月，本案当事人如皋市某纺织品有限公司（以下简称某公司）法定代表人张某某占用磨头镇严狄村 7 组集体土地建造砖混钢结构厂房用于床上用品加工，该厂房非法占用的土地为 828.7 平方米，套合磨头镇土地利用总体规划，828.7 平方米均不符合镇土地利用总体规划，其中 817.78 平方米占用的为耕地，10.92 平方米占用的为耕地以外的其他农用地。原如皋国土局在巡查中发现了某公司的违法情形，遂前往现场初查、勘测并发出责令停止土地违法行为通知。2018 年 3 月 6 日，原如皋市国土资源局监察中队建议立案查处，原如皋市国土资源局于 2018 年 3 月 12 日经呈批立案。2018 年 4 月 11 日，原如皋市国土资源局向某公司发出行政处罚听证告知书，告知了某公司其违法事实、拟处罚的理由和依据、享受陈述申辩和听证的权利等。某公司于同日收悉后在规定期限内，未向原如皋市国土资源局提出陈述申辩和要求听证。2018 年 5 月 2 日，原如皋市国土资源局作出皋国土资罚〔2018〕06060701 号行政处罚决定书，认为某公司违反了《土地管理法》第四十三条的规定，属于非法占地，责令退还非法占用的828.7平方米的土地，限期自行拆除土地上新建的建筑物及其他设施，恢复土地原状，并处罚款人民币17348.1元。某公司不服，提起本案诉讼。某公司诉称其所利用的土地是具有土地承包经营权范围内的土地及荒废土地，并非非法占用集体土地。

【裁判结果】

江苏省南通经济技术开发区人民法院一审认为，第一，被诉处罚决定书认定事实清楚，某公司占用集体土地建造厂房，属于未经批准擅自占用。即便本案中存在土地承包经营权的流转，流转土地也不得改变其农业用途。第二，被诉处罚决定书适用法律准确，所作处罚合理适当。被诉处罚的作出不违背《土地管理法》第七十六条、《土地管理法实施条例》第四十二条以及《江苏省国土资源常用行政处罚自由裁量标准》的相关规定。第三，被诉处罚决定书程序合法，不存在剥夺某公司陈述申辩及听证权利的情形。遂判决驳回某公司的诉讼请求。

江苏省南通市中级人民法院二审认为，某公司占用集体土地建造厂房，属于未经批准擅自占用的违法事实清楚。虽然某公司提交了与杨某某等人签订的土地租用合同，以证明其用地系从他人处有偿租用而来。但是，结合《土地管理法》及《农村土地承包法》的规定可知，违法用地行为侵害的是国家土地利用的分类和规划制度，认定行为人是否存在违法用地行为，不以行为人使用的土地是否系有偿流转为判断标准，而是看使用土地有无办理批准手续、有无改变土地的农业用途等。某公司占用的土地为农用地，不符合土地利用总体规划，如皋市自然资源局对某公司作出退还非法占用的土地，自行拆除建筑物及其他设施，恢复土地原状，并处罚款的处罚，量罚适当。遂判决驳回上诉、维持原判。

【典型意义】

本案明确了违法占地行为的认定，并非仅以当事人是否拥有合法的土地流转手续为准，而是要结合当事人使用土地是否依法办理批准手续、是否改变土地的农业用途等因素。本案中，某公司虽主张其享有涉案土地的土地承包经营权，但其所占用土地为耕地及耕地以外的其他农用地，土地承包经营权人应按照土地的用途依法、依规使用土地，而不得擅自改变土地的农业用途。本案对于依法治理“非农化”问题，具有积极意义。

丰都县某电站诉彭水苗族土家族自治县水利局行政处罚案

《2020 年度人民法院环境资源典型案例》第三号

2021 年 6 月 4 日

【基本案情】

丰都县某电站（以下简称某电站）的厂房建立在丰都县境内，主要向乌江支流的里头河流域取水，其取水口位于彭水苗族土家族自治县（以下简称彭水县）龙射镇七跃山自然保护区缓冲区内。某电站自投产运营以来一直未取得取水许可证而擅自取水。彭水县水利局经立案调查、组织听证、通知其限期更换取水口等程序，于 2019 年 4 月 25 日作出彭水罚〔2019〕第 1 号行政处罚决定书，对某电站作出立即停止水事违法行为、拆除取水设施并处罚款 5 万元的行政处罚决定。某电站不服，提起行政诉讼，请求撤销该行政处罚决定。

【裁判结果】

重庆市彭水苗族土家族自治县人民法院一审认为，彭水县水利局对某电站的取水行为具有管理职权，某电站未经批准长时间在自然保护区的缓冲区内取水，并在主管部门已责令其立即停止水事违法行为及限期拆除或者封闭取水工程设施后未予主动纠错，彭水县水利局据此对其处以行政处罚，认定事实清楚，适用法律法规正确，符合法定程序。一审判决驳回某电站的诉讼请求。重庆市第四中级人民法院二审维持原判。

【典型意义】

本案系水电站在自然保护区缓冲区内无证取水受到行政处罚引发的行政诉讼案件。自然保护区系有代表性的自然生态系统、珍稀濒危野生动植物物种的天然集中分布区以及有特殊意义的自然遗迹等保护对象所在的区域。根据《自然保护区条例》的规定，在自然保护区的缓冲区内不得建设任何生产设施。本案中，某电站将其取水口建立在自然保护区的缓冲区内，且在未取得取水许可证的情况下长期取水发电，给自然保护区的生态环境造成破坏。人民法院支持行政机关依法施以行政处罚，体现了对无证取水行为的否定性评价，以及保护自然保护区内自然环境和自然资源的司法力度。

某皮革公司诉九江市生态环境局、九江市人民政府行政处罚及行政复议案

《最高人民法院发布2023年度环境资源审判典型案例》案例7

2024年6月5日

【基本案情】

2021年4月，某皮革公司法定代表人欧阳某华自行联系并雇请欧阳某信、朱某中、钱某刚三名司机驾驶三辆货车，将其公司生产过程中重量为9.63吨的磨革粉等危险废物从安徽省某仓库内拉到江西省某村山涧倾倒。数日后，欧阳某华组织人员将倾倒的危险废物转运至九江某环保公司仓库，并对被倾倒现场进行清理，最终未造成环境污染。经鉴定，该危险废物中重金属铬含量超过国家标准3倍。九江市彭泽县人民检察院认为欧阳某华触犯刑法规定，应当以污染环境罪追究刑事责任，但犯罪情节轻微，可以免除处罚，遂作出不起诉决定，同时发出检察意见书，建议对欧阳某华依法作出行政处罚。后九江市生态环境局作出行政处罚决定书，对该公司予以罚款。某皮革公司不服该决定，向九江市人民政府申请行政复议。九江市人民政府作出维持决定。某皮革公司不服，提起行政诉讼。

【裁判结果】

江西省湖口县人民法院一审认为，欧阳某华作为某皮革公司的法定代表人，将公司生产过程中产生的9.63吨危险废物擅自倾倒、堆放，属于职务行为，产生的相应法律后果应由公司承担。九江市生态环境局作出的行政处罚符合法律规定，遂判决驳回某皮革公司的诉讼请求。二审审理过程中，人民法院从实质化解行政争议、优化营商环境角度出发，组织双方进行协调，最终促成双方达成调解协议，九江市生态环境局调减处罚金额，某皮革公司已

履行缴纳罚款义务。江西省九江市中级人民法院遂作出行政调解书，予以确认。

【典型意义】

本案系一起人民法院根据过罚相当、罚教结合的原则调解减轻行政处罚的典型案例。人民法院综合考虑涉案企业主动弥补过错行为以及并未造成污染后果等因素，组织行政调解，在依法保护生态环境的同时允许企业“过而后改”，达到了生态环境保护、争议实质化解、营商环境优化和法律法规宣教的目的，实现了政治效果、社会效果、生态效果、法律效果的统一。

杭州某汽车检测公司诉浙江省杭州市生态环境局行政处罚案

《人民法院依法审理生态环境领域第三方服务机构弄虚作假典型案例》案例二

2024 年 6 月 5 日

【基本案情】

浙江省杭州市生态环境局认定杭州某汽车检测公司在对机动车进行检测时，未按照国家标准《车用压燃式发动机和压燃式发动机汽车排气烟度排放限值及测量方法》（GB3847－2005）规定的档位、车速进行检测，并违法出具检测报告，违反了《大气污染防治法》第五十四条第一款之规定，根据《大气污染防治法》第一百一十二条第一款之规定，决定对该公司给予没收违法所得 700 元、罚款人民币 35 万元的行政处罚。

杭州某汽车检测公司认为上述行政处罚认定事实错误、依据不足，遂提起行政复议，浙江省杭州市人民政府经复议予以维持。该公司又提起行政诉讼，请求撤销案涉行政处罚决定和行政复议决定。

【裁判结果】

浙江省杭州市江干区人民法院审理认为，杭州某汽车检测公司在检测时未按照国家强制性标准要求使检测车辆达到最大功率，最终出具了机动车排气污染物检测结果合格的报告单，违反了《大气污染防治法》第五十四条等规定，虽然相关车辆召回复检结果均为合格，但并不能因此赋予报告单以合法性，案涉行政处罚决定和行政复议决定认定事实清楚、适用法律正确，程序合法。判决驳回杭州某汽车检测公司的诉讼请求。

该公司不服提起上诉。浙江省杭州市中级人民法院判决驳回上诉、维持原判。

【典型意义】

本案是人民法院依法支持行政主管部门对弄虚作假行为严格执法的典型案例。蓝天白云是全体人民的共同追求，空气质量直接关系人民群众的幸福感，打赢蓝天保卫战，需要坚持全民共治、源头防治。生态环境检测机构肩负防治生态环境污染的重大责任，是源头防治的重要一环，理应尽职尽责守好技术关，否则就应当承担相应的法律责任。本案中，某汽车检测公司没有按照国家标准进行检验，检验方法和检验过程存在虚假，有使不符合排放标准的机动车上路继续行驶导致超标尾气污染大气的风险，生态环境主管部门依法进行行政处罚，人民法院依法予以支持。人民法院在审理本案时，坚持司法为民，践行公平正义，对当事人高度关注的技术性问题，邀请参与制定案涉国家标准的人员作为专家辅助人出庭，有助于各方当事人深入了解该国家标准的制定背景及具体适用要求。本案体现了人民法院始终贯彻“最严法治观”，并深化“府院联动”，支持充分发挥环境资源行政执法职能作用，协同保护生态环境。

江西某金属股份有限公司诉宜春市生态环境局行政处罚纠纷案

——明确多发案件法律适用规则

《最高人民法院发布提级管辖典型案例》案例4

2024年5月8日

【基本案情】

原告江西某金属股份有限公司是一家经营危险废物收集、处置等项目的公司。宜春市生态环境局对江西某金属股份有限公司进行调查时发现，江西某金属股份有限公司存在转移危险废弃物未按照国家有关规定填写、运行危险废物转移联单的行为，遂作出行政处罚决定书：责令江西某金属股份有限公司立即改正违法行为并罚款 80 万元。江西某金属股份有限公司认为，江西省废旧铅酸蓄电池转运系统是一种新的管理模式，还处于试行阶段，在技术衔接上不够严谨，无转移联单系因江西省废旧铅酸蓄电池转运系统电池模块关闭导致无法填写转移联单，其主观无违法故意。同时，根据《行政处罚法》第三十三条规定："初次违法且危害后果轻微并及时改正的，可以不予行政处罚。"且根据生态环境部、公安部、交通运输部联合下发，并于 2022 年 1 月 1 日起实施的《危险废物转移管理办法》第二十九条第三款规定："违反本办法规定，未规范填写、运行危险废物转移联单，及时改正，且没有造成危害后果的，依法不予行政处罚"，故江西某金属股份有限公司认为其属初次违法，且积极改正未造成实际危害后果，为了企业的正常经营，请求法院撤销该处罚决定。

【提级管辖情况】

该案最初由江西省上高县人民法院受理。江西省宜春市中级人民法院认为，该案涉及《行政处罚法》第三十三条规定"首违不罚"的理解和适用，类似纠纷在辖区法院及行政机关执法中广泛存在，但实践中对"首违不罚"的理解与适用存在不同意见，导致行政机关执法不统一，出现类案不同罚，既容易引发纠纷，也影响法治政府建设。同时，江西省废铅蓄电池集中收集和跨区域转运制度试点工作，属于涉及重大社会公共利益的案件，该案的处理对新制度试点工作和"首违不罚"制度的正确理解与适用，具有重要意义。因此，江西省宜春市中级人民法院于 2022 年 5 月 27 日，以案件重大且具有普遍法律适用指导意义为由，决定依申请提级管辖本案。

【裁判结果】

江西省宜春市中级人民法院在案件审理中认为，依据《行政处罚法》第三十三条的规定，判断违法行为是否可以适用"首违不罚"，必须符合三个条件：初次违法、危害后果轻微、违法行为人及时改正。本案中，根据现有证据可以认定江西某金属股份有限公司属于初次违法情形。同时，针对双方争议较大的"首违不罚"适用问题和环保处罚自由裁量权问题，主动征求江西省环保主管部门的专业意见，在得到江西省环保主管部门的回复后，江西省宜春市中级人民法院结合江西某金属股份有限公司违法行为的情节、性质和危害后果以及从旧兼从轻的法律适用原则，认为本案可以适用行政处罚法修订后确立的“首违不罚”制度。为实质化解行政争议，宜春市中级人民法院主动向宜春市生态环境局发送司法建议函，建议其自行撤销对江西某金属股份有限公司的行政处罚或作出不予处罚的决定。宜春市生态环境局经会议讨论研究后采纳了法院意见，表示将依法对江西某金属股份有限公司重新作出处理，江西某金属股份有限公司因此撤回起诉。江西省宜春市中级人民法院于2022年6月28日作出（2022）赣09行初28号行政裁定书，准许江西某金属股份有限公司撤回起诉。该裁定已发生法律效力。

【典型意义】

教育为主、处罚为辅是行政处罚的基本原则，“首违不罚”是行政处罚法的一项重要创新，它既是基于营造优良营商环境的社会目的，也是出于法益衡平的考量，更是人本执法理念的彰显。实践中，对于“首违不罚”的理解和适用还存在理解不透、把握不准等诸多问题。因此明晰“首违不罚”的适用条件以规范行政行为，统一执法，十分必要。该案通过提级管辖，组织庭前交换证据，让企业充分认识到其行为的违法性，并确认江西某金属股份有限公司属于初次违法情形。通过主动听取行业主管部门专业意见等方式，认定江西某金属股份有限公司及时进行了整改，且未造成实际环境污染后果的事实，明确该案符合“首违不罚”的适用条件，依法向行政机关发送自行纠正的司法建议，行政机关采纳建议后，企业自行撤诉，既让企业恢复了正常生产经营，又促使行政争议得到实质化解，实现了“三个效果”的有机统一。该案对“首违不罚”制度的理解与适用，对于行政机关实施行政处罚和法院进行类案审理具有普遍指导意义，可以有效提升行政机关执法的统一性，推进法治政府建设和法治化营商环境优化走深走实。

某餐饮管理公司诉某区市场监督管理局行政处罚案

——给学校提供受污染午餐，法院支持行政机关依法严惩

《最高法发布涉未成年人食品安全司法保护典型案例》案例 4

2024 年 3 月 15 日

【基本案情】

某餐饮管理公司向某市共计 9 所中小学校提供午餐。2020 年 9 月 3 日共提供午餐 11887 份，每份午餐价格为 10 元。2020 年 9 月 4 日，当地市场监督管理局接到多起报案线索，称 9 月 3 日就餐结束后，多所学校多名学生出现了腹痛、腹泻症状而被紧急送医。市场监督管理局立即会同有关部门到该公司的经营场所现场调查，发现某餐饮管理公司在上述学校午餐的存储、加工、配送过程中，存在员工裸手取食烹煮食物、未及时洗手消毒或更换清洁手套、传菜过程中食物堆叠、常温供餐时间过长等违规操作情形。经某区疾病预防控制中心讨论分析认定，本案中涉及食用某餐饮管理公司配餐导致感染的中小学生共计 18 人，类似病症是因食用了受污染午餐导致的聚集性食源性疾病。市场监督管理局在法定期限内，经法定程序调查后，于 2021 年 7 月 12 日作出行政处罚决定，认为某餐饮管理公司的行为违反了《食品安全法》第三十四条、第五十四条第一款及《学校食品安全与营养健康管理规定》第四十条第一款之规定，构成经营污秽不洁食品、未按要求进行食品贮存、未按要求留样的违法行为，并依照《食品安全法》第一百二十四条、第一百三十二条及《学校食品安全与营养健康管理规定》第五十六条之规定，责令某餐饮管理公司立即改正违法行为，给予警告，罚款 1901920 元。某餐饮管理公司对处罚决定不服，诉至人民法院。

【裁判理由】

法院经审理认为，市场监督管理局在案发后立即对某餐饮管理公司的经营场所进行了现场调查，询问了相关生产经营情况，同时调取了生产经营中的操作监控视频，查明某餐饮管理公司在存储、加工、配送午餐过程中存在操作不规范情形。疾病预防控制中心作为专业机构，同时对案涉食品事件开

展了流行病学调查及实验室检测，并出具了《关于某区学生聚集性食源性疾病的结案报告》，对本案聚集性食源性疾病的原因及可疑食物污染来源予以查实，得出本次疾病系一起因食用了受污染午餐导致的聚集性食源性疾病的结论，餐次为9月3日午餐，致病因子是副溶血性弧菌。因此，市场监督管理局认定某餐饮管理公司配送的午餐为污秽不洁食品事实清楚、证据确凿，同时处罚适用法律正确、量罚适当、程序合法。遂依法驳回了某餐饮管理公司的诉讼请求。

【典型意义】

近年来，关于中小学生配餐引发的食品安全问题时有发生，引发家长和公众担忧。本案系一起典型的中小学食品安全事件。市场监督管理局在有关政府部门配合下，对涉事食品生产企业的生产、储存、配送等各环节进行了深入细致的调查，并依法进行处罚。人民法院对行政处罚行为依法予以支持，对危害学生身体健康的行为坚决说“不”。人民法院通过依法公正履行审判职能，推动形成各方履责、齐抓共管、合力共治的工作格局，规范食品生产企业的生产经营秩序，守护中小学生“舌尖上的安全”。

违规养犬行为，应当否定和制止

——王某某因违规养犬被公安机关行政处罚案

《最高人民法院发布饲养动物损害责任典型案例》案例六

2024年2月5日

【基本案情】

王某某在某菜市场内经营干货摊，其在干货摊内无证养犬11只，并且没有拴牵引绳。当地公安机关对王某某制作《责令改正通知书》，内容为：王某某存在未办理养犬登记的违法行为，责令王某某在15日内改正或整改完毕。收到上述通知书后，王某某仍未办理养犬登记或拴牵引绳。派出所接群众报警后，民警赶至现场劝导王某某，但无效。民警将王某某带至派出所制作询问笔录。同时联系某动物救援中心协助将现场违规饲养的犬只捕捉后送往当地流浪犬收容中心。派出所告知王某某陈述、申辩权利等程序后，王某某不陈述、不申辩，公安机关作出《行政处罚决定书》，决定对王某某饲养的11只无证犬予以没收。王某某不服，提起行政诉讼，请求撤销《行政处罚决定书》。

【裁判结果】

审理法院认为，当地《养犬管理条例》第五条第一款规定，重点管理区养犬实行登记制度。犬只未经登记的，任何单位和个人不得饲养；第二十四条第一项规定，重点管理区每户限养一只，不得饲养烈性犬、大型犬；第四十二条、第四十六条规定相应罚则，个人养犬每户超过一只的，由公安机关予以批评教育，并责令限期改正。逾期不改的，没收其超出限养数量的犬只。据此，公安机关具有对辖区内违法养犬行为进行查处的职权。本案中，王某某经责令拒不整改。被诉处罚决定作出前公安机关经调查确认王某某无证养犬的事实清楚，证据充分。根据上述规定，公安机关决定没收王某某所饲养的无证犬，适用法律法规正确，处罚幅度并无不当。公安机关办理受案登记后，依法履行了调查询问及处罚前告知陈述、申辩等程序，程序合法。最终判决：驳回王某某的诉讼请求。

【典型意义】

和谐环境倡导文明养犬，法治社会支持依法养犬。本案中，人民法院立足行政审判，依法支持公安机关对未尽到办理犬只登记法律义务和未履行看管义务的饲养人作出的行政处罚，有效避免了公共场合不特定人群因案涉犬只导致损害，避免了犬只致损后果的发生。本案的处理在帮助饲养人避免损害责任的同时，也有利于倡导、提醒养犬人士“争做文明养犬人”。

江苏省盐城市自然资源和规划局与盐城市某建材有限公司国土资源非诉执行案

《人民法院依法保护农用地典型案例》案例七

2024年1月10日

【基本案情】

2020年9月7日，江苏省盐城市自然资源和规划局（以下简称盐城市自规局）发现盐城市某建材有限公司未经批准在南洋镇柴坝村二组境内占用土地8538平方米（折12.81亩）堆放砂石及硬化水泥场地、新建办公房。经勘测定界，其中占用耕地3139平方米，占用园地2242平方米，占用其他农用地3149平方米，占用交通运输用地8平方米。盐城市自规局于2021年11月25日作出盐亭国土资罚〔2020〕40号《行政处罚决定书》，责令盐城市某建材有限公司15日内将非法占用的土地退还，并自行拆除土地上新建的建筑物和其他设施。2022年2月14日，盐城市自规局向盐城市某建材有限公司邮寄送达《履行行政处罚决定催告书》，但盐城市某建材有限公司未履行上述义务，故盐城市自规局于2022年3月1日向江苏省东台市人民法院申请强制执行。该案审查过程中，盐城市某建材有限公司辩称案涉建筑于2009年之初即修建完成，案涉行政处罚已过处罚期限。

【裁判结果】

江苏省东台市人民法院经审查认为，案涉盐亭国土资罚〔2020〕40号《行政处罚决定书》，认定事实清楚，主要证据充分，处罚程序合法，适用法律、法规正确。关于盐城市某建材有限公司辩称的案涉行政处罚已过处罚期限的问题。案涉查处行为发生在2020年9月7日，《行政处罚法》第二十九条第一款规定，违法行为在二年内未被发现的，不再给予行政处罚。法律另有规定的除外。该款规定的期限，系从违法行为发生之日起计算，但违法行为有连续或者持续状态的，从行为终了之日起计算。即便案涉建筑于2009年之初即修建完成，但该违法行为处于持续状态，盐城市自规局作出的行政处罚未过处罚期限。故裁定就盐亭国土资罚〔2020〕40号《行政处罚决定书》

中的行政处罚，准予强制执行。

【典型意义】

本案是人民法院对虽发生时间很早但一直持续的非法占地行为，依法支持行政机关收回农用地的行政处罚的典型案例。案涉被占土地含有大量耕地，且非法占用时间较长。根据《最高人民法院关于如何计算土地违法行为追诉时效的答复》，不法状态被恢复原样之前，该非法占用行为处于继续状态。同理，非法占用土地建造建筑亦是如此。本案裁判表明土地行政主管部门无论何时发现非法占用农用地的行为，只要违法事实依旧存在，均应依法作出处罚。人民法院通过准予强制执行裁判有力支持了行政机关依法查处违法占用土地行为，对乱占耕地行为坚持“零容忍”的态度和立场，依法保障土地资源合理有效利用。

甲信用评价公司诉某市市场监督管理局行政处罚案

《人民法院服务保障全国统一大市场建设行政诉讼典型案例》案例三

2023 年 12 月 28 日

【基本案情】

一家在香港特别行政区注册的社团制定了两个企业信用评价标准。该社团将这两个标准授权给在北京注册的一家案外公司。甲信用评价公司又从该案外公司获得分授权。在甲信用评价公司网站关于企业信用信息管理平台的网页上，几乎每一个页面（包括首页）的底部，均有“依据中华人民共和国信用行业标准……评分评级……”等内容。甲信用评价公司简介的页面内有“经国家工商行政管理部门核准注册成立的全国性、国际化、社会化、标准化、专业化的信用评价机构……是中华人民共和国信用行业标准评价机构，执行标准依法在中国国家标准化管理委员会备案……”等内容。2019 年 3 月，某市市场监督管理局在对甲信用评价公司检查时发现，该公司使用的这两个标准没有在相关主管部门备案或审批。自 2018 年 12 月至 2019 年 4 月，甲信用评价公司按照这两个标准对多家单位开展信用评级活动，收费若干元。某市市场监督管理局认为，根据《标准化法》第十二条第二款的规定，甲信用评价公司使用的不是行业标准，构成虚假宣传，违反《反不正当竞争法》第八条第一款的规定，决定依照该法第二十条第一款的规定，责令该公司停止违法行为，罚款若干元。甲信用评价公司提起诉讼，请求撤销该行政处罚决定。

【裁判结果】

人民法院生效判决认为，依照《标准化法》第十二条第二款“行业标准由国务院有关行政主管部门制定，报国务院标准化行政主管部门备案”的规定，冠以“行业标准”的标准均由国务院有关行政主管部门制定。甲信用评价公司使用的两个标准明显不属于该法规定的“行业标准”。甲信用评价公司以“中华人民共和国信用行业标准”对外宣传，引人误解，构成不正当竞争，应予处罚。但该公司使用的这两个标准客观存在，社会危害程度相对较低，考虑到对新兴标准、引入标准监督的精神是以规范发展为主、惩戒为辅，故判决变更为较低的罚款数额。

【典型意义】

完善社会信用制度和信用体系、建立健全社会信用评价体系是构建全国统一大市场的重要保障。建立企业信用状况综合评价体系是加快建设全国统一大市场的应有之义。国家鼓励企业、社会团体和教育、科研机构等开展或参与标准化工作、国际标准化活动，鼓励社会团体制定高于推荐性标准相关技术要求的团体标准，鼓励制定具有国际领先水平的团体标准。在行政执法过程中，涉及不同地区标准转化和使用的，应当以规范发展为主，维护市场公平竞争环境与完善市场运行制度并重。本案中，人民法院结合我国企业信用评价标准的发展状况，认为应当遏制信用评价体系中违反法律规定、扰乱市场秩序的行为，对企业给予行政处罚，同时应当综合考虑企业行为的社会危害性等因素，鼓励市场主体探索开展高质量国际标准化活动。本案判决兼顾监管规范和促进发展，审慎调低罚款数额，降低对中小微企业的影响，促进了行业标准领域行政执法的公平公正。

甲驾校诉某省市场监督管理局行政处罚案

《人民法院服务保障全国统一大市场建设行政诉讼典型案例》案例六

2023 年 12 月 28 日

【基本案情】

2016 年 2 月，甲驾校与位于相邻两县的另外两家驾校签订《联合经营协议》，约定对 C1、C2 驾照培训实行联合经营模式。具体做法包括：对招收的三县学员的收费价格不低于核定的成本价；为确保协议实施，三驾校开设专用账户，各自存入 10 万元保证金；将培训一名学员的毛利润确定为 1000 元，毛利润全部存入该专用账户；若发生低于核定成本价收费等违约行为，追究违约责任 10 万元。其后，因一家驾校未按约履行，甲驾校和另外一家驾校追究其违约责任 10 万元。2016 年 11 月，三驾校又签订《联营补充协议》，将每名学员的毛利润调整为 500 元；加大违约责任追究力度，对违约行为追究违约责任 50 万元。某省市场监督管理局于 2017 年 8 月作出行政处罚决定，责令三驾校停止违法行为，罚款若干元。甲驾校提起诉讼，请求撤销对其作出的行政处罚决定。

【裁判结果】

人民法院生效判决认为，依照当时有效的《反垄断法》的相关规定，具有竞争关系的经营者不得达成固定商品或服务价格的垄断协议。判断是否构成垄断协议，核心是判断经营者就商品或服务价格达成的协议是否排除、限制竞争。三驾校分别位于相邻的三县。三驾校作为同样提供 C1、C2 驾照培训服务的经营者，具有较强的替代关系和竞争关系。三驾校所签联营协议确定最低成本价格、约定收费不得低于最低成本价格、对低于最低成本价格的收费追究违约责任等情况，系以约定最低成本价格来统一价格，明显具有排除、限制市场竞争的目的和效果，属于具有竞争关系的经营者达成固定商品或服务价格的垄断协议。被诉行政处罚决定认定事实清楚、适用法律正确、程序合法，故判决驳回甲驾校的诉讼请求。

【典型意义】

着力强化反垄断、依法查处不正当竞争行为，有助于解决妨碍全国统一大市场建设的不当市场干预和不当竞争行为问题。在市场经济活动中，除非适用政府指导价或政府定价，经营者应当遵循公平、合法和诚信原则，根据生产经营成本和市场供求状况自主定价。本案中，三驾校签订联合经营协议，实施价格串通，剥夺了消费者的自主选择权，严重扰乱当地驾照培训市场公平竞争秩序，依法应予行政处罚。人民法院正确适用法律，支持市场监管部门依法打击、制止垄断行为，充分发挥司法在强化反垄断风险识别、预防，制止垄断行为、解决垄断纠纷等方面的职能作用，坚决维护统一大市场的公平竞争秩序。

甲制衣公司诉某市市场监督管理局行政处罚案

《人民法院服务保障全国统一大市场建设行政诉讼典型案例》案例七

2023年12月28日

【基本案情】

2004年3月，甲制衣公司在某市市场监督管理局登记设立。因未报送2017年、2018年年度报告，某市市场监督管理局将该公司列入异常经营名录，于2020年1月在该局所属市人民政府门户网站发布催告，告知包括该公司在内的多家企业，在公告发布之日起15日内未主动申报年度报告或办理注销登记的，将依法予以吊销。该局于2020年1月向税务机关函询该公司自2019年7月1日以来的纳税记录及社保缴纳情况，得知无相关记录。该局于2020年2月进行实地调查，未发现该公司有开展经营活动的迹象。某市市场监督管理局于2020年4月作出行政处罚决定，对该公司吊销营业执照。另，2018年11月，人民法院裁定受理债权人对甲制衣公司进行破产清算的申请。2019年3月，甲制衣公司的第一次债权人会议召开，债权人表决同意该公司停止营业、同意该公司的重整申请。在诉讼期间，人民法院未裁定该公司进入破产重整程序。该公司管理人了解到被吊销营业执照后，提起诉讼，请求撤销某市市场监督管理局吊销该公司营业执照的行政处罚决定。

【裁判结果】

人民法院生效判决认为，依照当时有效的《公司法》第二百一十一条第一款和《公司登记管理条例》第六十七条的规定，公司成立后无正当理由超过六个月未开业的，或开业后自行停业连续六个月以上的，可以由公司登记机关吊销营业执照。本案中，人民法院已经受理了对甲制衣公司进行破产清算的申请，债权人会议已表决通过停止该公司营业的报告，故该公司自 2019 年 3 月起停止营业并非无正当理由地自行停业。参考《工商总局、税务总局关于清理长期停业未经营企业工作有关问题的通知》（工商企监字〔2016〕97 号）规定精神，已进入破产程序的企业，应从清理范围中剔除，宜通过破产程序退出市场，故判决撤销某市市场监督管理局吊销甲制衣公司营业执照的行政处罚决定。

【典型意义】

企业是最重要的市场主体。保障企业依法平等准入和退出，是加快建设全国统一大市场的必然要求。市场监管部门应当坚持依法行政，公平公正监管，正确适用市场监管规则。对于进入破产程序的企业退出市场，应当按照当时有效的《公司法》《破产法》《公司登记管理条例》等法律法规，以及《工商总局、税务总局关于清理长期停业未经营企业工作有关问题的通知》等相关政策的规定，区分情况、分类处置。对于清理对象存在已办理清算备案或已进入破产程序等情形的，可以从清理范围中剔除。本案的审理对于保护进入破产程序企业的合法权益，助推民营企业通过破产制度脱困重生，保障市场主体依法有序退出具有积极意义。

某食品有限公司诉某市市场监督管理局行政处罚案

《最高法发布人民法院服务新时代东北全面振兴典型案例》案例六

2023 年 10 月 11 日

【基本案情】

某食品有限公司系微型企业，成立于 2007 年，经营范围为糕点、方便食品生产。2020 年 4 月至 2021 年 5 月，该公司生产并销往多地的四款五批产品分别存在超限量使用食品添加剂，食品中菌落总数、大肠菌群、霉菌项目超过食品安全国家标准等问题。某市市场监督管理局在调查及并案处理的基础上，对该公司作出警告、没收违法所得及罚款的行政处罚。考虑到该公司实际情况，某市市场监督管理局对超限量使用食品添加剂的违法行为处以法定最低限度的 5 万元罚款，对霉菌项目超标等违法行为按情节处以 5.5 万元罚款。某食品有限公司对该行政处罚决定不服提起诉讼，请求判决撤销该行政处罚决定。

【裁判结果】

吉林省吉林铁路运输法院一审认为，某市市场监督管理局作出的行政处罚决定认定事实清楚，适用法律准确，处罚结果合理，遂判决驳回诉讼请求。吉林省长春铁路运输中级法院二审认为，某食品有限公司系微型企业，在该公司存在多项违法事实的情况下，某市市场监督管理局依法作出行政处罚，已充分考虑该公司作为微型企业的实际情况，结果适当。遂判决驳回上诉、维持原判。

【典型意义】

食品安全事关人民群众的切身利益，作为食品加工企业，必须严格遵守食品安全生产相关法律法规，以过硬的产品质量筑牢企业生存和发展的根基。本案中，某食品有限公司生产的四款五批产品存在超限量使用食品添加剂与霉菌项目超标等多项违法行为，应承担相应法律责任。行政机关充分考虑违法行为的社会危害性及微型企业经营发展实际，对超限量使用食品添加剂和霉菌项目超标等违法行为按法定最低限度处以罚款，行政执法行为具有合法性、合理性。人民法院通过对被诉行政处罚决定进行严格审查，充分回应诉讼请求，依法支持了行政执法行为，实现依法打击危害食品安全违法行为与保障微型企业生存发展的有机统一。

某饭店诉某区市场监督管理局行政处罚案

《最高法发布人民法院服务新时代东北全面振兴典型案例》案例七

2023 年 10 月 11 日

【基本案情】

某饭店位于知名商圈，周围饭店餐馆林立，均处于未配套设立专用烟道的老式商住综合楼中。为满足排烟需要，某饭店租用了同楼废弃锅炉房专用烟道并加装了油烟噪声净化设备。在某饭店取得相应行政许可并开始经营半年后，某区生态环境局向某区市场监督管理局发函称：某饭店所处商住综合楼未配套设立专用烟道，属选址不当，请查处。某区市场监督管理局遂对某饭店作出责令改正通知，但《通知书》中“改正内容及要求”处无内容。后某区生态环境局委托鉴定机构对某饭店排放的废气及噪声进行检测，检测结果均符合标准。某区生态环境局再次向某区市场监督管理局发函，告知其鉴定结论并明确说明某饭店现用烟道功能与楼体配套设立的专用烟道相近。某区市场监督管理局收函后，未予采信，仅依据某区生态环境局第一封函件内容作出行政处罚决定，认定某饭店在未配套设立专用烟道的商住综合楼内开展产生油烟、异味、废气的餐饮服务项目且经责令改正后拒不改正，对其处以罚款 55000 元及予以关闭的处罚。某饭店不服，向人民法院起诉请求撤销某区市场监督管理局作出的行政处罚决定。

【裁判结果】

黑龙江省哈尔滨市道里区人民法院一审判决驳回某饭店的诉讼请求。黑龙江省哈尔滨市中级人民法院二审认为，某区生态环境局作为保护生态环境的行政部门，针对某饭店是否存在“油烟扰民、选址不当”问题先后出具了两份函件，在第二份函件中明确说明某饭店正在使用的烟道与楼体配套设立的专用烟道功能相近，且某饭店安装使用了油烟净化器，经检测其排放油烟浓度在饮食业单位允许排放浓度的范围之内。某区生态环境局发送上述第二份函件时还附有相关检测报告。可见，某区生态环境局在第二份函件中对某饭店是否存在“油烟扰民、选址不当”问题作出了新的、与第一份函件不同的专业认定。某区市场监督管理局对第二份函件及附带的检测报告未予采信，仅依据第一份函件内容认定某饭店具有违法事实并作出处罚决定，属于认定事实不清，证据不足。此外，某区市场监督管理局在责令改正通知缺乏明确的责令改正内容及要求的情况下，以某饭店“拒不改正”为前提作出处罚决定，违反了法定程序。据此，二审判决撤销一审判决，同时撤销案涉行政处罚决定。

【典型意义】

老城区中的传统商圈大多集传统零售业、文化旅游业、餐饮业于一体，但受制于老城区建设年代早、规划不科学等历史原因，其配套设施往往存在不完善的情况。本案中，某饭店位于老城区的传统商圈，商圈范围内的建筑物均为多年前建设，没有设计建设配套的专用烟道。某饭店开始经营后积极寻找避免产生油烟、噪声污染的方法，从检测结果上看，这些方法也是切实有效的。经人民法院现场查看问询，该饭店的排烟条件为商圈内同类型餐饮业中较高标准，其避免油烟噪声污染和扰民的积极做法也得到了附近商家和居民的认可。在本案判决撤销涉案行政处罚决定后，附近的餐饮业经营者纷纷向某饭店“取经”，尽力避免产生油烟噪声污染，某区市场监督管理局也调整了相关领域的行政管理理念和执法方式，案件的审理实现了法律效果和社会效果的统一。

某公司诉兴宁市自然资源局土地行政处罚案

《最高法发布涉民营企业产权和企业家合法权益保护再审典型案例》案例 12

2023 年 10 月 10 日

【基本案情】

2003 年 4 月，梅州市发展计划局批复同意某公司在涉案地块开展建设，原兴宁市国土局也作出同意用地的预审意见，兴宁市招商引资办还发函明确土地补偿费按某公司与镇政府协商的价格解决并要求尽快完成项目建设。9 月，镇国土所出具“兹有五里香度假村全部土地已经我所协助征用。其土地使用证正在办理中，请有关部门给予办理报建手续”证明。2004 年 2 月，某公司取得建设用地规划许可证、建设工程规划许可证、施工许可证等系列手续；兴宁市政府也作出批复，减免报建规费，兑现招商政策。其间，某公司通过向村民、村民小组租赁或购买的方式使用涉案土地并于年底建成五里香茶艺馆。10 月，原广东省国土资源厅复函同意涉案项目完善用地手续，但兴宁市有关部门一直未按要求申报完善手续。2014 年，兴宁市自然资源局经立案调查后认定，某公司未取得建设用地批准手续即进行建设，属非法占用土地，决定没收建筑物和其他设施。

【裁判结果】

某公司不服，起诉请求撤销处罚决定，一、二审法院均驳回某公司的诉讼请求。某公司申请再审被驳回后，向最高人民法院提出申诉。最高人民法院决定对本案再审并提审。

最高人民法院再审认为，某公司未依法取得并完善用地审批手续，应当承担相应的法律责任。但兴宁市政府及相关部门明知某公司用地手续不全，仍然以招商引资名义作出一系列行政许可并支持先行建设，也应承担相应的法律责任。特别是因涉案项目符合土地利用总体规划，原广东省国土资源厅已经同意完善用地手续的情况下，兴宁市相关部门长期未推动完善用地手续，系违法用地状态长期持续的重要原因。此外，兴宁市政府部门及项目所在村组还收取某公司支付的部分土地补偿等费用。某公司对上述政府行为已形成足够信赖，因而形成的信赖利益应予保护。兴宁市自然资源局在 10 年后将非法占地责任全归责于某公司，径行将五里香茶艺馆没收，显失公正，也侵害其信赖利益。2023 年 4 月 19 日最高人民法院作出再审判决：撤销一、二审判决，确认被诉处罚决定违法。判决书同时载明，鉴于某公司原审期间未提出赔偿请求，兴宁市自然资源局主动协商采取具体补救措施或者赔偿方案；协商不成的，应及时作出赔偿决定。对赔偿决定不服的，可另行诉讼。

【典型意义】

营造稳定公平透明可预期的营商环境，要加强政府诚信履约机制建设，着力解决承诺朝令夕改、新官不理旧账等失信行为，正确对待民营企业因历史原因形成的不合规行为，依法保护民营企业的合理预期和合法权益。行政机关在对因政府原因与企业原因共同形成的非法占用土地进行处罚时，应充分考虑非法占用土地的时间、原因、情节与各方责任大小，采取既能纠正非法占用土地，又能保护相对人信赖利益，还能实现土地节约集约利用的执法方式。兴宁市自然资源局未遵循行政处罚法有关“过罚相当原则”“信赖保护原则”规定，没收并拆除已运营十余年、符合土地利用总体规划且可以补办用地手续的建设项目，利益衡量显失公正，执法方式简单机械，侵犯企业的信赖利益。最高人民法院提审并改判该案，纠正机械执法行为，积极回应历史原因形成的非法占用土地的纠错问题，依法保障了涉案企业合法权益。

慈溪市自然资源和规划局诉宁波某工程队非诉行政执行案

《湿地生态保护典型案例》案例五

2023年5月31日

【基本案情】

2021年4月，宁波某工程队未经批准在宁波杭州湾新区兴慈五路与十一塘路北侧擅自搭建项目部。2022年4月，行政执法人员在日常执法监督检查中发现该违法行为。经现场勘测，该地块东至杭州湾新区沿海滩涂、南至十一塘、西至兴慈五路十一塘横江桥、北至已批临时用地，涉及土地面积1003平方米，地块规划用途为滩涂。2022年4月26日，慈溪市自然资源和规划局（以下简称慈溪自规局）作出行政处罚决定，对宁波某工程队未经批准擅自搭建项目部的行为进行处罚：（1）责令退还非法占用的1003平方米土地；（2）没收非法占用案涉土地上的建筑物及构筑物；（3）对非法占用案涉土地的行为处以每平方米10元的罚款，计10030元。宁波某工程队缴纳了罚款，但未履行其余处罚内容。2022年10月28日，慈溪自规局向宁波某工程队送达履行行政处罚决定催告书。在法定期限内，慈溪自规局向慈溪市人民法院提起非诉行政执行，申请强制执行前述行政处罚决定中的第1项、第2项内容。

【裁判结果】

慈溪市人民法院经审查认为，案涉行政处罚决定不存在《最高人民法院关于适用〈中华人民共和国行政诉讼法〉的解释》第一百六十一条第一款规定的重大明显违法情形。宁波某工程队未在规定期限内自动履行上述决定确定的全部义务，也未在法定期限内申请行政复议或提起行政诉讼，经慈溪自规局催告，宁波某工程队仍未在规定期限内履行，依照《行政强制法》《行政诉讼法》相关规定，裁定对慈溪自规局申请执行的“退还非法占用的1003 平方米土地及腾空在非法占用的1003 平方米未利用地上的建筑物及构筑物”内容，准予强制执行，由宁波市自规局前湾新区分局组织实施。

【典型意义】

滩涂是海滩、河滩和湖滩的总称，是湿地的重要组成部分。滩涂对沿岸流入的各种污染物质有自然净化的功能，而且具有调节洪水等自然灾害和气候的功能。案涉滩涂地段位于宁波杭州湾新区，临近杭州湾国家湿地公园。被执行人非法占用滩涂建设项目部且占地面积较大，不仅违反土地管理相关法律法规，而且对滩涂的湿地资源保护和生态功能发挥造成妨碍。行政执法部门及时发现被执行人的违法行为，责令其改正并作出行政处罚，人民法院发挥非诉执行司法审查职能，依法支持和监督行政执法部门打击非法占用滩涂行为，有力推动了滩涂湿地资源保护和生态环境修复。

深圳某容器公司诉深圳市发展和改革委员会行政处罚行为案

《司法积极稳妥推进碳达峰碳中和典型案例》案例七

2023 年 2 月 17 日

【基本案情】

2014 年 5 月，深圳市发展和改革委员会（以下简称深圳市发改委）对包括深圳某容器公司在内的温室气体重点排放单位 2015 年目标碳强度进行了调整。2015 年 5 月深圳市发改委通知，深圳某容器公司 2014 年度超额碳排放 4928 吨二氧化碳当量，要求该公司在 2015 年 6 月 30 日前按照实际碳排放量在注册登记簿完成履约。2015 年 7 月 1 日，深圳市发改委通知要求深圳某容器公司在 2015 年 7 月 10 日前补缴与其超额排放量相等的碳排放配额，逾期未补缴将被处以相应的处罚。深圳某容器公司以其 2014 年用电量、工业产值比 2013 年度均有下滑为由拒绝支付。2015 年 8 月 4 日，深圳市发改委告知深圳某容器公司，对于其未按时足额履行2014年度碳排放履约义务的违法行为，拟从深圳某容器公司2015年度碳排放配额中扣除2014年度未足额补缴数量的碳排放配额，对该公司处以其2014年度超额排放量乘以履约当月之前连续6个月碳排放配额交易市场平均价格3倍的罚款。深圳市发改委依深圳某容器公司申请举行了听证，作出行政处罚决定书。深圳某容器公司不服，提起行政诉讼，诉请撤销深圳市发改委作出的行政处罚决定。

【裁判结果】

广东省深圳市福田区人民法院一审认为，深圳某容器公司作为温室气体重点排放单位，其2014年度分配碳排放配额为1686吨二氧化碳当量，实际排放为6614吨二氧化碳当量。深圳某容器公司的实际碳排放量超过其持有的碳排放配额，且未能按期足额履行2014年度碳排放配额清缴义务，也未按要求如期履行补缴义务。根据《深圳市碳排放权交易管理暂行办法》规定，碳排放配额总量是根据目标排放总量、产业发展政策、行业发展阶段和减排潜力、历史排放情况和减排效果等因素综合确定，与企业上一年度实际工业增加值密切相关，深圳某容器公司关于其2014年度用电量比2013年度减少，碳排放总量也应相应减少的主张，缺乏依据。深圳市发改委据此作出行政处罚决定书，符合法律规定，程序合法，应予支持，一审判决驳回深圳某容器公司诉讼请求。深圳某容器公司不服，以本案碳排放实际配额计算公式不合理等为由提起上诉。广东省深圳市中级人民法院二审驳回上诉、维持原判。

【典型意义】

碳排放行政主管部门在碳排放总量控制的前提下，可以根据公开、公平、科学、合理的原则，结合产业政策、行业特点、温室气体重点排放单位碳排放量等因素，确定初始分配的碳排放额度。温室气体重点排放单位应当在确定的碳排放额度范围内进行碳排放。本案中，人民法院依法确认《深圳市碳排放权交易管理暂行办法》作为地方政府规章，是依据深圳市经济特区法规《深圳经济特区碳排放管理若干规定》的授权，对碳排放实际配额计算公式作出规定，该规定与上位法并无冲突，应予执行。碳排放配额行政主管部门依法对未按时足额履行碳排放清缴履约义务的温室气体重点排放单位作出行政处罚，应依法予以支持。本案人民法院依法支持行政机关履行温室气体减排行政监管职责，对促进节能减排，推进碳达峰碳中和具有积极意义。

西安某建材有限公司诉陕西省西安市临潼区文化和旅游体育局行政处罚案

《依法保护文物和文化遗产典型案例》案例十五

2023 年 2 月 7 日

【基本案情】

2014 年 7 月开始，西安某建材有限公司（以下简称建材公司）在全国重点文物保护单位——秦始皇陵保护范围内占用土地建设预拌混凝土扩建项目。2017 年 3 月，陕西省西安市规划局临潼分局将该线索通报给西安市临潼区文化和旅游体育局（以下简称临潼文旅局）。同月 17 日，临潼文旅局就建材公司“未经文物部门批准擅自施工”立案调查，并责令建材公司限期拆除、恢复原貌。此后，临潼文旅局两次向建材公司送达行政处罚告知书及听证告知书，并根据建材公司申请依法组织听证，履行法定程序。其间，秦始皇陵博物院两次对临潼文旅局征询意见函作出回复，称建材公司施工已对秦始皇陵文物安全及周边历史风貌造成影响，破坏了秦始皇陵文物的真实性和完整性，并认为在该区域内不宜进行与文物保护无关的建设工程。2019 年 3 月 11 日，临潼文旅局作出行政处罚决定，认定建材公司违反《文物保护法》规定，责令其拆除违法建筑，并处罚款 30 万元。建材公司不服，诉至西安铁路运输法院。

【裁判结果】

西安铁路运输法院一审认为，文物保护法明确规定，任何单位或者个人未经批准不得在文物保护单位的保护范围内进行其他建设工程或者爆破、钻探、挖掘等作业。建材公司未向文物行政部门申报办理审批手续，擅自在秦始皇陵保护范围内进行建设工程，违反《文物保护法》规定。临潼文旅局认定事实清楚、证据确凿充分，程序合法，适用法律、法规正确，判决驳回建材公司的诉讼请求。

西安铁路运输中级法院二审维持原判。

【典型意义】

本案系行政相对人不服文物行政部门处罚决定引发的行政案件。秦始皇陵是中国古代劳动人民智慧和血汗的结晶，是我国第一批世界文化遗产、第一批全国重点文物保护单位，具有极其重大的历史、艺术、科学价值。建材公司擅自在秦始皇陵保护范围内进行工程建设，影响秦始皇陵的文物安全和历史风貌，破坏秦始皇陵文物的真实性和完整性，应当依法承担行政责任。文物行政部门依法对建材公司作出行政处罚决定，人民法院依法监督、支持文物行政部门严格执法，形成了打击违法、保护文物的有效合力。该案从线索发现到司法裁判的整个过程中，人民法院、文物行政部门、文物单位及有关行政部门多元联动、依法履职、各尽其责，是共建新时代文物和文化遗产保护法治屏障的成功范例。

顾某宏诉防城港市渔政支队渔业行政处罚决定案

《最高人民法院发布生物多样性司法保护典型案例》案例十四

2022年12月5日

【基本案情】

2018年2月4日，顾某宏驾驶渔船在广西壮族自治区防城港市西湾海域进行抽螺捕捞作业。次日，被防城港市渔政支队执法人员查获。经查，该船系无船名船号、无船籍港、无船舶证书的“三无”渔船，船上安装有国家明令禁止使用的拖曳泵吸耙刺抽螺捕捞作业设备1套、用网袋包装的渔获物螺苗、贝苗（带砂）65包共计1950千克。防城港市渔政支队认为顾某宏的行为违反了渔业相关法律法规，于2018年5月2日作出行政处罚决定，没收顾某宏的案涉渔船。顾某宏不服，向北海海事法院提起行政诉讼，请求撤销该行政处罚决定。

【裁判结果】

北海海事法院一审认为，案涉船舶是顾某宏未经相关部门审批，私自请人建造的“三无”渔业船舶。“三无”渔业船舶在渔港和海上航行或者停泊的，渔业行政主管部门依法应予以没收。顾某宏在该船上违法安装禁用渔具拖曳泵吸耙刺，在海上非法捕捞菲律宾蛤仔苗的事实清楚，证据充分。防城港市渔政支队作出的行政处罚决定适用法律正确，符合法定程序，判决驳回顾某宏的诉讼请求。宣判后当事人未上诉，一审判决已发生法律效力，包括顾某宏在内的 11 名系列案原告均服判息诉。

【典型意义】

人与自然是生命共同体，无止境地向自然索取甚至破坏自然必然会遭到大自然的报复。本案非法捕捞海洋贝类资源的案发地位于广西北部湾海域，该海域不仅是著名渔场，也是我国海洋生物多样性最丰富的区域之一，拥有施氏獭蛤、织锦巴非蛤、钝缀锦蛤、大竹蛏等特有珍稀贝类品种，是重要的海洋贝类基因库。违法行为人使用的禁用渔具拖曳泵吸耙刺俗称“吸蛤泵”“吸蛤耙”“抽螺机”，通过渔船水泵将所经海域的一切底栖生物连泥带砂全部吸起，是一种毁灭性的捕捞方式。这种掠夺式利用自然资源行为，极大破坏了海洋资源和生态平衡，严重损害生物多样性和渔业资源的可持续开发利用。人民法院通过依法支持渔业行政管理机关取缔“三无”渔船和禁用渔具，充分彰显了司法守护海洋生物资源及其生存环境，维护海洋生物多样性的坚定决心。

人民陪审员参加审理海事行政处罚案

《人民陪审员参审十大典型案例》案例 9

2022 年 10 月 11 日

【案件基本情况】

2018 年 1 月，天津市某化工科技公司就两个集装箱货物自天津港运至海口港向泉州某公司订舱，申报货物名称为“陶瓷熔块”，已完成货物装箱并集港等待运输。1 月 17 日，北疆海事局对货物实施开箱查验，并在两个集装箱内进行了随机取样，委托天津某检验中心对样品进行检验。检验中心出具检验报告认定两个集装箱内的样品主要成分为氢氧化钠，属于我国《危险化学品目录（2015 版）》中规定的 8 类腐蚀性危险化学品，应按危险化学品储运。

3 月，北疆海事局以该公司将危险化学品谎报为普通货物托运为由，依法给予罚款 10.9 万元的行政处罚。该公司不服，申请行政复议，天津海事局维持行政处罚。该公司诉至天津海事法院。天津海事法院受理后，在符合专业要求的人民陪审员名单中随机抽取一名人民陪审员，与两名法官组成三人合议庭审理本案。法院经审理认为，涉案行政处罚和复议决定认定事实清楚，适用法律、法规正确，判决驳回原告的诉讼请求。二审维持原判。

【人民陪审员发挥的参审作用】

本案案情涉及危险化学品认定、运输等专业知识，人民陪审员毕业于大连海事大学驾驶专业，担任过船长，是中国出入境检验检疫协会专家组成员，多次参与协会团体标准的制定和修订工作，具有丰富的危险化学品知识和样品取样、鉴定的实践经验，在审理过程中发挥了重要作用。一是提供有力技术支撑。开庭前，人民陪审员多次赴法院参加庭前会议，审阅相关证据材料，敏锐指出检验机构在检验报告中所引用的《危险化学品目录（2017 版）》不存在，可能存在笔误，需要检验机构予以澄清。后经证实，此处确为检验机构笔误。这一问题的及时发现，避免了庭审中该问题被突击提出，保障庭审得以顺利进行。二是积极参与庭审。人民陪审员在庭审中就行政相对人提出异议的取样标准适用范围进行了释明，并询问行政相对人涉案事实是否符合相关规定的要件。人民陪审员从专业角度的提问，赢得了当事人的信任。合议中，人民陪审员详细阐述了《危险化学品安全管理条例》相关规定适用范围及《危险化学品目录》立法原意，并在裁判文书制作过程中，就专业用语使用、相关法律法规适用要点等提出建议，提高了裁判文书表述准确性，增强了裁判公信度。

【典型意义】

本案人民陪审员深度参与案件审理，充分运用其专业素养深厚、实践经验丰富的优势，在认定关键证据、审核鉴定结论、查明争议事实方面发挥作用，切实提高审判工作质效和裁判专业化水平。2019 年，本案入选全国海事审判典型案例，参审本案的人民陪审员心中激动又自豪："之前许多人说，人民陪审员并没有实际作用。我一直忐忑。但在这个案件中，我通过亲身参与司法切实感受到，人民陪审员在审理过程中能够行使法律赋予的审判权，我的专业知识和意见建议真真切切地发挥了作用，这令我备受鼓舞。我相信，只要每一名人民陪审员积极参审、认真履职，司法公信力和透明度一定能得到更大的提升。”

秦某诉甘肃省陇西县原食品药品监督管理局行政处罚案

——监督支持行政机关依法查处生产、销售假药行为

《最高人民法院发布药品安全典型案例》案例六

2022 年 4 月 28 日

【简要案情】

2015 年 4 月，甘肃省陇西县原食品药品监督管理局（以下简称陇西县食药监局）接到群众关于有不法药商在中药材中掺假的举报信息，指派执法人员前往陇西县中天物流园进行检查，发现现场有大量大青叶、蒲公英等，进行询问后将涉案物品予以扣押。经定西市药品检验检测中心检验，样品名称“蒲公英”的检验结果为：性状、鉴别项不符合规定。2015 年 7 月，陇西县价格认证中心接受陇西县食药监局委托，对涉案财物作出价格鉴定结论书。2016 年 2 月，陇西县人民检察院认为秦某的行为构成生产、销售伪劣产品罪，鉴于其行为系犯罪未遂，犯罪情节轻微，决定对秦某相对不起诉，建议陇西县食药监局对涉案物品进行没收并对秦某给予行政处罚。2017 年 1 月，陇西县食药监局对秦某作出（陇）食药监药罚〔2017〕106 号《行政处罚决定书》，没收违法生产的药品“蒲公英”377 件，共计 24640 公斤，并处以违法经营药品货值金额（150304 元）二倍计人民币 300608 元的罚款。秦某不服该行政处罚决定，提起本案行政诉讼，请求撤销该行政处罚决定。

【裁判结果】

法院经审理认为，本案原告秦某的违法事实已被陇西县人民检察院作出的《不起诉决定书》所认定，陇西县食药监局根据公诉机关查明的事实及采信的证据材料，认定秦某的行为构成以“他种药品冒充此种药品”方式生产、销售假药，陇西县食药监局作出的行政处罚认定事实清楚、证据确凿，定性准确且适用法律正确。秦某在陇西中天中药材专业市场收购蒲公英，用大青

叶进行混合并打包的行为被及时查处，该批混合中药材已经在药品市场的流通环节，秦某称其购进中药材混合后当饲料使用的主张没有证据证实，不予采信。一审法院于2017年10月判决驳回秦某的诉讼请求。二审法院于2018年4月判决驳回上诉，维持一审判决。秦某不服，申请再审。2019年7月，甘肃省高级人民法院裁定驳回秦某的再审申请。

【典型意义】

此案属行刑衔接的案件。药品安全事关国计民生，直接影响人民群众的生命安全和身体健康。药品包括中药材、中药饮片、中成药等，蒲公英和大青叶均是《药典》收录的具有药用价值的中药材，属于药品的范畴。将大青叶掺入蒲公英中冒充蒲公英，使掺杂有大量大青叶的蒲公英的药用价值可能发生改变，经检验机构检验，其性状、鉴别项均不符合规定，属于《药品管理法》规定的以“他种药品冒充此种药品”之情形，依法应按假药论处。案涉中药材数量大，共计2万余公斤，如果销售后进入市场将可能对人民群众生命健康产生广泛不良影响，执法部门的查处具有正当性、及时性和必要性。在当前国家积极推进中医药事业和产业高质量发展、推动中医药走向全世界的背景下，对于药品监督管理部门依法查处中药材领域违法行为，人民法院应当依法予以支持，以维护人民群众的用药安全和身体健康，监督促进中药材行业健康发展。

某药店诉重庆市原食品药品监督管理局万州区分局行政处罚案

——监督支持行政机关依法查处出租药品经营许可证及销售假药行为

《最高人民法院发布药品安全典型案例》案例七

2022年4月28日

【简要案情】

2015年10月，某药店（甲方）与林某（乙方）签订《药店承包经营合同》，约定甲方将药店承包给乙方管理，并将甲方所有的药店营业执照、药品经营许可证、药品经营质量管理规范认证证书等资质证书提供给乙方使用。后林某将药店交由其母亲蔡某负责经营。2017年10月，重庆市原食品药品监督管理局万州区分局（以下简称重庆食药监局万州分局）对该药店进行现场检查时，查获假药“喘速清 TM 灵芝枇杷胶囊”12 盒。同年 12 月，重庆食药监局万州分局作出（万州）药罚〔2017〕97 号《行政处罚决定书》，认定某药店违法出租药品经营许可证及药店经营权，为蔡某销售假药提供了场所和资质证明，应当从重处罚，决定罚款 2 万元，吊销某药店药品经营许可证。某药店对吊销药品经营许可证不服，提起本案行政诉讼，请求撤销吊销药品经营许可证的行政处罚。

【裁判结果】

法院经审理认为，某药店将药品经营许可证出租给林某经营，违反了《药品经营许可证管理办法》第十二条“《药品经营许可证》是企业从事药品经营活动的法定凭证，任何单位和个人不得伪造、变造、买卖、出租和出借”之规定。因药店承包人林某的母亲蔡某在负责经营药店期间销售假药“喘速清 TM 灵芝枇杷胶囊”被查处，重庆食药监局万州分局认定某药店违法出租药品经营许可证，具有情节严重之情形，依据《药品管理法》（2015 年修正）第八十一条规定，作出罚款并吊销药品经营许可证的行政处罚决定，符合法律规定。一审法院于 2018 年 8 月判决驳回某药店的诉讼请求。二审法院于 2018 年 12 月判决驳回上诉，维持一审判决。

【典型意义】

本案系人民法院支持药品监督管理部门从严查处违法出租药品经营许可证及销售假药的典型案例。我国法律对药品经营活动实行严格的许可管理制度，未取得药品经营许可证，禁止从事药品经营活动。违法出租药品经营许可证，让不具备药品经营资格的自然人或组织获得药品经营资格，为销售假药劣药提供便利条件的行为，严重扰乱药品市场经营秩序，应当依法从严查处。本案中，某药店与他人签订《药店承包经营合同》，将药店的营业执照、药品经营许可证等资质证书提供给他人使用，定期收取承包费，实际上系通过出租药品经营许可证的方式获利，也为药店实际经营人销售假药提供了场所和资质证明，危及公众用药安全。人民法院依法支持行政机关对某药店给予从重处罚，彰显了人民法院支持药品监督管理部门对药品经营行为给予最严格监管的决心。只有坚决查处危害药品安全的违法行为，贯彻落实从严查处原则，才能最大限度保障公众用药安全，维护人民群众生命健康，同时保障有序的药品市场经营秩序和营造良好的法治营商环境。

江苏某集团有限公司诉黑龙江省大庆市让胡路区人民政府住房和城乡建设局行政处罚案

《最高人民法院发布行政机关负责人出庭应诉典型案例》案例二

2021年7月29日

【基本案情】

江苏某集团有限公司（以下简称某公司）具体施工涉案工程并于2013年竣工，同年业主陆续入住。2015年年底，部分业主向黑龙江省大庆市让胡路区人民政府住房和城乡建设局（以下简称让胡路区住建局）投诉涉案房屋存在墙体裂缝等质量问题。让胡路区住建局于2017年8月11日对某公司作出行政处罚决定，处以工程合同价款1218.15万元的4%（合计487260元）罚款，某公司不服，提起行政诉讼。一审判决驳回诉讼请求后，某公司向黑龙江省大庆市中级人民法院（以下简称大庆中院）提起上诉。

【出庭应诉情况】

房屋建设质量关乎民生，直接影响人民群众的生命财产安全。涉案行政争议引发之后，人民法院与行政机关均高度重视，大庆中院由院长担任审判长主审案件，让胡路区住建局局长及相关负责人全程参与行政应诉活动。庭审前，让胡路区住建局局长、副局长专题研究案件材料，深入了解案件事实、证据及法律依据，充分做好各项应诉准备工作。庭审中，局长、副局长全程积极参与，认真倾听行政相对人的请求和理由，紧紧围绕争议焦点，有理有据地发表答辩意见、质证意见及辩论意见，详细阐述、充分证明被诉行政处罚的合法性与合理性。大庆市市直机关及各县（区）的主管法治工作领导、法治部门负责人共计50余人旁听庭审。庭审还启用了科技法庭智能庭审系统，运用即时视频、音频网络通讯进行网络直播，黑龙江省电视台、大庆市电视台、《大庆日报》《大庆晚报》《都市生活报》等多家新闻媒体进行宣传报道。

【典型意义】

被诉行政机关负责人，包括行政机关的正职、副职负责人。正职负责人与副职负责人同时出庭的，由正职负责人履行出庭负责人职责，副职负责人履行诉讼代理人职责，可以充分体现被诉行政机关对行政争议的高度重视，以及化解矛盾的真心诚意。本案中，让胡路区住建局局长、副局长全程参与行政应诉过程，在充分做好应诉准备工作的基础上，严格规范参加庭审活动，“出庭且出声”“出庭出效果”，表明让胡路区住建局负责人具有较强的法治意识，对法律尊崇敬畏，勇于接受法律监督。同时，大庆中院合理利用现代科学技术，使庭审更加公开透明，并获得了良好的社会反响，发挥出庭审功能的最大化，实现了庭审效果的最优化。

毕某某诉内蒙古自治区宁城县市场监督管理局行政处罚案

《最高人民法院发布行政机关负责人出庭应诉典型案例》案例四

2021 年 7 月 29 日

【基本案情】

原内蒙古自治区宁城县食品药品监督管理局（现改名为宁城县市场监督管理局，以下简称原宁城县药监局）以宁城县某药店经营者毕某某从非法渠道购进药品为由作出行政处罚决定，对毕某某处以警告，没收违法所得 2000 元，并处罚款 8000 元。毕某某不服，向内蒙古自治区宁城县人民法院（以下简称宁城县法院）提起行政诉讼，认为被诉处罚决定认定事实错误、程序违法，请求依法予以撤销。

【出庭应诉情况】

因涉及药品安全，直接关乎公众身体健康，且案件因在专项巡查期间查处而引发社会关注，宁城县法院在庭审前，积极与原宁城县药监局沟通，建议其负责人出庭应诉。原宁城县药监局局长出庭应诉，庭审中认真听取毕某某的诉讼请求及相关情况，积极发表答辩意见与质证意见。庭审结束后，出庭负责人主动向毕某某询问相关情况，并立即针对案件有关情况开展内部核查。通过行政机关内部会议讨论后，原宁城县药监局启动了自我纠错程序，主动撤销了对毕某某的处罚决定，同时退还所收罚款和违法所得。毕某某自愿撤回起诉，案件从开庭审理到结案仅仅一周时间。

【典型意义】

行政机关的正职负责人依法履行出庭应诉职责，合理发挥负责人出庭应诉功能，有利于高效、实质化解行政争议，减少当事人的维权成本，节约司法资源。本案中，原宁城县药监局正职负责人，通过庭审活动与行政相对人进行了良好的沟通，更加全面、准确掌握案件事实，且并未因案件已引发社会关注、公众压力较大等而放弃依法行政原则，而是坚守法律底线，以事实为依据，勇于承认执法工作中存在的问题，并及时启动内部纠错机制，最终高效化解行政争议。

陈某海诉北京市平谷区某局长城保护行政处罚案

《最高法发布2021年度人民法院环境资源审判典型案例》案例十一

2022年6月5日

【基本案情】

陈某海于2014年至2020年在北京市平谷区黄松峪水库大坝东侧，距长城墙体约30米至100米范围内进行建设，建有建筑物、构筑物10处。北京市平谷区某局对此立案调查。北京市古代建筑研究所作出的《案涉文物鉴定评估报告》显示，陈某海擅自建造的临时建筑物、构筑物均位于全国重点文物保护单位——长城的保护范围内，对长城的历史环境风貌造成破坏的程度为严重。平谷区某局对陈某海作出罚款10万元的行政处罚，责令陈某海自行拆除建筑，同时向属地乡镇政府移送了违法建筑的线索。陈某海提起行政诉讼，主张案涉区域在黄松峪关长城城堡附近，并没有依法划定保护范围。

【裁判结果】

北京市平谷区人民法院一审认为，根据长城保护相关法规内容，长城本体保护范围划定的基本原则为长城墙体向外两侧以500米为参考数值，结合等高线（山峰制高点、山脊线）、道路、河流等地形地物划定保护范围。陈某海未经审批擅自在距长城墙体约 30 米至 100 米的长城保护范围内进行建设，违反了上述规定，平谷区某局经法定程序对其作出行政处罚并无不当，判决驳回陈某海的诉讼请求。北京市第三中级人民法院二审维持原判。

【典型意义】

本案是行政主管部门对在长城保护范围内违法建设行为予以处罚引发的行政诉讼案件。长城凝聚了中华民族自强不息的奋斗精神和众志成城、坚韧不屈的爱国情怀，已成为中华民族的代表性符号和中华文明的重要象征。在长城保护范围内进行违法建设，不仅对长城的历史环境风貌造成危害，也对民族精神和民族情感造成侵害。围绕案涉建筑的位置是否在长城保护范围内这一争议焦点，本案通过梳理相关法律法规和规章等，结合案涉建筑距长城墙体约 30 米至 100 米的事实，认定其位于长城保护范围内，坚决支持行政主管部门依法开展长城保护及监管工作，有利于提升社会公众历史文物保护意识，凝聚全社会力量共同保护好包括长城在内的中华民族标志性历史文化遗产，实现中华文明生生不息、代代传承。

梧州某环保实业有限公司诉梧州市某局行政处罚案

《最高人民法院发布 2021 年度人民法院环境资源审判典型案例》案例十三

2022 年 6 月 5 日

【基本案情】

梧州市某局查实梧州某环保实业有限公司渗滤液处理线的运行记录日志未如实记录清理、维修、停运设备的时间，存在台账弄虚作假违法行为，违反了水污染防治法相关规定，对该公司处以罚款 5 万元。该公司不服诉至法院。

【裁判结果】

广西壮族自治区梧州市长洲区人民法院一审认为，梧州市某局对水污染防治具有监督管理职权，对弄虚作假行为具有处罚职责。原告违法行为存在，梧州市某局认定事实清楚、证据确实充分、适用法律法规正确、处罚程序合法，判决驳回梧州某环保实业有限公司的诉讼请求。广西壮族自治区梧州市中级人民法院二审维持原判。

【典型意义】

本案是排污单位未如实填写环保设备运行台账日志、存在台账弄虚作假引发的环境污染行政处罚案件。良好生态环境是最普惠的民生福祉，本案充分发挥行政审判职能以及行政诉讼对预防环境污染的作用，监督支持环境保护行政主管部门依法积极履行行政监管职责，为防治水环境污染提供强有力的司法服务和保障，对水污染行政处罚案件的处理具有一定的示范意义。

北京市密云区园林绿化局申请执行行政处罚案

《最高人民法院发布人民法院依法审理滥伐林木典型案例》第四号

2024 年 9 月 14 日

【基本案情】

2013 年 8 月，村民齐某与所在村签订了退耕还林合同，约定造林 0. 84 亩，种植板栗，并领取了 8 年退耕还林补助。2019 年 10 月，北京市密云区园林绿化局接到群众举报，称齐某在退耕还林补助期内，砍伐自家退耕还林地里的板栗树。执法人员调查发现，现场留有 31 个板栗树伐桩，截面平整，切口整齐，现场内南侧整齐摆放着被伐倒的板栗树干和树枝。齐某申辩称其是为了更新品种对板栗树进行换头嫁接并非滥伐林木。北京市密云区园林绿化局经入村调查了解，齐某砍树目的为种植粮食作物，且砍伐后所留板栗树桩高度并不符合嫁接高度要求，故对其申辩意见未予采纳。北京市密云区园林绿化局作出行政处罚决定书，责令齐某补种树木等。齐某收到行政处罚决定后，既未履行行政处罚决定亦未在法定期限内申请行政复议或提起行政诉讼，北京市密云区园林绿化局向法院申请准予强制执行。

【裁判结果】

北京市密云区人民法院审查认为，齐某在补助期届满前，未经行政主管部门批准，对退耕还林地内的林木进行采伐，违反了法律法规的相关规定。北京市密云区园林绿化局作出的行政处罚决定，认定事实清楚，程序合法，具备法定执行效力。故法院依法裁定准予强制执行该行政处罚决定。考虑到树木栽种时间对成活率的影响，人民法院在执行过程中进行了多轮协调，最终确定由齐某在自有土地上异地补植板栗树。补种完成后，北京市密云区园林绿化局联合当地镇林业站现场验收合格。

【典型意义】

本案是一起人民法院依法支持行政机关要求滥伐林木的退耕还林者补种树木，并督促执行的典型案例。退耕还林是为了修复和改善生态，退耕还林者在宜林荒山荒地造林后应当履行管护义务，不应违反法律法规规定在退耕还林项目实施范围内复耕和从事滥采、乱挖等破坏地表植被的活动。人民法院在补植行政处罚执行中，科学考量特定环境要素，根据生物特性，合理确定补植地点、补植时间和密植度等内容，确保了生态环境修复的系统性、整体性、功能性和均衡性。

经营者销售假种子未尽质量查验义务应担责

——某种子商场诉某县农业农村局行政处罚案

《最高人民法院发布涉产品质量典型案例》案例三

2024 年 9 月 29 日

【基本案情】

2022 年 1 月，某县农业农村局行政执法大队对某种子商场开展农作物种子质量监督抽查，经检验被测样品与农业农村部征集审定品种标准样品不同。某县农业农村局对该种子商场以涉嫌经营假种子立案调查。经查，某种子商场存在经营假种子的问题。2022 年 7 月，某县农业农村局对某种子商场作出行政处罚决定，没收 122 袋假种子和违法所得，并处罚款 58 万余元。某种子商场不服，以种子零售商对经营种子的质量和真伪没有检验义务、自身无过错为由，向人民法院提起行政诉讼，请求撤销行政处罚决定。

【裁判结果】

审理法院认为，某县农业农村局作为政府农业农村行政主管部门主管辖区农作物种子工作，有对辖区内从事品种选育和种子生产、经营、使用、管理等活动中的违法行为作出行政处罚的法定职责。《种子法》第四十八条第一款规定，禁止生产经营假、劣种子。该条第二款第二项规定，种子种类、品种与标签标注的内容不符或者没有标签的，属于假种子。某种子商场作为销售者，所销售的种子存在生产经营许可信息未标注或与许可证载明内容不一致、品种审定编号不正确的情况。生产经营假种子是法律明令禁止的行为，对种子的标签标注内容进行查验属于种子经营者应尽的义务，某种子商场并未尽到其应尽的查验义务。某县农业农村局综合考虑其违法行为后果、违法经营货值和违法品种数量等事实作出行政处罚，履行了受案、传唤询问、调查取证、陈述申辩听证权利告知、集体讨论决定作出处罚、送达等法定程序，处罚不存在过当情形。法院判决驳回某种子商场的诉讼请求。

【典型意义】

仓廪实，天下安。种子作为重要的农资，是粮食安全的基础。为确保粮食安全和农业生态安全，种子相关的生产经营活动应受到严格管理。《种子法》明确禁止生产经营假、劣种子，种子产品经营者对所销售种子的标签标注内容有查验义务，否则将依法承担法律责任。本案判决彰显了坚决支持农业农村主管部门依法打击生产经营假、劣种子等违法行为的鲜明司法导向，对引导种子经营者依法依规经营、保护农民合法权益、捍卫粮食安全具有重要意义。

二、行政强制

廖某耀诉龙南县人民政府房屋强制拆迁案

《最高人民法院发布征收拆迁十大案例》第 8 号

2014 年 8 月 29 日

【基本案情】

原告廖某耀的房屋位于龙南县龙南镇龙洲村东胜围小组，2011 年被告龙南县人民政府批复同意建设县第一人民医院，廖某耀的房屋被纳入该建设项目拆迁范围。就拆迁安置补偿事宜，龙南县人民政府工作人员多次与廖某耀进行协商，但因意见分歧较大未达成协议。2013 年 2 月 27 日，龙南县国土及规划部门将廖某耀的部分房屋认定为违章建筑，并下达自行拆除违建房屋的通知。同年 3 月，龙南县人民政府在未按照《行政强制法》的相关规定进行催告、未作出强制执行决定、未告知当事人诉权的情况下，组织相关部门对廖某耀的违建房屋实施强制拆除，同时对拆迁范围内的合法房屋也进行了部分拆除，导致该房屋丧失正常使用功能。廖某耀认为龙南县人民政府强制拆除其房屋和毁坏财产的行为严重侵犯其合法权益，遂于 2013 年 7 月向赣州市中级人民法院提起行政诉讼，请求法院确认龙南县人民政府拆除其房屋的行政行为违法。赣州市中级人民法院将该案移交安远县人民法院审理。安远县人民法院受理案件后，于法定期限内向龙南县人民政府送达了起诉状副本和举证通知书，但该府在法定期限内只向法院提供了对廖某耀违建房屋进行行政处罚的相关证据，没有提供强制拆除房屋行政行为的相关证据和依据。

【裁判结果】

安远县人民法院认为，根据《行政诉讼法》第三十二条、第四十三条及《最高人民法院关于执行〈中华人民共和国行政诉讼法〉若干问题的解释》第二十六条之规定，被告对作出的具体行政行为负有举证责任，应当在收到起诉状副本之日起 10 日内提供作出具体行政行为时的证据，未提供的，应当认定该具体行政行为没有证据。本案被告龙南县人民政府在收到起诉状副本和举证通知书后，始终没有提交强制拆除房屋行为的证据，应认定被告强制拆除原告房屋的行政行为没有证据，不具有合法性。据此，依照《最高人民法院关于执行〈中华人民共和国行政诉讼法〉若干问题的解释》第五十七条第二款第二项之规定，确认龙南县人民政府拆除廖某耀房屋的行政行为违法。

该判决生效后，廖某耀于2014年5月向法院提起了行政赔偿诉讼。经安远县人民法院多次协调，最终促使廖某耀与龙南县人民政府就违法行政行为造成的损失及拆除其全部房屋达成和解协议。廖某耀撤回起诉，行政纠纷得以实质性解决。

【典型意义】

本案的典型意义在于：凸显了行政诉讼中行政机关的举证责任和司法权威，对促进行政机关及其工作人员积极应诉，不断强化诉讼意识、证据意识和责任意识具有警示作用。法律和司法解释明确规定了行政机关在诉讼中的举证责任，不在法定期限内提供证据，视为被诉行政行为没有证据，这是法院处理此类案件的法律底线。本案中，被告将原告的合法房屋在拆除违法建筑过程中一并拆除，在其后诉讼过程中又未能在法定期限内向法院提供据以证明其行为合法的证据，因此只能承担败诉后果。

叶某胜、叶某长、叶某发诉仁化县人民政府房屋行政强制案

《最高人民法院发布征收拆迁十大案例》第9号

2014年8月29日

【基本案情】

2009年间，仁化县人民政府规划建设仁化县有色金属循环经济产业基地，需要征收广东省仁化县周田镇新庄村民委员会某村民小组的部分土地。叶某胜、叶某长、叶某发（以下简称叶某胜等三人）的房屋所占土地在被征收土地范围之内，属于未经乡镇规划批准和领取土地使用证的“两违”建筑物。2009年8月至2013年7月间，仁化县政府先后在被征收土地的村民委员会、

村民小组张贴《关于禁止抢种抢建的通告》《征地通告》《征地预公告》《致广大村民的一封信》《关于责令停止一切违建行为的告知书》等文书，以调查笔录等形式告知叶某胜等三人房屋所占土地是违法用地。2009 年 10 月、2013 年 6 月，仁化县国土资源局分别发出两份《通知》，要求叶某发等三人停止土地违法行为。2013 年 7 月 12 日凌晨 5 时许，在未发强行拆除通知、未予公告的情况下，仁化县政府组织人员对叶某胜等三人的房屋实施强制拆除。叶某胜等三人遂向广东省韶关市中级人民法院提起行政诉讼，请求确认仁化县政府强制拆除行为违法。

【裁判结果】

广东省韶关市中级人民法院认为，虽然叶某胜等三人使用农村集体土地建房未经政府批准属于违法建筑，但仁化县政府在 2013 年 7 月 12 日凌晨对叶某胜等三人所建的房屋进行强制拆除，程序上存在严重瑕疵，即采取强制拆除前未向叶某胜等三人发出强制拆除通知，未向强拆房屋所在地的村民委员会、村民小组张贴公告限期自行拆除，违反了《行政强制法》第三十四条、第四十四的规定。而且，仁化县政府在夜间实施行政强制执行，不符合《行政强制法》第四十三条第一款有关“行政机关不得在夜间或者法定节假日实行强制执行”的规定。据此，依照《最高人民法院关于执行〈中华人民共和国行政诉讼法〉若干问题的解释》第五十七条的规定，判决确认仁化县政府于 2013 年 7 月 12 日对叶某胜等三人房屋实施行政强制拆除的具体行政行为违法。宣判后，各方当事人均未提出上诉。

【典型意义】

本案的典型意义在于：充分体现了行政审判监督政府依法行政、保障公民基本权益的重要职能。即使对于违法建筑的强制拆除，也要严格遵循《行政强制法》的程序性规定，拆除之前应当先通知相对人自行拆除，在当地张贴公告且不得在夜间拆除。本案被告未遵循这些程序要求，被人民法院判决确认违法。《行政强制法》自 2012 年 1 月 1 日起至今施行不久，本案判决有助于推动该法在行政审判中的正确适用。

刘某务诉山西省太原市公安局交通警察支队晋源一大队道路交通管理行政强制案

《最高人民法院发布行政审判十大典型案例（第一批）》第6号

2017年6月13日

【基本案情】

2001年7月，刘某务购买东风运输汽车一辆。2006年12月12日，刘某务雇用的司机驾驶该车行驶至太原市和平路西峪乡路口时，山西省太原市公安局交通警察支队晋源一大队（以下简称晋源交警一大队）执勤民警以该车未经年审为由将该车扣留。2006年12月14日，刘某务携带审验手续前往处理。晋源交警一大队执勤民警在核实过程中又发现无法查验该车的发动机号码和车架号码，遂以涉嫌套牌为由继续扣留，并口头告知刘某务提供其他合法有效手续。刘某务虽多次托人交涉并提供更换发动机缸体、更换发动机缸体造成不显示发动机号码、车架用钢板铆钉加固致使车架号码被遮盖等证明材料，但晋源交警一大队一直以其不能提供车辆合法来历证明为由扣留。刘某务不服，提起行政诉讼。法院审理期间，组织当事人对加固车架的钢板铆钉进行了切割查验，显示该车车架号码为GAGJBDK0110××××2219，而该车行驶证载明的车架号码为LGAGJBDK0110××××2219。

【裁判结果】

山西省太原市中级人民法院一审判决驳回刘某务的诉讼请求。山西省高级人民法院二审判决撤销一审判决，责令晋源交警一大队在判决生效后30日内对扣留涉案车辆依法作出处理并答复刘某务，驳回刘某务的其他诉讼请求。

最高人民法院认为，在刘某务提交合法年审手续后，晋源交警一大队又发现涉案车辆涉嫌套牌时，可依法继续扣留，但其违反法定程序，且始终未出具任何形式的书面扣留决定。涉案车辆确系我国生产的东风运输汽车，特定汽车生产厂家生产的特定汽车的车架号码最后8位字符组成的字符串具有唯一性，切割查验后显示的车架号码和行驶证所载车架号码的最后8位字符完全一致，可以认定被扣留车辆即为行驶证载明的车辆。晋源交警一大队认定涉案车辆涉嫌套牌而持续扣留，构成主要证据不足。在刘某务提交相关材料后，晋源交警一大队既不返还，又不积极调查核实，反复要求刘某务提供客观上已无法提供的其他合法来历证明，长期扣留涉案车辆不予处理，构成滥用职权。据此判决撤销一、二审判决，确认晋源交警一大队扣留涉案车辆违法，判令晋源交警一大队在判决生效后 30 日内将涉案车辆返还刘某务。

【典型意义】

本案典型意义在于：深入推进依法行政，加快建设法治政府，要求必须坚持严格规范公正文明执法。行政机关既要严格执法以维护社会管理秩序，也要公正把握执法尺度，兼顾相对人合法权益的保护。为维护道路交通秩序，预防和减少交通事故，保护人身、财产安全，公安机关交通管理部门有权依法扣留违法车辆。存在裁量余地时，对违法车辆的扣留应以实现行政目的为限，尽可能选择对相对人合法权益损害最小的方式。违反法定程序，无正当理由长期扣留车辆，过度推诿卸责，严重突破实现行政目的的限度，且对相对人合法权益造成重大损害，显已违背严格规范公正文明的执法要求。人民法院依法予以纠正，救济相对人合法权益，监督行政机关依法行使职权，助推依法行政，促进法治政府如期建成。

陆某尧诉江苏省泰兴市人民政府济川街道办事处强制拆除案

《最高人民法院发布人民法院征收拆迁典型案例（第二批）》第 4 号

2018 年 5 月 15 日

【基本案情】

陆某尧在取得江苏省泰兴市泰兴镇（现济川街道）南郊村张堡二组 138m^2 的集体土地使用权并领取相关权证后，除了在该地块上出资建房外，还在房屋北侧未领取权证的空地上栽种树木，建设附着物。2015 年 12 月 9 日上午，陆某尧后院内的树木被人铲除，道路、墩柱及围栏被人破坏，拆除物被运离现场。当时有济川街道办事处（以下简称街道办）的工作人员在场。此外，作为陆某尧持有权证地块上房屋的动迁主体，街道办曾多次与其商谈房屋的动迁情况，其间也涉及房屋后院的搬迁事宜。陆某尧认为，在无任何法律文书为依据、未征得其同意的情况下，街道办将后院拆除搬离的行为违法，故以街道办为被告诉至法院，请求判决确认拆除后院的行为违法，并恢复原状。

【裁判结果】

泰州医药高新技术产业开发区人民法院一审认为，涉案附着物被拆除时，街道办有工作人员在场，尽管其辩称系因受托征收项目在附近，并未实际参与拆除活动，但未提交任何证据予以证明。经查，陆某尧房屋及地上附着物位于街道办的行政辖区内，街道办在强拆当天日间对有主的地上附着物采取了有组织的拆除运离，且街道办亦实际经历了该次拆除活动。作为陆某尧所建房屋的动迁主体，街道办具有推进动迁工作，拆除非属动迁范围之涉案附着物的动因，故从常理来看，街道办称系单纯目击而非参与的理由难以成立。据此，在未有其他主体宣告实施拆除或承担责任的情况下，可以推定街道办系该次拆除行为的实施主体。一审法院遂认定街道办为被告，确认其拆除陆某尧房屋北侧地上附着物的行为违法。一审判决后，原、被告双方均未提起上诉。

【典型意义】

不动产征收当中最容易出现的问题是，片面追求行政效率而牺牲正当程序，甚至不作书面决定就直接强拆房屋的事实行为也时有发生。强制拆除房屋以事实行为面目出现，往往会给相对人寻求救济造成困难。按照行政诉讼法的规定，起诉人证明被诉行为系行政机关而为是起诉条件之一，但是由于行政机关在强制拆除之前并未制作、送达任何书面法律文书，相对人要想获得行为主体的相关信息和证据往往很难。如何在起诉阶段证明被告为谁，有时成为制约公民、法人或者其他组织行使诉权的主要因素，寻求救济就会陷入僵局。如何破局？如何做到既合乎法律规定，又充分保护诉权，让人民群众感受到公平正义，就是人民法院必须回答的问题。本案中，人民法院注意到强拆行为系动迁的多个执法阶段之一，通过对动迁全过程和有关规定的分析，得出被告街道办具有推进动迁和强拆房屋的动因，为行为主体的推定奠定了事理和情理的基础，为案件处理创造了情理法结合的条件。此案有两点启示意义：一是在行政执法不规范造成相对人举证困难的情况下，人民法院不宜简单以举证不力为由将原告拒之门外，在此类案件中要格外关注诉权保护。二是事实行为是否系行政机关所为，人民法院应当从基础事实出发，结合责任政府、诚信政府等法律理念和生活逻辑作出合理判断。

毛某梅、祝某兴诉浙江省江山市贺村镇人民政府行政强制及行政赔偿案

《最高人民法院发布行政诉讼附带审查规范性文件典型案例》第 9 号

2018 年 10 月 30 日

【基本案情】

毛某梅与其夫祝某兴系浙江省江山市贺村镇生猪养殖户。2015 年 5 月 31 日，浙江省江山市贺村镇人民政府（以下简称贺村镇政府）与祝某兴签订《生猪养殖场关停退养协议》，约定祝某兴关停其生猪养殖场，不得在原址上再从事生猪养殖，彻底拆除占地 374. 3m^2 的养殖设施，由镇政府给予其 10 元/平方米奖励。当日，贺村镇政府对拆除养殖设施完成验收，并于 2015 年 7 月 23 日将退养补助款 3473 元转账支付至祝某兴个人账户。2015 年 8 月 30 日，贺村镇政府发现祝某兴夫妇存在恢复生猪养殖的行为，向其发送《责令关停退养通知书》，责令其于当日无偿关停退养，并拆除栏舍。2015 年 9 月 1 日上午，贺村镇政府发现仍存在生猪养殖情形，遂于当日下午组织对养猪场建筑进行强制拆除。祝某兴夫妇因对贺村镇政府实施的强制拆除行为不服，提起行政诉讼，请求法院确认贺村镇政府的强制拆除行为违法，赔偿其各项损失 408230 元，并申请对江山市人民政府《关于深入推进生猪养殖污染整治和规范管理的通知》（江政办发〔2014〕29 号）进行附带审查。

【裁判结果】

浙江省衢州市柯城区人民法院一审认为，祝某兴与贺村镇政府签订的《生猪养殖场关停退养协议》中仅就拆除养殖场设施约定双方义务，并未就养猪场建筑的拆除进行约定，且随后双方义务均已履行完毕，故贺村镇政府在 2015 年 9 月 1 日实施的强制拆除行为并非履行协议内容。贺村镇政府在实施

强制拆除过程中，未依照《行政强制法》的规定履行催告、告知、作出强制执行决定书等程序，属程序违法。但祝某兴所主张的损失或非合法财产、或与强制拆除行为之间缺乏因果关系，不符合《国家赔偿法》等相关法律法规规定的赔偿情形，故不予赔偿。另，祝某兴请求一并审查的江政办发〔2014〕29号规范性文件，经其当庭明确系认为该文件第三条第三款不合法，而该条款内容系对生猪退养相关补助的政策规定，非本案贺村镇政府实施强制拆除行为的法律依据，故决定不予审查。判决后，双方均未上诉。

【典型意义】

本案再次明确了规范性文件附带审查制度中审查对象的附带性，即作为被诉行政行为依据的规范性文件才可能成为人民法院的审查对象。如果规范性文件不是行政机关实施行政行为的法律依据，那么人民法院将不予审查。以促进经济社会转型升级为核心目标开展的“三改一拆”“五水共治”等活动，是贯彻党的十八届五中全会提出“创新、协调、绿色、开放、共享”五大发展理念的重要体现。对于严重影响生态环境的生猪养殖业开展整治提升，是生态文明建设的重要环节，环保部门和乡镇政府在其中发挥着主要作用。人民法院在审理此类行政案件中，一方面要依法审查行政主体的职权依据、法律依据和执法程序，对强制拆除等行为应严格审查其合法性；另一方面对于涉及赔偿的内容要依照《国家赔偿法》以及《最高人民法院关于审理行政赔偿案件若干问题的规定》等法律、司法解释中“合法权益”、直接损失、行为与损失之间因果关系等要素进行严格审查。本案中规范性文件并非行政行为作出的依据，人民法院根据《行政诉讼法》的规定不予审查，明确了可以附带审查的规范性文件的法律界限。

安徽合肥某园林建设有限公司诉肥西县花岗镇人民政府、肥西县人民政府行政强制案

《依法平等保护民营企业家人身财产安全十大典型案例》第 7 号

2019 年 5 月 21 日

【案情简介】

2011 年 12 月 20 日，合肥某园林建设有限公司与安徽省肥西县花岗镇陶店村村民委员会签订一份《农村土地承包经营权流转合同》，约定合肥某园林建设有限公司流转坐落于花岗镇陶店村 7 个村民组 773.24 亩（含塘口面积 55.73 亩）土地，用于苗木花卉种植经营。流转期限自 2011 年 12 月 20 日到 2025 年 9 月 20 日，前述协议的签订由安徽省肥西县花岗镇农业经营管理站见证。2015 年 3 月 8 日，安徽省人民政府下发《关于进一步加快安徽铁路建设的若干意见》（皖政〔2015〕27 号），为加快安徽省铁路发展，将包括本案“合安客专线”在内的多条线路纳入建设任务。2016 年 7 月 21 日，国土资源部办公厅批复了安徽省国土资源厅《关于建设合肥至安庆铁路工程建设项目先行用地的请示》，同意先行用地 140.0351 公顷。2016 年 9 月 3 日，安徽省城建设计研究总院有限公司作出《土地勘测定界技术报告书》，对新建合肥至安庆铁路合肥市肥西县段项目进行勘测定界，案涉项目经过本案原告经营苗木所在地块，需要征迁本案原告承租经营地块上面积约为 50 亩的苗木。2016 年 12 月 16 日，安徽省肥西县人民政府作出《关于花岗镇合安高铁、合九绕城联络线项目征迁标准的批复》（肥政秘〔2016〕128 号），对安徽省肥西县花岗镇人民政府《关于要求批准花岗镇合安客专、合九绕城联络线征迁项目涉及村庄拆迁标准的请示》予以批复，有关青苗补偿标准为《肥西县被征收土地上房屋其他附着物及青苗补偿标准》，其中第五条第二款规定：“在征地告知后，凡在拟征土地上抢建、抢栽、抢种的地上附着物和青苗，征地时一律不予补偿。”2017 年 1 月 3 日，合肥市铁路建设协调领导小组办公室发文《关于印发合安高铁合肥地区征地拆迁工作布置会会议纪要的通知》（合铁办〔2017〕1 号），明确沿线县（区）政府作为征地拆迁工作的责任主体。同年 1 月 10 日，合肥某园林建设有限公司、花岗镇政府以及安徽某房地产土地资

产价格评估有限公司，共同对被征迁苗木地块进行现场勘验，并制作相应笔录，对案涉苗木树种、规格、数量予以确认，各方均签字确认。同年3月1日，花岗镇政府向合肥某园林建设有限公司送达《合安客专红线范围内苗木迁移的通知》，要求合肥某园林建设有限公司在3月8日前将案涉苗木迁出红线范围外，逾期不迁，视作自动放弃。同年3月3日，合肥某园林建设有限公司向花岗镇政府递交《关于某园林公司苗圃拆迁事宜的报告》，表示无力按照前述要求完成搬迁工作，并请镇政府按照评估价回购。同年3月10日，花岗镇政府组织人员将案涉苗木予以铲除。合肥某园林建设有限公司对此不服，起诉至法院，请求确认案涉拆除行为违法。合肥市中级人民法院依法确认花岗镇政府铲除、毁损原告流转安徽省肥西县花岗镇陶店村50多亩土地上附着物（苗木、鱼塘）的行政行为违法。宣判后，被告花岗镇政府及安徽省肥西县人民政府未提出上诉。

【典型意义】

本案明确在行政审判工作中，应依法对行政机关违法行为予以纠正，对不规范行为予以指引，维护民营企业的合法权益和自主经营权。

行政强制必须依法设定、由法授权、按法实施、受法约束。政府推进重大工程建设，是利国利民的好事，公民、法人或者其他组织予以配合亦属应有之义。但若因此要征收或者征用公民、法人或者其他组织合法财产的，应当给予权利人合法合理的补偿，并且这种补偿也要按照法定程序进行。此外，对于因重大工程进度而要求公民、法人或者其他组织在短期内予以配合的时候，政府亦应给予公民、法人或者其他组织充分的准备时间。对于公民、法人或者其他组织因客观原因无法按期予以配合并已经向政府予以提出的情况下，政府则应当从服务型政府的标准和要求积极采取相应措施，不能只考虑行政效能，而忽视程序正义，采用强制拆除的方式予以处理。人民法院的行政判决应当充分发挥司法的评价、引导功能，加大对侵犯财产权行为的监督力度，以《行政强制法》的相关规定对本案被告的强制拆除行为予以确认违法，正是这种评价、引导功能的体现。

李某德诉宝鸡市渭滨区人民政府行政强制案

《最高人民法院产权保护行政诉讼典型案例》第三号

2020 年 7 月 27 日

【基本案情】

李某德系宝鸡市渭滨区神农镇陈家村（以下简称陈家村）村民，在该组拥有宅基地并建有房屋。2013 年 12 月 25 日，宝鸡市渭滨区旧城改造领导小组发文成立了陈家村城改办，对陈家村进行城中村改造。2015 年 9 月 16 日，李某德作为乙方与甲方陈家村城改办签订《拆迁过渡协议》。该协议约定全村实行统一的城中村改造拆迁安置补偿标准，并对于乙方住房面积作了确认，约定了过渡费和搬迁费、奖励的金额，同时约定乙方应在 2015 年 10 月 15 日前签订协议并腾空房屋、交付房屋钥匙，交由甲方实施拆迁。2015 年 10 月 2 日，李某德将房屋腾空并向陈家村城改办交付住房钥匙。2016 年 9 月 11 日，陈家村村委会组织实施拆除了李某德的房屋。李某德不服拆除房屋的行为，于 2016 年 10 月 17 日诉至法院，请求确认宝鸡市渭滨区人民政府（以下简称渭滨区政府）强拆其房屋的行为违法并承担本案的诉讼费用。

【裁判结果】

陕西省宝鸡市中级人民法院一审认为，渭滨区政府拆除李某德房屋系依据《拆迁过渡协议》实施的合法行为，判决驳回李某德的诉讼请求。李某德不服一审判决，提起上诉。陕西省高级人民法院二审认为，陈家村村委会组织实施强制拆除李某德房屋的行为系代渭滨区政府实施的受委托行为，相应的法律后果应当由渭滨区政府承担。渭滨区政府既没有依法作出《责令交出土地决定》，也没有依法申请人民法院强制执行，且在没有完成安置补偿工作的情况下，直接对李某德的房屋实施了强制拆除行为，违反法律规定。遂判决撤销一审判决，确认渭滨区政府拆除李某德房屋的行为违法。

【典型意义】

《土地管理法》《国有土地上房屋征收与补偿条例》等法律法规对集体土

地和国有土地上房屋征收程序和方式均作出了明确规定。行政机关在对土地和房屋征收的过程中，应当遵循“先补偿、后拆迁”原则，依法对被征收人进行安置补偿。在被征收人已经依法得到安置补偿或者无正当理由拒绝接受安置补偿的情况下，行政机关若要实现强制搬迁和拆除，也必须按照法定程序申请人民法院强制执行，在获得人民法院准许强制执行裁定前，行政机关没有直接强制拆除被征收房屋的权利。本案中，渭滨区政府在李某德腾空房屋并交付住房钥匙后实施拆除房屋的行为，从形式上看似乎是依照协议的行为，也不违背李某德的意愿。但不可忽视的是，这种“貌似自愿”是建立在被征收人李某德并没有获得实质补偿的基础上。李某德受政府许诺“奖励”政策的影响，与陈家村城改办签订了《拆迁过渡协议》，仅对过渡费、搬迁费和奖励金额等进行约定，并未对李某德作出实质性补偿安置。渭滨区政府以此作为拆除房屋的依据，不符合“先补偿、后拆迁”原则的立法精神，不利于全面保护被征收人切身利益。因此，渭滨区政府在既没有完成安置补偿工作，又没有依法申请人民法院强制执行的情况下，即拆除了李某德的房屋，明显违反法律规定。

陈某某诉洋浦经济开发区管理委员会城乡建设行政强制案

《耕地保护典型行政案例》第八号

2020年12月14日

【基本案情】

陈某某在看塘村擅自建设猪舍。2018年10月8日，洋浦经济开发区管理委员会（以下简称洋浦管委会）作出《限期拆除告知书》，认定陈某某未经洋浦规划建设行政主管部门批准，在没有取得乡村建设规划许可证的情况下，在看塘村擅自建设440.56平方米构筑物，拟作出限期拆除该构筑物决定，并告知陈某某享有陈述及申辩、申请举行听证的权利，于当天向陈某某留置送达。其后，洋浦管委会相继作出《限期拆除决定书》《履行行政决定催告书》《强制执行决定书》《强制拆除公告》《限期搬离通知书》并于2019年1月31日组织拆除陈某某的猪舍。陈某某不服《强制执行决定书》，遂成本诉。

【裁判结果】

海南省第二中级人民法院一审认为，陈某某在村里建猪舍未办理相关手续，亦未取得乡村建设规划许可证，洋浦管委会将该猪舍认定为违法构筑物并无不当；陈某某未拆除违建猪舍，洋浦管委会根据《行政强制法》第三十七条的规定作出 251 号强制执行决定书，认定事实清楚，适用法律正确，程序合法，并判决驳回陈某某的诉讼请求。

海南省高级人民法院二审认为，根据《土地管理法》第八十三条、《城乡规划法》第六十五条的规定，对非法占用土地上的建筑或设施的强制拆除由行政机关申请人民法院执行，对乡、村庄规划区内违反规划所建的建筑或设施由行政机关自行查处。本案中，涉案养殖设施用地为设施农业用地，陈某某未履行用地审批手续使用涉案养殖设施用地属于非法占地行为，故对在该地上所建的涉案养殖设施的拆除，应根据《土地管理法》第八十三条的规定，由洋浦管委会申请人民法院强制执行，而不能适用《城乡规划法》第六十五条的规定由洋浦管委会自行决定强制拆除。而且，洋浦管委会亦未提供证据证明涉案养殖设施用地属于乡、村庄规划区范围内的建设用地，即不存在可以适用《城乡规划法》进行查处的情形。综上，洋浦管委会适用《城乡规划法》第六十五条作出 251 号强制执行决定书，适用法律和处理结果均为错误，依法应予撤销，但由于涉案养殖设施已被强制拆除，该决定书实质上已无可撤销的内容，故依法应确认为违法。遂据此判决撤销一审判决，确认洋浦管委会作出《强制执行决定书》的行政行为违法。

【典型意义】

根据相关法律规定，乡、村庄规划区内的建筑物违反《城乡规划法》的，可由乡、镇人民政府依法强制拆除，规划区外的建筑物违反《土地管理法》规定的，应当由行政机关申请人民法院强制拆除。所以，在查处违法建筑的过程中，行政机关需要对违法建筑物的性质进行调查，而不能笼统地适用《城乡规划法》予以简单处理。本案中，通过对违法建筑的性质认定，明确了查处不同类型非法建筑所应适用的法律依据，为行政机关依法行政提供了较好的借鉴意义。

灵宝某水产养殖有限公司诉三门峡市城乡一体化示范区管理委员会、灵宝市大王镇人民政府强制拆除案

《黄河流域生态环境司法保护典型案例》案例九

2021年11月25日

【基本案情】

灵宝某水产养殖有限公司（以下简称某公司）在其水域滩涂养殖证核准的面积外自行扩建100余亩建设鱼塘，其所建鱼塘及附属设施位于河南省黄河湿地国家级自然保护区核心区或缓冲区内。养殖证到期后，灵宝市大王镇人民政府（以下简称大王镇政府）向某公司发出整改通知，后又向某公司送达拆除通知。三门峡市城乡一体化示范区农业农村工作办公室（系三门峡市城乡一体化示范区管理委员会的内设机构，以下简称农业农村工作办公室）亦两次向某公司下发责令停止黄河湿地违法行为通知，并限期自行拆除其位于黄河湿地、河道范围内的违法建筑物、构筑物和其他设施。某公司对该通知未提起行政复议或者行政诉讼。2019年5月26日，三门峡市陕州区人民检察院向农业农村办公室发出检察建议，建议对某公司的违法行为予以查处，保护黄河湿地安全。2019年5月29日，在农业农村办公室工作人员在场、某公司同意的情况下，大王镇政府委托有关人员对鱼塘进行贯通，清理建筑垃圾，恢复湿地。此后，某公司提起行政诉讼，请求确认三门峡市城乡一体化示范区管理委员会及大王镇政府于2019年5月强制拆除某公司养殖设施等财产的行为违法。

【裁判结果】

河南省三门峡市中级人民法院判决驳回某公司诉讼请求后，某公司不服提起上诉。河南省高级人民法院二审认为，某公司在河南黄河湿地国家级自然保护区核心区、缓冲区内建设鱼塘及其附属设施，违反《自然保护区条例》第三十二条、《河南省湿地保护条例》第二十五条的规定，其鱼塘及附属设施应予拆除。在责令整改、实施拆除行为的过程中，农业农村办公室、大王镇

政府履行相关告知义务，保护其程序权利，并充分考虑某公司的实际情况，最大限度地减少某公司损失，所实施的拆除行为合法。遂判决驳回上诉、维持原判。

【典型意义】

本案系人民法院支持地方政府加强黄河湿地保护的典型案例。河南黄河湿地国家级自然保护区跨三门峡、洛阳、焦作三市和济源产城融合示范区，面积680平方公里，是黄河八个重要湿地之一，对该区域沿黄生态环境具有重要支撑作用。但长期以来，黄河湿地内仍存在违规进行乱占、乱建等违法行为，对黄河湿地的生态环境造成了严重破坏，亟须依法进行整治。本案的执法和诉讼过程，反映出行政机关、检察机关、审判机关发挥职能作用，协同配合，对黄河湿地内乱占、乱采、乱堆、乱建现象打出有力组合拳，取得了良好的法律效果和社会效果，为黄河流域生态环境持续提升提供了有力的司法保障。

五河县某家禽养殖有限公司诉五河县人民政府行政强制案

《人民法院服务和保障长三角一体化发展典型案例》案例二

2021 年 11 月 2 日

【基本案情】

五河县某家禽养殖有限公司（以下简称某养殖公司）系大学毕业生回乡创业经办的民营企业，已依法办理了经营所需的各类证照。后因该公司养殖地被划定为当地饮用水源二级保护区，该区域禁止从事规模化畜禽养殖业务。2018 年 12 月 3 日，五河县环境保护委员会办公室向安徽电力五河某有限责任公司（以下简称某供电公司）发出《关于对张家沟沿岸迎水面多家畜禽养殖户实施彻底断电的通知》，通知载明：按照五河县人民政府（以下简称五河县政府）统一部署，经五河县农委、头铺镇人民政府等单位联合排查，要求某供电公司接到通知后 3 个工作日内对违法养殖户实施彻底断电处理。2019 年 1 月 16 日，某供电公司停止向某养殖公司供电。某养殖公司不服，向法院提起行政诉讼，请求确认五河县政府安排某供电公司对其实施强行彻底断电关停企业的行政行为违法。

【裁判结果】

安徽省蚌埠市中级人民法院一审判决驳回某养殖公司的诉讼请求。某养殖公司不服，向安徽省高级人民法院提起上诉。二审法院从某养殖公司的核心诉求着手，积极组织双方当事人就企业后续经营、搬迁补偿等问题进行协调。最终，五河县政府协助某养殖公司另外找到合适的养殖地点，并协调相关职能部门依法及时为某养殖公司办理继续从事家禽养殖业务所需的各项审批手续。对于某养殖公司因搬迁造成的损失，五河县政府亦承诺将依法予以补偿。某养殖公司主动申请撤回上诉及一审起诉，安徽省高级人民法院裁定予以准许。

【典型意义】

随着长三角一体化发展的不断深入，法治政府建设的重要性日益凸显，企业合法权益和公共利益保护之间的平衡问题往往会给政府依法行政带来极大挑战。人民法院通过行政诉讼监督行政机关依法履职，引导政府用法治思维和法治方式来解决问题，可以促进有效市场和有为政府更好地结合。通过建立府院联动机制，不断加强政府与法院之间的协作联动，有序推进法治政府建设、多元矛盾化解等工作，实现行政与司法的良性互动。

本案中，人民法院从保护企业合法权益和实质性化解矛盾的角度出发，统筹兼顾企业合法权益和公共利益保护，通过府院联动，协调解决某养殖公司后续经营、搬迁补偿等根本问题，促进矛盾公正、高效、实质性化解，实现法律效果、社会效果的有机统一。本案是人民法院践行司法为民宗旨，为建设法治国家、法治政府、法治社会提供司法保障的生动实践，对于提升社会治理能力和社会治理体系现代化水平具有重要意义。

彭某某等 40 人诉福建省福安市人民政府等四单位强制拆除行为案

《最高人民法院发布行政机关负责人出庭应诉典型案例》案例十一

2021 年 7 月 29 日

【基本案情】

彭某某等 40 人未经规划行政主管部门审批在福建省福安市城北街道王基岭地块建设涉案建筑物。福建省福安市住房和城乡建设局（以下简称福安市住建局）对彭某某等 40 人作出《责令拆除通知书》。彭某某等 40 人在期限内未自行拆除，福安市住建局遂作出拆除公告，之后涉案建筑物已被拆除。彭某某等 40 人认为强制拆除时福建省福安市人民政府、福安市住建局、福安市城北街道办事处、福安市公安局均有领导在场，遂以该四单位为共同被告向福建省宁德市中级人民法院（以下简称宁德中院）提起行政诉讼，请求确认四被告强制拆除地上物的行为违法。宁德中院在查明福安市住建局作出被诉行政行为且未履行法定程序事实的基础上，判决确认福安市住建局的行为违法，并另行裁定驳回对其他三个行政机关的起诉。

【出庭应诉情况】

因本案人数众多，且涉及“两违”清理重点工作，当事人之间的矛盾较深且相对复杂，宁德中院依法受理案件后，决定由分管行政审判工作的副院长担任审判长，同时向四被告发送行政机关负责人出庭应诉通知，并邀请人大代表、政协委员旁听案件审理。四被告均委派负责人出庭应诉，出庭负责人就“两违”清理工作的政策、安置等问题阐述意见，得到人大代表、政协委员及旁听群众的理解与认同。出庭的福安市副市长当庭表示，将依法保障行政相对人合法权益，积极化解与行政相对人之间的矛盾与纠纷。庭审结束后，宁德中院通过主动召开座谈会、“背靠背”协调等方式对行政争议进行协调，在协调工作确实难以进展的情形下，及时、依法作出判决，并在判后向福安市住建局发送司法建议，指出行政执法存在的问题，建议完善执法程序，规范执法行为，依法保护行政相对人的合法权益。

【典型意义】

对于社会高度关注或者可能引发群体性事件的案件，人民法院应当通知行政机关负责人出庭应诉。本案中，原告人数多达40人，且涉及社会公众关注的“两违”清理重点工作，宁德中院通知被诉行政机关的负责人出庭，符合负责人出庭应诉制度的要求。宁德中院邀请人大代表、政协委员旁听案件审理工作，表明人民法院愿意主动接受监督，积极争取各方力量的支持，共同推进行政审判工作的健康发展。宁德中院多措并举促进案件协调化解，并就案件审理中反映出的行政执法问题发送司法建议，表明人民法院可以合理运用负责人出庭应诉制度，充分发挥行政审判职能，助推法治政府建设。

三、行政许可

卢某等204人诉杭州市萧山区环境保护局环保行政许可案

《最高人民法院公布环境保护行政案件十大案例》第4号

2015年2月6日

【基本案情】

杭州萧山城市某集团有限公司（以下简称某公司，原审第三人）因涉案风情大道改造及南伸项目建设需要，委托浙江省某环保设计研究院有限公司（以下简称某设计院）对该项目进行环境影响评价。在涉案环评报告书编制过程中，某公司分别在建设项目所涉区域对案涉项目的基本情况及其对周边环境可能造成的影响、预防或减轻不良环境影响的对策和措施、环境影响评价结论要点等内容进行了两次公示。某设计院通过发放个人调查表和团体调查表的方式进行了公众调查。2012年4月20日，杭州市萧山区环境保护局（以下简称区环保局）与某公司、某设计院和邀请的专家召开了涉案项目环境影响报告书技术评审会并形成评审意见。同年4月23日，区环保局在区办事服务中心大厅的公示栏内张贴案涉项目的《环保审批公示》。公示期间为2012

年 4 月 23 日至同年 5 月 7 日，共 10 个工作日。公示内容主要为：涉案项目基本情况；涉案项目对环境可能造成的影响；预防或减轻不良环境影响的对策和措施；环境影响评价结论要点；建设单位、环评单位及审批单位的联系方式，并注明征求意见的方式是电话和信件。2012 年 5 月 29 日，区环保局与某公司、某设计院和邀请的专家召开案涉环评报告书（复审稿）技术复审评审会并形成复审意见。2012 年 6 月，某设计院形成环评报告书的送审稿。同年 6 月 28 日，某公司向区环保局报送该环评报告书及相关的申请材料，申请对该环评报告书予以批准。区环保局于同日作出《关于风情大道改造及南伸（金城路—湘湖路）工程环境影响报告书审查意见的函》（以下简称《审查意见函》），同意该项目在萧山规划许可的区域内实施。

卢某等 204 人称，其均为萧山区风情大道湘湖段“苏黎世小镇”和“奥兰多小镇”两小区的居民。因不服萧山区发展和改革局审批的“风情大道改造及南伸（金城路—湘湖路）工程”可行性研究报告，向杭州市发展和改革委员会提起行政复议。在复议期间，萧山区发展和改革局提供了区环保局的《审查意见函》作为其审批依据。该 204 人认为涉案项目的建设将对两个小区造成不利影响，区环保局的行政许可行为侵害其合法权益，遂以该局为被告提起行政诉讼，请求法院撤销上述《审查意见函》。

【裁判结果】

杭州市萧山区人民法院一审认为，根据《浙江省建设项目环境保护管理办法》（以下简称《办法》）第二十二条的规定，环保行政机关受理环境影响报告书审批申请后，除了依法需要保密的建设项目，仍需通过便于公众知晓的方式公开受理信息和环境影响报告书的查询方式以及公众享有的权利等事项，并征求公众意见，征求公众意见的期限不得少于 7 日。本案中，被告区环保局称其 2012 年 4 月 23 日受理第三人城建公司就案涉环评报告书提出的审批申请，而第三人委托评价单位某设计院编制的、用于申请被告批准的涉案环评报告书（报批稿）形成于 2013 年 6 月。因此，即使被告确实是 2012 年 4 月 23 日受理了第三人的申请，由于需要审批的环评报告书（报批稿）此时尚未编制完成，被告主张的受理行为亦不合法。被告在《承诺件受理通知书》中明确表示第三人向其申请环评审批的时间是 2012 年 6 月 28 日，而被告于同日即作出被诉《审查意见函》，对案涉环评报告书予以批准，其行为明显违反

《办法》第二十二条关于环评审批行政机关在审批环节应进行公示和公众调查的相关规定，严重违反法定程序。据此，判决撤销被告作出《审查意见函》的具体行政行为。一审宣判后，各方当事人均未上诉。

【典型意义】

本案典型意义在于：环保机关受理环境影响报告书审批申请的基本前提是该报告书已正式形成，且环保机关受理后应依法履行公开该报告书并征求公众意见的程序后，才可予以审批。人民法院要严格审查行政行为是否履行了法定程序和正当程序，是否充分尊重了当事人的知情权、表达权，如果认为行政行为存在程序违法或明显不当的，有权确认违法或予以撤销。近年来，有的地方政府和行政机关，为了加快城市化建设进程，不惜违反行政程序超常规审批某些建设项目，有的甚至以牺牲人民群众的环境权益为代价，造成不良的社会影响。只有严格依法依规，按程序办事，才能真正有利于促进城市环境改善和社会和谐安宁。本案中，区环保局存在明显的程序违法情形，其所主张的受理某公司提出的环评报告书审批申请的时间，尚未形成正式报批稿；其在环评报告编制过程中所公示的《环保审批公示》，不能替代《办法》所要求环保机关在申请人正式报送环评报告及相关申请材料后对环境影响报告书进行公示和公众调查的程序和义务。法院基于其程序的严重违法，判决撤销了被诉行政行为，对于彰显程序公正和促进行政机关依法行政，具有很好的示范效应。

苏某华诉广东省博罗县人民政府划定禁养区范围通告案

《最高人民法院公布环境保护行政案件十大案例》第6号

2015年2月6日

【基本案情】

2006年年底，苏某华与广东省博罗县农业科技示范场签订了《承包土地合同书》，在涉案土地上经营养殖场，养殖猪苗，并先后领取了《税务登记证》《排放污染物许可证》和《个体工商户营业执照》。2012年3月22日，博罗县人民政府发布《关于将罗浮山国家级现代农业科技示范园划入禁养区范围的通告》（以下简称《通告》），要求此前禁养区内已有的畜禽养殖场（点）于当年 6 月 30 日前自行搬迁或清理，违者将依据有关法律、法规进行处理，直至关闭。

此后，博罗县环境保护局、畜牧局均以《通告》为由不予通过养殖场的排污许可证、动物防疫合格证的年审；县国土资源局以养殖场未按规定申请办理用地手续，未取得县人民政府批准同意擅自兴建畜禽养殖房为由，要求养殖场自行关闭并拆除畜禽养殖房，恢复土地原状；县住房和城乡建设局对养殖场发出了《行政处罚告知书》，以养殖场的建筑未取得建设工程规划许可证为由，拟给予限期拆除的处罚。苏某华对县人民政府作出的上述《通告》不服，提起行政诉讼，请求法院判决撤销该《通告》。

【裁判结果】

惠州市中级人民法院一审认为，根据《广东省环境保护条例》《畜牧法》有关规定，被告博罗县人民政府有权将其管辖的罗浮山国家级现代农业科技示范园划定为畜禽禁养区，县政府已将《通告》告知并送达有关畜牧养殖户，《通告》明确告知当事人应履行的义务。被告划定畜禽禁养区完全合乎法律规定，遂判决维持《通告》。

苏某华上诉后，广东省高级人民法院二审认为，罗浮山国家级现代农业科技示范园承担着农业科技推广的任务，需要严格的环境保护条件。科技示范园附近的河道连接着当地饮用水源地，在科技示范园内进行畜禽养殖有可能造成空气和水质污染。博罗县人民政府有权依据《畜牧法》《畜禽养殖污染防治管理办法》和《广东省环境保护条例》相关规定，根据环境保护的需要，将其管辖的罗浮山国家级现代农业科技示范园划定为畜禽禁养区。据此，二审判决维持原判，驳回上诉。

但二审法院同时认为，苏某华经营养殖场的行为发生在《通告》作出之前，已经依法领取了《税务登记证》《排放污染物许可证》和《个体工商户营业执照》，其合法经营行为应当受到法律保护。根据《行政许可法》第八条的规定，虽然博罗县人民政府有权根据环境保护这一公共利益的需要划定畜禽禁养区，但亦应当对因此遭受损失的苏某华依法给予补偿。县人民政府发布《通告》要求养殖场自行搬迁或清理，未涉及对苏某华的任何补偿事宜显然不妥。环保、国土、住建等部门对苏某华及其养殖场作出行政处罚、不予年审等行为的依据均是《通告》，县人民政府不能以此为由否定苏某华的合法经营行为。苏某华可依照《最高人民法院关于审理行政许可案件若干问题的规定》第十四条的规定，另行提出有关行政补偿的申请。

【典型意义】

本案典型意义在于：人民法院在维护行政机关环境保护监管行为的同时，也注重利益的平衡，较好地诠释了环境行政管理活动中的信赖保护原则。虽然县级以上人民政府有权根据环境保护的需要，划定畜禽禁养区，严禁在畜禽禁养区内从事畜禽养殖业，也可要求已有的畜禽养殖场（点）自行搬迁或清理，即变更或撤回养殖户的生产经营许可。但与此同时，也应当考虑到在此之前合法经营的畜禽养殖户的利益保护问题，应根据《行政许可法》第八条所体现的信赖保护原则精神，对行政许可因环境公共利益需要被变更或撤回而遭受损失的合法养殖户依法给予补偿。在环境行政管理活动中，政府及环保部门需注重公共利益与私人利益的平衡，不能只考虑环境保护的需要，忽视合法经营者的信赖利益。尤其要防止为了逃避补偿责任，有意找各种理由将合法的生产经营活动认定为“违法”的现象。本案由于原告并未提出行政补偿的诉讼请求，二审法院在维持被告《通告》的同时，明确指出被告未就补偿事宜作出处理，甚至以“事后”提出的原告行为不合法为由不予补偿，明显不当，并告知原告可另行提出补偿申请的法律救济途径，处理适当。

夏某官等4人诉东台市环境保护局环评行政许可案

《最高人民法院公布环境保护行政案件十大案例》第9号

2015年2月6日

【基本案情】

夏某官等4人系江苏省东台市东台镇景范新村××幢的住户，其住宅与某沐浴广场（原审第三人）上下相邻。某沐浴广场为新建洗浴服务项目，在涉案地段承租了营业用房作为经营场地，项目投资250万元，其中环保投资25万元，先后于2013年2月25日就涉案建设项目报东台市东台镇人民政府审批，于2013年3月12日向东台市环境保护局（以下简称市环保局）提交了《建设项目环境影响申报（登记）表》，并根据该局有关须委托有资质的环评单位编制环境影响报告表的意见，委托东台市环境科学研究所编制相关报告表，其后送至该局进行审批。2013 年 4 月 1 日，市环保局作出《关于对东台市东台镇某沐浴广场洗浴服务项目环境影响报告表的审批意见》（以下简称《审批意见》），同意某沐浴广场在景范新村 × × 号楼及 × × 号楼之间新建洗浴服务项目，并对该项目在运营过程中产生的废、污水的处理、场界噪声对邻近声环境质量的影响及各类固体废物处置等提出了具体要求。夏某官等 4 人认为市环保局在没有召开座谈会、论证会以及征询公众意见的情况下，即作出《审批意见》，侵犯了其合法权益，故提起行政诉讼，请求法院撤销该《审批意见》。

【裁判结果】

江苏省东台市人民法院一审认为，被告市环保局具有对本辖区建设项目的环境影响报告表进行审批的职权。《行政许可法》第四十七条规定："行政许可直接涉及申请人与他人之间重大利益关系的，行政机关在作出行政许可决定前，应当告知申请人、利害关系人享有要求听证的权利……" 对何为"重大利益关系"，我国现行法律、法规、规章以及司法解释虽无具体规定，但涉及民生利益的问题，不应排除在"重大利益关系"之外。本案原告夏某官等 4 人的住宅与第三人某沐浴广场相邻。第三人新建的洗浴项目投入运营后所产生的潮湿及热、噪声污染等，不能排除对原告的生活造成重大影响的可能，被告在作出《审批意见》前应当告知 4 名原告享有听证的权利，其未告知即径行作出《审批意见》违反法定程序，遂判决撤销该《审批意见》。

某沐浴广场上诉后，盐城市中级人民法院二审认为，《环境影响评价法》第二十二条对建设项目环境影响评价文件的审批部门、审批权限和审批决定时限等问题作了明确规定，对审批部门行政许可的具体程序没有作出规定。但是，《行政许可法》对行政许可的设定和实施程序提出明确要求。本案被诉行政行为属于涉及建设项目环境影响评价的行政许可行为，应当按照《行政许可法》规定的程序进行审批。夏某官等 4 个家庭作为与本案审批项目直接相邻的利害关系人，应当认定与审批项目存在重大利益关系。环保机关在审查和作出这类事关民生权益的行政许可时，应当告知夏某官等人享有陈述、申辩和听证的权利，并听取其意见。原审法院认定市环保局未履行告知听证义务，违反法定程序并无不当，故判决驳回上诉、维持原判。

【典型意义】

本案典型意义在于：人民法院通过严格审慎的审查，分析了《行政许可法》第四十七条有关是否存在“重大利益关系”以及听证程序的适用条件，最终撤销环保机关作出的被诉行政行为，保障了公民在环境管理领域的知情权、陈述权、申辩权和听证等权利，很大程度上彰显了程序正义和司法公正。本案作为一起典型的体现公众参与原则的环保行政许可案件，也是一起与群众利益息息相关的民生案件，两审法院以环保机关所审批的洗浴项目与相邻群众存在重大利益关系，未告知陈述、申辩和听证的权利违反法定程序为由，撤销环保机关作出的审批意见，既有力地维护了相邻群众的合法权益，又强化了司法对行政权力的监督，对引导和规范环保机关的同类审批行为，促进公众参与环境行政许可的决策与监督，提高行政审批的程序意识，具有重要意义。

某花园业委会、某佳园业委会诉上海市环保局不服环评报告审批决定案

《最高人民法院公布环境保护行政案件十大案例》第10号

2015年2月6日

【基本案情】

2012年5月14日，上海市规划和国土资源管理局向国网某电力公司（以下简称电力公司）核发了500kV虹杨输变电工程《建设项目选址意见书》，明确了项目用地位置。一审原告某花园（二期）小区、某佳园小区毗邻虹杨变电站站址。同年6月25日，上海市环境保护管理局（以下简称市环保局）受理电力公司提出的《500kV虹杨输变电工程环境影响报告书》（以下简称《环评报告》）审批申请，并网上公示了受理信息。同日，市环保局委托上海市环境科学研究院开展该工程环评文件的技术评估。同年7月5日，上海市环境科学研究院向被告出具了技术评估报告，认为《环评报告》符合相关环保技术标准，评价结论总体可信。同年7月17日，市环保局组织召开专家咨

询会，与会专家认为市环保局对公众反映问题的说明和处理符合有关规定；虹杨输变电项目对周边环境影响符合相关环保标准，项目不会影响周边居民的重大环境利益。同年 8 月 6 日，市环保局经审查认为，电力公司提交的《环评报告》符合相关要求，拟作出批准决定，遂在“上海环境网”就该工程拟批准情况进行公示。同年 10 月 22 日，市环保局作出《关于 500kV 虹杨输变电工程环境影响报告书的审批意见》，同意项目建设。上海市杨浦区某花园（二期）业主委员会、某佳园业主委员会认为居民小区附近不应建高压变电站项目，被告不考虑建设项目对居民的实际影响而作出审批系违法，向环境保护部申请行政复议，复议机关维持审批决定后，向上海市黄浦区人民法院提起行政诉讼。

【裁判结果】

一审法院认为，被告受理电力公司申请后，就相关情况进行了公示，委托有关单位对《环评报告》进行了技术评估，并组织召开专家咨询会，在审查《环评报告》、技术评估报告等文件后，作出环评审批决定，履行了法定程序，但作出审批时间超过了法规规定时间，属程序瑕疵。《环评报告》的编制单位具有相应资质，《环评报告》依据相关编制标准对涉案建设项目的各项环保指标进行了评价，并据此得出环评结论，符合环评技术规范和法律规定的要求。

原告在诉讼中主张，被告审批过程中不应以专家咨询会替代听证会、论证会、座谈会等公众参与，电力公司在编制环评报告过程中，公众参与不符合法定要求。法院认为，被告在环评文件审批过程中的公众参与活动有专家咨询会意见、网上公示信息等证据证明，根据《环境影响评价公众参与暂行办法》规定，环评审批过程中环保部门可以通过咨询专家意见的方式开展公众参与，故被告的公众参与活动于法不悖。对于环评过程中的公众参与问题，《环评报告》中对 180 份调查问卷的发放和分布、公众参与信息公示等均有明确记载，并附录了公众意见采纳或不采纳的说明。因此，环评文件编制过程中公众参与活动的开展符合法律、法规的要求。据此，一审判决驳回原告诉讼请求。原告上诉后，上海市第二中级人民法院二审判决驳回上诉，维持原判。

【典型意义】

本案典型意义在于：在环境保护行政案件中对公众参与程序的司法审查是重要环节。公众参与是实现人民权利的基本途径，是落实人民重要地位的重要体现，是民主决策和科学决策的重要保障。特别是环境保护问题与群众生活休戚相关，更应该加强对公众参与的监督。为推进和规范环境影响评价活动中的公众参与，国家环境保护总局发布了《环境影响评价公众参与暂行办法》，对公众参与的形式、内容等做了明确规定。人民法院审查环评报告审批行为，应严格依据相关规定进行审查。本案一、二审法院均将公众参与作为审查重点，审理思路清晰，指导思想明确，所作出的判断和处理符合法律规定。

南京某新能源有限公司诉南京市江宁区人民政府行政决定案

《最高人民法院发布10起人民法院经济行政典型案例》第1号

2015年10月22日

【基本案情】

江苏省南京市发展和改革委员会于2010年7月对10家企业作出废弃食用油脂定点回收加工单位备案，其中包括南京某化工厂和南京某废油脂回收处理中心。2012年11月，南京市江宁区人民政府（以下简称江宁区政府）作出江宁政发〔2012〕396号《关于印发江宁区餐厨废弃物管理工作方案的通知》（以下简称396号文），明确："目前指定南京某再生资源开发有限公司（以下简称某公司）实施全区餐厨废弃物收运处理。"该区城市管理局和区商务局于2014年3月发出公函，要求落实396号文的规定，各生猪屠宰场点必须和某公司签订清运协议，否则将进行行政处罚。南京某新能源有限公司（以下简称某公司）对396号文不服，诉至法院，请求撤销该文对某公司的指定，并赔偿损失。

【裁判结果】

南京市中级人民法院一审认为，被告江宁区政府在 396 号文中的指定，实际上肯定了某公司在江宁区开展餐厨废弃物业务的资格，构成实质上的行政许可。区城市管理局和区商务局作出的公函已经表明被告的指定行为事实上已经实施。根据《行政许可法》相关规定，行政机关受理、审查、作出行政许可应当履行相应的行政程序，被告在作出指定前，未履行任何行政程序，故被诉行政行为程序违法。被告采取直接指定的方式，未通过招标等公平竞争的方式，排除了其他可能的市场参与者，构成通过行政权力限制市场竞争，违反了《江苏省餐厨废弃物管理办法》第十九条和《反垄断法》第三十二条的规定。被告为了加强餐厨废弃物处理市场监管的需要，对该市场的正常运行作出必要的规范和限制，但不应在行政公文中采取明确指定某一公司的方式。原告某公司对其赔偿请求未提交证据证实，法院对此不予支持。遂判决撤销被告在 396 号文中对某公司指定的行政行为，驳回原告的其他诉讼请求。一审宣判后，双方当事人均未上诉。

【典型意义】

本案是涉及行政垄断的典型案件。行政垄断指行政机关滥用行政权力，违法提高市场准入门槛、违法指定特定企业从事特定业务、违法设置条件限制其他企业参与竞争等行为。它侵犯了市场主体的公平竞争权，对经济活动的正常运行、商品的自由流通乃至政府的内外形象都会造成较大破坏和不利影响，我国《反垄断法》和《反不正当竞争法》对此明令禁止。本案中，江宁区政府在行政公文中直接指定某公司，未通过招标等公平竞争方式，排除了其他可能的市场参与者，构成通过行政权力限制市场竞争的违法情形。人民法院依法裁判，具有积极导向意义。新修改的《行政诉讼法》将“滥用行政权力侵犯公平竞争权”明确纳入受案范围，就是为突出行政审判对市场正常竞争秩序的有力维护。随着法治不断进步，公民、法人等各类市场主体在运用行政诉讼法律武器依法维权、监督和规制行政垄断方面，将发挥越来越大的作用。

张某文、陶某诉四川省简阳市人民政府侵犯客运人力三轮车经营权案

《最高人民法院发布行政审判十大典型案例（第一批）》第4号

2017年6月13日

【基本案情】

1996年8月，四川省简阳市人民政府（以下简称市政府）对240辆人力客运老年车改型为人力客运三轮车的经营者每人收取了有偿使用费3500元。1996年11月，对原有的161辆客运人力三轮车经营者每人收取了有偿使用费2000元。从1996年11月开始，市政府开始实行经营权有偿使用，有关部门对限额的401辆客运人力三轮车收取了相关的规费。1999年7月15日、7月28日，市政府针对有偿使用期限已届满两年的客运人力三轮车，发布《关于整顿城区小型车辆营运秩序的公告》（以下简称《公告》）和《关于整顿城区小型车辆营运秩序的补充公告》（以下简称《补充公告》）。其中，《公告》要求“原已具有合法证照的客运人力三轮车经营者必须在1999年7月19日至7月20日到市交警大队办公室重新登记”，《补充公告》要求“经审查，取得经营权的登记者，每辆车按8000元的标准（符合《公告》第六条规定的每辆车按7200元的标准）交纳经营权有偿使用费”。张某文等182名经营者认为市政府作出的《公告》和《补充公告》侵犯其经营自主权，向简阳市人民法院提起行政诉讼。

【裁判结果】

简阳市人民法院经审理认为，市政府在行政法规、地方性法规、规章对经营权有偿使用期限未作明确规定的情况下，执行上级行政主管部门四川省交通厅《四川省小型车辆营运管理规定》中“有偿使用期限一次不得超过两年”的规定，对已实行经营权有偿使用期限超过两年的原告，以公告形式决定其重新登记并支付有偿使用费的行为，并无不当。判决维持市政府作出的《公告》和《补充公告》。张某文等不服，向四川省资阳地区（现为资阳市）中级人民法院提起上诉。四川省资阳地区中级人民法院以与一审基本相同的

理由判决驳回上诉、维持原判。

后本案经最高人民法院裁定提审。最高人民法院认为，行政机关作出行政许可等授益性行政行为时，应当明确告知行政许可的期限。行政机关在作出行政许可时，行政相对人也有权知晓行政许可的期限。明确行政许可的期限，既是为了保障公共利益的需要，也是为了保障许可申请人的选择权利。市政府 1996 年的经营权许可在程序上存在明显不当，直接导致与其存在前后承继关系的本案被诉行政程序明显不当。本案中，四川省交通厅制定的规范性文件明确了许可期限。申请人关于本案行政许可没有期限限制的主张不能成立。虑及本案被诉行政行为作出之后，简阳市城区交通秩序得到好转，城市道路运行能力得到提高，城区市容市貌持续改善，以及通过两次“惠民”行动，绝大多数三轮车主已经分批次完成置换，如果判决撤销被诉行政行为，将会给行政管理秩序和社会公共利益带来不利影响。判决确认简阳市人民政府作出的《公告》和《补充公告》违法。

【典型意义】

本案的典型意义在于，进一步明确行政机关应当遵循正当行政程序和人民法院审理行政案件要注意公私利益平衡的问题。一方面，程序正义是看得见的正义，行政机关在作出行政行为时应当履行正当的行政程序，履行特定的告知义务。程序正当是法治政府建设的核心要义之一。行政机关履行告知行政许可期限的义务，既有利于行政机关对许可事项实行监督管理，也有利于保障行政相对人的选择权，从源头上避免和减少行政纠纷的发生。本案中，正是由于行政机关怠于履行告知义务，导致行政相对人误以为行政许可没有期限，进而在二十年的时间内聚讼不息。本案通过对行政执法程序的司法监督，推动了严格规范公正文明执法，强化了对行政权力的制约和监督。另一方面，化解行政争议是行政诉讼的重要目标。本案中，法院为化解多年来形成的“官”民矛盾做了大量的协调工作，为本案的妥善解决奠定了良好基础。市区环境和交通秩序明显改善，当事人实体权益亦得到弥补。本案中，市政府副市长出庭应诉，明确表示坚持依法行政，尊重法院裁判，凸显了责任政府意识。法院运用法律关于“情势”判决的规定，既对被诉行政行为的合法性进行了审查和确认，也注意到已形成的社会公共利益，确保了公共利益和个人利益的平衡，近二十年的行政纠纷得以彻底化解。本案在办理过程中实现了法律效果和社会效果的统一，也为解决历史形成的类似案件提供了良好范本。

郑某琴诉浙江省温岭市人民政府土地行政批准案

《最高人民法院发布行政诉讼附带审查规范性文件典型案例》第 5 号

2018 年 10 月 30 日

【基本案情】

郑某琴与其父母郑某兴、张某香同户，均系浙江省温岭市西城街道某村村民。1997 年 8 月，郑某兴户在个人建设用地补办申请中将郑某琴列为在册人口。2013 年 3 月，郑某兴因拆迁复建提交个人建房用地申请时，在册人口中无郑某琴。温岭市人民政府（以下简称温岭市政府）根据《温岭市个人建房用地管理办法》（以下简称《用地管理办法》）有关“申请个人建房用地的有效人口计算：（一）本户在册人口（不包括应迁出未迁出的人口）”，以及《温岭市工业城二期用地范围房屋迁建补偿安置办法》（以下简称《安置补偿办法》）有关“有下列情形不计入安置人口：（一）……已经出嫁的妇女及其子女（含粮户应迁未迁）只能在男方计算家庭人口”之规定，认为郑某琴虽系郑某兴之女，其户口登记在郑某兴名下，但业已出嫁，属于应迁未迁人口，遂于 2014 年 7 月确认郑某兴户有效人口为 2 人，并审批同意郑某兴的个人建房用地申请。郑某琴不服诉至法院，请求判令撤销温岭市政府的审批行为，并重新作出行政行为；附带审查上述两个规范性文件并确认不合法。

【裁判结果】

浙江省台州市黄岩区人民法院一审认为，郑某兴申请建造住宅用地的申报材料，虽由所在村委会统一上报，并经乡（镇）人民政府审核，温岭市政府作为批准机关，对申报材料的真实性、村集体讨论通过并予以公布的程序合法性等仍负有审查职责。温岭市政府在作出被诉审批行为时，未对村委会上报的温岭市个人建房用地审批表中村委会的公布程序等相关事实进行认真审查，属认定事实不清，证据不足，程序违法，应当予以撤销。《用地管理办法》与《补偿安置办法》系温岭市政府制定的规范性文件。该文件的相关规定，不适用于郑某琴。据此，判决撤销温岭市政府2014年7月25日作出的温政个许字〔2014〕585号《温岭市个人建房用地审批表》中同意郑某兴户新建房屋的审批行为，责令温岭市政府在判决生效之日起60日内对郑某兴户的建房用地重新作出审批。郑某琴和温岭市政府不服均提起上诉。台州市中级人民法院二审认为，《用地管理办法》与《补偿安置办法》相关规定不作为认定被诉审批行为合法的依据，一审法院认为对郑某琴不适用的表述有所不当，予以指正。二审判决驳回上诉、维持原判。其后，人民法院向温岭市政府发送司法建议，该府及时启动了相关规范性文件的修订工作，并表示将加强规范性文件制定的审查工作。

【典型意义】

修改后的《行政诉讼法》赋予公民、法人和其他组织在对行政行为提起诉讼时，认为所依据的规范性文件不合法时，可附带请求法院审查该文件合法性的权利。本案中，温岭市政府制定的两个涉案规范性文件，将“应迁出未迁出的人口”及“已经出嫁的妇女及其子女”排除在申请个人建房用地和安置人口之外，显然与《妇女权益保障法》等上位法规定精神不符。人民法院通过裁判，一方面维护了社会广泛关注的“外嫁女”及其子女的合法权益，也促进了行政机关及时纠正错误，对于规范性文件的一并审查，从更大范围内对“外嫁女”等群体的合法权益予以有力保护。

上海某物业管理有限公司诉上海市住房和城乡建设管理委员会物业服务资质行政许可案

《最高人民法院发布行政诉讼附带审查规范性文件典型案例》第6号

2018年10月30日

【基本案情】

2015年7月2日，原上海市住房保障和房屋管理局（以下简称原市房管局）受理上海某物业管理有限公司（以下简称某公司）向其提出的新设立物业服务企业资质核定申请，某公司提交了其聘用的王某文等人具备专业管理资质和技术资质的证书，以及某公司为其缴纳城镇基本养老保险的证明。后原市房管局经调查发现，某公司聘用的专职管理和技术人员于同年5月起作为某公司员工缴纳社会保险费用，但于次月即停止缴费。故原市房管局认定某公司的申请不符合有关规定，继而于同年7月9日作出不予批准决定。某公司不服，于同年8月25日向中华人民共和国住房和城乡建设部（以下简称住建部）申请行政复议。住建部于11月18日作出行政复议决定。某公司不服提起行政诉讼，请求撤销原市房管局2015年7月9日作出的《不予批准决定书》及住建部作出的建复决字〔2015〕454号《行政复议决定书》；对原上海市房屋土地资源管理局制定的沪房地资物〔2007〕69号《新设立物业资质通知》（以下简称《新设立物业资质通知》）进行附带审查。

【裁判结果】

上海市黄浦区人民法院一审认为，《物业管理条例》和《物业服务企业资质管理办法》明确，国家对从事物业管理活动的企业实行资质管理制度，物业服务企业中从事物业管理的人员应当根据有关规定取得职业资格证书，且满足相应的人数标准。为了更好地提供物业管理服务，物业管理人员除具备职业资质以外，还应当具备服务的稳定性。因此《物业服务企业资质管理办法》中明确规定，物业服务企业中从事物业管理的专业人员应当是“专职”的管理和技术人员。原上海市房屋土地资源管理局作为物业服务企业资质的主管机关，根据上位法规定制定《新设立物业资质通知》，对《物业服务企业资质管理办法》中专职人员的认定标准进行了解释和细化规定，与《行政许可法》《物业管理条例》等法律、法规的规定不相冲突，制定主体、制定目的、制定过程符合规范，并无明显违法情形。结合该通知第一条的规定和相关证据，某公司聘用的相关专业人员社保缴纳记录仅持续一个月，显然不符合物业服务企业中专业人员的专职性要求，进而不符合专职人员的人数要求。据此，法院判决驳回某公司的诉讼请求。某公司不服上诉。二审驳回上诉、维持原判。

【典型意义】

根据《行政许可法》的规定，法律法规已经设定行政许可的，下级行政机关可以依法通过制定规范性文件的方式明确许可所具备的条件。行政相对人对该规范性文件提起附带审查的，法院围绕该规范性文件与法律法规的规定是否存在冲突，制定主体、制定目的、制定过程是否符合规范，是否明显违法等情形进行审查。规范性文件不存在违法情形的，应当在判决理由中予以认可，并在该案中进行适用。本案中，人民法院通过判决明确了国家对从事物业管理活动的企业实行资质管理的制度，物业服务企业中从事物业管理的人员应当根据有关规定取得职业资格证书，且满足相应的人数标准。同时明确为了更好地提供物业管理服务，物业管理人员除具备职业资质以外，还应当具备服务的稳定性。原上海市房屋土地资源管理局作为物业服务企业资质的主管机关，根据上位法规定制定《新设立物业资质通知》，对《物业服务企业资质管理办法》中专职人员的认定标准进行了解释和细化规定，与《行政许可法》《物业管理条例》等法律法规的规定不相冲突。

孙某花诉原浙江省环境保护厅环保行政许可案

《最高人民法院发布行政诉讼附带审查规范性文件典型案例》第 7 号

2018 年 10 月 30 日

【基本案情】

2015 年 3 月 17 日，原浙江省环境保护厅（以下简称原浙江省环保厅）向孙某花所有的小型越野客车核发黄色机动车环保检验合格标志，有效期至 2015 年 6 月。同年 11 月 12 日，孙某花起诉要求撤销该标志，并对原环境保护部制定的《机动车环保检验合格标志管理规定》（环发〔2009〕87 号）进行合法性审查。同年 11 月 19 日，孙某花提交机动车排放鉴定申请，次日该车经排气污染物检测，结论为合格，原浙江省环保厅为其核发了绿色机动车环保检验合格标志。

【裁判结果】

浙江省杭州市西湖区人民法院一审认为，原浙江省环保厅核发环保标志的职权来自《行政许可法》和《浙江省机动车排气污染防治条例》，而非环发〔2009〕87 号文件。孙某花提出原浙江省环保厅依据该规范性文件增设标志管理的主张，不能成立。环发〔2009〕87 号文件系由原环境保护部颁发，内容关于统一全国环保标志标准，其中对核发绿色或黄色环保标志明确了一些技术标准，并未违反上位法的规定，孙某花提出其不合法的主张不能成立。案涉车辆属于在国家环保部门发布的《环保达标车型公告》目录中无记录的车型，根据《浙江省机动车环保检验合格标志管理办法》及环发〔2009〕87号文件，应按机动车注册登记时间或采用技术鉴别方式核发环保标志。对行政相对人而言，核发黄色环保标志相较于绿色环保标志属于不利的行政许可，将受到相关区域通行限制。事后，案涉车辆经技术鉴别，实际符合核发绿色环保标志的条件，原浙江省环保厅核发黄色环保标志与事实不符。且原浙江省环保厅未告知孙某花也可采用技术鉴别方式核发，有违正当程序。因案涉标志已于2015年6月到期，原浙江省环保厅也于2015年11月就案涉车辆核发了绿色环保标志，判决撤销被诉核发黄色环保标志的行为已无实际意义，遂判决确认违法。当事人均未上诉，一审判决已发生法律效力。

【典型意义】

人民法院在行政诉讼中对规范性文件附带审查时应正确把握审查方式，必要时可以征求制定机关的意见。为防治大气污染，全国各地逐步对黄标车进行治理淘汰，案涉机动车环保标志的核发及对原环境保护部制定的《机动车环保检验合格标志管理规定》进行的附带审查，不仅关系到车主切身利益，也关系到大气污染防治的民生大计。原环境保护部制定的《机动车环保检验合格标志管理规定》专业性和政策性较强，为更好地理解该文件的制定目的、依据及出台背景等，法院向原环境保护部发函了解情况，原环境保护部复函详细作了介绍。法院在听取了诉讼双方的主张及制定机关的意见，充分掌握信息后，作出审慎的审查结论。本案对合法的规范性文件予以适用，并对违反正当程序的环保标志核发行为确认违法，在保障行政相对人合法权益的同时，推动了环保标志的规范化管理。

成都某医疗科技有限责任公司诉四川省成都市科学技术局科技项目资助行政许可案

《最高人民法院发布行政诉讼附带审查规范性文件典型案例》第 8 号

2018 年 10 月 30 日

【基本案情】

某医疗科技有限责任公司（以下简称某公司）就已获得专利授权的雾霾治理机向四川省成都市科学技术局（以下简称成都市科技局）申报科技项目资助。2014 年 6 月 29 日，成都市科技局根据其制定的规范性文件，认为某公司的申报中缺少审计后的财务报表和专项研发费用报表，对该申报作出退回修改的决定。某公司认为，其申报项目已成功申报四川省科技厅 2015 年科技支撑计划重点新产品研发项目，应自然具备成都市战略新兴产品的申报和资助条件，故成都市科技局退回补充修改的理由不能成立。同时，其认为成都市科技局制定的规范性文件违法，故诉请法院对其予以审查，并确认成都市科技局于 2014 年 6 月 29 日作出的退回修改行为违法。

【裁判结果】

成都市高新技术产业开发区人民法院一审认为，某公司所诉的行政行为，是成都市科技局因某公司未完整提交申请所需材料而无法进入实质审查程序的一项告知行为，可视为一种程序性行政行为。本案行政程序尚未进入对某公司申请事项的实体认定阶段，成都市科技局作出的审核告知行为并未产生是否给予某公司项目资助的法律后果，该程序性告知行为不属于实体上的行政行为，没有直接影响某公司的实体权益。同时，依据《行政诉讼法》第十三条、第五十三条相关规定可知，当事人直接就规范性文件的审查向人民法院起诉不属于行政诉讼受案范围；行政诉讼对规范性文件的审查应当依附于案涉行政行为的审理而进行。因此，如果所诉行政行为不符合行政诉讼的受案范围，同时提起规范性文件审查的请求也不属于人民法院行政诉讼的受案范围。本案中，某公司所诉审核告知退回修改的程序性行政行为不属于人民法院行政诉讼受案范围，故其请求审查并确认成都市科技局制定的相关规范性文件违法的诉请也不属于人民法院行政诉讼的受案范围，遂裁定驳回某公司的起诉。某公司不服提出上诉。四川省成都市中级人民法院二审裁定驳回上诉，维持原裁定。

【典型意义】

规范性文件附带审查制度在促进公民权益保护、监督规范性文件的制定以及促进法治政府“科学立法”的进程方面具有积极的意义。在本案的审理中，人民法院明确，原告提起规范性文件的审查需符合“附带性”的原则。首先，审查对象的附带性。只有直接作为被诉行政行为依据的规范性文件才可能成为人民法院的审查对象；其次，审查模式的附带性。即对规范性文件的审查只能在针对行政行为合法性审查中附带提出；最后，审查结果的附带性。人民法院对规范性文件的审查是为了确认诉争行政行为的直接依据是否合法进而确认行政行为的合法性，经审查后确认该规范性文件不合法，处理方式为不作为认定行政行为合法的依据，并向规范性文件的制定机关提出处理建议，而不就规范性文件的合法性作出单独判定。本案中，由于被诉行为不属于人民法院行政诉讼受案范围，故原告一并提起要求确认被告制定的相关规范性文件违法的诉请也不属于人民法院行政诉讼的受案范围。

常州某化学有限公司诉原江苏省环境保护厅、原环境保护部及某环保能源（常州）有限公司环境评价许可案

《生态环境保护典型案例》第5号

2019年3月2日

【基本案情】

某环保能源（常州）有限公司（以下简称某公司）拟在江苏省常州市投资兴建生活垃圾焚烧发电BOT项目。2014年，某公司向原江苏省环境保护厅（以下简称江苏省环保厅）报送《环境影响报告书》《技术评估意见》《预审意见》等材料，申请环境评价许可。江苏省环保厅受理后，先后发布受理情况及拟审批公告，并经审查作出同意项目建设的《批复》。常州某化学有限公司（以下简称某公司）作为案涉项目附近经营范围为化妆品添加剂制造的已

处于停产状态的企业，不服该《批复》，向原环境保护部申请行政复议。环境保护部受理后，向江苏省环保厅发送《行政复议答复通知书》《行政复议申请书》等材料，并向原江苏省常州市环境保护局发送《委托现场勘验函》。环境保护部在收到《行政复议答复书》《现场调查情况报告》后，作出维持《批复》的《行政复议决定书》。

【裁判结果】

江苏省南京市中级人民法院一审认为，某公司位于案涉项目附近，其认为《批复》对生产经营有不利影响，有权提起行政诉讼，具有原告主体资格。案涉项目环评编制单位和技术评估单位均是具有甲级资质的独立法人，在《环境影响报告书》编制期间，充分保障了公众参与权。江苏省环保厅依据某公司报送的《环境影响报告书》《技术评估意见》《预审意见》等材料，进行公示、发布公告，并根据反馈情况经审查后作出《批复》，并不违反相关规定。环境保护部作出的案涉行政复议行为亦符合行政复议法及实施条例的规定。一审法院判决驳回某公司的诉讼请求。江苏省高级人民法院二审认为，江苏省环保厅在审批《环境影响报告书》时已经履行了对项目选址、环境影响等问题的审查职责，故判决维持一审判决。最高人民法院再审审查认为，某公司并非案涉项目厂界周围的环境敏感保护目标，且当时处于停产状态，没有证据证明某公司与某公司之间就案涉环境保护行政许可存在重大利益关系。案涉项目环评过程中保障了公众参与权，江苏省环保厅在作出环境评价许可过程中履行了对项目选址、污染物排放总量平衡等问题的审查职责，亦未侵犯某公司的权利。江苏省环保厅的环境评价许可行政行为、环境保护部的行政复议行为均符合相关法律、法规的规定。最高人民法院裁定驳回某公司的再审申请。

【典型意义】

本案所涉项目系生活垃圾焚烧发电项目，对社会整体有益，但也可能对周围生态环境造成一定影响。此类项目周边的居民或者企业往往会对项目可能造成的负面影响心存担忧，不希望项目建在其附近，由此形成“邻避”困境。随着我国城市化和工业化进程，“邻避”问题越来越多，“邻避”冲突逐渐呈现频发多发趋势。本案的审理对于如何依法破解“邻避”困境提供了解决路径。即对于此类具有公共利益性质的建设项目，建设单位应履行信息公开义务，政府行政主管部门应严格履行监管职责，充分保障公众参与权，尽可能防止或者减轻项目对周围生态环境的影响；当地的公民、法人及其他组织则应依照法律规定行使公众参与权、维护自身合法环境权益。

寿光中石油某燃气有限公司诉寿光市人民政府解除特许经营协议案

——特许经营协议在履行过程中，出现损害社会公共利益的情形，符合协议解除的法定条件，行政机关可以单方解除特许经营协议并收回特许经营权，但该行为亦应遵循法定程序，给相对方造成损失的，应当依法补偿

《行政协议案件典型案例》第9号

2019年12月12日

【基本案情】

2011年7月15日，寿光市人民政府授权寿光市住房和城乡建设局与寿光中石油某燃气有限公司（以下简称某燃气公司）签订《天然气综合利用项目合作协议》，约定由某燃气公司在寿光市从事城市天然气特许经营，特许经营期限为30年。协议签订后，某燃气公司办理了一部分开工手续，并对项目进行了开工建设，但一直未能完工。2014年7月10日，寿光市住房和城乡建设局发出催告通知，告知某燃气公司在收到通知后2个月内抓紧办理天然气经营许可手续，否则将收回燃气授权经营区域。2015年6月29日，某燃气公司向寿光市人民政府出具项目建设保证书，承诺在办理完相关手续后3个月内完成项目建设，否则自动退出授权经营区域。2016年4月6日，寿光市人民政府决定按违约责任解除特许经营协议并收回某燃气公司的特许经营权。某燃气公司不服，经复议未果，遂起诉请求确认寿光市人民政府收回其天然气特许经营权的行为违法并撤销该行政行为。

【裁判结果】

经潍坊市中级人民法院一审，山东省高级人民法院二审认为，特许经营

协议在履行过程中，出现了损害社会公共利益的情形，符合协议解除的法定条件，行政机关可以单方解除特许经营协议并收回特许经营权，但该行为亦应遵循法定程序，给相对方造成损失的还应当予以补偿。本案中，寿光市人民政府多次催促某燃气公司完成天然气项目建设，但某燃气公司长期无法完工，致使授权经营区域内居民供气目的无法实现，损害了社会公共利益，解除特许经营协议的法定条件成立。寿光市人民政府解除特许经营协议并收回某燃气公司已获得的特许经营权，应依据《市政公用事业特许经营管理办法》第二十五条之规定告知某燃气公司享有听证的权利，但其未能履行相应的告知义务，违反法定程序。因此，被诉行政行为虽然内容合法，但程序违法。鉴于被诉行政行为涉及社会公共利益，该行为一旦撤销会影响城市发展需要和居民供气需求，故该行为应判决确认程序违法但不予撤销。寿光市人民政府对此应采取相应的补救措施，对某燃气公司的合理投入予以弥补。

某等 51 人诉龙岩市新罗生态环境局环境行政许可案

《2019 年度人民法院环境资源典型案例》第二十七号

2020 年 5 月 8 日

【基本案情】

龙岩某眼科医院有限公司（以下简称龙岩眼科医院）拟选址龙岩市新罗区某商城（以下简称某商城）1 号楼一层、二层改造建设眼科医院，并委托环评机构编制环境影响报告书，申请环境影响评价许可。2017 年 6 月，龙岩市新罗生态环境局（原龙岩市新罗区环境保护局，以下简称新罗生态环境局）公示受理该审批事项，从专家库随机抽取评审专家召开技术审查会，并于同年 9 月，作出同意项目建设的批复。某等 51 人系某商城的业主或经营者，向法院提起行政诉讼，请求撤销批复。

【裁判结果】

福建省龙岩市中级人民法院一审认为，某商城系以居住为主要功能，在此区域建设眼科医院应以编制环境影响报告书的形式进行全面的环境影响评价，龙岩眼科医院作为建设单位应依法征求某商城有关单位和居民的意见。

龙岩眼科医院提供的《公众参与个人调查表》中公众参与材料内容不真实不可靠，新罗生态环境局未尽基本的审查注意义务，作出的批复主要证据不足。一审判决撤销批复。福建省高级人民法院二审维持原判。

【典型意义】

本案系在居民区建造医院进行环境影响评价的行政许可案件。近年来，“邻避”冲突呈现频发多发趋势。建设项目所在地公众对环境影响评价的参与，既是环境影响评价许可的重要依据，也是避免环境“邻避”纠纷的有效途径。该案正是由于建设单位环境影响报告书征求公众意见不实，政府行政主管部门许可环境影响评价亦未尽审查义务，导致当地居民提起群体性诉讼。本案中，人民法院依法撤销环境影响评价批复，有利于进一步督促行政机关严格履行环境监管职责，充分保障公众的环境知情权、参与权和监督权。

汕尾市甲公共汽车运输有限公司诉汕尾市人民政府排除、限制竞争案

《最高人民法院产权保护行政诉讼典型案例》第五号

2020年7月27日

【基本案情】

为解决公共交通相对落后的状况，汕尾市人民政府（以下简称汕尾市政府）于2015年7月27日形成《工作会议纪要》，决定以政府许可方式与广东省乙交通股份有限公司合作经营公共交通事业，将该市公共交通经营权及公共站场土地使用权许可给其项目公司汕尾市乙汽车运输有限公司（以下简称汕尾乙公司）。根据上述会议纪要，汕尾市交通运输局于同日向汕尾市甲公共汽车运输有限公司（以下简称甲公司）发出《通知》，要求该公司办理相关公交车的报废手续并停止营运，同时收回经营权指标。

随后，汕尾市政府于2015年8月21日就该市辖区“0—50公里公共交通项目”发布特许经营权招投标公告，要求参与投标者的资质条件应达到包括资产总额不低于20亿元、具有10年以上国家一级道路旅客运输企业的资质等4项要求。经报名、公示，后因其他参与者中途放弃，广东省乙交通股份

有限公司控股的关联公司成为唯一的投标者。经竞争性谈判，2015 年 9 月 28 日，汕尾市人民政府国有资产监督管理委员会发出公告，同意该特许经营项目具体由汕尾乙公司负责实施。甲公司不服诉至法院，请求撤销汕尾市政府上述独家特许经营许可决定，立即停止违法行为。

【裁判结果】

广东省汕尾市中级人民法院一审判决驳回甲公司的诉讼请求。甲公司不服提起上诉。广东省高级人民法院二审认为，汕尾市政府发布招投标公告之前，已经事先通过会议纪要的方式将汕尾市辖区范围内的公共交通特许经营权直接授予汕尾乙公司独家经营。交通行政部门亦根据该纪要决定提前收回甲公司的相关公交运营指标。汕尾市政府提前指定独家特许经营者，违反了《基础设施和公用事业特许经营管理办法》关于应由市场竞争机制来确定经营者的相关规定，属于滥用行政权力排除市场原有同业竞争者的行为，应当认定该特许经营许可行为违法。但考虑到本案涉及公共利益，若撤销该许可将会给汕尾市公共交通秩序造成损害，给人民群众的出行带来不便，遂改判：撤销一审判决，确认汕尾市政府实施涉案特许经营权许可行为违法，但保留其法律效力。

【典型意义】

行政机关滥用行政权力排除、限制竞争是我国《反垄断法》明确禁止的行为。在基础设施和公用事业管理领域，地方政府较常以授予独家特许经营权为对价，吸引、鼓励和引导更多优质社会资本参与相关投资和管理，以提高公共服务的质量和效率。由于《反垄断法》的相关规定较为原则，加上独家特许经营许可本身具有排他性，因此在特许经营许可纠纷案中，如何对行政性限制竞争行为进行审查认定难度较大。行政机关违反法律、法规、规章的规定，未经公平、公开、公正的竞争机制，未按法定程序实施或者故意设置不合理的条件，指定特许经营者，排除、限制同一市场其他同业经营者的公平竞争权和参与权，损害消费者的自主选择权，属于《反垄断法》所规制的行政性限制竞争行为，应当确认其违法，以保护各种市场主体平等参与市场竞争。

四、行政征收或者征用

杨某芬诉株洲市人民政府房屋征收决定案

《最高人民法院发布征收拆迁十大案例》第1号

2014年8月29日

【基本案情】

2007年10月16日，株洲市房产管理局向湖南某职业技术学院作出株房拆迁字〔2007〕第19号《房屋拆迁许可证》，杨某芬的部分房屋在拆迁范围内，在拆迁许可期内未能拆迁。2010年，株洲市人民政府启动神农大道建设项目。2010年7月25日，株洲市发展改革委员会批准立项。2011年7月14日，株洲市规划局颁发了株规用〔2011〕0066号《建设用地规划许可证》。杨某芬的房屋位于泰山路与规划的神农大道交汇处，占地面积418m^2，建筑面积582.12m^2，房屋地面高于神农大道地面十余米，部分房屋在神农大道建设项目用地红线范围内。2011年7月15日，株洲市人民政府经论证公布了《神农大道项目建设国有土地上房屋征收补偿方案》征求公众意见。2011年9月15日，经社会稳定风险评估为C级。2011年9月30日，株洲市人民政府发布了修改后的补偿方案，并作出〔2011〕第1号《株洲市人民政府国有土地上房屋征收决定》（以下简称《征收决定》），征收杨某芬的整栋房屋，并给予合理补偿。

杨某芬不服，以“申请人的房屋在湖南某职业技术学院新校区项目建设拆迁许可范围内，被申请人作出征收决定征收申请人的房屋，该行为与原已生效的房屋拆迁许可证冲突”和“原项目拆迁方和被申请人均未能向申请人提供合理的安置补偿方案”为由向湖南省人民政府申请行政复议。复议机关认为，原拆迁人湖南某职业技术学院取得的《房屋拆迁许可证》已过期，被申请人依据《国有土地上房屋征收与补偿条例》的规定征收申请人的房屋并不违反法律规定。申请人的部分房屋在神农大道项目用地红线范围内，且房屋地平面高于神农大道地平面十余米，房屋不整体拆除将存在严重安全隐患，属于确需拆除的情形，《征收决定》内容适当，且作出前也履行了相关法律程序，故复议机关作出复议决定维持了《征收决定》。杨某芬其后以株洲市人民政府为被告提起行政诉讼，请求撤销《征收决定》。

【裁判结果】

株洲市天元区人民法院一审认为，关于杨某芬提出株洲市人民政府作出的〔2011〕第 1 号《株洲市人民政府国有土地上房屋征收决定》与株洲市房产管理局作出的株房拆迁字〔2007〕第 19 号《房屋拆迁许可证》主体和内容均相冲突的诉讼理由，因〔2007〕第 19 号《房屋拆迁许可证》已失效，神农大道属于新启动项目，两份文件并不存在冲突。关于杨某芬提出征收其红线范围外的房屋违法之主张，因其部分房屋在神农大道项目用地红线范围内，征收系出于公共利益需要，且房屋地面高于神农大道地面十余米，不整体拆除将产生严重安全隐患，整体征收拆除符合实际。杨某芬认为神农大道建设项目没有取得建设用地批准书。2011 年 7 月 14 日，株洲市规划局为神农大道建设项目颁发了株规用〔2011〕0066 号《建设用地规划许可证》。杨某芬认为株洲市规划局在复议程序中出具的说明不能作为超范围征收的依据。株洲市规划局在复议程序中出具的说明系另一法律关系，非本案审理范围。株洲市人民政府作出的〔2011〕第 1 号《株洲市人民政府国有土地上房屋征收决定》事实清楚，程序合法，适用法律、法规正确，判决维持。

株洲市中级人民法院二审认为，本案争议焦点为株洲市人民政府作出的〔2011〕第 1 号《株洲市人民政府国有土地上房屋征收决定》是否合法。2010 年，株洲市人民政府启动神农大道建设项目，株洲市规划局于 2011 年 7 月 14 日颁发了株规用〔2011〕0066 号《建设用地规划许可证》。杨某芬的部分房屋在神农大道建设项目用地红线范围内，虽然征收杨某芬整栋房屋超出了神龙大道的专项规划，但征收其房屋系公共利益需要，且房屋地面高于神农大道地面十余米，如果只拆除规划红线范围内部分房屋，未拆除的规划红线范围外的部分房屋将人为变成危房，失去了房屋应有的价值和作用；整体征收杨某芬的房屋，并给予合理补偿符合实际情况，也是人民政府对人民群众生命财产安全担当责任的表现。判决驳回上诉、维持原判。

【典型意义】

本案典型意义在于：在房屋征收过程中，如果因规划不合理，致使整幢建筑的一部分未纳入规划红线范围内，则政府出于实用性、居住安全性等因素考虑，将未纳入规划的部分一并征收，该行为体现了以人为本，有利于征收工作的顺利推进。人民法院认可相关征收决定的合法性，不赞成过于片面、机械地理解法律。

王某超等3人诉吉林省长春市九台区住房和城乡建设局紧急避险决定案

《最高人民法院发布人民法院征收拆迁典型案例（第二批）》第3号

2018年5月15日

【基本案情】

2010年，吉林省人民政府作出批复，同意对向阳村集体土地实施征收，王某超等3人所有的房屋被列入征收范围。后王某超等3人与征收部门就房屋补偿安置问题未达成一致意见，2013年11月19日，长春市国土资源管理局作出责令交出土地决定。2015年4月7日，经当地街道办事处报告，吉林省建筑工程质量检测中心作出鉴定，认定涉案房屋属于“D级危险”房屋。同年4月23日，长春市九台区住房和城乡建设局（以下简称九台区住建局）对涉案房屋作出紧急避险决定。在催告、限期拆除未果的情况下，九台区住建局于2015年4月28日对涉案房屋实施了强制拆除行为。王某超等3人对上述紧急避险决定不服，提起行政诉讼，请求法院判决确认该紧急避险决定无效、责令被告在原地重建房屋等。

【裁判结果】

长春市九台区人民法院一审认为，本案紧急避险决定所涉的房屋建筑位于农用地专用项目的房屋征收范围内，应按照征收补偿程序进行征收。九台区住建局作出紧急避险决定，对涉案房屋予以拆除的行为违反法定程序，属于程序违法。一审判决撤销被诉的紧急避险决定，但同时驳回王某超等3人要求原地重建的诉讼请求。王某超等人不服，提起上诉。长春市中级人民法院二审认为，涉案房屋应当由征收部门进行补偿后，按照征收程序予以拆除。根据《城市危险房屋管理规定》相关要求，提出危房鉴定的申请主体应当是房屋所有人和使用人，而本案系当地街道办事处申请，主体不适格；九台区住建局将紧急避险决定直接贴于无人居住的房屋外墙，送达方式违法；该局在征收部门未予补偿的情况下，对涉案房屋作出被诉的紧急避险决定，不符合正当程序，应予撤销。但王某超等 3 人要求对其被拆除的房屋原地重建的主张，不符合该区域的整体规划。二审法院遂判决驳回上诉、维持原判。

【典型意义】

在行政执法活动尤其是不动产征收当中，程序违法是一种常见多发的违法形态。本案中，被告为了节省工期，对于已经启动征地程序的房屋，错误地采取危房鉴定和强制拆除的做法，刻意规避补偿程序，构成程序滥用，严重侵犯当事人合法权益。对于此种借紧急避险为由行违法强拆之实的情形，人民法院依法判决撤销被诉行为，彰显了行政诉讼保护公民产权的制度功能。此案的典型意义在于昭示了行政程序的价值，它不仅是规范行政权合法行使的重要方式，也是维护相对人合法权益的保障机制。在土地征收当中，行政机关只有遵循行政程序，才能做到“严格、规范、公正、文明”执法，才能体现以人为本，尊重群众主体地位，才能实现和谐拆迁，才能符合新时代中国特色社会主义法治精神的要求。

焦某顺诉河南省新乡市卫滨区人民政府行政征收管理案

《最高人民法院发布人民法院征收拆迁典型案例（第二批）》第 6 号

2018 年 5 月 15 日

【基本案情】

2014 年 6 月 27 日，河南省新乡市卫滨区人民政府（以下简称卫滨区政府）作出卫政〔2014〕41 号《关于调整京广铁路与中同街交汇处西北区域征收范围的决定》（以下简称《调整征收范围决定》），将房屋征收范围调整为京广铁路以西、卫河以南、中同大街以北（不包含中同大街 16 × 号住宅房）、立新巷以东。焦某顺系中同大街 16 × 号住宅房的所有权人。焦某顺认为卫滨区政府作出《调整征收范围决定》不应将其所有的房屋排除在外，且《调整征收范围决定》作出后未及时公告，对原房屋征收范围不产生调整的效力，请求人民法院判决撤销《调整征收范围决定》。

【裁判结果】

新乡市中级人民法院一审认为，卫滨区政府作出的《调整征收范围决定》不涉及焦某顺所有的房屋，对其财产权益不产生实际影响，焦某顺与被诉行政行为之间没有利害关系，遂裁定驳回了焦某顺的起诉。焦某顺提起上诉。河南省高级人民法院二审驳回上诉、维持原裁定。

【典型意义】

在行政诉讼中，公民权利意识特别是诉讼意识持续高涨是社会和法治进步的体现。但是公民、法人或者其他组织提起行政诉讼应当具有诉的利益及诉的必要性，即与被诉行政行为之间存在“利害关系”。人民法院要依法审查被诉行政行为是否对当事人权利义务造成影响；是否会导致当事人权利义务发生增减得失。既不能对于当事人合法权利的影响视而不见，损害当事人的合法诉权；也不得虚化、弱化利害关系的起诉条件，受理不符合《行政诉讼法》规定的受案范围条件的案件，造成当事人不必要的诉累。本案中，被告卫滨区政府决定不再征收焦某顺所有的房屋，作出了《调整征收范围决定》。由于《调整征收范围决定》对焦某顺的财产权益不产生实际影响，其提起本案之诉不具有值得保护的实际权益。人民法院依法审查后，裁定驳回起诉，有利于引导当事人合理表达诉求，保护和规范当事人依法行使诉权。

袁某北诉江西省于都县人民政府物价行政征收一案

《最高人民法院发布行政诉讼附带审查规范性文件典型案例》第3号

2018年10月30日

【基本案情】

袁某北的住房属江西省于都县中心城区规划范围。江西省于都县人民政府（以下简称于都县政府）委托于都县自来水公司，根据袁某北户从2010年2月1日起至2015年11月的自来水使用情况，征收了袁某北户的污水处理费共计1273.2元。袁某北以于都县政府对其征收污水处理费违法为由，诉至法院，请求于都县政府全部退还已征收的污水处理费；依法对《于都县城市污水处理费征收工作实施方案》（以下简称《实施方案》）的合法性进行审查。

【裁判结果】

江西省高级人民法院二审认为，《水污染防治法》第四十四条第三款、第四款规定，城镇污水集中处理设施的运营单位按照国家规定向排污者提供污水处理的有偿服务，收取污水处理费用，保证污水集中处理设施的正常运行。城镇污水集中处理设施的污水处理收费、管理以及使用的具体办法，由国务院规定。国务院《城镇排水与污水处理条例》第三十二条规定，排水单位和个人应当按照国家有关规定缴纳污水处理费。财政部、国家发展和改革委员会《污水处理费征收使用管理办法》（以下简称《管理办法》）第八条规定，向城镇排水与污水处理设施排放污水、废水的单位和个人应当缴纳污水处理费。江西省发改委赣发改收费字〔2010〕135 号《关于统一调整全省城市污水处理费征收标准的通知》及赣州市物价局赣市价费字〔2010〕15 号《关于核定于都县城市污水处理费征收标准的批复》确定的征收范围均明确是“在城市污水集中处理规划区范围内向城市排污管网和污水集中处理设施排放达标污水的所有用水单位和个人”。但《实施方案》所确定的污水处理费征收范围却扩大至“于都县中心城区规划区范围内所有使用城市供水的企业、单位和个人”，违反法律法规规章及上级行政机关规范性文件规定，不能作为于都县政府征收袁某北污水处理费的合法性依据。在袁某北未向城市排污管网和污水集中处理设施排放污水的情况下，于都县政府向其征收污水处理费没有事实和法律依据，应予返还。故判决撤销于都县政府征收袁某北城市污水处理费的行为，责令于都县政府于判决生效之日起 30 日内向袁某北返还 1273.2 元污水处理费。此后，江西省高级人民法院向于都县政府发送司法建议，建议其对涉案规范性文件的相关条款予以修改。

【典型意义】

本案所涉及的污水处理费征收，根据法律法规的规定，其范围由征收对象和征收对象实施的行为确定。征收对象为城市污水集中处理规划区范围内所有用水单位和个人，且征收对象需实施向城市排污管网和污水集中处理设施排放污水的行为。但《实施方案》所确定的污水处理费征收范围却扩大至

“于都县中心城区规划区范围内所有使用城市供水的企业、单位和个人”，违反法律法规规章及上级行政机关规范性文件规定。在《管理办法》第八条明确规定了征收范围后，于都县政府在其制定的规范性文件中扩大征收范围没有法律依据，应予修改。根据《最高人民法院关于适用〈中华人民共和国行政诉讼法〉的解释》第一百四十九条之规定，规范性文件不合法的，人民法院可以向规范性文件的制定机关提出司法建议。司法建议作为法律赋予人民法院的一项重要职责，是充分发挥审判职能的重要方式。人民法院在规范性文件附带审查后向有关机关发出司法建议，可以促进执法质量提升、扩展审判效果。

蔡某某诉山东省泗水县人民政府土地征收案

《最高人民法院发布行政机关负责人出庭应诉典型案例》案例五

2021 年 7 月 29 日

【基本案情】

蔡某某系山东省泗水县村民，在该村承包土地用于种植果树。2018 年年初，因鲁南高铁项目施工，蔡某某承包土地上果树在未签订征地补偿协议的情况下被强制清除，蔡某某认为其合法权益受到侵害，提起行政诉讼。经审理，山东省济宁市中级人民法院一审判决确认山东省泗水县人民政府（以下简称泗水县政府）征占蔡某某承包地的行政行为违法。泗水县政府不服，向山东省高级人民法院（以下简称山东高院）提起上诉。

【出庭应诉情况】

山东高院公开开庭审理本案，泗水县政府的出庭负责人到庭参加诉讼。在庭审过程中，出庭负责人认真倾听行政相对人意见，并积极“出声”，表示已经了解了行政争议的根源所在，将与蔡某某积极沟通协商，采取有效措施妥善解决争议，申请撤回上诉。山东高院举行了山东省行政机关负责人庭审观摩活动，以视频会议的形式进行，在山东高院设主会场，各中级人民法院、基层人民法院设分会场。山东省、市、县三级万名行政机关人员共同旁听本案庭审。庭审结束后，参加观摩活动的山东省副省长、省委政法委副书记、公安厅厅长对山东省全省行政机关人员强调，做好行政应诉工作是行政机关的法定义务，要严格落实行政机关负责人出庭应诉制度，做到“出庭又出声”。

【典型意义】

根据《最高人民法院关于行政机关负责人出庭应诉若干问题的规定》第十四条规定，人民法院可以通过适当形式将行政机关负责人出庭应诉情况向社会公开，使社会公众可以参与监督、共同促进行政机关负责人出庭应诉工作，切实发挥出行政机关负责人出庭应诉制度的各项功能。公开的形式，既可以是一份完整的统计、分析报告，也可以是一个个生动的现实案例。本案中，山东高院组织的行政诉讼庭审观摩活动，是一堂生动而深刻的法治教育课，对于推动行政机关负责人出庭应诉常态化，提高领导干部运用法治思维和法治方法推动改革发展、维护社会稳定的能力，推进全面依法治省向纵深发展具有重要意义，相关经验和做法值得借鉴。

五、行政登记

武汉某药业有限公司与武汉市人民政府、武汉市国土资源和规划局、武汉某置业有限公司、武汉市某集团有限责任公司土地行政确认案

《最高人民法院公布第二批保障民生典型案例》第 5 号

2014 年 3 月 19 日

【基本案情】

本案争议土地原系武汉市某集团所有，1996 年其将土地上所建房屋出租给某药业公司使用。某药业公司补办相关手续后，取得武国用〔2004〕2732 号《国有土地使用证》。2004 年 11 月 21 日，某集团又以某药业公司的名义与某置业公司签订了《土地转让协议书》。武汉市人民政府于 2004 年 12 月 29 日注销了武国用〔2004〕2732 号《国有土地使用证》，并于同月 30 日向某置业公司颁发了武国用〔2004〕第 2910 号《国有土地使用证》。事后经鉴定证

明某置业公司申请颁证时提交某药业公司的印章及其法定代表人“钱某国”的签名均与在工商管理部门留存的不同。2007年2月1日，经某置业公司申请，武汉市人民政府将争议土地用途由原来的工业用地变更登记为城镇混合住宅用地。2月10日，经国土部门公告后，武汉市人民政府于2007年3月12日向某置业公司颁发武国用〔2007〕第162号《国有土地使用证》。某药业公司对武汉市政府、武汉市国土局注销武国用〔2004〕2732号《国有土地使用证》及颁发武国用〔2004〕第2910号《国有土地使用证》和武国用〔2007〕第162号《国有土地使用证》的行为不服，于2008年1月2日提起行政诉讼。

【裁判结果】

湖北省高级人民法院二审认为，武汉市人民政府及国土资源局在办理土地权属变更登记过程中，未尽谨慎审查义务，在土地转让方某药业公司未提交变更登记的书面申请，缺少土地转让方和受让方的法定代表人的身份证明，且公司印章及法定代表人签名涉嫌伪造的情况下，仍将土地使用权变更登记至某置业公司名下，并注销某药业公司的土地使用权证，该行为违反了法定程序，不具有合法性。据此，二审法院维持了武汉市中级人民法院确认被诉行政行为违法的判决。

【典型意义】

该案历经数次审理，影响多方当事人利益，案情复杂，且原告某药业公司自起诉以来长期组织人员在法院和人民政府闹访。武汉中院、湖北高院对案件能严格依法裁判，只服从事实，只服从法律，铁面无私，秉公执法。办案法官顶住压力多次组织协调，判决后主动向政府发出司法建议函，不就案办案，延伸审判职能，最终通过案后的协调和解，一次性解决了争议土地的权益和归属。本案的判决对政府机关如何依法办理土地权属变更登记有积极的指导意义；同时，充分体现了行政审判监督政府依法行政、保障相对人利益的重要职能。

李某夏诉上海市公安局浦东分局户口登记案

《最高人民法院发布 98 起未成年人审判工作典型案例》第 96 号

2014 年 11 月 24 日

【基本案情】

2001 年，三个月大的原告在果园外小路旁被村民李金某、尹某夫妇捡拾后领养，取名尹夏某。2005 年，两人登记离婚，并在自愿离婚协议书中约定："双方所生一女尹夏某，由女方抚养……"原告随李金某共同生活后，改名为李某夏。2007 年李金某与孙某某结婚。2010 年 5 月，上海市浦东新区民政局颁发收养登记证，记载李某夏身份为非社会福利机构抚养的弃婴。同年 7 月，李金某向被告上海市公安局浦东分局申办户口登记，并提交了收养登记档案资料和书面说明，称离婚协议中自书"双方所生一女"是"为了不影响小孩子的心灵"。2011 年 11 月，被告以不符合现行户口政策为由作出不予批准的户口审批决定。

【裁判结果】

上海市浦东新区人民法院（以下简称浦东法院）经审理认为，被告因离婚协议中称原告为"双方所生一女"而质疑收养登记机关认定的原告系"弃婴"的身份，在原告提供患不孕症的医学证明、无利害关系证人证言等收养登记档案及书面说明的情况下，被告既没有根据优势证据规则对证据作正确的判断，也没有为排除怀疑对原告的情况作出进一步核查，仅凭一纸孤证就认定原告来历不清，并作出不予入户的决定，证据不足。被告提交的政策依据在适用对象上与原告身份并不相符，且《收养法》《中国公民收养子女登记办法》《公安部、商业部关于被收养子女户口和粮食供应关系迁移问题的通知》等均对收养子女户口登记作出规定，被告以原告不在上海户口制度调整范围内，只能参照《上海市人民政府关于同意本市投靠类户口迁移若干实施意见的批复》办理入户的主张，于法相悖。综上，浦东法院认为，被告作出的不予入户决定，认定事实不清，主要证据不足，适用法律错误，判决撤销。

【典型意义】

本案系典型的涉及未成年人的户口行政诉讼，户口登记是对公民合法身份的确认，直接影响社会生活，对于未成年人而言，更与其生活、入学、成长息息相关。

为营造有利于未成年人成长的法治环境，在户口登记行政诉讼中，法院应当以优先保障未成年人合法权益为原则，运用司法权平衡行政权力下未成年人的弱势地位。在程序方面，采用圆桌审理模式以弱化庭审对抗。在实体方面，合法性与合理性并重以确立严格的审查标准，加大司法审查力度，在行政目的是否正当、法律适用是否适当、是否符合客观规律和社会情理等方面予以特别关注。事实认定应当符合明显优势证明标准及社会情理，登记机关的举证应当“清楚而具有说服力”，其证明力至少应当优于行政相对人提交的证据；法律适用则应当符合上位法原则精神及给付行政理念，不得选择适用不利于未成年人的地方性政策规定。

本案撤销判决作出后，登记机关没有上诉，并很快为原告办妥了户口迁入手续，这是优先保护原则在涉少户口登记行政诉讼中的成功运用，更是少年司法保障未成年人合法权益的充分体现。

丹阳市珥陵镇某超市诉丹阳市市场监督管理局行政登记案

《最高人民法院发布10起人民法院经济行政典型案例》第3号

2015年10月22日

【基本案情】

2015年2月，江苏省丹阳市珥陵镇某超市（以下简称某超市）向该市市场监督管理局（以下简称市市场监管局）提交个体工商户变更登记申请书，申请在原营业执照核准的经营范围内增加蔬菜零售项目。2015年2月，该局向某超市出具个体工商户变更登记受理通知书，随后审查材料，赴实地调查核实，认定某超市经营场所距丹阳市珥陵农贸市场不足200米，其申请不符合丹阳市人民政府丹政办发〔2012〕29号《关于转发市商务局〈丹阳市菜市场建设规范〉的通知》（以下简称 29 号文）中“菜市场周边 200 米范围内不得设置与菜市场经营类同的农副产品经销网点”的规定，遂作出了驳回通知书，决定对其变更申请不予登记。某超市不服诉至法院，请求撤销该驳回通知书，判令对其申请事项进行变更登记。

【裁判结果】

丹阳市人民法院一审认为，《个体工商户条例》第四条规定国家对个体工商户实行市场平等准入、公平待遇原则。申请办理个体工商户登记，申请登记的经营范围不属于法律、行政法规禁止进入的行业的，登记机关应当依法予以登记。本案中，原告某超市申请变更登记增加的经营项目为蔬菜零售，并非法律、行政法规禁止进入的行业。被告市市场监管局适用 29 号文中“菜市场周边 200 米范围内不得设置与菜市场经营类同的农副产品经销网点”的规定，对原告的申请不予登记，但该规定与《商务部标准化菜市场设置与管理规范》不一致，与《商务部等 13 部门关于进一步加强农产品市场体系建设的指导意见》第七项“积极发展菜市场、便民菜店、平价商店、社区电商直通车等多种零售业态”不相符，也违反上述市场平等准入、公平待遇原则，依法不能作为认定被诉登记行为合法的依据。遂判决撤销涉案驳回通知书、被告于判决生效后 15 个工作日内对原告的申请重新作出登记。一审宣判后，双方当事人均未上诉，被告已为原告重新办理了变更核准登记。

【典型意义】

本案是行政机关违反市场平等准入、公平待遇原则的典型案例。该原则不仅在《个体工商户条例》第四条中作出了明确规定，在其他大量法律法规和国际条约中都有体现。现代经济运行很大程度上靠市场这一“无形之手”发挥资源配置的决定性作用。政府在实施管理过程中，要找准定位，正确引导、指导和调节市场，避免各种不当干预与限制。本案中，市市场监督管理局根据市政府 29 号文，未支持某超市变更经营范围的申请，法院判决撤销被诉行政行为，不仅维护了经营者的合法权益，体现对不同市场主体的平等保护，也对当地合理设置菜市场、方便群众生产生活有着积极影响。值得一提的是，法院适用了新修改的《行政诉讼法》第六十四条规定，明确指出市政府 29 号文不仅与商务部有关规定不符，也违反国家对个体工商户实行的市场平等准入、公平待遇原则，不能作为行政行为合法性依据，切实贯彻了行政诉讼法的修改精神，具有一并审查“红头文件”（规范性文件）的时代意义。

“北燕云依”诉某派出所拒绝办理户口登记案

《最高人民法院公布10起弘扬社会主义核心价值观典型案例》第2号

2016年3月8日

【基本案情】

吕某、张某两夫妻在决定为女儿取名为“北燕云依”后，吕某前往某派出所为女儿申请办理户口登记，该派出所依照法律规定和法定程序，拒绝为其办理户口登记。吕某认为此行政行为侵犯其女儿的姓名权，遂以其女儿“北燕云依”的名义提起了行政诉讼，请求确认被告拒绝以“北燕云依”为姓名办理户口登记的行政行为违法。人民法院经审理认为，根据《全国人民代表大会常务委员会关于〈中华人民共和国民法通则〉第九十九条第一款、〈中华人民共和国婚姻法〉第二十二条的解释》的规定，公民行使姓名权，应当尊重社会公德，不得损害社会公共利益。在父母姓氏之外选取其他姓氏，应有不违反公序良俗的正当理由。本案原告“北燕云依”并不符合上述规定的情形，故判决驳回原告的诉讼请求。

【典型意义】

弘扬的价值：公序良俗

公民行使姓名权，应当符合法律规定，不得损害公序良俗。本案原告的父母在为其办理户口登记时，取名“北燕云依”，既未随父姓或母姓，也没有其他正当理由。公安机关拒绝对“北燕云依”进行户口登记，符合法律规定，恪守了公序良俗的要求，维护了正常的社会管理秩序，得到了人民法院的依法支持。

某集团有限公司与某市国土资源、房屋管理局土地登记纠纷案

《最高人民法院发布人民法院充分发挥审判职能作用保护产权和企业家合法权益典型案例》第 7 号

2018 年 1 月 30 日

【基本案情】

原告某集团有限公司与被告某市国土资源、房屋管理局于 2012 年 11 月 16 日签订了《国有建设用地使用权出让合同》。原告依据合同的约定缴纳了全部的土地出让金 7085054.35 元，并向被告申请办理土地权属登记。被告以原告未办理《建设用地规划许可证》为由拒绝为原告颁发土地权属证书。为此，原告以被告的行为违反了法律的规定、侵害了其合法权益为由提起诉讼，诉请判令被告履行法定职责。

【裁判结果】

人民法院认定：土地出让合同的受让方办理土地权属证明时，需要提交建设用地规划许可证，但法律法规未规定办理土地登记必须要提交建设用地规划许可证，被告要求原告办理建设用地规划许可证方能办理土地权属登记，无法律依据。遂作出〔2015〕崂行初字第 145 号判决，判令被告于判决生效之日起 60 日内依原告的申请事项依法履行法定职责。

【典型意义】

《城乡规划法》只是将规划条件作为出让土地的前置条件，并没有要求土地登记需要提交建设用地规划许可证。根据《城乡规划法》第三十八条第一款和第三款规定，出让土地之前应当确定规划条件，否则不得出让；城市、县人民政府城乡规划主管部门不得在建设用地规划许可证中，擅自改变作为国有土地使用权出让合同组成部分的规划条件。本案中，原告在与被告签订《国有建设用地使用权出让合同》前已经取得了《建设工程规划审查函意见书》，同时原、被告也在《国有建设用地使用权出让合同》第十三条中对规划

条件进行了约定。在原告已经付清全部国有土地出让价款后，持国有建设用地使用权出让合同和土地出让价款缴纳凭证等相关证明材料申请土地使用权登记，符合法律规定条件，遂判决被告依法履行法定职责。本案对于督促行政机关依法履行职责，保障企业合法财产权益具有示范作用。

吉林省珲春林业局诉珲春市牧业管理局草原行政登记案

《2019 年度人民法院环境资源典型案例》第二十八号

2020 年 5 月 8 日

【基本案情】

案涉草地为岩山沟 247.50 公顷草原，位于吉林省珲春市板石镇湖龙村。1992 年 11 月，原国家林业部向吉林省珲春林业局（以下简称珲春林业局）颁发《国有林权证》，将包括案涉草原在内的林地交由其管理、占有、使用。1989 年 10 月，珲春林业局与珲春市政府签订《牧业用地委托经营书》，同年 12 月，与板石乡政府签订《牧业用地委托经营书》，并依据上述两份合同给珲春市板石镇湖龙村村民委员会（以下简称湖龙村）颁发草原证，1996 年换发《牧业用地使用权证》。2008 年 6 月，珲春市牧业管理局（以下简称珲春牧业局）向湖龙村颁发面积为 416.50 公顷（包含案涉争议草地）的《吉林省草原使用权证》，用地范围与 1996 年权证一致，使用期限 15 + 30 年。2005 年 7 月，国务院办公厅《关于发布河北柳江盆地地质遗迹等 17 处新建国家级自然保护区的通知》，将案涉岩山沟草地中的 162 公顷纳入珲春东北虎国家级自然保护区范围。珲春林业局提起行政诉讼，请求依法撤销珲春牧业局颁发给湖龙村的面积为 416.50 公顷的《吉林省草原使用权证》。

【裁判结果】

吉林省珲春市人民法院一审认为，珲春林业局作为案涉林地的合法经营权人，是本案适格原告。珲春牧业局为湖龙村颁发《吉林省草原使用权证》的行为，是基于《牧业用地委托经营书》而实施的行政许可，因该经营书已于 2004 年 11 月终止，颁证行为无事实依据，程序违法。一审判决撤销上述草原使用权证。吉林省延边朝鲜族自治州中级人民法院二审维持原判。吉林省高级人民法院再审认为，珲春牧业局的颁证行为无事实依据，且案涉草地中 162 公顷已被纳入珲春东北虎国家级自然保护区范围，无论牧业局颁证行为是否合法，依法都应予撤销，裁定驳回再审申请。

【典型意义】

本案系涉自然保护区的国有林地、草原的委托经营及确权登记纠纷。本案中，湖龙村系基于委托经营合同对案涉草地享有经营使用权，其权利性质不同于依据家庭承包方式取得的土地使用权，不得依据政策或者法律规定径行延长期限。本案的典型意义还在于，案涉草地已被划入珲春东北虎国家级自然保护区范围。自然保护区是维护生态多样性，构建国家生态安全屏障，建设美丽中国的重要载体。现行法律对自然保护区实行最严格的保护措施，人民法院在审理相关案件时，应注意发挥环境资源行政审判的监督和预防功能，对涉及环境公共利益的行政许可进行审查。本案判决基于委托经营合同性质效力以及自然保护区生态环境保护的双重考量，对案涉行政机关颁证行为予以撤销，符合保障自然保护区生态文明安全的理念和要求。

广州市某贸易有限公司诉原韶关市新丰县工商行政管理局工商行政登记案

《最高人民法院产权保护行政诉讼典型案例》第七号

2020 年 7 月 27 日

【基本案情】

2017 年 11 月 17 日，韶关市新丰县人民政府发布了《关于进一步规范县城集贸市场管理的通告》（以下简称《通告》），告知凡肉类、蔬菜类等经营者一律进入市场经营，禁止在集贸市场外摆摊设点、流动、开店铺经营肉菜类行为。2017 年 12 月 26 日，广州市某贸易有限公司（以下简称某公司）向原韶关市新丰县工商行政管理局（以下简称新丰工商局）申请登记设立广州市某贸易有限公司新丰三分公司，经营场所为新丰县丰城街道办事处人民西路 93 号 09、10 门店，经营范围包括批发、零售鲜肉。2018 年 1 月 11 日，新丰工商局以某公司的申请不符合《广东省商事登记条例》（以下简称《条例》）第十九条第二款、《韶关市农贸市场管理暂行办法》第三十九条（以下简称《暂行办法》）以及《通告》等规定为由，作出新工商驳字〔2018〕第1号《登记驳回通知书》（以下简称《登记驳回通知书》），决定不予登记。某公司不服诉至法院，请求撤销新丰工商局作出的《登记驳回通知书》。

【裁判结果】

广东省韶关市武江区人民法院一审认为，某公司的申请事项，不符合《暂行办法》第三十九条和《通告》的规定，新丰工商局作出的《登记驳回通知书》合法，遂判决驳回某公司的诉讼请求。某公司不服，提起上诉。广东省韶关市中级人民法院二审认为，新丰工商局作出的《登记驳回通知书》依据是《暂行办法》第三十九条、《通告》以及在诉讼期间提供的《韶关市商事主体住所登记管理办法》（以下简称《管理办法》）的规定，但上述规定并未将新丰县丰城街道人民西路93号09、10门店列入禁设区目录，不能作为新丰工商局出具《登记驳回通知书》的依据。根据《条例》第十九条第二款“地级以上市人民政府公布经营场所禁设区域目录的，商事主体不得以禁设区域目录所列的场所作为住所、经营场所”的规定，地级以上市人民政府是经营场所禁设区域目录的公布主体，韶关市新丰县人民政府属于县级人民政府，无权公布经营场所禁设区域，《通告》不能作为《登记驳回通知书》的依据。新丰工商局也并未举证证实韶关市人民政府已公布新丰县经营场所禁设区域目录。因此，二审法院判决：撤销一审判决；撤销新丰工商局作出的《登记驳回通知书》，并责令新丰工商局对某公司的申请重新作出行政行为。

【典型意义】

经营场所是企业从事经营活动的平台，关涉企业的竞争和发展，不能随意被限制。政府因为城市规划、经济发展和公共利益的需要，依法适当限定经营地点，有利于建设卫生文明城市、提升群众的居住环境和生活品位。但权力的行使不能因为创建卫生文明城市等需要便不加限制，必须以法律、法规的明确规定为限。《条例》第十九条第二款明确授权地级以上市人民政府以禁设区域目录的方式，限定经营场所禁设区域。因此，行政机关未经法律、法规授权作出的涉及禁设区域的规范性文件，不能作为人民法院审理行政案件的依据。本案新丰工商局作出行政行为的依据，为《暂行办法》的规定，但该办法与新丰工商局在诉讼期间提供的《管理办法》均未将涉案企业的经营地点列入禁设区域目录，据此新丰工商局作出的《登记驳回通知书》缺乏法律依据，依法应予撤销。本案的典型意义在于，人民法院审理涉及民营企业经营场地的行政案件时，在支持人民政府积极开展创建卫生文明城市活动的同时，也应保护民营企业的经营自主权。

夏某凤诉原都江堰市国土资源局违法注销集体土地使用权案

《最高人民法院产权保护行政诉讼典型案例》第九号

2020 年 7 月 27 日

【基本案情】

夏某凤为都江堰市龙池镇红色村 2 组村民，在该村拥有住宅房屋一套，并于 2008 年 10 月 28 日取得案涉《集体土地使用权证》。2015 年 10 月 8 日，原都江堰市国土资源局（以下简称都江堰国土局）以夏某凤取得土地使用权证时的申请资料与实际情况不符、存在以虚假资料骗取土地登记的行为为由，要求夏某凤在 10 日内将土地使用权证交至都江堰市政务中心国土窗口并配合集体经济组织办理集体土地使用权注销登记，若逾期不办理，将公告注销案涉《集体土地使用权证》。夏某凤未在告知期限内交回《集体土地使用权证》，2015 年 11 月 10 日都江堰国土局作出《注销公告》，注销了夏某凤的集体土地使用权。夏某凤不服该行为，诉至法院。

【裁判结果】

四川省崇州市人民法院一审认为，根据 2008 年 2 月 1 日起实施的《土地登记办法》（以下简称《办法》）第五十条规定：“有下列情形之一的，可直接办理注销登记：（一）依法收回的国有土地；（二）依法征收的农民集体土地；（三）因人民法院、仲裁机构的生效法律文书致使原土地权利消灭，当事人未办理注销登记的。”因此，除以上三种情形土地登记主管部门可直接办理注销登记外，注销登记均应依土地使用权人或他项权人申请注销。都江堰国土局在不具备上述三种情形的情况下直接注销夏某凤集体土地使用权，没有法律依据。根据《办法》第五十八条规定："国土资源行政主管部门发现土地登记簿记载的事项确有错误的，应当报经人民政府批准后进行更正登记，并书面通知当事人在规定期限内办理更换或者注销原土地权利证书的手续。当事人逾期不办理的，国土资源行政主管部门报经人民政府批准并公告后，原土地权利证书废止"，即使夏某凤土地使用权证记载内容存在错误，都江堰国土局也应当在进行更正登记后予以更换或注销。因此，一审法院判决确认都江堰国土局注销夏某凤集体土地使用权的行政行为无效，并责令都江堰国土局在判决生效后15日内为夏某凤办理恢复登记。判决后双方均未上诉，都江堰国土局为夏某凤恢复了登记。

【典型意义】

实践中，因分不清"权"和"证"的关系，错误采用注销"证"的方式注销"土地使用权"的现象大量存在。依法登记的土地所有权和使用权受法律保护，任何单位和个人不得侵犯。权利人只有依法取得不动产后，才能进行不动产登记，不动产登记是拥有合法不动产权利的证书。通过该案的审理，厘清了先有"权利"后有"登记"，先有"权利消失"才有"注销登记"的关系，行政机关不能用"注销登记"方式侵犯依法登记的土地所有权和使用权。

甲电力设计公司诉某区市场监督管理局行政登记案

《人民法院服务保障全国统一大市场建设行政诉讼典型案例》案例二

2023年12月28日

【基本案情】

2017年7月，案外人杨某某持甲电力设计公司营业执照复印件、分公司登记申请书、甲电力设计公司章程、关于甲电力设计公司某分公司负责人任命书、授权委托书、身份证复印件、租房合同等相关资料，向某区市场监督管理局申请设立甲电力设计公司某分公司。经审查，某区市场监督管理局认为杨某某提交的材料齐全、符合形式要求，于 2017 年 8 月办理了甲电力设计公司某分公司的注册登记。甲电力设计公司诉称，2019 年 6 月，其在进行正常的企业年审中，被要求一并提供涉案分公司的企业年报，方得知注册成立了该分公司，给其生产经营活动造成严重影响，故请求撤销某区市场监督管理局对该分公司的行政登记。

【裁判结果】

人民法院生效判决认为，依照《行政许可法》《公司登记管理条例》的相关规定，申请人应当对申请办理公司登记的文件、材料的真实性负责，公司登记机关只对申请文件、材料进行形式审查。公司登记机关认为需要核实的，才予调查核实。案外人杨某某在向某区市场监督管理局申请注册设立甲电力设计公司某分公司登记时，提供的相关申请文件、材料符合规定。某区市场监督管理局对于设立甲电力设计公司某分公司的登记申请，已尽到审查义务，但案外人杨某某向某区市场监督管理局提交的材料虚假，导致登记错误。某区市场监督管理局依据虚假申请材料作出的甲电力设计公司某分公司登记行为，缺乏事实根据，故判决撤销该局对甲电力设计公司某分公司进行的行政登记。

【典型意义】

合格的市场主体是健康市场的基础，诚实守信是合格市场主体的基本要求。营造诚实守信、健康发展的市场环境，要求依法开展市场主体登记注册工作，实行统一的市场准入制度，把好统一大市场建设的第一道关。为了提高市场准入效率，增强市场主体活力，避免过度干预市场自主性，市场监管部门通常在认定申请设立公司的文件、材料符合形式要求后便作出准予登记决定。在案件审理中，人民法院充分发挥行政审判职能作用，以事实为根据、以法律为准绳，对市场准入行为进行合法性审查。在查明申请材料虚假后，及时纠正错误登记行为，促使不合格的市场主体退出市场，消除合格市场主体的后顾之忧，有力地维护了统一的市场准入制度。

六、行政确认

戴某华诉济南市公安消防支队消防行政验收案

《最高人民法院发布五起典型案例》第5号

2014年6月23日

【基本案情】

2011年10月24日，济南市某改造公司向济南市公安消防支队提出验收备案申请，要求对馆驿街以南棚户区改造工程1至8号楼的消防设施进行抽查验收。济南市公安局消防支队进行抽查后，于2011年11月21日作出济公消验备〔2011〕第0172号《建设工程消防验收备案结果通知》，认定馆驿街消验备〔2011〕第0172号《建设工程消防验收备案结果通知》认定事实错误，故戴某华向济南市高新区人民法院提起行政诉讼。

【裁判结果】

济南市高新区人民法院一审认为，《建设工程消防验收备案结果通知》属于技术性验收通知，不是具体行政行为，不属于人民法院行政诉讼的受案范围，依照《行政诉讼法》等规定，裁定驳回原告戴某华的起诉。

济南市中级人民法院二审认为，建设工程消防验收备案是建设工程消防设施质量监督管理的最后环节，备案结果中含有消防竣工验收是否合格的评定，根据《消防法》的规定，建设工程经公安消防机关验收不合格的，应当停止使用，据此，消防验收备案结果具有拘束力，消防验收备案行为具有行政确认的性质，是消防行政机关的具体行政行为，属于人民法院行政诉讼的受案范围，依照《最高人民法院关于执行〈中华人民共和国行政诉讼法〉若干问题的解释》第六十八条之规定，裁定撤销原审裁定，指定济南市高新区人民法院继续审理。

【典型意义】

当前，消防安全形势空前严峻。作为消防安全的前置关口，建设工程消防验收责任重大，但却一直游离于司法审查之外，导致社会关注度低，程序透明性差，权力行使随意性大，作用难以充分发挥。本案首次明确了消防验收行为的行政确认属性，从而将其纳入行政诉讼的受案范围，具有重要的规则意义，必将有利于督促消防机关严格履行验收职责，更加有利于人民群众生命、财产安全的保障。同时通过辨法析理，使消防机关认识到了司法审查的正当性，从而积极准备参加后续诉讼，法院最终维持了该备案结果通知。判决后，该案被《大众日报》《济南日报》等多家重要媒体密集报道，被最高人民法院《中国行政审判案例》第七卷收录，并获 2013 年度全国法院行政审判优秀业务成果二等奖，取得了良好的法律效果和社会效果。

刘某荣诉米泉市劳动人事社会保障局工伤认定案

《最高人民法院发布八起典型案例》第 8 号

2014 年 7 月 23 日

【基本案情】

2001 年 1 月 7 日，新疆米泉市某镇三矿副矿长刘某荣得知矿井煤层采仓仓顶被拉空，将给煤矿生产安全带来隐患。为保证煤矿安全生产，1 月 8 日晚 10 时许，刘某荣与炮工余某贵一起在职工宿舍内，将瞬发电雷管改制成延期电雷管时，雷管爆炸，将刘某荣的左手拇指、食指、中指炸去，无名指受伤。事发后，某镇煤矿立即将刘某荣送往医院救治，并承担了刘某荣的全部医疗费用。3 月 21 日，某镇煤矿与刘某荣达成赔偿协议，由某镇煤矿给刘某荣今后生活费、营养费一次性补助 15000 元。4 月 9 日，刘某荣向米泉市劳动局申请工伤认定。2002 年 7 月 3 日，米泉市劳动局作出《关于不予认定刘某荣为工伤的决定》（以下简称《决定》）。

【裁判结果】

米泉市人民法院一审以米泉市劳动局适用法律、法规错误为由，判决撤销米泉市劳动局的《决定》。

昌吉回族自治州中级人民法院二审认为，米泉市劳动局对刘某荣的工伤申请所作的认定决定，认定事实清楚，适用法律正确，决定程序合法，判决撤销米泉市人民法院一审行政判决，维持米泉市劳动局的《决定》。

新疆维吾尔自治区高级人民法院再审判决维持二审行政判决。

最高人民法院提审认为，根据《企业职工工伤保险试行办法》的规定，从事本单位日常生产、工作或者本单位负责人临时指定的工作的，在紧急情况下，虽未经本单位负责人指定但从事直接关系本单位重大利益的工作负伤、致残、死亡的，应当认定为工伤。刘某荣作为米泉市某镇第三煤矿副矿长，其基于煤矿正常生产的需要而与其他炮工一起在工人宿舍内将瞬发电雷管改制成延期电雷管，并因雷管爆炸而受伤，该行为显然与本单位工作需要和利益具有直接关系。公安部《关于对将瞬发电雷管改制为延期电雷管的行为如何定性的意见》认为，雷管中含有猛炸药、起爆药等危险物质，在没有任何防护的条件下将瞬发电雷管改制为延期电雷管，属于严重违反国家有关安全规定和民爆器材产品质量技术性能规定的行为，不应定性为非法制造爆炸物品的行为。据此判决：撤销新疆维吾尔自治区高级人民法院作出的行政判决；撤销新疆维吾尔自治区昌吉回族自治州中级人民法院行政判决；维持新疆维吾尔自治区米泉市人民法院行政判决；新疆维吾尔自治区乌鲁木齐市米东区人力资源和社会保障局应在收到判决之日起 2 个月内重新作出具体行政行为。

【典型意义】

如何准确把握工伤认定的标准，一直是人民法院审理工伤认定行政案件的难点。该案涉及对不得认定工伤的情形如何掌握、本单位利益如何界定等工伤认定中的疑难问题。最高人民法院判决从维护职工切身利益的立法宗旨出发，对于不予认定工伤的情形，采取了从严掌握原则，明确了对职工因单位工作需要，在非工作场所从事危险工作而受伤，即使存在一定违规，仍应认定该工作与本单位重大利益具有直接关系，从而应予认定工伤的原则。该案判决充分彰显了工伤保险的立法精神，对于工伤认定行政案件裁判尺度的把握和统一，具有重要的示范意义。

张某兵与上海市松江区人力资源和社会保障局工伤认定行政上诉案

——用工单位违反法律、法规规定将承包业务转包或者发包给不具备用工主体资格的组织或者自然人，该组织或者自然人聘用的职工因工伤亡的，用工单位为承担工伤保险责任的单位

《最高人民法院发布四起工伤保险行政纠纷典型案例》第 1 号

2014 年 8 月 21 日

【基本案情】

南通某公司系某有限公司 A7 厂房工程的承包人，其以《油漆承揽合同》的形式将油漆工程分包给自然人李某某，约定李某某所雇人员应当接受南通某公司管理。李某某又将部分油漆工程转包给自然人王某某，王某某招用张某兵进行油漆施工。李某某和王某某均无用工主体资格，也无承揽油漆工程的相应资质。2008 年 3 月 10 日，张某兵在进行油漆施工中不慎受伤。11 月 10 日，松江区劳动仲裁委员会裁决确定张某兵与南通某公司之间存在劳动关系，但该裁决书未送达南通某公司。12 月 29 日，张某兵提出工伤认定申请，并提交了劳动仲裁裁决书。上海市松江区人力资源和社会保障局立案审查后，认为张某兵受伤符合工伤认定条件，且南通某公司经告知，未就张某兵所受伤害是否应被认定为工伤进行举证。上海市松江区人力资源和社会保障局遂于 2009 年 2 月 19 日认定张某兵受伤为工伤。南通某公司不服，经复议未果，遂起诉请求撤销上海市松江区人力资源和社会保障局作出的工伤认定。

【裁判结果】

经上海市松江区人民法院一审，上海市第一中级人民法院二审认为，根据劳社部发〔2005〕12 号《劳动和社会保障部关于确立劳动关系有关事项的通知》第四条规定，建筑施工、矿山企业等用人单位将工程（业务）或经营权发包给不具备用工主体资格的组织或自然人，对该组织或自然人招用的劳动者，由具备用工主体资格的发包方承担用工主体责任。本案中，南通某公司作为建筑施工单位将油漆工程发包给无用工主体资格的自然人李某某，约

定李某某所雇用的人员应服从南通某公司管理。后李某某又将部分油漆工程再发包给王某某，并由王某某招用了上诉人张某兵进行油漆施工。上海市松江区人力资源和社会保障局依据上述规定及事实认定上诉人与被上诉人具有劳动关系的理由成立。根据《工伤保险条例》规定，张某兵在江苏南通某建设集团有限公司承建的厂房建设项目中进行油漆施工不慎受到事故伤害，属于工伤认定范围。据此，维持上海市松江区人力资源和社会保障局作出被诉工伤认定的具体行政行为。

孙某兴诉天津新技术产业园区劳动局工伤认定行政案

——工作原因、工作场所的认定应当考虑是否与履行工作职责相关，是否在合理区域内受到伤害的

《最高人民法院发布四起工伤保险行政纠纷典型案例》第2号

2014年8月21日

【基本案情】

孙某兴系某公司员工，2003年6月10日上午受某公司负责人指派去北京机场接人。其从某公司所在天津市南开区华苑产业园区国际商业中心（以下简称商业中心）八楼下楼，欲到商业中心院内开车，当行至一楼门口台阶处时，孙某兴脚下一滑，从四层台阶处摔倒在地面上，经医院诊断为颈髓过伸位损伤合并颈部神经根牵拉伤、上唇挫裂伤、左手臂擦伤、左腿皮擦伤。孙某兴向园区劳动局提出工伤认定申请，园区劳动局于2004年3月5日作出《工伤认定决定书》，认为没有证据表明孙某兴的摔伤事故是在工作场所、基于工作原因造成的，决定不认定为工伤。

【裁判结果】

经天津市第一中级人民法院一审，天津市高级人民法院二审认为，该案焦点问题是孙某兴摔伤地点是否属于工作场所和工作原因。《工伤保险条例》规定，职工在工作时间和工作场所内，因工作原因受到事故伤害，应当认定为工伤。该规定中的“工作场所”，指职工从事职业活动的场所，在有多个工作场所的情形下，还应包括职工来往于多个工作场所之间的必经区域。本案

中，位于商业中心八楼的某公司办公室，是孙某兴的工作场所，而其完成去机场接人的工作任务需驾驶的汽车，是其另一处工作场所。汽车停在商业中心一楼的门外，孙某兴要完成开车任务，必须从商业中心八楼下到一楼门外停车处，故从商业中心八楼到停车处是孙某兴来往于两个工作场所之间的必经区域，应当认定为工作场所。园区劳动局认为孙某兴摔伤地点不属于其工作场所，将完成工作任务的必经之路排除在工作场所之外，既不符合立法本意，也有悖于生活常识。孙某兴为完成开车接人的工作任务，从位于商业中心八楼的某公司办公室下到一楼，并在一楼门口台阶处摔伤，系为完成工作任务所致。上诉人园区劳动局以孙某兴不是开车时受伤为由，认为孙某兴不属于“因工作原因”摔伤，理由不能成立。故判决撤销被告园区劳动局所作的《工伤认定决定书》，限其在判决生效后 60 日内重新作出具体行政行为。

何某祥诉江苏省新沂市劳动和社会保障局工伤认定行政案

——关于“上下班途中”的认定

《最高人民法院发布四起工伤保险行政纠纷典型案例》第 3 号

2014 年 8 月 21 日

【基本案情】

原告何某祥系原北沟镇石涧小学教师，2006 年 12 月 22 日上午，原告被石涧小学安排到新沂城西小学听课，中午在新沂市区就餐。因石涧小学及原告居住地到城西小学无直达公交车，原告采取骑摩托车、坐公交车、步行相结合方式往返。15 时 40 分左右，石涧小学邢某民、何某强、周某宇等开车经过石涧村大陈庄水泥路时，发现何某祥骑摩托车摔倒在距离石涧小学约二三百米的水泥路旁，随即将其送往医院抢救治疗。12 月 27 日，原告所在单位就何某祥的此次伤害事故向被告江苏省新沂市劳动和社会保障局提出工伤认定申请，后因故撤回。2007 年 6 月，原告就此次事故伤害直接向被告提出工伤认定申请。经历了两次工伤认定、两次复议、两次诉讼后，被告于 2009 年 12 月 26 日作出《职工工伤认定》，认定：何某祥所受机动车事故伤害虽发生在上下班的合理路线上，但不是在上下班的合理时间内，不属于上下班途中，不认定为工伤。原告不服，向新沂市人民政府申请复议，复议机关作出复议决定，维持了被告作出的工伤认定决定。之后，原告诉至法院，请求撤销被告作出的工伤认定决定。

【裁判结果】

经江苏省新沂市人民法院一审，徐州市中级人民法院二审认为，上下班途中的“合理时间”与“合理路线”，是两种相互联系的认定属于上下班途中受机动车事故伤害情形的必不可少的时空概念，不应割裂开来。结合本案，何某祥在上午听课及中午就餐结束后返校的途中骑摩托车摔伤，其返校上班目的明确，应认定为合理时间。故判决撤销被告新沂市劳动和社会保障局作出的《职工工伤认定》；责令被告在判决生效之日起60日内就何某祥的工伤认定申请重新作出决定。

高某诉上海某大学不授予学位案

《最高人民法院公布10起弘扬社会主义
核心价值观典型案例》第9号
2016年3月8日

【基本案情】

高某系上海某大学本科生，因在考试中作弊，被学校给予行政记过处分，该门课程成绩无效。学校学位评定委员会因此决定对高某不授予学士学位。高某不服，向人民法院提起行政诉讼。人民法院经审理认为，高某因考试作弊被取消课程成绩，不符合授予学士学位的规定，被告学校学位评定委员会不授予高某学位，符合国家法律法规和学校的规定，遂判决驳回高某的诉讼请求。

【典型意义】

弘扬的价值：诚实守规

诚实信用，是社会主义社会的重要核心价值，也是中华民族的优秀道德传统。对每一个人而言，诚信乃立身之本。本案原告高某作为在校大学生，是国家的未来建设者，在考试中作弊，不仅违背诚信原则，更违反了国家法律法规和学校的规定，学校对其作出不授予学位的处理，人民法院依法予以支持。

林某国诉济南市住房保障和房产管理局房屋行政管理案

《最高人民法院发布行政审判十大典型案例（第一批）》第 1 号

2017 年 6 月 13 日

【基本案情】

济南市退休工人林某国肢体重度残疾，行走存在严重障碍。2007 年 9 月，其向济南市住房保障和房产管理局（以下简称市房管局）提出廉租房实物配租申请，通过摇号取得了该市槐荫区世纪中华城一套廉租房，签订了租赁合同。2010 年 5 月，市房管局接他人实名举报后调查认定其存在取得廉租房后连续 6 个月未实际居住等情形。林某国主张因其肢体二级残疾，该住房位置偏远、地处山坡、交通不便，故居住不久后即搬出。同年 7 月 13 日，市房管局收回该房，并于同年 9 月给其办理了廉租房租金补贴。林某国又于 2011 年重新申请并取得廉租房实物配租资格，后以房源不适合自己居住为由放弃摇号选房。2011 年 4 月，林某国将市房管局诉至法院，请求依法确认该局取消其实物配租资格的行政行为违法，判令该局赔偿其退房次日起至重新取得实物配租房之日止的相应租金损失。

【裁判结果】

济南市市中区人民法院一审认为，根据《济南市城市低收入家庭廉租住房管理办法》有关规定，房产行政主管部门应在作出取消当事人实物配租资格的书面处理决定生效的情况下才能收回房屋。本案中，市房管局未作出书面处理决定而直接收回，造成林某国该次廉租住房实物配租资格被取消，影响其相关权利。遂判决确认市房管局收回房屋、取消林某国实物配租资格的行为违法，由该局按廉租房租金标准赔偿林某国从 2010 年 7 月 13 日次日起至 2010 年 8 月 31 日的租房损失，驳回林某国其他诉讼请求。双方当事人均提出上诉。

济南市中级人民法院二审认为，林某国存在连续6个月以上未实际居住情形，且在退房证明上签字履行了手续，市房管局依照有关规定取消其实物配租资格并收回廉租房的行为并无不当。同时，城市低收入家庭只能在租金补贴、实物配租等保障方式中享受一种，林某国已在当年9月取得租金补贴保障待遇，市房管局取消其实物配租资格结果正确，未作出书面决定属程序瑕疵。遂撤销一审判决，改判驳回林某国的诉讼请求。

最高人民法院提审本案后，贺小荣庭长担任审判长于2016年4月赴当地开庭审理并主持调解，市房管局局长到庭参加诉讼。双方当事人本着互谅互让原则达成协议，林某国获得按新政策调配的公租房及救助金7万元。本案最终通过行政调解书方式结案。

【典型意义】

本案典型意义在于：为残疾人提供公正、高效、便捷的司法服务，不仅是人民法院践行司法为民的内在要求，也是我国加入《残疾人权利公约》后的庄严承诺。习近平总书记多次强调要不断健全残疾人权益保障制度。本案系最高人民法院首次赴基层法院开庭审理残疾人权益案件，也是新《行政诉讼法》实施后首次依法以行政调解方式结案。不仅充分照顾到残疾人权利行使方式与实现途径，也通过行政负责人积极出庭应诉配合调解等举措，凸显对依法行政的重视，是共同贯彻落实立法新精神的生动实践。包括媒体在内的社会各界对本案一致好评，现场旁听的全国人大代表、政协委员和残疾人联合会的代表对庭审活动给予高度评价，中国残联为此也向最高人民法院致信感谢。本案对健全残疾人权益司法保障制度，推进残疾人事业健康发展具有重要示范意义。

王某某诉吉林省白山市人力资源和社会保障局行政确认案

《最高人民法院发布行政机关负责人出庭应诉典型案例》案例三

2021年7月29日

【基本案情】

王某某1988年8月5日被原吉林省浑江市劳动局招收为集体所有制工人，

并安排在某煤矿综合经营公司工作，岗位工种类别等级为井下一类工种登钩。2010 年 4 月 16 日，王某某与某煤矿综合经营公司解除劳动关系。2019 年 3 月王某某向吉林省白山市人力资源和社会保障局（以下简称白山市人社局）申请特殊工种退休。白山市人社局对王某某同单位其他人员档案进行抽样后，经比对发现王某某档案中部分材料记载方式、盖章部门等存在不一致等情形，遂以此为由作出不批准王某某提前退休的《特殊工种提前退休核准告知书》。王某某不服诉至法院，一审判决撤销被诉行政行为。白山市人社局向吉林省白山市中级人民法院（以下简称白山中院）提起上诉。

【出庭应诉情况】

白山市人社局分管退休审批的副局长在二审程序中，作为行政机关负责人参加诉讼。庭审过程中，出庭负责人认真倾听行政相对人的诉求，并就实质性解决本案争议发表意见，表示将于庭后召集单位相关部门人员，与行政相对人共同核对相关原始证据，对其工龄、工种等情况进行重新确认，对与行政相对人情况类似的临退休工人也将重新进行全面核查。王某某对出庭负责人的态度表示非常感动，将全力配合与支持行政机关的工作。庭审结束后，白山市人社局经核对，认定王某某符合特殊工种退休条件，并为其办理了相关手续。白山市人社局向白山中院申请撤回上诉，王某某亦申请撤回原审起诉。同时，与王某某情况类似的其他人员，相应问题也得到了有效解决。

【典型意义】

行政机关负责人出庭应诉，可以有效消除行政机关与行政相对人之间的分歧与矛盾，赢得人民群众对政府工作的理解与支持。同时，也可以消除行政机关与人民法院之间的分歧，有利于增加行政机关对审判工作的理解与尊重，使人民法院裁判文书得以切实履行，有效维护政府形象与司法权威。本案中，行政机关一审败诉后依法提起上诉，表明其对一审法院的判决不理解或不认同。白山市人社局负责人通过参加庭审活动，以及开展庭审结束之后的调查、核实工作，认识到执法工作中存在的问题，并切实采取措施保障人民群众的合法权益，最终赢得行政相对人的理解与尊重，双方当事人各自撤回诉讼，并从根源上遏制了大量潜在的行政争议，解决一案，带动一片，真正实现案结事了，获得良好的裁判效果。

张家港保税区某劳动服务有限公司诉江苏省无锡市人力资源和社会保障局行政确认系列案

《最高人民法院发布行政机关负责人出庭应诉典型案例》案例九

2021年7月29日

【基本案情】

杜某某等8人从张家港乘车至无锡涉案工地工作途中，在高速公路上因爆胎导致车辆失控翻滚，发生8人伤亡的交通事故。经交警部门认定，各方当事人均无责任。杜某某等8人以张家港保税区某劳动服务有限公司（以下简称某公司）为用人单位分别向江苏省无锡市人力资源和社会保障局（以下简称无锡人社局）申请工伤认定。无锡人社局经审核后分别作出工伤认定决定，认定8人均为工伤。某公司不服，向江苏省无锡市梁溪区人民法院（以下简称梁溪区法院）提起行政诉讼。

【出庭应诉情况】

杜某某等8人的案件基于同一起交通事故引发，但其中有人在救治中死亡，有人超过法定退休年龄，还涉及层层转包等问题，情况错综复杂，一并协调化解行政争议难度较大。庭审前，无锡人社局即已确定出庭负责人，且出庭负责人主动跟梁溪区法院取得联系，就如何合理、高效安排八案开庭审理进行沟通，并提前做好各项庭审准备。庭审中，出庭负责人积极发言，观点清晰，表述流畅，了解案件事实，熟悉法律适用，展现了较高的专业素养。庭审后，出庭负责人继续对接梁溪区法院与行政相对人，配合梁溪区法院开展协调化解工作。因涉案项目涉及层层转包，出庭负责人还专门指定了具体工作人员负责与总包方、分包方、包工头、受伤职工联系，关注协调进展，并及时将相关情况反馈给人民法院。历经三个多月的反复沟通，最终就工伤保险待遇支付达成一致意见，实质性化解了行政争议和后续民事争议，使受伤职工能够及时获得医疗救助和经济补偿。某公司撤回七案起诉及一案上诉。

【典型意义】

负责人出庭应诉，既是行政机关应当履行的职责，也是行政机关依法行使的权利。行政机关可以主动合理运用负责人出庭应诉制度，发挥负责人在实质化解争议方面的优势作用，通过积极与行政相对人、人民法院就争议化解工作进行沟通、交流，可以更好地赢得行政相对人的理解，以及人民法院的支持。本案中，无锡人社局出庭负责人，充分发挥主观能动性，在诉讼各个环节积极与人民法院、行政相对人进行沟通，并做好庭前准备、出庭出声，庭后协调等工作，成为搭建在行政机关与行政相对人之间、行政机关与人民法院之间的坚固桥梁。

七、行政给付

李某某诉广饶县广饶街道十九村村民委员会农业行政给付纠纷案

《最高人民法院发布98起未成年人审判工作典型案例》第97号

2014年11月24日

【基本案情】

李某某（女，汉族，2005年4月生）之母刘某系被告山东省广饶县广饶街道十九村居民，2001年12月20日与山东省寿光市李某彪在广饶县民政局登记结婚，婚后刘某户口并未迁出。原告出生后一直随母在被告处居住，现因被告村内拆迁临时在外租赁房屋居住。2007年4月5日，原告之母刘某与被告就原告户口管理事宜达成协议，被告同意将原告的户口落于本村，但只负责户籍管理，原告自愿放弃在今后日常生活中村民应享受的宅基地使用、土地分配和一切经济分配待遇。原告户口于2007年4月27日因补报往年出生落户于被告处。原告以未享受同等村民待遇为由，向法院提起行政诉讼，要求享有被告村民同等待遇及相应的经济补偿。经查，2010年以来被告将村集体土地对外租赁收益分别以麦季口粮款、秋季口粮款的名义向村民每人发放集体经济收益款1010元、990元，因文安路扩宽用地所得经济收益款向每人发放2500元。

【裁判结果】

山东省东营市利津县人民法院认为，根据《村民委员会组织法》规定，村民委员会享有办理本村公共事务的职权，村民委员会对本村集体收益进行管理和分配的行为，属于依据法律授权履行行政职责的行为，故本案属于行政诉讼受案范围。原告出生地在广饶，于2007年4月27日因补报往年出生落户于被告处，且一直随母在被告处居住，应属于被告集体经济组织成员。原告之母刘某系被告村居民，原告随母在被告处落户符合法律规定，被告村不应为原告随母落户设置任何附加条件。被告与原告签订协议，同意接收原告落户，但由原告放弃宅基地申请权、土地承包权及其他待遇，违反了有关规定，原告应享有与户籍所在地其他村民同等待遇。据此，依法判决被告广饶县广饶街道十九村村民委员会给付原告李某某2010年以来集体经济收益款4500元。

【典型意义】

本案的典型意义在于它体现了法律面前人人平等的原则，符合四中全会提出的有权利就有救济的原则，很好地解决了如何保护户籍随母亲生活在其娘家的农村新生婴儿的合法权益的问题。农村出嫁女，特别是未成年孩子的利益首先要得到特殊保护，不能因为村规民约影响了孩子的落户、福利分配等。

本案件宣判后，承办法官及时进行了回访，李某某及时拿到了收益款，村委会表示服从判决，今后的集体收益款也会及时发放到李某某手中，社会效果和法律效果得到了有机统一。

王某先等人诉被告重庆市某区工伤保险管理所、第三人重庆某煤矿公司不履行行政给付义务案

《最高人民法院发布19起合同纠纷典型案例》第11号

2015年12月4日

【基本案情】

因超过招工年龄，陈某东无法到当地一煤矿公司上班。于是陈某东想到冒用其弟陈某强名字的办法。2000年7月，陈某东以“陈某强”的名义到煤矿公司实习。同年11月，其被招聘到煤矿公司从事采煤工作。2004年7月至2012年7月期间，煤矿公司为“陈某强”购买了工伤保险。

2012年7月的一天，陈某东驾驶摩托车在下班途中发生车祸死亡，经当地人力资源和社会保障局认定其为工伤死亡。后因姓名问题，2014年9月，陈某东亲属王某先等人向当地人力资源和社会保障局申请将原工伤认定决定书中“陈某强”更改为“陈某东”。2015年1月，陈某东的亲属向当地工伤保险管理部门申请陈某东的工伤死亡保险待遇。工伤保险管理部门审核认为，工伤保险实行实名制，既然工伤保险是以“陈某强”的名义购买，表明陈某东并未参加工伤保险，故核定不予支付一次性丧葬补助金、一次性工亡补助金及供养亲属抚恤金。

陈某东的亲属认为，相关部门已经认定陈某东为工伤死亡，陈某东所在工作单位亦实际为其参保，工伤保险管理部门理应给予陈某东工伤死亡保险待遇，遂诉至重庆市北碚区人民法院。

【裁判结果】

法院经审理后认为，根据相关法律规定，用人单位应当为本单位职工缴纳工伤保险费。本案中，煤矿公司根据陈某东提供的“陈某强”的身份信息，以“陈某强”名义为陈某东缴纳工伤保险费，其真实意思表示应理解为投保对象实际为该公司职工陈某东，而不是与公司不具备劳动关系的陈某强，即陈某东与社会保险行政部门之间在事实上成立了工伤保险关系。本案中，陈某东已经相关部门认定为工伤死亡，煤矿公司亦为其缴纳了工伤保险费，故

工伤保险管理部门应对陈某东核定工伤死亡保险待遇。据此，当地工伤保险管理部门在庭审过程中改变了原具体行政行为，原告遂撤回诉讼。

【典型意义】

依据《工伤保险条例》规定，工伤保险对象的范围是："中华人民共和国境内的企业、事业单位、社会团体、民办非企业单位、基金会、律师事务所、会计师事务所等组织的职工和个体工商户的雇工，均有依照本条例的规定享受工伤保险待遇的权利。"

《工伤认定办法》同时规定，与用人单位存在劳动关系的证明材料包括事实劳动关系的证明材料。也就是说，工伤保险法律规定中的职工是指与用人单位存在劳动关系的各种劳动者，其中当然包括了事实劳动关系。本案中，陈某东虽然冒用他人身份，但与煤矿公司之间建立了事实劳动关系，属于《工伤保险条例》规定的法律意义上的职工，故其工伤死亡的情形符合工伤死亡保险待遇的范畴。

徐某英诉山东省五莲县社会医疗保险事业处不予报销医疗费用案

《最高人民法院发布行政诉讼附带审查规范性文件典型案例》第1号

2018年10月30日

【基本案情】

徐某英的丈夫刘某喜患肺癌晚期并发脑转移，先后于2014年4月8日、2014年6月3日两次入住淄博某肿瘤医院治疗，2014年7月8日医治无效去世。在淄博某肿瘤医院住院治疗期间，产生医疗费用105014.48元。2014年7月21日，徐某英申请五莲县社会医疗保险事业处给予办理新农合医疗费用报销。五莲县社会医疗保险事业处于2015年1月12日作出《五莲县社会医疗保险事业处关于对申请人徐某英合作医疗报销申请的书面答复》（以下简称《书面答复》），依据五莲县卫生局、五莲县财政局莲卫字〔2014〕2号《2014年五莲县新型农村合作医疗管理工作实施办法》（以下简称《实施办法》）第五条第二款的规定，认为刘某喜就诊的医疗机构不属于政府举办的医疗机构，决定不予报销。徐某英认为五莲县社会医疗保险事业处不予报销所依据的政策规定不符合省、市相应政策规定的精神，侵犯其合法权益，为此向五莲县人民政府提出行政复议申请。五莲县人民政府认为五莲县社会医疗保险事业处的《书面答复》符合规定，于 2015 年 4 月 13 日作出莲政复决字〔2015〕1 号行政复议决定，维持五莲县社会医疗保险事业处作出的《书面答复》。徐某英起诉请求人民法院撤销五莲县社会医疗保险事业处作出的《书面答复》，同时，对五莲县社会医疗保险事业处所依据规范性文件的合法性进行审查。

【裁判结果】

山东省日照市中级人民法院二审认为，案涉《实施办法》第五条第二款规定："参合农民到市外就医，必须到政府举办的公立医疗机构"，该款规定对行政相对人的权利作出了限缩性规定，不符合上位法规范性文件的相关规定，不能作为认定行政行为合法的依据，《书面答复》应予撤销。对于徐某英的新型农村合作医疗费用依据上位规范性文件的规定应否报销，需由五莲县社会医疗保险事业处重新审查并作出处理。据此，二审法院撤销山东省五莲县人民法院一审判决；撤销五莲县社会医疗保险事业处作出的《书面答复》并责令五莲县社会医疗保险事业处于判决生效之日起 60 日内对徐某英的申请重新审查并作出处理。

【典型意义】

修改后的《行政诉讼法》第五十三条增加了对规范性文件进行附带审查的条款。规范性文件的制定应以上位法为依据，与上位法相冲突的条款不具有合法性，不能作为认定行政行为合法的依据。本案涉及的上位法依据包括：《山东省新型农村合作医疗定点医疗机构暂行管理规定》第十二条规定："参合农民在山东省行政区域内非新农合定点医疗机构就医的费用不得纳入新农合基金补偿。"山东省卫生厅、民政厅、财政厅、农业厅《关于巩固和发展新型农村合作医疗制度的实施意见》规定："完善省内新农合定点医疗机构互认制度，凡经市级以上卫生行政部门确定并报省卫生行政部门备案的三级以上新农合定点医疗机构，在全省范围内互认；统筹地区根据参合农民就医流向，通过签订协议互认一、二级新农合定点医疗机构，享受当地规定的同级别新农合定点医疗机构补偿比例。"《实施办法》第五条第二款关于"参合农民到市外就医，必须到政府举办的公立医疗机构”的规定，限缩了行政相对人选择就医的权利，不符合上位依据的相关规定，不能作为认定涉案行政行为合法的依据。

某远洋渔业公司诉晋江市农业农村局渔业行政给付案

《最高人民法院发布2023年全国海事审判典型案例》案例5

2024年6月6日

【基本案情】

某远洋渔业公司向晋江市农业农村局提交申请，主张按照有关政策申领2021年7月至2022年12月期间上岸渔获运回泉州口岸的海洋经济高质量发展补助资金。该局以某远洋渔业公司属于失信联合惩戒对象，如准予其申请将无法实现拨付补助资金使用效益，背离专项资金的设立目的为由，未予批准申请。某远洋渔业公司不服，诉至厦门海事法院，请求判决撤销不予奖补的通知，并责令晋江市农业农村局为其申报奖补。

【裁判结果】

厦门海事法院审理认为，某远洋渔业公司系海洋经济专项资金补助适格对象，其在申请补助资金时已被人民法院删除原失信记录，晋江市农业农村局不应将原失信记录作为禁止参与项目申报的情形。某远洋渔业公司如何使用案涉资金并不影响其就已完成的远洋渔获本地上岸申请奖补的权利。综上，判决撤销晋江市农业农村局作出的不予奖补的通知，并责令其重新作出行政行为。判决作出后，双方当事人均服判息诉，晋江市农业农村局重新受理某远洋渔业公司的申请并核发了专项补助资金。

【典型意义】

远洋渔业是构建“海洋命运共同体”、践行“一带一路”倡议的战略性产业，对于丰富我国居民“菜篮子”、创新推广远洋装备、促进国际渔业合作、维护国家海洋权益具有重要意义。本案判决明确设立专项补贴旨在鼓励远洋渔获在当地上岸，行政机关不宜因担忧补助资金去向而不予批准补助申请，引导行政机关在行政管理中"有为有度"，准确理解相关政策精神，充分发挥专项补助资金激活海洋经济的积极作用。行政机关依据判决结果重新受理远洋企业的申请并核发补助资金，形成了司法与行政共同支持海洋经济、民营企业健康发展的合力，对助力涉海法治环境、营商环境、生态环境改善优化具有重要作用。

梁某某诉某县医疗保险事业管理局社会保障行政给付案

——在行政案件中保障幼儿合法权益，实现对未成年人的全面司法保护

《未成年人权益司法保护典型案例》案例 9

2022 年 3 月 2 日

【基本案情】

原告梁某某（2017 年 11 月出生）出生后即患有先天性心脏病，于 2018 年 5 月在某儿童医院住院治疗，产生医疗费 7 万余元。梁某某的亲属于 2017 年 11 月向某县医疗保险事业管理局为梁某某一次性缴纳了 2017 年、2018 年参保费用。因某县医疗保险事业管理局在医疗系统中未有效录入梁某某 2018 年的连续参保信息，导致梁某某无法报销住院费用。原告梁某某于 2018 年 7 月诉至法院，请求报销住院期间产生的医疗费。

【裁判结果】

法院在查明梁某某缴纳 2017 年、2018 年医保参保费情况属实后，向某县医疗保险事业管理局发出《司法建议书》，建议会同相关单位采取补救措施，维护当事人梁某某的合法权益。某县医疗保险事业管理局根据《司法建议书》召开局务会，认定梁某某续保关系成立，对梁某某 2018 年上半年就医费用进行补报销。领取到报销费用后，梁某某向法院提出撤诉申请，法院裁定准许撤诉。

【典型意义】

本案是一起涉未成年人社会保障行政给付的典型案例。梁某某系患有先天性心脏病的幼儿，出生后即产生较高医疗费，且后续仍需相关医疗费用。

如按常规程序历经一审、二审、执行，将会贻误梁某某的治疗。法院在受理案件后，为确保梁某某得到及时救治，改变传统工作思路，与被告以及原告所在乡政府多次沟通，进行法律释明，协调各方就梁某某参保关系成立这一核心事实达成共识。同时向某县医疗保险事业管理局发出司法建议并被采纳，有力推动了问题的解决。本案的实质化解，体现了人民法院行政审判工作在分清是非，切实保护当事人合法权益的基础上，切实把非诉讼纠纷解决机制挺在前面，以满足广大人民群众多元、高效、便捷的解纷需求的司法理念，彰显了人民法院通过对行政行为进行监督，维护未成年人合法权益的担当，筑牢了对未成年人的立体司法保护网。

衢州某建设工程有限公司诉浙江省衢州市社会保险事业管理局行政给付案

《最高人民法院发布行政机关负责人出庭应诉典型案例》案例八

2021年7月29日

【基本案情】

2013年9月，衢州某建设工程有限公司（以下简称某公司）为承建的项目缴纳了农民工建筑工伤保险费。2014年4月，为该工程承包工地提供劳务的纪某某在上班途中发生本人无责任的交通事故。2015年4月，纪某某以某公司等为被告提起民事诉讼，要求参照工伤标准赔偿医疗费等共计约310万元。2017年11月，某公司向浙江省衢州市社会保险事业管理局（以下简称衢州社保局）提出支付工伤保险待遇申请。该局作出被诉答复称，某公司未按规定提供纪某某参保名单，纪某某的工伤保险关系并未建立，其相关待遇不应由工伤保险基金承担。某公司不服，提起行政诉讼，请求责令衢州社保局支付某公司已经赔付的工伤待遇费用687564元；申请对衢政办发（2007）155号文件第六条规定进行合法性审查。一、二审法院经审理分别判决驳回了某公司的诉讼请求、上诉。某公司仍不服，向浙江省高级人民法院（以下简称浙江高院）申请再审。

【出庭应诉情况】

因本案直接涉及工伤保险领域的重大法律适用问题，以及一并审查规范性文件制度的实施，浙江高院由副院长、资深行政法官组成五人合议庭进行审理，并将本案作为 2019 年浙江省各级法院与全省各级行政机关开展“旁听百场庭审”的首场庭审，衢州社保局局长出庭应诉，25 家省级行政执法单位的 24 位分管负责人，46 位政策法规负责人，4 名省人大代表、省政协委员，共计 90 余人到庭旁听。衢州社保局出庭负责人通过庭审前做足功课，庭审中积极回应，庭外主动配合法院进行调解，更深刻地了解了再审申请人的实质诉求，最终妥善化解了行政争议。某公司的法定代表人当庭表示，通过本案诉讼切实感受到人民法院的司法关怀，以及行政机关为企业排忧解难的真心实意，亲身领会到“法治是最好的营商环境”的现实含义。

【典型意义】

紧紧抓住领导干部这一“关键少数”，全力推进行政机关负责人出庭应诉，对推动行政审判工作健康发展具有重要意义。本案中，浙江高院通过公开庭审，邀请行政机关的分管领导与法制负责人，以及人大代表、政协委员旁听，通过生动的负责人出庭应诉案例，展现出庭负责人从“出庭”到“出声”“出力”的转变，引导行政机关增强“以人民为中心”的执法理念，促使行政机关正确理解与执行相关制度，使中央惠民政策真正得到“落地”执行，优化营商法治环境，切实保护行政相对人的合法权益，赢得人民群众的支持。

八、行政征缴

广州某房产建设有限公司诉广州市地方税务局第一稽查局税务处理决定案

《最高人民法院发布行政审判十大典型案例（第一批）》第2号

2017年6月13日

【基本案情】

2005年1月，广州某房产建设有限公司（以下简称某公司）委托拍卖行将其自有的位于广州市人民中路555号“美国银行中心”的房产拍卖后，按1.38255亿元的拍卖成交价格，向税务部门缴付了营业税6912750元及堤围防护费124429.5元，并取得了相应的完税凭证。2006年间，广州市地方税务局第一稽查局（以下简称广州税稽一局）在检查某公司2004年至2005年地方税费的缴纳情况时，认为某公司的上述房产拍卖成交单价格2300元/平方米，不及市场价的一半，价格严重偏低，遂于2009年9月作出穗地税稽一处〔2009〕66号税务处理决定，核定某公司委托拍卖的上述房产的交易价格为311678775元，并以311678775元为标准核定应缴纳营业税及堤围防护费，决定追缴某公司未缴纳的营业税8671188.75元，加收营业税滞纳金2805129.56元；决定追缴堤围防护费156081.40元，加收滞纳金堤围防护费48619.36元。某公司不服该决定，提起行政诉讼。

【裁判结果】

本案一审判决驳回某公司诉讼请求；二审维持一审判决，驳回某公司上诉。再审判决撤销一、二审判决，并撤销被诉处理决定中加收营业税滞纳金和堤围防护费滞纳金的部分。

最高人民法院再审认为：（1）不违反法律原则和精神的行政惯例应当予以尊重。广州税稽一局在查处涉嫌税务违法行为时，依据《税收征收管理法》第三十五条规定核定纳税义务人的应纳税额是其职权的内在要求和必要延伸，符合税务稽查的业务特点和执法规律，符合《国家税务总局关于稽查局职责问题的通知》关于税务局和稽查局的职权范围划分的精神，不构成超越职权。(2) 税务机关确定应纳税额时，应当尊重市场行为形成的市场价格；其基于国家税收利益的考虑否定拍卖价格作为计税价格时，行使《税收征收管理法》第三十五条第一款第六项应纳税额核定权时，应当受到严格限制。纳税义务人以拍卖不动产的拍卖价格作为计税依据依法纳税后，在该拍卖行为未被有权机关依法认定为无效或者认定存在违反拍卖法的行为并影响拍卖价格的情况下，税务机关原则上不能根据《税收征收管理法》第三十五条第一款第六项的规定行使应纳税额核定权，但如果拍卖行为中存在影响充分竞价的因素导致拍卖价格过低，如本案中的一人竞拍时，税务机关基于国家税收利益的考虑，有权行使应纳税额核定权。(3) 没有法律、法规和规章的规定，行政机关不得作出影响行政相对人合法权益或者增加行政相对人义务的决定。税务机关根据《税收征收管理法》第三十五条第一款第六项的规定行使应纳税额核定权，应当受到《税收征收管理法》第五十二条关于追缴税款和滞纳金的条件和期限的限制；因不能归责于纳税义务人的原因时，新确定的应纳税额，缴纳义务应当自核定之日发生，征收该应纳税额确定之前的税收滞纳金没有法律依据。

【典型意义】

本案是最高人民法院提审改判的第一起税务行政案件，案件多个焦点问题的裁判理由均具有较强的典型意义：(1) 尊重行政机关长期执法活动中形成的专业判断和行政惯例。通过司法确认的方式，认可省级以下税务局及其税务稽查局在具体执法过程中形成的不违反法律原则和精神且符合具体执法规律和特点的惯例，为今后人民法院处理类似问题提供借鉴方法；(2) 体现法院在促进依法行政方面的工作，既保障国家利益不受损，也要防止税收权力的任性。进一步明确拍卖价格作为计税依据的合法性，限定税务机关行使应纳税额核定权行使条件，厘清特定税收专业领域行政机关职权和市场主体自治的界限。(3) 贯彻“法无明文规定不可为”的法治理念，确保当事人合法权益不受行政机关无法律依据的剥夺。行政权的行使应当严格限定在法律明确规定的范围内，在法律没有规定的情况下，行政机关不得作出影响行政相对人合法权益或者增加行政相对人义务的决定。

某主基金诉杭州市西湖区国家税务局税务征收案

《最高人民法院发布行政审判十大典型案例（第一批）》第7号

2017年6月13日

【基本案情】

2003年11月，某主基金（Master Fund）在开曼群岛注册成立。2004年3月，香港某公司与浙江某公司签订合同设立某路桥公司，香港某公司占某路桥公司95%的股份。某路桥公司于2005年10月获准受让杭州绕城高速公路收费经营权，同月，CFC公司在开曼群岛注册成立，该公司持有香港某公司100%股权。2005年11月，某主基金通过股权转让和认购新股方式取得了CFC公司26.32%的股权，该份股权又于2011年9月转让给MDL公司，转让价格为2.8亿美元，另收取利息约380万美元。其后，杭州市西湖区国家税务局（以下简称西湖区国税局）对上述交易展开调查并层报国家税务总局审核。国家税务总局于2013年7月明确批复：本案存在有关公司仅在避税地或低税率地区注册，不从事制造、经销、管理等实质性经营活动，股权转让价主要取决于某路桥公司估值，股权受让方对外披露收购的实际标的为某路桥公司股权等事实，税务机关有较充分的理由认定相关交易不具有合理商业目的，属于以减少我国企业所得税为主要目的的安排。据此，西湖区国税局在与某主基金沟通后于2013年11月作出《税务事项通知书》，要求其就上述交易申报缴纳企业所得税人民币1亿余元。某主基金不服，向杭州市国税局申请复议未果后诉至法院，请求判决撤销上述《税务事项通知书》。

【裁判结果】

浙江省杭州市中级人民法院一审认为，我国有关税收法律法规已规定非居民企业须就其来源于中国境内的所得缴纳企业所得税，并规定了确定所得发生地的规则。其中，《企业所得税法》第四十七条规定了企业实施其他不具有合理商业目的的安排而减少其应纳税收入或者所得额的，税务机关有权按照合理方法调整。《国家税务总局关于加强非居民企业股权转让所得税管理的通知》第六条亦明确规定："境外投资方（实际控制方）通过滥用组织形式等安排间接转让中国居民企业股权，且不具有合理的商业目的，规避企业所得税纳税义务的，主管税务机关层报税务总局审核后可以按照经济实质对该股权转让交易重新定性，否定被用作税收安排的境外控股公司的存在。”本案中，税务机关适用上述规定具有正当性和必要性，遂判决驳回某主基金的诉讼请求。其提出上诉后，浙江省高级人民法院二审以基本相同的理由判决驳回上诉、维持原判。

某主基金申请再审。最高人民法院经审查认为，原审认定事实来源于税务机关通过调查所得出的结论，围绕涉案公司的注册地点、股权转让的具体数额与方式、股权收购的实际标的、转让所得的实际来源、转让价格的决定因素以及股权交易的动机与目的等要素，均有充分证据予以证明。有关征税对象、标准的确定亦符合中国相关法律规定和税收政策的具体要求。本案事关税收法律法规和政策的把握，事关如何看待中华人民共和国税务机关处理类似问题的基本规则和标准，事关中国政府涉外经贸管理声誉和外国公司与中国公司合法权益的平等保护，在经过人民法院严格的司法审查且再审申请人缺乏充分证据证明被诉行政行为违法的情形下，原审生效裁判效力应予维持。故裁定驳回某主基金的再审申请。

【典型意义】

本案的典型意义在于，人民法院针对借境外公司注册成立公司实施资产交易、而实际所得来源为境内的刻意避税情形，以裁判方式彰显了中国税收主权和通行的国际征税规则，保护了涉外经贸领域的国家合法权益。随着对外经贸规模日益扩大和交往方式不断增多，明确对各类市场主体股权转让、融资等行为的征税准则，与国家重大经济安全和经贸利益息息相关，具有迫切的现实意义和长远的战略意义。本案中，西湖区国税局对于有关公司借在中国境外的低税率（或免税）国家与地区注册并转让股权事项，如何认定是否存在逃避中国税收问题，经请示国家税务总局并与再审申请人充分沟通后，作出了涉案《税务事项通知书》，一、二审法院和最高人民法院充分肯定了被诉征税行为的合法性，明确了相关法律适用规则和政策把握标准，对于遏制类似避税、逃税情形，具有鲜明的示范和警示作用。办案过程也得到关注本案的全国人大代表和多个部门的充分肯定。

九、行政奖励

崔某某诉徐州市丰县人民政府招商引资案

——行政机关违反招商引资承诺义务，滥用行政优益权的，人民法院不予支持

《行政协议案件典型案例》第 6 号

2019 年 12 月 12 日

【基本案情】

2001 年 6 月 28 日，中共丰县县委和丰县人民政府（以下简称丰县政府）印发丰委发〔2001〕23 号《关于印发丰县招商引资优惠政策的通知》（以下简称《23 号通知》)，就丰县当地的招商引资奖励政策和具体实施作出相应规定。2003 年，在崔某某及其妻子李某某的推介运作下，徐州某环保水务有限公司建成并投产。后崔某某一直向丰县政府主张支付招商引资奖励未果。2015 年 5 月，崔某某向一审法院提起本案之诉，请求判令丰县政府依照《23 号通知》第 25 条和附则的规定兑现奖励义务。丰县政府在收到一审法院送达的起诉状副本后，其下属部门丰县发展改革与经济委员会（以下简称丰县发改委）于 2015 年 6 月作出《关于对〈关于印发丰县招商引资优惠政策的通知〉部分条款的解释》（以下简称《解释》)，对《23 号通知》第 25 条和附则作如下说明：“……3. 本县新增固定资产投入 300 万元人民币以上者，可参照此政策执行。本条款是为了鼓励本县原有企业，增加固定资产投入，扩大产能，为我县税收作出新的贡献，可参照本优惠政策执行。”

【裁判结果】

经江苏省徐州市中级人民法院一审，江苏省高级人民法院二审认为，丰县政府作出的上述招商引资奖励承诺，以及崔某某因此开展的介绍行为，符合居间人向委托人报告订立合同的机会或者提供订立合同的媒介服务，委托人支付报酬的特征，具备诺成性、双务性和不要式性的特点。崔某某多次主

张丰县政府应当按照《23 号通知》的规定向其支付招商引资奖励未果，由此发生的纠纷属于行政合同争议，依法属于人民法院行政诉讼受理范围。对于本案中丰县政府应否支付招商引资奖励费用的问题，要审查其行为有无违反准用的民事法律规范的基本原则。诚信原则不仅是合同法中的帝王条款，也是行政协议各方当事人应当遵守的基本行为准则。基于保护公共利益的考虑，可以赋予行政主体在解除和变更行政协议中具有一定的优益权，但这种优益权的行使不能与诚信原则相抵触，不能够被滥用，尤其是在行政协议案件中，对于关键条文的解释，应当限制行政主体在无其他证据佐证的情形下任意行使所谓的优益权。本案一审中丰县发改委将《23 号通知》附则所规定的“本县新增固定资产投入”仅指丰县原有企业，追加投入，扩大产能，属于限缩性解释。该解释与社会公众正常的理解不符。丰县政府通过对当时承诺重新界定的方式，推卸自身应负义务，是对优益权的滥用，显然有悖于诚信原则。故应当认为丰县发改委《解释》中的该相关内容无效，判令丰县政府继续依照《23 号通知》的承诺履行义务。

十、政府信息公开

余某珠诉海南省三亚市国土环境资源局案

《最高人民法院发布政府信息公开十大案例》第 1 号

2014 年 9 月 12 日

【基本案情】

余某珠在紧邻三亚某混凝土有限公司某混凝土搅拌站旁种有 30 亩龙眼果树。为掌握搅拌站产生的烟尘对周围龙眼树开花结果的环境影响情况，于 2013 年 6 月 8 日请求三亚市国土环境资源局（以下简称三亚国土局）公开搅拌站相关环境资料，包括：三土环资察函〔2011〕50 号《关于建设项目环评审批文件执法监察查验情况的函》、三土环资察函〔2011〕23 号《关于行政许可事项执法监察查验情况的函》、三土环资监〔2011〕422 号《关于三亚某混凝土有限公司某混凝土搅拌站项目环评影响报告表的批复》《三亚某混凝土有限公司某混凝土搅拌站项目环评影响报告表》。7月4日，三亚国土局作出《政府信息部分公开告知书》，同意公开422号文，但认为23号文、50号文系该局内部事务形成的信息，不宜公开；《项目环评影响报告表》是企业文件资料，不属政府信息，也不予公开。原告提起行政诉讼，请求判令三亚国土局全部予以公开。

【裁判结果】

三亚市城郊人民法院经审理认为，原告请求公开之信息包括了政府环境信息和企业环境信息。对此，应遵循的原则是：不存在法律法规规定不予公开的情形并确系申请人自身之生产、生活和科研特殊需要的，一般应予公开。本案原告申请公开的相关文件资料，是被告在履行职责过程中制作或者获取的，以一定形式记录、保存的信息，当然属于政府信息。被告未能证明申请公开之信息存在法定不予公开的情形而答复不予公开，属于适用法律法规错误。据此，判决撤销被告《政府信息部分公开告知书》中关于不予公开部分的第二项答复内容，限其依法按程序进行审查后重新作出答复。

一审判决后，余某珠不服，提出上诉，二审期间主动撤回上诉。

【典型意义】

本案的典型意义表现在三个方面：第一，对外获取的信息也是政府信息。本案涉及两类信息，一是行政机关获取的企业环境信息；二是行政机关制作的具有内部特征的信息。关于前者，根据《政府信息公开条例》的规定，政府信息不仅包括行政机关制作的信息，同样包括行政机关从公民、法人或者其他组织获取的信息。因此，本案中行政机关在履行职责过程中获取的企业环境信息同样属于政府信息。关于后者，本案行政机关决定不予公开的23号文和50号文，虽然文件形式表现为内部报告，但实质仍是行政管理职能的延伸，不属于内部管理信息。第二，例外法定。政府信息不公开是例外，例外情形应由法律法规明确规定。本案判决强调，凡属于政府信息，如不存在法定不予公开的事由，均应予以公开。被告未能证明申请公开的信息存在法定不予公开的情形，简单以政府内部信息和企业环境信息为由答复不予公开，属于适用法律错误。第三，行政机关先行判断。考虑到行政机关获取的企业环境信息可能存在涉及第三方商业秘密的情形，应当首先由行政机关在行政程序中作出判断，法院并未越俎代庖直接判决公开，而是责令行政机关重新作出是否公开的答复，体现了对行政机关首次判断权的尊重。

奚某强诉公安部案

《最高人民法院发布政府信息公开十大案例》第 2 号

2014 年 9 月 12 日

【基本案情】

2012 年 5 月 29 日，奚某强向公安部申请公开《关于实行“破案追逃”新机制的通知》（公通字〔1999〕91 号）、《关于完善“破案追逃”新机制有关工作的通知》（公刑〔2002〕351 号）、《日常“网上追逃”工作考核评比办法（修订）》（公刑〔2005〕403 号）等三个文件中关于网上追逃措施适用条件的政府信息。2012 年 6 月 25 日，公安部作出《政府信息公开答复书》，告知其申请获取的政府信息属于法律、法规、规章规定不予公开的其他情形。根据《政府信息公开条例》第十四条第四款的规定，不予公开。奚某强不服，在行政复议决定维持该答复书后，提起行政诉讼。

【裁判结果】

北京市第二中级人民法院经审理认为，公安部受理奚某强的政府信息公开申请后，经调查核实后认定奚某强申请公开的《关于实行“破案追逃”新机制的通知》是秘密级文件；《关于完善“破案追逃”新机制有关工作的通知》《日常“网上追逃”工作考核评比办法（修订）》系根据前者的要求制定，内容密切关联。公安部经进一步鉴别，同时认定奚某强申请公开的信息是公安机关在履行刑事司法职能、侦查刑事犯罪中形成的信息，且申请公开的文件信息属于秘密事项，应当不予公开。判决驳回奚某强的诉讼请求。

奚某强不服，提出上诉。北京市高级人民法院经审理认为，根据《政府信息公开条例》第二条规定，政府信息是指行政机关在履行职责过程中制作或者获取的，以一定形式记录、保存的信息。本案中，奚某强向公安部申请公开的三个文件及其具体内容，是公安部作为刑事司法机关履行侦查犯罪职责时制作的信息，依法不属于《政府信息公开条例》第二条所规定的政府信息。因此，公安部受理奚某强的政府信息公开申请后，经审查作出不予公开的被诉答复书，并无不当。判决驳回上诉，维持一审判决。

【典型意义】

本案的焦点集中在追查刑事犯罪中形成的秘密事项的公开问题。根据《政府信息公开条例》第十四条的规定，行政机关不得公开涉及国家秘密的政府信息。《保守国家秘密法》第九条规定，“维护国家安全活动和追查刑事犯罪中的秘密事项”应当确定为国家秘密。本案中，一审法院认定原告申请公开的文件信息属于秘密事项，应当不予公开，符合前述法律规定。同时，公安机关具有行政机关和刑事司法机关的双重职能，其在履行刑事司法职能时制作的信息不属于《政府信息公开条例》第二条所规定的政府信息。本案二审法院在对公安机关的这两种职能进行区分的基础上，认定公安部作出不予公开答复并无不当，具有示范意义。

王某利诉天津市和平区房地产管理局案

《最高人民法院发布政府信息公开十大案例》第3号

2014年9月12日

【基本案情】

2011年10月10日，王某利向天津市和平区人民政府信息公开办公室（以下简称和平区信息公开办）提出申请，要求公开和平区某公司与和平区土地整理中心签订的委托拆迁协议和支付给土地整理中心的相关费用的信息。2011年10月11日，和平区信息公开办将王某利的申请转给和平区房地产管理局（以下简称和平区房管局），由和平区房管局负责答复王某利。2011年10月，和平区房管局给某公司发出《第三方意见征询书》，要求某公司予以答复。2011年10月24日，和平区房管局作出了《涉及第三方权益告知书》，告知王某利申请查询的内容涉及商业秘密，权利人未在规定期限内答复，不予公开。王某利提起行政诉讼，请求撤销该告知书，判决被告依法在15日内提供其所申请的政府信息。

【裁判结果】

天津市和平区人民法院经审理认为，和平区房管局审查王某利的政府信息公开申请后，只给某公司发了一份第三方意见征询书，没有对王某利申请公开的政府信息是否涉及商业秘密进行调查核实。在诉讼中，和平区房管局也未提供王某利所申请政府信息涉及商业秘密的任何证据，使法院无法判断王某利申请公开的政府信息是否涉及第三人的商业秘密。因此，和平区房管局作出的《涉及第三方权益告知书》证据不足，属明显不当。判决撤销被诉《涉及第三方权益告知书》，并要求和平区房管局在判决生效后 30 日内，重新作出政府信息公开答复。

一审宣判后，当事人均未上诉，一审判决已发生法律效力。

【典型意义】

本案的焦点集中在涉及商业秘密的政府信息的公开问题以及征求第三方意见程序的适用。在政府信息公开实践中，行政机关经常会以申请的政府信息涉及商业秘密为理由不予公开，但有时会出现滥用。商业秘密的概念具有严格内涵，依据《反不正当竞争法》的规定，商业秘密是指不为公众知悉、能为权利人带来经济利益、具有实用性并经权利人采取保密措施的技术信息和经营信息。行政机关应当依此标准进行审查，而不应单纯以第三方是否同意公开作出决定。人民法院在合法性审查中，应当根据行政机关的举证作出是否构成商业秘密的判断。本案和平区房管局在行政程序中，未进行调查核实就直接主观认定申请公开的信息涉及商业秘密，在诉讼程序中，也没有向法院提供相关政府信息涉及商业秘密的证据和依据，导致法院无从对被诉告知书认定“涉及商业秘密”的事实证据进行审查，也就无法对该认定结论是否正确作出判断。基于此，最终判决行政机关败诉符合立法本意。该案例对于规范人民法院在政府信息公开行政案件中如何审查判断涉及商业秘密的政府信息具有典型示范意义。

杨某权诉山东省肥城市房产管理局案

《最高人民法院发布政府信息公开十大案例》第 4 号

2014 年 9 月 12 日

【基本案情】

2013 年 3 月，杨某权向肥城市房产管理局等单位申请廉租住房，因其家庭人均居住面积不符合条件，未能获得批准。后杨某权申请公开经适房、廉租房的分配信息并公开所有享受该住房住户的审查资料信息（包括户籍、家庭人均收入和家庭人均居住面积等）。肥城市房产管理局于 2013 年 4 月 15 日向杨某权出具了《关于申请公开经适房、廉租住房分配信息的书面答复》，答复了 2008 年以来经适房、廉租房、公租房的建设、分配情况，并告知其中三批保障性住房人信息已经在肥城政务信息网、肥城市房管局网站进行了公示。杨某权提起诉讼，要求一并公开所有享受保障性住房人员的审查材料信息。

【裁判结果】

泰安高新技术产业开发区人民法院经审理认为，杨某权要求公开的政府信息包含享受保障性住房人的户籍、家庭人均收入、家庭人均住房面积等内容，此类信息涉及公民的个人隐私，不应予以公开，判决驳回杨某权的诉讼请求。

杨某权不服，提起上诉。泰安市中级人民法院经审理认为，《廉租住房保障办法》《经济适用住房管理办法》均确立了保障性住房分配的公示制度，《肥城市民政局、房产管理局关于经济适用住房、廉租住房和公共租赁住房申报的联合公告》亦规定："社区（单位），对每位申请保障性住房人的家庭收入和实际生活状况进行调查核实并张榜公示，接受群众监督，时间不少于 5 日。"申请人据此申请保障性住房，应视为已经同意公开其前述个人信息。与此相关的政府信息的公开应适用《政府信息公开条例》第十四条第四款"经权利人同意公开的涉及个人隐私的政府信息可以予以公开"的规定。另，申请人申报的户籍、家庭人均收入、家庭人均住房面积等情况均是其能否享受保障性住房的基本条件，其必然要向主管部门提供符合相应条件的个人信息，以接受审核。当涉及公众利益的知情权和监督权与保障性住房申请人一定范围内的个人隐私相冲突时，应首先考量保障性住房的公共属性，使获得这一公共资源的公民让渡部分个人信息，既符合比例原则，又利于社会的监督和住房保障制度的良性发展。被告的答复未达到全面、具体的法定要求，因此判决撤销一审判决和被诉答复，责令被告自本判决发生法律效力之日起 15 个工作日内对杨某权的申请重新作出书面答复。

【典型意义】

本案的焦点问题是享受保障性住房人的申请材料信息是否属于个人隐私而依法免予公开。该问题实质上涉及保障公众知情权与保护公民隐私权二者发生冲突时的处理规则。保障性住房制度是政府为解决低收入家庭的住房问题而运用公共资源实施的一项社会福利制度，直接涉及公共资源和公共利益。在房屋供需存有较大缺口的现状下，某个申请人获得保障性住房，会直接减少可供应房屋的数量，对在其后欲获得保障性住房的轮候申请人而言，意味着机会利益的减损。为发挥制度效用、依法保障公平，利害关系方的知情权与监督权应该受到充分尊重，其公开相关政府信息的请求应当得到支持。因此，在保障性住房的分配过程中，当享受保障性住房人的隐私权直接与竞争权人的知情权、监督权发生冲突时，应根据比例原则，以享受保障性住房人让渡部分个人信息的方式优先保护较大利益的知情权、监督权，相关政府信息的公开不应也不必以权利人的同意为前提。本案二审判决确立的个人隐私与涉及公共利益的知情权相冲突时的处理原则，符合法律规定，具有标杆意义。

姚某金、刘某水诉福建省永泰县国土资源局案

《最高人民法院发布政府信息公开十大案例》第 5 号

2014 年 9 月 12 日

【基本案情】

2013 年 3 月 20 日，姚某金、刘某水通过特快专递，要求福建省永泰县国土资源局书面公开二申请人房屋所在区域地块拟建设项目的“一书四方案”，

即建设用地项目呈报说明书、农用地转用方案、补充耕地方案、征收方案、供地方案。2013年5月28日，永泰县国土资源局作出《关于刘某水、姚某金申请信息公开的答复》（以下简称《答复》），称："你们所申请公开的第3项（拟建设项目的'一书四方案'），不属于公开的范畴。"并按申请表确定的通信地址将《答复》邮寄给申请人。2013年7月8日，姚某金、刘某水以永泰县国土资源局未就政府公开申请作出答复为由，提起行政诉讼。永泰县国土资源局答辩称，"一书四方案"系被告制作的内部管理信息，处在审查中的过程性信息，不属于《政府信息公开条例》所指应公开的政府信息，被告没有公开的义务。

【裁判结果】

永泰县人民法院经审理认为，"一书四方案"系永泰县国土局在向上级有关部门报批过程中的材料，不属于信息公开的范围。虽然《答复》没有说明不予公开的理由，存在一定的瑕疵，但不足以否定具体行政行为的合法性。姚某金、刘某水要求被告公开"一书四方案"于法无据，判决驳回其诉讼请求。

姚某金、刘某水不服，提出上诉。福州市中级人民法院经审理认为，根据《土地管理法实施条例》第二十三条第一款第二项规定，永泰县国土资源局是"一书四方案"的制作机关，福建省人民政府作出征地批复后，有关"一书四方案"已经过批准并予以实施，不再属于过程性信息及内部材料，被上诉人不予公开没有法律依据。判决撤销一审判决，责令永泰县国土资源局限期向姚某金、刘某水公开"一书四方案"。

【典型意义】

本案的焦点集中在过程性信息如何公开。《政府信息公开条例》确定的公开的例外仅限于国家秘密、商业秘密、个人隐私。《国务院办公厅关于做好政府信息依申请公开工作的意见》第二条第二款规定："……行政机关在日常工作中制作或者获取的内部管理信息以及处于讨论、研究或者审查中的过程性信息，一般不属于《条例》所指应公开的政府信息。"过程性信息一般是指行政决定作出前行政机关内部或行政机关之间形成的研究、讨论、请示、汇报等信息，此类信息一律公开或过早公开，可能会妨害决策过程的完整性，妨害行政事务的有效处理。但过程性信息不应是绝对的例外，当决策、决定完成后，此前处于调查、讨论、处理中的信息即不再是过程性信息，如果公开的需要大于不公开的需要，就应当公开。本案福建省人民政府作出征地批复后，当事人申请的“一书四方案”即已处于确定的实施阶段，行政机关以该信息属于过程性信息、内部材料为由不予公开，对当事人行使知情权构成不当阻却。二审法院责令被告期限公开，为人民法院如何处理过程性信息的公开问题确立了典范。

张某军诉江苏省如皋市物价局案

《最高人民法院发布政府信息公开十大案例》第 6 号

2014 年 9 月 12 日

【基本案情】

2009 年 5 月 26 日，如皋市物价局印发皋价发〔2009〕28 号《市物价局关于印发〈行政处罚自由裁量权实施办法〉的通知》。该文件包含附件《如皋市物价局行政处罚自由裁量权实施办法》，该实施办法第十条内容为“对《价格违法行为行政处罚规定》自由裁量处罚幅度详见附件一（2）”。

2013 年 1 月 9 日，张某军向如皋市物价局举报称，如皋市丁堰镇人民政府在信息公开事项中存在违规收费行为。该局接到举报后答复称，丁堰镇政府已决定将收取的 31 位农户的信息检索费、复印费共计 480. 5 元予以主动退还，按照《如皋市物价局行政处罚自由裁量权实施办法》第九条第三项的规定，对其依法不予行政处罚。

2013 年 3 月 8 日，张某军向如皋市物价局提出政府信息公开申请，要求其公开“皋价发〔2009〕28 号”文件。如皋市物价局答复称，该文件系其内部信息，不属于应当公开的政府信息范围，向原告提供该文件主文及附件《如皋市物价局行政处罚自由裁量权实施办法》，但未提供该文件的附件一（2）。张某军不服，提起诉讼。

【裁判结果】

如东县人民法院认为，本案的争议焦点为涉诉信息应否公开。首先，行政机关进行行政管理活动所制作和获取的信息，属于政府信息。行政机关单纯履行内部管理职责时所产生的信息属于内部管理信息。如皋市物价局称其对丁堰镇政府作出不予处罚决定的依据即为“皋价发〔2009〕28号”文件，在相关法律法规对某些具体价格违法行为所规定的处罚幅度较宽时，该文件是该局量罚的参照依据。可见，涉诉信息会对行政相对人的权利义务产生影响，是被告行使行政管理职责过程中所制作的信息，不属于内部管理信息。其次，涉诉信息是如皋市物价局根据该市具体情况针对不同的价格违法行为所作的具体量化处罚规定，根据《国务院关于加强市县政府依法行政的决定》(国发〔2008〕17号)第十八条的规定，针对行政裁量权所作的细化、量化标准应当予以公布，故涉诉信息属于应予公开的政府信息范畴。再次，如皋市物价局仅向张某军公开涉诉文件的主文及附件《如皋市物价局行政处罚自由裁量权实施办法》，而未公开该文件的附件一（2），其选择性公开涉诉信息的部分内容缺乏法律依据。如皋市物价局应当全面、准确、完整地履行政府信息公开职责。据此判决被告于本判决生效之日起15个工作日内向原告公开“皋价发〔2009〕28号”文件的附件一（2）。

一审宣判后，当事人均未上诉，一审判决已发生法律效力。

【典型意义】

该案涉及内部信息的界定问题。所谓内部信息，就是对外部不产生直接约束力的普遍政策阐述或对个案的非终极性意见。之所以要免除公开内部信息，目的是保护机构内部或不同机构之间的交流，从而使官员能够畅所欲言，毫无顾忌地表达自己的真实想法。本案中，如东县人民法院通过三个方面的分析，确认涉诉政府信息是被告行使行政管理职责过程中所制作的信息，是对价格违法行为进行量化处罚的依据，会对行政相对人的权利义务产生影响，因而不应属于内部信息。同时，判决对行政机关公开政府信息的标准进行了严格审查，明确要求行政机关应当准确、完整、全面履行政府信息公开职责，不能随意地选择性公开。这些都具有较大的参考价值。

彭某林诉湖南省长沙县国土资源局案

《最高人民法院发布政府信息公开十大案例》第 7 号

2014 年 9 月 12 日

【基本案情】

2012 年 10 月 6 日，彭某林向长沙县国土资源局提出政府信息公开申请，申请获取本组村民高某贵建房用地审批信息。11 月 28 日，长沙县国土资源局作出答复：根据《档案法实施办法》第二十五条的规定，集体和个人寄存于档案馆和其他单位的档案，任何单位和个人不得擅自公布，如需公布必须征得档案所有者的同意。故查询高某贵建房用地审批资料必须依照上述法律规定到本局档案室办理。同时建议如反映高某贵建房一户两证的问题，可以直接向局信访室和执法监察大队进行举报，由受理科、室负责依法办理。彭某林不服，提起诉讼，请求法院撤销被告作出的答复，并责令被告公开相关信息。

【裁判结果】

长沙县人民法院经审理认为，根据《最高人民法院关于审理政府信息公开行政案件若干问题的规定》第七条的规定，原告申请的政府信息系保存在被告的档案室，并未移交给专门的档案馆，被告长沙县国土资源局依法应适用《政府信息公开条例》的规定对原告申请公开的信息进行答复，而被告在答复中却适用《档案法实施办法》的相关规定进行答复，属于适用法律、法规错误，依法应予撤销。原告申请公开的信息是否应当提供，尚需被告调查和裁量，故原告该项诉讼请求不予支持。判决撤销被诉答复，责令被告于 30 个工作日内重新予以答复。长沙县国土资源局不服，提出上诉。长沙市中级人民法院判决驳回上诉、维持原判。

【典型意义】

本案的焦点集中在档案信息的公开问题。政府信息与档案之间有一定的前后演变关系。对于已经移交各级国家档案馆或者存放在行政机关的档案机构的行政信息，是应当适用《政府信息公开条例》，还是适用档案管理的法规、行政法规和国家有关规定，存在一个法律适用的竞合问题。《最高人民法院关于审理政府信息公开行政案件若干问题的规定》第七条，将已经移交国家档案馆的信息与存放在行政机关档案机构的信息加以区分处理，有利于防止行政机关以适用档案管理法规为借口规避政府信息的公开。本案很好地适用了这一规则，认定被告在答复中适用《档案法实施办法》不予公开政府信息，属于适用法律、法规错误。同时，法院考虑到涉案政府信息是否应当提供，尚需被告调查和裁量，因此判决其重新答复，亦属对行政机关首次判断权的尊重。

钱某伟诉浙江省慈溪市掌起镇人民政府案

《最高人民法院发布政府信息公开十大案例》第8号

2014年9月12日

【基本案情】

钱某伟于2013年1月17日向慈溪市掌起镇人民政府邮寄政府信息公开申请书，申请公布柴家村2000年以来的村民宅基地使用的审核情况、村民宅基地分配的实际名单及宅基地面积和地段，柴家村的大桥拆迁户全部名单及分户面积，柴家村大桥征地拆迁户中货币安置户的全部名单及分户面积，在柴家村建房的外村人员的全部名单及实际住户名单，并注明其建房宅基地的来龙去脉。2013年4月10日，慈溪市掌起镇人民政府作出《信访事项答复意见书》，其中关于信息公开的内容为："柴家村大桥拆迁涉及拆迁建筑共367处，其中，拆迁安置317户，货币安置16户。上述信息所涉及的相关事宜已通过相关程序办理，且已通过一定形式予以公布，被相关公众所知悉。"钱某伟对此答复不服，提起诉讼。认为该答复是"笼统的，不能说明任何问题的信息，与原告所要求公开的信息根本不符，实质上等于拒绝公开"。

【裁判情况】

慈溪市人民法院经审理认为，被诉答复内容仅对少量的政府信息公开申请作出了答复，对其他政府信息公开申请既没有答复，亦没有告知原告获取该政府信息的方式和途径，而且被告在诉讼中未向本院提供其作出上述答复的相应证据，故应认定被告作出的答复主要证据不足。被告辩称，《政府信息公开条例》于 2008 年 5 月 1 日起才实施，在此之前的政府信息不能公开。法院认为，原告申请公开政府信息时，该条例早已实施。针对原告的申请，被告应当依据该条例的相关规定作出答复。如原告申请公开的政府信息属于不予公开范围的，被告应当告知原告并说明理由。况且，被告认为该条例施行之前的政府信息不能公开，缺乏法律依据。故被告上述辩称意见，理由并不成立，不予采信。判决撤销被告慈溪市掌起镇人民政府作出的政府信息公开答复；责令其在判决生效之日起 30 日内对钱某伟提出的政府信息公开申请重新作出处理。

一审宣判后，当事人均未上诉，一审判决已发生法律效力。

【典型意义】

本案的焦点集中在历史信息的公开问题。所谓历史信息，是指《政府信息公开条例》施行前已经形成的政府信息。虽然在立法过程中确有一些机关和官员希望能够将历史信息排除在适用范围之外，但《政府信息公开条例》对政府信息的定义并没有对信息的形成时间进行限定，亦未将历史信息排除在公开的范围之外。本案判决确认“被告认为该条例施行之前的政府信息不能公开，缺乏法律依据”，符合立法本意。至于“法不溯及既往”原则，指的是法律文件的规定仅适用于法律文件生效以后的事件和行为，对于法律文件生效以前的事件和行为不适用。就本案而言，所谓的事件和行为，也就是原告依照条例的规定申请公开政府信息，以及行政机关针对申请作出答复。本案判决指出，“原告申请公开政府信息时，该条例早已实施”，就是对“法不溯及既往”原则的正确理解。

张某诉上海市规划和国土资源管理局案

《最高人民法院发布政府信息公开十大案例》第9号

2014年9月12日

【基本案情】

2013年2月19日，张某向上海市规划和国土资源管理局申请获取“本市116地块项目土地出让金缴款凭证”政府信息。上海市规划和国土资源管理局经至其档案中心以“缴款凭证”为关键词进行手工查找，未找到名为“缴款凭证”的116地块土地出让金缴款凭证的政府信息，遂认定其未制作过原告申请获取的政府信息，根据《政府信息公开条例》第二十一条第三项答复张某，其申请公开的政府信息不存在。张某不服，提起诉讼，要求撤销该政府信息公开答复。

【裁判结果】

上海市黄浦区人民法院经审理认为，原告申请公开的相关缴款凭证，应泛指被告收取土地使用权受让人缴纳本市116地块国有土地使用权出让金后形成的书面凭证。在日常生活中，这种证明缴纳款项凭证的名称或许为缴款凭证，或许为收据、发票等，并不局限于缴款凭证的表述。原告作为普通公民，认为其无法知晓相关缴款凭证的规范名称，仅以此缴款凭证描述其申请获取的政府信息内容的主张具有合理性。而与之相对应，被告系本市土地行政管理部门，应知晓其收取土地使用权出让金后开具给土地使用权受让人的凭证的规范名称，但在未与原告确认的前提下，擅自认为原告仅要求获取名称为缴款凭证的相关政府信息，并仅以缴款凭证为关键词至其档案中心进行检索，显然检索方式失当，应为未能尽到检索义务，据此所认定的相关政府信息不存在的结论，也属认定事实不清，证据不足。判决撤销被诉政府信息公开答复，责令被告重新作出答复。

一审宣判后，当事人均未上诉，一审判决已发生法律效力。

【典型意义】

本案涉及政府信息公开的两项重要制度：一是申请人在提交信息公开申请时应该尽可能详细地对政府信息的内容进行描述，以有利于行政机关进行检索。二是政府信息不存在的行政机关不予提供。本案在处理这两个问题时所采取的审查标准值得借鉴。也就是，行政机关以信息不存在为由拒绝提供政府信息的，应当证明其已经尽到了合理检索义务。申请人对于信息内容的描述，也不能苛刻其必须说出政府信息的规范名称甚至具体文号。如果行政机关仅以原告的描述为关键词进行检索，进而简单答复政府信息不存在，亦属未能尽到检索义务。

某婚姻服务有限公司诉民政部案

《最高人民法院发布政府信息公开十大案例》第 10 号

2014 年 9 月 12 日

【基本案情】

2013 年 1 月 28 日，石家庄市某婚姻服务有限公司（以下简称某公司）请求民政部向其书面公开中国婚姻家庭研究会的社会团体登记资料、年检资料、社会团体法人登记证书及对中国婚姻家庭研究会涉嫌欺诈行为的查处结果。民政部接到某公司的申请后，未在法定的 15 日期限内作出答复。在行政复议期间，民政部于 2013 年 4 月 26 日向申请人作出《政府信息告知书》。某公司不服，提起行政诉讼。

【裁判结果】

北京市第二中级人民法院经审理认为，民政部认为某公司申请的该政府信息属于公开范围，遂答复某公司获取该政府信息的方式和途径，即登录中国社会组织网查询并附上网址，并无不当。民政部在《政府信息告知书》中并未引用相关法律条款，导致该被诉具体行政行为适用法律错误，应予撤销。作出《政府信息告知书》超过法定答复期限，且没有依法延长答复的批准手续，属程序违法。此外，在作出对外发生法律效力的《政府信息告知书》时，应以民政部的名义作出，并加盖民政部公章。综上，判决撤销民政部所作《政府信息告知书》，并判决民政部应于本判决生效之日起60日内针对某公司的政府信息公开申请重新作出具体行政行为。

某公司不服，提出上诉。北京市高级人民法院经审理认为，民政部认定中国婚姻家庭研究会的社会团体登记情况、历年年检情况属于公开信息，并告知某公司登录中国社会组织网查询。但通过前述网址查询到的内容显然不能涵盖某公司申请公开的中国婚姻家庭研究会的社会团体登记资料、年检资料所对应的信息。对于中国社会组织网查询结果以外的，中国婚姻家庭研究会的其他社会团体登记资料、年检资料信息，民政部未在被诉告知书中予以答复，亦未说明理由，其处理构成遗漏政府信息公开申请请求事项的情形。同时，尽管民政部不保留登记证书的原件及副本，但作为全国性社会团体的登记机关，民政部应当掌握中国婚姻家庭研究会登记证书上记载的相关信息。民政部在未要求某公司对其申请事项予以进一步明确的情况下，仅告知其不保留登记证书原件及副本，未尽到审查答复义务。一审法院关于民政部答复内容并无不当的认定错误，本院予以纠正。民政部作出被诉告知书明显超过法定期限，且无依法延长答复期限的批准手续，民政部在复议程序中已经确认超期答复违法，本院予以确认。此外，被诉告知书有可援引的法律依据而未援引，应属适用法律错误。民政部作为政府信息公开义务主体，应以其自身名义对外作出政府信息公开答复。综上，判决驳回上诉，维持一审判决。

【典型意义】

本案涉及主动公开和依申请公开的关系以及行政机关应当充分履行告知义务问题。政府信息公开的方式包括主动公开和依申请公开，二者相辅相成，互为补充。对于已经主动公开的政府信息，行政机关可以不重复公开，但应当告知申请人获取该政府信息的方式和途径。本案中，被告虽然在复议期间告知申请人可以查询信息的网址，但登录该网址仅能查询到部分信息，二审判决认定其遗漏了申请中未主动公开的相关信息，构成未完全尽到公开义务，是对《政府信息公开条例》的正确理解，从而对行政机关是否充分履行告知义务进而完全尽到公开义务确立了比较明确的司法审查标准。此外，行政机关不予公开政府信息，应当援引具体的法律条款并说明理由。本案判决认定被告有可援引的法律依据而未援引，属于适用法律错误，能够敦促行政机关规范政府信息公开的法律适用，增强政府信息公开的说理性。判决还针对行政机关超期答复和答复主体不当等问题作出确认，也有利于促进政府信息公开答复形式与程序的规范化。

宜宾县某水力发电有限责任公司诉沐川县人民政府政府信息公开案

《最高人民法院公布长江流域环境资源审判十大典型案例》第 9 号

2017 年 12 月 4 日

【基本案情】

某公司系龙溪河流域光明电站业主。2015 年 11 月，某公司向沐川县发改经信局多次提交关于要求公开溪鸣、福尔溪、箭板三电站初步设计、核准、施工许可、设计变更、验收等工程相关文件的申请。因沐川县发改经信局未予答复，某公司于 2015 年 12 月 14 日以沐川县发改经信局为被申请人向沐川县政府提交《行政复议申请书》。2015 年 12 月 15 日，沐川县人民政府作出沐府复〔2015〕12 号《行政复议（不予受理）决定书》，对某公司的复议申请不予受理。某公司不服沐川县政府作出的行政复议决定，向人民法院提起行政诉讼。

【裁判结果】

四川省乐山市中级人民法院一审认为，溪鸣电站、福尔溪电站、光明电站、箭板电站是龙溪河流域开发规划中的 5、6、7、8 级电站。因此，某公司主张溪鸣电站、福尔溪电站、箭板电站的水位标高、水资源利用、质量安全等与其所有的光明电站的生产密切相关，其理由成立。沐川县政府以某公司与沐川县发改经信局的行政行为之间没有法律上的利害关系，不具有行政复议申请人资格为由，对某公司的复议申请决定不予受理，适用法律、法规错误，故判决撤销沐川县政府作出的沐府复〔2015〕12 号《行政复议（不予受理）决定书》。由于沐川县政府尚未受理某公司的复议申请，沐川县政府是否应当责令沐川县发改经信局向某公司公开相关信息尚需其进一步处理，故对某公司关于判决沐川县政府责令沐川县发改经信局向某公司公开溪鸣、福尔溪、箭板三电站项目相关资料信息的诉讼请求，不予支持。

【典型意义】

长江中上游地区水利资源丰富，水力发电是水资源开发利用的重要方式之一。长江流域水资源是一种流域资源，它具有整体流动的自然属性，以流域为单元，水量水质、地表水地下水相互依存，上下游、左右岸、干支流的开发利用互为影响。本案涉及如何认识与对待流域水资源开发利用权益保护问题，具有不同于一般信息公开案件的特殊性。人民法院在审理该案过程中，准确把握纠纷的流域性实质和特征，对于主体之间不存在“财产毗邻”或者“行为直接互动”，而是因为水的流动性而形成的“间接法律关系”予以确认，认定“某公司与沐川发改经信局的政府信息公开行为之间具有利害关系”，体现了运用司法手段保护长江流域生态环境、保障上下游之间不同主体合法权益的司法智慧，具有示范意义。

朱某琛诉安阳县环境保护局履行环境保护及信息公开法定职责案

《2019年度人民法院环境资源典型案例》第二十二号

2020年5月8日

【基本案情】

2018年7月，朱某琛通过生态环境部12369网上平台举报安阳县环境保护局辖区内上海玉瑞生物科技（安阳）药业有限公司存在违法排放问题。2018年8月，生态环境部网上举报平台信息显示该举报已受理，结论为经现场检查，未发现有环境违法问题。2018年9月7日，朱某琛提交书面申请，请求公开前述举报案件相关环境信息等。9月20日，安阳县环境保护局作出答复，不予公开所申请信息。朱某琛提起行政诉讼，请求依法撤销安阳县环境保护局对所举报案件的处理结论及意见，重新调查和处理；依法公开相关环境信息。

【裁判结果】

河南省林州市人民法院一审认为，安阳县环境保护局作出的 12369 号网络举报平台回复结论，没有证据或主要证据不足；以未提供自身生产、生活、科研等特殊需要为由，不予公开朱某琛申请公开的信息，适用法律错误。一审判决支持朱某琛申请公开相关环境信息等诉讼请求。

【典型意义】

本案系环境信息公开案件。生态环境保护公众参与原则的落实，需要健全生态环境保护信息强制性披露制度，保障人民群众的知情权、参与权和监督权。本案中，人民法院责令行政机关限期公开相关环境信息，符合上述原则，有助于提高行政机关生态环境保护工作的透明度，推进建设法治政府。2019 年 4 月修订的《政府信息公开条例》已经删除了“根据自身生产、生活、科研等特殊需要”的限制性规定。本案的典型意义还在于，相对人系通过生态环境部的网络平台举报涉事企业违法排放，本案判决将有助于完善公众监督、举报反馈机制和奖励机制，鼓励人民群众运用法律武器保护生态环境，形成崇尚生态文明、保护生态环境的社会氛围。

沈某某诉浙江省宁波市奉化区综合行政执法局政府信息公开案

《最高人民法院发布行政机关负责人出庭应诉典型案例》案例七

2021 年 7 月 29 日

【基本案情】

2017 年 2 月 22 日，沈某某向浙江省宁波市奉化区人民法院（以下简称奉化区法院）提起行政诉讼，请求撤销浙江省宁波市奉化区综合行政执法局（以下简称奉化区综合执法局）作出的政府信息公开答复，其诉讼目的是要求公开政府信息获取相应证据，以解决其房屋征收补偿的实质诉求。沈某某对政府信息公开工作及相关法律十分熟悉，因房屋征收补偿问题未解决，对行政机关具有较为强烈的不满情绪。2016 年至 2017 年间，沈某某先后向奉化区法院提起 10 起政府信息公开案件，涉及综合执法局、自然资源和规划局、街道办事处等多个部门。

【出庭应诉情况】

因沈某某频繁申请政府信息公开，进而申请行政复议、提起行政诉讼，奉化区法院为依法保护行政相对人的合法权益，实质性化解行政争议，向奉化区综合执法局发送负责人出庭应诉通知。奉化区综合执法局委派负责人出庭，且出庭负责人在庭审前已经做好充分准备，全面掌握案件有关情况，准确把握引发行政争议的真正根源，并在庭审中全程积极发言，对沈某某提出的质疑耐心作出解答，诚恳地认可行政机关存在的问题，承诺依法保护其合法权益，同时也就维权方式的必要性、合理性以及涉案争议的实质性化解等问题充分阐述意见。经过庭审的充分沟通、交流，沈某某对行政机关的不满情绪得以有效缓和，并于庭审结束后 3 日内撤回涉及奉化区综合执法局的 2 起案件，就已立案尚未开庭审理的其余 4 起案件亦撤回起诉。

【典型意义】

行政机关负责人出庭制度的合理运用以及功能发挥，不仅可以有效缓和行政机关与行政相对人之间的矛盾，也可以增加人民群众对人民法院与行政机关的信任，从而有利于实质性化解行政争议。本案中，人民法院主动通知行政机关负责人出庭，出庭负责人全面掌握案情，并与行政相对人进行真诚交流，在坚持依法行政、执法为民的前提下，勇于承认执法工作中存在的问题，同时诚恳、客观地向行政相对人提出建议，最终促成行政相对人依法、正当、理性地行使诉权，减少了当事人的诉累，节约了行政资源与司法资源。

十一、行政批复

罗某兰、游某等人诉丰都县水务局行政批复违法案

《最高人民法院公布长江流域环境资源审判十大典型案例》第 10 号

2017 年 12 月 4 日

【基本案情】

2009 年至 2013 年间，经游某申请，丰都县水务局每年均为其经营的“游某采砂场”办理了期限为一年的《重庆市河道采砂许可证》。2010 年，罗某兰出资与游某合伙经营，并将采砂场名称变更为“丰都县某采砂场”。2014 年，丰都县水务局收取了罗某兰申请办理采砂许可证的费用，但未向其交付 2014 年度的采砂许可证，仅允许其正常经营。2014 年 4 月，重庆市水利局作出行政处理决定书，认定罗某兰在丰都县的砂石加工场属于在重庆长江三峡龙河流域湿地自然保护区范围内违规修建的房屋和砂石加工场，根据《重庆市河道管理条例》的规定，要求罗某兰限期报送工程建设方案及洪水影响评价报告，补办审批手续。随后，罗某兰向丰都县水务局递交了《丰都县某砂石加工场涉河建设方案及洪水影响评价报告》。2014 年 9 月 3 日，丰都县水务局作出丰都水务发〔2014〕94 号《关于丰都县某砂石加工场涉河建设方案的批复》，原则同意丰都县某砂石加工场建设工程，建议按基本建设程序到相关部门完善相关审批手续。2016 年 2 月，罗某兰再次向丰都县水务局申请办理《采砂许可证》时，丰都县水务局答复早在 2008 年丰都县人民政府的文件就已将罗某兰的经营场所及范围划为湿地自然保护区，禁止采砂，不予办证。罗某兰不服，诉至法院，请求确认丰都县水务局作出的丰都水务发〔2014〕94 号《关于丰都县某砂石加工场涉河建设方案的批复》违法。

【裁判结果】

重庆市涪陵区人民法院一审认为，根据《重庆市河道管理条例》第八条的规定，丰都县水务局作为县级河道主管机关，具有对本行政区域河道管理

范围内工程建设方案的审查职权。对罗某兰提交的《丰都县某砂石加工场涉河建设方案及洪水影响评价报告》，丰都县水务局依法应按照防洪要求进行审查，并作出批复。根据《行政诉讼法》第三十四条的规定，丰都县水务局未依法提供证明批复合法的事实证据，其作出的行政批复应视为没有证据，故依法撤销丰都县水务局作出的丰都水务发〔2014〕94 号《关于丰都县某砂石加工场涉河建设方案的批复》。

【典型意义】

三峡库区处于长江流域中上游，自然资源丰富且生态环境脆弱、不易修复，因此要合理开发利用水资源，加大对湿地生态系统的保护。本案系湿地资源开发许可过程中引发的行政案件，涉及对环保行政批复行为所依据证据的审查认定，具有典型性和指导意义。丰都县水务局作为湿地保护行政主管机关，具有许可公民申请采砂的行政职权，许可前的批复是针对建设工程是否影响河道行洪作出的行政审查。从查明事实看，丰都县水务局作出批复时不知道丰都县人民政府对丰都县林业局作出的丰都府〔2008〕194 号《关于同意建立重庆长江三峡龙河流域湿地自然保护区的批复》，导致其对湿地自然保护区范围不清楚。因丰都县水务局未依法提供证明批复合法的事实证据，其作出的行政批复应视为没有证据，依法应予撤销。本案反映出行政机关对湿地自然保护区的行政信息公开不规范，体现了人民法院对行政批复行为的监督，对于推动行政主管部门规范行使行政许可职权、促进依法行政具有积极作用。

十二、行政处理

某酒吧诉武威市凉州区环境保护局环保行政命令案

《最高人民法院公布环境保护行政案件十大案例》第 2 号

2015 年 2 月 6 日

【基本案情】

甘肃省武威市凉州区环境保护局（以下简称区环保局）接到其辖区某茶

楼对某酒吧环境噪声污染的投诉后，组织环境检查执法人员和环境检测人员先后于 2012 年 11 月 23 日、12 月 20 日和 12 月 22 日 22 时 05 分至 23 时 05 分，对某酒吧环境噪声及环境噪声污染防治情况实施了现场检查（勘察）和采样检测，其夜间场界 4 个检测点环境噪声排放值分别达到 58.9dB（A）；55.4dB（A）；52.9dB（A）；56.9dB（A）；均超过国家《社会生活环境噪声排放标准》（GB22337－2008）规定的环境噪声排放标准。区环保局于 2012 年 12 月 22 日制作了检测报告，认定某酒吧夜间噪声达 58.9 分贝，超过国家规定的排放标准，其行为违反了《环境噪声污染防治法》第四十三条第二款规定，并依据该法第五十九条规定，于 2013 年 1 月 18 日对某酒吧作出责令改正违法行为决定书：责令其立即停止超标排放环境噪声的违法行为，限于 2013 年 2 月 28 日前，采取隔音降噪措施进行整改，并于 2013 年 2 月 28 日前将改正情况书面报告。某酒吧于 2013 年 2 月 27 日向区环保局提交了防噪音处理报告及申请，证明其已整改，同时申请对整改后的噪音再次测试，区环保局未予答复，也未再组织测试；同年 4 月 17 日，某酒吧就区环保局于 1 月 18 日作出的上述责令改正违法行为决定书向武威市环保局申请复议，复议机关以逾期为由不予受理。遂以区环保局为被告，诉请法院撤销上述责令改正违法行为决定书。

【裁判结果】

武威市凉州区人民法院一审认为，被告区环保局执法主体资格、执法程序合法。被告的检测报告所适用的检测标准（《社会生活环境噪声排放标准》）与原告所述的检测标准（《标准声环境质量标准》）是法律规定的两个不同的标准，前者是适用于对营业性文化娱乐场所、商业经营活动中使用的向环境排放噪声的设备、设施的管理、评价与控制的排放标准，后者是适用于声环境质量评价与管理的环境质量标准，被告检测噪音的方式方法并不违背法律规定，其检测结果合法有效，遂判决维持被告作出的责令改正违法行为决定书。某酒吧上诉后，武威市中级人民法院二审认为，被上诉人在夜间经营期间环境噪声排放及环境噪声污染已超过《社会生活环境噪声排放标准》规定限度，其行为违反了《环境噪声污染防治法》第四十三条第二款“经营中的文化娱乐场所，其经营管理者必须采取有效措施，使其边界噪声不超过国家规定的环境噪声排放标准”的规定，原判认定事实清楚，适用法律准确，判决驳回上诉、维持原判。

【典型意义】

本案典型意义在于：对于社会生活中经常发生的噪声扰民现象，环保机关针对群众投诉作出合法适度处理后引发的行政诉讼，人民法院应当依法给予支持。与民事审判处理特定侵权者、受害者之间民事行为及相关赔偿不同，行政审判通过监督环保机关履行保护环境职责，对合法行政行为给予支持，对违法行政行为监督纠正，有利于保护受污染群体的利益，促进人民群众生活环境的改善。本案重要意义还体现于，人民法院以裁判方式明确了噪声相关标准执法适用范围。由国家环境保护部、国家质量监督检验检疫总局2008年10月1日发布施行的《声环境质量标准》《社会生活环境噪声排放标准》和《工业企业厂界环境噪声排放标准》，是环境检测、执法人员进行噪声监管的重要依据。前一项是环境质量标准，后两项是排放标准，它们的适用范围、检测方法及限值等均有不同，应根据检测对象及目的等因素作出正确选择。本案判决对《声环境质量标准》《社会生活环境噪声排放标准》的适用范围作了正确区分，对环保机关正确执法和人民法院审理类似行政案件具有示范作用。

某物业管理有限公司诉上海市工商行政管理局黄浦分局无主财产上缴财政案

《最高人民法院发布行政审判十大典型案例（第一批）》第3号

2017年6月13日

【简要案情】

1998年7月，某贸易有限公司（以下简称甲公司）以存放于上海市宝山区宗福仓库的250吨进口羊毛为厦门乙贸易有限公司（以下简称乙公司）向厦门建行的两笔借款提供质押［后该质权于2006年转移给本案再审申请人某物业管理有限公司（以下简称丙公司）］。1999年，该批羊毛因涉嫌走私，被公安机关移交海关处理。因海关在调查过程中无法找到甲公司的法定代表人，遂于同年将涉案羊毛移交本案再审被申请人上海市工商行政管理局黄浦分局

（以下简称黄浦工商分局）处理。嗣后，因发现涉案羊毛已出现脱脂变质现象，黄浦工商分局遂将其先行拍卖，得款人民币 7196545.66 元，并于 1999 年 10 月 16 日在《文汇报》上刊载公告，载明：限有关该批羊毛的所有人于公告发布之日起 3 个月内，携带有关合法证明前往黄浦工商分局下属的支队接受调查，如逾期，黄浦工商分局将依照《工商行政管理机关行政处罚程序暂行规定》（以下简称《暂行规定》）第六十一条规定予以处理。由于逾期货物所有人仍未出现，黄浦工商分局于 2000 年 3 月 7 日作出“视涉案被扣羊毛为无主财产，上缴财政”的决定。厦门建行称，在黄浦工商分局处理本案期间，该行及厦门中院的办案人员曾找到黄浦工商分局查询涉案羊毛的处理情况。据此，再审申请人认为涉案羊毛并非无主财产，遂对拍卖上缴行为不服，提起诉讼，请求撤销黄浦工商分局作出的没收涉案羊毛的决定，并判决该局给付拍卖上述财产所得全部款项。

【裁判结果】

一、二审法院认为，黄浦工商分局在无法找到并确认走私、贩私行为人，进而无法处罚违法行为人的情况下，按照《暂行规定》作出无主财产上缴财政的行政处理决定，执法程序并无不当，并据此驳回了丙公司的诉讼请求。丙公司不服，向最高人民法院申请再审。

最高人民法院经审查认为，判断行政行为合法性一般应当以行政行为作出时的事实为准。即使行政行为与客观事实不符，只要行政机关在作出行为当时无法发现该事实，也不应以此简单地否定行政行为的合法性。但是，本案中，黄浦工商分局在事后经权利人主张，发现涉案羊毛设有质权的情况下，应当认识到其作出的被诉行政行为与客观事实不符，并及时采取相应的措施，包括：就涉案羊毛可能涉及的违法问题，依照法律规定的处理权限作出判断，并在此基础上对再审申请人提出的返还请求作出处理。据此，本案最终判决撤销原审判决，责令上海市黄浦区市场监督管理局在本判决生效之日起 15 日内将涉案羊毛涉嫌违法的问题交由有权机关处理，或者在本判决生效之日起 15 日内依职权启动调查，并在其后 120 日内对再审申请人厦门某物业管理有限公司提出的返还涉案羊毛拍卖款的请求作出处理，驳回厦门某物业管理有限公司的其他诉讼请求。

【典型意义】

本案的典型意义在于：法治政府要求行政机关法定职责必须为，勇于负责，敢于担当，行政机关在发现行政行为存在瑕疵的情况下，有义务加以改正。在以撤销诉讼为主的诉讼制度和理念的影响下，人民法院一般只有在被诉行为被撤销或者确认违法后，才会处理相关损失的补偿或赔偿问题，从而将行政行为的违法性与行政机关的给付义务挂钩，形成了无违法即无给付的诉讼格局。本案明确了即便在撤销诉讼中，行政机关的给付义务也并非仅仅取决于被诉行政行为的违法性。根据被诉行政行为作出时的基础事实，该行为无法被撤销或确认违法，但只要行政机关嗣后发现行政行为有瑕疵，且该瑕疵损害或者可能损害公民、法人或者其他组织的合法权益，行政机关就负有及时加以改正的义务，人民法院就应当视情况判决行政机关为一定的给付。

郑州市中原区某调味品厂诉郑州市人民政府行政处理决定案

《最高人民法院发布行政审判十大典型案例（第一批）》第5号

2017年6月13日

【基本案情】

1995年11月，郑州市中原区某调味品厂（以下简称某调味品厂，个体工商户）与闫垌村三组以该厂系村办企业名义向主管部门提交《关于违章用地的检查及补办征地手续的申请》。郑州市土地管理局同意补办并下达批复，该厂其后所提交的相关申请表中经济性质栏填写了“个体”。1996年12月，郑州市政府给该厂颁发国有土地使用证，载明土地性质为划拨，面积12612.7平方米。后该厂于2005年以征地补偿安置费名义给闫垌村三组汇款33万余元被拒。2006年12月，郑州市政府针对闫垌村三组的撤证申请作出注销上述国有土地使用证的决定（以下简称4号决定），理由是该厂与闫垌村三组采取欺骗手段，未如实登记。该厂进而向省政府申请复议未果，遂提起本案诉讼，请求法院撤销4号决定。涉案土地现已被用于房地产开发。

【裁判结果】

郑州市中级人民法院一审认为，某调味品厂当时不属于可补办用地手续的范围，郑州市政府作出被诉注销决定符合《河南省实施〈土地管理法〉办法》相关规定，遂判决维持4号决定。某调味品厂上诉后，河南省高级人民法院在二审及其后的两次再审中，均以基本相同的理由分别作出驳回上诉、维持原判和维持二审判决、维持初次再审判决的处理结果。

最高人民法院提审后认为，某调味品厂在工商机关登记的经济性质为个体工商户，从当时有关文件看，该厂不属于“农村集体经济组织兴办的经济实体”，客观上不具备补办违法占地用地手续的资格。但是，被诉4号决定将错误登记和颁证完全归因于该厂和闫垌村三组采取“欺骗手段”，而当时有关申请表中曾将经济性质填写为“个体”。虽然存在表述前后不一，但尚不构成对真实经济性质的刻意隐瞒，故4号决定认定采取欺骗手段的证据并不充分。而对于行政机关审查不严问题隐而不提，事实认定有误。同时，4号决定剥夺了某调味品厂继续使用涉案土地的权利，对其重大财产权益产生不利影响，郑州市政府既未事前告知该厂，亦未给予其陈述和申辩的机会，所作的针对法定代表人的调查笔录既未告知调查目的，也未告知可能因涉嫌欺骗未如实登记、行政机关拟注销涉案土地使用证等情况，不足以使该厂在4号决定作出前进行充分的、有针对性的陈述和申辩，程序明显不当。此外，4号决定未充分考量涉案土地在政府收取出让金之后用于房地产开发等因素，一注了之，客观上不利于某调味品厂主张信赖利益保护（如需查清是否存在发证到注销期间合理投入），遂于2016年判决撤销一、二审及两次再审判决，确认郑州市政府作出的被诉4号决定违法。

【典型意义】

本案典型意义在于：加强对各类非公有制经济市场主体的产权保护，是当前人民法院的一项迫切任务，行政审判在监督行政机关依法行政方面意义重大。本案中，郑州市政府针对其10年前的错误颁证行为，仅以申请人采取“欺骗手段”为由一注了之，没有考虑当事人曾在申请表中据实填写“个体”而行政机关未尽到审慎审查义务，亦未核实当事人多年来对行政机关的信赖利益、房地产开发因素以及注销程序的规范性、正当性，被最高人民法院指出事实认定有误，程序明显不当。最高人民法院同时指出，对于信赖利益及如何弥补问题，可由郑州市政府在判后组织调查并作相应处理。本案的终审判决纠正了下级法院前后作出的四次判决，对于保障非公有制经济主体的实体权益、彰显正当程序价值和体现司法权威性，具有重要的审判监督价值。

岳西县某水电站诉岳西县环境保护局环境保护行政决定案

《最高人民法院发布人民法院环境资源审判保障长江经济带高质量发展典型案例》第8号

2018年11月28日

【基本案情】

1994年国务院确定鹞落坪自然保护区为国家级自然保护区。2001年原国家环保总局批准了《国家级鹞落坪自然保护区总体规划（2001—2015）》。2005年某水电站在位于鹞落坪自然保护区核心区的包家乡鹞落坪村开工建设。2006年岳西县水利局批复同意建设。2009年岳西县环境保护局以某水电站位于自然保护区实验区为由，补办环评批准手续。2017年安徽省第五环境保护督察组等先后对鹞落坪自然保护区内的违法建设进行督察，要求迅速查处。岳西县环境保护局经立案调查，认定某水电站是在设立国家级自然保护区后建设，机房、明渠和涵洞位于鹞落坪自然保护区的缓冲区，蓄水坝位于保护区的核心区。岳西县环境保护局作出岳环责停字〔2017〕15号《责令停产整治决定书》，责令某水电站立即停止生产；作出岳环限拆字〔2017〕04号《责令限期拆除设施设备通知书》，责令某水电站限期自行拆除电站上网断路器，移除主变压器。某水电站不服，诉至法院，请求撤销《责令停产整治决定书》，确认《责令限期拆除设施设备通知书》违法。

【裁判结果】

安徽省潜山县人民法院一审认为，某水电站在鹞落坪自然保护区的核心区和缓冲区建设水电站的行为违反《自然保护区条例》规定，依法应予关闭、拆除。水电站建成后，虽然经过岳西县水利局补办了批准手续，但并不影响岳西县环境保护局对违法建设事实的认定。岳西县环境保护局依法享有行政执法权。一审法院判决驳回某水电站诉讼请求。安庆市中级人民法院二审维持原判。

【典型意义】

本案系在自然保护区内开发利用自然资源引发的行政案件。长江流域重点生态功能区、生态环境脆弱区及自然保护区较多，人民法院在审理上述区域的环境污染、生态破坏及自然资源开发利用案件时，需要坚持保护优先的理念，正确处理好生态环境保护和经济发展的关系，将构建生态功能保障基线、环境质量安全底线、自然资源利用上线三大红线作为重要因素加以考量，保障重点区域实现扩大环境容量和生态空间的重要目标。鹞落坪自然保护区内有大别山区现存面积最大的天然次生林，植物区系复杂，生态系统完整，在保护生物多样性及涵养水源方面具有极为重要的价值。鹞落坪自然保护区设立在先，某水电站建立时虽然取得了相关部门的批复，但该水电站机房建设在自然保护区的缓冲区，蓄水坝建设在保护区核心区，违反了《自然保护区条例》的规定。人民法院支持行政机关依法行政，依法认定某水电站应予关闭和拆除，为保护长江流域自然保护区提供了坚强的司法后盾。

海口某房地产开发有限公司诉海口市人民政府有偿收回国有土地使用权案

《最高人民法院产权保护行政诉讼典型案例》第一号

2020 年 7 月 27 日

【基本案情】

2007 年 3 月，海口某房地产开发有限公司（以下简称某公司）通过公开挂牌出让方式取得 642351.28 平方米国有土地使用权。2012 年，原海口市国土资源局（以下简称市国土局）作出的多份函件中，认为涉案土地存在权属纠纷和征地遗留问题，暂缓报建，待问题解决后再进行申报。海口市人民政府（以下简称市政府）亦认可涉案土地未开发是政府原因所致。2015 年，海南省人民政府作出的琼府〔2015〕24 号《关于进一步做好闲置土地处置工作的通知》（以下简称24号文）规定，因政府原因造成土地闲置的，以协议方式收回闲置土地使用权的价格，可以按照土地使用权人已缴交的土地出让价款、前期合理投入，以及自土地出让金缴交之日和前期合理投入资金之日至收回土地使用权期间利息总额予以确定；如该价格高于市场评估价格的，按照市场评估价格协议收回土地使用权。2017年，市国土局告知某公司涉案土地构成闲置土地并拟有偿收回涉案土地使用权，但双方协商未达成一致意见。2018年1月3日，市政府向某公司作出了收地决定书，以促进国民经济和社会发展等公共利益需要为由，决定收回涉案土地的国有建设用地使用权，并给予适当补偿，“适当补偿标准按24号文的规定执行”。某公司不服，提起行政诉讼，请求撤销该决定书。

【裁判结果】

海南省海口市中级人民法院一审认为，涉案土地因政府原因导致闲置，市政府因促进国民经济和社会发展公共利益需要，决定有偿收回涉案土地，认定事实清楚。24号文规定的有偿收回国有土地使用权的补偿标准适用于因政府原因导致土地闲置、政府部门与土地使用者协商一致的情形。涉案土地因公共利益需要被收回，却适用24号文中相关闲置土地标准给予补偿，属于适用法律错误。遂判决撤销市政府作出的收地决定书中“适当补偿标准按照24号文的规定执行”的内容，并驳回某公司的其他诉讼请求。双方当事人均提出上诉。

海南省高级人民法院二审认为，土地同时存在因政府原因造成闲置和因公共利益需要使用土地的情形下，政府既可通过闲置土地处置程序有偿收回土地使用权，也可通过因公共利益需要国家依法有偿提前收回程序收回土地使用权。为公共利益需要而收回国有土地使用权的，对使用权人应当给予适当补偿。该款规定的“适当补偿”应当是公平合理的补偿，即综合考虑被收回土地的性质、用途、区位、评估方法、闲置原因等因素，参考市场价格予以补偿。涉案收地决定书简单以土地使用权人已缴交的土地出让价款、前期合理投入以及相应的利息总额进行补偿欠妥，且不符合自然资源部办公厅自然资办函〔2018〕1903号函（以下简称自然资源部1903号函）和海南省人民政府琼府〔2019〕12号文（以下简称海南省人民政府12号文）的规定。遂判决驳回上诉、维持原判。

【典型意义】

本案的意义在于确定了有偿收回国有土地使用权补偿标准的问题。根据2004 年修正的《土地管理法》第五十八条第二款规定，为公共利益需要使用土地而收回国有土地使用权的，对土地使用权人应当给予适当补偿。该款规定的“适当补偿”应当是公平合理的补偿，即综合考虑被收回土地的性质、用途、区位、评估方法、闲置原因等因素，参考市场价格予以补偿。为了适时解决有关历史遗留问题，切实维护土地使用权人及其他投资人合法权益，营造良好营商环境，自然资源部 1903 号函以及海南省人民政府 12 号文均规定，县级以上人民政府有偿收回存量商品住宅用地的补偿金额不低于土地使用权人取得土地的成本，并综合考虑其合理的直接损失，参考市场价格确定。本案中，行政机关应本着实质化解行政争议的目的，按照自然资源部 1903 号函以及海南省人民政府 12 号文的精神，依法合理作出补偿，合法合理保护土地使用权人的合法权益，营造良好营商环境。

欧某明诉重庆市铜梁区人民政府撤销行政行为案

《长江流域生态环境司法保护典型案例》第四号

2021 年 2 月 25 日

【基本案情】

经重庆市人民政府批复同意，重庆市铜梁区人民政府（以下简称区政府）于 2015 年 10 月作出《关于涪江饮用水源保护区环境整治的通告》（以下简称被诉通告）。被诉通告按照经批复的方案划定了饮用水水源保护区范围，规定在二级保护区内禁止从事泊船、采砂、放养家禽、网箱养殖等活动；在一级保护区内，还须禁止从事水产养殖等行为；对违反本通告的单位或个人，由环保、农业、水务等相关职能部门根据有关规定予以处理。欧某明长期从事渔业养殖的水域被划入饮用水水源保护区，被禁止继续从事渔业养殖活动。欧某明认为被诉通告侵犯其合法权利，故诉至法院请求撤销该通告。

【裁判结果】

重庆市第一中级人民法院一审认为，区政府作出被诉通告的行政目的是防止饮用水水源污染，确保广大人民群众生产、生活用水安全，且程序并无违法之处，故被诉通告合法。欧某明虽曾依法获得从事渔业养殖的行政许可，但行政许可所依据的客观情况发生重大变化，为了公共利益需要，行政机关可依法变更或者撤回已经生效的行政许可，遂判决驳回欧某明的诉讼请求。重庆市高级人民法院二审维持一审判决。

【典型意义】

本案系饮用水水源地保护引发的行政诉讼。饮用水安全事关人民群众健康，国家为此建立饮用水水源保护区制度。《长江保护法》亦规定，长江流域省级人民政府组织划定饮用水水源保护区，加强饮用水水源保护，保障饮用水安全。本案中，虽然欧某明曾获得从事渔业养殖的行政许可，但区政府基于饮用水水源地保护的实际需要作出被诉通告，进行饮用水水源保护区环境整治，符合环境公共利益。准予行政许可所依据的客观情况发生了重大变化，本案不属于行政权力擅自专断的违法情形。人民法院依法支持行政机关的整治举措，有力保障了饮用水水源地保护制度的功效实现。

王某诉某区市场监督管理局行政处理案

《人民法院服务保障全国统一大市场建设行政诉讼典型案例》案例四

2023 年 12 月 28 日

【基本案情】

2019 年 12 月，王某从第三人处购买了某普洱古树茶。该产品简介称，选用 1800 多年乔木古树茶为原料，在制作过程中加入某稀有寄生植物，是不可多得的普洱珍品。2020 年 2 月，王某向某区市场监督管理局举报称，涉案茶产品添加某稀有寄生植物属食品中违法添加药品行为，且违反食品安全标准，要求处理。某区市场监督管理局经调查后，对王某作出举报投诉回复通知书，认为未发现该产品存在明显违法行为，不符合立案条件，故决定不予立案。

王某不服，提起诉讼。

【裁判结果】

人民法院生效判决认为，本案争议焦点是涉案普洱茶产品添加某稀有寄生植物是否构成食品中添加药品的违法行为，以及是否违反食品安全标准。经查，某稀有寄生植物系普洱茶树寄生植物，在云南本地长期有与普洱茶共同饮用的饮食习惯。某稀有寄生植物未被《中国药典》（2015 版）纳入药材饮片范围，也未被原卫生部纳入《既是食品又是药品的物品名单》《保健食品禁用的物品名单》等名录。王某主张第三人在食品中添加药品，不符合食品安全标准，缺乏事实根据。某区市场监督管理局查明本案事实后，决定对王某的举报投诉事项不予立案，并无不当，故判决驳回王某的诉讼请求。

【典型意义】

弘扬优秀传统文化，推广具有浓郁民族、历史特色的产品，有助于丰富全国统一大市场建设的文化内涵。对不违反法律法规禁止性规定、未被列为市场准入负面清单的区域性特色产品，市场监管部门应当给予尊重和平等保护，不宜因个别消费者举报投诉而轻易禁止销售。本案中，市场监管部门对涉案茶产品是否违反食品安全法律法规进行了审慎审查，充分尊重普洱茶的地方饮食习惯，顺应市场规律，保障了市场自主性，满足了人民群众消费需求。人民法院监督支持行政机关依法行政，通过司法裁判明确市场监管领域执法规则，促进商品要素资源在更大范围内畅通流动，激发市场活力潜力，助推形成供需互促、产销并进、畅通高效的国内大循环。

甲物业管理公司诉某县财政局投诉处理决定案

《人民法院服务保障全国统一大市场建设行政诉讼典型案例》案例八

2023 年 12 月 28 日

【基本案情】

2020 年 7 月，某县人民医院作为采购人，某县交易中心作为采购代理机构发布物业管理服务公开招标公告。2020 年 8 月，甲物业管理公司中标。因其他供应商质疑投诉，2020年9月，某县财政局经调查认为，涉案项目招标文件关于供应商须在某县所属市的政府采购网和公共资源交易网上进行注册登记的规定，违反了《政府采购法实施条例》第二十条第八项及《国务院办公厅转发国家发展改革委关于深化公共资源交易平台整合共享指导意见的通知》第二条第六项的规定，向某县交易中心发出整改通知书，要求其废标，重新组织招标。2020年10月，某县交易中心发布废标结果公告，重新组织招标。甲物业管理公司向某县财政局投诉。2020年11月，某县财政局作出投诉处理决定，认定该公司的投诉事项不成立，决定驳回。甲物业管理公司提起诉讼，请求撤销某县财政局作出的投诉处理决定，判令该局重新作出投诉处理决定。

【裁判结果】

人民法院生效判决认为，《政府采购法》《政府采购法实施条例》及《某市政府采购供应商准入管理暂行办法》均未规定供应商须在政府采购网或公共资源交易网上注册登记。《政府采购法实施条例》第二十条第八项规定："采购人或者采购代理机构有下列情形之一的，属于以不合理的条件对供应商实行差别待遇或者歧视待遇：……（八）以其他不合理条件限制或者排斥潜在供应商。"《财政部关于促进政府采购公平竞争优化营商环境的通知》第一条第一款第三项规定："全面清理政府采购领域妨碍公平竞争的规定和做法，重点纠正以下问题：……（三）要求供应商在政府采购活动前进行不必要的登记、注册，或者要求设立分支机构，设置或者变相设置进入政府采购市场的障碍。"涉案项目招标文件违反《政府采购法》第二十二条第二款"采购人可以根据采购项目的特殊要求，规定供应商的特定条件，但不得以不合理的条件对供应商实行差别待遇或者歧视待遇"的规定。依照该法第三十六条第一款第二项"在招标采购中，出现下列情形之一的，应予废标：……（二）出现影响采购公正的违法、违规行为的"之规定，应予废标，某县财政局向某县交易中心下达的整改通知符合法律规定，故判决驳回甲物业管理公司的诉讼请求。

【典型意义】

政府采购市场是统一大市场的重要组成部分。维护政府采购市场的公平竞争，对构建全国统一大市场具有重要引领作用。政府采购应当遵循公平竞争原则，不得违法限定投标人所在地、所有制形式、组织形式或设定其他不合理的条件，不得排斥、限制经营者参与政府采购活动。本案中，采购招标文件要求供应商在参与采购活动前须在指定网站注册登记，限制、排斥了潜在的供应商，妨碍了公平竞争。人民法院依法支持政府采购监管部门依法行使职权，破除地方保护和市场分割，依法保护各类市场主体平等参与政府采购的权利，有力地维护了统一开放、竞争有序的政府采购市场秩序。

十三、行政复议

范某生诉浙江省嘉善县人民政府环保行政复议案

《最高人民法院公布七起保障民生典型案例》第 4 号

2014 年 2 月 17 日

【基本案情】

范某生自 2002 年开始利用嘉善县干窑镇白龙潭 60 亩水域从事渔业养殖。2012 年 11 月 20 日，范某生致信嘉善县环境保护局投诉河道污染严重、养殖业受损一事，要求职能部门认真履行职责，依法查处，弥补损失，并作出具体行政行为。信中反映 2012 年 5 月以来有人养殖生猪，开办餐具洗涤厂，所产生污水排入河道，造成水质严重污染，养殖鱼类大量死亡。2012 年 11 月 21 日，嘉善县环境保护局收到范某生的投诉信件。2012 年 12 月 31 日，范某生向嘉善县人民政府申请行政复议，要求责令嘉善县环境保护局履行法定职责。2013 年 2 月 26 日，嘉善县人民政府作出善政复决字〔2013〕5 号行政复议决定认为，范某生以其向被申请人嘉善县环境保护局投诉反映问题后，嘉善县环境保护局未履行法定职责为由，申请行政复议属于行政复议受理范围。国务院《信访条例》第二十二条第二款规定，有关行政机关收到信访事项后，能够当场答复是否受理的，应当当场书面答复；不能当场答复的，应当自收到信访事项之日起 15 日内书面告知信访人。被申请人嘉善县环境保护局未提交证据证明对范某生信访事项的登记受理情况，应当认为被申请人嘉善县环境保护局已经受理该信访事项。《信访条例》第三十三条规定，信访事项应在受理之日起60日内办结；情况复杂的，可适当延长办理期限，但延长期限不得超过30日，并告知信访人延长理由。被申请人嘉善县环境保护局2012年11月21日收到信访申请，至2012年12月31日范某生申请行政复议之时，仍在《信访条例》所规定的办理期限内。《行政复议法实施条例》第十六条第一款规定，公民、法人或者其他组织申请行政机关履行法定职责，行政机关未履行的，行政复议申请期限依照下列规定计算：（一）有履行期限的，自履行期限届满之日起计算。故本案行政复议申请期限应当按照《信访条例》规定的履行期限届满之日起计算。据此，范某生申请行政复议不符合《行政复议法实施条例》第二十八条第四项规定，未在法定申请期限内提出。依照《行政复议法实施条例》第四十八条第一款第二项的规定，决定驳回范某生的行政复议申请。范某生不服该复议决定，向嘉善县人民法院诉称，嘉善县人民政府所作行政复议决定程序违法、认定事实和适用法律均错误，且导致其损失扩大，请求撤销善政复决字〔2013〕5号行政复议决定书，责令被告重新作出复议决定，判令被告赔偿其故意拖延期间所造成的损失。

【裁判结果】

嘉兴市中级人民法院于2013年5月21日作出（2013）浙嘉行初字第2号行政判决，判决撤销嘉善县人民政府善政复决字〔2013〕5号行政复议决定；嘉善县人民政府自本判决生效之日起在法定期限内重新作出具体行政行为；驳回范某生其他诉讼请求。范某生不服，向浙江省高级人民法院提出上诉。浙江省高级人民法院经审理认为，本案是一起针对被上诉人嘉善县人民政府行政复议决定提起的诉讼案件。被上诉人认为上诉人向被申请人嘉善县环境保护局提出的投诉事项属于信访事项范畴，且被申请人在收悉投诉事项后亦未超过信访条例规定的办理期限，故上诉人径直申请行政复议不符合行政复议的受理条件，据此驳回上诉人的行政复议申请。因此，上诉人投诉事项是否为信访事项还是属于履行法定职责申请应为案件的审理重点。国务院《信访条例》第二条规定，信访人向各级人民政府、县级以上人民政府工作部门反映情况，提出建议、意见或者投诉申请的属于信访事项。《水污染防治法》第八条第一款规定，县级以上人民政府环境保护主管部门对水污染防治实施统一监督管理。该法第二十七条、第六十九条规定，环境保护主管部门和其他依照本法规定行使监督管理权的部门，有权对管辖范围内的排污单位进行现场检查；发现违法行为或者接到对违法行为的举报后不予查处的，或者有其他未依照本法规定履行职责的行为的，对直接负责的主管人员和其他直接责任人员依法给予处分。被申请人嘉善县环境保护局在其网站公布的工作职责（三）、（六）亦明确，其承担监督管理大气、水体、土壤等事项的污染防治和环境保护行政执法检查工作。本案中，上诉人投诉认为，相关单位存在将生猪养殖和餐具消毒污水直接排放于河道的行为，造成水质严重污染，并致其养殖的鱼和珍珠蚌大量死亡，故要求被申请人履行职责、依法查处。从上诉人的投诉内容看并非《信访条例》规定的信访事项范畴，而系要求被申请人对污染河道的行为予以制止并依法进行查处，该请求事项属于被申请人的法定职责范围。因此，被上诉人嘉善县人民政府仍将上诉人的投诉事项界定为信访投诉，并依据《信访条例》规定认为上诉人的复议申请条件尚未成就，并据此驳回上诉人的行政复议申请，属于认定事实不清，证据不足，依法应予撤销并判令其重作。被上诉人的被诉具体行政行为虽然缺乏事实和法律依据，但该行为本身并未给上诉人带来物质利益的损害，故上诉人就此提出行政赔偿请求，缺乏事实和法律依据，依法不予支持。遂于 2013 年 8 月 2 日作出（2013）浙行终字第 115 号行政判决，驳回上诉、维持原判。

【典型意义】

本案起诉的行政行为虽然是嘉善县政府的行政复议决定，但实质的争议焦点是嘉善县环保局是否依法履行了环境保护的法定职责。近年来，随着环保理念深入人心，人民群众针对违法排污、排气等环境违法行为的投诉举报不断增多。但一些对环境保护负有监督管理职责的行政机关依法履责意识淡薄，有些对群众的投诉举报或不予理睬，或拖延不办，有些则将群众的投诉举报作为一般信访事项转办了事，没有下文。本案终审裁判认为，上诉人投诉称相关单位将生猪养殖和餐具消毒污水直接排放于河道，造成水质严重污染，致其养殖的鱼和珍珠蚌大量死亡，故要求被申请人履行依法查处职责。从上诉人的投诉内容看并非《信访条例》规定的信访事项范畴，而系要求被申请人对污染河道的行为予以制止并依法进行查处，该请求事项属于被申请人的法定职责范围。因此，被上诉人嘉善县人民政府仍将上诉人的投诉事项界定为信访投诉，并依据《信访条例》规定认为上诉人的复议申请条件尚未成就，并据此驳回上诉人的行政复议申请，属于认定事实不清，证据不足，遂依法判决撤销并判令其重作。该裁判要旨要求环境保护行政主管机关正确区分行政相对人信访事项与履责申请，积极履行对环境违法行为监管查处的法定职责，具有典型意义。据了解，案件终审判决后，嘉善县环保局对相关违法排污企业进行了查处。

冯某军诉河北省衡水市人民政府撤销国有土地使用证案

《最高人民法院发布行政审判十大典型案例（第一批）》第9号
2017年6月13日

【基本案情】

1995年6月3日，河北省景县某食品加工厂为了解决职工住房问题，申请征收涉案土地。1995年10月，原景县土地管理局将该土地征收，并出让给景县某食品加工厂，并在办理土地登记过程中将土地使用者变为冯某章（冯某军之父）。1995年11月，河北省景县人民政府（以下简称景县政府）为冯某章颁发了国有土地使用证。冯某章办证后一直未建房。2003年3月1日，第三人张某安以3000元的价格将该地卖给赵某彬，双方签订转让协议。2004年赵某彬在该地上建房并居住至今，但一直未办理土地使用证。2009年6月，冯某章将赵某彬诉至景县人民法院，赵某彬得知冯某章已办证，遂提起行政复议。复议机关以程序违法为由撤销景县政府为冯某章颁发的国有土地使用证，并注销其土地登记。冯某章不服该复议决定，诉至法院。

【裁判结果】

河北省冀州市人民法院一审认为，第三人赵某彬在本案争议土地上建房，并居住多年，赵某彬与景县政府为冯某章发放土地使用证的行政行为存在利害关系，因而被告受理赵某彬提起的行政复议申请并无不当。被告认定景县土地管理局未依法办理土地权属变更，直接为冯某章办理土地登记程序违法，并认定依据该土地登记办理的土地使用证程序违法，事实清楚，判决维持被诉行政行为。冯某章不服，提起上诉。

河北省衡水市中级人民法院二审认为，虽然赵某彬在涉案土地上建有房屋，但是景县政府的颁证行为在先，赵某彬的利益在后，以后来的利益否定在先的行政行为，不符合客观实际情况，也没有法律依据。二审法院判决撤销一审判决和被诉的行政复议决定。本案经再审，判决撤销二审判决，维持一审判决。

后本案经最高人民法院裁定提审。最高人民法院认为，本案的焦点问题是，赵某彬对于 1995 年 11 月景县政府颁发国有土地使用证的行政行为是否具有申请行政复议的主体资格。赵某彬对涉案土地的占有源于张某安 2003 年的转让行为，而颁证行为则发生在此次转让之前的 1995 年。因此，赵某彬要获得申请复议的资格只有通过转让承继的方式。而转让承继的前提则是颁证行为作出时张某安具有申请复议的资格。1995 年 10 月，原景县土地管理局将该土地征收后，该幅土地的性质已经转变为国有。张某安未对土地征收行为提起行政复议或者行政诉讼。此后，原景县土地管理局在办理土地登记过程中将土地使用者变为冯某章，景县政府也为冯某章颁发了国有土地使用证。该颁证行为是在该幅土地通过征收转为国有土地的基础上作出的。即，在颁证行为作出之前，即使不考虑张某安在 1990 年就已经将涉案土地使用权有价转让给冯某章一节，其亦因该土地被征收而不享有土地使用权，故其与该颁证行为之间并无法律意义上的利害关系，不足以获得申请复议的资格。据此，赵某彬不具备申请行政复议的权利基础。判决撤销再审判决，维持二审判决。

【典型意义】

本案的典型意义在于进一步确定行政复议资格和权利的承继问题。行政复议制度是我国重要的行政救济制度。行政救济制度的核心理念在于“有权利必有救济”。根据《行政复议法》的规定，行政相对人认为行政行为侵犯其合法权益的，可以向行政机关提出行政复议申请。根据《行政复议法实施条例》的规定，申请需与被申请的行政行为有利害关系，复议申请才予以受理。本案中，赵某彬对涉案土地的占有来源于张某安在 2003 年的转让。本案中被申请复议的颁证行为发生在 1995 年。行政机关作出颁证行为时，张某安已经丧失对涉案土地的使用权，与该颁证行为之间已无法律意义上的利害关系，亦无申请行政复议的资格。罗马法谚“后手的权利不得优于前手”也体现了权利继受规则。本案中，作为前手的张某安已经丧失了行政复议的资格，作为后手的赵某彬则丧失了权利继受的基础。本案颁证之后，行政机关与行政相对人之间业已形成稳定的行政法律关系，除非存在法定事由，法院和行政复议机关亦有义务维持行政法律关系的有序存在。公民、法人或者其他组织只有在符合《行政复议法》和《行政诉讼法》的关于利害关系人的规定的前提下，才能对既存法律关系发起复议或者诉讼“挑战”，这也正是维护法律安定性和行政秩序稳定性的需要。该案对于明确行政复议资格条件及其承继具有一定的示范意义。

杨某全诉山东省人民政府行政复议案

《最高人民法院发布行政审判十大典型案例（第一批）》第10号

2017年6月13日

【基本案情】

杨某全不服山东省青岛市市南区法律援助中心作出的不予法律援助决定，向青岛市市南区司法局提出异议。该局作出答复意见，认为该不予法律援助决定内容适当。杨某全对该答复意见不服，向青岛市司法局申请行政复议。该局于2013年10月23日告知其所提复议申请已超过法定申请期限。杨某全不服，向青岛市人民政府申请行政复议。青岛市人民政府于2013年10月30日告知其所提行政复议申请不符合行政复议受案条件。杨某全不服，向山东省人民政府申请行政复议。山东省人民政府于2013年11月18日对其作出不予受理行政复议申请决定。杨某全不服，提起行政诉讼，请求撤销该不予受理决定，判令山东省人民政府赔偿损失。

【裁判结果】

山东省济南市中级人民法院一审判决驳回杨某全的诉讼请求。山东省高级人民法院二审判决驳回上诉，维持一审判决。杨某全向最高人民法院申请再审，最高人民法院裁定予以驳回。

最高人民法院认为，申请行政复议和提起行政诉讼是法律赋予公民、法人或者其他组织的权利，其可以在申请行政复议之后再行提起行政诉讼。但杨某全在提起行政诉讼之前，针对同一事由连续申请了三级行政复议，明显且一再违反一级行政复议制度。对于明显违反复议制度的复议申请，行政复议机关不予受理后，申请人对此不服提起行政诉讼的，人民法院可以不予立案，或者在立案之后裁定驳回起诉。鉴于本案已经实际走完诉讼程序，原审法院经实体审理后亦未支持杨某全的诉讼请求，故无必要通过审判监督程序提起再审后再行裁定驳回起诉。

【典型意义】

本案典型意义在于：当事人申请行政复议和提起行政诉讼应当具有利用复议制度和诉讼制度解决行政争议的正当性。行政诉讼是解决行政争议，保护公民、法人和其他组织合法权益，监督行政机关依法行使职权的法律救济途径。人民法院既要充分保障当事人正当诉权的行使，又要引导、规范当事人行使诉权。人民法院有义务识别、判断当事人的请求是否具有足以利用行政复议制度和行政诉讼制度加以解决的必要性，避免因缺乏诉的利益而不当行使诉权的情形发生，坚决抵制滥用诉权的行为。对于明显违背行政复议制度、明显具有任性恣意色彩的反复申请，即使行政复议机关予以拒绝，当事人不服提起诉讼的，人民法院也可以不予立案，或者在立案之后裁定驳回起诉。

姜某某诉海口市市场监督管理局、海口市人民政府食品广告行政处罚及行政复议案

《人民法院抓实公正与效率践行社会主义核心价值观典型案例》案例 12

2023 年 8 月 2 日

【基本案情】

2018 年 6 月至 12 月，姜某某通过微信朋友圈发布产品广告，宣称该产品可以治疗多种疾病。该产品实为普通食品，不具有任何治疗疾病功能。2018 年 12 月 17 日，海口市市场监督管理局对姜某某进行立案调查并作出行政处罚决定，对姜某某罚款 10 万元。姜某某不服，向海口市人民政府申请行政复议。2019 年 11 月 12 日，海口市人民政府作出维持复议决定。姜某某仍不服

诉至法院，请求撤销处罚决定和复议决定。

【裁判结果】

海南省海口市中级人民法院认为，姜某某长期在微信朋友圈中发布虚假广告信息，将属于普通食品而非药品的富迪小分子肽，虚假宣传能够治疗疾病，混淆药品和普通食品的区别，误导不明真相的消费者或患者，尤其是辨别能力不强的老年人，很可能耽误最佳治疗时机，给消费者或患者带来无法挽回的人身损害，依法应当予以处罚。故判决驳回姜某某的诉讼请求。

【典型意义】

虚假药品广告欺骗、误导消费者，严重危害人民群众生命健康。行为人通过朋友圈大肆虚假宣传普通食品能治疗各种疾病甚至“包治百病”，误导不明真相的消费者或患者。分辨能力较差的老年患者，甚至重症患者信以为真，购买大量产品，耽误最佳治疗时机，最后落个“人财两空”。姜某某等人长期在微信朋友圈中发布虚假广告信息，误导不明真相的消费者或患者，不仅违背了诚信原则，还具有严重的社会危害性。微信朋友圈等网络平台不是法外之地，在朋友圈进行虚假宣传必将受到法律严惩，本判决既打击了虚假广告行为，又维护了人民群众生命健康安全，弘扬了社会主义核心价值观，取得了良好的社会效果。

丹东天某气体有限公司诉辽宁省市场监督管理局行政处罚及国家市场监督管理总局行政复议案

《人民法院助力全国统一大市场建设典型案例》案例九

2022 年 7 月 25 日

【基本案情】

2018 年 4 月 11 日，辽宁省市场监督管理局对丹东天某气体有限公司（以下简称天某公司）作出《行政处罚决定书》，认定该公司于 2017 年 7 月 29 日参加了丹东市另一气体有限公司组织的聚会，与会气体企业对《丹东市气体行业协会市场销售标准》进行了讨论，就 40 升瓶装工业氧气市场销售价格达成一致意见。自 2017 年 8 月 2 日开始，该公司采取下发《调价通知单》、销售人员直接告知等形式，通知客户调整 40 升瓶装工业氧气价格，实施相关产品的串通价格。相关 10 家气体企业通过相互价格串通，在丹东市所辖振安区、振兴区、元宝区、东港市范围内共同操纵了 40 升瓶装工业氧气的市场销售价格，造成相关地域工业氧气价格普遍上涨。该公司的行为违反了《价格法》第十四条的规定，故责令该公司立即改正上述价格违法行为，并决定罚款 12 万元。该公司不服，向国家市场监督管理总局申请行政复议。2018 年 7 月 26 日，国家市场监督管理总局作出《行政复议决定书》，维持上述处罚决定。该公司提起诉讼，请求撤销上述行政处罚决定及行政复议决定。

【裁判结果】

人民法院生效判决认为，依照《价格法》第六条、第七条、第八条及第十四条第一项的规定，除适用政府指导价或者政府定价外，经营者对其所经营的商品具有自主定价权。经营者自主定价，应当遵循公平、合法和诚信原则，以生产经营成本及市场供求状况为据进行。不得相互串通，操纵市场价格，损害其他经营者或者消费者的合法权益。本案中，天某公司参加了丹东市另一气体有限公司组织的聚会，与会企业讨论涉案气体产品价格并形成一致意见、会后上调涉案气体产品价格等事实存在。该公司与其他 9 家气体企业串通，导致当地涉案气体产品价格普遍上涨。该公司的行为违反了《价格法》第十四条第一项的规定，依法应予处罚。辽宁省市场监督管理局作出的行政处罚决定及国家市场监督管理总局作出的行政复议决定认定事实清楚、适用法律正确、程序合法，故判决驳回天某公司的诉讼请求。

【典型意义】

本案系人民法院依法支持市场监管部门强化统一市场监管执法的典型案例。涉案气体易燃易爆，具有危化属性，需危险货物专用车辆运输，且需办理多项行政审批手续，经营者数量有限、市场进入壁垒高及本地化特征明显。当地的涉案气体产品经营者数量有限。天某公司与其他 9 家气体企业实施价格串通，直接导致当地涉案气体产品价格普遍上涨，扰乱市场竞争秩序，损害气体用户的合法权益。人民法院在案件办理中，全面查清事实、准确适用法律，依法支持市场监管部门查处垄断及妨碍公平竞争行为，有利于维护市场竞争秩序，促进商品资源要素在统一大市场畅通流动。

陶某某不服上海市宝山区水务局、上海市宝山区人民政府行政处罚决定及复议决定案

《2021年全国海事审判典型案例》案例2

2022年6月7日

【基本案情】

2021年3月，宝山海事局执法人员在执法检查时发现“华青6766”运砂船无合法运砂单据，涉嫌在长江河道上海段水域内实施违法采砂作业。宝山区水务局对陶某某作出处罚决定，认定其在长江河道上海段吴淞口10号锚地北侧水域组织运砂船实施违法采砂行为，依据长江保护法对其作出罚款50万元并没收江砂及运砂船舶。陶某某提起行政复议，宝山区政府作出维持的复议决定。陶某某诉至上海海事法院，请求判决撤销处罚决定及复议决定。

【裁判结果】

上海海事法院审理认为，陶某某的装运行为客观上已符合《长江河道采砂管理条例实施办法》第二十五条规定所指的与非法采砂船舶共同实施非法采砂行为的构成要件。宝山区水务局系基于涉案非法采砂的货值，参照长江委制定的细化裁量标准，在《长江保护法》第九十一条规定的处罚幅度内确定处罚金额，处罚裁量并无不当。故判决驳回陶某某的诉讼请求。判决作出后，各方当事人均未提起上诉。

【典型意义】

本案系2021年3月1日《长江保护法》实施后，全国首例涉长江大保护非法采砂海事行政处罚案件。为严厉惩治长江流域日益猖獗的非法采砂行为，长江保护法加大对违法行为的处罚力度，大幅提高罚款金额，没收违法活动船舶更是对运砂船舶经营人的精准打击。人民法院从严格保护长江流域生态安全的立法目的与最高准则出发，准确适用长江保护法的相关规定，让长江保护法这一剂对症猛药真正发挥疗效；维护了行政机关对破坏长江流域生态

环境违法行为的严厉制裁，发挥了海事司法对监督支持行政机关依法行政的重要作用，为推进长江流域绿色、可持续、高质量发展，实现长江大保护提供了有力的司法保障。

某药业有限公司诉山东省济南市原食品药品监督管理局、山东省原食品药品监督管理局行政处罚及行政复议案

——监督支持行政机关依法查处生产劣药行为

《最高人民法院发布药品安全典型案例》案例五

2022 年 4 月 28 日

【简要案情】

2011 年 8 月，山东省济南市原食品药品监督管理局（以下简称济南市药监局）根据举报对某药业有限公司进行立案调查，并对其库存的盐酸苯海索片进行部分查封和抽检。经查，自 2010 年 1 月至 2011 年 8 月，某药业公司未按照批准的生产工艺生产原料药盐酸苯海索，而是通过无药品生产或经营资质的其他公司购进盐酸苯海索粗品，经精制后制成原料药盐酸苯海索，共计 1360 公斤。2010 年 1 月至 2011 年 6 月，该公司对外销售上述原料药盐酸苯海索 1010 公斤，销售金额为 370 万元。某药业公司对外购进盐酸苯海索粗品再精制为原料药成品，其行为改变了生产工艺。济南市药监局经立案调查后，于 2015 年 5 月作出（济）食药监药罚〔2015〕1500003 号行政处罚决定，没收违法生产的盐酸苯海索 29.17 公斤和违法所得 370 万元，处违法生产、销售劣药货值金额（4982169.6 元）一倍的罚款 4982169.6 元（罚没款合计 8682169.6 元），并责令某药业公司改正该违法行为。某药业公司不服，申请行政复议。山东省原食品药品监督管理局（以下简称山东省食药监局）于 2015 年 8 月作出行政复议决定，维持了上述处罚决定。某药业公司不服，提起本案行政诉讼，请求撤销上述行政处罚决定和行政复议决定。

【裁判结果】

法院经审理认为，某药业公司未按照批准的生产工艺生产原料药盐酸苯

海索，而是通过无药品生产或经营资质的其他公司购进盐酸苯海索粗品，经精制后制成原料药盐酸苯海索。原料药属于药品的范畴，某药业公司对外购进盐酸苯海索粗品再精制为原料药成品，改变了其生产工艺，依照《药品管理法》相关规定，应按劣药论处。济南市药监局依据该法，作出行政处罚决定，认定事实清楚，适用法律正确，程序合法，处罚适当。山东省食药监局作出的复议决定认定事实清楚，适用法律正确，程序合法。一审法院于2016年2月判决驳回某药业公司的诉讼请求。二审法院于2016年9月判决驳回上诉，维持一审判决。某药业公司不服一、二审判决，申请再审。山东省高级人民法院于2017年6月裁定驳回某药业公司的再审申请。

【典型意义】

本案系人民法院依法支持药品监督管理部门从严查处违法生产销售劣药的典型案例。《药品管理法》规定，“除中药饮片的炮制外，药品必须按照国家药品标准和国务院药品监督管理部门批准的生产工艺进行生产，生产记录必须完整准确。药品生产企业改变影响药品质量的生产工艺的，必须报原批准部门审核批准”。本案中，某药业公司对其生产的盐酸苯海索原料药进行药品再注册并已经通过审批，应严格按照其申报的生产工艺进行生产。通过某药业公司所提交的《协议》《合作协议》等材料，可以证实该公司通过向其他企业购买原料药粗品，再自行精制为原料药成品的行为，并未向相关药品监督管理部门申请批准，该行为违反了《药品管理法》的规定。人民法院依法支持药监部门对医药企业违反药品生产流程的处罚行为，是认真贯彻落实中央有关药品安全“四个最严”要求的具体体现，为行政机关依法查处不良药品企业生产假药劣药行为，保障人民群众用药安全提供了有力司法支持。

启东市某船舶工程有限公司诉启东市人民政府渡口行政许可及南通市人民政府行政复议案

《人民法院服务和保障长三角一体化发展典型案例》案例十

2021 年 11 月 2 日

【基本案情】

江苏启东红阳港至启东市启隆乡的长江段原设有汽渡，启东市某船舶工程有限公司（以下简称某公司）原为该汽渡车客渡船运输的经营者。2011 年，汽渡南岸的启隆码头被拆除。此后，该汽渡停止运营。2012 年 5 月 10 日，启东市人民政府（以下简称启东市政府）作出启政复〔2012〕19 号《市政府关于同意撤回红阳港和兴隆沙渡口设置的批复》，以崇启大桥建成通车、渡口存在的必要性已消失以及存在安全隐患为由，撤回了设置该渡口的行政许可。

2014 年，某公司就汽渡重设及复航事项向启东市北新镇人民政府、启隆乡人民政府提出了书面报告。2016 年 12 月 12 日，启东市政府向某公司寄送了行政许可申请及材料补正告知书，要求某公司在 2016 年 12 月 27 日前补充提交汽车渡口设置可行性研究报告、渡口安全管理制度、渡船的船舶检验证书、海事管理机构意见书等材料。2016 年 12 月 29 日、2017 年 1 月 5 日，启东市政府分别向中华人民共和国南通启东海事处（以下简称启东海事处）、中华人民共和国崇明海事局（以下简称崇明海事局）发送关于某公司申请筹建和经营红阳港至兴隆沙渡口征求意见的函。此外，启东市政府还于 2016 年 12 月 30 日向启东市交通运输局征求意见。2017 年 2 月 24 日，启东市政府向某公司作出《1 号不予许可决定》。某公司不服该决定，向南通市人民政府申请复议。2017 年 6 月 6 日，南通市人民政府作出《88 号复议决定》，维持了《1 号不予许可决定》。某公司不服，向法院提起本案诉讼，请求确认《1 号不予许可决定》违法，并撤销该决定和《88 号复议决定》。

【裁判结果】

江苏省南通市中级人民法院认为：一、启东市政府收到某公司申请设置渡口的材料后，依法向启东海事处、崇明海事局以及启东市交通运输局征求意见，并根据上述专门机关出具的意见，作出不准许某公司申请的决定，已尽到法定的、审慎的审查义务，故应当认为启东市政府作出的《1号不予许可决定》具有事实根据和法律依据。二、启东市政府作出的《1号不予许可决定》并未超过法定期限。某公司提出设置渡口的申请后，启东市政府于2016年12月29日、2016年12月30日和2017年1月5日相继向启东海事处、启东市交通运输局和崇明海事局发出函件，就某公司申请筹建和经营红阳港至兴隆沙渡口征求意见，启东市政府收到相关回复意见后，于2017年2月24日作出《1号不予许可决定》。启东市政府征求意见符合法律规定，扣除上诉期和征求意见的时间，其作出的《1号不予许可决定》并未超过生效判决所确定的60日期限，行政程序合法。该院一审判决驳回了某公司的诉讼请求。某公司不服，提起上诉。江苏省高级人民法院二审判决：驳回上诉、维持原判。

【典型意义】

长江宽阔的江面和良好的河道，为长三角地区经济发展提供了便利的水路交通，对加快沿岸城市化进程具有重要作用。加强长江流域生态环境司法保护，推进长三角生态绿色一体化发展，是人民法院深入学习贯彻落实习近平生态文明思想的一项重要工作。

本案中，考虑到某公司在长江筹建和经营渡口可能会影响长江渡船安全航行，为确保安全和运营规范，启东市政府在受理某公司的申请后，分别向启东海事处、崇明海事局、启东市交通运输局发函征求意见，尽到了法定的、审慎的审查义务。因现行法律并未对相关部门何时反馈征求意见作出明确规定，法院依据行政诉讼法关于履行职责的期限规定，得出“行政机关依法履职过程中征求相关部门意见的合理期限应当扣除”的结论，为实务中此类问题的处理提供了指导意见，也为长江航道水路交通的安全与发展提供了司法保障。

北京某经贸有限责任公司宁夏特产连锁超市诉北京市东城区市场监督管理局行政处罚决定及北京市东城区人民政府行政复议案

《最高人民法院发布行政机关负责人出庭应诉典型案例》案例一

2021 年 7 月 29 日

【基本案情】

北京市东城区市场监督管理局（以下简称东城市场监管局）收到消费者投诉举报，反映其在北京某经贸有限责任公司宁夏特产连锁超市（以下简称某公司）购买的某品牌不同年份的两款葡萄酒标签上未标注生产商相关信息和警示语等。东城市场监管局经检查，认定某公司出售的预包装产品存在经营标签不符合食品安全法相关规定的违法行为，于 2019 年 6 月 10 日作出行政处罚决定，对某公司处以罚款和没收违法所得共计 113954 元。某公司认为处罚决定适用法律错误，处罚过重，向北京市东城区人民政府（以下简称东城区政府）申请行政复议。东城区政府经复议审查维持了处罚决定。某公司认为产品标签存在的问题非经销商过错，不应作高限处罚，遂向北京市东城区人民法院（以下简称东城区法院）提起行政诉讼，请求撤销被诉行政处罚决定中关于对某公司因销售的“巴格斯酒庄特级赤霞珠葡萄酒”2011、“巴格斯酒庄特级赤霞珠葡萄酒”2016 不符合标签规定作出的处罚部分及被诉行政复议决定。

【出庭应诉情况】

因案涉食品安全且罚没金额较大，处罚定性和幅度准确与否对原告的正常经营产生影响，对民族地方特色食品的规范化生产经营也将带来示范效应，东城区法院建议被告负责人以实质解决争议为目标出庭应诉，同时积极促成生产商参加诉讼。东城区法院提出建议后，东城区副区长、东城市场监管局局长作为行政机关负责人出庭应诉。东城区法院将本案庭审确立为年度庭审公开示范庭，由分管副院长担任审判长，东城区属行政机关法制部门负责人及区市场监管局执法人员共 90 余人旁听了庭审。庭审中，东城区副区长在最后陈述中表示：“感谢当事人选择行政复议作为救济途径，本人作为行政机关负责人出庭应诉，既是以实际行动落实法律义务，也体现了区政府努力优化营商环境的决心。东城区政府将秉持法治就是最好的营商环境的理念，不断提高行政机关执法水平，推动构建保护公平竞争的市场秩序，畅通市场主体的利益表达渠道，努力营造首都功能核心区良好的法治化营商环境。”东城市场监管局局长表示：“此次公开庭审是一次难得而生动的法制教育课，对规范食品行政执法起到了积极的引领作用，今后要避免机械执法，主动结合生产实际，确保罚责相当。”庭审后，两位行政机关负责人专门与第三人生产厂商法定代表人就市场监管工作中的相关问题进行了深入交流。经过庭审和庭后充分交换意见，各方当事人对案件争议问题的解决达成共识，原告申请撤诉。

【典型意义】

本案最终案结事了，充分展示了行政机关负责人出庭应诉制度的效能：一是沟通效能。东城区法院以当事人之间充分沟通为目标，努力让利益相关方全部参加诉讼并实际出庭，面对面交流，消除了隔阂和认识误区，达成了争议解决的共识。同时，加强了行政机关和行政相对人对人民法院审理工作的理解和信任；二是示范效能。东城区法院提前建议行政机关负责人出庭就实质性解决争议发表意见，打破以往行政机关被动应诉的藩篱，促进行政机关在庭前应诉准备中更加深入审视行政行为合法性，从自身工作不足中寻求争议化解的契合点，从而促进执法工作水平的提升，同时带动行政机关负责人转变理念，主动出庭、出好庭；三是教育效能。本案同时作为行政执法人员的法治公开课，市场监管局局长的出庭发言，对规范食品行政执法起到了积极引领作用。政府副区长的出庭应诉，对政府职能部门深入推进依法行政、加强法治政府建设发挥了良好示范作用。

发某顺实业（深圳）有限公司诉广东省佛山市禅城区人民政府房屋征收补偿决定及广东省佛山市人民政府行政复议案

《最高人民法院发布行政机关负责人出庭应诉典型案例》案例十

2021 年 7 月 29 日

【基本案情】

发某顺实业（深圳）有限公司（港资企业，以下简称发某顺公司）通过拍卖竞买取得涉案房屋，建筑面积 552 平方米，土地使用权面积 581 平方米，用途为仓库。2017 年 8 月，广东省佛山市禅城区人民政府（以下简称禅城区政府）因改扩建市政道路发布了征收决定公告，发某顺公司有 35 平方米土地位于征收红线范围内。房屋征收部门经委托评估机构按收益法评估确定涉案房屋市场价值为约 147 万元。房屋征收部门与发某顺公司经多次协商未能达成征收补偿协议，禅城区政府遂作出被诉房屋征收补偿决定，对涉案房屋整体征收并按评估价予以补偿。发某顺公司认为补偿价格明显低于周边房屋市场交易价格，向广东省佛山市人民政府（以下简称佛山市政府）申请复议。发某顺公司在复议被维持后，提起行政诉讼。一审判决驳回发某顺公司的诉讼请求。广东省高级人民法院（以下简称广东高院）在二审中协调，当事人之间达成补偿和解协议，发某顺公司自愿申请撤诉。

【出庭应诉情况】

因本案属于涉案征收工作中最后一起补偿纠纷，对征收工作的顺利推进造成重要影响，且涉及港资民营企业合法权益保护，直接关乎营商法治环境，同时法律适用问题存在较大争议，广东高院组成由副院长担任审判长的合议庭，佛山市政府主管副市长、禅城区政府主管副区长均以行政机关负责人身份出庭应诉。庭审中，出庭负责人积极进行答辩、辩论、陈述最后意见，并表达和解化解征收补偿纠纷的意愿。庭审后，审判长组织各方当事人勘查现场和进行现场座谈协商，耐心辨法析理，分清利弊得失，经过七轮“背靠背”协调，禅城区政府在征得佛山市政府同意后，由房屋征收部门与发某顺公司就征收补偿问题签订了和解协议，给予发某顺公司合理补偿。发某顺公司当日即向广东高院申请撤诉，最终和解结案。本案庭审被列为广东省依法治省办公室组织的“2019年广东省领导干部和国家工作人员旁听庭审活动”的示范观摩庭，200多名省直机关领导干部现场旁听了庭审，全省各级司法局均开通了同步视频，组织全体干警观摩庭审活动，且庭审直播视频已作为广东省普法办公室组织开展的“2019年度学法考试”的必修课程。

【典型意义】

行政机关负责人出庭应诉制度在一审诉讼程序中具有重要作用，在二审等诉讼程序中也具有其独有优势。本案中，广东高院充分准备庭审工作，规范有序开展庭审程序，全面发挥庭审应有的各项功能，积极落实国家机关的普法责任，用实际行动落实“谁执法谁普法”责任制，对增强行政机关的法治意识和提高行政应诉水平具有积极意义。同时，人民法院与行政机关合理地运用行政机关负责人出庭应诉制度，由人民法院积极协调，行政机关负责人积极出庭应诉、参加协调工作，共同努力化解行政争议，最终在二审程序中实现案结事了，充分展现出行政机关负责人出庭应诉制度优势。

王某某诉云南省保山市自然资源和规划局限期拆除决定及云南省保山市人民政府行政复议案

《最高人民法院发布行政机关负责人出庭应诉典型案例》案例十四

2021年7月29日

【基本案情】

王某某作为个体经营者，在与云南省保山市工业园区管委会签订优先供地合同后，未取得规划许可擅自建设11000平方米钢结构厂房。云南省保山市自然资源和规划局（以下简称保山市规划局）经调查认定王某某的涉案厂房紧邻高速公路，属于无法采取改正措施消除对规划影响的情形，遂责令王某某限期拆除，王某某不服向云南省保山市人民政府（以下简称保山市政府）申请行政复议，复议维持后，王某某向云南省保山市中级人民法院（以下简称保山中院）提起行政诉讼。

【出庭应诉情况】

因本案涉及公民的重大财产权益，同时涉及当地工业园区的管理规范等问题，作出原行政行为的行政机关保山市规划局正职负责人以及复议机关保山市政府的副职负责人，都主动表示依法出庭应诉。保山市规划局正职负责人对案件涉及的具体专业性问题进行了解释说明，并发表了辩论意见，对法律适用问题进行了充分阐述。保山市政府副职负责人针对案件争议焦点发表辩论意见，准确指出通过案件审理发现政府工作中存在的问题，并对行政复议决定存在的瑕疵向原告道歉，对原告选择法治方式维权表示敬意，同时分析说明原告主张的权益无法得到法律保护的原因，并建议原告主动拆除违法建筑。庭审结束后，原告申请撤诉。

【典型意义】

有共同被告的行政案件，可以由共同被告协商确定行政机关负责人出庭应诉，也可以由人民法院确定。复议机关作共同被告的行政案件，共同被告之间协商由作出原行政行为的行政机关委派负责人出庭，人民法院一般予以认可。复议机关同时委派负责人出庭应诉的，人民法院应当予以鼓励与支持，必要时也可以通知共同被告的负责人同时出庭应诉。本案中，共同被告均主动委派负责人出庭，且出庭负责人从不同角度切实发挥重要作用，有助于行政机关认识到执法工作中存在的不足或瑕疵，消除行政相对人的负面情绪，有助于人民群众提高依法维护合法权益的意识与水平，对推进法治国家、法治政府、法治社会一体建设具有重要意义。

某运输股份有限公司不服台州海警局、浙江海警局行政处罚决定及复议决定案

《2021 年全国海事审判典型案例》案例 3

2022 年 6 月 7 日

【基本案情】

2019 年 1 月，某公司雇用拖轮将无动力无船名船号的船舶从舟山拖至台

州三门，执法人员于6月19日查获该船。经台州海事局现场勘查，认定该船为“三无”船舶。台州海警局作出处罚决定，没收案涉“三无”船舶。某公司不服，向浙江海警局申请行政复议。浙江海警局作出复议决定，维持该处罚决定。某公司诉至宁波海事法院，请求判决撤销处罚决定及复议决定。

【裁判结果】

宁波海事法院审理认为，案涉罚没财物系无船名船号、无船舶证书、无船籍港的“三无”船舶，并擅自出海从事生产、经营等活动，台州海警局作出没收某公司所有的“三无”船舶的处罚决定并未违反行政处罚法的规定。一审判决驳回某公司的诉讼请求。某公司提起上诉，浙江省高级人民法院二审维持原判。

【典型意义】

“三无”船舶长期脱离监管，对通航安全、人员安全、水域清洁管理、港口安全等造成严重危害，国家有关行政部门联合发文，要求对其坚决清理、取缔。本案为海事法院审理的海事行政案件，进一步明确了“三无”船舶的认定标准，为海上行政执法提供了重要参考，有利于促进行政执法尺度的统一；支持了海上执法机关的事实认定结论和行政处罚依据，保障行政执法机关依法履行管理职责，实现司法与行政执法的有效衔接。本案的裁判结果彰显了海事司法为依法开展海上执法活动，严厉打击“三无”船舶，维护海运秩序，保护海上人命、财产和生态环境安全提供的有力支持和监督。

某药业有限公司诉广东省原食品药品监督管理局、原国家食品药品监督管理总局行政处罚及行政复议案

——监督支持行政机关依法查处生产、销售劣药行为

《最高人民法院发布药品安全典型案例》案例四

2022 年 4 月 28 日

【简要案情】

广东省中山市原食品药品监督管理局（以下简称中山食药监局）根据原国家食品药品监督管理总局（以下简称国家食药监总局）的线索通告，于 2012 年 4 月对某药业有限公司库存的使用浙江省新昌县某胶丸厂等企业生产的空心胶囊所产胶囊剂药品进行查封和现场抽样并检验，发现 5 个品种共 7 批次胶囊剂药品检验项目中铬含量超过国家标准。中山食药监局责令某药业有限公司提供从胶囊生产企业购进药用空心胶囊的供货方资料、销售流向统计表等资料，但该公司仅提供了部分药品销售流向表，未提供完整会计账册，且提供的药品销售情况与事实不符。后中山食药监局以某药业有限公司生产的部分药品铬含量超标，属劣药，且该公司存在拒绝、逃避监督检查和隐匿有关证据材料等从重处罚情节为由，决定给予其没收劣药、没收违法所得并罚款的行政处罚，该处罚已由人民法院生效判决予以确认。后中山食药监局认为某药业有限公司生产劣药情节严重，向广东省原食品药品监督管理局（以下简称广东省食药监局）提请吊销某药业有限公司的药品生产许可证。广东省食药监局经听证、集体讨论等程序，于 2015 年 6 月 8 日给予某药业有限公司吊销药品生产许可证的行政处罚。某药业有限公司不服，向国家食药监总局申请行政复议。国家食药监总局经行政复议维持了该行政处罚。某药业有限公司仍不服，提起本案行政诉讼，请求撤销行政处罚决定和行政复议决定。

【裁判结果】

法院经审理认为，生效判决已认定某药业有限公司存在生产销售劣药的

违法行为，且在中山食药监局查处该公司生产销售劣药过程中，该公司存在拒绝、逃避检查等行为，属于情节严重的违法行为，依法应当在法定幅度内从重处罚，广东省食药监局作出吊销药品生产许可证的行政处罚于法有据。国家食药监总局作出的行政复议决定亦无程序违法之处。一审法院于2016年11月判决驳回某药业有限公司的诉讼请求。二审法院于2017年3月判决驳回上诉，维持一审判决。

某药业有限公司仍不服，向最高人民法院申请再审。最高人民法院经审查认为，某药业有限公司未尽质量检验法定义务，生产的5个品种共7个批次的胶囊剂药品，经检测铬含量超过国家标准，属于劣药；且在广东食药监局监督检查过程中，存在拒不提供销售客户汇总表、未及时完整提供销售药品的账册和清单、召回已销售药品与实际销售情况不一致等拒绝、逃避监督检查行为，属于情节严重、应当予以从重处罚的情形。广东省食药监局依法作出吊证处罚，国家食药监总局经复议予以维持，程序合法。于2018年7月裁定驳回其再审申请。

【典型意义】

药品安全涉及人民群众的生命安全和身体健康，必须实施严格监管，防范杜绝假药、劣药对人民群众生命健康造成损害。食品药品监督管理部门对生产销售假药、劣药的违法行为依法查处，可以在严格把握行政处罚从重情节的基础上，吊销企业的药品生产行政许可，切断危害人民群众生命健康的假药、劣药生产销售链条。人民法院对食品药品监督管理部门依法维护药品安全、保护人民群众生命健康的执法行为，依法予以支持。通过行政机关的积极监管和司法机关的依法审查，共同构筑起惩处危害药品安全违法行为、保护人民群众生命健康的有效屏障。本案中，某药业有限公司不但存在生产、销售劣药的违法行为，而且在行政执法检查过程中，存在拒不配合执法检查的行为，造成已流向市场的劣药无法全部召回，可能给使用该批药品的病人身体健康造成不良影响。广东省食药监局认定某药业有限公司的违法行为属于情节严重之情形，在没收该公司生产的劣药、没收违法所得并给予罚款的同时，另处吊销其药品生产行政许可的行政处罚，合法合理。本案本着坚持合法性审查、尊重行政机关行政裁量的原则，依法驳回某药业有限公司的诉讼请求，彰显了人民法院坚决落实中央“四个最严”要求，积极参与社会治理，严厉查处危害药品安全的违法行为和维护人民群众合法权益的裁判理念。

十四、行政裁决

王某俊诉北京市房山区住房和城乡建设委员会拆迁补偿安置行政裁决案

《最高人民法院发布人民法院征收拆迁典型案例（第二批）》第 1 号

2018 年 5 月 15 日

【基本案情】

2010 年，北京市房山区因轨道交通房山线东羊庄站项目建设需要对部分集体土地实施征收拆迁，王某俊所居住的房屋被列入拆迁范围。该户院宅在册人口共 7 人，包括王某俊的儿媳和孙女。因第三人房山区土储分中心与王某俊未能达成拆迁补偿安置协议，第三人遂向北京市房山区住房和城乡建设委员会（以下简称房山区住建委）申请裁决。2014 年 3 月 6 日，房山区住建委作出被诉行政裁决，以王某俊儿媳、孙女的户籍迁入时间均在拆迁户口冻结统计之后、不符合此次拆迁补偿和回迁安置方案中确认安置人口的规定为由，将王某俊户的在册人口认定为 5 人。王某俊不服诉至法院，请求撤销相应的行政裁决。

【裁判结果】

北京市房山区人民法院一审认为，王某俊儿媳与孙女的户籍迁入时间均在拆迁户口冻结统计之后，被诉的行政裁决对在册人口为 5 人的认定并无不当，故判决驳回王某俊的诉讼请求。王某俊不服，提起上诉。北京市第二中级人民法院二审认为，依据《北京市集体土地房屋拆迁管理办法》第八条第一款第三项有关“用地单位取得征地或者占地批准文件后，可以向区、县国土房管局申请在用地范围内暂停办理入户、分户，但因婚姻、出生、回国、军人退伍转业、经批准由外省市投靠直系亲属、刑满释放和解除劳动教养等原因必须入户、分户的除外”的规定，王某俊儿媳因婚姻原因入户，其孙女因出生原因入户，不属于上述条款中规定的暂停办理入户和分户的范围，不属于因擅自办理入户而在拆迁时不予认定的范围。据此，被诉的行政裁决将王某俊户的在册人口认定为 5 人，属于认定事实不清、证据不足，二审法院判决撤销一审判决及被诉的行政裁决，并责令房山区住建委重新作出处理。

【典型意义】

在集体土地征收拆迁当中，安置人口数量之认定关乎被拆迁农户财产权利的充分保护，准确认定乃是依法行政应有之义。实践中，有些地方出于行政效率等方面的考虑，简单以拆迁户口冻结统计的时间节点来确定安置人口数量，排除因婚姻、出生、回国、军人退伍转业等原因必须入户、分户的特殊情形，使得某些特殊人群尤其是弱势群体的合理需求得不到应有的尊重，合法权益得不到应有的保护。本案中，二审法院通过纠正错误的一审判决和被诉行政行为，正确贯彻征收补偿的法律规则，充分保护农民合法权益的同时，也体现了国家对婚嫁女、新生儿童等特殊群体的特别关爱。

十五、行政协议

萍乡市某房地产开发有限公司诉
萍乡市国土资源局行政协议案

《最高人民法院发布 10 起人民法院经济行政典型案例》第 7 号

2015 年 10 月 22 日

【基本案情】

2004 年 2 月，江西省萍乡市某房地产开发有限公司（以下简称某公司）通过投标竞拍竞得涉案地块（原为该市肉类联合加工厂用地）土地使用权，其后与萍乡市国土资源局（以下简称市国土局）签订了国有土地使用权出让合同，约定“开发用地为商住综合用地，冷藏车间维持现状”。市国土局给该公司颁发了两本国有土地使用证，其中一证地类登记为“工业”。某公司认为约定的“冷藏车间维持现状”是维持冷藏库的使用功能，并非维持地类性质，要求将该证地类由“工业”更正为“商住综合”；但市国土局认为维持现状是指冷藏车间保留工业用地性质出让，且该公司也是按照冷藏车间为工业出让地缴纳的土地使用权出让金，故不同意更正土地用途。后市规划局向市土地收购储备中心复函明确涉案地块用地性质为商住综合用地（含冷藏车间约 7300 平方米），并指出“冷藏车间维持现状”指暂时维持其使用功能。市国土局于 2013 年 2 月向某公司作出书面答复：（1）同意涉案地块中冷藏车间用地的土地用途由工业用地变更为商住用地；（2）冷藏车间用地的土地用途由工业用地变更为商住用地，应补缴土地出让金 208.36 万元；（3）冷藏车间用地的土地用途调整后，其使用功能未经市政府批准不得改变。某公司不服诉至法院，请求判令市国土局履行出让合同约定，更正相关土地证上地类用途，撤销答复第二项内容。

【裁判结果】

萍乡市安源区人民法院一审认为，涉案宗地最初市肉类联合加工厂的权属来源是划拨，市土地收购储备中心依法收购经报市人民政府批准后，公开挂牌出让，土地用地性质是商住综合用地，冷藏车间维持现状，并无冷藏车间用地是工业用地性质。市规划局的复函中均佐证含冷藏车间的用地性质是商住综合用地。某公司要求更正土地登记用途，不存在还要补缴的情形，遂判决市国土局在生效之日起 90 日内对相关证载土地用途予以更正；撤销上述答复第二项，即应补缴土地出让金 208.36 万元的决定。市国土局上诉后，萍乡市中级人民法院二审认为，由于双方当事人对土地出让合同中土地用途之表述存在不同理解，市规划局就此作出专门答复，某公司要求市国土局更正具有正当理由。该公司作为土地受让方按约支付了全部价款，市国土局认为若变更土地用途则应补缴土地出让金缺乏事实和法律依据，且有违诚信原则，遂判决驳回上诉、维持原判。

【典型意义】

本案是涉及行政协议的典型案例。行政协议是行政机关为实现公共利益或者行政管理目标，在法定职责范围内与公民、法人或者其他组织协商订立的具有行政法上权利义务内容的协议，本案行政协议即是市国土局代表国家与某公司签订的国有土地使用权出让合同。在现代市场经济条件下，政府无论扮演经济活动的管理者、服务者，还是直接作为市场主体参与其中，都越来越多地采用签订行政协议方式，实现政府职能转型与管理手段的转变。行政协议强调诚实信用、平等自愿，一经签订，各方当事人必须严格遵守，行政机关无正当理由不得在约定之外附加另一方当事人义务或单方变更解除。当出现争议时，如本案中双方当事人对合同中有关“冷藏车间维持现状”条款产生不同理解时，行政机关不得随意作出不利于行政相对人的解释。法院不仅判决市国土局履行合同义务，还撤销该局作出的补缴土地出让金的单方决定，直接回应了当事人的诉求，实质性地解决了双方争议。值得注意的是，行政协议过去受理渠道不一，新修改的《行政诉讼法》将之统一纳入行政诉讼受案范围，随着经济社会不断发展和行政协议日渐增多，行政审判在该领域也必将发挥越来越大的作用。

杨某先诉桑植县水利局水利行政协议及行政赔偿案

《生态环境保护典型案例》第6号

2019年3月2日

【基本案情】

桑植县水利局依据湖南省水利厅和桑植县人民政府的相关批复，委托拍卖机构对张家界市桑植县澧水干流、南、中、北源等河流河道砂石开采权进行公开拍卖。其间，张家界大鲵国家级自然保护区管理处（以下简称大鲵自然保护区管理处）函告桑植县水利局在自然保护区河段采砂行为涉嫌违法，要求终止对相关河段采砂权的拍卖。通过竞标，杨某先竞得刘家河花兰电站库区，在缴清100万元成交价及5万元拍卖佣金后与桑植县水利局签订了《张家界市桑植县刘家河花兰电站库区河段河道砂石开采权出让合同》（以下简称《出让合同》）。杨某先为履行合同修建公路一条，造采砂船两套（四艘），先后向银行贷款两笔。杨某先向桑植县水利局申请发放河道采砂许可证，桑植县水利局以杨某先未按要求提交资料为由未予办理。

【裁判结果】

湖南省桑植县人民法院一审认为，争议行政协议项下的采砂河段在实施拍卖和签订出让协议时已是国家级自然保护区范围，属于禁止采砂区域，大鲵自然保护区管理处在发现桑植县水利局的拍卖行为后，按照职责要求终止拍卖，桑植县水利局在未取得自然保护区主管部门批准的情况下不能继续实施出让行为。该河道采砂权有偿出让行为未经国务院授权的有关主管部门同意，桑植县水利局违反禁止性规定，实施拍卖出让，所签订的《出让合同》无效。双方当事人在签订《出让合同》后对采砂许可证的颁发产生误解，最终杨某先因不能提交完整申请材料、不符合颁证条件而未取得采砂许可证，《出让合同》没有实际履行与桑植县水利局在实施行政许可过程中未尽到公示告知职责有一定的关系。桑植县水利局的上述违法行为致使行政协议未能实际履行，造成的经济损失客观存在，应承担赔偿责任。一审法院判决确认案涉《出让合同》无效，桑植县水利局返还杨某先出让款并赔偿相关损失。湖南省张家界市中级人民法院二审维持一审判决。

【典型意义】

自然保护区是维护生态多样性，构建国家生态安全屏障，建设美丽中国的重要载体。自然保护区内环境保护与经济发展之间的矛盾较为突出，存在资源主管部门与自然保护区管理部门之间的职责衔接问题。现行法律对自然保护区实行最严格的保护措施，人民法院在审理相关案件时，应注意发挥环境资源司法的监督和预防功能，对涉及环境公共利益的合同效力依职权进行审查，通过依法认定合同无效，严禁任意改变自然生态空间用途的行为，防止不合理开发利用资源的行为损害生态环境。本案对在自然保护区签订的采矿权出让合同效力给予否定性评价，由出让人返还相对人出让款并赔偿损失，既是对相对人合法财产权利的保护，也是对行政机关、社会公众的一种政策宣示和行为引导，符合绿色发展和保障自然保护区生态文明安全的理念和要求。

大英县永某纸业有限公司诉四川省大英县人民政府不履行行政协议案

——行政协议的定义及相对人不履行行政协议约定义务时行政机关的救济途径

《行政协议案件典型案例》第1号

2019年12月12日

【基本案情】

2013年7月，中共四川省遂宁市大英县委为落实上级党委、政府要求，实现节能减排目标，出台中共大英县委第23期《关于研究永某纸业处置方案会议纪要》（以下简称《会议纪要》），决定对大英县永某纸业有限公司（以下简称永某公司）进行关停征收。根据《会议纪要》，四川省大英县人民政府（以下简称大英县政府）安排大英县回马镇政府（以下简称回马镇政府）于2013年9月6日与永某公司签订了《大英县永某纸业有限公司资产转让协议书》（以下简称《资产转让协议书》），永某公司关停退出造纸行业，回马镇政府受让永某公司资产并支付对价。协议签订后，永某公司依约定履行了大部分义务，回马镇政府接受了永某公司的厂房等资产后，于2014年4月4日前由大英县政府、回马镇政府共计支付了永某公司补偿金322.4万元，之后经多次催收未再履行后续付款义务。永某公司认为其与回马镇政府签订的《资产转让协议书》系合法有效的行政合同，大英县政府、回马镇政府应当按约定履行付款义务。故诉至法院请求判令大英县政府、回马镇政府支付永某公司转让费人民币894.6万元及相应利息。

【裁判结果】

经四川省遂宁市中级人民法院一审，四川省高级人民法院二审判决《资产转让协议书》合法有效，大英县政府应当给付尚欠永某公司的征收补偿费用人民币794.6万元及资金利息。大英县政府、回马镇政府不服，向最高人民法院申请再审称，《资产转让协议书》系民事合同，若属行政协议，永某公司不履行约定义务将导致其无法救济，故本案不属于行政诉讼受案范围。

最高人民法院再审裁定认为，界定行政协议有以下四方面要素：一是主体要素，即必须一方当事人为行政机关，另一方为行政相对人；二是目的要素，即必须是为了实现行政管理或者公共服务目标；三是内容要素，协议内容必须具有行政法上的权利义务内容；四是意思要素，即协议双方当事人必须协商一致。在此基础上，行政协议的识别可从以下两方面标准进行：一是形式标准，即是否发生于履职的行政机关与行政相对人之间的协商一致；二是实质标准，即协议的标的及内容有行政法上的权利义务，该权利义务取决于是否行使行政职权、履行行政职责；是否为实现行政管理目标和公共服务；行政机关是否具有优益权。本案案涉《资产转让协议书》系大英县政府为履行环境保护治理法定职责，由大英县政府通过回马镇政府与永某公司订立协议替代行政决定，其意在通过受让涉污企业永某公司资产，让永某公司退出造纸行业，以实现节能减排和环境保护的行政管理目标，维护公共利益，符合上述行政协议的四个要素和两个标准，系行政协议，相应违约责任应由大英县政府承担。同时，我国行政诉讼虽是奉行被告恒定原则，但并不影响作为行政协议一方当事人的行政机关的相关权利救济。在相对人不履行行政协议约定义务，行政机关又不能起诉行政相对人的情况下，行政机关可以通过申请非诉执行或者自己强制执行实现协议救济。行政机关可以作出要求相对人履行义务的决定，相对人拒不履行的，行政机关可以该决定为执行依据向人民法院申请强制执行或者自己强制执行。故不存在案涉《资产转让协议书》若属行政协议，永某公司不履行约定义务将导致行政机关无法救济的问题。据此，最高人民法院裁定驳回大英县政府的再审申请。

蒋某某诉重庆高新区管理委员会、重庆高新技术产业开发区征地服务中心行政协议纠纷案

——因行政协议的订立、履行、变更、终止等产生的各类行政协议纠纷均属于人民法院行政诉讼受案范围

《行政协议案件典型案例》第2号

2019年12月12日

【基本案情】

2016年7月12日，蒋某某不服其与重庆高新技术产业开发区征地服务中心签订的《征地拆迁补偿安置协议》，以重庆高新区管委会为被告向重庆市第五中级人民法院提起诉讼，请求撤销征地服务中心于2015年12月25日与其签订的《征地拆迁补偿安置协议》。

【裁判结果】

经重庆市第五中级人民法院一审，重庆市高级人民法院二审认为，《行政诉讼法》第十二条第一款第十一项规定，人民法院受理公民、法人或者其他组织认为行政机关不依法履行、未按照约定履行或者违法变更、解除政府特许经营协议、土地房屋征收补偿协议等协议提起的行政诉讼。蒋某某起诉请求撤销《征地拆迁补偿安置协议》，其起诉状中所诉理由均系对签订协议时主体、程序以及协议约定和适用法律所提出的异议，不属于行政机关不依法履行、未按照约定履行或者违法变更、解除协议内容的范畴，以蒋某某的起诉不属于人民法院行政诉讼受案范围为由裁定驳回蒋某某的起诉。

蒋某某不服，向最高人民法院申请再审。最高人民法院经审理后认为，通过对《行政诉讼法》《合同法》及相关司法解释有关规定的梳理，行政协议争议类型，除《行政诉讼法》第十二条第一款第十一项列举的四种情形外，还包括协议订立时的缔约过失，协议成立与否，协议有效无效，撤销、终止行政协议，请求继续履行行政协议，采取相应的补救措施，请求行政赔偿和行政补偿责任，以及行政机关监督、指挥、解释等行为产生的行政争议。将行政协议案件的行政诉讼受案范围仅理解为《行政诉讼法》第十二条第一款

第十一项规定的四种情形，既不符合现行法律及司法解释的规定，亦在理论上难以自圆其说，且在实践中容易造成不必要的混乱。故裁定撤销一、二审裁定，指令一审法院继续审理本案。

成都亿某利科技有限公司、乐山沙湾亿某利科技有限公司诉四川省乐山市沙湾区人民政府解除投资协议并赔偿经济损失案

——2015 年 5 月 1 日之前订立的行政协议纳入行政诉讼受案范围的条件及行政机关不依法履行、未按照约定履行协议之诉讼时效的适用

《行政协议案件典型案例》第 3 号

2019 年 12 月 12 日

【基本案情】

成都亿某利科技有限公司（以下简称成都亿某利公司）、乐山沙湾亿某利科技有限公司（以下简称乐山亿某利公司）向四川省乐山市中级人民法院诉称，2011 年 4 月 1 日，成都亿某利公司与四川省乐山市沙湾区人民政府（以下简称沙湾区政府）签署《投资协议》，约定成都亿某利公司租赁约 800 亩土地，投资 5000 万元建设以鳗鱼养殖为主并与新农村建设相结合的现代观光农业项目，沙湾区政府负责提供“一站式服务”、为加快项目建设进度和协调相关部门的手续尽快落实。2011 年 9 月 13 日，设立乐山亿某利公司，为项目公司。成都亿某利公司、乐山亿某利公司认为沙湾区政府一直怠于协调其项目行政手续办理事宜，隐瞒土地性质真相，无法办理相关手续，未按照约定履行《投资协议》，直接造成二公司重大损失。为此，诉请解除成都亿某利公司与沙湾区政府于 2011 年 8 月 29 日签署的《投资协议》，判令沙湾区政府赔偿二公司经济损失 400 万元。

【裁判结果】

经四川省乐山市中级人民法院一审，四川省高级人民法院二审认为，对于《行政诉讼法》修改施行之前形成的行政协议，根据当时的法律规定和人民法院处理此类纠纷的通常做法，一般不纳入行政诉讼受案范围，主要通过

当事人提起民事诉讼方式寻求司法救济，故依法裁定不予立案。成都亿某利公司、乐山亿某利公司不服，向最高人民法院申请再审。

最高人民法院经审查认为，案涉《投资协议》符合行政协议本质特征，对形成于2015年5月1日之前的案涉《投资协议》产生的纠纷，当时的法律、行政法规、司法解释或者我国缔结或参加的国际条约没有规定其他争议解决途径的，作为协议一方的公民、法人或者其他组织提起行政诉讼，人民法院可以依法受理。行政协议作为一种行政手段，既有行政性又有协议性，应具体根据争议及诉讼的性质来确定相关的规则适用，在与行政法律规范不相冲突的情况下可以参照适用民事法律规范，故诉讼时效制度可以适用于公民、法人或者其他组织对行政机关不依法履行、未按照约定履行协议提起的行政诉讼案件。本案系因成都亿某利公司、乐山亿某利公司对沙湾区政府未履行案涉《投资协议》而提起的请求解除协议的行政诉讼，应当参照适用民事法律规范关于诉讼时效的规定，不再适用起诉期限的规定。结合本案案情，成都亿某利公司、乐山亿某利公司于2016年8月31日提起本案诉讼，并未超过诉讼时效。故撤销一、二审裁定，指令一审法院受理本案。

英德某燃气有限公司诉英德市人民政府、英德市英红工业园管理委员会、英德某燃气有限公司特许经营协议纠纷案

——在能源和公共基础设施建设等领域，行政机关将同一区域内独家特许经营权通过行政协议先后授予不同的经营者，人民法院应当认定该行为属于违约行为，并判决其承担相应法律责任

《行政协议案件典型案例》第4号

2019年12月12日

【基本案情】

2008年8月20日，英德市建设局与某燃气有限责任公司（以下简称甲公司）签订《英德市管道燃气特许经营协议》。同年8月22日，英德市人民政府向英德市建设局作出批复，同意将该市管道天然气特许经营权独家授予甲公司，期限为30年，至2038年8月20日止。甲公司组建英德某燃气有限公

司（以下简称乙公司）负责经营涉案业务。2010 年至 2011 年间，英德市英红工业园管理委员会（以下简称英红园管委会）先后与乙公司签订投资天然气站项目合同、补充协议等协议，就该公司在英红工业园内的管道燃气特许经营权的具体实施，包括许可范围、开发建设及经营期限、建设用地等进行约定。

2012 年 9 月 4 日，英德市政府发布管道燃气特许经营权招投标公告。某燃气投资（中国）有限公司参与招标并中标，并于 2013 年 2 月 20 日与英德市规划和城市综合管理局签订《英德市管道燃气特许经营协议》，取得包括英红工业园在内的英德管道燃气业务独家特许经营权，有效期限为 30 年，至 2043 年 2 月 20 日止。该公司随后成立了英德某燃气有限公司（以下简称丙公司）负责项目经营管理。

乙公司因与丙公司对英红工业园管道燃气特许经营权范围发生争议，向法院起诉，请求：判令英德市政府、英红园管委会继续履行涉案行政协议，授予其在英红工业园内管道燃气的独家特许经营权；判令该政府立即终止丙公司在涉案地域内的管道燃气建设及经营活动。

【裁判结果】

经清远市中级人民法院一审，广东省高级人民法院二审认为，涉案合同合法有效，乙公司享有的特许经营合同权利受法律保护，协议各方应当按照约定履行相关的合同义务。英德市政府作为该管委会这一事业单位的设立机关以及特许经营许可一方，应承担相应合同义务，保障合同履行，但英德市政府又将英红工业园的管道燃气特许经营权授予丙公司，存在对同一区域将具有排他性的独家特许经营权先后重复许可给不同的主体的行为，应当认定为违法。法院同时认为，该重复许可系行政机关的行政行为所致，并不必然导致在后的丙公司所获得的独家特许经营权无效，丙公司基于其所签订的特许经营权协议的相关合同利益、信赖利益亦应当予以保护。且乙公司、丙公司均已进行了管道建设并对园区企业供气，若撤销任何一家的特许经营权均将影响所在地域的公共利益。对于重复许可的相关法律后果，应当由行政机关承担，不应由丙公司承担。英德市政府应当采取补救措施，依法作出行政处理，对双方相应经营地域范围予以界定，妥善解决本案经营权争议。故判决：一、确认涉案协议有效，确认乙公司在英红工业园内有管道燃气特许经营权，且不得授予第三方；二、确认英德市政府、英红园管委会将英红工业园内特许经营权授予丙公司的行为违法；三、责令英德市人民政府采取补救措施；四、驳回乙公司其他诉讼请求。

王某某诉江苏省仪征枣林湾旅游度假区管理办公室房屋搬迁协议案

——行政协议的订立应遵循自愿、合法原则，被诉行政协议在受胁迫等违背相对方真实意思表示的情形下所签订的，人民法院可依法判决撤销该行政协议

《行政协议案件典型案例》第 5 号

2019 年 12 月 12 日

【基本案情】

为加快铜山小镇项目建设，改善农民居住环境，推进城乡一体化建设和枣林湾旅游产业的发展，2017 年，原仪征市铜山办事处（现隶属于省政府批准成立的江苏省仪征枣林湾旅游度假区管理办公室）决定对包括铜山村在内的部分民居实施协议搬迁，王某某所有的位于铜山村王营组 12 号的房屋在本次搬迁范围内。2017 年 8 月 4 日早晨，仪征市真诚房屋拆迁服务有限公司工作人员一行到王某某家中商谈搬迁补偿安置事宜。2017 年 8 月 5 日凌晨 1 点 30 分左右，王某某在本案被诉的《铜山体育建设特色镇项目房屋搬迁协议》上签字，同时在《房屋拆除通知单》上签字。2017 年 8 月 5 日凌晨 5 点 30 分，王某某被送至南京鼓楼医院集团仪征医院直至 8 月 21 日出院，入院诊断为“1. 多处软组织挫伤……”因认为签订协议时遭到了胁迫，王某某于 2017 年 9 月 19 日向扬州市中级人民法院提起诉讼。

【裁判结果】

扬州市中级人民法院一审认为，行政协议兼具单方意思与协商一致的双重属性，对行政协议的效力审查自然应当包含合法性和合约性两个方面。根据《合同法》第五十四条第二款规定，一方以欺诈、胁迫的手段或者乘人之危，使对方在违背真实意思的情况下订立的合同，受损害方有权请求人民法

院或者仲裁机构予以变更或撤销。在签订本案被诉的搬迁协议过程中，虽无直接证据证明相关拆迁人员对王某某采用了暴力、胁迫等手段，但考虑到协商的时间正处于盛夏的 8 月 4 日，王某某的年龄已近 70 岁，协商的时间跨度从早晨一直延续至第二日凌晨 1 点 30 分左右等，综合以上因素，难以认定王某某在签订搬迁协议时系其真实意思表示，亦有违行政程序正当原则。据此，判决撤销本案被诉房屋搬迁协议。双方当事人未上诉。

安吉展某金属精密铸造厂诉安吉县人民政府搬迁行政协议案

——人民法院审理行政协议案件，在对行政协议进行效力性审查的同时，亦应当对行政机关订立行政协议的行为进行合法性审查，并作出相应裁判

《行政协议案件典型案例》第 8 号

2019 年 12 月 12 日

【基本案情】

2012 年 5 月 18 日，中共安吉县委办公室、安吉县人民政府办公室印发安委办〔2012〕61 号文件设立安吉临港经济区管理委员会（以下简称临港管委会）。2013 年 12 月 30 日，安吉县编制委员会发文撤销临港管委会。2015 年 11 月 18 日，湖州振某资产评估有限公司接受安吉临港经济区管理委员会（以下简称临港管委会）委托对安吉展某金属精密铸造厂（以下简称展某铸造厂）进行资产评估，并出具《资产评估报告书》，评估目的是拆迁补偿。2016 年 1 月 22 日，临港管委会与展某铸造厂就企业搬迁安置达成《企业搬迁补偿协议书》，约定临港管委会按货币形式安置，搬迁补偿总额合计 1131650 元。协议签订后，合同双方均依约履行各自义务。2017 年 7 月 12 日，展某铸造厂以安吉县人民政府为被告提起诉讼，请求判令被告作出的《企业搬迁补偿协议书》的具体行政行为违法应予以撤销，并责令依法与其重新签订拆迁补偿协议。

【裁判结果】

经湖州市中级人民法院一审、浙江省高级人民法院二审认为，行政协议

既有行政性又有契约性。基于行政协议的双重性特点，在行政协议案件司法审查中应坚持对行政机关行政协议行为全程监督原则、双重审查双重裁判原则。在具体的审查过程中，既要审查行政协议的契约效力性，又要审查行政协议行为特别是订立、履行、变更、解除行政协议等行为的合法性。本案中，临港管委会系由安吉县人民政府等以规范性文件设立并赋予相应职能的机构，其不具有独立承担法律责任的能力，无权以自己的名义对外实施行政行为，该管委会被撤销后，更无权实施签约行为。虽然安吉县人民政府追认该协议的效力，并不能改变临港管委会签订涉案补偿协议行为违法的事实。但是，涉案补偿协议系双方基于真实意思表示自愿达成，且已经实际履行完毕，补偿协议的内容并未损害展某铸造厂的合法补偿权益，在安吉县人民政府对涉案补偿协议予以追认的情况下，协议效力应予保留。故判决确认安吉县人民政府等设立的临港管委会与展某铸造厂签订案涉协议的行为违法；驳回展某铸造厂要求撤销案涉协议并依法与其重新签订拆迁补偿协议的诉讼请求。

徐某某诉安丘市人民政府房屋补偿安置协议案

——行政协议存在重大且明显违法情形或者适用民事法律规范亦属无效的，人民法院应当确认该协议无效

《行政协议案件典型案例》第10号

2019年12月12日

【基本案情】

1993年12月，徐某某以非本村集体经济组织成员身份在王五里村购得一处宅基地，并盖有占地2间房屋的二层楼房。2013年，安丘市人民政府设立指挥部，对包括徐某某房屋所在的王五里村实施旧村改造，并公布安置补偿政策为“……房屋产权调换：每处3间以上的合法宅基地房屋在小区内安置调换200m^2 楼房，分别选择一套80m^2、一套120m^2 的十二层以下小高层楼房屋；2间以下的安置一套100m^2 的小高层楼房。实际面积超出或不足部分，按安置价找差……”同年8月5日，指挥部与徐某某签订《产权调换补偿协议书》，该协议第二条约定的补偿方式为“徐某某选择住宅楼回迁，选择住宅楼两套均为十二层以下小高层，户型以120m^2 和80m^2 户型设计……”协议签订

后，徐某某领取房屋及地上附着物补偿款、临时安置费、搬迁费等共计152984 元。2017 年 7 月，指挥部交付徐建勋一套 $100m^2$ 楼房安置。对此，相关部门答复称："根据当时的拆迁政策，徐某某只能享受 $100m^2$ 安置房一套。"徐某某不服，遂起诉请求判令安丘市人民政府继续履行《产权调换补偿协议书》，交付剩余的 $100m^2$ 楼房。

【裁判结果】

潍坊市中级人民法院一审认为，根据《行政诉讼法》第七十五条的规定，行政行为有实施主体不具有行政主体资格或者没有依据等重大且明显违法情形的，人民法院判决确认无效。本案中，安丘市人民政府作为旧城改造项目的法定实施主体，制定了安置补偿政策的具体标准，该标准构成签订安置补偿协议的依据，而涉案《产权调换补偿协议书》关于给徐某某两套回迁安置房的约定条款严重突破了安置补偿政策，应当视为该约定内容没有依据，属于无效情形。同时考虑到签订涉案协议的目的是为改善居民生活条件、实现社会公共利益，如果徐某某依据违反拆迁政策的协议条款再获得 $100m^2$ 的安置房，势必增加政府在旧村改造项目中的公共支出，侵犯整个片区的补偿安置秩序，损害社会公共利益。因此，根据《合同法》第五十二条之规定，涉案争议条款关于给徐某某两套回迁安置房的约定不符合协议目的，损害社会公共利益，亦应无效。故徐某某在按照安置补偿政策已获得相应补偿的情况下，其再要求安丘市人民者政府交付剩余 $100m^2$ 的安置楼房，缺乏事实和法律依据，人民法院遂判决驳回徐某某的诉讼请求。双方当事人未上诉。

盐津白水江文某水产养殖专业合作社诉云南省盐津县人民政府行政协议纠纷案

《2019 年度人民法院环境资源典型案例》第二十九号

2020 年 5 月 8 日

【基本案情】

2014 年 6 月，盐津白水江文某水产养殖专业合作社（以下简称文某合作社）与云南省盐津县人民政府（以下简称盐津县人民政府）签订《文某水产养殖招商引资合作协议》（以下简称《合作协议》），约定由文某合作社在白水江三级电站库区投资建设水产养殖项目。协议签订后，文某合作社于2017年2月填写《建设项目环境影响登记表》，完成环评备案。2018年8月，盐津县人民政府函告文某合作社，以案涉养殖行为不符合盐津“生态功能县”建设及相关环境保护政策等为由，解除《合作协议》。文某合作社提起行政诉讼，后经变更、增加诉讼请求，同意解除《合作协议》，但要求盐津县人民政府赔偿因履行协议造成的经济损失。经鉴定，文某合作社投入的硬件设施设备价值65.72万元。

【裁判结果】

云南省昭通市中级人民法院一审认为，本案双方签订的《合作协议》系行政协议，属于行政诉讼受案范围。盐津县人民政府依法有权单方解除《合作协议》，但应对文某合作社的投入损失予以补偿。一审判决，解除《合作协议》，盐津县人民政府补偿文某合作社因履行《合作协议》而投入的硬件设施设备损失65.72万元，鉴定费5万元，合计70.72万元。

【典型意义】

本案系行政协议案件。行政协议履行过程中，如因实现公共利益或者行政管理目标需要，或遇法律政策有重大调整时，行政机关依法享有单方变更、解除行政协议的权利，但因此造成相对人合法权益受损的，应当依法予以补偿。本案中，盐津县人民政府单方行使解除权，文某合作社后亦同意解除《合作协议》，具有法律依据，亦符合当地推行河长制、施行退渔还湖环境保护政策调整需要，有利于促进养殖地生态环境的系统保护。本案发生于《最高人民法院关于审理行政协议案件若干问题的规定》发布之前，但对协议性质的认定和判决结果符合上述司法解释规定精神。本案的判决，对正确认定行政协议性质，以及行政机关解除协议时对相对人合法权益的保护，具有积极的示范意义。

甘肃兴某水电开发有限责任公司诉甘肃省夏河县人民政府单方解除行政协议案

《黄河流域生态环境司法保护典型案例》第五号

2020 年 6 月 5 日

【基本案情】

2007 年，甘肃省夏河县人民政府（以下简称夏河县政府）与甘肃兴某水电开发有限责任公司（以下简称兴某公司）签订《夏河县王格尔塘水电站开发建设项目合同书》（以下简称水电站项目合同），约定由兴某公司在黄河一级支流大夏河开发建设王格尔塘水电站，总装机容量 13500 千瓦。兴某公司做了前期准备工作，但项目一直未进入开工建设阶段。2013 年 10 月颁布的《甘肃省甘南藏族自治州生态环境保护条例》（以下简称州条例）规定，自治州辖区内禁止开发建设 5 万千瓦及以下水电建设项目。2016 年 4 月，夏河县水务水电局通知兴某公司，决定禁止开发案涉水电站。同年 12 月，夏河县发展和改革局、水务水电局、原环境保护局、原国土资源局下发《关于禁止开发王格尔塘水电站的情况说明》，取消案涉水电站开发建设项目计划。2017 年 2 月，夏河县政府向兴某公司发函，收回与其签订的案涉水电站项目建设开发权，取消相关开发建设项目计划。兴某公司诉至甘肃矿区人民法院，请求确认夏河县政府解除案涉水电站项目合同的行为违法。

【裁判结果】

甘肃矿区人民法院一审认为，案涉水电站项目合同于 2007 年 6 月签订后，至 2013 年 10 月州条例颁布施行，兴某公司所做工作为项目建设的前期准备，项目并未进入开工建设阶段，故该项目建设开发应当受州条例约束。由于州条例的颁布施行使得水电站项目合同履行的法律基础丧失，夏河县政府依照州条例的规定，收回尚未实际开工建设的水电站项目建设开发权，取消相关项目计划，于法有据。一审法院判决驳回兴某公司确认夏河县政府解除水电站项目合同行为违法的诉讼请求。甘肃省高级人民法院二审维持一审判决。

【典型意义】

本案系行政协议履行过程中引发的行政案件。行政协议履行过程中，如因实现公共利益或者行政管理目标需要，或遇法律政策有重大调整时，行政机关依法享有单方变更、解除行政协议的权利，但因此造成相对人合法权益受损的，应当依法予以补偿。本案中，夏河县政府根据州条例的规定，结合水电站项目并未进入开工建设阶段的实际情况，单方解除水电站项目合同，是履行大夏河流域生态环境保护职能，维护公共利益的合法行为。人民法院依法支持夏河县政府决定，有利于规范黄河上游水电资源开发利用，有效保护黄河流域生态环境。

古田翠屏湖爱某置业有限公司、福建爱某投资有限公司诉古田县人民政府行政协议及赔偿案

《最高人民法院产权保护行政诉讼典型案例》第二号

2020 年 7 月 27 日

【基本案情】

2014 年 7 月 3 日，古田县人民政府（以下简称古田县政府）与福建爱某投资有限公司（以下简称福建爱某公司）签订了《古田县翠屏湖片区项目投资框架协议书》，约定项目总投资约 50 亿元，用地总面积约 1000 亩，项目定位为酒店、居住、旅游为一体的现代化高端生态城市综合体。其后，双方又签订了《补充协议》。2015 年 4 月 23 日，福建爱某公司指派庄某某通过公开拍卖竞得首期开发建设用地 103084 平方米，并与原古田县国土资源局签订《国有建设用地使用权出让合同》，支付了土地出让金人民币 1.2 亿元。2015 年 5 月 8 日，古田翠屏湖爱某置业有限公司（以下简称古田爱某公司）成立，作为案涉投资开发项目的落地公司。2015 年 7 月 13 日，古田爱某公司与原古田县国土资源局签订《国有建设用地使用权出让合同》（合同补充条款），约定由古田爱某公司承接庄某某之前签订的《国有建设用地使用权出让合同》中全部权利义务。随后，古田爱某公司进行项目建设，不同程度建设了酒店、附属楼及 50 余栋别墅并预售了部分别墅。其后，古田县政府及有关部门以适

应省生态文明实验区建设需要，依照新颁布的水资源、国有林场的有关行政管理规定，按照省有关主管部门的意见和建议，以停止翠屏湖沿线公路内侧地产类开发项目的实施、对翠屏湖高头岭片区规划进行新的调整等为由，叫停了案涉项目的开发建设和经营销售。同时，古田县政府成立整改对接工作小组，启动协商收回国有建设用地使用权等工作。后因收回及补偿事宜协商未果，古田爱某公司、福建爱某公司提起行政诉讼，请求解除双方签订的招商引资合同（《古田县翠屏湖片区项目投资框架协议书》和《补充协议》）及补偿损失约 2. 6 亿元。

【裁判结果】

福建省福州市中级人民法院一审认为，因政策、规划、用途等调整，涉案行政协议已无法履行，福建爱某公司和古田爱某公司请求解除案涉行政协议应予支持。同时，以相关评估机构对收回涉案土地使用权及在建工程的评估价格作为解除案涉行政协议造成损失金额的计算依据，确定支付给古田爱某公司的损失金额。为此，一审判决：解除双方签订的《古田县翠屏湖片区项目投资框架协议书》及《补充协议》；由古田县政府向古田爱某公司支付 302146933 元及相关利息的损失；驳回古田爱某公司和福建爱某公司的其他诉讼请求。福建省高级人民法院二审期间，经多方组织调解，促成各方就案涉行政协议的解除、企业损失的支付、项目建设用地收回、在建工程的交接、相关购房户及建筑商款项的善后工作等事项自愿达成调解协议。根据调解协议，二审法院依法作出了《行政调解书》。

【典型意义】

行政机关与民营企业依法签订的行政协议应受法律保护，行政机关应对符合法律规定解除行政协议给民营企业合法产权造成的损失依法给予补偿，切实保护民营企业的合法产权。行政协议具有双方意思表示一致的特点，审理行政协议案件可适用审理民事合同纠纷的相关规则，因此，属于可适用调解的行政案件。二审法院为认真贯彻落实生态文明实验区建设要求，切实保护好民营企业的合法产权，有效化解和实质性解决行政争议，积极组织各方当事人协商调解。在查明事实、分清责任的基础上，为双方厘清是非、释明法理，终于使各方取得共识，达成调解协议。不仅有效化解了案涉行政协议的争议，还“一揽子”解决了因解除案涉行政协议引起的土地使用权出让合同解除、土地使用权收回、在建工程交接以及有关购房户、工程款纠纷等一系列相关问题。既为生态文明建设大局提供司法服务，又为民营企业合法产权提供司法保障，促进了法治政府、诚信政府建设，有利于营造良好的营商环境，取得了较好的法律效果和社会效果。

诸暨市勍某置业有限公司诉原诸暨市国土资源局国有土地使用权出让合同纠纷案

《最高人民法院产权保护行政诉讼典型案例》第八号

2020 年 7 月 27 日

【基本案情】

2013 年 10 月 21 日，诸暨市勍某置业有限公司（以下简称勍某置业公司）与原诸暨市国土资源局（以下简称诸暨国土局）签订国有建设用地使用权出让合同，受让坐落于诸暨市暨阳街道郭家村地块商业用地的国有建设用地使用权，并对土地出让金额、土地交付、规划建设、违约责任等进行了约定，其中土地出让款为 5000 万元，土地交付时间为 2013 年 10 月 21 日。嗣后，勍某置业公司向诸暨国土局缴纳了全部土地出让金，但因出让地块内尚有高压线未搬迁，该公司未能入场施工。经勍某置业公司多次要求，至 2016 年 4 月底，出让地块内的高压线被迁移。勍某置业公司认为诸暨国土局收取土地出让金后，未能按时交付符合出让条件的土地，应承担相应责任，起诉要求诸暨国土局赔偿其损失。

【裁判结果】

浙江省绍兴市柯桥区人民法院一审认为，根据《闲置土地处置办法》（国土资源部令第 53 号）、《国土资源部关于加大闲置土地处置力度的通知》（国土资电发〔2007〕36 号）等土地出让相关政策的规定，国有建设用地实行“净地”出让，用于出让的土地应当是已完成建筑构筑物拆除、符合通平条件，且在法律关系上权属清晰，不存在权利限制的土地。案涉出让地块相应规划图明确高压线需迁移，但实际直至 2016 年 4 月才迁移完毕。因此，诸暨国土局存在未按合同约定交付符合开发条件“净地”之情形，应依法承担违约责任，遂判决诸暨国土局赔付勍某置业公司自 2013 年 10 月 22 日起至 2016 年 4 月 26 日总价款 5000 万元按中国人民银行同期同档次贷款基准利率计算的利息损失部分（不超过 8146458.33 元），驳回勍某置业公司的其他诉讼请求。诸暨国土局不服，提出上诉。

浙江省绍兴市中级人民法院二审认为，原诸暨市规划局向勍某置业公司核发的建设用地规划许可证载明，高压线移位是案涉地块动工开发、实施规划的前提条件，也是诸暨国土局按约交付出让土地的基本要求。因案涉出让地块上的高压线直至 2016 年 4 月才迁移完毕，晚于双方在出让合同中约定的土地交付时间，一审法院据此判决诸暨国土局承担相应违约责任，并无不当，遂判决驳回上诉，维持一审判决。二审判决生效后，诸暨国土局已履行生效判决确定的义务。

【典型意义】

法治是最好的营商环境，行政机关既是行政职权的行使者，也是市场经济的参与者，更要依法行政、诚实守信。本案在一定程度上厘清了土地出让部门在进行国有土地使用权出让时，需要遵守的相关规定和应当承担的合同义务。在监督行政机关依法行政的同时，也依法保护了民营企业产权，是行政审判保护非公有制市场主体权利、助推营商环境优化的典型案例。

河南省某集团有限公司诉西平县国土资源局土地复垦协议案

《耕地保护典型行政案例》第二号

2020 年 12 月 14 日

【基本案情】

2013 年 10 月 1 日，西平县产业区翟庄居委会与西平县龙沙养殖设备有限公司（股东为焦某某、杨某某）签订土地租赁合同一份，合同约定龙某养殖设备有限公司租赁翟庄居委会原西上公路南邻土地（一般耕地）70 亩，租赁期限 30 年，用于兴建高效生态农业养殖和工业商业及加工办公生活等所需的配套设施的建设。2014 年 7 月 8 日，焦某某、杨某某与河南省某集团有限公司（以下简称河南某公司）签订《场院租赁协议》一份，按照该协议约定：焦某某、杨某某将其租赁的上述宗地转租给河南某公司作为该公司工程建设临时办公和生产用地；租赁期限从 2014 年 7 月 8 日至 2016 年 7 月 7 日。西平县国土资源局（以下简称西平县国土局）发现河南某公司未经批准擅自租用农用地用于生产建设的行为后，进行监督管理，但鉴于河南某公司用地已成事实，为确保生产建设活动结束后，恢复土地原有用途，西平县国土局与河南某公司分别于 2014 年 10 月 21 日及 2015 年 3 月 30 日，签订《土地复垦协议书》两份，合同约定：河南某公司必须按法律、法规及政策制定所使用的土地 65 亩的复垦方案，并按复垦方案保质保量进行复垦，河南某公司向西平县国土局缴纳复垦保证金 45.5 万元，西平县国土局收取的复垦保证金全部用于土地复垦，河南某公司按照复垦方案进行复垦的，西平县国土局验收合格后，所缴纳的保证金执行监管协议退款方式；河南某公司未按照复垦方案进行复垦或复垦达不到要求的，复垦保证金没收后全部用于土地复垦等。河南某公司与焦某某、杨某某场地租赁期满后，河南某公司将自己建造的房屋及其他附着物有偿转让给了焦某某，未对所使用的土地进行复垦。2016 年 5 月 23 日，焦某某以西平县某新能源有限公司名义又将该块土地与中铁七局集团某工程有限公司签订场地租用合同一份，中铁七局集团某工程有限公司继续租用该宗地用于工程施工，租赁期限从 2016 年 5 月 23 日至 2018 年 5 月 22 日。西平县国土局发现该块土地又被中铁七局集团某工程有限公司租用并用于工程施工活动后，于 2016 年 12 月 2 日与第三人中铁七局集团某工程有限公司签订《土地复垦协议书》，并收取中铁七局土地复垦保证金 40.2 万元。河南某公司与焦某某、杨某某约定的租期到期后，焦某某、杨某某将土地另行租赁给中铁七局集团有限公司郑州市工程某公司，河南某公司认为已无法再对已缴纳复垦保证金的土地进行复垦，现应由中铁七局集团有限公司郑州市工程四公司缴纳相应的复垦保证金，遂提起本案诉讼，要求判令西平县国土局退还河南某公司缴纳的复垦保证金 45.5 万元。

【裁判结果】

河南省西平县人民法院一审判决驳回河南某公司的诉讼请求。河南某公司不服提起上诉。

河南省驻马店市中级人民法院二审认为，根据国务院《土地复垦条例》第三条之规定，生产建设活动毁损的土地，按照“谁损毁，谁复垦”的原则，由生产建设单位或者个人负责复垦。且根据河南某公司与西平县国土局签订的《土地复垦协议书》，河南某公司占压毁损土地负有按照复垦方案进行复垦的义务，按照协议约定，河南某公司未按照复垦方案进行复垦或者复垦达不到要求的，其所缴纳的复垦保证金没收后全部用于土地复垦。河南某公司在建设工程完工后，未依照《土地复垦协议书》履行土地复垦义务，又将其生产建设活动中建造的地上附着物有偿转让。中铁七局集团有限公司某工程有限公司与西平县国土局签订《土地复垦协议书》是对其所租用土地另毁损部分所缴纳的土地复垦保证金，与本案不是同一法律关系。河南某公司请求退还土地复垦保证金并要求中铁七局集团有限公司某工程有限公司退出使用土地或者缴纳土地复垦保证金没有依据，其上诉理由不成立。遂判决驳回上诉、维持原判。

【典型意义】

本案明确了原用地单位使用土地完毕后，其他单位继续使用土地的，在原用地单位未依据土地复垦协议或土地复垦方案履行土地复垦义务或土地复垦不达标的情况下，不得免除其土地复垦责任，从而体现了“谁毁损，谁复垦”的原则，从土地复垦角度体现了对耕地的严格保护。

某公司诉福建省莆田市荔城区人民政府请求撤销征收补偿安置协议案

《最高人民法院行政协议典型案例（第一批）》第一号

2021 年 5 月 11 日

【基本案情】

2007 年，福建省某时装有限公司（以下简称某公司）取得涉案土地的国有土地使用权。2011 年 2 月 16 日，福建省莆田市人民政府对莆田市城区工业企业搬迁工作制定了具体搬迁补偿细则。2015 年 3 月 8 日，福建省莆田市荔城区人民政府（以下简称荔城区政府）委托福建某资产评估房地产估价有限责任公司对某公司企业资产搬迁补偿价值进行评估。2017 年 1 月 22 日，莆田市磐龙山庄项目指挥部受荔城区政府委托与某公司订立《企业征迁补偿安置协议书》（以下简称补偿协议），该补偿协议对合同主体，土地使用权、地上建筑物、构筑物和实物资产情况，补偿方式，补偿项目及补偿金额，过渡方式，征迁补偿款支付方式及交房期限，违约责任等进行了约定。2017 年 5 月 15 日，某公司以补偿协议显失公平为由提起行政诉讼，请求撤销补偿协议。

【裁判结果】

福建省宁德市中级人民法院一审认为，补偿协议第六条约定，将搬迁补贴额预留 12104576 元作为履约保证金，某公司需开展兼并重组且兼并重组投资额需大于征迁补偿额 36182713 元，并经荔城区政府审核后，才可以取得履约保证金。如果某公司投资额小于征迁补偿额，将取消某公司履约保证金。该条款对被征收人获得搬迁费用人为附加了不平等条件，明显违反法律强制性规定，补偿明显不合理，行政协议显失公平。遂判决撤销某公司与荔城区政府订立的补偿协议。荔城区政府不服，提出上诉。

福建省高级人民法院二审认为，就补偿协议内容来看，某公司要获得协议约定的全部搬迁补贴额，必须满足以下条件：一是完成企业兼并重组；二是兼并重组投资额必须大于征迁补偿额。而实践中，实现企业的兼并重组需要有合适的被兼并对象且兼并双方需能达成合意。因此，某公司要实现上述条款的首要条件就必须依赖第三方的参与及其意思表示，而非某公司依其独立意志可以成就，这样的条件设定对于某公司权利的实现显然困难。条件中关于“投资额必须大于征迁补偿额”“如果投资额小于征迁补偿额将取消履约保证金”等设定没有考虑到某公司投资的实际状况以及实践中投资额到位的各种可能性，没有对投资额到位作出合理的安排，简单规定投资额一旦小于约定就取消履约保证金，对于某公司而言显然过于苛刻。从补偿协议履约保证金设定的金额来看，补偿协议中约定的搬迁补贴额为 27173083 元，而约定的履约保证金为 12104576 元，约占搬迁补贴额的 45%，如此巨额的履约保证金对于某公司也是极为不公平的。因此，补偿协议为某公司获得合法合理的搬迁补贴额附加了不平等的条件，违反了合同所应遵循的公平、平等的基本原则。一审判决据此认定补偿协议存在不公平的情形，依法撤销补偿协议，于法有据。荔城区政府可在与某公司充分协商的基础上，遵循公平原则重新就补偿安置达成协议。二审遂判决驳回上诉，维持一审判决。

【典型意义】

如何在契约自由与公法监管之间找到最佳的平衡点，是行政协议案件审理的难点。行政机关在行政协议的订立过程中，应秉持公平公正、“禁止不当联结”等原则，合理利用自身的资源优势，与相对人展开平等协商，达到既实现公共治理，又有效保护和实现相对人合法权益的目的。本案中，获得拆迁补偿属于被征收人的法定权利，其与被征收人是否完成投资额等义务之间没有合理关联。涉案行政协议的订立，虽在形式上符合平等协商的要求，但因行政机关利用其强势地位为协议相对人设定明显不对等的条件或者义务，实质上并不具有合意基础，违反了“禁止不当联结”原则。因此，针对协议相对人提出行政协议存在显失公平情形之主张，人民法院除可以参照适用民事法律规范的相关规定对是否属于合意进行审查外，还应当适用行政行为的合法性标准对是否存在“不当联结”进行判断。经审查认定存在显失公平或者不当联结情形的，人民法院应当依法支持协议相对人主张撤销行政协议的诉讼请求。

温某芝诉上海市虹口区住房保障和房屋管理局请求确认房屋征收补偿协议无效案

《最高人民法院行政协议典型案例（第一批）》第二号

2021 年 5 月 11 日

【基本案情】

2015 年 12 月 3 日，上海市虹口区人民政府作出房屋征收决定，涉案房屋在征收范围内，冯某来为承租人，内有在册户籍人口 14 人。2016 年 1 月 20 日，上海市虹口区旧区改造和房屋征收居住困难认定小组（以下简称虹口居困认定小组）确认冯某来户在册户籍人口包括冯某来、温某芝、冯某英等 11 人符合居住困难户认定条件。2016 年 1 月 27 日，冯某来户与上海市虹口区住房保障和房屋管理局（以下简称虹口区房管局）订立了《上海市国有土地上房屋征收补偿协议》（以下简称补偿协议），协议第六条（居住困难保障补贴）中载明："经认定，被征收户符合居住困难户的补偿安置条件，居住困难人口为 11 人，居住困难户增加货币补贴款人民币 2023739. 62 元。" 2016 年 2 月 3 日，该户交房拆除。同年 10 月 20 日，冯某英等人向上海市虹口区人民法院起诉温某芝等人分家析产诉讼。在该案审理中，询问各方当事人对补偿协议效力的意见，各方均认为协议有效。2016 年 12 月，冯某来过世。温某芝认为补偿协议认定的居住困难人口中有多人不符合居住困难认定条件，损害了国家利益，侵犯了自身的合法权益，遂提起本案诉讼请求确认补偿协议无效。案件审理过程中，虹口居困认定小组对该户居住困难人口进行了重新审核和认定，剔除了不符合居住困难认定条件的 5 人，将居住困难人口认定为 6 人。

【裁判结果】

上海铁路运输法院一审认为，补偿协议的签约主体适格，其内容并无法定无效的情形，故温某芝请求确认补偿协议无效理由及依据不足，不予支持。但补偿协议对冯某来户的居住困难人口认定确有错误，进而影响居住困难户保障补贴数额的确定。虹口居困认定小组在本案审理中对居住困难人口重新作出认定，符合法律、法规及相关政策的规定。考虑到补偿协议对于居住困难户保障补贴的确定涉及国家征收补偿资金，虹口区房管局作为征收部门明确要求返还错误增加的补贴，因此对补偿协议第六条内容依法应予变更。温某芝正是以此为由请求确认补偿协议无效，因此变更补偿协议与其诉讼请求并无矛盾。遂判决：一、驳回温某芝的诉讼请求；二、变更补偿协议第六条为：经认定，被征收户符合居住困难户的补偿安置条件，居住困难人口为 6 人，居住困难户增加货币补贴款人民币 428739. 62 元。温某芝等户内人员不服，提起上诉，上海市第三中级人民法院判决驳回上诉，维持一审判决。

【典型意义】

土地房屋征收补偿协议是《行政诉讼法》规定的重要的行政协议。人民法院在审理行政协议案件时，应当适用《行政诉讼法》规定对协议订立主体、内容等进行合法性审查，既要保障被征收人的征收补偿利益，也要避免国家财政资金的非法流失。若当事人提出的诉讼请求不能成立或者部分成立，而行政协议又不具有合法性的，人民法院不宜简单判决驳回诉讼请求。本案中，涉案行政协议对补偿款项的认定确有错误，但又不足以影响协议效力，人民法院根据《行政诉讼法》第七十七条的规定作出变更判决，既回应了当事人的实质诉求，保障被征收人获得公平、公正的补偿，又使涉案协议回归合法状态，有效监督房屋征收部门依法进行征收补偿工作，实质性解决行政协议争议，减少当事人讼累。

张某春诉重庆市綦江区新盛镇人民政府不履行土地复垦行政协议案

《最高人民法院行政协议典型案例（第一批）》第三号

2021 年 5 月 11 日

【基本案情】

2013 年 1 月 24 日，张某春与重庆市綦江区新盛镇人民政府（以下简称新盛镇政府）订立《农村建设用地复垦协议书》，约定由张某春自愿将其使用的位于新盛镇陈家村 1 社 633m^2 农村建设用地，交付新盛镇政府向綦江区国土资源和房屋管理局（以下简称綦江区国土房管局）申报实施复垦，待验收合格并取得合格证后，给予张某春退出宅基地补偿费共计 114054 元，由新盛镇政府统一拆除房屋后 10 个工作日内预付 28513 元（后已实际支付），剩余款项待验收合格并取得合格证后，按竣工验收确认面积结算并支付。綦江区国土房管局在重庆地质矿产研究院出具审查意见书后作出建设用地整理合格证，载明张某春建设用地为 575m^2。张某春退出宅基地及附属设施用地时同期发布的农户所得地票交易价格为 13.005 万元/亩。张某春认为新盛镇政府未按约定履行《农村建设用地复垦协议书》规定的义务，遂向人民法院提起行政诉讼，请求支付剩余的土地复垦补偿费 94969.48 元及从起诉之日起至付清全款时止资金占用利息。

【裁判结果】

重庆市大渡口区人民法院认为，案涉《农村建设用地复垦协议书》系为完成行政管理目标而订立，协议内容具有行政法上的权利义务，属于行政协议。新盛镇政府所举示的证据足以证明，该地块所涉复垦项目竣工后审查确认面积为 575m^2。张某春退出农村建设用地应得的土地复垦补偿费用

112168.13元，已领取首期付款金额28513元，尚余83655.13元未领取。但新盛镇政府所举证据均不足以证明其已将剩余款项依法支付，或者虽未依法支付但存在正当阻却事由。故新盛镇政府尚有83655.13元土地复垦补偿费未支付给张某春，且其未及时足额支付的行为确给张某春造成资金占用损失，张某春要求支付资金占用利息应当依法支持。遂判决新盛镇政府继续履行《农村建设用地复垦协议书》，在判决生效之日起15日内支付张某春土地复垦补偿费83655.13元及资金占用利息（从起诉之日起计付至付清全款时止，按中国人民银行公布的同期贷款利率计息）。一审宣判后双方当事人未上诉。

【典型意义】

土地复垦是优化农村土地结构布局、完善乡村设施配套、改善乡村人居环境的重要方式，协议相对人与行政机关订立的土地复垦协议属于行政协议。人民法院应当依法支持行政机关通过柔性手段即与相对人达成协议推进土地复垦工作，落实合理利用土地和切实保护耕地的基本国策。司法实践中，当事人就行政协议的履行争议提起行政诉讼，但其提出的诉讼请求形式上可能属于传统的单方行政行为之诉。如本案当事人原先提出的诉讼请求为确认被告减少复垦面积违法并予以行政赔偿，但其实质为对土地复垦协议的履行产生争议。对于此类情形，人民法院应当依法释明，引导当事人提起行政协议履行之诉。土地复垦协议的约定事项与实际情况不一致时，应当以实际情况为依据。协议当事人主张按照实际情况履行协议的，则应当对实际情况的事实承担举证责任。另外，本案在违约责任认定上，人民法院参照适用民事法律规范有关规定，充分考量资金占用损失的法律性质，认定行政机关存在逾期支付款项情形，结合当事人的诉讼请求，判令其支付相应利息，有利于充分保障协议相对人的合法权益，有利于促进行政机关守信践诺。

张某成诉北京市门头沟区人民政府房屋征收办公室、北京市门头沟区龙泉镇人民政府不履行行政协议案

《最高人民法院行政协议典型案例（第一批）》第四号

2021 年 5 月 11 日

【基本案情】

张某祥系北京市门头沟区龙泉镇滑石道村村民。1967 年 6 月，张某祥与李某香结婚，婚后育有两子：张某军、张某成。1985 年 4 月，李某香去世。1999 年，张某祥申请宅基地并建设本案被征收房屋，该房屋属张某祥一人所有。2012 年 6 月 15 日，张某祥作为被征收人与北京市门头沟区房屋征收事务中心（以下简称门头沟征收中心，相关职责已由北京市门头沟区人民政府房屋征收办公室承担）、北京市门头沟区龙泉镇人民政府（以下简称龙泉镇政府）订立房屋征收补偿安置协议。2015 年 5 月 11 日，张某祥与门头沟征收中心、龙泉镇政府订立补充协议，约定安置张某祥两居室一套、一居室一套，其中两居室安置房一套已交付被征收人。2015 年 6 月 26 日，由张某军代张某祥选择了安置房屋。张某祥于 2015 年 12 月 7 日去世，张某军于 2016 年 7 月 2 日去世，此时安置房屋尚未交付。张某成提起行政诉讼，主张其为张某祥的唯一合法继承人，请求判令北京市门头沟区人民政府房屋征收办公室（以下简称门头沟征收办）与龙泉镇政府向其交付涉案安置房屋。

【裁判结果】

北京市门头沟区人民法院一审认为，张某祥去世后，其作为协议一方当事人的权利应当由其继承人依法继承。现张某成主张其为张某祥的唯一合法继承人并要求二被告向其履行协议，但其提交的现有证据不足以证明其为张某祥的唯一合法继承人。因此，张某成以张某祥唯一合法继承人的身份，要求法院判决二被告向其交付涉案安置房屋并以自己名义领取钥匙的诉讼请求缺乏事实与法律依据，遂判决驳回张某成的诉讼请求。

北京市第一中级人民法院二审时依法向属地派出所、民政局、档案馆等单位查询张某祥、张某军的户籍、婚姻登记信息，张某军与张某成属于同一

户籍，未发现张某军的婚姻登记信息。至二审判决作出时，未发现存在与张某成处于同等地位的继承人。二审认为，结合张某成提交的证据以及法院调取的证据材料，可以认定被征收房屋属张某祥一人所有，在张某祥去世后，不存在与张某成处于同等地位的继承人，且门头沟征收办与龙泉镇政府对此亦不持异议，因此张某成可以继承张某祥在被诉协议和被诉补充协议中享有的权利。如果事后出现新的证据，能够证明张某祥尚存在与张某成处于同等地位的其他继承人，该继承人亦有权向张某成主张涉案安置房屋的相关权利，有权要求共同分割该部分利益。遂撤销一审判决，并判令门头沟征收办与龙泉镇政府向张某成交付涉案安置房屋。

【典型意义】

促进行政争议实质性化解是行政诉讼制度的一项重要功能。司法实践中，行政协议当事人之间的争议可能根源于基础民事法律关系的确认。根据法律规定以及已有证据可以直接认定或者推定基础民事法律关系的，人民法院不宜再要求当事人另行提起民事诉讼。本案中，二审法院为确认基础民事法律关系是否真实存在，依职权向有关行政主管部门核实，并在案件事实部分直接予以认定，可以减少当事人进一步证明“我就是我”的诉累，确保当事人的合法权益及时兑现，促进行政争议的实质性化解。同时，因可能存在推翻推定事实的证据，为保障潜在权利人的合法权益，二审法院为后续可能产生的争议明确解决方案或者救济路径，可以实现裁判公平与效率的有机统一，切实增强人民群众的获得感。

九某公司诉吉林省长白山保护开发区池北区管理委员会、吉林省长白山保护开发区管理委员会不履行招商引资行政协议案

《最高人民法院行政协议典型案例（第一批）》第五号

2021年5月11日

【基本案情】

经吉林省长白山保护开发区池北区管理委员会（以下简称池北区管委会）

请示，吉林省长白山保护开发区管理委员会（以下简称长白山管委会）于 2011 年 6 月 28 日作出会议纪要，允诺为招商企业长白山保护开发区润某热力有限公司（以下简称润某公司）在办理前期手续、委托环评、争取政策和资金支持等项目筹建方面提供帮助和支持。随后，润某公司与长白山保护开发区九某商砼有限公司（以下简称九某公司）负责人签署投资商砼混凝土搅拌站协议，九某公司负责人按照约定进行了投资建设。2014 年，九某公司申请为商砼混凝土搅拌站项目办理环评手续，但因原选址不符合环境保护要求，未获批准。2017 年，长白山管委会住房和城乡建设局作出长管建函〔2017〕25 号《管委会住建局关于九某商砼混凝土搅拌站项目异地选址的函复》，内容有："……现有城区无法选出符合条件的选址场所；九某商砼混凝土搅拌站项目为我区刚成立时的招商引资项目，建议将该商砼站临时选择到宝马城空地内，以保证商砼站正常生产；九某商砼站与润某供热项目同属管委会招商遗留问题，在处理润某供热问题时应同时处理九某商砼站问题。"2018 年 4 月，因一直未能重新选定地址、无法继续经营，九某公司提起行政诉讼，请求判令池北区管委会及长白山管委会为其尽快办理前期手续及场地选址事宜；如确实无法异地选址，应给予适当的货币补偿。

【裁判结果】

吉林省延边朝鲜族自治州中级人民法院一审认为，长白山管委会认可九某商砼混凝土搅拌站项目是招商引资项目，并认为九某商砼站属招商遗留问题，因此九某公司可以享受招商引资政策，具备本案原告主体资格。案涉招商引资协议系行政协议，在案涉商砼混凝土搅拌站因原选址不符合环境保护要求、无法正常生产的情况下，池北区管委会、长白山管委会应当履行协议义务，为九某公司及时办理前期手续和场地选址事宜；如果因客观原因在辖区内确实无法重新选址，项目无法继续推进，池北区管委会、长白山管委会应当对九某公司的相关损失依法作出处理。遂判决：限池北区管委会和长白山管委会于本判决生效之日起 6 个月内履行法定职责，为九某公司办理前期手续及场地选址事宜，或者对九某公司的损失依法作出处理。池北区管委会、长白山管委会不服，提起上诉。

吉林省高级人民法院二审认为，九某公司基于管委会的行政允诺，依约进行了投资建设。在相关政策及许可标准发生变化的情况下，项目成为招商遗留问题，池北区管委会、长白山管委会应当对此进行处理。在客观上无法实现原招商目的时，应当对实际投资人的损益作出处理，避免侵害营商环境。遂判决驳回上诉，维持一审判决。

【典型意义】

法治是最好的营商环境，诚信政府是最好的招商名片。地方政府为吸引外来投资、搞活本地市场，采取提供优惠政策的方式招商引资，符合法律规定。但有些招商引资项目建设、经营周期较长，在实际推进过程中，因客观情况导致相关允诺未能按时如约履行，进而产生纠纷。本案明确地方政府及其职能部门为实现公共管理职能或者公共服务目标与投资主体达成的给予一系列优惠政策的招商引资协议，属行政协议。对于此类协议，无论是从履行行政管理的公法主体角度，还是从合同缔约者的角度，地方政府都应本着诚实守信的原则依法依约履行协议义务。同时，一、二审判决遵循司法谦抑原则，充分尊重行政机关的首次判断权，并对行政机关的后续履职行为提出明确的司法指引，充分保障了行政相对人的合法权益。本案作为一起涉及优化营商环境、督促政府守信践诺的典型案件，彰显了人民法院通过行政诉讼保护民营企业合法权益的司法理念，保障民营企业参与当地投资建设的安全感，推动当地诚信政府、法治政府建设。

陈某义诉湖南省株洲市渌口区人民政府单方撤销房屋征收补偿协议决定案

《最高人民法院行政协议典型案例（第一批）》第六号

2021 年 5 月 11 日

【基本案情】

2014 年 7 月 21 日，湖南省株洲县人民政府（后更名为株洲市渌口区人民政府，以下分别简称为株洲县政府、渌口区政府）发布《关于王家洲棚户区改造项目房屋征收决定的通告》，决定对株洲县渌口镇桔园居委会范围内房屋进行征收。陈某义的案涉房屋位于征收范围内，房产证登记面积 387.68 平方米。2015 年 9 月 17 日，湖南省株洲县渌口镇人民政府（以下简称渌口镇政府）与陈某义订立了《房屋征收补充协议》（以下简称《补充协议》），约定补偿陈某义 378206 元。同日，渌口镇政府与陈某义订立了第一份《房屋征收遗漏补充协议》（以下简称《遗漏补充协议》），约定补偿陈某义 1362575 元。同日，渌口镇政府又与陈某义订立了第二份《遗漏补充协议》，约定补偿陈某义 362575.5 元。2015 年 9 月 18 日，渌口镇政府（甲方）与陈某义（乙方）订立《国有土地上房屋征收补偿安置协议书》（以下简称《补偿安置协议书》）。该协议载明：甲方应付乙方房屋征收补偿安置款 1522717 元，奖励费 535502 元，合计 2058219 元。陈某义根据《补充协议》、第一份《遗漏补充协议》及《补偿安置协议书》共计获得补偿款 3779000 元。第二份《遗漏补充协议》约定的 362575.5 元并未支付。2017 年 5 月 3 日，株洲县政府主要以“渌口镇政府作为订立行政协议的主体不适格、涉案协议损害了公共利益”为由，向渌口镇政府、陈某义作出《关于撤销株洲县渌口镇人民政府与陈某义签订的〈房屋征收补充协议〉决定书》（以下简称《撤销决定书》）。该决定载明：1. 撤销渌口镇政府与陈某义签订的两份《遗漏补充协议》和一份《补充协议》；2. 责令株洲县住房和城乡规划建设局或受其委托组织依法重新与陈某义签订房屋征收补偿相关协议，渌口镇政府应在其职权范围内全力协作。2017 年 6 月 12 日，株洲县房产管理局向陈某义作出《关于拟责令陈某义退还超范围征收补偿款的告知书》，责令陈某义限期退还超范围征收补偿款 1740781 元。陈某义不服，遂起诉请求撤销株洲县政府作出的前述《撤销决定书》。2019 年 8 月 22 日，湖南省株洲市中级人民法院作出的刑事裁定书认定：在王家洲储备地项目征拆过程中，渌口镇政府工作人员收受贿赂，擅自决定为陈某义提高补偿标准，导致公共财产损失 80 万元。

【裁判结果】

湖南省株洲市中级人民法院一审认为，两份《遗漏补充协议》设定的补偿项目不符合客观事实，缺乏法律、法规、政策依据，存在重复、不当补偿，且损害了国家利益、社会公共利益，违反了行政法规的强制性规定，属于违法补偿。但株洲县政府作出的《撤销决定书》将两份《遗漏补充协议》及一份《补充协议》均予撤销，依据不足。遂判决：一、撤销株洲县政府作出的《撤销决定书》中第一点关于“撤销渌口镇政府于 2015 年 9 月 17 日与陈某义签订的一份《补充协议》”的部分；二、驳回陈某义其他诉讼请求。陈某义不服一审判决，提出上诉。

湖南省高级人民法院二审认为，涉诉三份协议均由渌口镇政府与陈某义所签，株洲县政府明知并同意由渌口镇政府负责征收工作，应视为对渌口镇政府的委托，由此产生的法律责任应由株洲县政府承担。株洲县政府本应依法征收，其委托渌口镇政府实施征收工作，属征收程序不规范，亦属未完全依法履职；现其又以渌口镇政府不具备订立征收补偿协议法定职权为由，主张协议无效并予撤销，有违诚信原则，亦不利于诚信政府、法治政府建设。关于相关协议的效力问题。已有生效刑事裁定认定渌口镇政府工作人员收受贿赂，擅自决定为陈某义提高补偿标准，导致公共财产损失80万元。故补偿协议中涉及80万元金额的部分依法无效，对该80万元应予以追回。但涉诉《撤销决定书》对案涉三份协议均予撤销依据不足，行政机关据此又责令陈某义退还补偿款1740781元，同样依据不足。鉴于《撤销决定书》有“责令与陈某义重新签订征收补偿协议”的内容，具体金额可在重新订立协议时考量，故对一审判决结果可予维持。遂判决驳回上诉，维持一审判决。

【典型意义】

行政协议具有行政性与协议性特征，人民法院在审理行政协议案件时，应当同时兼顾两种属性，正确理解和妥善处理政府依法行政与诚信守约之间的关系。司法实践中，确有可能出现行政机关若严格按照行政协议约定履行义务，则违反相关法律规定的情形，即形式上可能出现依法行政与诚信守约之间相互冲突的情形。造成前述冲突的根本原因在于行政协议行为不符合法律规定。行政协议的订立、履行等均不能违反法律规定，这是“公序良俗”的基本要求，也是行政协议的根本属性，行政协议的各方当事人都应当合理预见并严格遵循。因此，在行政协议不违反法律规定的前提下，人民法院应当监督行政机关依约履行义务，实现依法行政与诚信守约的有机统一。行政机关以损害公共利益为由撤销行政协议的，人民法院应当要求行政机关提供相应证据，并综合各方因素予以审查，而不宜简单地以存在损害公共利益的可能为由否定协议的效力。本案中，在已有生效刑事裁定认定相关行政机关工作人员收受贿赂，擅自决定为被征收人提高补偿标准、通过订立征收补偿协议超额支付补偿款、导致公共财产损失后，人民法院应当依法认定征收补偿协议的相关内容违法而不具有法律效力。但株洲县政府先委托渌口镇政府订立征收补偿协议，后又以订立协议主体不适格为由主张协议无效，有违诚信原则，依法不予支持。

马某诉黑龙江省齐齐哈尔市龙沙区人民政府不履行房屋征收补偿协议案

《最高人民法院行政协议典型案例（第一批）》第七号

2021 年 5 月 11 日

【基本案情】

2011 年，黑龙江省齐齐哈尔市龙沙区人民政府（以下简称龙沙区政府）对城中村三合地段实施征收。马某在该地段有两处有证非住宅房屋，面积分别为 610 平方米、352.6 平方米。2011 年 10 月，马某与齐齐哈尔市龙沙区城中村改造领导小组办公室（以下简称城中村改造办）订立了两份非住宅房屋征收补偿安置协议书，就房屋安置面积、停产停业损失、临时安置补偿费计算标准等进行了约定。2016 年 5 月，城中村改造办未征得马某同意，就两处被征收房屋为马某预留三合家园商服一套，面积为 928.84 平方米。马某不同意将两户房屋合成一户，故未接收该房。后马某与城中村改造办约定将原 352.6 平方米房屋分成三户安置，并分别订立了三份非住宅房屋征收安置补偿协议书。将原 610 平方米房屋分成三户安置，并分别订立了三份非住宅房屋征收安置补偿协议书。涉案协议系其中一份补偿协议。该协议约定，从搬迁验收之日起至通知进户止，按月计发停产停业损失、临时安置费。2018 年 9 月，齐齐哈尔市龙沙区房屋征收与补偿办公室（以下简称龙沙区征收办）下发三合村地段征收安置（期房）选房进户通知单。城中村改造办认为 2016 年 5 月已通知马某进户，停产停业损失、临时安置费应给付至 2016 年 5 月。马某不服提起行政诉讼，请求给付停产停业损失、临时安置补偿费，计算至 2018 年 9 月。

【裁判结果】

黑龙江省齐齐哈尔市中级人民法院一审认为，马某被征收的 352.60 平方米房屋系商服，双方对此无异议。双方订立的涉案协议，约定了回迁房屋面积、回迁地点、停产停业损失及临时安置补偿费，该协议不违反法律、法规规定，合法有效，城中村改造办应当依照协议约定对马某进行安置。而城中村改造办为马某提供的房屋面积928.84平方米，系城中村改造办未经马某同意将两份协议约定的房屋合为一处安置，与协议约定不符。马某于2016年5月未入住，系城中村改造办未按照约定履行协议导致。龙沙区政府向齐齐哈尔市人民政府请示，对马某原352.60平方米房屋分三户进行安置，并与马某重新订立了三份协议，对安置地点及安置户型进行变更，该变更不违反法律、法规规定，合法有效。因龙沙区征收办于2018年9月28日通知马某入户，停产停业损失及临时安置补偿费应计算至2018年9月28日。遂判决：责令龙沙区政府在判决生效之日起20日内补偿马某停产停业损失245916元，补偿临时安置费98366.4元，合计344282.4元。龙沙区政府提起上诉。

黑龙江省高级人民法院二审认为，在协议履行过程中，城中村改造办将本应依约为马某安置的610平方米及352.6平方米两套房屋变更为安置一套928.84平方米房屋，该行为构成违约，马某拒绝接收。后经双方协商，重新订立非住宅房屋征收安置补偿协议书。协议中确认了停产停业损失及临时安置费的计发期间从搬迁验收之日起至通知进户时止，而本协议安置房屋通知进户日期为2018年9月。龙沙区政府应当依据法律规定及协议约定履行给付马某至2018年9月的停产停业损失及临时安置补偿费义务。遂判决驳回上诉，维持一审判决。龙沙区政府已履行生效判决确定的义务。

【典型意义】

行政协议订立后，未经对方同意，任何一方都不能单方变更协议。尽管行政机关可以依法行使行政优益权，但在不具备可以行使的法定情形时，行政机关不能单方变更协议内容，而应当严格按照行政协议约定全面履行义务，否则应当依法承担违约责任。行政协议的当事人协商一致变更行政协议，且不违反法律规定的，双方当事人应当按照变更后的协议予以履行。本案中，行政机关单方变更安置房屋情况，不能发生补偿协议变更的法律效果，行政机关的行为属于未按照约定履行义务的情形，对协议相对人合法权益造成损害的，应当依法承担违约责任。协议双方当事人经协商后重新订立的协议，属于对原补偿协议的变更，人民法院在认定变更协议合法有效的基础上，判令行政机关按照变更后的补偿协议履行义务，即限期给付停产停业损失、临时安置费等义务，既可以保障被征收人的补偿权益及时实现，又可以督促行政机关依法依约履行行政协议。

恒某公司诉广西壮族自治区融安县人民政府不履行行政协议案

《最高人民法院行政协议典型案例（第一批）》第八号

2021 年 5 月 11 日

【基本案情】

2009 年 5 月 8 日，广西壮族自治区融安县人民政府（以下简称融安县政府）根据融安恒某香油科技有限公司（以下简称恒某公司）提交的要求享受优惠政策的报告，作出答复：同意出让 30 亩土地给恒某公司作为茶油深加工项目建设用地；通过竞拍方式获得该地后，当建设投资达 180 万元时，出让地价超过每亩 3 万元部分返还给企业，作为企业的建设资金以加快建设进程；要求投产第四年产值必须达到 2000 万元以上，年税收达到 150 万元以上，否则恒某公司需返还出让地价超过每亩 3 万元部分的资金和同期利息。2012 年 4 月 23 日，恒某公司取得国有土地使用权。恒某公司于 2012 年年底正式投产，当年实现销售收入 29. 19 万元，上缴税费 7. 97 万元。2013 年 9 月 30 日，融安县政府对恒某公司要求以技改扶持资金形式兑现专项补贴资金 166. 84 万元的请示决定暂不兑现。2014 年 1 月 13 日，融安县价格认证中心出具恒某公司机械设备价格认证：恒某公司存放于厂内用于生产的机械设备认证价格合计为 783. 7 万元。恒某公司于 2018 年 1 月 24 日提起行政诉讼，请求判令融安县政府履行承诺的优惠政策，即给付涉案答复中第一点允诺的资金。诉讼中，融安县政府提出抗辩，其不兑现承诺是因恒某公司未达到年产值 2000 万元、年税收 150 万元的要求。

【裁判结果】

广西壮族自治区柳州市中级人民法院一审认为，融安县政府在恒某公司达到原允诺的条件后，就应当履行其允诺，支付恒某公司扶持资金。遂判决：融安县政府支付恒某公司 166. 84 万元。融安县政府不服，提出上诉。

广西壮族自治区高级人民法院二审认为，虽然恒某公司建设投资达到180万元的条件，但至本案诉讼时，恒某公司一直未达到年产值2000万元、年税收150万元的条件要求，其请求返还扶持资金的条件未成就。融安县政府作为行政协议的行政机关，按现行法律规定，其不能作为行政诉讼的原告通过行政诉讼来主张权利，但其可以采取不依约履行义务的抗辩方式来行使权利，在双方义务具备相互抵销的情况下，融安县政府无须先行兑现扶持资金。遂判决：撤销一审判决，驳回恒某公司的诉讼请求。

【典型意义】

行政协议诉讼属于行政诉讼的一种，应当遵循行政诉讼的基本原则。行政协议诉讼中，行政机关不能作为原告提起诉讼，也不能提起反诉。行政协议司法实务中，行政机关救济自身权益的路径，通常为通过行使抗辩权拒绝履行协议约定的义务，或者通过申请非诉强制执行途径促使协议相对人履行协议约定的义务。同时，行政协议具有合意性或者合同性特征，合同当事人所享有的合法权利且权利的行使不违反行政性要求的，同样可以适用于行政协议当事人，如主张抵销的权利。本案中，根据义务履行以及权利实现的先后顺序，行政机关应当先履行协议约定的支付义务，同时行政机关可以根据协议约定，要求协议相对人履行返还义务。在协议双方当事人的义务完全相同的情形下，人民法院支持了行政机关的抵销主张，避免协议相对人通过本案诉讼获得相应款项之后，行政机关另行通过申请非诉执行路径主张权益，可以有效减少当事人诉累，高效、实质地解决行政协议争议。

甲公司、乙公司诉安徽省涡阳县人民政府、安徽省蒙城县人民政府、安徽省利辛县人民政府请求订立特许经营行政协议案

《最高人民法院行政协议典型案例（第一批）》第九号

2021年5月11日

【基本案情】

2011年9月1日，安徽省涡阳县人民政府（以下简称涡阳县政府）通过

招商方式，与北京某投资有限公司（以下简称甲公司）订立《城市生活垃圾焚烧发电处理特许经营协议》。后因该协议违反市政公用事业特许经营项目应当公开招标的法律强制性规定，经纪检监察部门查处，该协议终止。2012 年 12 月，受安徽省蒙城县人民政府、安徽省利辛县人民政府委托，涡阳县政府对三县垃圾焚烧发电 BOT 项目进行联合招标，招标文件规定“中标人需支付甲公司 12113.55 万元”，该笔款项系涡阳县政府与甲公司终止上述协议产生的费用。因该笔费用较大，导致其他投标人弃标，又因竞标人没有达到三家，案涉招标转入单一来源采购，山西某实业有限公司（以下简称乙公司）与甲公司组成的联合体中标。2013 年 10 月 8 日，国信招标公司向联合体发出签约通知书。在合同订立过程中，双方就合同部分内容的变更发生分歧，互相指责系对方原因导致迟迟不能签约。2017 年 7 月 5 日，涡阳县政府作出关于项目终止的函。乙公司、甲公司遂起诉，请求判令三县政府继续与两公司订立行政协议，三县政府赔偿违约金 6705 万元及前期费用 12113.55 万元、退还保证金 100 万元并承担利息损失。

【裁判结果】

安徽省亳州市中级人民法院一审认为，两公司要求支付甲公司前期费用 12113.55 万元，不属于本案审理范围，可另案解决。因合同未成立，且双方并未就违约金进行约定，两公司要求支付违约金 6705 万元，不予支持。两公司所缴纳的 100 万元保证金应予退还。遂判决：涡阳县政府返还甲公司所缴纳的保证金 100 万元，驳回两公司的其他诉讼请求。双方当事人均不服，提起上诉。

安徽省高级人民法院二审认为，案涉垃圾焚烧发电 BOT 招标行为，违反政府采购法应公开招标的规定，废标后没有报请相关部门批准重新招标；设置中标人承担“投入前期费用 12113.55 万元”这一明显不合理条件排斥潜在投标人；违反法律强制性规定采取单一来源采购等，属于《行政诉讼法》第七十五条规定的“重大且明显违法情形”，该招标行为无效。乙公司、甲公司请求法院判令涡阳、蒙城、利辛三县政府继续订立协议的诉讼请求不能成立。合同无效或者被撤销后，因该合同取得的财产，应当予以返还。由于案涉招标属于严重违法的无效招标，本案不适用违约责任。故乙公司、甲公司要求招标人支付违约金 6705 万元的请求不能成立。但涡阳县政府应当退还保证金，并依法支付投标保证金的银行同期存款利息。甲公司因招商与涡阳县政府订立的《城市生活垃圾焚烧发电处理特许经营协议》，违反法律强制性规定，经有关部门查处已经终止，其所产生的前期费用，不属于本案可以一并审理的范围，可循法律规定的途径解决。据此改判：涡阳县政府返还甲公司交纳的投标保证金100万元及相应的利息，驳回两公司的其他诉讼请求。

【典型意义】

当事人就某一行政协议行为提起诉讼，但诉讼请求同时涉及其他行政协议行为的，人民法院应当依法予以释明并区分处理，即对于与被诉行政协议行为相关联的诉讼请求直接进行处理，与之没有直接关联的诉讼请求，告知其另寻法定救济路径。行政协议的订立、履行需要经过法定程序的如招投标程序，人民法院应当对是否经过或者符合法定程序进行审查，进而对行政协议的效力作出判断。对于依法应当订立行政协议的情形，协议相对人可以请求人民法院判令依法订立行政协议。行政协议未成立或者无效的，当事人提出追究对方违约责任的诉讼请求，人民法院依法不予支持。本案所涉的BOT项目，需经过法定的招投标程序，且先后出现两类行政协议行为，其对应的法律关系及法律后果并不相同。第一个行政协议系未经法定招标程序而通过招商订立协议的情形，依法属于无效行政协议。第二个行政协议虽通过招标形式，但违反了招投标的法定要求，招投标程序属于无效情形，招投标当事人之间依法不能订立行政协议。人民法院经审查后区分处理，未支持协议相对人要求订立行政协议的诉讼请求，并按照缔约过失情形确认协议当事人之间的责任，理顺了当事人之间的法律关系，有助于行政协议争议的妥善解决。

淮安红某阳公司诉江苏涟水经济开发区管理委员会、江苏省涟水县人民政府继续履行投资协议案

《最高人民法院行政协议典型案例（第一批）》第十号

2021年5月11日

【基本案情】

2009年7月7日，高邮市红某阳物流有限公司通过招商引资进入江苏涟

水经济开发区投资，江苏涟水经济开发区管理委员会（以下简称涟水开发区管委会，甲方）与高邮市红某阳物流有限公司（乙方）订立《项目合同书》，该合同书主要约定：（1）乙方在涟水注册成立淮安市红某阳物流市场有限公司（以下简称淮安红某阳公司）。经工商部门登记取得法人资格后，合同涉及乙方权利义务，由淮安红某阳公司承担，从事物流货物运输等综合配套产业的经营。（2）用地性质为物流仓储用地，甲方按期交付土地，达到“四通一平”的要求。（3）涟水开发区五年内不重复引进、建设同类型物流（园）中心。2009 年 7 月 20 日，双方再次订立《补充协议》并约定：（1）由江苏省涟水县人民政府（以下简称涟水县政府）与淮安红某阳公司签订兑现有关优惠政策的承诺书，根据乙方需要，负责产权分户分割等各种手续办理；（2）乙方企业自用码头，甲方应给予办理码头使用许可证；（3）涟水县政府拿出土地净出让金补贴乙方基础设施建设。2009 年 8 月 20 日，涟水县政府签发《承诺书》，就《项目合同书》《补充协议》中的优惠政策承诺落实，其中包括按要求办理产权分户分割手续。2015 年 10 月 23 日，淮安红某阳公司以涟水开发区管委会、涟水县政府未完全履行涉案协议为由，提起行政诉讼，请求判令：（1）涟水开发区管委会继续履行《项目合同书》；（2）涟水县政府为淮安红某阳公司办理权属分户分割手续；（3）赔偿综合楼停建损失 500 万元。

【裁判结果】

江苏省淮安市中级人民法院一审认为，涉案《项目合同书》《补充协议》就投资事项进行了约定，该协议总体上并不违法，但其中要求办理土地分割手续、返还土地出让金、禁止同类物流园建设以及办理码头许可证等约定和承诺超越涟水开发区管委会、涟水县政府职权，违反了法律法规的强制性规定，依法应属无效条款。涟水开发区管委会负责“四通一平”的约定不违反法律规定，依法应为有效条款，双方均应严格遵守。淮安红某阳公司为实现“四通一平”中电通和路通而付出的费用，依法应由涟水开发区管委会承担。遂判决：涟水开发区管委会赔偿淮安红某阳公司为实现电通、路通支出的费用 246460 元，并驳回淮安红某阳公司其他诉讼请求。淮安红某阳公司不服，提起上诉、江苏省高级人民法院判决驳回上诉，维持一审判决。

【典型意义】

行政协议的效力审查是审理行政协议案件的基础，人民法院首先要对行政协议的效力作出判断，具体包含合法性和合约性两个方面。人民法院应当优先适用《行政诉讼法》及相关司法解释的规定，对行政机关是否具有法定职权、约定的内容是否违反法律法规的强制性规定等进行审查，同时可以参照适用民事法律规范关于民事合同的相关规定，从合约角度审查行政协议是否存在无效的法定情形。行政协议的部分条款违反法律法规强制性规定，不影响其他部分条款效力或者行政协议整体效力的，人民法院可以仅认定部分条款无效。本案中，涉案《项目合同书》《补充协议》中相关条款的约定和承诺超越行政机关的职权，违反了法律法规强制性规定，相关条款应属无效，人民法院对有效条款和无效条款的法律后果分别处理，未全盘否定涉案投资协议的效力，可以充分保护协议相对人的信赖利益，对进一步规范行政机关招商引资行为及优化法治化营商环境，具有重要的现实意义。

贺某诉原阳县某镇人民政府确认行政协议无效案

《最高人民法院发布司法服务黄河流域生态保护和高质量发展典型案例》案例八

2024年5月29日

【基本案情】

2019年1月，河南省新乡市人民政府作出《新乡市人民政府关于河南省黄河滩区居民迁建2018年度平原示范区某社区项目实施方案的批复》，原则同意《河南省黄河滩区居民迁建2018年度平原示范区某社区项目实施方案》。2021年7月8日，原告贺某的配偶张某签字确认收到《平原示范区某庄镇某村搬迁选房办法一》《平原示范区某庄镇某村搬迁选房办法二》。2021年7月19日，张某与该镇黄河滩区居民迁建工程建设管理局签订《黄河滩区居民迁建搬迁协议书》，其家庭已经得到妥善安置。2023年7月，贺某以某镇政府与张某签订的迁建搬迁协议未经其同意为由诉至法院，请求确认协议无效。

【裁判结果】

郑州铁路运输法院一审认为，黄河滩区居民迁建以户为单位进行，贺某长年在外务工，其配偶张某系具备完全行为能力的成年人，在原居住房屋实际居住，其作为该家庭的成年代表，可以与行政机关签订迁建搬迁协议并参与选房。案涉迁建搬迁协议是当事人的真实意思表示，没有违反法律、行政法规的强制性规定，协议签订后张某家庭收到了迁建家具、搬家费奖励以及新旧房抵扣差价，并搬离原居住房屋得到妥善安置。贺某所在家庭成员在案涉迁建搬迁协议中与其他搬迁村民享有相同条件待遇。贺某以张某签订迁建搬迁协议未经其同意为由，主张协议无效，于法无据，不能成立。一审法院遂判决驳回其诉讼请求。贺某提起上诉。郑州铁路运输中级法院二审判决驳回上诉、维持原判。

【典型意义】

本案是一起典型的因黄河滩区迁建而引发的补偿安置行政协议案件。《黄河保护法》规定，人民政府应有序安排滩区居民迁建，实施滩区综合提升治理工程。黄河滩区是行洪、滞洪、沉沙的重要场所，政府实施黄河滩区迁建工程能够有力应对黄河水患带来的挑战，保障群众生命财产安全，实现长治久安，也有利于保护滩区生态环境，构建生态安全屏障。本案中，人民法院对依法签订且得到合理补偿的黄河滩区居民迁建搬迁协议的效力予以确认，支持了政府的迁建工程实施，能很好地教育引导滩区群众提升黄河保护的大局意识，积极配合滩区迁建、依法理性维权，以实际行动保障滩区综合提升治理工程有序推进，实现了政治效果、社会效果、生态效果和法律效果的统一。

甲环保科技公司诉某县人民政府行政协议案

《人民法院服务保障全国统一大市场建设行政诉讼典型案例》案例一

2023 年 12 月 28 日

【基本案情】

2011 年 9 月，甲环保科技公司与某县人民政府签订协议，约定双方共同投资实施城市生活垃圾处理工程项目。至 2012 年，该项目因故未实际建设并投入运营，处于中止状态。2015 年 6 月，某县人民政府授权该县城市管理局与乙公司签订了《生活垃圾焚烧热电联供厂 BOO 项目特许经营协议》（以下简称《特许经营协议》)，由该公司的子公司特许经营垃圾焚烧热电联供厂。项目现已实际投产运营。甲环保科技公司提起诉讼，请求确认某县人民政府授予乙公司的子公司生活垃圾焚烧热电联供特许经营权的行为违法，并予撤销。另，在本案二审审理期间，某县人民政府确认就《特许经营协议》所涉特许经营项目在缔约前未向公众及相关利害关系方进行告知或发布招投标文件等。乙公司确认在《特许经营协议》所涉特许经营项目方面存在行业竞争对手。

【裁判结果】

人民法院生效判决认为，根据《基础设施和公用事业特许经营管理办法》第三条、第十五条等条款的规定，行政机关在缔结公用事业特许经营类别的行政协议时，应当履行先契约义务，以公平竞争方式选择缔约人进行缔约。这是法律的强制性要求。《特许经营协议》的缔结系通过非公平竞争方式进行，缺乏法律依据，明显违反法律的强制性规定，构成《行政诉讼法》第七十五条规定的重大且明显违法情形，应属无效，故判决确认《特许经营协议》无效，并同时判决某县人民政府依法采取补救措施，履行行政管理和服务职能，保障持续稳定安全地提供与《特许经营协议》所涉特许经营项目相关的公共产品及公共服务。

【典型意义】

维护统一的公平竞争制度，强化市场基础制度规则统一，是充分发挥市场在资源配置中的决定性作用，促进商品要素资源在更大范围内畅通流动的重要保障，也是产权平等保护、确立竞争政策基础地位和推进供给侧结构性改革的前提。在缔结和履行行政协议过程中，依法保障和实现公平竞争，保护缔约人和潜在缔约人合法权益，对于构建全国统一大市场，具有重要意义。本案中，涉案特许经营项目存在行业竞争对手，行政机关在缔约前未以公平竞争方式选择缔约人，未做到对各类市场主体一视同仁、平等对待。人民法院通过强化公平竞争在行政协议，尤其是政府特许经营协议缔结过程中的基础性地位，明确了行政机关依法实现产权平等保护、维护统一公平竞争制度的职责。本案的审理对于扎实推进依法行政、不断提升行政管理公信力，打造市场化法治化国际化一流营商环境，营造市场主体投资兴业良好生态等具有示范意义。

濮阳市华龙区甲天然气有限公司因濮阳乙燃气有限公司诉河南省濮阳市城市管理局、河南省濮阳市人民政府确认行政协议无效案

《最高法发布人民法院依法保护民营企业产权和企业家权益典型案例》案例 4

2023 年 7 月 31 日

【案例索引】

最高人民法院（2020）最高法行再 509 号

【基本案情】

2012 年 5 月，原濮阳市天然气公司改制与乙燃气投资（中国）有限公司签订《设立濮阳乙燃气有限公司合资合同》，注册成立濮阳乙燃气有限公司（以下简称濮阳乙公司）。同年 8 月，濮阳乙公司与河南省濮阳市城市管理局（以下简称濮阳市城管局）签订《濮阳乙燃气有限公司管道燃气特许经营协议》，约定濮阳乙公司特许经营管道燃气的区域包括濮阳市规划区及原濮阳市天然气公司已取得的其他经营区域，并随所在区域的扩大而扩大。2013 年 12 月 10 日，濮阳市城管局与濮阳市华龙区甲天然气有限公司（以下简称甲公司）签订《濮阳市城市管道燃气特许经营协议》（以下简称被诉协议）。

2014 年 11 月 10 日，濮阳乙公司以甲公司与濮阳市城管局签订的被诉协议侵犯其特许经营权为由，提起诉讼，请求确认该协议无效。河南省鹤壁市中级人民法院一审判决被诉协议中关于特许经营权范围的条款违法；责令濮阳市城管局采取补救措施；驳回濮阳乙公司的其他诉讼请求。濮阳乙公司、甲公司、濮阳市城管局均不服一审判决，提起上诉。河南省高级人民法院二审判决撤销一审判决，确认被诉协议无效。甲公司不服，向最高人民法院申请再审。

最高人民法院提审后认为，根据再审查明的事实，甲公司与濮阳市华龙区人民政府（以下简称华龙区政府）早在 2010 年 8 月 18 日就签订了《濮阳

市华龙区濮东产业集聚区燃气项目投资建设合同》，基于该合同，甲公司于2010年开始在濮阳市投资建设燃气管网，项目用地、建设项目、工程规划经过濮阳市及华龙区相关行政部门审批，天然气管网低压输气管线建设项目也已备案，河南省住房和城乡建设厅也向甲公司颁发了燃气经营许可证。上述事实充分证明甲公司早在本案被诉协议签订前，已实际在濮阳市投资修建管道并经营管道燃气。被诉协议并不存在《最高人民法院关于审理行政协议案件若干问题的规定》第十二条第一款、第二款、《行政诉讼法》第七十五条以及民事法律规范关于合同无效认定的情形。经最高人民法院审判委员会民事行政专业委员会讨论决定，判决撤销一、二审判决，驳回濮阳乙公司的诉讼请求。

【社会影响】

城市管道燃气的正常供应关系社会生产、百姓民生。濮阳市濮东产业集聚区位于河南省濮阳市城区东北部，规划面积19.25平方公里，包括机械加工制造区、商贸物流区、高新科技园区和综合服务区，是融办公、商务、居住、休闲等功能为一体的复合新区。集聚区内的管道燃气正常供应涉及当地群众和企业生产、生活，保障相关企业稳定运营的重要意义不言而喻。本案中，因相关行政机关在首次签订管道燃气特许经营协议过程中未明确确定各燃气公司的特许经营范围，导致部分特许经营范围发生重叠，案涉燃气公司之间产生多起诉讼，一定程度上影响了当地正常的生产、生活秩序。本案办理过程中，最高人民法院综合考虑历史因素、争议区域管道燃气实际运营情况，从稳定管道燃气供应市场、保障民生的角度出发，妥善处理争议，既敦促两个经营主体在各自经营范围内提供用气服务，也稳定了案涉区域内相关市场的连续经营。

【典型意义】

管道燃气特许经营协议作为政府特许经营协议，是典型的行政协议。人民法院在审理行政协议效力认定案件时，不但要根据行政诉讼法及相关司法解释规定的无效情形进行审查，还要遵从相关民事法律规范对于合同效力认定的规定。此外，人民法院对行政协议无效的认定采取谨慎的态度，可以通过瑕疵补正的，则尽可能减少行政协议无效的认定，以推动协议各方主体继续履行义务，维护国家利益和社会公共利益。本案中，甲公司作为早期进入当地市场并提供服务的民营企业，在濮阳乙公司提起本案诉讼前已经实际经营多年，判决驳回濮阳乙公司对被诉协议无效的诉请，既妥善保护了其实体权益，也使濮阳当地的管道燃气市场恢复稳定秩序。依法保护民营企业产权和企业家权益，最大限度减少司法办案给企业生产经营带来的不利影响，维护了市场公平竞争，弘扬了契约精神和企业家精神，彰显了司法服务保障民营经济发展的力度和温度。

海北藏族自治州生态环境局、海晏县某养殖示范牧场有限公司生态环境损害赔偿协议司法确认案

《最高法发布 2021 年度人民法院环境资源审判典型案例》案例十

2022 年 6 月 5 日

【基本案情】

海晏县某养殖示范牧场有限公司养殖园未建设雨污分流管网，牲畜尿液混合雨水排入外环境，流向南侧草原并伴有浓烈恶臭，导致草原生态环境遭受损害。海北藏族自治州生态环境局向该公司主张生态环境损害赔偿，双方达成《生态环境损害赔偿磋商协议》，确认了事故直接污染损害草场的面积和深度，明确环境污染损害和治理修复费用、鉴定评估费用等共 40 万余元，全部由海晏县某养殖示范牧场有限公司承担，并申请人民法院对协议予以司法确认。

【裁判结果】

青海省海北藏族自治州中级人民法院经审查认为，申请人达成的协议，符合司法确认法定条件，裁定申请人海北藏族自治州生态环境局、海晏县某养殖示范牧场有限公司达成的《生态环境损害赔偿磋商协议》有效。

【典型意义】

本案系青藏高原区域畜牧养殖企业牲畜排泄物外泄损害环境引发的生态环境损害赔偿诉讼。青藏高原被誉为“亚洲水塔”，是长江、黄河、澜沧江等

多条主要大江大河的源头区域，是中国乃至亚洲重要的生态安全屏障，空气质量与北极地区相当，土壤环境总体处于自然本底状态，是地球上最洁净地区之一，也是气候变化敏感区，生态环境脆弱敏感，一旦破坏，修复难度很大。人民法院依照生态环境损害赔偿协议司法确认相关法律和司法解释规定，依法对双方当事人达成的生态环境损害赔偿磋商协议进行司法确认，落实破坏草原生态环境赔偿责任，有力践行了“环境有价 损害担责”理念，对于司法保护青藏高原生态环境、维护大江大河源头生态屏障具有一定示范意义。

赵某某诉山东省济南市历城区人民政府不履行拆迁安置补偿协议案

《最高人民法院发布第二批行政协议诉讼典型案例》案例一

2022年4月20日

【基本案情】

山东省济南市历城区人民政府（以下简称历城区政府）成立雪山片区指挥部，负责雪山片区四村整合安置房项目。2015年10月，雪山片区指挥部与赵某某订立了拆迁安置补偿协议，载明赵某某家庭共有两口人，合计选房面积为94平方米。协议订立后，赵某某将其涉案房屋交付拆除。2017年7月，雪山片区指挥部通知赵某某更改协议。历城区政府认为，赵某某在订立协议时隐瞒了在济钢周边片区村庄整合中已经享受过拆迁安置房的事实，该安置房具有福利分房的性质，依据《雪山片区拆迁安置办法》第九条关于“被拆迁人已享受过福利分房不再给予安置”的规定，本次安置属于重复安置，决定对赵某某家庭不再依约进行房屋安置。赵某某则主张，其从未享受过福利分房待遇，在其他区域的拆迁安置房并非福利分房的范畴。赵某某对历城区政府不履行拆迁安置补偿协议的行为不服，提起行政诉讼，请求确认拆迁安置补偿协议有效，并判令历城区政府继续履行拆迁安置补偿协议，向其交付94平方米的安置房。

【裁判结果】

山东省济南市中级人民法院一审认为，历城区政府并未提供证据证明雪山片区指挥部与赵某某订立的拆迁安置补偿协议具有合法依据，故双方订立协议的行为应当确认无效。一审法院遂判决确认历城区政府与赵某某订立拆迁安置补偿协议的行为无效并驳回赵某某的诉讼请求。赵某某不服，提起上诉。

山东省高级人民法院二审认为，历城区政府在订立拆迁安置补偿协议时，对赵某某家庭的基本情况和安置资格进行了相应审查，在签完协议并将涉案房屋拆除后，又以赵某某存在欺骗行为、不符合当地拆迁政策为由要求变更协议，但其对赵某某在其他区域的拆迁安置房是否可以归为福利分房，既未提供充分的证据或依据，亦未作出合理合法的解释说明。因此，历城区政府在履行协议时将涉案拆迁安置房视为福利分房并以重复安置为由不履行协议，理据不足。因行政协议一经订立，便具有公信力和既定力，在历城区政府无证据证明拆迁安置补偿协议存在重大且明显违法抑或依据合同法律规范应当认定为无效或可撤销的情形，应当认定协议合法有效，历城区政府应当按照协议约定全面履行义务。二审法院遂判决撤销一审判决并责令历城区政府继续履行拆迁安置补偿协议。

【典型意义】

诚实守信是依法行政的基本要求，是社会主义核心价值观的重要内容。行政机关在订立、履行、变更行政协议时，既要遵循行政法律规范，又要遵循平等自愿、诚实信用、依约履责等一般原则。人民法院不能简单参照传统行政诉讼的举证规则，以行政机关未提供证据证明行政协议合法性为由否定行政协议的效力。对行政协议是否应当履行发生争议的，负有履行义务的行政机关应当对其不履行义务承担举证责任。行政机关对不履行行政协议的事由，在协议订立时没有作出明确界定或约定，在协议订立后又不能作出合法有据的解释，不能证明履行协议可能出现严重损害国家利益或者社会公共利益的，人民法院应当结合案件情况和客观实际等因素作出对协议相对人有利的解释。本案中，拆迁安置补偿协议的订立是双方当事人协商一致的体现，历城区政府在订立协议并拆除房屋后，依据拆迁政策对履行义务进行不当解释，不依约履行协议，对协议相对人的合法权益造成损害。人民法院在历城区政府未能提供有效证据或法律依据证明行政协议存在无效或可撤销等情形下，认定涉案协议合法有效并判令继续履行，切实保障了人民群众的合法权益，同时彰显了行政审判在督促行政机关守信践诺和依法行政中的职能作用。

王某某、陈某某诉浙江省杭州市余杭区良渚街道办事处变更拆迁补偿安置协议案

《最高人民法院发布第二批行政协议诉讼典型案例》案例二

2022年4月20日

【基本案情】

浙江省杭州市余杭区人民政府良渚街道办事处（以下简称良渚街道办）（甲方）与王某某户（乙方）订立《集体所有土地、房屋征迁补偿安置协议书》（以下简称《安置协议》），其中第六条第一项约定：经初步审核乙方安置人口6人（未包括王某某的女婿陈某某），该户可享受安置建筑面积480平方米。《安置协议》订立后，王某某户领取《安置协议》项下的拆迁补偿款并腾房。陈某某系现役军人，现户籍在部队驻地（杭州市拱墅区），陈某某与王某某之女于2006年11月7日登记结婚，并生育两个子女。涉案房屋补偿安置协商过程中，王某某户多次要求将陈某某作为安置人口，均遭良渚街道办拒绝。陈某某、王某某遂诉至法院，请求将《安置协议》中确定的安置人口6人变更为7人，增加安置面积80平方米。

【裁判结果】

浙江省杭州市余杭区人民法院一审认为，良渚街道办与王某某户经协商订立协议对安置事项作出约定，系双方的真实意思表示，该协议合法有效，对双方均具有约束力。陈某某非王某某户内人员，且其户籍不在辖区范围内，自然也非属该集体所有土地上房屋拆迁安置对象。一审法院遂判决驳回陈某某、王某某的诉讼请求。陈某某不服，提起上诉。

浙江省杭州市中级人民法院二审认为，案涉房屋因所占集体土地被征收而需要补偿安置，应当适用《杭州市征收集体所有土地房屋补偿条例》（以下简称《杭州集补条例》）的相关规定。《杭州集补条例》第二十条第二款规定："被补偿人家庭成员在本市市区虽无常住户口，但属下列情形之一的人员，可以计入安置人口：（一）结婚三年以上的配偶；……"陈某某在杭州市

余杭区虽无常住户口，但其属于王某某户内被补偿人员结婚三年以上的配偶，根据《杭州集补条例》上述规定，可以计入安置人口。良渚街道办与王某某户订立协议时，拒绝将陈某某列入安置人口，不符合上述规定，也造成显失公平的后果，依法应予纠正。二审法院遂判决撤销一审判决，将《安置协议》第六条第一项中确定的安置人口 6 人变更为 7 人，安置面积 480 平方米相应变更为 560 平方米。

【典型意义】

协议系当事人之间合意的成果，其所约定的内容应当符合双方当事人的意思表示，任何一方当事人原则上不能迫使另一方当事人违背意愿接受其意思表示。行政协议具有合意性特征，同样应当遵循前述法律精神，严格限制协议变更的适用，对于协议当事人之间达成的合意，应当予以尊重而不能随意变更。但与民事合同区别的是，行政协议的行政性优先于协议性、合法性优先于合约性，行政协议应当优先适用合法性原则。当行政协议的合约性与合法性相冲突，即约定的内容不符合法律规定时，人民法院对该内容的效力应当不予认可。若行政协议所依据的法律规定已作出具体明确要求，协议当事人均应遵守而没有协商空间，协议当事人请求按照法律规定予以变更的，人民法院可以依法支持。本案中，《安置协议》不符合其订立时应当遵循的《杭州集补条例》，遗漏了 1 名安置人员的补偿待遇，二审法院根据协议相对人的请求，判决按照法定标准变更《安置协议》，可以高效、充分地保障协议相对人的合法权益。

王某诉安徽省怀宁县国土资源局土地管理行政出让案

《最高人民法院发布第二批行政协议诉讼典型案例》案例三

2022 年 4 月 20 日

【基本案情】

安徽省怀宁县国土资源局（以下简称怀宁国土局）发布拍卖公告拍卖涉案地块的国有土地使用权，王某竞拍成功并与怀宁国土局订立成交确定书。王某向怀宁国土局交付土地出让金，向拍卖公司支付了拍卖费用，怀宁国土局也将涉案地块的实际控制权交给王某作建设准备。为开发经营该地块，王某成立了项目公司着手建设大厦，完成了大厦的勘探设计和施工设计，并支付了设计、建设前期有关费用。王某要求订立出让合同和申请办理土地使用权证时，却被告知该地块设计规划指标不全，没有确定涉案地块的容积率，不能订立土地出让合同，也不能办理建设相关的批准手续。王某多次请求怀宁国土局和安徽省怀宁县人民政府解决问题，但一直没有得到解决。之后，安庆市重点工程山口—晴岚 220kV 输变电工程高压走廊压覆涉案地块，且 G206 国道拓宽需征收涉案地块，致使王某竞拍该地块的目的无法实现。王某要求落实新的解决方案，但一直未能落实，遂起诉要求确认怀宁国土局行政行为违法并赔偿损失。

【裁判结果】

安徽省潜山市人民法院一审认为，怀宁国土局将未确定土地容积率这一重要规划条件的涉案地块进行出让拍卖，其行为违反《城乡规划法》第三十八条规定。王某基于对政府部门公信力的信任，缴纳土地出让金，履行了自己的合同义务，并无过错。怀宁国土局明知涉案地块未规划土地容积率，无法订立土地出让合同、无法办理土地使用权证、无法通过建设审批，仍与王某订立拍卖成交确认书，收取王某缴纳的土地出让金，并将涉案地块交由王某作开发准备，且至今仍未为王某完成规划条件的审批，使王某的开发目的一直不能实现。一审法院遂判决确认怀宁国土局拍卖涉案地块行为违法并赔偿王某损失。王某与怀宁国土局不服判决，提起上诉。二审法院判决确认拍卖涉案地块行为违法，并适当提高一审判决确定的损失赔偿金数额。

【典型意义】

与民事合同不同，行政协议的订立程序可能因法律规定作出明确要求而存在多个环节，行政机关在订立此类行政协议前通常需要作出相应的行政行为。正确处理前置行政行为与行政协议订立之间的关系，尤其是前置行政行为的合法性直接影响行政协议能否订立的，对协议当事人的合法权益救济具有直接影响。本案中，涉案协议的订立，依法需要经过招标、拍卖、确认等前置程序，在所有前置行为已经完成、应当订立行政协议之时，行政机关以前置行政行为违反法律规定为由拒绝订立。针对行政机关的前述主张，协议相对人可以区分不同情形确定其诉讼请求：一是前置行政行为合法或者存在瑕疵但不影响行政协议订立的，协议相对人可以请求判令行政机关依法订立行政协议。基于行政协议的合法性特征，法律规定订立行政协议属于行政机关的法定职责的，行政机关依法不能拒绝订立。协议相对人请求依法订立行政协议的，人民法院应当予以支持。协议相对人可以依法请求订立行政协议，系行政协议与普通民事合同之间的区别之一，可以更直接、更全面地保障协议相对人的合法权益。二是前置行政行为不具有合法性且由此依法不能订立行政协议的，协议相对人可以请求判决确认前置行政行为违法并赔偿其损失。协议相对人基于对前置行政行为的信赖而遭受的损失，可以依法向行政机关主张行政赔偿。本案中，涉案土地因不具备法定条件而依法不能对外出让，且因涉案土地的规划后续发生调整，行政机关无法采取补救措施使涉案土地达到可以对外出让的法定条件，因而涉案土地出让协议依法不能订立。协议相对人请求订立土地出让协议的，人民法院依法不能支持。但因行政机关实施了土地拍卖、成交确认等行为，协议相对人亦缴纳了土地出让金并为开发土地进行投入，即协议相对人因涉案土地出让协议不能订立而遭受了相应损失，其请求确认前置的拍卖土地行为违法并赔偿损失的，人民法院应当依法支持。

凤冈县某工贸有限责任公司诉贵州省凤冈县人民政府请求撤销补偿安置协议案

《最高人民法院发布第二批行政协议诉讼典型案例》案例四

2022 年 4 月 20 日

【基本案情】

2001 年 3 月 7 日，凤冈县某工贸有限责任公司（以下简称某工贸公司）取得案涉土地国有土地使用证，修建厂房从事水泥电线杆的生产，后因经营不善停产。2006 年 10 月，某工贸公司与周某某订立《协议书》，约定某工贸公司将电杆厂空地租给周某某使用，租金按月计退补。同时约定某工贸公司需用厂房时，应提前一旬告知周某某。2013 年 12 月，某工贸公司与周某某再次订立《协议书》，约定租赁范围及租金。2014 年 9 月，因某工贸公司土地上房屋涉及征收，贵州省凤冈县人民政府（以下简称凤冈县政府）与周某某订立《凤冈县城市棚户区改造项目房屋征收与补偿安置协议书》（以下简称《安置协议》），并将相应补偿款支付给周某某。某工贸公司认为《安置协议》中的房屋及构筑物等属其所有，凤冈县政府与周某某订立《安置协议》并支付补偿款的行为侵犯了其财产权，遂提起诉讼，请求撤销《安置协议》。

【裁判结果】

贵州省遵义市中级人民法院一审认为，凤冈县政府仅依据案涉租赁协议及对周某某的调查笔录即认定案涉房屋及构筑物等属周某某所有，并在未通知某工贸公司参与，亦未听取其陈述意见的情况下，与周某某订立《安置协议》可能对某工贸公司的合法权益造成损害。一审法院遂判决撤销《安置协议》。周某某不服，提起上诉。

贵州省高级人民法院二审认为，某工贸公司认为《安置协议》所涉房屋及构筑物等属其所有，凤冈县政府就案涉房屋及构筑物等与周某某订立《安置协议》并向其支付补偿费侵犯其合法权益，其有权提起本案诉讼。房屋征收部门对征收范围内房屋的权属应当进行调查登记，调查登记时，应当依照法定程序要求被征收人提供相应证据。本案中，周某某及某工贸公司对案涉房屋及构筑物等的归属各执一词，在案涉房屋及构筑物等的权属存在异议，且无合法有效证据证明属周某某所有的情况下，凤冈县政府直接与周某某订立《安置协议》缺乏事实根据。此外，依据程序正当原则，凤冈县政府在明知周某某系承租人，某工贸公司系出租人的情况下，其订立《安置协议》前应当就案涉房屋及构筑物等的归属充分听取周某某及某工贸公司的意见，必要时可引导租赁双方就案涉房屋及构筑物等的权属进行明确后再予补偿安置。凤冈县政府在未通知某工贸公司参与并听取其意见的情况下，直接与周某某订立《安置协议》，亦违反正当程序。二审法院遂判决驳回上诉，维持一审判决。

【典型意义】

基于合同的合意性，合同原则上仅对订立合同的当事人具有效力，当事人之外的其他主体通常不能就合同主张权利，通常称之为合同相对性原则。但在法律有明确规定的情形下，亦可以突破合同相对性原则。行政协议的合意性特征，决定其同样应当遵循相对性原则。但行政协议同时具有行政性特征，具有公定力、确定力等，在未依法否定其效力之前，受其影响的主体应当予以尊重及执行。当订立行政协议属于行政机关履行法定职责的法定形式时，行政机关则可以其已订立行政协议作为其已经履行相应法定职责的正当抗辩事由。因此，传统行政行为的利害关系人制度，原则上也可以适用于行政协议诉讼。相比于民事合同，行政协议突破合同相对性原则的法定情形相对更多。本案中，若某工贸公司不理会《安置协议》的存在，而是提供证据证明其具有法定的补偿权益，进而主张行政机关应当与其订立补偿安置协议抑或履行补偿安置职责的，行政机关则可以其已与法定的被征收人订立补偿安置协议或者已经履行补偿安置职责为由予以拒绝。某工贸公司对此不服提起行政诉讼，在《安置协议》效力被否定之前，人民法院通常认定行政机关的主张成立，对诉讼请求不予支持。因此，某工贸公司需要主动就《安置协议》提起行政诉讼，否定其效力以救济自身的合法权益。《最高人民法院关于审理行政协议案件若干问题的规定》第五条第二项规定，即明确肯定了被征收征用土地、房屋等不动产的用益物权人、公房承租人的原告主体资格。行政机关通过订立行政协议方式履行法定职责的，应当严格遵循合法性要求，查明其对协议相对人是否具有相应的法定职责等事实，并依法约定双方当事人之间的权利义务。行政机关在未查明有关事实情形下订立行政协议，由此对协议相对人之外的其他主体合法权益造成损害，利害关系人请求撤销或部分撤销行政协议的，人民法院应当依法支持。这样，既可以“一揽子”解决行政协议争议，减少当事人的诉讼成本，又可以避免重复支付，防止国有资产不当流失。

某国际有限公司、湖北某高速公路有限公司诉湖北省荆州市人民政府、湖北省人民政府解除特许权协议及行政复议一案

《最高人民法院发布第二批行政协议诉讼典型案例》案例五

2022年4月20日

【基本案情】

2008年4月，湖北省荆州市人民政府（以下简称荆州市政府）、湖北省荆州市交通运输局（以下简称荆州市交通局）作为甲方与乙方某国际有限公司（以下简称某国际公司）订立了《武汉至监利高速公路洪湖至监利段项目投资协议》约定，甲方同意按照BOT（build - operate - transfer 建设—经营—转让）方式（以下简称BOT）授予乙方武汉至监利高速公路洪湖至监利段项目投资经营权。乙方接受授权，愿意按照政府部门批复的建设内容、方案、基数标准、投资估算完成该项目工程的前期工作、投资建设、运营和特许期满后的移交工作。特许期30年，自工程建设完成，通过验收投入试运营之日起计算。2008年6月，某国际公司依法组建了以其为独资股东的湖北某高速公路有限公司（以下简称某高速公司），随后荆州市交通局（甲方）与某高速公司（乙方）订立了《特许权协议》，对特许期、双方的权利义务、单方解除权等事项进行了详细约定。涉案项目自2013年下半年正式动工建设，因某高速公司与其委托施工单位发生纠纷，涉案项目自2015年7月始停滞。2015年11月，荆州市交通局向某高速公司下达了《违约整改通知书》，要求某高速公司迅速组织项目资金到位，在60日内组织施工单位全面复工，否则将考虑是否解除特许权协议。此后，荆州市政府、荆州市交通局多次要求某国际公司组织资金复工，某国际公司收到通知后进行了相应回复，但并未实质恢复项目正常建设。2016年11月，荆州市交通局根据《特许权协议》第七十七条的约定作出《终止（解除）协议意向通知》，通知某高速公司在30天内就采取措施避免单方面解除《特许权协议》进行协商。嗣后，某高速公司未与荆州市交通局达成一致意见。2017年7月，荆州市交通局依某国际公司、某高速公司申请就拟终止（解除）《特许权协议》举行听证之后作出了

《终止（解除）特许权协议通知》（以下简称《通知》）并送达。某国际公司、某高速公司不服《通知》向湖北省人民政府（以下简称湖北省政府）提起行政复议，湖北省政府复议予以维持。某国际公司、某高速公司不服诉至法院，请求撤销荆州市政府作出的《通知》和湖北省政府作出的维持复议决定。

【裁判结果】

湖北省武汉市中级人民法院一审认为，涉案协议系荆州市政府为加快湖北省高速公路建设，改善公路网布局，以 BOT 的方式授予某国际公司洪湖至监利段项目投资经营权，属于以行政协议的方式行使行政权力的行为。在行政协议的订立、履行过程中，不仅行政机关应当恪守法定权限，不违背法律、法规的强制性规定，履行协议约定的各项义务，作为行政协议的相对方的某国际公司亦应严格遵守法定和约定的义务，否则行政机关有权依照法律规定以及协议的约定，行使解除协议的权利。本案中，某高速公司因与其委托施工方发生争议，涉案项目自 2015 年 7 月始未正常推进，致使协议目的不能实现，《特许权协议》约定的荆州市政府行使单方解除权的条件成就，荆州市政府作出《通知》符合法律规定，亦符合《特许权协议》的约定。此外，为妥善处理争议，荆州市政府不仅按照约定给予了协谈整改期，且在拟作出解除协议之前给予某高速公司充分的陈述、申辩权并如期举行了听证，作出被诉《通知》行为事实清楚，证据充分，程序妥当。一审法院遂驳回了某国际公司、某高速公司的诉讼请求，但考虑到某国际公司、某高速公司在涉案项目前期建设中，已进行了大额投资和建设，建议荆州市政府在协议终止后，妥善处理好后续审计、补偿事宜。某国际公司、某高速公司不服，提起上诉。湖北省高级人民法院二审判决驳回上诉，维持一审判决。

【典型意义】

政府通过 BOT 协议引进社会资本参与高速公路建设，是新时代中国特色社会主义市场经济不断发展的必然产物，也是发挥政府职能，充分释放社会资本潜力，更好地实现行政管理和公共服务目标的有效方式。因此，BOT 协议的性质通常为行政协议，由此引发的相关争议，依法应由行政诉讼予以受理。另外，本案中湖北省政府作出维持复议决定，表明复议机关亦可以依法受理行政协议争议。协议相对人存在根本违约行为，导致协议目的不能实现时，行政机关可以单方行使法定解除权。因行政机关不能以原告身份提起行政协议之诉，行政机关通常以单方通知或决定的方式，依法送达给协议相对人以解除行政协议，送达之日即为行政协议解除之时。行政机关单方解除行政协议的，应当在解除决定中就协议解除后的法律后果一并予以明确，尤其是协议相对人依法应当履行相应义务或承担相应责任的。关于行政协议解除的法律效力，可以参照适用有关民事合同法律规范。本案中，尽管协议相对人因自身原因导致行政协议被解除，依法应当承担违约责任，但其在前期建设中进行了大额投资和建设，因而整体上仍存在利益需要返还的可能，人民法院据此建议行政机关妥善处理好后续审计、补偿事宜，有助于行政争议的妥善化解，也有利于保障社会资本方参与公私合作的积极性和安全感。

某停车管理有限责任公司诉北京市门头沟区城市管理委员会行政协议解除通知案

《最高人民法院发布第二批行政协议诉讼典型案例》案例六

2022年4月20日

【基本案情】

2013年4月7日，北京市门头沟区人民政府常务会议纪要中指出："原则同意区市政市容委制定的《委托专业停车经营企业管理路侧停车工作方案》……会议要求区市政市容委要与专业停车经营企业订立委托协议，明确委托管理内容及双方权责。"同年4月19日，原北京市门头沟区市政市容管理委员会（以下简称原区市政市容委）与某停车管理有限责任公司（以下简称某停车公司）订立《门头沟区机动车停车委托管理协议》（以下简称委托管理协议）。协议约定："区市政市容委提供门头沟新城路侧占道、公共场地停车场，在市政规划红线内具有政府管理属性的场地，委托给某停车公司进行管理。涉及具有施划停车位条件的新城范围内的主要大街，共有机动车停车位3200余个……门头沟区机动车停车委托管理期限为10年，即2013年6月1日至2023年6月1日。"2017年4月27日，北京市人民政府办公厅印发《北京市路侧停车管理改革方案》（以下简称京政办字〔2017〕20号文），其中规定："改革路侧停车管理模式。取消路侧停车管理特许经营，由各区政府采取购买服务方式，通过招标委托 1 至 2 家有规模、有实力、规范经营的专业化停车管理企业，负责本行政区域内路侧停车管理工作。”同年 7 月 25 日，北京市缓解交通拥堵工作推进小组印发《北京市路侧停车管理改革工作实施方案》和《北京市路侧停车电子收费系统建设三年工作计划》（以下简称京缓堵函〔2017〕3 号文），其中规定：“按照路侧停车管理改革方案要求，由各区采取政府购买服务的方式，通过招投标选取 1 至 2 家企业，负责本行政区域内路侧停车管理工作，并于 2019 年 1 月 1 日起，路侧停车收费开始全面实行收支两条线管理。”2017 年 8 月 17 日，原区市政市容委向某停车公司作出《通知》（以下简称被诉通知），主要内容为：委托管理协议已经无法继续实际履行，因此现通知贵公司委托管理协议于本通知送达之日解除，请贵公司于 2017 年 8 月 31 日之前腾退委托管理的场地，并于 2017 年 8 月 31 日之前到原区市政市容委办理解除协议事项的各项手续。某停车公司不服诉至法院，请求：（1）撤销原区市政市容委作出的被诉通知；（2）对《关于政府购买路侧停车管理服务的指导意见（试行）》（以下简称京缓堵办函〔2017〕27 号文）、京缓堵函〔2017〕3 号文的合法性进行审查。

【裁判结果】

北京市门头沟区人民法院一审认为，京缓堵办函〔2017〕27 号文在被诉通知作出时尚未发布，不属于规范性文件的审查范围，法院不予审查。京缓堵函〔2017〕3 号文属于附带审查的规范性文件范畴，该文中关于路侧停车管理改革的规定，既符合法律、法规和规章中有关城市道路管理工作应当符合道路交通安全畅通的要求，也能够确保路侧停车的规范化管理，有效改善出行环境尤其是最大限度满足群众对停车位的需求，该文作出具有上位法依据且与上位法不存在冲突，故对其合法性予以确认。委托管理协议以原区市政市容委享有的停车管理职责为前提，以实施行政管理目标为目的，以社会公共事务管理为内容，属于典型的行政协议中的政府特许经营协议。行政机关系基于政策的重大调整，出于公共利益的考虑解除政府特许经营协议。一审法院遂判决驳回某停车公司的诉讼请求。某停车公司不服，提起上诉。北京市第一中级人民法院二审判决驳回上诉，维持一审判决。

【典型意义】

行政机关在不具备法定解除条件下，享有可以依法单方解除或变更协议的权力，即通常称之为行政优益权，属于行政协议与民事合同形式上的重大区别之一。但实质上，二者所遵循的法律精神并无不同。民事合同因不具有行政性特征，通常不会出现订立时合法有效、继续履行将损害社会公共利益的情形。即使因重大情势变更而出现此类情形，民事合同的当事人也应主动停止履行。否则，国家的相关代表主体应当依法阻止合同按照原先约定继续履行。就行政协议而言，作为订立行政协议一方当事人的行政机关，应当承担起主动变更或解除行政协议的法定职责，对外则表现为行政优益权的行使。因此，行政优益权兼具权力与职责双重属性。相比而言，基于情势变更而导致合同或协议变更或者解除之后的法律后果，属于行政协议与民事合同之间的实质区别。民事合同通常不存在一方当事人补偿另一方当事人，但行政协议则要求行政机关依法对协议相对人予以补偿，可以更好地保障协议相对人的合法权益，《最高人民法院关于审理行政协议案件若干问题的规定》第十六条规定亦对此予以明确。因行政优益权的行使将直接侵犯行政协议的合意性，必须严格限定于法定情形、遵循法定要求。行政协议在订立时并不会损害国家利益或公共利益，否则属于无效协议。但在行政协议履行过程中，相关情势发生变更，致使行政协议继续履行又将可能严重损害国家利益或社会公共利益，而协议当事人依法又不能改变或否定该情势。在此情形下，行政机关应当首先考虑对行政协议内容予以变更，尽可能地维持行政协议的法律效力，仅在变更无法实现目的情形下选择解除行政协议。本案中，涉案行政协议在履行过程中，当地路侧停车管理公共政策依法改革，对路侧停车管理体制、管理模式、收费方式等方面进行完善，有利于规范路侧停车管理行为，保障城市道路安全有序，改善停车难问题，但涉案行政协议继续履行将损害公共政策的执行，且变更行政协议内容也无法使之符合公共政策，行政机关据此单方解除行政协议，符合法律规定。另外，行政协议的行政性特征，决定了行政机关可能依据相关规范性文件订立、履行行政协议，若协议相对人在提起行政协议诉讼时请求附带审查所依据的规范性文件，人民法院应当依法进行审查。

中山市某房地产发展有限公司诉广东省中山市自然资源局要求解除行政协议案

《最高人民法院发布第二批行政协议诉讼典型案例》案例七

2022 年 4 月 20 日

【基本案情】

2015 年 9 月 30 日，原广东省中山市国土资源局（以下简称原中山市国土局）认定中山市某房地产发展有限公司（以下简称某房地产公司）使用的涉案土地为闲置地，但系政府方原因造成闲置。2016 年 7 月 19 日，原中山市国土局与某房地产公司订立一份《国有土地使用权出让合同补充协议》（以下简称《补充协议》），约定涉案土地的动工开发日期为 2015 年 9 月 30 日，竣工期限为 2 年，还约定了动工开发的标准等其他内容。某房地产公司认为《补充协议》约定的动工开发日期早于合同订立日期，以及原中山市国土局存在违约、导致合同目的不能实现等行为，遂提起诉讼，请求判令解除《补充协议》。另，中山市闲置土地处置工作领导小组办公室（以下简称中山市闲置办）已同意涉案土地 2016 年 9 月 30 日前可以办理规划报建、施工许可手续，但是原中山市国土局没有及时告知某房地产公司。某房地产公司曾就涉案土地上的两期商业住宅工程申请办理建设工程规划许可，规划管理部门仍先后两次作出不予行政许可通知，理由为“项目情况与市总规不符”。

【裁判结果】

广东省中山市第一人民法院一审认为，《补充协议》于 2016 年 7 月 19 日订立，却约定动工开发日期为 2015 年 9 月 30 日、竣工期限为两年（即 2017 年 9 月 30 日），且同时约定工程建设进度等限制条件，即某房地产公司实际上须于协议订立后的两个多月内在面积达 100754.2 平方米的涉案土地上完成办理规划和施工许可、基坑开挖、打入所有基础桩、地基施工完成三分之一等系列工作，且须于 2017 年 9 月 30 日前竣工，显然有悖常理。同时，原中山市国土局在中山市闲置办已同意对涉案土地在 2016 年 9 月 30 日前可以申请办理规划报建、施工许可的情况下，没有及时告知某房地产公司该情况，致使某房地产公司随后未能获得规划部门的规划建设许可、无法及时按照《补充协议》的约定履行土地出让合同约定的开发建设义务，导致合同目的实际不能实现，《补充协议》已符合法律规定的解除条件。但解除《补充协议》将不利于土地管理部门对闲置土地行使管理、监督的职权，也不利于国有土地的合理配置和利用，从而有损国家利益、社会公共利益和他人的合法利益。一审法院遂判决驳回某房地产公司的诉讼请求。某房地产公司不服，提起上诉。

广东省中山市中级人民法院二审认为，一审法院认定《补充协议》已实际满足法定解除条件，事实依据充分，定性准确。就解除《补充协议》是否会损害国家利益、社会公共利益和他人合法利益的问题，《补充协议》订立的目的是结束涉案土地的闲置状态，尽快开发利用涉案土地，涉及的是土地高效、合规合理利用的土地管理国家利益和社会公共利益，但已因原中山市国土局的过错明显无法实现，让双方继续囿于一份合同目的已无法实现的协议关系中，已不符合国家利益和社会公共利益。相反，确认涉案《补充协议》的解除效力，使协议当事人重归解决涉案土地闲置问题的原点，避免土地资源的继续闲置浪费，才更符合土地管理的国家利益、社会公共利益。二审法院遂判决撤销一审判决，确认涉案《补充协议》自 2019 年 4 月 29 日（即一审法院向原中山市国土局送达本案诉状及应诉通知书之日）起解除。

【典型意义】

因行政协议具有协议性特征，协议相对人与民事合同当事人相同，在符合法定条件情形下，可以依法解除行政协议。但行政协议的订立系基于行政管理或者公共服务目标，行政协议的解除将导致订立目的无法实现，可能损害社会公共利益或其他合法权益。因此，行政协议所具有的行政性特征，决定了协议相对人不能通过其单方行为使有效的行政协议失去法律效力。与民事合同当事人不同，协议相对人在符合法定解除情形下，通常也不能直接通过单方通知行政机关方式解除行政协议，而需要进一步寻求法定救济路径，《最高人民法院关于审理行政协议案件若干问题的规定》第十七条规定对此予以明确。人民法院在审理诉请解除行政协议案件时，应当重点审查行政协议是否符合法定的解除条件，以及行政协议解除后是否对其他合法权益尤其是社会公共利益造成损害。对法定解除条件的认定，可以参照适用有关民事合同法律规范。对国家利益、社会公共利益的认定，应当参照适用《行政诉讼法》第七十四条第一款第一项规定中“国家利益、社会公共利益”的认定标准，不能简单将行政机关的利益与之等同。行政协议的解除将依法产生相应的法律后果，解除的时间对行政协议当事人的权利义务具有直接影响。因体量篇幅所限，《最高人民法院关于审理行政协议案件若干问题的规定》并未对行政协议解除的时间进一步作出规定。本案对此进行了有益探索，即参照民事合同解除诉讼的法律精神，确定一审法院向行政机关送达诉状及应诉通知书之日起解除。

宁某某诉甘肃省定西市安定区住房和城乡建设局房屋征收补偿安置协议案

《最高人民法院发布第二批行政协议诉讼典型案例》案例八

2022 年 4 月 20 日

【基本案情】

2013 年 10 月，甘肃省定西市安定区住房和城乡建设局（以下简称安定区住建局）下设的凤翔镇征收办（甲方）与被征收人宁某某（乙方）订立《房屋征收补偿安置协议》（以下简称《补偿安置协议》），约定甲方向乙方提供六套房屋（待建）作为安置补偿，乙方如不能按照协议约定的期限腾空并交付被征收房屋，每逾期一日应向甲方承担 1000 元的违约金；产权调换房屋在竣工验收后 10 日内交付，施工期自开工建设之日起不得超过 15 个月（有效施工天数），甲方如不能按照协议约定的期限交付产权调换房屋，每逾期一日应向乙方承担 1000 元的违约金。2013 年 11 月，宁某某将被征收房屋交给征收部门。定西某房地产开发有限公司系上述安置房屋的建设单位，分别于 2015 年 7 月、2016 年 10 月向宁某某交付两套房屋，其余四套房屋一直未交付。宁某某遂提起诉讼，请求判令安定区住建局立即交付《补偿安置协议》约定的四套房屋；如在判决生效后不能立即交付上述四套房屋，则按市场价赔偿，并承担自 2015 年 2 月 9 日起按每日 1000 元计算至房屋实际交付之日的违约金。

【裁判结果】

兰州铁路运输法院一审认为，《补偿安置协议》合法有效，双方应全面履行。安定区住建局未按照协议约定按期向宁某某交付安置房屋，应当承担违约责任。《补偿安置协议》的违约金条款约定不明确，且约定的违约金明显高于宁某某的实际损失，应当以实际损失即安置房屋可以产生的收益计算。一审法院遂判决：一、安定区住建局于判决生效后30日内向宁某某交付已经竣工的三套房屋（具体略），对于尚未竣工的房屋，由安定区住建局用同等位置、相同面积的房屋给予置换，差价按《补偿安置协议》执行。二、安定区住建局于本判决生效后30日内向宁某某支付违约金21000元。宁某某不服，提起上诉。

兰州铁路运输中级法院二审认为，根据《补偿安置协议》相关内容和双方交接第一套房屋时宁某某提交的申请，六套安置房屋分属两个住宅小区不同楼宇，分别以各楼宇开工建设之日计算施工期限及交付期限，符合订立协议时当事人明知的范围和真实意思，宁某某主张六套安置房屋一次性同时交付的主张不能成立。关于违约金数额的确定，《补偿安置协议》约定，交付产权调换房屋，每逾期一日应向宁某某承担1000元的违约金。该约定的违约金明显过高，依法可予以调整。调整违约金应以实际损失为基础，兼顾合同的履行情况、当事人的过错程度以及预期利益等综合因素，根据公平原则和诚信原则予以衡量。本案中，房屋所在区域房屋价格呈上涨趋势，迟延交付不存在交易机会丧失带来的价格损失。以房屋租金收益计算损失，较为客观合理。关于房屋迟延交付的租金收益损失，既要考虑房屋所在区域租金水平，也要考虑房屋达到相应租金水平尚需出租人装修投入等成本因素，还要考虑适度体现违约金的惩罚功能，结合双方在庭审中陈述的房屋所在区域的租金水平，确定以每平方米每月10元的租金收益损失计算违约金。二审法院遂判决：一、撤销一审判决第一项、第二项。二、安定区住建局向宁某某交付剩余四套房屋。已竣工的三套房屋限于判决后10日内履行，尚未竣工的一套房屋限于2020年10月31日前履行。三、安定区住建局向宁某某支付违约金84993元（计算明细详见清单），限于判决后10日内履行。四、自2019年12月31日起，安定区住建局向宁某某每月支付违约金1006元，当月月底前付清，至判决确定的未竣工房屋履行期内的实际交付之日（实际交付之日计期不足一月的，按一月支付）。

【典型意义】

在履行行政协议过程中，协议当事人对协议约定的内容发生争议的，可能有两类情形：一是约定明确，但当事人之间的理解存在分歧；二是约定不明确，当事人之间事后亦无法达成合意。基于行政协议的行政性与协议性双重属性，协议当事人对协议内容的理解发生争议的，应当按照先行政、后协议的顺序进行认定。有效规范性文件对争议的内容已作出明确规定的，按照该规定确定争议内容的含义；有效规范性文件未作出明确规定、属于协议当事人合意范围的内容，则可以参照民事合同法律规范关于意思表示解释的法律规则，即按照协议所使用的词句，结合相关条款、协议的目的、习惯以及诚信原则等确定争议内容的含义。根据前述方法仍无法确定争议内容含义的，则属于协议约定不明的情形，可以由协议当事人达成补充协议，达不成补充协议的，则可以参照民事合同法律规范关于合同约定不明确时履行的法律规则确定争议内容的含义。本案中，协议当事人之间对合意的事项即产权调换的六套房屋是否一次性交付发生争议，人民法院即根据前述法律规则，认定宁某某在其订立协议时对产权调换房屋非一次性交付已有预期且属明知，并在此基础上计算行政机关所应承担的违约责任。行政机关不依法依约履行行政协议约定义务，给协议相对人合法权益造成损失的，从行政性角度应当承担行政赔偿责任，从协议性角度应当承担违约责任。但无论何种角度，二者所遵循的法律精神并无不同，即应当弥补协议相对人遭受的损失。其中，损失包括已经发生的利益减损以及协议履行后依法可以而未获得的利益，《民法典》、新修改的行政赔偿司法解释对此亦予以明确。协议约定的违约金低于或者过分高于造成的损失，当事人请求按照损失的标准进行调整的，人民法院依法可以支持。本案中，人民法院认定约定的违约金计算标准明显超出给协议相对人造成的损失，按照损失填补原则，确定以房屋租金收益为计算标准，更符合违约责任或行政赔偿责任的法律精神。

韩某某诉辽宁省锦州市松山新区国有土地上房屋征收办公室不履行预征收行政协议案

《最高人民法院发布第二批行政协议诉讼典型案例》案例九

2022年4月20日

【基本案情】

辽宁省锦州市松山新区国有土地上房屋征收办公室（以下简称松山征收办）发布《政协周边房屋征收补偿实施方案征求意见稿》，明确该地段采取预约式征收方式，征收人与被征收人订立附生效条件的预约式补偿协议，在规定的时间内预签约比例达到70%以上，所订立的房屋征收补偿安置协议生效，该地段正式征收。韩某某与松山征收办订立《国有土地上房屋征收产权调换安置预签约协议书》（以下简称《预签约协议》），对搬迁费、临时安置费、附属物补偿等作出约定，并约定安置回迁住宅，协议第七项规定，“本协议在预签约达到_ %时即生效”。《预签约协议》订立后，因未达到70%签约条件，该地段未进行征收。韩某某提起本案诉讼，请求松山征收办履行《预签约协议》，并赔偿其各项经济损失。

【裁判结果】

辽宁省锦州市太和区人民法院一审认为，《锦州市国有土地上房屋征收与补偿办法》第十七条规定，因旧城区改建需要征收房屋的，作出房屋征收决定前，房屋征收主管部门可以组织被征收人根据预评估结果、征收补偿方案，预先订立附生效条件的补偿协议。市、区人民政府可以根据预签协议的签约比例决定是否作出房屋征收决定。预签协议的签约比例由市、区人民政府确定。韩某某与松山征收办订立的《预签约协议》属于附生效条件的协议，虽然协议内容中没有约定预签约比例，但是在《政协周边房屋征收补偿实施方案征求意见稿》明确了签约比例应达到70%，因该条件未成就，《预签约协议》未生效。一审法院遂判决驳回诉讼请求。韩某某不服，提起上诉。

辽宁省锦州市中级人民法院二审认为，辽宁省锦州市松山新区管理委员会发布的《政协周边房屋征收补偿实施方案》，明确该地段采取预约式征收方式，该方案以公告的方式发布，对所有被征收人具有法律效力。房屋征收补偿的预签协议的签约比例已经确定为70%，可以作为本案争议的补偿协议行为的依据。经查明，预签协议的实际签约比例应为25.4%。因此，《预签约协议》在规定的时间内预签约比例未达到70%，该协议未生效。二审法院遂判决驳回上诉，维持一审判决。

【典型意义】

为了更好地实现行政管理或者公共服务目标，在不与法律规定相冲突的前提下，行政协议当事人可以约定行政协议的生效条件。如新修改的《土地管理法》所规定的行政机关与拟征收土地的所有权人、使用权人就补偿、安置等订立的协议，属于典型的附生效条件的行政协议。本案所涉国有土地上房屋征收补偿协议，亦属于此类行政协议。实践中，对于协议相对人就生效条件尚未成立的行政协议提起行政诉讼的，人民法院应当如何处理存在不同观点：一是以行政协议对协议相对人权利义务尚未产生实际影响为由裁定驳回起诉；二是依法认定生效条件不成立时判决驳回诉讼请求。由于生效条件是否成立需要进行实体审查，且协议相对人提起的诉讼请求可能并不直接涉及生效条件是否成立，人民法院依法予以受理可以提前定分止争，获得更佳的裁判效果，因而本案采取了第二种观点。协议当事人之间可以协商约定生效条件，以明示或默示方式体现在行政协议之中均可。本案中，生效条件虽未直接明确地写入补偿协议之中，但因补偿方案对生效条件作出明确规定，且其系订立补偿协议的主要依据，可以推定协议当事人知晓且认可补偿方案规定的补偿协议生效条件。对于此类案件，人民法院应当重点审查所约定的生效条件是否违反法律规定、生效条件是否成立、生效条件未能成立是否具有归责于协议当事人的原因等。对于因不具备生效条件而不具有效力的行政协议，协议当事人要求履行协议权利义务的，人民法院可以依法判决驳回诉讼请求。

成都某商贸有限公司诉四川省成都市温江区规划和自然资源局行政决定案

《最高人民法院发布第二批行政协议诉讼典型案例》案例十

2022 年 4 月 20 日

【基本案情】

2017 年 5 月 9 日，原四川省成都市温江区国土资源局（以下简称原温江区国土局）因与成都某商贸有限公司（以下简称某商贸公司）建设用地使用权出让合同纠纷向四川省成都市温江区人民法院（以下简称温江区法院）提起民事诉讼，要求某商贸公司支付因违反双方订立的国有土地使用权出让合同（以下简称案涉合同）约定而产生的违约金及利息。温江区法院经审理后判决驳回了原温江区国土局有关违约金的诉讼请求，该民事判决已于 2018 年 6 月 21 日生效。2018 年 11 月 5 日，原温江区国土局作出温国土资发（2018）366 号《决定书》，以作出行政决定的方式决定对某商贸公司追缴民事诉讼中未予支持的违约金。某商贸公司遂提起行政诉讼，请求撤销《决定书》。

【裁判结果】

四川省成都市郫都区人民法院一审认为，原温江区国土局作出的《决定书》系要求某商贸公司履行案涉合同中支付违约金的义务。对于 2015 年 5 月 1 日修改的《行政诉讼法》施行之前形成的该类合同，按照当时的法律规定可以纳入民事纠纷的范畴。对于应当加收的违约金，原温江区国土局作为责任主体能够通过民事诉讼的方式予以实现。案涉合同为原温江区国土局与某商贸公司于 2013 年 1 月 9 日协商达成，合同履行中是否存在违约行为，应否承担违约责任，可以通过民事诉讼主张权利。原温江区国土局已就逾期缴纳土地出让价款的违约金纠纷提起了相应的民事诉讼，并被温江区法院作出的生效判决所羁束。因此，原温江区国土局再行作出《决定书》追缴违约金于法无据。一审法院遂判决撤销《决定书》。原温江区国土局不服，提出上诉。

四川省成都市中级人民法院二审认为，案涉合同订立于 2013 年 1 月 9 日，按照当时的法律规定，对于国有土地使用权出让合同可以提起民事诉讼进行救济，原温江区国土局已经就本案违约金争议选择通过民事诉讼方式进行救济，人民法院作为民事合同纠纷进行受理并已作出生效的驳回民事判决。为避免逻辑和后续救济实现路径的混乱，同时为维护生效裁判的既判力，应当认定原温江区国土局就生效裁判已经驳回的事项作出行政决定，缺乏事实根据和法律依据。据此，二审判决驳回上诉，维持一审判决。

【典型意义】

司法实践中，就某一协议或者合同属于行政协议抑或民事合同，可能出现较大争议。但无论协议的属性如何，由此引发的争议均属于人民法院的受案范围。由行政诉讼抑或民事诉讼审理，仅涉及人民法院的内部分工，人民法院不能拒绝裁判，也不能重复处理。《最高人民法院关于审理行政协议案件若干问题的规定》第八条规定，民事生效法律文书确认涉案协议不属于民事诉讼受案范围，当事人提起行政诉讼的，人民法院应当依法受理，避免出现人民法院因对内部分工的认识不同而拒绝裁判的现象。行政协议诉讼因其进行合约性以及合法性双重审查，可以解决协议的合意纠纷。若民事诉讼与行政诉讼均认为涉案协议不属于其受案范围，民事诉讼已经作出不予受理的生效法律文书的，行政协议诉讼应当予以受理，而非不予受理并告知当事人就民事生效法律文书申请再审。与此同时，避免重复处理亦属于人民法院应当遵循的诉讼规则。若民事诉讼与行政诉讼均认为涉案协议属于其受案范围，其中一种诉讼类型已经作出生效法律文书的，另一种诉讼类型应当予以尊重而不能重复处理。以本案为例，在民事诉讼已就涉案合同争议作出实体生效判决，合同当事人应当予以尊重并依法执行。作为合同当事人一方的行政机关再就同一争议事项以行政决定方式，作出与生效民事判决相冲突的结论，人民法院依法不予支持。

邹某某等17人诉重庆绿岛新区管理委员会行政协议五案

《最高人民法院发布行政机关负责人出庭应诉典型案例》案例十三

2021年7月29日

【基本案情】

2014年，重庆市璧山区修建双星大道施工时放炮，导致邹某某的房屋出现开裂等情形成为危房无法居住。同年12月，为保证工程的顺利进行，重庆绿岛新区管理委员会（以下简称绿岛新区管委会）、重庆市璧山区人民政府璧泉街道办事处、重庆市璧山区璧泉街道鹰嘴村村民委员会和邹某某签订协议，约定：各方均认可因双星大道施工导致邹某某房屋倒塌，邹某某领取了施工方给予的一次性经济补助后自行解决居住问题，直至邹某某所在社征地时再对原告房屋进行补偿安置。邹某某的涉案房屋随即被拆除，但直到2018年所在社土地仍未被征收，期间邹某某一直在外租房居住。与邹某某相同情况的农户还有四家，均同时向重庆市沙坪坝区人民法院（以下简称沙坪坝区法院）提起行政诉讼。

【出庭应诉情况】

沙坪坝区法院公开合并审理五案，绿岛新区管委会正职负责人到庭参加诉讼，并在庭审中有理、有据、有情地发表意见：对原告支持璧山区征收工作的行为表示感谢，对原告多年来一直在外生活的困难表示歉意，并承诺与相关征地部门协调完善征地手续，以租房补贴的方式对原告的实际困难予以解决。原告均表示认同绿岛新区管委会负责人诚恳解决事情的态度，同意其提出的方案，待具体方案落实后则撤回起诉。庭审结束后，沙坪坝区法院再次组织协调，双方当事人就补偿问题达成协议，原告申请撤回起诉。

【典型意义】

在涉征地类行政案件中，被诉行政机关负责人到庭参加诉讼，就案件所涉法律法规、相关政策和案件事实等方面与行政相对人进行直接、理性的对话，做到“敢于发声”和“善于发声”，由“关键少数”针对“关键问题”

提出切实可行的解决方案，可以有效纾解行政相对人的对立情绪，有利于实质性化解行政争议。本案中，沙坪坝区法院主动通知绿岛新区管委会正职负责人到庭参加诉讼。出庭负责人也切实做到出庭、出声、出效果，最终五案均以原告主动撤诉结案，充分体现行政机关负责人出庭应诉制度的积极作用。

十六、行政补偿

孔某丰诉泗水县人民政府房屋征收决定案

《最高人民法院发布征收拆迁十大案例》第 2 号

2014 年 8 月 29 日

【基本案情】

2011 年 4 月 6 日，泗水县人民政府作出泗政发〔2011〕15 号《泗水县人民政府关于对泗城泗河路东林业局片区和泗河路西古城路北片区实施房屋征收的决定》（以下简称《决定》），其征收补偿方案规定，选择货币补偿的，被征收主房按照该地块多层产权调换安置房的优惠价格补偿；选择产权调换的，安置房超出主房补偿面积的部分由被征收人出资，超出 10 平方米以内的按优惠价结算房价，超出 10 平方米以外的部分按市场价格结算房价；被征收主房面积大于安置房面积的部分，按照安置房优惠价增加 300 元/平方米标准给予货币补偿。原告孔某丰的房屋在被征收范围内，其不服该《决定》，提起行政诉讼。

【裁判结果】

济宁市中级人民法院经审理认为，根据《国有土地上房屋征收与补偿条例》（以下简称《条例》）第二条、第十九条规定，征收国有土地上单位、个人的房屋，应当对被征收房屋所有权人给予公平补偿。对被征收房屋价值的补偿，不得低于房屋征收决定公告之日被征收房屋类似房地产的市场价格。根据立法精神，对被征收房屋的补偿，应参照就近区位新建商品房的价格，以被征收人在房屋被征收后居住条件、生活质量不降低为宜。本案中，优惠价格显然低于市场价格，对被征收房屋的补偿价格也明显低于被征收人的出资购买价格。该征收补偿方案的规定对被征收人显失公平，违反了《条例》的相关规定。故判决：撤销被告泗水县人民政府作出的《决定》。宣判后，各方当事人均未提出上诉。

【典型意义】

本案典型意义在于：《国有土地上房屋征收补偿条例》第二条规定的对被征收人给予公平补偿原则，应贯穿于房屋征收与补偿全过程。无论有关征收决定还是补偿决定的诉讼，人民法院都要坚持程序审查与实体审查相结合，一旦发现补偿方案确定的补偿标准明显低于法定的“类似房地产的市场价格”，即便对于影响面大、涉及人数众多的征收决定，该确认违法的要坚决确认违法，该撤销的要坚决撤销，以有力地维护人民群众的根本权益。

何某诉淮安市淮阴区人民政府房屋征收补偿决定案

《最高人民法院发布征收拆迁十大案例》第3号

2014年8月29日

【基本案情】

2011年10月29日，淮安市淮阴区人民政府（以下简称淮阴区政府）发布《房屋征收决定公告》，决定对银川路东旧城改造项目规划红线范围内的房屋和附属物实施征收。同日，淮阴区政府发布《银川路东地块房屋征收补偿方案》，何某位于淮安市淮阴区黄河路北侧3号楼的房屋在上述征收范围内。经评估，何某被征收房屋住宅部分评估单价为3901元/平方米，经营性用房评估单价为15600元/平方米。在征收补偿商谈过程中，何某向征收部门表示选择产权调换，但双方就产权调换的地点、面积未能达成协议。2012年6月14日，淮阴区政府依征收部门申请作出淮政房征补决字〔2012〕01号《房屋征收补偿决定书》，主要内容：何某被征收房屋建筑面积59.04平方米，设计用途为商住。因征收双方未能在征收补偿方案确定的签约期限内达成补偿协议，淮阴区政府作出征收补偿决定：（1）被征收人货币补偿款总计607027.15元；（2）被征收人何某在接到本决定之日起7日内搬迁完毕。何某不服，向淮安市人民政府申请行政复议，后淮安市人民政府复议维持本案征收补偿决定。何某仍不服，遂向法院提起行政诉讼，要求撤销淮阴区政府对其作出的征收补偿决定。

【裁判结果】

淮安市淮阴区人民法院认为，本案争议焦点为被诉房屋征收补偿决定是否侵害了何某的补偿方式选择权。根据《国有土地上房屋征收与补偿条例》第二十一条第一款规定，被征收人可以选择货币补偿，也可以选择产权调换。通过对本案证据的分析，可以认定何某选择的补偿方式为产权调换，但被诉补偿决定确定的是货币补偿方式，侵害了何某的补偿选择权。据此，法院作出撤销被诉补偿决定的判决。一审判决后，双方均未提起上诉。

【典型意义】

本案典型意义在于：在房屋补偿决定诉讼中，旗帜鲜明地维护了被征收人的补偿方式选择权。《国有土地上房屋征收补偿条例》第二十一条明确规定："被征收人可以选择货币补偿，也可以选择房屋产权调换"，而实践中不少"官"民矛盾的产生，源于市、县级政府在作出补偿决定时，没有给被征收人选择补偿方式的机会而径行加以确定。本案的撤销判决从根本上纠正了行政机关这一典型违法情形，为当事人提供了充分的司法救济。

艾某云、沙某芳诉马鞍山市雨山区人民政府房屋征收补偿决定案

《最高人民法院发布征收拆迁十大案例》第 4 号

2014 年 8 月 29 日

【基本案情】

2012 年 3 月 20 日，雨山区人民政府发布雨城征〔2012〕2 号《雨山区人民政府征收决定》及《采石古镇旧城改造项目房屋征收公告》。艾某云、沙某芳名下的马鞍山市雨山区采石九华街房屋位于征收范围内，其房产证证载房屋建筑面积 774.59 平方米；房屋产别：私产；设计用途：商业。土地证记载

使用权面积1185.9平方米；地类（用途）：综合；使用权类型：出让。2012年12月，雨山区房屋征收部门在司法工作人员全程见证和监督下，抽签确定雨山区采石九华街房屋的房地产价格评估机构为安徽某房地产评估有限公司。2012年12月12日，安徽某房地产评估有限公司向雨山区房屋征收部门提交了对艾某云、沙某芳名下房屋作出的市场价值估价报告。2013年1月16日，雨山区人民政府对被征收人艾某云、沙某芳作出雨政征补〔2013〕21号《房屋征收补偿决定书》。艾某云、沙某芳认为，被告作出补偿决定前没有向原告送达房屋评估结果，剥夺了原告依法享有的权利，故提起行政诉讼，请求依法撤销该《房屋征收补偿决定书》。

【裁判结果】

马鞍山市中级人民法院认为，根据《国有土地上房屋征收与补偿条例》第十九条的规定，被征收房屋的价值，由房地产价格评估机构按照房屋征收评估办法评估确定。对评估确定的被征收房屋价值有异议的，可以向房地产价格评估机构申请复核评估。对复核结果有异议的，可以向房地产价格评估专家委员会申请鉴定。根据住房和城乡建设部颁发的《国有土地上房屋征收评估办法》第十六条、第十七条、第二十条、第二十二条的规定，房屋征收部门应当将房屋分户初步评估结果在征收范围内向被征收人公示。公示期满后，房屋征收部门应当向被征收人转交分户评估报告。被征收人对评估结果有异议的，自收到评估报告10日内，向房地产评估机构申请复核评估。对复核结果有异议的，自收到复核结果10日内，向房地产价格评估专家委员会申请鉴定。从本案现有证据看，雨山区房屋征收部门在安徽某房地产评估有限公司对采石九华街房屋作出的商业房地产市场价值评估报告后，未将该报告内容及时送达艾某云、沙某芳并公告，致使艾某云、沙某芳对其房产评估价格申请复核评估和申请房地产价格评估专家委员会鉴定的权利丧失，属于违反法定程序。据此，判决撤销雨山区人民政府作出的雨政征补〔2013〕21号《房屋征收补偿决定书》。宣判后，各方当事人均未提出上诉。

【典型意义】

本案典型意义在于：通过严格的程序审查，在评估报告是否送达这一细节上，彰显了司法对被征收人获得公平补偿权的全方位保护。房屋价值评估报告是行政机关作出补偿决定最重要的依据之一，如果评估报告未及时送达，会导致被征收人申请复估和申请鉴定的法定权利无法行使，进而使得补偿决定本身失去合法性基础。本案判决敏锐地把握住了程序问题与实体权益保障的重要关联性，果断撤销了补偿决定，保障是充分到位的。

文某安诉商城县人民政府房屋征收补偿决定案

《最高人民法院发布征收拆迁十大案例》第 5 号

2014 年 8 月 29 日

【基本案情】

商城县城关迎春台区域的房屋大多建于三十年前，破损严重，基础设施落后。2012 年 12 月 8 日，商城县房屋征收部门发布《关于迎春台棚户区房屋征收评估机构选择公告》，提供信阳市明某房地产估价师事务所有限公司、安徽中某房地产评估咨询有限公司、商城县隆某房地产评估事务所作为具有资质的评估机构，由被征收人选择。后因征收人与被征收人未能协商一致，商城县房屋征收部门于 12 月 11 日发布《关于迎春台棚户区房屋征收评估机构抽签公告》，并于 12 月 14 日组织被征收人和群众代表抽签，确定信阳市明某房地产估价师事务所有限公司为该次房屋征收的价格评估机构。2012 年 12 月 24 日，商城县人民政府作出商政〔2012〕24 号《关于迎春台安置区改造建设房屋征收的决定》。原告文某安长期居住的迎春台 132 号房屋在征收范围内。2013 年 5 月 10 日，房地产价格评估机构出具了房屋初评报告。商城县房屋征收部门与原告在征收补偿方案确定的签约期限内未能达成补偿协议，被告于 2013 年 7 月 15 日依据房屋评估报告作出商政补决字〔2013〕3 号《商城县人民政府房屋征收补偿决定书》。原告不服该征收补偿决定，向人民法院提起诉讼。

【裁判结果】

信阳市中级人民法院认为，本案被诉征收补偿决定的合法性存在以下问题：（1）评估机构选择程序不合法。商城县房屋征收部门于 2012 年 12 月 8 日发布《关于迎春台棚户区房屋征收评估机构选择公告》，但商城县人民政府直到2012年12月24日才作出《关于迎春台安置区改造建设房屋征收的决定》，即先发布房屋征收评估机构选择公告，后作出房屋征收决定。这不符合《国有土地上房屋征收与补偿条例》第二十条第一款有关“房地产价格评估机构由被征收人协商选定；协商不成的，通过多数决定、随机选定等方式确定，具体办法由省、自治区、直辖市制定”的规定与《河南省实施〈国有土地上房屋征收与补偿条例〉的规定》第六条的规定，违反法定程序。（2）对原告文某安的房屋权属认定错误。被告在《关于文某安房屋产权主体不一致的情况说明》中称“文某安在评估过程中拒绝配合致使评估人员未能进入房屋勘察”，但在《迎春台安置区房地产权属情况调查认定报告》中称“此面积为县征收办入户丈量面积、房地产权属情况为权属无争议”。被告提供的证据相互矛盾，且没有充分证据证明系因原告的原因导致被告无法履行勘察程序。且该房屋所有权证及国有土地使用权证登记的权利人均为第三人文某而非文某安，被告对该被征收土地上房屋权属问题的认定确有错误。据此，一审法院判决撤销被诉房屋征收补偿决定。宣判后，各方当事人均未提出上诉。

【典型意义】

本案典型意义在于：从程序合法性、实体合法性两个角度鲜明地指出补偿决定存在的硬伤。在程序合法性方面，依据有关规定突出强调了征收决定作出后才能正式确定评估机构的基本程序要求；在实体合法性方面，强调补偿决定认定的被征收人必须适格。本案因存在征收决定作出前已确定了评估机构，且补偿决定核定的被征收人不是合法权属登记人的问题，故判决撤销补偿决定，彰显了程序公正和实体公正价值的双重意义。

霍某英诉上海市黄浦区人民政府房屋征收补偿决定案

《最高人民法院发布征收拆迁十大案例》第6号

2014年8月29日

【基本案情】

上海市顺昌路281～283号二层统间系原告霍某英租赁的公有房屋，房屋类型旧里，房屋用途为居住，居住面积11.9平方米，折合建筑面积18.33平方米。该户在册户口 4 人，即霍某英、孙某萱、陈某理、孙某强。因旧城区改建需要，2012 年 6 月 2 日，被告上海市黄浦区人民政府作出黄府征〔2012〕2 号房屋征收决定，原告户居住房屋位于征收范围内。因原告户认为其户经营公司，被告应当对其给予非居住房屋补偿，致征收双方未能在签约期限内达成征收补偿协议。2013 年 4 月 11 日，房屋征收部门即第三人上海市黄浦区住房保障和房屋管理局向被告报请作出征收补偿决定。被告受理后于 2013 年 4 月 16 日召开审理协调会，因原告户自行离开会场致协调不成。被告经审查核实相关证据材料，于 2013 年 4 月 23 日作出沪黄府房征补〔2013〕010 号房屋征收补偿决定，认定原告户被征收房屋为居住房屋，决定：一、房屋征收部门以房屋产权调换的方式补偿公有房屋承租人霍某英户，用于产权调换房屋地址为上海市徐汇区东兰路 121 弄 3 号 2 × ×室，霍某英户支付房屋征收部门差价款 476706. 84 元；二、房屋征收部门给予霍某英户各项补贴、奖励费等共计 492150 元，家用设施移装费按实结算，签约搬迁奖励费按搬迁日期结算；三、霍某英户应在收到房屋征收补偿决定书之日起 15 日内搬迁至上述产权调换房屋地址，将被征收房屋腾空。

原告不服该征收补偿决定，向上海市人民政府申请行政复议，上海市人民政府经复议维持该房屋征收补偿决定。原告仍不服，遂向上海市黄浦区人民法院提起行政诉讼，要求撤销被诉征收补偿决定。

【裁判结果】

上海市黄浦区人民法院认为，被告具有作出被诉房屋征收补偿决定的行政职权，被诉房屋征收补偿决定行政程序合法，适用法律规范正确，未损害原告户的合法权益。本案的主要争议在于原告户的被征收房屋性质应认定为居住房屋还是非居住房屋。经查，孙某萱为法定代表人的上海杨林基某投资有限公司、上海基某生态环保科技有限公司的住所地均为本市金山区，虽经营地址登记为本市顺昌路 2 × ×号，但两公司的营业期限自 2003 年 12 月至 2008 年 12 月止，且原告承租公房的性质为居住。原告要求被告就孙某萱经营公司给予补偿缺乏法律依据，征收补偿方案亦无此规定，被诉征收补偿决定对其以居住房屋进行补偿于法有据。据此，一审法院判决驳回原告的诉讼请求。宣判后，各方当事人均未提出上诉。

【典型意义】

本案典型意义在于：对如何界定被征收房屋是否属于居住房屋、进而适用不同补偿标准具有积极的借鉴意义。实践中，老百姓最关注的“按什么标准补”的前提往往是“房屋属于什么性质和用途”，这方面争议很多。法院在实践中通常依据房产登记证件所载明的用途认定房屋性质，但如果载明用途与被征收人的主张不一致，需要其提供营业执照和其他相关证据佐证，才有可能酌定不同的补偿标准。本案中原告未能提供充分证据证明涉案房屋系非居住房屋，故法院不支持其诉讼请求。

毛某荣诉永昌县人民政府房屋征收补偿决定案

《最高人民法院发布征收拆迁十大案例》第7号

2014年8月29日

【基本案情】

2012年1月，永昌县人民政府拟定《永昌县北海子景区建设项目国有土地上房屋征收补偿方案》，向社会公众公开征求意见。期满后，作出《关于永昌县北海子景区建设项目涉及国有土地上房屋征收的决定》并予以公告。原告毛某荣、刘某华、毛某峰（系夫妻、父子关系）共同共有的住宅房屋一处（面积276平方米）、工业用房一处（面积775.8平方米）均在被征收范围内。经房屋征收部门通知，毛某荣等人选定评估机构对被征收房屋进行评估。评估报告作出后，毛某荣等人以漏评为由申请复核，评估机构复核后重新作出评估报告，并对漏评项目进行了详细说明。同年12月26日，房屋征收部门就补偿事宜与毛某荣多次协商无果后，告知其对房屋估价复核结果有异议可依据《国有土地上房屋征收评估办法》，在接到通知之日起10日内向金昌市房地产价格评估专家委员会申请鉴定。毛某荣在规定的期限内未申请鉴定。2013年1月9日，县政府作出永政征补〔2013〕第1号《关于国有土地上毛某荣房屋征收补偿决定》，对涉案被征收范围内住宅房屋、房屋室内外装饰、工业用房及附属物、停产停业损失等进行补偿，被征收人选择货币补偿，总补偿款合计人民币1842612元。毛某荣、刘某华、毛某峰认为补偿不合理，补偿价格过低，向市政府提起行政复议。复议机关经审查维持了县政府作出的征收补偿决定。毛某荣、刘某华、毛某峰不服，提起行政诉讼，请求撤销征收补偿决定。

【裁判结果】

金昌市中级人民法院审理认为，县政府为公共事业的需要，组织实施县城北海子生态保护与景区规划建设，有权依照《国有土地上房屋征收与补偿条例》的规定，征收原告国有土地上的房屋。因房屋征收部门与被征收人在征收补偿方案确定的签约期限内未达成补偿协议，县政府具有依法按照征收补偿方案作出补偿决定的职权。在征收补偿过程中，评估机构系原告自己选定，该评估机构具有相应资质，复核评估报告对原告提出的漏评项目已作出明确说明。原告对评估复核结果虽有异议，但在规定的期限内并未向金昌市房地产价格评估专家委员会申请鉴定。因此，县政府对因征收行为给原告的住宅房屋及其装饰、工业用房及其附属物、停产停业损失等给予补偿，符合《甘肃省实施〈国有土地上房屋征收与补偿条例〉若干规定》的相关规定。被诉征收补偿决定认定事实清楚，适用法律、法规正确，程序合法。遂判决：驳回原告毛某荣、刘某华、毛某峰的诉讼请求。宣判后，各方当事人均未提出上诉。

【典型意义】

本案典型意义在于：人民法院通过发挥司法监督作用，对合乎法律法规的征收补偿行为给予有力支持。在本案征收补偿过程中，征收部门在听取被征收人对征收补偿方案的意见、评估机构选择、补偿范围确定等方面，比较充分到位，保障了当事人知情权、参与权，体现了公开、公平、公正原则。通过法官释法明理，原告逐步消除了内心疑虑和不合理的心理预期，不仅未上诉，其后不久又与征收部门达成补偿协议，公益建设项目得以顺利推进，案件处理取得了较好的法律效果和社会效果。

李某庆诉上海市静安区人民政府、上海市人民政府房屋征收补偿决定及行政复议决定案

《最高人民法院发布行政审判十大典型案例（第一批）》第 8 号

2017 年 6 月 13 日

【基本案情】

上海市静安区人民政府（以下简称静安区政府）于 2012 年 10 月 19 日作出房屋征收决定，李某庆户承租的公房在征收范围内。安置补偿协商过程中，静安区住房保障和房屋管理局（以下简称静安房管局）向李某庆户提供货币补偿和房屋产权调换两种方式选择，因李某庆不认可《补偿方案》，双方在签约期限内未达成补偿协议。静安房管局于 2015 年 1 月 19 日报请静安区政府作出房屋征收补偿决定。静安区政府受理后，组织双方进行调查和调解，李某庆出席但调解未成。静安区政府经审查，认定静安房管局提出的以结算差价的房屋产权调换方式补偿李某庆户的方案合法、适当，遂于 2015 年 2 月 5 日作出房屋征收补偿决定，并将决定书依法送达李某庆及静安房管局，同时在基地张贴公示。李某庆不服，于 2015 年 4 月 3 日向上海市人民政府（以下简称上海市政府）提出行政复议。上海市政府受理后，经审查作出行政复议决定，维持静安区政府所作征收补偿决定。李某庆仍不服，遂提起本案诉讼。

【裁判结果】

上海市第二中级人民法院认为，根据《国有土地上房屋征收与补偿条例》（以下简称《征补条例》）和《上海市国有土地上房屋征收与补偿实施细则》（以下简称《实施细则》）的规定，静安区政府具有作出房屋征收补偿决定的行政职权。其于法定期限内作出被诉房屋征收补偿决定，行政程序并无不当。被诉房屋征收补偿决定认定事实清楚，适用法律准确。上海市政府在规定的期限内作出行政复议决定，程序合法。遂判决驳回李某庆的诉讼请求。上海市高级人民法院以与一审基本相同的理由判决驳回上诉、维持原判。

最高人民法院认为，静安房管局因与李某庆在征收补偿方案确定的签约期限内达不成补偿协议，报请静安区政府作出补偿决定。静安区政府受理后，

核实相关材料，组织召开调解会，并在调解未成的情况下，在法定期限内作出被诉房屋征收补偿决定，程序合法。静安区政府依据租用公房凭证记载的居住面积乘以相应系数计算被征收房屋建筑面积，结合房屋评估单价等确定货币补偿金额及补贴款等，并以上海市土地储备中心安排的用于征收地块安置的房源安置给李某庆户，未侵犯李某庆户的合法利益，安置方案并无不当。此外，经上海房地产估价师事务所有限公司评估，被征收房屋于征收决定公告之日的房地产市场评估单价为 29233 元/平方米，该地块评估均价为 29200 元/平方米。李某庆在规定的期限内未申请复核。后静安房管局向李某庆征询是否需要专家鉴定，李某庆明确表示拒绝。在协商过程中，静安房管局向李某庆户提供货币补偿和房屋产权调换两种方式选择，因李某庆不认可《补偿方案》，双方在签约期限内未达成补偿协议。据此，李某庆提出的评估报告违法及剥夺其安置补偿方式选择权的异议缺乏依据。上海市政府在规定的期限内作出行政复议决定，适用法律正确，程序合法。遂裁定驳回李某庆的再审申请。

【典型意义】

本案的典型意义在于：一方面，人民法院在行政审判中要按照严格司法的要求，坚持被诉行政行为合法性审查的标准，监督和促进行政机关全面履行政府职能，助力法治政府尽快建成。另一方面，在被诉行政行为达到合法性要求的情况下，人民法院应当作出明确的认定，既彰显依法行政的规则，使后续的行政执法活动有所遵循，又明晰权利保护的界限，为人民群众依法维权提供规范和指引。本案中，人民法院通过对被诉征收补偿决定和行政复议决定的全面审查，特别是从被诉行政行为职权合法性、程序合法性、实体认定合法性等多个方面进行了审查，同时对相对人的实体权益保护问题作出认定，在确认行政行为合法和相对人权益得到保障的前提下，裁定驳回相对人的再审申请。

孙某兴诉浙江省舟山市普陀区人民政府房屋征收补偿案

《最高人民法院发布人民法院征收拆迁典型案例（第二批）》第 2 号

2018 年 5 月 15 日

【基本案情】

2015 年 2 月 10 日，浙江省舟山市普陀区人民政府（以下简称普陀区政府）作出普政房征决〔2015〕1 号房屋征收决定，对包括孙某兴在内的国有土地上房屋及附属物进行征收。在完成公告房屋征收决定、选择评估机构、送达征收评估分户报告等法定程序之后，孙某兴未在签约期限内达成补偿协议、未在规定期限内选择征收补偿方式，且因孙某兴的原因，评估机构无法入户调查，完成被征收房屋的装饰装修及附属物的价值评估工作。2015 年 5 月 19 日，普陀区政府作出被诉房屋征收补偿决定，并向其送达。该补偿决定明确了被征收房屋补偿费、搬迁费、临时安置费等数额，决定被征收房屋的装饰装修及附属物经入户按实评估后，按规定予以补偿及其他事项。孙某兴不服，提起诉讼，请求撤销被诉房屋征收补偿决定。

【裁判结果】

舟山市中级人民法院一审认为，本案房地产价格评估机构根据被征收房屋所有权证所载内容并结合前期调查的现场勘察结果，认定被征收房屋的性质、用途、面积、位置、建筑结构、建筑年代等，并据此作出涉案房屋的征收评估分户报告，确定了评估价值（不包括装修、附属设施及未经产权登记的建筑物）。因孙某兴的原因导致无法入户调查，评估被征收房屋的装饰装修及附属物的价值，故被诉房屋征收补偿决定载明对于被征收房屋的装饰装修及附属物经入户按实评估后按规定予以补偿。此符合《浙江省国有土地上房屋征收与补偿条例》第三十三条第三款的规定，并未损害孙某兴的合法权益，遂判决驳回了孙某兴的诉讼请求。孙某兴提起上诉，浙江省高级人民法院判决驳回上诉、维持原判。

【典型意义】

评估报告只有准确反映被征收房屋的价值，被征收人才有可能获得充分合理的补偿。要做到这一点，不仅需要行政机关和评估机构依法依规实施评估，也离不开被征收人自身的配合与协助。如果被征收人拒绝履行配合与协助的义务导致无法评估，不利后果应由被征收人承担。本案即属此种情形，在孙某兴拒绝评估机构入户，导致装饰装修及房屋附属物无法评估的情况下，行政机关没有直接对上述财物确定补偿数额，而是在决定中载明经入户按实评估后按规定予以补偿，人民法院判决对这一做法予以认可。此案判决不仅体现了对被拆迁人合法权益的保护，更值得注意的是，以个案方式引导被征收人积极协助当地政府的依法征拆工作，依法维护自身的合法权益。

吉林省永吉县龙某物资经销处诉吉林省永吉县人民政府征收补偿案

《最高人民法院发布人民法院征收拆迁典型案例（第二批）》第 5 号

2018 年 5 月 15 日

【基本案情】

2015 年 4 月 8 日，吉林省永吉县人民政府（以下简称永吉县政府）作出房屋征收决定，决定对相关的棚户区实施改造，同日发布永政告字〔2015〕1 号《房屋征收公告》并张贴于拆迁范围内的公告栏。永吉县龙某物资经销处（以下简称经销处）所在地段处于征收范围。2015 年 4 月 27 日至 29 日，永吉县房屋征收经办中心作出选定评估机构的实施方案，并于 4 月 30 日召开选定大会，确定改造项目的评估机构。2015 年 9 月 15 日，永吉县政府依据评估结果作出永政房征补〔2015〕3 号房屋征收补偿决定。经销处认为，该征收补偿决定存在认定事实不清、程序违法，评估机构的选定程序和适用依据不合法，评估价格明显低于市场价格等诸多问题，故以永吉县政府为被告诉至法院，请求判决撤销上述房屋征收补偿决定。

【裁判结果】

吉林市中级人民法院一审认为，被诉房屋征收补偿决定依据的评估报告从形式要件看，分别存在没有评估师签字，未附带设备、资产明细或者说明，未标注或者释明被征收人申请复核评估的权利等不符合法定要求的形式问题；从实体内容看，在对被征收的附属物评估和资产、设备评估上均存在评估漏项的问题。上述评估报告明显缺乏客观性、公正性，不能作为被诉房屋征收补偿决定的合法依据。遂判决撤销被诉房屋征收补偿决定，责令永吉县政府60日内重新作出行政行为。永吉县政府不服提起上诉。吉林省高级人民法院二审以与一审相同的理由判决驳回上诉、维持原判。

【典型意义】

在征收拆迁案件当中，评估报告作为确定征收补偿价值的核心证据，人民法院能否依法对其进行有效审查，已经在很大程度上决定着案件能否得到实质解决，被拆迁人的合法权益能否得到充分保障。本案中，人民法院对评估报告的审查是严格的、到位的，因而效果也是好的。在认定涉案评估报告存在遗漏评估设备、没有评估师的签字盖章、未附带资产设备的明细说明、未告知申请复核的评估权利等系列问题之后，对这些问题的性质作出评估，得出了两个结论：一是评估报告不具备合法的证据形式，不能如实地反映被征收人的财产情况。二是据此认定评估报告缺乏客观公正性、不具备合法效力。在上述论理基础上撤销了被诉房屋征收补偿决定并判令行政机关限期重作。本案对评估报告所进行的适度审查，可以作为此类案件的一种标杆。

王某影诉辽宁省沈阳市浑南现代商贸区管理委员会履行补偿职责案

《最高人民法院发布人民法院征收拆迁典型案例（第二批）》第7号

2018年5月15日

【基本案情】

2011年12月5日，王某影与辽宁省沈阳市东陵区（浑南新区）第二房屋征收管理办公室（以下简称房屋征收办）签订国有土地上房屋征收与补偿安置协议，选择实物安置的方式进行拆迁补偿，并约定房屋征收办于 2014 年 3 月 15 日前交付安置房屋，由王某影自行解决过渡用房，临时安置补助费每月 996.3 元。然而，房屋征收办一直未履行交付安置房屋的约定义务。2016 年 5 月 5 日，王某影与房屋征收办重新签订相关协议，选择货币方式进行拆迁补偿。其实际收到补偿款 316829 元，并按每月 996.3 元的标准领取了至 2016 年 5 月的临时安置补助费。其后因政府发文调整征收职责，相关职责下发到各个功能区管理委员会负责。王某影认为按照《沈阳市国有土地上房屋征收与补偿办法》第三十六条有关超期未回迁的双倍支付临时安置补助费的规定，沈阳市浑南现代商贸区管理委员会（以下简称浑南商贸区管委会）未履行足额支付其超期未回迁安置补助费的职责，遂以该管委会为被告诉至法院，请求判决被告支付其自 2014 年 1 月 1 日起至 2016 年 5 月止的超期未回迁安置补助费 47822.4 元（以每月 1992.6 元为标准）。

【裁判结果】

沈阳市大东区人民法院一审认为，王某影以实物安置方式签订的回迁安置协议已变更为以货币补偿方式进行拆迁补偿。合同变更后，以实物安置方式为标的的回迁安置协议已终止，遂判决驳回王某影的诉讼请求。王某影不服，提起上诉。沈阳市中级人民法院二审认为，本案焦点问题在于浑南商贸区管委会应否双倍支付临时安置补助费。由于 2016 年 5 月王某影与房屋征收办重新签订货币补偿协议时，双方关于是否双倍给付过渡期安置费问题正在民事诉讼过程中，未就该问题进行约定。根据《沈阳市国有土地上房屋征收与补偿办法》（2015 年 2 月实施）第三十六条第三项有关“超期未回迁的，按照双倍支付临时安置补助费。选择货币补偿的，一次性支付 4 个月临时安置补助费”的规定，浑南商贸区管委会应当双倍支付王某影 2015 年 2 月至 2016 年 5 月期间的临时安置补助费。虑及王某影已经按照一倍标准领取了临时安置补助费，二审法院遂撤销一审判决，判令浑南商贸区管委会以每月 996.3 元为标准，支付王某影 2015 年 2 月至 2016 年 5 月期间的另一倍的临时安置补助费 15940.8 元。

【典型意义】

在依法治国的进程中，以更加柔和、富有弹性的行政协议方式代替以命令强制为特征的高权行为，是行政管理的一个发展趋势。如何通过行政协议的方式在约束行政权的随意性与维护行政权的机动性之间建立平衡，如何将行政协议置于依法行政理念支配之下是加强法治政府建设面临的重要课题之一。本案即为人民法院通过司法审查确保行政机关对行政协议权的行使符合法律要求，切实保障被征收人合法权益的典型案例。本案中，当事人通过合意，即签订国有土地上房屋征收与补偿安置协议的形式确定了各自行政法上具体的权利义务。行政协议约定的内容可能包罗万象，但依然会出现遗漏约定事项的情形。对于两个行政协议均未约定的“双倍支付”临时安置补助费的内容，二审法院依据2015年2月实施的《沈阳市国有土地上房屋征收与补偿办法》有关“超期未回迁的，按照双倍支付临时安置补助费”之规定，结合行政机关未能履行2011年协议承诺的交房义务以及2016年已协议改变补偿方式等事实，判令行政机关按照上述规定追加补偿原告2015年2月至2016年5月期间一倍的临时安置补助费。此案判决明确了人民法院可适用地方政府规章等规定对行政协议未约定事项依法“填漏补缺”的裁判规则，督促行政机关在房屋征收补偿工作中及时准确地适用各种惠及民生的新政策、新规定，对如何处理行政协议约定与既有法律规定之间的关系具有重要的指导意义。

谷某梁、孟某林诉江苏省盐城市亭湖区人民政府房屋征收补偿决定案

《最高人民法院发布人民法院征收拆迁典型案例（第二批）》第8号

2018年5月15日

【基本案情】

2015年4月3日，江苏省盐城市亭湖区人民政府（以下简称亭湖区政府）作出涉案青年路北侧地块建设项目房屋征收决定并予公告，同时公布了征收补偿实施方案，确定亭湖区住房和城乡建设局（以下简称亭湖区住建局）为房屋征收部门。谷某梁、孟某林两人的房屋位于征收范围内。其后，亭湖区住建局公示了4家评估机构，并按法定方式予以确定。2015年4月21日，该局公示了分户初步评估结果，并告知被征收人10日内可申请复估。后给两人

留置送达了《房屋分户估价报告单》《装饰装潢评估明细表》《附属物评估明细表》，两人未书面申请复估。2016 年 7 月 26 日，该局向两人发出告知书，要求其选择补偿方式，逾期将提请亭湖区政府作出征收补偿决定。两人未在告知书指定期限内选择，也未提交书面意见。2016 年 10 月 10 日，亭湖区政府作出征收补偿决定书，经公证后向两人送达，且在征收范围内公示。两人不服，以亭湖区政府为被告提起行政诉讼，请求撤销上述征收补偿决定书。

【裁判结果】

盐城市中级人民法院一审认为，亭湖区政府具有作出征收补偿决定的法定职权。在征收补偿过程中，亭湖区住建局在被征收人未协商选定评估机构的情况下，在公证机构的公证下于 2015 年 4 月 15 日通过抽签方式依法确定仁某估价公司为评估机构。亭湖区政府根据谷某梁、孟某林的户籍证明、房屋登记信息表等权属证明材料，确定被征收房屋权属、性质、用途及面积等，并将调查结果予以公示。涉案评估报告送达给谷某梁、孟某林后，其未在法定期限内提出异议。亭湖区政府依据分户评估报告等材料，确定涉案房屋、装饰装潢、附属物的价值，并据此确定补偿金额，并无不当。征收部门其后书面告知两人有权选择补偿方式。在两人未在规定期限内选择的情形下，亭湖区政府为充分保障其居住权，根据亭湖区住建局的报请，按照征收补偿方案作出房屋征收补偿决定，确定以产权调换的补偿方式进行安置，依法向其送达。被诉决定认定事实清楚，适用法律、法规正确，程序合法，故判决驳回原告诉讼请求。一审宣判后，双方均未上诉。

【典型意义】

“正义不仅要实现，而且要以看得见的方式实现。”科学合理的程序可以保障人民群众的知情权、参与权、陈述权和申辩权，促进实体公正。程序正当性在推进法治政府建设过程中具有独立的实践意义和理论价值，此既是党的十九大对加强权力监督与运行机制的基本要求，也是法治发展到一定阶段推进依法行政、建设法治政府的客观需要。《国有土地上房屋征收补偿条例》确立了征收补偿应当遵循决策民主、程序正当、结果公开原则，并对评估机构选择、评估过程运行、评估结果送达以及申请复估、申请鉴定等关键程序作了具有可操作性的明确规定。在房屋征收补偿过程中，行政机关不仅要做到实体合法，也必须做到程序正当。本案中，人民法院结合被诉征收补偿决定的形成过程，着重从评估机构的选定、评估事项的确定、评估报告的送达、评估异议以及补偿方式的选择等多个程序角度，分析了亭湖区政府征收全过程的程序正当性，进而肯定了安置补偿方式与结果的合法性。既强调被征收人享有的应受法律保障的程序与实体权利，也支持了本案行政机关采取的一系列正确做法，有力地发挥了司法监督作用，对于确立相关领域的审查范围和审查标准，维护公共利益具有示范意义。

金华市光某商贸有限公司诉金华市金东区人民政府拆迁行政合同案

——行政机关采用签订空白房地产收购补偿协议方式拆除房屋后，双方未能就补偿内容协商一致，行政机关又不作出补偿决定的，人民法院应当判决行政机关限期采取补救措施

《行政协议案件典型案例》第7号

2019年12月12日

【基本案情】

2017年3月4日，原告金华市光某商贸有限公司法定代表人严某某与被告金华市金东区人民政府设立的多湖中央商务区征迁指挥部签订《多湖中央商务区金华市光某商贸有限公司房屋及土地收购货币补偿协议》一份，原告同意多湖中央商务区征迁指挥部收购其所有的坐落于金华市金东区浮桥东路88号华丰市场综合楼的房屋。但双方未就房屋的性质、面积及收购的补偿金额等内容进行约定。同日，原告法定代表人严某某作出书面承诺，承诺其本人会积极响应多湖中央商务区开发建设，同意先行拆除华丰市场所有建筑物，自愿承担先行拆除的所有法律效果。次日，多湖中央商务区征迁指挥部对原告所有的华丰市场综合楼实施了拆除。之后，因被收购房屋性质为商业用地、土地性质为工业用地，双方对适用何种补偿标准有争议，一直未就补偿金额协商一致。故原告起诉请求：确认《多湖中央商务区金华市光某商贸有限公司房屋与土地收购货币补偿协议》无效；请求被告恢复原状并赔偿损失或按现行同类附近房地产价格赔偿原告损失。

【裁判结果】

经浙江省金华市中级人民法院一审，浙江省高级人民法院二审认为，建立在平等、自愿、等价、有偿基础上的收购协议，在一定层面上有利于提高旧城改造的效率，并有助于通过合理的价格来对房屋所有权人给予更加充分更加及时的补偿安置，具有现实合理性和可行性。对于原告同意收购、承诺可以先行拆除再行协商补偿款项并已实际预支部分补偿款、行政机关愿意对房屋所有权人进行公平合理的并不低于当时当地同区位同类房屋市场评估价格的补偿安置，且不存在《合同法》第五十二条等规定的以欺诈、胁迫等手段签订收购协议情形的，不宜完全否定此种收购协议的合法性。故对原告事后要求确认该协议无效的请求，不予支持。同时鉴于协议约定的房屋已被拆除，对原告要求恢复房屋原状的请求，亦不予支持。对于涉案房屋的损失补偿问题，被告应采取补救措施，协商不成的，被告应及时作出补偿的处理意见。遂判决责令被告于本判决生效之日起 3 个月内对原告所有的案涉房屋的损失采取补救措施；驳回其他诉讼请求。

云南得某矿业有限责任公司诉云南省镇康县人民政府地矿行政补偿案

《2019 年度人民法院环境资源典型案例》第三十号

2020 年 5 月 8 日

【基本案情】

云南得某矿业有限责任公司（以下简称得某公司）系“镇康县麦地河铅锌矿详查”探矿权人，该探矿权最后一次延续的有效期为 2010 年 6 月 28 日至 2012 年 6 月 28 日。2011 年 8 月，云南省发展和改革委员会批复同意镇康县中山河水库工程建设。得某公司探矿权所涉项目位于上述水库的水源保护区范围内。云南省镇康县人民政府（以下简称镇康县人民政府）先后两次函告得某公司，勘察许可证到期后，不再申报延续登记。2014 年 6 月，双方委托鉴定机构所对案涉探矿权进行评估，鉴定意见确定该探矿权价值 3053. 18 万元。得某公司提起行政诉讼，请求镇康县人民政府补偿其经济损失 3053. 18

万元，勘探支出本息1363.42万元，2012年至2017年11月支出的员工工资86.05万元，鉴定费10万元。

【裁判结果】

云南省临沧市中级人民法院一审认为，镇康县人民政府函告取消水源区内所有矿业权，就得某公司探矿权不再申报延期的行为，对得某公司的权利义务产生实际影响，得某公司有权提起行政补偿诉讼。得某公司主张的补偿项目中，探矿权实现后的预期收益，不属于实际损失，不予支持；为勘探支付的勘探成本及利息、人工工资等损失，结合实际情况，酌情支持。一审判决，镇康县人民政府补偿得某公司损失214.60万元。云南省高级人民法院二审维持原判。

【典型意义】

本案系因饮用水水源地退出探矿权引发的行政补偿案件。饮用水安全与人民群众生命健康息息相关。2017年修正的《水污染防治法》重申了饮用水水源保护区制度，禁止在饮用水水源二级保护区内新建、改建、扩建排放污染物的建设项目；已建成的排放污染物的建设项目，由县级以上人民政府责令拆除或者关闭。本案中，虽得某公司探矿权取得在先，但其有效期届满后，镇康县人民政府基于饮用水水源地保护需要不再申报延续登记，符合环境公共利益。人民法院依法支持行政机关不再延续探矿权期限决定，同时判令对得某公司实际损失予以合理补偿，实现了保护人民群众公共饮水安全和探矿权人财产权益之间的平衡。

武汉市武昌南某铁路配件厂诉武汉市洪山区人民政府房屋征收补偿决定案

《最高人民法院产权保护行政诉讼典型案例》第四号

2020年7月27日

【基本案情】

2015年5月，武汉市洪山区人民政府（以下简称洪山区政府）作出洪政征决字〔2015〕第 1 号房屋征收决定，对杨泗港长江大桥建设用地范围内的国有土地上房屋实施征收，征收部门为该区房屋征收管理办公室（以下简称洪山区征收办）。武汉市武昌南某铁路配件厂（以下简称南某配件厂）的厂房位于征收范围内，规划用途为工业配套。被征收人投票选定评估机构后，洪山区征收办分别于 2015 年 6 月 12 日及 24 日对房屋初步评估结果和房屋征收价格评估结果进行了公告，评估公司在此期间制作了南某配件厂的分户评估报告，但洪山区征收办直至 2016 年 5 月 31 日才向南某配件厂留置送达。洪山区征收办另外委托资产评估公司对南某配件厂的变压器、车床等设备类资产的市场价值进行评估并出具了资产评估咨询报告，但未向南某配件厂送达。因南某配件厂与洪山区征收办始终未达成补偿协议，经洪山区征收办申请，洪山区政府于 2016 年 8 月 12 日作出洪政征补字〔2016〕2 号《房屋征收补偿决定书》（以下简称 2 号补偿决定）并张贴于南某配件厂厂房处。该补偿决定设定的产权调换主要内容为："……房屋征收部门提供位于洪山区红霞村红霞雅苑 10 处房屋作为产权调换房……规划用途为住宅……" 2016 年 9 月 28 日，南某配件厂的厂房被强制拆除。南某配件厂不服该补偿决定，诉至法院。

【裁判结果】

湖北省武汉市中级人民法院一审认为，根据《国有土地上房屋征收与补偿条例》及《国有土地上房屋征收评估办法》的规定，房屋征收部门应当在分户初步评估结果公示期满后向被征收人转交分户评估报告，被征收人对评估结果有疑问的可以申请复核评估及鉴定。本案中，洪山区征收办向南某配件厂留置送达分户评估报告的时间距该报告作出近一年，导致南某配件厂失去了申请复核及鉴定的权利并错过签约期，构成程序违法。对于南某配件厂的设备资产补偿问题，虽然洪山区征收办另委托评估公司出具了资产评估咨询报告，但未向南某配件厂送达，亦构成程序违法。一审遂判决撤销洪山区政府作出的 2 号补偿决定。洪山区政府提起上诉，湖北省高级人民法院二审对 2 号补偿决定程序违法的一审裁判意见予以支持。同时认为，该补偿决定虽然在形式上设定了货币补偿和产权调换两种补偿方式供选择，但就实质内容而言，洪山区政府针对南某配件厂的规划用途为工业配套、实际亦用于生产的厂房，提供 10 套住宅用于产权调换，这与南某配件厂秉持的通过产权调换获得新厂房、征收后继续生产经营的意愿及需要严重不符，实质上限制了南某配件厂对补偿方式的选择权，洪山区政府也未能举证证明南某配件厂的上述意愿违反法律强制性规定或客观上无法实现。据此，2号补偿决定设定的房屋产权调换方式不符合行政行为合理性原则的要求，属于明显不当的情形。二审终审判决驳回上诉、维持原判。

【典型意义】

处于正常生产经营状态、特别是经济效益尚可的企业在遇到征收时，出于坚持生产事业、安置员工等主客观方面的实际需要，往往抱有在征收后继续生产经营的意愿，这种意愿是企业经营权及财产权的合理延伸。为实现这一意愿，被征收企业多倾向于选择房屋产权调换的补偿方式，希望直接获得用于继续生产的房屋、场地等必要生产资料。在征收补偿工作中，征收补偿实施主体应当适度考虑被征收企业的意愿和被征收房屋的特定用途，在不突破法律规定和征收补偿政策框架、不背离国家利益及社会公共利益的前提下，尽可能制定与之相匹配的征收补偿安置方案，正当履行告知、送达等法定程序义务，作出合理的补偿决定，在维护国家利益及社会公共利益的同时，兼顾对企业经营权、财产权等合法权益的保护，使企业的市场经济活力得以维系。

甲旅游公司诉某区人民政府行政补偿案

《人民法院服务保障全国统一大市场建设行政诉讼典型案例》案例五

2023年12月28日

【基本案情】

2002年，为了举办国内国际赛事，某区人民政府积极推进皮划艇激流回旋训练比赛基地项目建设，要求某水库管理所采取招商办法选择项目合作投资建设伙伴。同年，该水库管理所与乙公司签订合作开发经营皮划艇激流回旋项目合同，约定由双方组建公司建设和经营该项目，前者以相关工程设施、水库水及现有土地、河道参股，后者以承担合作项目所需的建设资金参股。其后，甲旅游公司作为项目公司成立。自2003年起，甲旅游公司先后取得该区规划局、建设局颁发的用地规划和工程规划许可证、施工许可证。其后，甲旅游公司承办了一批体育赛事。2017 年 8 月，相关环境保护部门发出通知，认定甲旅游公司经营的漂流项目涉及国家级自然保护区核心区及实验区，责令该公司在收到通知之日起 7 日内立即关停该项目，并对破坏的自然河道实施生态修复。2019 年 4 月，甲旅游公司向某区人民政府提出补偿申请。某区人民政府未作出书面答复，也未作出补偿决定。甲旅游公司提起诉讼，请求判决某区人民政府对其履行补偿职责。

【裁判结果】

一审法院判决某区人民政府补偿甲旅游公司关停损失若干元。某区人民政府和甲旅游公司均不服，提起上诉。在二审法院主持下，甲旅游公司与某区人民政府自愿达成调解协议，主要内容包括：甲旅游公司同意完全退出激流回旋漂流项目，该项目投资、建设、运营的所有资产均归某区人民政府所有；某区人民政府支付甲旅游公司补偿款若干元。该协议经二审法院以《行政调解书》予以确认，产生法律效力。

【典型意义】

政府诚信是社会诚信体系建设的重要组成部分。招商引资是促进地方经济社会发展的重要引擎。在招商引资、政府与社会资本合作等活动中，行政机关应当遵循诚实守信原则，依法践行对投资企业作出的承诺。因国家利益、社会公共利益等需要改变招商引资承诺、协议的，行政机关应当依照法定权限和程序进行，并依法对市场主体受到的合法损失予以补偿。本案中，人民法院充分发挥裁判平衡利益、定分止争的职能作用，努力平衡司法的刚性和柔性、力度和温度，通过执法司法协同化解争议的方式，促使行政机关积极主动履行补偿义务，依法及时保护市场主体的合法权益。本案的审理有效维护了社会公共利益，有利于培育发展全国统一的生态环境市场，营造稳定公平透明可预期的营商环境。

张掖某建材有限责任公司诉甘肃省张掖市甘州区人民政府行政补偿案

《最高人民法院发布2022年度人民法院环境资源审判典型案例》案例9

2023年6月5日

【基本案情】

张掖某建材有限责任公司（以下简称建材公司）取得采矿许可证，有效期为2015年7月1日至2020年7月1日，开采矿种为砖瓦用粘土矿，矿区位于黑水国遗址保护区范围内。2018年5月25日，甘肃省人民政府办公厅印发《关于开展全省各级各类保护地内矿业权分类处置的意见》，规范全省各级各类保护地内矿业权有序退出。同年9月30日，张掖市甘州区人民政府依据该意见作出决定，对建材公司砖瓦用粘土矿进行关闭，并注销其采矿权。相关事宜公告期满后，行政主管部门采取了关闭措施。2021年10月10日、11月18日、12月18日，建材公司先后三次向张掖市甘州区人民政府递交书面矿业权退出的行政补偿申请，均未获答复，遂提起行政诉讼。

【裁判结果】

甘肃矿区人民法院一审认为，张掖市甘州区人民政府未在规定的时限内对建材公司矿业权的退出方式及是否给予行政补偿作出明确认定，即未在规定期限内履行法定职责。该项工作必须在张掖市甘州区人民政府的主导下，在调查的基础上进行最终的认定或裁量。人民法院应当充分尊重行政机关的首次判断权，不宜径行判决张掖市甘州区人民政府履行具体的给付义务。依法判决张掖市甘州区人民政府在判决生效后3个月内对建材公司砖瓦用粘土矿矿业权退出的方式及是否对建材公司给予行政补偿作出明确认定。

甘肃省高级人民法院二审维持原判。

【典型意义】

本案系有关机关未依法履职引发的行政案件。黑水国遗址坐落在甘肃省张掖市甘州区，是全国重点文物保护单位。加强遗址保护，有利于遏制人为损伤和破坏，减轻或延缓自然力量的影响，使遗址所承载的历史信息真实长久地传递下去。行政机关负有保护历史文化遗产、维护社会公共利益的相关职责，但同时应依法履职、保障行政相对人的合法权益。本案中，人民法院统筹兼顾，既坚持生态优先理念，又落实依法保护产权要求，同时尊重行政机关的首次判断权，妥善协调生态环境保护与合法权益保障，通过司法裁判回应人民群众日益增长的环境司法需求，依法监督行政机关履职尽责。

蒋某林诉江苏省盐城市大丰区自然资源和规划局行政补偿案

《湿地生态保护典型案例》案例四

2023 年 5 月 31 日

【基本案情】

蒋某林承包位于江苏省盐城市大丰区三龙镇斗龙港村 6 组土地从事水稻种植等，经营模式为无公害水稻（稻虾轮作模式）。2019 年秋、冬季，蒋某林种植的 196 亩水稻被野鸟侵食、损坏，蒋某林因意识到野鸭等是受保护的野生动物，仅采取燃放鞭炮方式驱赶，但保护区面积过大，收效甚微，导致其种植的水稻被野鸟侵食、损坏，基本绝收。经测产评估，蒋某林损失为 384317 元，扣除蒋某林实际未进行收割、运输、晒烘等费用 16660 元后损失为 367657 元。后盐城市大丰区自然资源和规划局（以下简称大丰自规局）根据相关部门的书面请示意见，参照江苏省农业保险大丰地区现行执行标准，给予蒋某林每亩 550 元补偿，共计 107800 元。2020 年 12 月，蒋某林领取补偿款 107800 元后，以大丰自规局为被告提起行政诉讼，请求：确认大丰自规局对蒋某林的 196 亩无公害水稻被野鸭损害后按照 550 元/亩补偿 107800 元的行为违法；大丰自规局依法、据实补偿蒋某林经济损失 367161 元。

【裁判结果】

江苏省东台市人民法院经审理认为，根据《野生动物保护法》相关规定，因保护法定保护的野生动物，造成人员伤亡、农作物或者其他财产损失的，由当地人民政府给予补偿。本案中，大丰自规局根据相关部门意见，参照江苏省农业保险大丰地区现行执行的每亩 550 元标准补偿 107800 元，明显偏低，未能体现行政补偿的合理性原则。综合本案的实际情况，对蒋某林合理损失367657元酌情由大丰自规局按照70%进行补偿。遂判决大丰自规局向蒋某林支付补偿款257359.9元（扣除已支付的107800元，尚应支付149559.9元）。宣判后，各方均未上诉。一审判决已发生法律效力。

【典型意义】

江苏盐城湿地国家级珍禽自然保护区，地处江苏中部沿海，是我国最大的滩涂湿地保护区之一。保护区内有国家一级保护动物丹顶鹤、白鹤、黑鹳、遗鸥等，二级保护动物大天鹅、鸳鸯等，以及其他具有生态价值、科学价值和社会价值的“三有”鸟禽。湿地保护法明确，国家要建立湿地生态保护补偿制度。因案涉承包地块位于盐城国家级珍禽自然保护区缓冲区周边，承包人承包的稻田成为湿地自然保护区鸟禽的“食堂”。承包人在其种植水稻被野生鸟禽侵食、损坏的情况下，仍然选择采取对野生鸟禽不会造成伤害的方式驱赶，对于承包人因保护湿地野生鸟禽遭受的损害，人民政府应当给予补偿。人民法院根据行政补偿合理性原则，依法支持承包人的相应诉讼请求，较好地平衡了湿地野生鸟禽公共利益保护与湿地缓冲区土地使用权人承包权益保护之间的关系。

贵州省遵义县巾某铁厂诉贵州省遵义市人民政府行政征收补偿案

《最高人民法院发布行政机关负责人出庭应诉典型案例》案例十五

2021年7月29日

【基本案情】

贵州省遵义县巾某铁厂（以下简称巾某铁厂）的原厂房被征收，贵州省遵义市播州区人民政府（以下简称播州区政府）与巾某铁厂于2010年11月达成拆迁补偿协议，后贵州省遵义市人民政府（以下简称遵义市政府）所属项目部于2012年重新与巾某铁厂签订了《拆迁安置补充协议》，并约定播州区政府与巾某铁厂达成的原拆迁补偿协议不再执行，遵义市政府应在红花岗区5号还房安置1425.06平米职工住房给巾某铁厂。但由于多方面的因素，遵义市政府一直未交付房屋给巾某铁厂。巾某铁厂遂向贵州省遵义市中级人民法院（以下简称遵义中院）提起行政诉讼，请求判令遵义市政府支付逾期交房给其造成的损失。

【出庭应诉情况】

本案争议时间跨度长，且涉及职工合法权益保障，争议化解的难度较大。遵义市政府在庭审前提交答辩意见，主张遵义市政府因未直接参与征收具体工作而不是适格被告，同时原告的诉讼请求超出协议范围，没有法律依据等，请求驳回原告的诉讼请求。庭审过程中，遵义市政府出庭负责人在充分听取原告的陈述及人民法院的意见后，认可遵义市政府是适格被告。同时，出庭负责人对本案所涉补偿问题长时间未得到解决，代表遵义市政府向原告表示歉意，并希望能够与原告协商，公平、公正地解决本案纠纷。原告表示同意协调，出庭负责人遂当庭提出由遵义市政府牵头负责、相关部门协商，对原告提出的合理损失予以补偿的协调意见。双方当事人经协商，达成和解协议，遵义中院作出行政调解书，本案调解结案。

【典型意义】

行政机关负责人通过切实参与行政应诉工作，能更全面、准确地掌握行政争议中的根源所在，客观地认识和发现执法工作中存在的问题。同时，实事求是地承认自身问题，展现解决行政争议的诚意，可以更好地赢得人民群众的认可与支持，切实发挥行政机关负责人在实质性化解行政争议中的关键作用，以及在依法治国理政方面的示范引领作用。《负责人出庭司法解释》第十一条第三款规定“行政机关负责人出庭应诉的，应当就实质性解决行政争议发表意见”。本案中，遵义市政府出庭负责人切实发挥其应有的作用，在庭审中认真听取行政相对人的意见，勇于承认问题以及表达歉意，并就实质性解决行政争议发表意见，最终促成历史遗留的长期纠纷得以妥善、高效化解，充分展现了行政机关负责人出庭应诉的制度优势。

十七、行政赔偿

杨某1等人诉淇县人民政府、淇县朝歌街道办事处、淇县朝歌街道办事处南杨庄村村民委员会违法占地及行政赔偿案

《耕地保护典型行政案例》第三号

2020年12月14日

【基本案情】

杨某1以家庭承包的方式承包了淇县朝歌街道办事处南杨庄村村民委员会（以下简称南杨庄村委会）集体土地10.06亩（含7.51亩和2.55亩两块地块），并依法取得农村土地承包经营权证，杨某2、杨某3、冯某某均系该农户家庭成员。2016年9月30日，杨某1将其承包的土地租赁给杨某4耕种，租赁期限为3年。2018年7月20日，淇县人民政府委托淇县朝歌街道办事处（以下简称朝歌办事处）、南杨庄村委会将杨某4耕种土地上的庄稼予以清除，其中证载土地面积7.51亩。截至一审法院开庭之日，涉案土地处于闲置状态。杨某1、杨某2、杨某3、冯某某、杨某4提起本案诉讼，请求：（1）确认被告2018年7月20日强制清除原告承包地上庄稼及强制占有原告承包地的行为违法；（2）责令被告返还涉案土地；（3）责令被告赔偿原告各项经济损失101000元，并采取相应的补救措施。

【裁判结果】

河南省鹤壁市中级人民法院一审认为，一、本案中，杨某1、杨某2、杨某3、冯某某系土地承包经营权人，依法享有涉案承包地使用、收益和土地承包经营权流转的权利。杨某4系土地承租人，依约享有对涉案承包地的使用权。杨某1等五人认为三被告违法占用土地的行为直接侵害了其合法权益，符合《行政诉讼法》第二十五条第一款、《最高人民法院关于审理涉及农村集体土地行政案件若干问题的规定》第四条规定，具备提起本案诉讼的原告主体资格。

二、淇县人民政府委托相关单位强制占用涉案承包地并清除地上庄稼，但未提供能够证明其行为合法性的证据、依据，其辩称“相关手续正处于报批阶段”，违反《土地管理法》第四十三条至第四十六条的规定。同时三被告均认可，朝歌办事处和南杨庄村委会是接受了淇县人民政府的工作安排而实施了强制行为，根据《最高人民法院关于适用〈中华人民共和国行政诉讼法〉的解释》第二十条第三款的规定，应视为接受了淇县人民政府的委托，法律责任应由淇县人民政府承担。故朝歌办事处、南杨庄村委会不是本案适格被告。对五原告请求确认淇县人民政府 2018 年 7 月 20 日强制清除涉案承包地上庄稼及强制占用土地的行为违法的诉讼请求，予以支持。

三、淇县人民政府违法占地并强制清除地上庄稼，给五原告造成了财产损失，根据《国家赔偿法》第四条的规定，五原告依法享有取得行政赔偿的权利。五原告主张的损失包括：被毁庄稼损失、停产损失、由被告恢复耕地播种条件或赔偿复耕土地费用、维权的误工费、差旅费、律师费等其他损失，对其主张的合理部分，予以支持，具体项目如下：

1. 被毁庄稼当季及下季损失。由于庄稼已被清除，不具备返还或恢复原状的条件，根据《国家赔偿法》第三十六条第四项、第八项规定，应当返还的财产灭失的，给付相应的赔偿金。（1）关于赔偿标准，五原告未提供被毁庄稼市场价值的证据，故一审法院参照《鹤壁市人民政府关于调整鹤壁市国家建设征收土地地上附着物补偿标准和青苗补偿标准的通知》（鹤政〔2018〕7 号）中水浇地青苗补偿标准，确定每年 2800 元/亩为本案的赔偿标准。因该标准是对一亩地一年的青苗补偿数额，已经包含当季和下季，故对五原告另行请求被告赔偿下半年小麦无法耕种的停产损失的主张，不予支持。（2）关于赔偿亩数，原、被告双方均认可被实施行政强制的承包地证载面积为 7.51 亩，予以确认。五原告主张开荒土地 3 亩也应计算在内，但未经依法批准开垦未利用土地的行为，违反我国土地管理相关法律法规，故对五原告请求关于开荒土地部分的损失，不予支持。综上，淇县人民政府应当赔偿五原告经济损失为 2800 元/亩 ×7.51 亩 =21028 元。

2. 将土地恢复至能够耕种的状态并予以返还。《国家赔偿法》第三十二条规定，能够返还财产或者恢复原状的，予以返还财产或者恢复原状。对于本案中被强占的土地，应优先适用返还财产或恢复原状，而非赔偿复耕费用。故对五原告请求被告将土地恢复至能够耕种的状态并予以返还的诉讼请求，予以支持。

3. 关于其他损失。根据《行政诉讼法》第三十八条第二款的规定，五原告应当就其主张的误工费、差旅费、律师费等损失提供证据。这些损失的证据应当由原告掌握，不属于“因被告的原因导致原告无法举证的”情形，原告未能提供证据，应承担举证不能的法律后果。故对五原告主张被告赔偿其他损失的诉讼请求不予支持。

综上，判决：一、确认淇县人民政府 2018 年 7 月 20 日强制清除原告 7.51 亩承包地上庄稼及强制占用该土地的行为违法；二、淇县人民政府于本判决生效之日起 30 日内赔偿原告财产损失 21028 元；三、淇县人民政府于本判决生效之日起 30 日内将 7.51 亩承包地恢复至能够耕种的状态并返还给原告；四、驳回原告的其他诉讼请求。

判决作出后，双方当事人均未提出上诉，目前已执行完毕。

【典型意义】

本案是一起行政机关未取得审批手续强制占用农民承包地并清除地上农作物，侵犯农民土地承包经营权的典型案例。根据相关法律规定，国家基于公共利益需要，可以对集体土地实施征收，但必须遵循严格的土地征收与补偿程序。实践中，部分行政机关为加快工作进度，在没有合法征地手续的情况下强行摧毁农民耕地上的农作物，属于违法行为。对于因强占土地引起的赔偿问题，本案明确了在具备恢复原状条件的情况下，应当优先适用恢复原状的判决方式，将土地恢复至能够耕种的状态并予以返还的原则，对于从根本上保护耕地，具有积极的借鉴意义。

罗某明等 5 人与某综合行政执法局行政赔偿案

《人民法院充分发挥审判职能作用保护产权和企业家合法权益典型案例（第三批）》第五号

2021 年 5 月 19 日

【基本案情】

2012 年罗某明等 5 人成立某明合作社，取得了农民专业合作社法人营业执照。2013 年，某明合作社与某村民小组签订土地租赁协议，租用约 6 亩土地建造猪栏舍及其他附属设施，进行生猪养殖经营。2015 年，罗某明等 5 人根据环保部门要求，对养猪场进行整改，建设相关的水污染防治设施并于同年 7 月投入使用。2015 年 8 月 26 日，在未经上述环保部门验收的情况下，某综合行政执法局以养猪场属违法建筑为由，未作出任何处理决定并告知罗某明等五人相关权利，便对养猪场及相关附属设施实施了强制拆除。

【裁判结果】

在生效判决认定被诉强制拆除行为违法情形下，本案一、二审法院均认定某综合行政执法局应就强制拆除行为造成的损失对罗某明等五人予以赔偿。一审法院确定的赔偿数额为 1802439 元，二审法院确定的赔偿数额为 864984 元。最高人民法院提审后，对直接损失的范围进行明确界定，并逐一计算和认定养猪场被强拆所遭受的各项损失，依法扣除未实际遭受的损失和因再审申请人过错导致的损失，对罗某明等 5 人合理的再审主张予以充分考虑和支持，最终判决某综合行政执法局应当赔偿罗某明等 5 人 1691788 元，一次性化解赔偿争议。

【典型意义】

《中共中央、国务院关于完善产权保护制度依法保护产权的意见》（以下简称《产权保护意见》）要求："大力推进法治政府和政务诚信建设"，"对因政府违约等导致企业和公民财产权受到损害等情形，进一步完善赔偿、投诉和救济机制，畅通投诉和救济渠道。"本案中，某综合行政执法局对案涉养猪场的猪栏和饲料仓库实施强制拆除，客观上已导致养猪场无法正常经营，只能停业并关闭。二审法院在确定赔偿数额时，仅考虑了被拆除的猪栏和饲料仓库的直接损失，对因养猪场必然不能继续正常经营导致的其他场内设备、设施无法继续使用的损失未予任何考虑，当事人产权未能依法得到公平和充分保护。最高人民法院严格贯彻依法保护产权审判理念，进一步落实《产权保护意见》有关要求，坚持完善、畅通当事人产权受损后的救济渠道，通过再审改判，准确认定当事人直接损失范围，客观计算实际财产损失金额，给予公平和充分赔偿，在支持国家环保政策执行的同时，依法平等保护市场主体的财产权。

陈某杨诉重庆市綦江区扶欢镇人民政府行政赔偿案

《人民法院依法保护农用地典型案例》案例六

2024年1月10日

【基本案情】

2015年8月4日，重庆市綦江区扶欢镇东升村8社部分村民向重庆市綦江区扶欢镇人民政府（以下简称扶欢镇政府）提出申请，要求依綦江区现行征地拆迁安置政策规定的安置补偿标准，对扶欢镇东升村8社全部土地房屋实施征收并进行补偿安置。2015年12月23日，扶欢镇政府（甲方）与扶欢镇东升村8组（乙方）签订了征收土地协议书，约定了甲方征收乙方土地面积共计250.24亩，其中耕地192.64亩，宅基地33亩，其他土地24.6亩。2015年12月30日，扶欢镇政府（乙方）与扶欢镇东升村8组（甲方）签订了土地移交协议，约定了由甲方向乙方移交扶欢镇东升村8组土地283.05亩。2016年11月30日，扶欢镇政府（甲方）与扶欢镇东升村8组（乙方）签订了交地协议，约定了甲方将未使用的122亩土地交由乙方集体经济组织统一管理。2016年1月11日，扶欢镇政府推掉了原告陈某杨位于扶欢镇东升村8组享有合法承包经营权的土地及地上种植的作物，2018年6月19日，该强推行为被人民法院判决确认违法。2018年8月1日，陈某杨向扶欢镇政府提交行政赔偿申请。2018年9月6日，扶欢镇政府作出不予赔偿决定。陈某杨不服，遂向人民法院提起行政赔偿诉讼。

陈某杨在扶欢镇东升村8组承包面积为4.25亩农村集体土地，其中1.18亩土地并不在征地范围内。陈某杨的承包地每年均栽种两季农作物，春夏季耕种水稻，秋冬季栽种蔬菜萝卜。2014年前，扶欢镇东升村8组属綦江区扶欢镇杂交水稻制种基地。2014年后，扶欢镇东升村8组未再进行水稻制种。

【裁判结果】

重庆市大渡口区人民法院一审认为，扶欢镇政府于2016年1月强推陈某杨承包土地违法行为与陈某杨因该行政违法行为未能在涉案承包地种植农作物而造成经济损失之间存在因果关系，故应承担赔偿责任。判决撤销扶欢镇政府作出的不予赔偿决定书，扶欢镇政府赔偿陈某杨 15637.69 元。

宣判后，陈某杨不服，提起上诉。重庆市第五中级人民法院依法判决驳回上诉、维持原判。

【典型意义】

本案是行政机关违法强推土地，人民法院依法支持土地承包人损失赔偿请求的典型案例。本案中，在赔偿期间上，人民法院在扶欢镇政府少批多占土地，多占土地已退还集体经济组织前提下，对强推土地时起至退还集体经济组织止期间的损失予以赔偿，确立了相应赔偿的最大期间；在赔偿范围上，未机械以 2014 年以后大多数农民没有进行水稻种植为由而不将该部分损失计算在内，而是包含了一年四季所不能种植的农作物种类，还充分考虑了强推承包地行为造成相对人无法种植的未来可得利益；在赔偿标准上，参照了当地统计年鉴确立的产量，以及国家收购价格和当地行政主管部门出具的证明材料。该案体现了人民法院始终以最大限度保护耕地和土地承包人合法利益为着眼点，服务保障粮食安全“国之大者”的信念和决心。

湖北省京山昌某园林有限公司诉湖北省京山市人民政府、湖北省京山市新市镇人民政府行政赔偿案

《最高人民法院发布行政机关负责人出庭应诉典型案例》案例六

2021 年 7 月 29 日

【基本案情】

2012 年 10 月湖北省京山昌某园林有限公司（以下简称昌某公司）从案外人某公司处转租 25 亩土地从事花卉苗木经营。2014 年，湖北省京山市人民政府（以下简称京山市政府）因项目建设需要，需征收涉案土地。2014 年 5 月，昌某公司及时转移、清理了地表附着物，完成了搬迁工作。后因赔偿款项问题未能协商一致，昌某公司先提起民事诉讼要求案外人某公司赔偿损失，被人民法院判决驳回诉讼请求。2019 年 5 月，昌某公司以京山市政府、京山市新市镇人民政府为被告，案外人某公司为第三人向湖北省荆门市中级人民法院（以下简称荆门中院）提起行政赔偿诉讼。

【出庭应诉情况】

因案涉民营企业合法权益保护，当事人之间的纠纷相对复杂但又具有协调化解的可能，荆门中院组成由院长担任审判长的合议庭，并书面通知被诉行政机关负责人出庭应诉。京山市市长积极出庭，并在庭审前组织研究、制定行政争议的初步解决方案。庭审中，京山市市长对昌某公司因支持京山市发展，按照政府要求主动先行搬迁，保障建设项目如期落地表示感谢，并表示已经研究相应方案支持昌某公司的合理诉求，希望通过协商方式解决涉案争议。昌某公司当庭表示，市长出庭表明京山市政府解决问题的诚意，相信市长发表的相关意见可以落到实处，愿意撤回起诉。昌某公司之后与京山市政府达成和解，申请撤回起诉。

【典型意义】

被诉行政行为涉及公民、法人或者其他组织重大人身、财产权益的，人民法院可以依法通知被诉行政机关负责人出庭应诉。本案中，荆门中院根据行政争议情况，认为需要行政机关负责人出庭应诉并实际通知，符合负责人出庭应诉制度的相关规定。行政机关领导干部是推进全面依法治国的“关键少数”，正职或主要负责人是“关键少数”中的“关键少数”，在带头尊法学法守法用法中，发挥着示范引领作用。本案中，京山市市长积极参与应诉工作，在庭审过程中合理发表意见，行政相对人基于对市长的信任，在实际领取补偿待遇前即撤回起诉，充分说明正职负责人出庭应诉对有效化解行政争议具有极为重要的作用。

旬阳县润某房地产开发有限公司诉陕西省旬阳县住房和城乡建设局行政行为违法及行政赔偿系列案

《最高人民法院发布行政机关负责人出庭应诉典型案例》案例十二

2021 年 7 月 29 日

【基本案情】

2010 年 8 月，旬阳县润某房地产开发有限公司（以下简称润某公司）通过挂牌方式竞得陕西省旬阳县太极城规划核心地段一块宗地面积为 122 亩的国有建设用地使用权。按照国有土地出让合同要求，润某公司在开发建设商住用地同时，依据城建、水利部门规划设计，必须承担该宗地范围内河堤、道路等公益性基础设施工程建设，并在建成后无偿移交给政府。2011 年 12 月，润某公司基本完成该宗土地河堤的工程建设。此后，因陕西省旬阳县住房和城乡建设局（以下简称旬阳县住建局）和润某公司对该宗地的规划指标有分歧，旬阳县住建局一直未对该宗地编制出修建性详细规划，导致润某公司一直未能开发建设。2017 年经审定，润某公司已支出土地出让金、修建河堤等费用共计 7972.83 万元。2016 年至 2018 年间，旬阳县住建局因拓宽修建河堤道路，占用润某公司的商住用地 17.64 亩。2019 年 2 月，润某公司向陕西省安康铁路运输法院（以下简称安康铁路法院）起诉，请求旬阳县住建局依法履行规划职责，对涉案宗地作出修建性详细规划，同时确认旬阳县住建局因修路占用其建设用地的行为违法，并赔偿其投资损失、延误开发利润损失等经济损失合计近 2 亿元。

【出庭应诉情况】

因案涉地块位于旬阳县城区规划核心地段，润某公司诉请解决的修建性详细规划专业性极强，赔偿金额巨大，时间跨度长达 9 年，涉及土管、规划、水利等多个行政管理领域，且多个行政行为互相交叉，安康铁路法院遂在案件审理之初，即与旬阳县住建局进行有效沟通，并通知其负责人出庭。旬阳县住建局高度重视，四次开庭审理均指派主管规划的负责人出庭应诉。庭审中，出庭负责人不仅全面介绍了涉案宗地建设情况，而且对案件涉及的城市规划、建设项目规划等专业知识当庭予以充分阐述。此外，案件审理过程中，除主管业务的副职负责人出庭应诉外，旬阳县住建局局长还全程参与调解、协调工作，并积极联系旬阳县县长和常务副县长，成立了由县长挂帅，由县政府办、县国土、县住建、县财政、县审计、县水利等部门组成的联合工作组，配合人民法院联动化解，与润某公司法人代表“面对面”沟通协商。合议庭先后八次奔赴旬阳县现场勘查，组织十余次协调会议，旬阳县住建局的正副职负责人均全程参与。本案通过多方一年多的反复协商，最终调解结案，涉案宗地的 4 起关联案件全部实质性化解。

【典型意义】

行政机关负责人出庭，有利于人民法院更好地查明案件事实，更加准确地适用法律，尤其是涉及专业性、技术性极强的领域。同时，行政机关除出庭应诉的负责人可以发挥相应作用外，其他负责人尤其是正职负责人也可以积极参与和配合行政应诉工作，共同推进行政争议的实质化解。本案中，旬阳县住建局出庭负责人以其对案件情况的熟练掌握和对规划领域知识的专业解读，积极主动回应润某公司的合理诉求，充分展现出政府机关的公信、有为、诚意、担当，从而有效纾解对立情绪，促进双方换位思考，理性看待争议问题。同时，旬阳县住建局正职负责人积极主动参与争议化解工作，促成旬阳县人民政府成立专门工作组，并与人民法院多次沟通案情、研判解决方案，最终促成案件圆满解决，对合理运用行政机关负责人出庭应诉制度，建立健全行政争议多元化解机制，具有重要的借鉴意义。

十八、不履行××职责

郝某只等15人诉屯留县人民政府不履行征地方案公告和征地补偿、安置方案公告法定职责案

《最高人民法院公布第二批保障民生典型案例》第6号

2014年3月19日

【基本案情】

原告郝某只等15人和第三人高某喜等6人均系屯留县李高乡王公庄村（以下简称王公庄村）村民，1991年郝某明、高某喜等人与王公庄村签订了土地承包合同，承包了村里的果园地，承包期限为1993年至1999年。承包期满后，合同变为一年一签，直至2003年。2003年10月，郝某只、高某喜等人承包的果园地被长治市德某汽车连锁销售有限公司（以下简称德某公司）占用。2004年11月24日，屯留县人民政府向山西省人民政府和长治市人民政府报送了《关于长治市德某汽车连锁销售有限公司清真肉业深加工改扩建

项目建设用地的请示》，申请征用王公庄村土地 6.7293 公顷，其中耕地 0.57 公顷、园地 6.1593 公顷。郝某只、高某喜等人承包的果园地在该请示拟征用的范围内。2005 年 12 月 14 日，屯留县人民政府与王公庄村签订了《土地补偿协议》，约定屯留县人民政府使用王公庄村土地 100 亩，补偿费分年度支付，每年支付 5 万元（每亩 500 元）。2006 年 8 月 4 日，山西省人民政府以晋政地字〔2006〕285 号文批复同意屯留县人民政府征用上述土地，并由屯留县人民政府负责所转用面积的耕地补充、批后实施及公告等工作。从 2004 年开始，屯留县人民政府每年通过王公庄村支付郝某只、高某喜等人租地费每亩 500 元，直至 2008 年。2009 年，因郝某明、高某喜等人提起本案诉讼，王公庄村未将租地费给付各承包户。

2007 年 6 月，屯留县国土资源局将征用的 6.7293 公顷土地出让给德某公司，用于清真肉业深加工改扩建项目。同年 8 月 27 日，屯留县国土资源局对该块土地初始登记的审核情况进行公告。郝某只、高某喜等人称，直至此时方得知所承包土地已被征用并出让给德某公司，而屯留县政府自始没有告知其征用土地的事实，更没有依法履行征地方案和征地补偿、安置方案公告的法定职责，而是一直以租地费的形式给予其补偿。故提起诉讼，要求屯留县人民政府依法履行公告职责，并依法一次性支付征地补偿款。

【裁判结果】

长治市中级人民法院一审认为，2005 年 12 月 14 日，屯留县人民政府与王公庄村签订了土地补偿协议，约定每年给付王公庄村土地补偿款，郝某只、高某喜等人均已从村委领取了补偿款，应视为其对土地补偿、安置方案已认可，再公告征地补偿、安置方案已无实际意义，故郝某只等人要求屯留县人民政府履行征地补偿、安置方案公告职责的诉讼请求应予驳回。2006 年 8 月，经山西省人民政府同意，该宗土地被转为建设用地，郝某只、高某喜等人早已知道土地被征用，且被德某公司使用，屯留县人民政府公布征地方案已无实际意义，故郝某只等人要求屯留县人民政府履行征地方案公告职责的诉讼请求也应予以驳回。故依照《最高人民法院关于执行〈中华人民共和国行政诉讼法〉若干问题解释》第五十六条第四项之规定：判决驳回原告郝某只等 15 人的诉讼请求。

山西省高级人民法院二审认为，根据《土地管理法》及《土地管理法实施条例》的有关规定，国家征收土地，应当依照法定程序履行征地方案和征地补偿、安置方案公告职责。国土资源部《征用土地公告办法》对公告事项作出详细规定，第四条规定："被征用土地所在地的市、县人民政府应当在收到征用土地方案批准文件之日起10个工作日内进行征用土地公告，该市、县人民政府土地行政主管部门负责具体实施。"第七条规定："有关市、县人民政府土地行政主管部门会同有关部门根据批准的征用土地方案，在征用土地公告之日起45日内以被征用土地的所有权人为单位拟订征地补偿、安置方案并予以公告。"第十四条第一款规定："未依法进行征用土地公告的，被征地农村集体经济组织、农村村民或者其他权利人有权依法要求公告，有权拒绝办理征地补偿登记手续。未依法进行征地补偿、安置方案公告的，被征地农村集体经济组织、农村村民或者其他权利人有权依法要求公告，有权拒绝办理征地补偿、安置手续。"本案中，山西省人民政府于2006年8月4日批准讼争土地转为建设用地并办理征收手续，并确定屯留县人民政府负责批后实施及公告工作。屯留县人民政府在接到山西省人民政府的征地批文后，组织实施了征地工作及出让工作，但没有依法履行公告职责和办理补偿、安置手续。屯留县人民政府从2004年起支付给上诉人郝某只等人的土地租赁费，不能等同于征收土地的补偿、安置费。上诉人郝某只等15人作为被征地农村村民有权要求屯留县人民政府履行征地方案和征地补偿、安置方案公告职责，并依法支付征地补偿、安置费。原判关于征地行为已经完成且郝某只等人领取了土地租赁费视为对补偿、安置方案已认可，屯留县人民政府履行征地公告职责已没有实际意义的观点，不能成立。综上，原审判决理由和结果不当，本院依法予以纠正。根据《行政诉讼法》第六十一条第二项之规定，判决如下：一、撤销长治市中级人民法院于2009年12月9日作出〔2009〕长行初字第007号行政判决；二、屯留县人民政府依法履行征地方案和征地补偿、安置方案公告职责。

【典型意义】

在土地征收中，行政机关既是决定者也是执行者，权力高度集中，被滥用的风险极大。因此，从制度设计上要尽量保证权力公开、公正运行，增加土地征收的透明度，保障被征收者的知情权和陈述意见权，以规范征收行为。征地公告制度，包括征收土地方案公告和征收土地补偿安置方案公告，是保证被征地农民知情权的法定程序，是征地及补偿安置工作透明化的程序保障。《土地管理法》《土地管理法实施条例》及国土资源部《征用土地公告办法》对征用土地公告的内容、形式和程序均作出明确规定。此外，国土资源部2004 年 5 月 1 日施行的《国土资源听证规定》第十九条规定，拟定拟征地项目的补偿标准和安置方案的，主管部门在报批之前，应当告知当事人有要求听证的权利。2008 年 5 月 1 日实施的《政府信息公开条例》第十条至第十二条规定，市、县人民政府及其部门和乡级人民政府重点公开征收土地及其补偿、补助费用的发放、使用等政府信息，这可以说是对我国征地公告制度的新要求和重要补充。实践中，如果在征地中出现行政机关没有依法履行征地公告职责，剥夺被征地农民对征地行为的知情权和对征地补偿安置方案的听证权、建议权，意味着征地程序严重违法，被征地农民有权向人民法院提起诉讼要求行政机关依法履行征地公告职责。本案中，征地行为已经实施，但被征地农民对征地事宜一直不知情，人民法院经审理认定行政机关没有履行征地公告职责，直接判决行政机关履行征地公告职责，有力促进行政机关依法行政，保障被征地农民的合法权益。判决生效后，屯留县人民政府高度重视，成立执行工作领导组，积极履行判决，经协商和被征地农民达成补偿协议，征地补偿款 3929310 元已全部补偿到位，郝某只等 15 人已向长治市中级人民法院提出《撤回执行申请书》。

齐某发诉山东省交通运输厅道路运输局不履行法定职责案

《最高人民法院发布八起典型案例》第 7 号

2014 年 7 月 23 日

【基本案情】

2011 年 9 月 27 日，齐某发与济南某汽车运输有限责任公司签订协议，承包鲁 A483 × × 号客车，营运路线为济南至角峪。2012 年 11 月 9 日，齐某发向山东省交通运输厅道路运输局邮寄申请，认为鲁 S308 × × 号客车超线路经营，侵占了其营运路线，要求：依法查处该车超线路经营行为；禁止该车侵占其路线营运；吊销客运经营者的道路运输经营许可证。该局收到申请后，一直未作出答复。

【裁判结果】

济南市市中区人民法院一审认为，根据道路运输管理有关规定，客运经营者不按规定路线行驶的，由县级以上道路运输管理机构进行查处，情节严重的，由原许可机关吊销道路运输经营许可证。本案中，山东省交通厅道路运输局是鲁 S308××客车道路运输经营许可证的发证机关，齐某发认为上述客车不按规定路线行驶，应当向县级道路运输管理机构投诉举报，县级道路运输管理机构认定违法情节严重的，才转交山东省交通厅道路运输局处理。齐某发以自我认定鲁 S308××客车违法情节严重，要求省级道路运输主管部门处理，不符合上述级别管辖规定，应予驳回。

济南市中级人民法院二审认为，《山东省道路交通运输条例》等明确规定，由省内各级交通稽查机构对客运经营者不按规定路线行驶的行为进行查处。山东省交通运输厅道路运输局虽然是鲁 S308××客车道路客运班线经营许可证的颁证机关，但不具有对该客车是否存在不按规定线路行驶的行为进行路检路查的执法权限，只有在客运经营者存在不按规定线路行驶的行为、且情节严重的情况下，该局才具有吊销道路运输经营许可证的权力。但鉴于上述规定属于《行政许可法》规定的行政许可机关对被许可人从事许可事项的活动进行监督检查职责的一项特殊规定，因此该局收到申请后，应当根据其职权范围的规定作出相应指导。判决撤销原审判决，责令山东省交通运输厅道路运输局自接到判决之日起 60 日内，按照其职权范围的规定对齐某发的申请作出处理。

【典型意义】

推进行政领域办事制度公开，确保权力行使公开高效便民，是党的十八大报告赋予法院的历史任务。而推动行政机关履行释明义务，对公民、法人或其他组织申请的事项，即使不在被申请机关职责范围之内，也要求该机关给予适当指导，是法院推动行政领域办事制度公开、促进权力高效便民公开的重要抓手。但在当前，司法审查对行政机关的要求，仍然停留在依法履责的层面，对释明义务问题缺乏关注。本案突出了行政机关的释明义务，明确了在申请人要求行政机关履行职责时，行政机关不能因内部职权划分问题而置之不理，应该给予必要的说明和指导，有力推进了行政权力的公开高效和便民行使。

叶某祥诉湖南省株洲市规划局、株洲市石峰区人民政府不履行拆除违法建筑法定职责案

《最高人民法院发布征收拆迁十大案例》第 10 号

2014 年 8 月 29 日

【基本案情】

2010 年 7 月，株洲市石峰区田心街道东门社区民主村小东门散户 111 号户主沈某湘，在未经被告株洲市规划局等有关单位批准的情况下，将其父沈某如遗留旧房拆除，新建和扩建新房，严重影响了原告叶某祥的通行和采光。原告于 2010 年 7 月 9 日向被告株洲市规划局举报。该局于 2010 年 10 月对沈某湘新建扩建房屋进行调查、勘验，于 2010 年 10 月 23 日，对沈某湘作出了株规罚告（石峰）字〔2010〕第（462）行政处罚告知书，告知其建房行为违反《城乡规划法》第四十条，属违法建设。依据《城乡规划法》第六十八条之规定，限接到告知书之日起，5 天内自行无偿拆除，限期不拆除的，将由株洲市石峰区人民政府组织拆除。该告知书送达沈某湘本人，其未能拆除。原告叶某祥于 2010 年至 2013 年通过向株洲市石峰区田心街道东门社区委员会、株洲市规划局、株洲市石峰区人民政府举报和请求依法履行强制拆除沈某湘违法建筑行政义务，采取申请书等请求形式未能及时解决。2013 年 3 月 8 日，被告株洲市规划局以株规罚字〔石 2013〕字第（6021）号对沈某湘作出行政处罚决定书。认定沈某湘的建房行为违反《城乡规划法》第四十条和《湖南省实施〈中华人民共和国城乡规划法〉办法》第二十五条之规定，属违法建设。依据《城乡规划法》第六十四条和《湖南省实施〈中华人民共和国城乡规划法〉办法》第五十一条之规定，限沈某湘接到决定书之日起，3 日内自行无偿拆除。如限期不自行履行本决定，依据《城乡规划法》第六十八条和《湖南省实施〈中华人民共和国城乡规划法〉办法》第五十四条及株政发〔2008〕36 号文件规定，将由石峰区人民政府组织实施强制拆除。由于被告株洲市规划局、株洲市石峰区人民政府未能完全履行拆除违法建筑法定

职责，原告于2013年6月5日向法院提起行政诉讼。

【裁判结果】

株洲市荷塘区人民法院认为，被告株洲市石峰区人民政府于2010年12月接到株洲市规划局对沈某湘株规罚告字〔2010〕第（004）号行政处罚告知书和株规罚字〔石2013〕第（0021）号行政处罚决定书后，应按照株洲市规划局的授权积极履行法定职责，组织实施强制拆除违法建设。虽然被告株洲市石峰区人民政府在履行职责中对沈某湘违法建设进行协调等工作，但未积极采取措施，其拆除违法建设工作未到位，属于不完全履行拆除违法建筑的法定职责。根据《城乡规划法》第六十八条、《行政诉讼法》第五十四条第三款的规定，判决被告株洲市石峰区人民政府在3个月内履行拆除沈某湘违法建设法定职责的行政行为。宣判后，各方当事人均未提出上诉。

【典型意义】

本案典型意义在于：以违法建设相邻权人提起的行政不作为诉讼为载体，有效发挥司法能动性，督促行政机关切实充分地履行拆除违建、保障民生的法定职责。针对各地违法建设数量庞大，局部地区有所蔓延的态势，虽然《城乡规划法》规定了县级以上人民政府对违反城市规划、乡镇人民政府对违反乡村规划的违法建设有权强制拆除，但实际情况不甚理想。违法建设侵犯相邻权人合法权益难以救济成为一种普遍现象和薄弱环节，本案判决在这一问题上表明法院应有态度：即使行政机关对违建采取过一定查处措施，但如果不到位仍构成不完全履行法定职责，法院有权要求行政机关进一步履行到位。这方面审判力度需要不断加强。

荆某某诉东营市河口区六合街道协胜村民委员会不履行协助落户职责案

《最高人民法院发布98起未成年人审判工作典型案例》第98号

2014年11月24日

【基本案情】

荆某某（男，汉族，2005年5月生）的母亲张某为东营市河口区交合街道办事处协胜村村民，1997年6月与东营市河口区六合街道办事处荆家村村民荆某丙登记结婚，婚后户口一直没有迁出。2005年5月17日原告荆某某出生，但户口一直未落。2010年1月14日，张某与荆某丙在河口区民政局协议离婚，离婚后荆某某由母亲张某抚养，一直随母亲居住在协胜村。张某多次向协胜村委会提出要求将荆某某的户口落在该村，但协胜村委会未给予协助办理。现荆某某已满6周岁，因没有户籍信息导致无法正常入学。

【裁判结果】

山东省东营市河口区人民法院认为，在户籍管理中，村民委员会承担行政协助义务，协助村民办理相关落户手续是村民委员会的法定职责。本案中荆某某母亲的户口一直在协胜村，荆某某要求将户口落入该村符合法律、法规、政策规定，协胜村委会应协助办理落户手续，其以协助办理落户手续不是法定职责等为由拒绝荆某某的请求违法。依法判决东营市河口区六合街道办事处协胜村村民委员会于判决书生效之日起10日内履行协助荆某某办理落户的法定职责。

【典型意义】

本案的典型意义在于依法保护了未成年人户籍的登记和及时入学的权利。根据有关规定，被告协胜村委会具有协助户口登记机关办理户口登记的职责，但怠于履行该职责，不为原告出具办理户口登记所需的证明，对原告的权利义务已造成实际影响，故该案属于行政诉讼受案范围。协助村民办理相关落户手续是村民委员会的法定职责。不能因为未成年人的母亲是本村出嫁女而拒绝协助落户，要切实保障未成年人及时入学的权利。

张某琪诉天津市人力资源和社会保障局、天津市社会保险基金管理中心行政不作为案

《最高人民法院公布行政不作为十大案例》第1号

2015年1月15日

【基本案情】

张某琪于2013年3月13日、10月16日向天津市人力资源和社会保障局（以下简称市社保局），9月25日向天津市社会保险基金管理中心（以下简称市社保基金中心）邮寄信函，主要内容为要求履行法定职责，对其社会保险缴费基数偏低和少缴、漏缴问题进行强制征缴。市社保局于2013年10月26日收到信函后，认为其所述问题不属于该局职责，属于市社保基金中心职责，遂将信件转至该中心办理。该中心于2013年11月29日向张某琪出具《关于张某琪信访反映问题的答复》，主要内容为其已经办理退休手续，退休待遇均由其参保所在区的社保局审批确定，且在审批之前已经本人对缴费基数、缴费年限等事项进行了确认，该中心作为社保经办机构，负责依据区县社保局审批结果及有关政策规定按时足额发放退休待遇。张思琪先是针对市社保局、市社保基金中心分别提起诉讼，因各自答辩不具备相应职责而申请撤诉，后将两单位作为共同被告诉至法院，请求确认市社保局向市社保基金中心转交信件行为违法，撤销市社保基金中心上述答复，判令二被告履行法定职责，对其诉求予以答复。

【裁判结果】

天津市和平区人民法院一审认为，根据《社会保险费征缴暂行条例》第五条规定，市社保局具有负责全市社会保险费征缴管理和监督检查工作的行政职能，其于2011年10月19日向与其存在隶属关系的市社保基金中心下达文件《关于社会保险举报投诉案件受理查处职责分工的通知》，第二项明确规定“对用人单位未按时足额缴纳社会保险费的举报、投诉，由社会保险经办机构受理查处，逾期仍不缴纳的，由社会保险经办机构提请有管辖权的劳动

监察机构实施行政处罚，具体程序由市劳动监察机构与市社会保险经办机构制定”。故市社保局将信件转至市社保基金中心办理并无不当。市社保基金中心应对原告信函要求事宜作出明确处理，但其未在60天内作出答复，且在此前原告起诉该中心不履行法定职责一案中，隐瞒了市社保局下达上述文件的情况，在答辩状中否认其具备相应职责，导致原告认为起诉被告主体有误而申请撤诉，系未履行法定职责并进行推诿。其给原告出具的《关于张某琪信访反映问题的答复》，在未对原告提出的请求作出明确处理的情况下，直接以信访形式答复显系不妥。遂判决：一、市社保基金中心于本判决生效之日起30日内对原告请求作出处理并将结果书面告知原告，在规定期限内不履行的，从期满之日起按日处70元罚款；二、驳回原告其他诉讼请求。一审宣判后，各方当事人均未上诉。

【典型意义】

本案典型意义在于：人民法院以行政裁判方式明确了行政主体在社保管理方面的相关职责。基于行政管理复杂性和法律规定不明确，在职权界限不清晰的情况下，行政机关之间应当主动沟通联系，共同协调解决，不能互相推诿，甚至和老百姓“捉迷藏”。社会保险待遇涉及千家万户，关乎个人生老病死，无论是社保机关还是经办机构都必须积极履责，方为责任政府应有之义。人民法院对于行政主体在诉讼中隐瞒其与有关单位之间关于职权划分的相关文件的，应依法制裁，必要时可向纪检监察部门通报反映；在行政主体相互推诿，均否认具有相应法定职责的情况下，可依法将相关行政主体都列为被告，共同参加诉讼，通过庭审举证、质证和辩论，最终确定履责主体。同时，为保证履责判决的及时履行，可以在判决时一并明确不履行判决的法定后果，既督促行政主体尽快履责，也有利于保障生效裁判的迅速执行。本案裁判对类似案件的处理具有指导、示范意义。

张某竹诉濮阳市国土资源局行政不作为案

《最高人民法院公布行政不作为十大案例》第2号

2015年1月15日

【基本案情】

2013年10月16日，张某竹向河南省濮阳市国土资源局（以下简称市国土局）书面提出申请，请求该局依法查处其所在村的耕地被有关工程项目违法强行占用的行为，并向该局寄送了申请书。市国土局于2013年10月17日收到申请后，没有受理、立案、处理，也未告知张某竹，张某竹遂以市国土局不履行法定职责为由诉至法院，请求确认被告不履行法定职责的具体行政行为违法，并要求被告对土地违法行为进行查处。

【裁判结果】

濮阳市华龙区人民法院一审认为，土地管理部门对上级交办、其他部门移送和群众举报的土地违法案件，应当受理。土地管理部门受理土地违法案件后，应当进行审查，凡符合立案条件的，应当及时立案查处；不符合立案条件的，应当告知交办、移送案件的单位或者举报人。本案原告张某竹向被告市国土局提出查处违法占地申请后，被告应当受理，被告既没有受理，也没有告知原告是否立案，故原告要求确认被告不履行法定职责违法，并限期履行法定职责的请求，有事实根据和法律依据，本院予以支持。遂判决：一、确认被告对原告要求查处违法占地申请未予受理的行为违法。二、限被告于本判决生效之日起按《土地违法案件查处办法》的规定履行法定职责。

市国土局不服，提出上诉。濮阳市中级人民法院二审认为，根据《土地违法案件查处办法》规定，县级以上地方人民政府土地行政主管部门对违反土地管理法律、法规的行为进行监督检查。上诉人市国土局上诉称2013年10月17日收到对土地违法行为监督的申请后，已进行了受理核查，但上诉人未及时将审查结果告知申请人，上诉人的行为未完全履行工作职责，违反了《土地违法案件查处办法》第十六条的规定。二审判决驳回上诉、维持原判。

【典型意义】

本案典型意义在于：通过行政审判职能的发挥，督促土地管理部门及时处理群众举报，切实履行查处违法占地相关法定职责，以回应群众关切、保障土地资源的合法利用。土地资源稀缺、人多地少的现状决定了我国必须实行最严格的土地管理制度，但长期以来土地资源浪费严重，违法违规用地层出不穷，既有土地管理保护不力的原因，也有人民群众难以有效参与保护的因素。公众参与，是及时发现和纠正土地违法行为的重要渠道，也是确保最严格的土地管理制度得以实施的有效手段。依法受理并及时查处人民群众对违法用地行为的举报，是土地管理部门的权力更是义务。《土地违法案件查处办法》第十三条规定："土地管理部门对上级交办、其他部门移送和群众举报的土地违法案件，应当受理。"第十六条又对受理后的立案查处等程序作出明确规定。经了解，市国土局不仅在本案中对张某竹的申请未依法履行职责，对另外 9 人的申请也存在同样问题而被法院判决败诉。本案的裁决对确保最严格的土地管理制度的正确实施和公众参与具有积极意义。

彭某诉深圳市南山区规划土地监察大队行政不作为案

《最高人民法院公布行政不作为十大案例》第 3 号

2015 年 1 月 15 日

【基本案情】

彭某、陆某分别是深圳市南山区某小区 A 座 902 房和 901 房业主。2011 年 9 月 1 日，南山区规划土地监察大队（以下简称区监察大队）接到群众来电反映 901 房住户存在违法加建行为，经调查取证，查明陆某在 901 房的开放式阳台上有违法搭建钢结构玻璃幕墙的行为，遂于 2011 年 9 月 4 日作出《责令停止（改正）违法行为通知书》，责令其立即停止违法行为并在 2011 年 9 月 7 日 12 时前清理并自行拆除。2011 年 10 月 25 日，区监察大队又作出深南规土行罚字〔2011〕第 07017 号《行政处罚决定书》，认定陆某违法搭建玻璃幕墙行为违反《深圳市城市规划条例》有关规定，决定依法拆除玻璃幕墙，并书面告知其应自上述处罚决定书送达之日起 15 日内自动履行该决定，逾期不履行的，将依法强制执行。该《行政处罚决定书》于当日送达陆某。2012年1月9日，区监察大队向深圳市房地产权登记中心建议对901房产实施产权暂缓登记。2013年1月28日，区监察大队作出《催告书》，要求陆某拆除阳台搭建玻璃幕墙，恢复阳台原状。针对涉案《责令停止（改正）违法行为通知书》和《行政处罚决定书》，陆某在法定期限内未提起行政诉讼，亦未申请行政复议。截至案件开庭审理之日，上述违法搭建的玻璃幕墙尚未拆除。902房业主彭某认为区监察大队在发出《责令停止（改正）违法行为通知书》后，对后续执行情况不管不问，是一种行政不作为，故以区监察大队为被告诉至法院，请求确认被告未履行强制拆除的行为违法，责令被告立即依法作为，强制拆除违建部分。

【裁判结果】

深圳市南山区人民法院一审认为，区监察大队作为区规划土地监察机构，具有对本行政区域内违法用地和违法建筑行为进行调查取证、认定，依法实施行政处罚以及强制执行的职责。在依法作出限期拆除违法建筑的行政决定后，当事人在法定期限内不申请行政复议或者提起行政诉讼的，应当依照《行政强制法》《深圳经济特区规划土地监察条例》等法律、法规规定的强制执行程序作出处理。至于有权机关须在何期限内作出强制执行的决定并依法实施强制拆除，法律法规并无明确规定，但应在合理期限内履行其法定职责。本案中，被告作出限期依法拆除的行政决定后，在行政相对人未申请行政复议亦未提起行政诉讼、且拒不履行的情况下，至开庭审理之日止，在长达一年多的时间内，其仅作出催告而未对案件作出进一步处理，且未提供证据证明有相关合法、合理的事由，其行为显然不当，已构成怠于履行法定职责，应予纠正。鉴于作出强制执行决定和实施强制拆除属于行政机关的行政职权，且实施行政强制拆除具有严格的法定程序，故不宜直接责令区监察大队强制拆除违法建筑，遂判决区监察大队于判决生效之日起3个月内对南山区某小区A座901房的违法建设问题依法继续作出处理。彭某及区监察大队均不服一审判决，提起上诉。深圳市中级人民法院二审以相同理由判决驳回上诉、维持原判。

【典型意义】

本案典型意义在于：人民法院以裁判方式昭示了合法生效的行政决定必

须得到执行。不以法律强制作为后盾的处罚决定，就像无焰的火，不亮的光，最终会损害公众对法治的信仰，甚至诱导群体性违法。对违法建筑的查处和拆除，始终是城市管理的难点，也是规划部门和土地管理、市容管理部门的执法重点。相关行政执法机关对违法建筑的查处，不能仅仅止于作出处罚决定，而应当依据《行政强制法》的规定，采取有效措施，确保处罚决定的执行，才是完全履行法定职责。拆违虽难，但不能成为行政机关怠于履行法定职责的借口。《城乡规划法》第六十八条规定，城乡规划主管部门作出责令停止建设或者限期拆除的决定后，当事人不停止建设或者逾期不拆除的，建设工程所在地县级以上地方人民政府可以责成有关部门采取查封施工现场、强制拆除等措施。当然，由于行政管理的多样性，法律法规一般不会规定作出处罚决定后行政机关强制拆除的期限，但仍需在合理期限内履行。本案中，人民法院认定区监察大队在作出《行政处罚决定书》长达一年多的时间内一直未强制执行，已明显超过合理期限，属于怠于履行法定职责，在判决方式上责令其继续处理，既符合法律规定精神，也有利于尽可能通过教育说服而不是强制手段保证处罚决定的实施，具有一定示范意义。

钟某诉北京市工商行政管理局通州分局行政不作为案

《最高人民法院公布行政不作为十大案例》第 4 号

2015 年 1 月 15 日

【基本案情】

2013 年 12 月 27 日，北京市工商行政管理局通州分局（以下简称通州工商分局）接到钟某的申诉（举报）信，称其在通州家乐福购买的“北大荒富硒米”不符合《预包装食品营养标签通则》的规定，属不符合食品安全标准的违法产品，要求通州工商分局责令通州家乐福退还其货款并进行赔偿，依法作出行政处罚。同年 12 月 30 日，通州工商分局作出《答复》，称依据该局调查，钟某反映的食品安全问题目前不属于其职能范围。钟某于 2014 年 1 月 8 日向北京市工商行政管理局提出复议申请，该机关于同年 4 月 2 日作出复议决定书，维持《答复》。钟某不服，以通州工商分局为被告提起行政诉讼，请求确认通州工商局处理举报案件程序违法并责令其履行移送职责。

【裁判结果】

北京市通州区人民法院一审认为，依据国务院食品安全办、国家工商总局、国家质检总局、国家食品药品监管总局的食安办〔2013〕13号《关于进一步做好机构改革期间食品和化妆品监管工作的通知》《北京市人民政府办公厅关于印发北京市食品药品监督管理局主要职责内设机构和人员编制规定的通知》等文件规定，目前北京市流通环节的食品安全监管职责由北京市食品药品监督管理局承担，故被告通州工商分局已无职责对流通环节的食品安全进行监管，且其在接到原告钟某举报时应能够确定该案件的主管机关。《工商行政管理机关行政处罚程序规定》第15条规定，工商行政管理机关发现所查处的案件属于其他行政机关管辖的，应当依法移送其他有关机关。本案中当被告认为原告所举报事项不属其管辖时，应当移送至有关主管机关，故判决被告在十五个工作日内就原告举报事项履行移送职责，驳回原告其他诉讼请求。通州工商分局不服，提出上诉。北京市第三中级人民法院二审以相同理由判决驳回上诉、维持原判。

【典型意义】

本案典型意义在于：通过裁判方式明确了行政机关对不属于本机关办理职责事项，如果有关规范性文件规定应移送有权机关办理的，应当及时移送。在行政管理领域，行政机关的职责既有分工也有交叉，法定职责来源既可能是本行政领域的法律、法规、规章和规范性文件，也可能是其他行政管理领域的法律规范，甚至可能是行政管理需要和行政惯例。有关食品生产、流通环节的监督管理职责由工商机关改由食品药品监督管理部门承担，但职责调整的初始阶段，人民群众未必都很清楚，工商机关发现群众对于食品安全问题的举报事项属于其他行政机关管辖的，应当移送相关主管机关，不能一推了之。积极移送也是一种法定职责。

王某升诉寿光市人民政府行政不作为案

《最高人民法院公布行政不作为十大案例》第 5 号

2015 年 1 月 15 日

【基本案情】

2014 年 2 月 11 日，寿光市人民政府（以下简称市政府）收到了王某升提交的请求责令洛城街道褚庄村村民委员会（以下简称褚庄村村委会）公开村务的申请书，市政府在调查核实后于同年 4 月 4 日作出〔2014〕第 009 号《责令公布村务通知书》，主要内容为：“洛城街道褚庄村村民委员会：本机关于 2014 年 2 月 11 日受理了你村村民王某升提出的《责令洛城街道褚庄村村公布村务申请书》。根据《村民委员会组织法》第三十一条和《山东省实施〈中华人民共和国村民委员会组织法〉办法》第三十八条规定，现责令你单位依法向王某升公布有关村务信息。特此通知。”并于同日向褚庄村村委会进行了送达。市政府认为其已履行了法定职责。但至本案庭审时，褚庄村村委会并未就王某升申请事项向其公开。王某生遂以市政府为被告向法院提起行政诉讼，请求确认被告不履行责令褚庄村村委会公开村务职责的行为违法；判令被告及时履行责令褚庄村村委会公开村务的职责。

【裁判结果】

潍坊市中级人民法院一审认为：依据《村民委员会组织法》第三十一条“村民委员会不及时公布应当公布的事项或者公布的事项不真实的，村民有权向乡、民族乡、镇的人民政府或者县级人民政府及其有关主管部门反映，有关人民政府或者主管部门应当负责调查核实，责令依法公布；经查证确有违法行为的，有关人员应当依法承担责任”之规定，被告市政府依法负有依原告王某升的申请对其反映的事项进行调查核实以及责令褚庄村村委会公布相关村务的法定职责。被告在履行责令职责时，不应仅限于作出并送达责令通知，还应限定公开的合理期限并应跟进监督村委会对责令通知的执行情况，以实现公开的结果。本案中，被告虽已按法律规定向褚庄村村委会作出责令公开村务信息通知，但未限定公开的合理期限，亦未对褚庄村村委会执行通知情况进行核实，被告的所谓履责行为未达到法律规定的“责令”程度，缺乏约束力和执行力，从而导致褚庄村村委会至本案庭审时也未向原告公开相关村务。因此被告并未完全履行法定义务，其应继续履行责令之责。遂判决被告于本判决生效之日起60日内责令褚庄村村委会向原告限期公开相关村务信息。一审宣判后，双方当事人均未上诉。

【典型意义】

本案典型意义在于：以裁判方式明确了行政机关不仅应当及时履责，还应当全面履责，并要依法实现履责的目的。本案中市政府从形式上已责令褚庄村村委会公布有关村务信息，似乎已经履行了法定职责；但是，由于该《责令公布村务通知书》既未明确具体内容，更未明确具体期限或者合理期限，实际上构成未全面履行法定职责，造成原告等村民对村务的知情权和监督权迟迟得不到落实。因此，人民法院判决其限期责令褚庄村村委会限期公开村务信息，能够更好地促进村务公开，切实维护广大村民的知情权。

沈某、蔡某诉南通市公安局开发区分局行政不作为案

《最高人民法院公布行政不作为十大案例》第6号

2015年1月15日

【基本案情】

2013年9月20日13时5分左右，江苏省南通市开发区某小区内1号门面店主与2号门面店主因空油桶堆放问题引发纠纷，双方人员由争执进而引发殴打。南通市公安局开发区分局（以下简称开发区分局）接到报警后，指令民警出警并对涉案人员及证人调查取证。2013年9月22日，开发区分局将该纠纷正式作为治安案件立案，并多次组织双方调解。10月9日，沈某被传唤接受询问时明确表示不同意调解。12月2日，沈某、蔡某以开发区分局不履行治安管理行政处罚法定职责为由，向法院提起行政诉讼，要求确认被告未在法律规定期限内作出治安处罚决定行为违法。在诉讼期间，被告于12月9日根据《治安管理处罚法》的规定分别对涉案人员作出行政处罚决定。

【裁判结果】

南通市港闸区人民法院一审认为，被告开发区分局是否在法定期限内履行了法定职责，应当从法律、法规规定的办案期限及是否存在不计入办案期限的正当事由两个方面审查。根据《治安管理处罚法》第九十九条的规定，公安机关办理治安案件的期限，自受理之日起不得超过 30 日；案情重大、复杂的治安案件，经上一级公安机关的批准，可以再延长 30 日。这就意味着公安机关办理治安案件的一般期限为 30 日，最长期限不得超过 60 日。被告于 2013 年 9 月 22 日立案，至 2013 年 12 月 9 日作出行政处罚决定，办案期限明显超过了法律规定的一般办案期限，也超过了最长 60 日的办案期限。调解亦应当坚持自愿原则，当事人明确表示不愿意调解的，则不应适用调解处理。即使存在调解的事实，那么从原告沈某 10 月 9 日拒绝调解之日起至被告于 12 月 9 日作出行政处罚决定，亦长达 61 天，仍然超过了最长 60 日的办案期限。更何况被告未能在举证期限内提供经上一级公安机关批准延长办案期限的证据。据此，判决确认被告未在法律规定的期限内作出行政处罚决定行为违法。一审宣判后，双方当事人均未上诉。

【典型意义】

本案典型意义在于：通过行政审判职能的发挥，对公安机关在治安管理领域的履责要求作出规范，有利于治安纠纷的及时化解。《治安管理处罚法》明确规定了公安机关办理治安案件的期限。根据公安部《公安机关办理行政案件程序规定》的相关规定，对于因民间纠纷引起的殴打他人等违反治安管理行为，情节较轻的，可以调解处理，调解案件的办案期限从调解未达成协议或者调解达成协议不履行之日起开始计算，但调解不能成为公安机关不及时履行职责的借口。本案中，在沈某已经明确表示不同意调解的情况下，公安机关就应在 30 日内依法作出处罚决定。对超过 30 日办案期限的，应提供证据证明经过上一级公安机关批准延长。而被告明显违反相关规定。当然，被告也认识到未及时履行职责的违法性，在原告起诉后一周内就作出处罚决定，体现了对法律的尊重和勇于纠错的诚意，并得到了原告谅解。在现代法治国家，一个明显违反法定期限的行政行为，即使实体内容完全合法，也会因为姗姗来迟而被贴上违法的标签。

兰州某驾驶员培训服务有限公司诉兰州市城关区城市管理行政执法局行政不作为案

《最高人民法院公布行政不作为十大案例》第7号

2015年1月15日

【基本案情】

兰州某驾驶员培训服务有限公司（以下简称甲公司）以甘肃某文化用品有限公司（以下简称乙公司）进行违法建设，对其练车场的正常使用造成影响为由，向其所在街道社区和甘肃省兰州市城关区城市管理行政执法局（以下简称区行政执法局）等多个机关进行举报。但以上机关对其所反映事项均无任何处理。2012年10月，甲公司将乙公司违法建设的问题举报至兰州市委信访办，兰州市委信访办将举报材料转至兰州市行政执法局，后兰州市行政执法局又将举报材料转至区行政执法局，但直至甲公司起诉时止，区行政执法局仍未对该公司的举报作出任何答复，故甲公司以区行政执法局为被告，向法院提起行政诉讼，要求判令被告履行法定职责。

【裁判结果】

兰州市城关区人民法院在本案一审过程中，被告区行政执法局意识到其不履行职责可能存在败诉风险，遂与原告甲公司经协调达成一致意见，同意受理原告的举报事项并在其职权范围内进行调查，即依照原告的申请，履行了相应的法定职责。故原告于2013年6月7日向一审法院提交了书面撤诉申请。法院依照《行政诉讼法》第五十一条、《最高人民法院关于行政诉讼撤诉若干问题的规定》第五条、《最高人民法院关于执行〈中华人民共和国行政诉讼法〉若干问题的解释》第六十三条第一款第十项之规定，裁定准许原告撤回起诉。

【典型意义】

本案典型意义在于：行政诉讼的目的在于化解行政纠纷，在当事人提起诉讼后，有时通过法院审理，行政机关在诉讼期间意识到自身问题而主动纠正，在不损害国家利益和社会公共利益的前提下，当事人主动申请撤诉并经过法院准许，同样可以达到案结事了人和的审判效果。行政不作为案件往往是因行政机关及其工作人员存在“懒政”“惰政”等主观因素或某些客观原因而引发，相比其他类型的行政案件，法律关系较为明确，案件审理难度相对较低，只要行政机关依法履责，当事人之间的症结往往易于化解。实践中，不少案件是原告在向行政机关多次反映、投诉无果后，才选择通过诉讼方式寻求救济，一旦起诉，常常在诉讼期间就使纠纷得以快速解决。这从一个侧面凸显了行政审判这一外部监督机制的重大影响力。法院在查清事实、分清是非的基础上，通过向被告释明法律规定和法律后果，以和解方式化解纠纷，可以使原告诉求在短时间内实现，既解决问题，又不伤“和气”。

赵某天诉凤阳县武店镇人民政府行政不作为案

《最高人民法院公布行政不作为十大案例》第 8 号

2015 年 1 月 15 日

【基本案情】

安徽省凤阳县人民政府依照国家发改委、住建部、财政部和滁州市有关文件精神，制定了《凤阳县 2012 年农村危房改造工作实施方案》（以下简称《方案》），在全县推广实施农村危房改造的惠民工程。赵某天依照上述文件精神，于 2012 年 4 月 22 日向凤阳县武店镇赵拐村村民委员会提交了危房改造补贴申请。该村村民委员会经评议后同意赵某天的申请意见，并将申请材料上报凤阳县武店镇人民政府（以下简称镇政府）审核。但直至赵某天提起诉讼时止，镇政府仍未按照上述文件的规定，依法履行其危房改造申请的审核职责。赵某天遂于 2013 年 4 月 17 日以镇政府为被告向法院提起行政诉讼，主张被告未依照《方案》作出审核决定，要求判决被告履行危房改造申请审核职责。

【裁判结果】

凤阳县人民法院一审认为，凤阳县人民政府制定的《方案》，对农村危房改造的申报程序及审核方法等都作出了明确规定。乡镇人民政府在接到村民委员会的申报材料后，应当组织人员上门进行现场核查，经核查符合条件的由乡镇人民政府签署审核意见，报县农村危房改造领导小组审批；不符合条件的，将材料退回所在村民委员会并说明原因，且审查结果在村务公开栏公示7天。该方案同时规定，凤阳县危房改造确定的检查验收时间为2012年12月11日至12月31日。原告赵某天依照规定提交了危房改造申请，但被告镇政府在接到其申请材料后未能按照《方案》规定的程序和方式履行其审核职责，其行为构成行政不作为。本案审理期间，被告对原告危房改造申请进行了补充核查，认为其不符合危房改造补贴条件，并将不符合条件的理由书面告知了赵拐村村民委员会及一审法院。法院已将核查结果告知原告，但原告不愿意撤回起诉。故一审法院判决确认被告不履行危房改造申请审核职责行为违法。一审宣判后，双方当事人均未上诉。

【典型意义】

本案典型意义在于：人民法院通过裁判强调了乡镇政府在农村危房改造中的职责，对督促其切实依法履责、保障农民基本生活权益具有积极作用。农村危房改造是中央政府确定的一项重要民生工程，也是一项民心工程。各级地方人民政府应当坚决执行，确保中央政令的统一和畅通，确保居住在危房中的农村分散供养五保户、低保户、贫困残疾人家庭和其他贫困户实现居者有其屋。在地方政府合理确定补助对象过程中，村、乡镇和县分别负有相应的评议、审核和审批职责，任何一个环节怠于履行职责，都会形成“肠梗阻”。本案被告镇政府在一年内未依法核查原告赵某天的申请，忽视其权益保障，严重影响了补助对象的确定工作，构成不依法履责。因被告诉讼期间作了审核，法院判决其继续履行已无实际意义，但仍然判决确认其不履责行为违法，符合行政诉讼的规定，彰显了司法审查的价值。

艾某仁诉沈阳市卫生和计划生育委员会行政不作为案

《最高人民法院公布行政不作为十大案例》第 9 号

2015 年 1 月 15 日

【基本案情】

2013 年 3 月 2 日，艾某仁因右小腿闭合骨折就诊于沈阳中大骨科医院（以下简称中大骨科），术后不仅骨折未予治愈，其闭合骨折还引发成骨外露、骨感染，后经 10 次手术未能治愈，现腿部残疾。艾某仁认为治疗中存在医疗损害，参加第一次手术的医师吴某存在越级手术这一违法事实。自 2013 年 5 月至 12 月间，艾某仁多次向辽宁省沈阳市卫生局（现更名为沈阳市卫生和计划生育委员会，以下简称市卫计委）就中大骨科越级手术等多项问题提出举报与投诉，市卫计委未给予回复。2013 年 12 月 24 日中央电视台新闻频道将此事报道后，艾某仁得到市卫计委医政处的接待，并承诺调查处理。2014 年 2 月 19 日下午，市卫计委医政工作人员张某通过电话回复说“吴某不是越级手术”。艾某仁对该答复不服，以市卫计委为被告提出行政诉讼，请求判令被告对手术医院及手术医生进行行政处罚。

【裁判结果】

沈阳市和平区人民法院一审认为，原告艾某仁未提供证据证明其曾向被告市卫计委提出过对手术医院及医生进行行政处罚的申请，故原告认为被告不履行法定职责的观点不存在事实根据，对原告的诉讼请求不予支持，应予驳回。遂判决驳回原告的诉讼请求。艾某仁上诉后，市卫计委辩称，中大骨科是一所二级专科医院，具有为艾某仁手术的医疗资质，手术医生吴某系高年资住院医，该医院授权其从事一、二级手术，并且在上级医师指导下可组织部分三级手术；《医疗技术临床应用管理办法》规定手术分级是由医疗机构自行组织实施，中大骨科现在没有相关的分级，故吴某不存在越级手术问题。

沈阳市中级人民法院二审认为，根据相关证据及市卫计委的庭审陈述，可以认定艾某仁提出过举报且市卫计委已口头答复，故原审认定艾某仁没有提出过申请系认定事实不清。根据《医疗机构管理条例》第五条第二款、《外科手术分级制度管理》第五条第二款的规定，艾某仁申请的事项属于市卫计委的职权范围。市卫计委对艾某仁举报事项已进行了调查，并作出了相关事实的认定，但针对该部分事实没有向法院提交相应的证据，应认定其证据不足；且根据其现有的调查事实，市卫计委亦应当按照相关法律规定予以处理，而不需要艾某仁针对如何处理违法行为再次提出申请，故市卫计委存在不履行职责的情形，判决撤销一审判决，责令市卫计委对艾某仁的举报申请重新作出具体行政行为。

【典型意义】

本案典型意义在于：通过对卫生行政主管部门处理医患纠纷的法定职责进行司法审查，对依法保障患者权益有积极作用。医患纠纷已日益成为社会热点，卫生行政主管部门应强化对医疗机构的监管，对患者提出的医疗机构违法违规情况，积极调查，依法履责，既要保护患者合法权益，又要尽快明晰责任，促进医患之间的信任。由于医疗手术的高度专业性和高风险性，加之患者医疗知识的局限性，卫生行政主管部门作为医患关系的桥梁，在调查处理医患纠纷时，必须坚持公开、公平与公正，依法中立地履行职责，而不应偏袒任何一方。本案中，市卫计委经过调查发现涉案的医院没有建立分级制度，就应当责令涉案医院改正，并采取相应的补救措施，但对当事人的申请作出涉案医院未建立分级制度故不存在违规越级手术问题的答复，明显违反相关法律规范的规定，人民法院因此判决其重新作出具体行政行为，于法有据。本案二审判决对法院处理类似案件有示范作用。

张某华等5人诉天水市公安局麦积分局行政不作为赔偿案

《最高人民法院公布行政不作为十大案例》第10号

2015年1月15日

【基本案情】

2006年3月3日凌晨3时许，被害人刘某洲路过甘肃省天水市麦积区桥南伯阳路农行储蓄所门前时，遭到苏某堂、吴某强、佟某的拦路抢劫。刘某洲被刺伤后喊叫求救，个体司机胡某、美容中心经理梁某听到呼救后，先后用手机于 4 时 02 分、4 时 13 分、4 时 20 分三次拨打“110”电话报警，“110”值班人员让给“120”打电话，“120”让给“110”打电话。梁某于 4 时 24 分 20 秒（时长 79 秒）再次给“110”打电话报警后，“110”值班接警人员于 6 时 23 分 35 秒电话指令桥南派出所出警。此时被害人刘某洲因失血过多已经死亡。经法医鉴定：被害人刘某洲系被他人持锐器刺破股动脉，致失血性休克死亡。天水市麦积区人民法院于 2007 年 3 月 23 日作出〔2007〕麦刑初字第 4 号刑事判决，认定麦积分局“110”值班民警高某犯玩忽职守罪，免予刑事处罚。高某上诉后，二审维持原判。

天水市中级人民法院作出〔2006〕天刑一初字第 24 号刑事附带民事判决，判决被告人苏某堂、吴得强、佟某赔偿刘某洲相应的死亡赔偿金等。在民事判决执行中，因被告人苏某堂已被执行死刑，无财产可供执行；被告人吴某强、佟某服刑前靠父母养活，暂无财产可供执行，天水市中级人民法院于 2008 年 6 月 3 日以〔2008〕天执字第 29 号民事裁定终结执行。被害人刘某洲的近亲属张某华、刘某、刘某甲、刘某议、张某仙 5 人于 2009 年 1 月 16 日以公安机关行政不作为为由向天水市公安局麦积分局提出行政赔偿申请，该局作出不予行政赔偿决定。张某华等 5 人遂以该局为被告，向法院提起行政赔偿诉讼，请求判令被告赔偿刘某洲死亡赔偿金和丧葬费 498640 元，被扶养人生活费 26959. 95 元。

【裁判结果】

天水市麦积区人民法院一审认为，《国家赔偿法》第三十四条第一款第三项规定，侵犯公民生命健康权的，赔偿金按照下列规定计算：造成死亡的，应当支付死亡赔偿金、丧葬费，总额为国家上年度职工年平均工资的二十倍。对死者生前扶养的无劳动能力的人，还应当支付生活费。本案天水市公安局麦积分局应当按国家规定支付死亡赔偿金、丧葬费总额的 20% 份额。故判决：一、由该局按照 2008 年全国在岗职工年平均工资 29229 元 ×20 倍 ×20% 的标准，在判决生效之日起 10 日内给张某华等 5 人赔偿刘某洲死亡赔偿金和丧葬费 116916 元；二、驳回张某华等 5 人关于要求赔偿被扶养人生活费的诉讼请求。

一审宣判后，张某华等 5 人认为判决以 20% 承担赔偿责任太少，被告天水市公安局麦积分局则认为不应予以赔偿，双方均不服提出上诉。在天水市中级人民法院二审期间，经该院主持调解，双方当事人于2014年4月25日达成调解协议：一、天水市公安局麦积分局在2014年6月10日前一次性给张某华、刘某、刘某甲、刘某议、张某仙支付刘某洲死亡赔偿金20万元。二、张某华、刘某、刘某甲、刘某议、张某仙放弃要求天水市公安局麦积分局支付被扶养人生活费及刘某洲丧葬费的诉讼请求。

【典型意义】

本案典型意义在于：明确了公安机关因未及时出警而应承担的相应责任，并通过调解方式妥善化解争议。有权必有责，用权受监督，失职要问责，侵权要赔偿，是把权力关进制度笼子的基本要求。《人民警察法》明确规定，人民警察的任务是维护国家安全，维护社会治安秩序，保护公民人身安全、人身自由和合法财产，保护公共财产，预防、制止和惩治违法犯罪活动。因此，不仅违法实施行政处罚、行政强制等侵权行为可能承担赔偿责任，因不依法履行职责、不及时救助群众，造成人身、财产损害的，同样可能承担赔偿责任。本案中，被害人刘某洲的不幸死亡系因他人犯罪所导致，但公安机关也存在违法拖延出警、未及时履行保护公民人身安全的义务，应当承担相应的赔偿责任。同时，《行政诉讼法》规定了行政赔偿案件可以调解，本案二审法院在查明事实、分清责任的基础上，主持达成调解协议并制作了行政赔偿调解书，既维护了法律的权威，也有利于切实保障当事人的合法权益。

青岛某机械施工有限公司诉即墨市工商行政管理局行政不作为案

《最高人民法院发布10起人民法院经济行政典型案例》第8号

2015年10月22日

【基本案情】

2014年3月9日，青岛某机械施工有限公司（以下简称某公司）向山东省即墨市工商行政管理局（以下简称市工商局）举报王某、姚某伪造营业执照等证件，冒用该公司名义贷款，请求市工商局对二人伪造公章及营业执照的行为进行查处。2014年3月19日，市工商局调查了青岛农商银行股份有限公司三里庄分理处，证明王某曾以某公司名义在该分理处贷款。2014 年 3 月 21 日，市工商局作出不予立案通知书，认为某公司举报事项不属于该局管辖范围，主要理由是：该公司未能提供被举报人以其名义对外经营的情况，经多方联系未能找到被举报人，被举报人与银行是借贷关系，应由银监会管辖。2014 年 6 月 30 日，中国银行业监督管理委员会青岛监管局在有关函件中提及，加盖市工商局公章的《私营企业登记信息查询结果》（打印日期为 2013 年 7 月 12 日）等信贷材料中企业法人信息与市工商局登记的情况不符。敖广通公司将市工商局诉至法院，请求撤销该局的不予立案通知书，判令该局对姚某、王某伪造营业执照、私刻公章、非法经营的违法事实依法查处，撤销该局 2013 年 7 月 12 日违法出具的《私营企业登记信息查询结果》。诉讼期间，市工商局自行撤销了上述不予立案通知书。

【裁判结果】

即墨市人民法院一审认为，本案争议焦点是查处伪造企业法人营业执照的行为是否为被告市工商局的法定职责。依照《公司登记管理条例》及其施行细则有关规定，工商机关对于伪造、涂改、出租、转让营业执照等行为具有查处的法定职责。被告在接到举报后，应当予以立案，进行调查取证，根据调查结果作出相应处理。对原告某公司诉请撤销《私营企业登记信息查询结果》问题，现有证据不能证明该查询结果是被告出具，且该查询结果不是具体行政行为，法院不予支持。鉴于本案审理过程中，被告自行撤销了不予立案通知书。遂判决被告作出的不予立案通知书违法，驳回原告撤销《私营企业登记信息查询结果》的诉讼请求。该公司上诉后，青岛市中级人民法院判决驳回上诉、维持原判。

【典型意义】

本案是工商机关未依法履行查处扰乱市场违法活动职责的典型案例。营业执照是工商行政管理机关代表国家向从事经营活动的企业依法核发的经营凭证，是企业取得经营资格的证明文件，对于明确企业的市场地位，稳定以企业为核心的市场关系起着非常重要的作用。与公司登记有关的法律、法规明确规定了伪造营业执照的行为是违法行为，应受到相应处罚。现实中不乏钻营者通过伪造营业执照等手段，实施不法行为，扰乱社会经济管理秩序。

本案中法院以裁判形式进一步明确了工商机关对此类行为负有查处职责，对于怠于履责、查处不力情形应承担败诉后果，案件裁判具有积极的社会导向作用。

周某诉某公安分局拖延履行法定职责案

《最高人民法院公布10起弘扬社会主义核心价值观典型案例》第3号

2016年3月8日

【基本案情】

原告周某居住在长沙市某社区，部分社区居民经常在晚上8点左右到其楼下的人行道上跳广场舞，音响器材音量过大，严重影响其安静生活。周某报警要求某公安分局依法进行处理。某公安分局接警后，多次到现场劝说跳舞居民将音响音量调小，或者更换跳舞场地，但一直未有明显效果。此后，原告向人民法院起诉，要求某公安分局依法处理。人民法院经审理认为，某公安分局对于原告报警所称的部分居民在原告楼下跳广场舞并使用音响器材这一行为是否存在违法事项，是否需要进行行政处罚等实质问题并未依法予以认定，遂判决某公安分局依法对周某的报案作出处理。判决生效后，该公安分局又数次对跳舞的人们进行劝解、教育，并加强与当地社区的合作，引导广场舞队转移至距离原处百米之外的空坪上。原告所住的社区也在政府部门的积极协调和支持下，与长沙某汽车站达成一致，将在车站附近建设一块专门用于广场舞等娱乐活动的健身场所，既避免噪音扰民，又给跳舞健身爱好者自由活动的场所。

【典型意义】

弘扬的价值：社会公德

“文明健身、和谐生活”，既是社会主义精神文明的体现，也是法治精神的体现。广大群众积极参加健身活动，有利身心健康，增强体魄，但不能因此损害他人的合法权益。本案原告周某因社区居民在其楼下跳广场舞，严重影响生活安宁，向某公安分局报案处理未果后提起行政诉讼。人民法院依法判决该公安分局对周某的报案作出行政处理。本案也提醒广大群众：强身健体，也要尊重他人权利，这样才能真正保证健身的“幸福指数”，提升和谐共处的“文明指数”。

马某本诉黑龙江省嫩江县人民政府不履行发放安置补偿款法定职责纠纷案

——〔2015〕行提字第 33 号

《最高人民法院第二巡回法庭关于公正审理跨省重大民商事和行政案件典型案例》第 10 号

2016 年 10 月 31 日

【基本案情】

马某本原系黑龙江省嫩江县临江乡铁古砬村村民，因修建水利工程需要，移民到山东省汶上县。2003 年马某本与接收地政府签订安置协议，安置补偿费已汇至接收地政府。2006 年 8 月，国家发改委提高移民安置补偿费，嫩江县移民办将调整增加的安置补偿费全额兑现，拨付给铁古砬村。马某本认为，增加的安置补偿费应拨付给移民接收地，而不是铁古砬村，并多次去嫩江县移民办及嫩江县政府讨要，但始终未予拨付，马某本为此信访投诉。2011 年 6 月 27 日，黑河市政府作出信访复核意见，要求嫩江县政府负责协调，将调整后的安置补偿款交给移民接收地。收到黑河市政府复核意见书后，马某本多次去嫩江县政府提出拨款申请，嫩江县政府未履行相关拨付义务。马某本提起诉讼，要求嫩江县政府履行发放安置补偿款法定职责。

【裁判结果】

黑河市中级人民法院一审认为，黑河市政府于 2011 年 6 月 27 日作出信访复核意见书，马某本于 2013 年 10 月 16 日提起诉讼，超过 2 年法定起诉期限，裁定驳回起诉。

黑龙江省高级人民法院二审认为，黑河市政府作出的信访复核意见，不属于行政诉讼受案范围，裁定驳回上诉，维持一审裁定。

最高人民法院第二巡回法庭提审后认为，黑河市政府作出的信访复核意见书，撤销嫩江县政府的信访复查决定，要求嫩江县政府将调整后的补偿款交给移民接收地，嫩江县政府应当执行。嫩江县政府未履行黑河市政府决定，是不履行法定职责的行为，属于行政诉讼受案范围。黑河市政府作出信访复核意见后，马某本多次向嫩江县政府提出拨款申请，嫩江县政府一直未履行拨款义务，2013 年 10 月 16 日，马某本提起本案行政诉讼。根据上述事实，认定马某本起诉超过法定期限，缺乏事实根据，且嫩江县政府一、二审程序中，亦未提供证据证明马某本起诉超过法定期限，应当推定马某本起诉未超过法定起诉期限。为此，再审裁定撤销一、二审裁定，指令黑河市中级人民法院继续审理。2016 年 8 月 29 日，黑河市中级人民法院经再审判决，责令嫩江县政府在 3 个月内履行拨付移民款的法定职责。

【典型意义】

本案是跨省级行政区划的行政案件，对外地当事人诉权保护是否到位，考验着法官的司法责任感。通过这起案件的审理可以发现，由案件发生地的人民法院审理跨行政区划的行政案件，难以避免当地法院出于保护本地当事人利益的不正当考虑，出现不公正裁判的情况。最高人民法院设立巡回法庭，审理跨行政区域重大行政案件，能够排除地方干扰，作出公正裁判，监督下级法院依法独立公正行使审判权，充分保护外地当事人合法权益，及时有效化解行政争议。

贵州省金沙县人民检察院诉毕节市七星关区大银镇人民政府不当履职案

《最高人民法院公布长江流域环境资源审判十大典型案例》第 8 号

2017 年 12 月 4 日

【基本案情】

2010 年以来，大银镇政府将该镇集镇及邻近村寨产生的固体生活垃圾收集后，雇请专人运输倾倒在该镇羊桥村石人脚公路旁。该镇大量垃圾露天堆放，散发出难闻气体，严重危害当地生态环境、影响当地群众生活。其间，因垃圾倾倒在公路上影响该处正常通行，大银镇政府于 2016 年 3 月底组织修建了简易围墙将垃圾场与公路隔开，除此之外并未对场内垃圾进行任何处理。七星关区人民检察院于2016 年4 月28 日向大银镇政府发出检察建议书，督促其“及时纠正违法行为，并采取补救措施，消除其违法倾倒垃圾对周边环境和群众生产生活造成的影响”。大银镇政府虽作出书面回复，但并未积极履职，亦未采取补救措施。毕节市人民检察院指定金沙县人民检察院管辖本案，金沙县人民检察院以大银镇政府不履行行政职权为由，向仁怀市人民法院提起行政公益诉讼。

【裁判结果】

贵州省仁怀市人民法院一审认为，检察机关在履行职责过程中发现在生态环境和资源保护等领域负有监督管理职责的行政机关违法行使职权或者不作为，造成国家和社会公共利益受到侵害，可以向人民法院提起行政公益诉讼。毕节市人民检察院指定金沙县人民检察院管辖本案符合法律规定。七星关区人民检察院向大银镇政府发出检察建议书，督促其纠正违法行为，采取补救措施，大银镇政府虽作出书面回复，但并未积极履职，亦未采取补救措施。遂判决确认大银镇政府倾倒垃圾的行为违法；责令大银镇政府依法履行法定职责，采取补救措施弥补对环境造成的危害。

【典型意义】

长江流域环境资源要素跨区域特征明显，要优化审判机制，打破行政区划的界限和壁垒。本案中，人民检察院跨行政区划提起环境行政公益诉讼，人民法院跨行政区划审理，具有较强的典型意义。本案中，毕节市人民检察院指定金沙县人民检察院跨区划管辖本案；遵义市所辖仁怀市人民法院根据《贵州省高级人民法院关于环境保护案件指定集中管辖的规定》审理本案，并依法对毕节市人民检察院指定金沙县人民检察院管辖本案予以确认，对于推动构建流域内环境公益诉讼等案件的集中管辖和探索重大环境资源行政案件在跨行政区划法院审理的专门管辖机制具有指导意义。另外，按照《环境保护法》第三十七条的规定，地方政府负有对生活废弃物分类处置的义务，大银镇政府虽然雇用了专人收集、清理固体废物，但没有完全履行固体污染物处置义务，给环境造成持续的污染，属于行政违法行为。本案公益诉讼对于督促行政机关积极开展农村人居环境整治，加强固体废弃物和垃圾处置具有指导作用。

倪某纯诉天津市生态环境局不履行环境保护监督管理职责案

《2019年度人民法院环境资源典型案例》第二十一号

2020年5月8日

【基本案情】

2004年起，倪某纯在某（天津）轮胎有限公司（以下简称某公司）从事放射性岗位工作。2014年被诊断为多发性骨髓瘤。2015年2月至6月，倪某纯要求天津市生态环境局公开对某公司无辐射安全许可证使用PT机的行为进行查处和日常监管记录等相关信息。天津市生态环境局于2015年4月对某公司进行了处罚，但无2004年至2013年年底对某公司PT机的日常监查记录。倪某纯提起行政诉讼，请求确认天津市生态环境局对某公司未尽监督管理职责属行政不作为违法。

【裁判结果】

天津铁路运输法院一审认为，天津市生态环境局作为某公司环境影响评价文件的审批部门，具有相应的监督检查职责，其在2009年某公司申请射线装置环境影响报告的行政许可时，即应知道该企业有安装使用射线装置的计划，但直至2015年因倪某纯举报才对某公司进行检查，在监督管理上存在疏漏。一审判决，确认天津市生态环境局自2009年至2013年底未对某公司射线装置的安全和防护工作履行法定监督管理职责的行为违法。北京市第四中级人民法院二审维持原判。

【典型意义】

本案系放射性污染中行政机关未尽监管职责引发的行政不作为案件。放射性污染会破坏生物机体，产生辐射致癌、白血病等方面的损害以及遗传效应等，对生态环境安全和人民群众生命健康危害极大。根据《放射性同位素与射线装置安全和防护条例》第四十六条规定，县级以上人民政府环境保护主管部门和其他有关部门应当按照各自职责对生产、销售、使用放射性同位素和射线装置的单位进行监督检查。本案判决认定天津市生态环境局未就使用射线装置单位履行法定监督管理职责，构成行政不作为违法，对促进行政机关依法、及时、全面履行职责，加强对放射性物质的监管，切实保护人民群众生命健康权益具有积极意义。

江西省安义县人民检察院诉安义县国土资源局不履行矿山地质环境保护职责案

《2019 年度人民法院环境资源典型案例》第三十八号

2020 年 5 月 8 日

【基本案情】

2016 年 2 月至 2017 年 6 月，徐某明在没有办理采矿许可证和占用林地手续的情况下，雇用他人擅自对犁头山山体进行采矿。安义县国土资源局先后 6 次向其下达《制止违反矿产资源法规行为通知书》，要求其停止违法开采行为。2017 年 11 月，江西省安义县人民检察院向安义县国土资源局发出检察建议。嗣后，安义县国土资源局虽陆续采取措施，但徐某明未完全按照恢复治理方案进行恢复治理。所涉地区矿山地质环境状况仍未得到根本改善。江西省安义县人民检察院提起行政公益诉讼，要求安义县国土资源局全面履行矿山地质环境保护的法定职责。

【裁判结果】

南昌铁路运输法院一审认为，安义县国土资源局负有保护和监管案涉地区矿山地质环境的法定职责。其虽先后对徐某明非法采矿行为履行了一定的监管职能，但在公益诉讼起诉人提起本案诉讼前，未督促徐某明按照恢复治理方案进行恢复治理，亦未责令徐某明缴纳土地复垦费用、代为组织复垦，案涉矿山地区至今仍土层、矿石裸露，地质环境状况未得到根本改善，给周边环境及居民生活带来安全隐患，国家利益和社会公共利益仍处于受侵害状态。一审判决：责令安义县国土资源局履行矿山地质环境保护职责，按照恢复治理方案恢复安义县犁头山地区的生态环境。

【典型意义】

本案系对非法采矿行为监管不力导致矿山地质环境破坏引发的环境行政公益诉讼案件。非法采矿行为不仅严重侵害国家对矿产资源的所有权，造成矿业权税费流失，而且极易造成矿产资源的乱采滥挖，导致环境污染和生态破坏。安义县国土资源局作为行政主管部门，对矿山地质环境遭受破坏后的修复治理具有监督、管理义务。尽管其已经针对案涉非法采矿行为采取相关措施，但因未继续、全面地履行监管职责，矿山地质环境仍持续受到侵害。本案判决认定行政机关未完全履行法定职责并判令其继续履职，对促进行政机关依法、及时、全面履行职责，维护矿山生态环境安全，切实保护国家利益和社会公共利益具有积极作用。

公益诉讼起诉人荣县人民检察院诉荣县自然资源和规划局怠于履行土地行政监管职责案

《耕地保护典型行政案例》第四号

2020年12月14日

【基本案情】

2014年下半年，荣县鸿某农业有限公司（以下简称鸿某公司）负责人谢某某通过租赁方式流转荣县旭阳镇石碓窝村第1、2、9组的27.738亩土地，约定用途为种植、养殖业及农业经济开发。2015年3月，鸿某公司以该宗地坡坎大，不利于花卉苗木种植为由，申请在该宗地倾倒土石方进行土地填平整治，所在村组、旭阳镇人民政府、荣县自然资源和规划局等予以审批同意。荣县自然资源和规划局就倾倒土石方予以选址会审并收取鸿某公司复垦保证金1.732万元。鸿某公司在流转土地上倾倒建筑渣土，未按照申请的时间和范围平整土地用于种养殖业和农业经济开发。

2017年4月，荣县旭阳国土资源中心所在巡查中发现该公司涉嫌超范围倾倒弃土、压占土地，并现场口头通知鸿某公司对超范围部分复耕，对存在的安全隐患进行整治。同年12月18日，荣县自然资源和规划局对鸿某公司未经批准修建构筑物，作出《责令停止违法行为通知书》（荣国土资停

〔2017〕196 号），鸿某公司停止修建。

针对鸿某公司长时间存在的倾倒城市建筑弃土、非法压占土地的行为，荣县人民检察院经立案调查，于 2018 年 5 月 8 日向荣县自然资源和规划局发出（荣检行建〔2018〕03 号）检察建议：（1）对谢某某违反土地管理法规的行为依法作出行政处罚；（2）责令谢某某按照国家有关规定负责将破坏的耕地复垦；如其没有条件复垦或者复垦不符合要求的，应当责令其足额缴纳土地复垦费，并将该费用专项用于其破坏的耕地复垦；（3）对谢某某修复耕地、复垦的情况进行检查、督促，确保整改到位。

荣县自然资源和规划局收到检察建议书后，于当月 18 日对鸿某公司的违法行为启动立案调查。同年 6 月 12 日，向鸿某公司发出《责令改正违法行为通知书》（荣国土资改〔2018〕02 号），责令该公司自收到通知之日起 60 日内，对压占的土地按要求进行土地复垦，该公司于当日向荣县自然资源和规划局提交书面承诺。6 月 16 日，鸿某公司自行编制复垦方案，并按方案开始对该宗地进行土地整理（复垦）。6 月 25 日，荣县自然资源和规划局组织旭阳镇政府、县农牧业局、县城管局、县环保局对鸿某公司土地整理（复垦）进度进行现场检查，指出了存在的问题。同年 7 月，鸿某公司重新编制复垦方案（内容含填充土石方等）并报荣县自然资源和规划局，鸿某公司遂采用继续倾倒建筑弃土填充的方式对该宗地进行土地整理（复垦），导致压占土地面积进一步明显增加。11 月 27 日，荣县自然资源和规划局对鸿某公司在土地复垦中，超高超范围倾倒城市建筑弃土、弄虚作假的行为处以罚款 3 万元并执行到位。此外，鸿某公司非法倾倒建筑弃土的位置附近共有 3 组国防光缆（空中 1 组，地下 2 组）通过，鸿某公司倾倒建筑弃土对国防光缆造成经济损失和通信危害。

荣县自然资源和规划局针对鸿某公司在土地复垦中弄虚作假的情况，组织农业、城管等相关部门再次会商，由四川省地矿局化探队技术人员于 2018 年 11 月按照相关标准重新编制土地整理（复垦）方案，旭阳镇石碓窝村民委员会和鸿某公司共同委托具备资质的土地整理（复垦）单位按照方案开展复垦工作。荣县自然资源和规划局对于履行土地监管职责的情况，分别于 2018 年 7 月 5 日、12 月 7 日，向荣县人民检察院进行书面回复。

2019 年 2 月 22 日，经鸿某公司申请，由荣县自然资源和规划局邀请县农牧业局、县水务局、县林业局专业人员组成土地整理（复垦）工作验收专家组，会同县城管局、旭阳镇政府、石碓窝村组干部、社员代表进行现场验收，结论为按复垦方案的建设内容基本完成，并对边坡完善排灌沟渠、修筑土埂、清捡块石、提高土壤质量等提出了进一步完善复垦工作的建议意见。荣县自然资源和规划局将验收情况向一审法院和荣县人民检察院书面报送。4月14日，四川川法环境损害司法鉴定所受荣县人民检察院委托，组织专家开展现场踏勘、访谈及复垦方案等资料核实，认为该复垦工程部分未达到国家土地复垦标准。

【裁判结果】

四川省荣县人民法院一审认为，《土地管理法》第四条规定“国家实行土地用途管制制度”，第三十七条规定“禁止任何单位和个人闲置、荒芜耕地”，第四十二条规定“因挖损、塌陷、压占等造成土地破坏，用地单位和个人应当按照国家有关规定负责复垦；没有条件复垦或者复垦不符合要求的，应当缴纳土地复垦费，专项用于土地复垦”，《土地复垦条例》第十八条规定“土地复垦义务人不复垦，或者复垦验收中经整改仍不合格的，应当缴纳土地复垦费，由有关国土资源主管部门代为组织复垦”。鸿某公司及其负责人谢某某以发展种植、养殖业及农业经济开发之名流转荣县旭阳镇石碓窝村第1、2、9组的约27亩农用地，但长达数年未实际用于农业经营，而是违规倾倒建筑渣土谋利并压占农村土地，荣县自然资源和规划局应当依法履行土地违法行为查处和土地复垦的监管职责，但对鸿某公司的违法行为未及时、有效地进行制止和处罚，致使被压占的土地长期处于荒芜状态，违背农业用途，导致国家土地资源遭到破坏，并危害国防通信安全。荣县自然资源和规划局在收到检察建议后，虽履行了一定职责，但由于履行监管职责不力致使鸿某公司继续倾倒建筑弃土填充的复垦方案得以实施，使公益损害进一步扩大。公益诉讼起诉人请求判决确认荣县自然资源和规划局对鸿某公司非法压占土地行为未完全履行土地监督管理职责违法，应予支持。

一审法院受理公益诉讼后，荣县自然资源和规划局加大对鸿某公司土地复垦的监管力度，并于2019年2月22日组织有关专业人员、相关部门、基层组织，对复垦情况进行现场验收。参考验收情况和有关专家意见，均提出本案土地复垦中还需对边坡完善排灌沟渠、修筑土埂、清捡块石、提高土壤质量等要求。这仍需荣县自然资源和规划局加强后续监督管理，使案涉土地的利用符合农用地性质。公益诉讼起诉人请求判令荣县自然资源和规划局依法履行对鸿某公司非法压占土地的后续复垦工作的监督管理职责，应予支持。据此，判决：一、确认荣县自然资源和规划局对荣县鸿某农业有限公司土地违法行为怠于履行监督管理职责的行为违法；二、责令荣县自然资源和规划局在本判决生效后 90 日内对本案所涉土地后续复垦事项依法履行职责。

一审判决作出后，双方当事人均未提出上诉。荣县自然资源和规划局在判决期限内督促相关企业，履行了复垦义务，并经验收合格。本案所涉土地已恢复农业耕种，得到当地干部群众好评，实现了良好的办案效果。

【典型意义】

2017 年修正的《行政诉讼法》确立了行政公益诉讼制度，人民检察院在履行职责中发现生态环境和资源保护等领域负有监督管理职责的行政机关违法行使职权或者不作为，致使国家利益或者社会公共利益受到侵害的，应当向行政机关提出检察建议，督促其依法履行职责。行政机关不依法履行职责的，人民检察院依法向人民法院提起诉讼。本案中，主管行政机关虽对土地违法行为履行了一定监督管理职责，但未全面依法履职，致使环境公益仍然遭受侵害。人民检察院依法充分发挥法律监督职能作用，促进依法行政、严格执法，充分体现了行政公益诉讼在依法监督行政执法、制止及恢复被破坏耕地方面的积极意义。此外，本案办理中，法检两长直接参加开庭，亦体现各方对于充分保护和利用土地资源、推进生态文明建设的重视。

宣城市恒某金属铸件有限公司诉安徽省宣城市宣州区人民政府未依法履行行政补偿职责案

《长江流域生态环境司法保护典型案例》第五号

2021 年 2 月 25 日

【基本案情】

宣城市恒某金属铸件有限公司（以下简称恒某公司）位于安徽省宣城市宣州区黄渡乡杨林村，属扬子鳄国家级自然保护区范围内。安徽省宣城市宣州区人民政府（以下简称区政府）基于中央环保督察及“绿盾 2018”专项督察反馈问题整改的工作要求，向恒某公司发出限期拆除违法建筑公告，责令恒某公司于2018年10月10日前将其在扬子鳄国家级自然保护区内的建筑物自行拆除并恢复土地原状；并向恒某公司出具《承诺书》，就拆迁原则、存疑评估处理以及付款方式进行了承诺。恒某公司自行拆除了建筑物后，黄渡乡政府向其支付补偿款400万元。因双方对剩余补偿数额有异议，区政府一直未支付剩余补偿款，恒某公司提起行政诉讼。

【裁判结果】

安徽省宣城市中级人民法院一审认为，恒某公司虽已取得经营、用地、建设等各项行政许可，但因公司位于扬子鳄国家级自然保护区范围内，区政府基于环保整改工作要求责令其停止生产经营活动、拆除不动产，并无不当。但对于恒某公司的损失应依法予以补偿，区政府在向恒某公司支付400万元补偿款后，以双方就剩余补偿数额不能达成一致为由一直未作出补偿决定，系部分行政不作为。故判决责令区政府对恒某公司作出补偿决定。

【典型意义】

本案系企业有序退出自然保护区引发的行政案件。长江流域生态系统类型多样，自然保护区众多。自然保护区是各种生态系统及生物物种的天然贮存库，对保护自然资源和生物多样性、维持生态平衡、促进国民经济可持续发展具有重要意义。本案中，人民法院依法支持区政府责令恒某公司退出扬子鳄国家级自然保护区的行政行为，有利于保持完好的天然生态系统，切实维护长江流域的生态环境平衡。同时，人民法院判令区政府在依法作出正式评估报告后对恒某公司实际损失予以合理补偿，有利于促进行政机关依法行政，实现生态环境保护与企业合法权益保护的平衡。

某机械公司诉江山市经济和信息化局等不履行法定职责及行政赔偿案

《最高人民法院发布 2023 年度环境资源审判典型案例》案例 5

2024 年 6 月 5 日

【基本案情】

某机械公司系一家传统铸造企业，江山市经济和信息化局为落实当地新能源汽车合金结构项目铸造产能筹集的工作要求，从 2022 年 9 月起多次就产能置换、设备补偿事宜进行沟通，某机械公司为此进行了包括职工遣散、上下游供应链中断等停产准备。2023 年 4 月，相关铸造产能置换方案经政府常务会议讨论通过。2023 年 5 月，因政策变动原因，政府明确不再对铸造产能实行置换，江山市经济和信息化局遂停止与某机械公司的产能置换事宜。某机械公司认为其已为产能置换和转产升级做好充分前期准备，现暂停进度给企业造成了重大损失，遂提起行政诉讼。

【裁判结果】

案件审理过程中，浙江省衢州市柯城区人民法院赴企业对经营现状进行调查，认为企业转产升级更有利于其生产经营，遂督促各方磋商并达成化解方案。经过联动调解，当事人达成一致意见，江山市经济和信息化局牵头对某机械公司的老旧设备处理及产业升级方面提供政策指导和支持，某机械公司申请撤回起诉。人民法院裁定予以准许。现和解协议内容已履行完毕，某机械公司已顺利转产高端精密仪器行业。

【典型意义】

本案系一起人民法院助力民营企业进行新能源项目产能置换实现绿色低碳转型的典型案例。绿色发展是高质量发展的底色。人民法院以法治之力支撑和服务发展新质生产力，坚持将绿色发展理念融入案件审理和调解过程中，既充分肯定企业为环境发展作出的贡献，避免了积极配合政府进行绿色转型升级的企业的合法利益受损；同时为消除行政机关对纠纷化解存在的诸多顾虑，通过出具协调化解函的方式提出兼顾支持政府产业结构优化升级和保障民营企业合法权益的协调方案。在人民法院建议下，行政机关对企业老旧设备处理及产业升级提供政策指导和支持，用新技术改造提升传统产业，实现了产业迭代升级、企业绿色新生、营商环境保障的有机统一。

某矿业有限公司诉某区人民政府不履行法定补偿职责案

《最高法发布人民法院服务新时代东北全面振兴典型案例》案例八

2023 年 10 月 11 日

【基本案情】

某矿业有限公司系当地招商引资企业，公司成立后先后在工商、矿产、环保、林业、安全生产等部门取得相关合法手续。2004 年 12 月 3 日，国家林业局同意建立吊水壶景区为国家森林公园。因该公司生产可能污染环境，与景区整体效果不协调，影响旅游活动，某区人民政府的相关部门多次告知该公司停产停业。2021 年 11 月 3 日，该公司向某区人民政府邮寄《履行法定补偿职责申请书》，请求某区人民政府对该公司因划定国家森林公园保护区关闭矿厂所遭受的损失履行法定补偿职责。某区人民政府签收邮件后未予回复，该公司遂提起行政诉讼，要求某区人民政府对其因停产停业造成的相关损失履行补偿职责。

【裁判结果】

吉林省长春市中级人民法院一审认为，依法关闭关停污染型企业是满足社会公共利益及地区绿色发展的现实需要，也是维护国家森林公园周边生态环境的必要举措。但在具体执行过程中，应当严格遵守正当程序与法治秩序的基本要求，注重保护招商引资企业的合法信赖利益。一审法院判决某区人民政府在收到判决书之日起 60 日内对某矿业有限公司的补偿问题作出处理。宣判后，双方均未提出上诉，一审判决已发生法律效力。

【典型意义】

依法行政是依法治国基本方略的重要内容，是行政机关履行法定职责必须要遵循的基本原则。招商引资作为引入外部资金的重要手段，是促进东北地区经济发展的重要引擎。被招商企业系基于对政府的信赖而投资建设，其目的在于获得预期的履行利益。在招商引资企业已取得相关合法手续的情况下，政府应当对投资人的投资利益给予应有的信赖利益保护。人民法院通过本案的审理进一步明确，行政机关在作出强制性行政行为时，应当严格贯彻依法行政原则，遵守正当程序与法治秩序的基本要求。人民法院判令政府对企业的损失依法作出补偿决定，对于督促行政机关依法行政，推动法治政府、诚信政府建设，优化东北地区营商环境，起到了积极促进作用。

十九、××（行政行为）公益诉讼

湖北省宜昌市西陵区人民检察院诉湖北省利川市林业局不履行法定职责行政公益诉讼案

《最高人民法院发布人民法院服务保障新时代生态文明建设典型案例》第 9 号

2018 年 6 月 4 日

【基本案情】

某公司在申请续办使用林地手续尚未获得审批期间，违法占用林地进行矿石开采作业。利川市林业局在专项清查中发现某公司违法占用林地，遂作出林业行政执法行为，督促某公司停止露天焚烧煤矸石，并将所占林地恢复林业生产条件和植被。2015 年 12 月 14 日，利川市人民法院针对某公司法定代表人朱某刚非法占用林地犯罪作出刑事判决。在办理刑事案件过程中，利川市人民检察院发现某公司除非法占用林地进行开采外，还违反《建设项目环境影响报告表》和利川市环境保护局审批意见的要求，采用露天焚烧煤矸石的生产工艺，直接向空气中排放大量气体污染物，导致开采区及周边影响区林木死亡及受损。但利川市林业局实施的行政执法行为和对朱某刚的刑事处罚均仅限于某公司违法占用林地的开采区内，并未针对因煤矸石露天焚烧熏死的影响区林木采取任何行政执法措施。利川市人民检察院于 2016 年 10

月14日向利川市林业局发出《检察建议书》。利川市林业局收到检察建议后虽多次组织相关单位和人员到开采区检查、督办煤矸石熄灭和植被恢复等工作，但对影响区林木的损毁问题仍未依法履行职责。由于某公司开采区燃烧的煤矸石未熄灭且持续向周边林木散发有害气体，58419平方米（87.7亩）影响区内仍有大片被有害气体熏死的林木，2016年12月28日，宜昌市西陵区人民检察院经指定管辖提起行政公益诉讼。

【裁判结果】

湖北省宜昌市西陵区人民法院一审认为，某公司露天烧矿的行为致使影响区森林资源受到毁坏，涉及生态环境和林业资源保护，应属于国家利益和社会公共利益受到侵害；利川市人民检察院发出《检察建议书》履行诉前程序后，利川市林业局未履行监管职责，焚烧煤矸石的火源仍未熄灭，并持续向空中散发有害气体，导致国家利益和社会公共利益持续处于受侵害的状态。据此，宜昌市西陵区人民检察院经指定管辖提起行政公益诉讼符合相关法律法规的规定。根据《森林法》和《大气污染防治法》相关规定，因露天焚烧煤矸石分别造成大气污染和森林、林木受到毁坏的，系违反不同法律规定，造成不同损害后果，理应由林业主管部门和环境保护主管部门各司其职，依法履行其相应的管理和监督职责。本案影响区的森林属于利川市林业局的管辖范围，监管该片被毁林地及督促植被恢复系利川市林业局的职责。某公司焚烧煤矸石产生的物质与影响区林木的死亡存在因果关系，利川市林业局仅就开采区作出处理，却未针对被毁坏的影响区林木作出林业行政管理和监督的行为，而仅仅将之移送环境保护主管部门查处，构成怠于履行监管职责。一审法院判决：责令利川市林业局对某公司非法烧矿毁坏森林的行为依法履行职责。一审判决已发生法律效力。

【典型意义】

本案系跨行政区划审理的环境行政公益诉讼案件，对于污染行为涉及多个行政主管部门职责情况下督促行政机关依法履行各自监管职责具有示范意义。本案依据《森林法》和《大气污染防治法》相关规定，明确了当同一违法行为对不同性质的环境、资源造成损害时，不同行政部门应在各自的管辖范围内承担监管之责，对特定资源负有监管职责的行政机关推诿塞责、简单将案件移送其他部门处理的行为亦属于行政不作为的范畴。尽管利川市林业局曾经针对案涉开采区作出过行政执法行为，但因其未继续、全面地履行监管职责，致使影响区的森林环境仍持续受到侵害，本案判决认定其未完全履行法定职责并判令其继续履职，对促进行政机关依法、及时、全面履行行政职责，切实保护国家利益和社会公共利益具有积极作用。

云南省剑川县人民检察院诉剑川县森林公安局怠于履行法定职责行政公益诉讼案

《最高人民法院发布人民法院环境资源审判保障长江经济带高质量发展典型案例》第 9 号

2018 年 11 月 28 日

【基本案情】

2013 年 1 月，剑川县居民王某全受某公司的委托在国有林区开挖公路，被剑川县红旗林业局护林人员发现并制止。剑川县林业局接报后交剑川县森林公安局进行查处，剑川县森林公安局于 2013 年 2 月 27 日向王某全送达剑川县林业局剑林罚书字〔2013〕第 288 号林业行政处罚决定书，决定对王某全及某公司给予责令限期恢复原状和罚款的行政处罚。某公司缴纳罚款后剑川县森林公安局即予结案。其后直到 2016 年 11 月 9 日，剑川县森林公安局没有督促某公司和王某全履行“限期恢复原状”的义务，所破坏的森林植被没有得到恢复。2016 年 11 月 9 日，剑川县人民检察院发出检察建议，建议剑川县森林公安局依法履行职责，认真落实行政处罚决定，采取有效措施，恢复森林植被。剑川县森林公安局回复，民警曾到王某全家对责令限期恢复原状进行催告，鉴于王某全死亡，执行终止。剑川县森林公安局未向某公司发出催告书。剑川县人民检察院提起行政公益诉讼，请求确认剑川县森林公安局怠于履行法定职责的行为违法，判令剑川县森林公安局在一定期限内履行法定职责。

【裁判结果】

云南省剑川县人民法院一审认为，剑川县人民检察院提起行政公益诉讼，符合起诉条件。本案中，剑川县森林公安局在查明某公司及王某全擅自改变林地用途的事实后，以剑川县林业局名义作出行政处罚决定符合法律规定。但在某公司缴纳罚款后三年多内，剑川县森林公安局没有督促某公司和王某全对受到破坏的林地恢复原状，也没有代为履行，致使某公司和王某全擅自改变的林地至今没有恢复原状，且未提供证据证明有相关合法、合理的事由，其行为显然不当，属于怠于履行法定职责的行为。一审法院依法支持了人民检察院的诉讼请求。

【典型意义】

本案系检察机关为依法督促行政机关履行监管职责提起的环境行政公益诉讼。长江源头林草资源对于促进长江上游水土保持和水源涵养意义重大，长江上游人民法院应充分发挥审判职能作用，服务和保障长江源头生态环境治理和林草资源保护。本案中，剑川县森林公安局在某公司缴纳罚款后即予结案，其后三年多内没有督促某公司和王某全对受到破坏的林地恢复原状，也没有代为履行，致使被擅自改变用途的林地没有恢复原状。人民法院依法责令剑川县森林公安局继续履行法定职责，对于督促行政机关全面履行监管职责，积极开展生态修复、确保森林植被恢复具有典型意义。

湖北省宜昌市点军区人民检察院诉宜昌市点军区环境保护局怠于履行法定监管职责行政公益诉讼案

《最高人民法院发布人民法院环境资源审判保障长江经济带高质量发展典型案例》第10号

2018年11月28日

【基本案情】

2014年以来，宜昌市点军区艾家镇桥河村多户村民从事生猪养殖业，存在未建设污染防治配套设施即投入生产、养殖废水未经无害化处理从沿江排污口向长江直接排放的情况，造成环境污染。2016年5月，宜昌市环境保护监测站对桥河村畜禽养殖废水进行取样监测，检测报告结果表明江边排污口pH酸碱度、悬浮量、化学需氧量等各项指标均超过《畜禽养殖业污染物排放标准》标准值。2016 年 6 月 2 日，点军区检察院向点军区环保局发出点检行公建〔2016〕1 号检察建议书，建议依法督促桥河村生猪养殖户停止将养殖废水直排长江。2016 年 6 月 22 日，点军区环保局依据《畜禽规模养殖污染防治条例》的规定，作出宜市点环罚〔2016〕2、3、4 号《行政处罚决定书》，责令桥河村生猪养殖规模达 500 头（出栏）以上的三家养殖户在 2016 年 11 月 30 日前停止生产。2016 年 6 月 30 日，点军区环保局对检察建议作出书面回复。2016 年 11 月中旬，桥河村村民委员会与 45 家养殖户（生猪养殖超过 50 头）签订了《点军区禁养区畜禽养殖场（户）关停拆除补偿协议书》。2016 年 12 月 2 日，宜昌市环境保护监测站对桥河村畜禽养殖废水进行监测，结果表明仍有多项指标超过《畜禽养殖业污染物排放标准》标准值。截至 2017 年 4 月 11 日，桥河村已经拆除生猪养殖场（户）45 户，关停范围内生猪存栏数约有 790 头。截至 2017 年 4 月 13 日，桥河村生猪养殖场（户）多年违法排放养殖废水形成的沟渠残留污染物仍然存在。点军区检察院遂提起行政公益诉讼，请求判令确认点军区环保局对艾家镇桥河村生猪养殖场（户）污染防治配套设施未建设、未经验收或验收不合格，将未经无害化处理的养殖废水直接向长江排放的违法行为怠于履行监管职责违法并依法履行监管职责。

【裁判结果】

湖北省宜昌市点军区人民法院一审认为，桥河村位于长江干流宜昌城区葛洲坝至虎牙段，该段是中华鲟自然保护区、鱼虾产卵场。保护长江流域生态环境和生物资源，对整个长江流域的生态平衡乃至国家生态安全都具有十分重要的意义。根据《环境保护法》第十条和《畜禽规模养殖污染防治条例》第五条的规定，点军区环保局对其辖区内环境保护及畜禽养殖污染防治负有监管职责。桥河村生猪养殖户在污染防治配套设施未建设、未经验收或验收不合格的情况下，将养殖废水未经无害化处理直接排入长江，破坏了该地长江流段的生态环境，损害了国家利益和社会公共利益。点军区环保局作为环境监管部门，监管措施不到位，怠于履行监管职责，其行为违法。2016 年 6 月，点军区环保局在收到点军区检察院检察建议书后，在点军区政府领导下积极开展工作，先后多次派人到桥河村生猪养殖户家中宣传法律和相关政策；对桥河村生猪养殖规模达 500 头（出栏）以上三家养殖户作出《行政处罚决定书》，责令其在2016年11月30日前停止生产；以点军区环境保护委员会办公室的名义向相关职能部门下发督办通知。截至2017年4月11日，桥河村已经拆除生猪养殖场（户）45户，现关停范围内生猪存栏数约有790头。桥河村生猪养殖废水未经无害化处理直接排入长江的现象得到了有效的治理。尽管目前桥河村生猪养殖场（户）大部分已停止生产，但由于生猪养殖场（户）多年违法排放养殖废水形成的沟渠残留污染物仍然存在，沿江三个排放口的水质尚未达到国家规定的排放标准，环境污染问题尚未得到彻底治理，故被告应继续履行监管职责。一审法院依法支持了人民检察院的诉讼请求。

【典型意义】

本案系农村农业禽畜养殖污染物排放引发的水污染行政公益诉讼案件。近年来，长江流域生态功能退化依然严重，长江水生生物多样性指数持续下降，多种珍稀动植物物种濒临灭绝，生物多样性保护迫在眉睫。人民法院通过妥善审理工业污染、城镇和农村污染对水生和河岸生物多样性及物种栖息地破坏案件，及时加强对长江物种及其栖息繁衍场所保护。案涉污染行为发生在长江干流宜昌城区葛洲坝至虎牙段，是中华鲟自然保护区、鱼虾产卵场。作为对中华鲟自然保护区内环境保护及畜禽养殖污染防治负有监管职责的点军区环保局，更应明确保护长江流域生态环境和生物资源对长江流域生态平衡的重要意义，全面履行监管职责，确保保护区内受损生态环境及时得到修复。本案中，点军区环保局虽然采取了积极措施，但多年违法排放养殖废水形成的沟渠残留污染物仍然存在，沿江排放口水质尚未达标，环境污染问题尚未得到彻底治理。人民法院认定其怠于履行法定职责并判令其继续履职，对促进行政机关依法、及时、全面地履行行政职责，确保沿江岸线生态环境及时修复，切实保护长江流域物种资源和人民群众生态环境利益具有积极作用。

江苏省宿迁市宿城区人民检察院诉沭阳县农业委员会不履行林业监督管理法定职责行政公益诉讼案

《生态环境保护典型案例》第 10 号

2019 年 3 月 2 日

【基本案情】

2016 年 1 月至 3 月，仲某年于沭阳县 7 处地点盗伐林木 444 棵，立木蓄积 122 余立方米。其中在沭阳县林地保护利用规划范围内盗伐杨树合计 253 棵。2017 年 3 月 7 日，沭阳县人民法院以盗伐林木罪判处仲某年有期徒刑七年六个月，并处罚金 3 万元，追缴违法所得 2.4 万元。2017 年 9 月 29 日，江苏省宿迁市宿城区人民检察院（以下简称宿城区检察院）向沭阳县农业委员会（以下简称沭阳农委）发送检察建议，督促沭阳农委对仲某年盗伐林木行为依法处理，确保受侵害林业生态得以恢复。沭阳农委于 2017 年 10 月 16 日、12 月 15 日两次电话反映该委无权对仲某年履行行政职责，未就仲某年盗伐林木行为进行行政处理，案涉地点林地生态环境未得到恢复。2018 年 3 月 27 日，沭阳农委仅在盗伐地点补植白蜡树苗 180 棵。

【裁判结果】

江苏省宿迁市宿城区人民法院一审认为，沭阳农委作为沭阳县林业主管部门，对案涉盗伐林木等违法行为负有监督和管理职责。仲某年在林地保护利用规划范围内盗伐林木，不仅侵害了他人林木所有权，也损害了林木的生态效益和功能。宿城区检察院经依法向沭阳农委发送检察建议，督促沭阳农委依法履职无果后，提起行政公益诉讼，符合法律规定。仲某年因盗伐林木行为已被追究的刑事责任为有期徒刑、罚金、追缴违法所得，不能涵盖补种盗伐株数十倍树木的行政责任。沭阳农委收到检察建议书后未责令仲某年补种树木，其嗣后补种的株数和代履行程序亦不符合法律规定，未能及时、正确、完全履行法定职责。一审法院判决确认沭阳农委不履行林业监督管理法定职责的行为违法，应依法对仲某年作出责令补种盗伐 253 棵杨树十倍树木的行政处理决定。

【典型意义】

本案是检察机关提起的涉林业行政公益诉讼。林木除具有经济价值外，还具有涵养水源、防风固沙、调节气候以及为野生动物提供栖息场所等生态价值。任何组织和个人均有义务保护林业生态环境安全。林业行政主管部门更应恪尽职守，依法履职。《森林法》第三十九条规定："盗伐森林或者其他林木的，依法赔偿损失；由林业主管部门责令补种盗伐株数10倍的树木，没收盗伐的林木或者变卖所得，并处盗伐林木价值三倍以上十倍以下的罚款。滥伐森林或者其他林木，由林业主管部门责令补种滥伐株数五倍的树木，并处滥伐林木价值二倍以上五倍以下的罚款。拒不补种树木或者补种不符合国家有关规定的，由林业主管部门代为补种，所需费用由违法者支付。盗伐、滥伐森林或者其他林木，构成犯罪的，依法追究刑事责任。"林业纠纷案件多具融合性，同一违法行为往往涉及刑事、民事和行政不同法律责任。本案的正确审理，有助于进一步厘清涉林业检察公益诉讼中刑事责任、行政责任以及民事责任的关系和界限，依法全面保护林业生态环境安全。本案审理法院还组织省市县三级120余家行政执法机关的150余名工作人员以及10位人大代表、政协委员旁听庭审，起到了宣传教育的良好效果。

沿河土家族自治县人民检察院诉沿河土家族自治县环境保护局怠于履行法定职责行政公益诉讼案

《长江经济带生态环境司法保护典型案例》第9号

2020年1月9日

【基本案情】

2009年，沿河土家族自治县夹石镇初级中学（以下简称夹石中学）在校园内临乌江河岩位置修建厕所，厕所粪便经化粪池处理后直排乌江。当地后来开工建设的夹石污水管网工程中的提升泵房工程也中途停建，致使学校及周边居民的生活污水和厕所粪便通过管网排入污水收集池，污水粪便未经无害化处理渗漏、溢出直排乌江，对水体水质各项指标造成影响；且污水收集池处于露天状况，产生的恶臭气体及滋生的蚊蝇严重污染校园环境，影响师生正常工作生活。2018 年 2 月 1 日，沿河土家族自治县人民检察院（以下简称县检察院）向沿河土家族自治县环境保护局（以下简称县环保局）发出检察建议督促其依法履行职责；3 月 20 日，县环保局回复县检察院，称正在施工整改。截至 2018 年 7 月 31 日，县检察院先后四次对现场进行回访，发现县环保局并未按照检察建议进行整改，夹石污水管网提升泵房工程虽修建完毕但污水处理厂未投入运行，夹石中学附近生活污水和粪便依然直排乌江。县检察院依法提起行政公益诉讼，请求确认县环保局对案涉工程项目中环境违法行为怠于履行监管职责违法，责令县环保局对案涉工程项目环境违法行为继续履行监管职责。

【裁判结果】

贵州省德江县人民法院一审认为，县环保局作为环保监管部门和行业主管部门，未采取有效措施督促相关单位对污水收集池粪污直排乌江的环境违法行为进行防治，致使乌江夹石段水环境长期遭受污染，国家和社会公共利益持续处于受侵害状态，存在怠于履职行为。虽然夹石污水管网提升泵房工程修建完毕，但污水处理厂未投入运行，仍有污水直接排入乌江，对乌江水环境造成污染，县环保局应继续履行职责。依法判决确认县环保局怠于履行对案涉工程项目环境违法监管职责的行为违法，责令县环保局继续履行对案涉工程项目的环境监管职责。

【典型意义】

本案系因环保监管部门不履行法定职责引发的检察行政公益诉讼案件。乌江是贵州省第一大河，也是长江上游南岸最大的支流。本案中，县环保局作为环保监管部门，未采取有效措施督促相关单位对污水收集池粪污直排乌江的环境违法行为进行防治，且履职措施未达到杜绝污水直排乌江的监管目的，致使国家和社会公共利益持续处于受侵害状态。人民法院依法支持人民检察院的公益诉求，在确认县环保局怠于履职行为违法的同时责令其继续履行法定职责，对于充分发挥检察公益诉讼功能，合理界定行政机关依法履职标准，促进行政机关依法、及时、全面地履行行政职责，有效维护国家利益和社会公共利益，具有重要意义。本案宣判后，经一审法院后期走访，县环保局已经有效履职，相关水污染防治设施已全面投入使用，污水直排乌江行为得到有效治理。

贵州省榕江县人民检察院诉榕江县栽麻镇人民政府环境保护行政管理公益诉讼案

《2019年度人民法院环境资源典型案例》第三十七号

2020年5月8日

【基本案情】

贵州省榕江县栽麻镇宰荡侗寨和归柳侗寨分别于2012年、2016年列入中国传统村落保护名录。贵州省榕江县人民检察院在履行职责中发现乱搭乱建、违法占地、占用河道建房等问题突出，造成民族传统文化遭受严重破坏。贵州省榕江县栽麻镇人民政府（以下简称栽麻镇政府）存在怠于履行保护职责的行为。2018年5月7日，该院向栽麻镇政府发出检察建议书。两个月后，上述问题仍未解决。2018年12月，贵州省榕江县人民检察院提起行政公益诉讼，请求：确认栽麻镇政府对中国传统村落宰荡侗寨和归柳侗寨怠于履行监管职责的行为违法；要求其继续履行对荡侗寨和归柳侗寨的监管保护职责。

【裁判结果】

贵州省黎平县人民法院一审认为，栽麻镇政府对宰荡侗寨和归柳侗寨依法负有监管保护职责。上述传统村落保护区范围内，出现大批农户擅自新建、改建、扩建（构）筑物，致宰荡侗寨和归柳侗寨的传统格局和风貌受到严重破坏，使国家利益和社会公共利益受到侵害。栽麻镇政府虽对部分违法违章建筑进行整治，取得一定效果，但仍应继续履行其法定职责。一审判决，确认栽麻镇政府对传统村落宰荡侗寨和归柳侗寨怠于履行监管职责的行为违法；应继续履行其监管职责。

【典型意义】

本案系全国首例以保护传统村落为目的的环境行政公益诉讼案件。传统村落，是拥有物质形态的文化遗产，也是农耕文化不可再生的人文遗迹，具有较高的历史、文化、社会和科学艺术价值。目前，贵州省黔东南自治州共有426个传统苗族或侗族村落列为中国传统村落。近年来，因有的地方政府未落实传统村落发展规划和控制性保护措施，缺乏正确引导，导致村民翻修旧房、新建住房等行为无序，传统村落原貌遭到破坏。本案中，人民法院确认栽麻镇政府怠于履行传统村落保护监管职责的行为违法，并责令其继续履行职责。有力地强化了行政机关保护传统村落的责任意识，同时督促当地群众自觉维护传统村落的风貌布局。

海南省文昌市人民检察院诉文昌市农业农村局海洋行政公益诉讼案

《2019 年度人民法院环境资源典型案例》第三十九号

2020 年 5 月 8 日

【基本案情】

海南省文昌市人民检察院在文昌市冯家湾调查时发现海域内有大量违法定置网，于 2018 年 4 月向文昌市农业农村局发出检察建议，要求文昌市农业农村局依法对非法捕捞行为进行处罚。虽然文昌市农业农村局为此开展了专项清理行动，但海南省文昌市人民检察院在跟进监督时发现文昌部分海域内仍有违法定置网，遂于 2019 年 1 月诉至海口海事法院，请求确认文昌市农业农村局对其辖区海域内的违法定置网未完全履行法定职责的行为违法，并在六个月内继续履行法定职责。

【裁判结果】

海口海事法院一审认为，文昌市农业农村局作为渔业监督管理部门，未尽监管职责，导致案涉海域渔业资源未能得到及时有效的保护，社会公共利益处于持续受侵害状态。一审判决，责令文昌市农业农村局在六个月内履行查处其辖区海域内违法定置网的法定职责。

【典型意义】

本案系海洋行政公益诉讼案件。依法查处非法捕捞行为对保护海洋生态环境、实现海洋经济可持续发展具有重要意义。《最高人民法院关于审理发生在我国管辖海域相关案件若干问题的规定（二）》明确规定，在禁渔期内使用禁用的工具或者方法捕捞，构成非法捕捞水产品罪中的情节严重情形，是刑事追责和行政监管的重点对象。本案中，人民法院依法支持检察机关行使监督权，促使渔业监管部门依法履行职责，有力打击、遏制了非法捕捞行为的蔓延态势。本案对捕捞水产品中禁渔期、禁渔区以及禁用工具或者方法的严格遵循，亦有助于海洋休养生息，恢复或者增加种群数量，改善海洋生态环境。

山东省东营市东营区人民检察院诉东营市水利局未全面履行河道监管法定职责行政公益诉讼案

《黄河流域生态环境司法保护典型案例》第七号

2020年6月5日

【基本案情】

山东省东营市东营区人民检察院（以下简称东营区检察院）在履行职责中发现，东营区六户镇武家大沟大许村西至邱家村东段两岸的堤坝被非法取土，破坏严重、未予修复，危及河道行洪及周边群众生命和财产安全，于2018年6月发出检察建议，建议东营市水利局依法全面履行职责，恢复堤坝原状或采取其他补救措施。按照检察建议，东营市水利局对相关河段进行了修复，共修复岸线长度2757米。但东营区检察院跟进监督发现，堤坝无法满足设计标准和汛情要求，且部分修复堤段已出现溃坝、漫堤现象，致使河道两岸农田全部受灾，生态环境破坏状态未得到治理，国家利益和社会公共利益持续受到侵害的现象并未得到有效改善。东营区检察院提起行政公益诉讼，请求确认东营市水利局未全面履行河道监管法定职责的行为违法；判令其继续履行职责，采取补救措施对案涉被毁堤坝予以修复。

【裁判结果】

山东省东营市东营区人民法院一审认为，东营市水利局作为行政主管机关，负有对案涉河道进行监督管理的职责。虽然东营市水利局已组织执法人员对在案涉堤坝及其护堤非法取土予以制止，但未采取修复补救措施。在收到检察建议后，东营市水利局虽然修复了案涉河道北岸线堤坝，履行了一定的修复职责，但并未全面履行河道监管法定职责。一审法院判决确认东营市水利局未全面履行河道监管法定职责的行为违法；东营市水利局于判决生效之日起六个月内采取补救措施。

【典型意义】

本案系黄河流域河道堤坝保护引发的行政公益诉讼案件。洪水风险依然是黄河流域的最大威胁，做好防洪工程设施保护是确保黄河长久安澜的重要环节。本案中，行政主管机关在收到检察建议后虽履行了一定修复职责，但案涉堤坝仍存在无法满足设计标准和汛情要求，且部分修复堤段存在溃坝、漫堤现象。人民法院针对检察机关提起的公益诉讼请求，判决认定行政机关未完全履行法定职责，并判令其继续履职采取修复措施，有利于监督行政机关依法及时全面履行职责，共同维护防洪工程设施，切实保障国家利益、社会公共利益和黄河沿岸人民群众生命财产安全。

陕西省三原县人民检察院诉陕西省三原县大程镇人民政府未履行环境保护和污染防治法定职责行政公益诉讼案

《黄河流域生态环境司法保护典型案例》第八号

2020 年 6 月 5 日

【基本案情】

陕西省三原县大程镇人民政府（以下简称大程镇政府）所辖区域位于渭河支流清河的北部沿岸。2012 年，为优化镇区环境、解决污水直排问题，大程镇政府申报获批关于“建设大程镇污水处理厂及污水管网工程”项目，并完成污水处理厂的征地及围墙圈建工作，但污水处理厂及污水管网工程一直未予建设，排污状态依然持续。陕西省三原县人民检察院（以下简称三原县检察院）向大程镇政府发出检察建议。大程镇政府未在规定时间内予以回复，亦未启动污水处理厂及污水管网工程建设。三原县检察院遂提起行政公益诉讼，请求确认大程镇政府未依法履行环境保护和污染防治职责的行为违法；判令其继续依法履行法定职责，建设污水处理设施及配套管网，保证排出的污水符合相关标准。

【裁判结果】

陕西省三原县人民法院一审认为，大程镇政府具有建设农村污水集中处理设施及公共污水管网的法定职责，其在案涉工程批准后长达四年多内未予建设，致使大程镇4个行政村和7个企业的污水长期超标准直接排入清河。三原县检察院发出检察建议后，大程镇政府仍未有效解决上述问题，社会公共利益一直处于受损害状态，已构成怠于履行法定职责的行政不作为。鉴于该工程涉及范围广、工程量大，建设工期可参照项目可行性研究报告确定为25个月。一审法院判决确认大程镇政府未完全履行法定环境保护和污染防治职责的行为违法，并限其于判决生效后25个月内建设完成三原县大程镇污水集中处理设施和公共污水管网，保证排入清河的污水符合排放标准。

【典型意义】

本案系黄河流域农村污水集中处理设施及污水管网建设引发的行政公益诉讼案件。农村污水处理设施及管网建设是打好水污染防治攻坚战的重要方面，也是推进农村人居环境整治、建设美丽乡村的应有之责。本案中，大程镇政府怠于履行法定职责，案涉工程在批准后一直未动工建设，导致污水长期超标准直接排入清河。受案法院依法判决支持检察机关的诉请，并在判决生效后和检察机关共同派员前往项目施工现场持续进行监督，促使案涉工程按期建成并投入使用，展现了人民法院和人民检察院以维护社会公共利益为目标导向，充分发挥司法职能，监督支持依法行政，有效解决农村环境突出问题，保障实施乡村振兴战略。

山西省岚县人民检察院诉岚县水利局未履行环境保护和污染防治法定职责行政公益诉讼案

《黄河流域生态环境司法保护典型案例》第九号

2020 年 6 月 5 日

【基本案情】

山西岚县某煤焦有限公司（以下简称某公司）项目井田位于汾河水库饮用水源准保护区。2017 年 9 月，山西省岚县人民检察院（以下简称岚县检察院）向岚县水利局发出检察建议书，建议其制止某公司在岚河（汾河一级支流）内私设排水口、排放污水的行为。同年 10 月 14 日，岚县水利局对某公司作出行政处罚决定，责令该公司于 2017 年 10 月 20 日前拆除排污口，并处罚款 10 万元。2018 年 3 月，岚县水利局向人民法院申请强制执行。山西省岚县人民法院认为，岚县水利局作为水行政主管部门依法具有行政强制执行权，故裁定对其申请不予受理。岚县检察院提起行政公益诉讼，请求确认岚县水利局不依法履行拆除某公司私设排水口的法定职责违法；判决岚县水利局采取补救措施依法全面履行法定职责。

【裁判结果】

山西省临县人民法院一审认为，岚县水利局系岚县人民政府水行政主管部门，某公司未经批准设置排污口，应由岚县水利局责令限期拆除；岚县检察院发出检察建议后，尽管岚县水利局履行了相应的职责，但至今污水仍在排放，应当认定为岚县水利局履职不到位。一审法院判决确认岚县水利局不依法履行拆除某公司私设排水口的法定职责违法；责令岚县水利局采取补救措施，依法全面履行法定职责。岚县水利局不服一审判决，向山西省吕梁市中级人民法院提起上诉，后经二审法院裁定准许其撤回上诉。

【典型意义】

本案系为制止在饮用水水源地准保护区非法排污引发的行政公益诉讼案件。饮用水安全关系人民群众身体健康，国家为此建立饮用水水源保护区制度。饮用水水源地准保护区虽然属于饮用水水源保护区外围，但按照《水污染防治法》及相关规章的规定，在准保护区内直接或间接向水域排放废水必须符合国家及地方规定的排放标准。汾河是黄河的主要支流，汾河水库是下游和周边居民重要饮用水源。某公司项目井田位于汾河水库饮用水源准保护区，其私设排水口、排放污水的行为，不仅污染环境，还严重威胁人民群众的饮水安全。人民检察院提起公益诉讼，人民法院依法作出行政判决，监督具有强制执行权的行政机关全面履责，保障了饮用水水源保护区法律制度的严格落实。

江西省新余市渝水区人民检察院诉江西省新余市水务局怠于履行河道监管职责行政公益诉讼案

《长江流域生态环境司法保护典型案例》第十号

2021年2月25日

【基本案情】

江西省新余市水务局（以下简称市水务局）执法人员在巡查中发现赖某杰在河下镇袁河划江段非法采砂，遂先后两次向其送达责令停止违法通知书。经立案调查后，作出罚款2万元的行政处罚决定。2017年9月，江西省新余市渝水区人民检察院（以下简称区检察院）发现涉案线索，向市水务局发出检察建议书。市水务局对赖某杰进行约谈，赖某杰缴纳了罚款2万元。后市水务局将检察建议落实情况书面回复区检察院。区检察院进行回访调查，发现赖某杰堆放的砂石及废弃采砂设备并未清除，河道管理范围内的环境未得到改善、修复。区检察院依法提起行政公益诉讼。

【裁判结果】

江西省新余市渝水区人民法院一审认为，市水务局作为市级河道主管部门，具有履行河道监管的法定职责，对未经批准在河道管理范围内采砂具有行政强制权和行政处罚权。对于赖某杰多次非法采砂的行为，市水务局虽然履行了一定职责，在两次责令赖某杰停止违法行为后对其作出罚款2万元的行政处罚，但现场堆放的砂石及废弃采砂设备并未清除，河道未得到修复。

市水务局在执法过程中没有严格全面履职，致使违法行为持续时间较长，严重损害社会公共利益。故判决确认市水务局怠于履行河道监管职责的行为违法；责令市水务局继续履行监管职责，确保河道管理安全。

【典型意义】

本案系因对非法采砂行为监管不力危害河道管理安全引发的行政公益诉讼案件。非法采砂人在河道管理范围内建设构筑物、堆放砂石及废弃设备，影响河道管理和行洪安全，致使国家利益和社会公共利益受到侵害。市水务局作为具有河道监管职责的机关，应当积极履行行政职责，对非法采砂行为进行处罚、对非法建筑进行拆除、恢复河道原状。人民法院依法确认市水务局怠于履职行为违法，同时责令其继续履行法定职责，对于合理界定行政机关依法履职认定标准，促进行政机关依法、及时、全面地履行行政职责，具有示范性意义。

四川省阿坝县人民检察院诉阿坝县某镇人民政府行政公益诉讼案

《最高人民法院发布司法服务黄河流域生态保护和高质量发展典型案例》案例五

2024 年 5 月 29 日

【基本案情】

2022 年 9 月，四川省阿坝县某镇某垃圾集中处理点在处理垃圾时处理不符合规范，且存在临时聘用人员防护措施不到位等问题。该垃圾集中处理点濒临黄河支流贾曲河主河道，恶臭四溢、蚊蝇滋生，严重影响周边生态环境和居民生产生活，并对黄河水体安全造成威胁。被告阿坝县某镇人民政府（以下简称某镇政府）收到检察建议后，期满未进行有效整改，检察机关遂提起行政公益诉讼。

【裁判结果】

四川省阿坝县人民法院审理过程中，经查看现场确认情况属实，对某镇政府提出整改建议，指导其从保护黄河源头水体安全和全镇牧民生活饮用水安全出发，督促某镇政府进一步采取整改措施，切实有效解决濒河垃圾治理问题。2022 年 11 月经现场回访，确认案涉垃圾集中处理点已全面整改完毕，社会公共利益受到侵害的情况已经消除。检察机关也认为其诉讼目的业已实现，申请撤诉，法院审查后依法裁定准予撤回起诉。

【典型意义】

本案是一起因为行政机关未履行生活垃圾治理义务引发的环境行政公益诉讼案。案发地处于若尔盖国家公园区域内。若尔盖湿地被誉为“中国最美高寒湿地”，是黄河上游重要水源涵养补给区，是黄河流域生态环境保护链的重要一环。《黄河保护法》要求因地制宜推进农村厕所改造、生活垃圾处理和污水治理，消除黑臭水体。本案中，人民法院针对黄河若尔盖湿地范围内存在的生活垃圾集中处理不规范、行政机关履职不到位、影响群众生活和生态环境的情况，督促行政机关及时采取整改措施，推动实现了生态环境综合治理，满足了人民群众对美好生活的追求。本案最终以公益诉讼目的实现而检察机关撤诉的方式得到圆满解决，是人民法院不断深化生态修复责任落实，以法治方式切实解决乡村人居环境治理难题的生动实践，为黄河流域生态环境质量持续提升、城乡人居环境不断改善提供了司法保障。

洛阳铁路运输检察院诉河南省栾川县自然资源局未全面履行职责行政公益诉讼案

《人民法院依法保护农用地典型案例》案例十

2024 年 1 月 10 日

【基本案情】

栾川县某养殖专业合作社违法建设养鸡场总面积 9. 968 亩，造成了 8. 879 亩耕地（其中基本农田 6. 722 亩，一般耕地 2. 157 亩）的种植条件严重毁坏，违法建筑面积 4720. 17 平方米（7. 08 亩）。2022 年 1 月 18 日，河南省栾川县自然资源局（以下简称栾川县自然资源局）下达《责令停止违法行为通知书》《责令改正违法行为通知书》。1 月 19 日，河南省栾川县人民检察院向栾川县自然资源局发出检察建议。3 月 9 日，栾川县自然资源局经委托鉴定后认为该案已涉嫌刑事犯罪，遂将案件移交河南省栾川县公安局，对该案中止调查。12 月 8 日，河南省栾川县人民检察院发现栾川县某养殖专业合作社在行政复议和行政诉讼法定期满后，未恢复土地原貌，未达到种植条件。栾川县自然资源局未继续向人民法院申请强制拆除违法建筑，也未采取恢复土地种植条件措施。洛阳铁路运输检察院提起行政公益诉讼，请求判令栾川县自然资源局依法全面履行法定职责。诉讼过程中，栾川县自然资源局根据“三区三线”划定成果，对栾川县某养殖专业合作社作出了相应的行政处罚，洛阳铁路运输检察院将诉讼请求变更为确认原行政行为违法。

【裁判结果】

郑州铁路运输法院认为，栾川县某养殖专业合作社未经批准占用耕地建设养鸡场，栾川县自然资源局将案件移交公安机关后中止调查，存在未依法全面履行职责的问题。诉讼中，栾川县自然资源局对栾川县某养殖专业合作社作出相应的行政处罚。判决：确认栾川县自然资源局未依法全面履行职责的行为违法。

栾川县自然资源局未提起上诉，本案一审判决已生效。

【典型意义】

本案是人民法院依法监督行政机关应当依法全面履行保护耕地职责的典型案例。珍惜、合理利用土地和切实保护耕地是我国的基本国策。《土地管理法》第六十七条第一款规定了县级以上人民政府自然资源主管部门对违反土地管理法律、法规的行为进行监督检查的职责。本案中，栾川县自然资源局发现某养殖专业合作社非法占用基本农田构成犯罪后，不仅要移送公安机关追究刑事责任，还要继续履行职责，向人民法院申请强制拆除基本农田上的违法建筑，督促违法当事人履行土地复垦义务，或者违法当事人拒不复垦的，责令其缴纳土地复垦费并代为组织复垦。栾川县自然资源局将案件移送公安机关后怠于履行上述法定职责，导致土地未能复垦，损害国家和公共利益。检察机关依法提起行政公益诉讼，人民法院判决确认栾川县自然资源局未依法全面履行职责的行为违法，充分彰显了人民法院服务法治政府建设、依法监督行政机关全面履行守护耕地安全和粮食安全职能的责任担当。

浙江省宁波市人民检察院诉宁波市自然资源和规划局行政公益诉讼案

《海洋自然资源与生态环境检察公益诉讼典型案例》案例5

2023年12月29日

【关键词】

行政公益诉讼　非法占用海域　职责交叉重叠　监管责任确定

【基本案情】

2011年至2017年，刘某某、柯某某未经依法批准擅自在浙江省宁波市某海域设立建筑垃圾消纳场所，以营利为目的，长期向海域倾倒渣土、泥浆等建筑垃圾。自2011年以来非法倾倒垃圾侵占海域面积逐年扩大，至案发时，海域侵占面积达7.8964公顷，遗留在海域的垃圾逾70万立方米。其间，行政机关于2014年向第三人核发上述海域使用权证，但刘某某、柯某某非法圈占海域行为造成合法使用权人一直未能实际使用该海域，影响政府工程整体开发。

【检察履职】

2020年3月，浙江省宁波市鄞州区人民检察院在办理刑事案件中发现刘某某、柯某某擅自圈占海域用作垃圾消纳场所向海洋倾倒大量建筑垃圾，涉嫌未经批准非法占用海域，海域监管部门未及时发现并制止非法侵占海域行为，损害国家利益和社会公共利益。

2020年10月16日，鄞州区检察院向资规部门制发检察建议，督促履行海域监管职责，及时追究刘某某、柯某某破坏海洋资源行政责任，责令退还侵占海域、恢复海域原状并没收违法所得。资规部门回复称，向海洋倾倒废弃物属于污染海洋环境行为，应由行使海洋环境监督管理权的部门负责，拒绝履行海域监管职责。

检察机关跟进监督，经反复论证认为，刘某某、柯某某非法设立垃圾消纳场所向海洋倾倒建筑垃圾，并派驻人员进行现场管理，事实上已经形成对海域的长期侵占，属于侵害国家海域资源。资规部门作为海域监管部门应当依法对所有侵害海域资源的行为履行海域监管职责。资规部门不依法履行职责，致使国家利益和社会公共利益损害持续存在。2021 年 10 月 8 日，浙江省宁波市人民检察院就宁波市自然资源和规划局怠于履行海域侵占监管职责的行为向宁波海事法院提起行政公益诉讼。

【法院裁判】

宁波海事法院受理案件后，于 2021 年 11 月 16 日就海域被违法侵占的事实进行了现场勘查。2022 年 5 月 19 日，宁波海事法院开庭进行了审理。审理期间，宁波市自然资源和规划局于 2022 年 7 月 22 日作出行政处罚决定书，对刘某某、柯某某进行行政处罚。

2022 年 8 月 3 日，宁波市人民检察院申请撤回起诉。宁波海事法院认为，行政机关已经履行海域使用监管职责，检察机关申请撤回起诉，依法应予准许，故裁定准许公益诉讼起诉人撤回起诉。

【典型意义】

行政诉讼法规定检察机关可以通过行政公益诉讼促进依法行政、严格执法。检察机关在履行职责中发现对破坏海洋生态、海洋水产资源、海洋保护区的行为负有监督管理职责的行政主管部门违法行使职权或者怠于履职，致使国家利益或社会公共利益受到侵害的，应当通过提出检察建议督促其依法履行职责。行政主管部门仍然不依法履行职责的，检察机关可以向被诉行政机关所在地的海事法院提起海事行政公益诉讼。检察机关对于持续十余年的严重侵害海域资源破坏海洋环境的违法行为，敢于监督、善于监督，通过依法制发检察建议，依法提起行政公益诉讼。本案进入诉讼程序，有效督促了行政机关积极履行海域监管职责，对侵害海域资源、破坏海洋环境的违法行为进行处罚，体现了行政公益诉讼制度补足行政执法短板，实现督促海洋环境监督管理部门依法履职，保护海洋自然资源和生态环境的重要作用。

吉林省敦化市人民检察院诉敦化市文化广播电视和旅游局不履行文物保护监管职责公益诉讼案

《行政公益诉讼典型案例》案例三

2023 年 11 月 24 日

【关键词】

行政公益诉讼　革命文物保护　判令履责

【基本案情】

义勇英灵塔坐落于敦化市翰章乡翰章村，系 1946 年由当地民众集资为抗日英烈于宪睿建立的纪念塔，2007 年被定为延边朝鲜族自治州文物保护单位。保护范围为遗址外延 30 米，建设控制地带为保护范围外延 100 米。2021 年 9 月 26 日，敦化市人民检察院经现场勘查发现，义勇英灵塔周边 2 米左右建有彩钢房临时建筑物，导致该塔所在地块被非法侵占，遗址存在被破坏的风险。检察机关认为敦化市文化广播电视和旅游局（以下称敦化市文旅局）存在怠于履行文物保护监管职责的情形，致使国家利益和社会公共利益受到侵害。

【检察监督】

敦化市人民检察院对敦化市文旅局立案调查，鉴于彩钢房临时建筑物离义勇英灵塔仅 2 米左右，迫近塔本体，且存在继续扩建影响塔本体安全的现实紧迫风险，遂于 2021 年 10 月 20 日向其发出检察建议，建议其在 15 日内履行法定职责，对义勇英灵塔设立界桩，划定保护范围。两日后，敦化市文旅局组织工作人员对义勇英灵塔保护情况进行了核查，反馈检察建议反映的问题属实，承诺整改问题，认真开展自查，切实做好文物保护工作。但回复期限届满后，敦化市文旅局仍未履行法定职责，对义勇英灵塔设立界桩，划定保护范围，敦化市人民检察院遂以敦化市文旅局为被告，于 2021 年 11 月 25 日向延吉市人民法院提起行政公益诉讼，请求判令被告继续履行职责，依法对义勇英灵塔设立界桩，划定保护范围。

【法院裁判】

延吉市人民法院审理认为，义勇英灵塔作为具有重要革命教育意义的代表性建筑，已被列为自治州级重点文物保护单位，不得在其保护范围内添建任何建筑物。由于主管行政机关履责不力，致使义勇英灵塔的地块被侵占，文物存在被破坏的风险，社会公共利益受到侵害，据此判决责令敦化市文旅局继续履行职责，对义勇英灵塔划定保护范围，设立界桩。判决生效后，敦化市文旅局迅速依法清除了涉案彩钢房临时建筑，对义勇英灵塔周边环境进行了整治，并划定了保护范围，设立了界桩。

【典型意义】

革命文物承载党和人民英勇奋斗的光荣历史，是党和国家的宝贵财富，是弘扬革命传统和革命文化、激发爱国热情、振奋民族精神的生动教材。习近平总书记多次强调，加强革命文物保护利用，弘扬革命文化，传承红色基因，是全党全社会的共同责任。文物保护部门对已列入重点文物保护名录的具有革命教育意义的建筑，应尽到监督管理职责，设立标志碑、界桩，明确保护区域，划定保护范围。本案中，检察机关对怠于监管的行政机关发出检察建议，在其作出承诺后紧盯不放，在整改未果后适时提起行政公益诉讼；人民法院本着尊重英烈、弘扬传统的原则依法裁判，督促文物保护部门依法履责，及时抢救濒临灭失的文物，切实保护了义勇英灵塔这一革命建筑。法检两院以特有方式宣扬了爱国主义与革命传统，具有重要的现实和长远意义。

湖北省赤壁市人民检察院诉赤壁市文化和旅游局不履行文物保护监管职责公益诉讼案

《行政公益诉讼典型案例》案例四

2023 年 11 月 24 日

【关键词】

行政公益诉讼　文物保护　判令履责

【基本案情】

毕家畈塔位于赤壁市神山镇毕家畈村，是一座清代修建的通高18米的五层石塔，对研究清代民间石塔的建筑工艺和宗教文化具有重要意义。该塔于2014年6月被湖北省人民政府公布为第六批省级文物保护单位。2021年6月4日，赤壁市人民检察院经现场调查发现，该塔塔身生长有多株小型树木，植物根系膨胀造成石块开裂，同时塔基底座青石被不法人员撬松散落一旁，塔顶和两个卷曲上翘的塔角已风化脱落去向不明，整座塔身存在严重破损及安全隐患。检察机关认为赤壁市文化和旅游局（以下称赤壁市文旅局）存在怠于履行文物保护监管职责的情形，致使国家利益和社会公共利益受到侵害。

【检察监督】

赤壁市人民检察院对赤壁市文旅局立案调查，于2021年6月16日向该局提出检察建议，建议加强对毕家畈塔的监管和修复工作，保护文物安全。该局于同年8月书面回复，已通过立项、委托具有文物保护资质的勘探设计公司编制该塔修缮工程设计方案，待省文旅厅批复方可实施该工程。同年10月，检察机关跟进检察建议落实情况时，发现该塔修缮工程既未开工，也未进行日常保养维护或采取临时性抢险加固、防护等措施，损毁风险持续加剧。检察机关委托技术公司又对该塔进行安全性检测，结论为该塔严重损坏。为此，赤壁市人民检察院以赤壁市文旅局为被告，于2022年2月21日向赤壁市人民法院提起行政公益诉讼，请求判令被告继续履行文物保护监督管理职责。

【法院裁判】

赤壁市人民法院审理期间，赤壁市文旅局于2022年3月对毕家畈塔塔顶植被树枝进行了清理，并在塔基四周安装了围挡，设立了安全提示牌。法院认为该局作为文物保护行政部门，应对毕家畈塔的安全负责监督管理，将该塔的日常保养维护和岁修工作作为一项重要职责，保持整洁、安全、稳定的良好状态，通过定期巡视检查及时掌握排查安全隐患，妥善处理整治。结合检察院起诉和法院查明事实，赤壁市文旅局在发现塔身石头松动、石缝长有植被，存有安全隐患后，并未及时处理整治。在赤壁市人民检察院向其送达检察建议书后仅清理了塔基底座植被，鉴于该塔修缮工程项目已于2021年12

月获批，据此判决责令赤壁市文旅局应继续履行职责，支持了赤壁市人民检察院的全部诉求。判决生效后，赤壁市文旅局组织对塔基进行了加固等保护性维修，并进一步编制完善了毕家畈塔维修工作设计方案，争取了专项维修资金全面消除安全隐患；与毕家畈村签订了文物保护责任书，建立了市、镇、村三级文物管护网络；组织应急、消防、宗教等常态化开展联合执法，强化毕家畈塔安全及周边环境监管。

【典型意义】

文物是文明的载体，是中华灿烂历史的记忆与传承，是全民族的财富。重要的文物资源是一个地域或某类文化的集中展现。文物保护部门针对历史悠久、急需修缮的文物要尽到日常监管职责，否则文物损毁难以挽救。本案中，检察机关主动监督，通过发出检察建议、对检察建议落实“回头看”、再督促以及提起公益诉讼等方式，对行政机关未及时采取全面有效措施保护毕家畈塔的情形适时亮剑；人民法院依法审判，倒逼行政机关加速安排抢救文物、履行监管主体责任。强有力的司法监督形成合力，压紧压实职能部门的责任，确保法律法规严格实施，从总体上促进了城市建设和文物保护利用的协调发展。

广东省化州市人民检察院诉化州市市场监督管理局食品安全行政处罚公益诉讼案

《行政公益诉讼典型案例》案例五

2023年11月24日

【关键词】

行政公益诉讼　食品安全　撤销行政处罚

【基本案情】

广东某食品公司生产、销售的2批次包装饮用水，在当地市场监督部门于2019年5月23日、2020年3月14日组织的两次抽检中，被发现存在铜绿假单胞菌项目不符合《食品安全国家标准包装饮用水》标准要求，有损人体健康，检验结论为不合格。据此，化州市市场监督管理局（以下称化州市市监局）对该公司的2批次违法情形分别于2019年9月20日、2020年7月13日作出化市监处字（2019）157号、（2020）136号行政处罚决定，均为没收违法所得和罚款，罚没款项共计51770.5元（其中后一处罚决定为31020.5元）。因后一次违法行为发生在前一次违法行为被行政处罚之日起1年内，依据食品安全法相关规定，应处吊销许可证处罚，化州市市监局存在未严格适用法律的情形。

【检察监督】

化州市人民检察院对化州市市监局立案调查，于2020年9月15日向该局发出检察建议，建议针对上述情形依法全面正确履行监管职责，作出相应行政处罚。该局书面回复处罚得当，未采纳检察建议。其后，按当地管辖权分工，化州市人民检察院以化州市市监局为被告，于2021年5月6日向茂名市茂南区人民法院提起行政公益诉讼，请求判决撤销上述化市监处字（2020）136号行政处罚决定并责令被告重新作出行政行为。

【法院裁判】

茂南区人民法院审理认为，化州市市监局未能查清涉案公司是否存在受到行政处罚后1年内又实施同一性质的食品安全违法行为的情形即作出被诉处罚决定存在错误，且在检察机关发出检察建议后不依法履责，导致涉案公司仍然具备生产、销售包装饮用水的资格，并出现饮用水再次被检验为不合格情况，危及不特定消费者的身体健康和生命安全，社会公共利益持续处于受侵害状态，遂判决支持化州市人民检察院的全部诉求。一审判决生效后，法院立即就案件执行情况召开圆桌会议，督促化州市市监局及时履行生效判决，该局于2021年11月重新作出包含吊销营业执照、从业禁止等内容的行政处罚决定。

【典型意义】

民以食为天，食以安为先。食品安全领域必须牢固坚持习近平总书记“四个最严”的要求，在法律框架内严格执法与司法。《食品安全法实施条例》第六十七条第五项明确规定了“因违反食品安全法律、法规受到行政处罚后1年内又实施同一性质的食品安全违法行为”属于应当从重从严处罚的“情节严重”情形，本案中，检察机关和人民法院在对此取得共识的情形下，对于市监部门的被诉行政处罚决定作出严格审查，体现了司法的精准度与力度，对提升行政机关食品安全监管责任意识、规范执法标准具有重要意义。且人民法院在执行阶段召开圆桌会议，督促行政机关及时履行判决的做法，产生了多赢共赢的积极成效。本案诉求类型体现为不同于一般不作为之诉的撤销之诉，这对法检两院进一步拓展行政公益诉讼类型与方式，具有探索和示范作用。

贵州省关岭县人民检察院诉关岭县人力资源和社会保障局不履行农民工劳动报酬权益监管职责公益诉讼案

《行政公益诉讼典型案例》案例六

2023 年 11 月 24 日

【关键词】

行政公益诉讼　农民工劳动报酬　确认违法

【基本案情】

贵州省安顺市关岭布依族苗族自治县（以下简称关岭县）西南旺府建设项目的两家施工单位自2019年6月开工以来，一直未依法存储农民工工资保证金，亦未提供保函，长期拖欠农民工工资，人数达200余名。2020年8月、2021年1月，关岭县人力资源和社会保障局（以下简称关岭县人社局）对两家施工单位多次作出劳动保障监察责令改正指令书，责令其限期存储工资保证金，支付拖欠的农民工工资，逾期不履行将予以处罚，但迟迟未罚。关岭县人社局作为法定监管部门，具有保护工程建设领域农民工劳动报酬权益的职责，该局在涉案项目上存在怠于履职的情形，致使众多农民工合法权益受到侵害，损害了社会公共利益。

【检察监督】

关岭县人民检察院对关岭县人社局立案调查，于2021年3月29日向该局发出检察建议，建议对涉案建设项目未存储农民工工资保证金的违法行为履行监管职责。同年5月，该局书面回复已向施工单位下达责令改正指令，要求于同年6月前存储农民工工资保证金或者提供保函。后关岭县人民检察院对整改情况全程监督并组织“回头看”，发现施工单位直至同年9月仍未存储保证金，且尚有100余名农民工在工地务工，其合法权益处于持续受侵害状态。其后，按当地管辖权分工，关岭县人民检察院以关岭县人社局为被告，于2021年9月27日向镇宁县人民法院提起行政公益诉讼，请求判决责令该局依法履行监管职责。

【法院裁判】

镇宁县人民法院审理期间，关岭县人民检察院主动召集关岭县人社局、住建局、施工单位负责人、劳务总包责任人共同磋商解纷方案。关岭县人社局于2022年3月督促施工单位提供担保公司保函。其后，鉴于该局已依法履职且诉求目的基本实现，关岭县人民检察院于同年3月16日决定变更诉讼请求为确认违法。人民法院认为行政机关在诉讼期间已采取切实有效的措施履行法定职责，遂当庭宣判支持检察机关的诉讼诉求。关岭县人社局当庭表示服判息诉。

【典型意义】

中国目前有近3亿农民工，依法保障其劳动报酬权益事关社会和谐稳定大局。习近平总书记多次强调，全社会都要关心农民工、关爱农民工，要坚决杜绝拖欠、克扣农民工工资现象。本案中，检察机关通过发出诉前检察建议、提起诉讼，特别是在诉讼期间主动组织多主体磋商，使农民工工资保证金得以落实；人民法院通过全程协调，释法明理，促成了当庭宣判并使当事人明确表示服判息诉。无论是诉前还是诉中程序，法检两院的协同发力，运用法治思维和法治方式为根治农民工欠薪顽疾提供了司法智慧和司法方案，共同营造尊重劳动者权益、守法诚信的法治营商环境。同时，根据行政诉讼法和公益诉讼司法解释相关规定，对在公益诉讼过程中，被告纠正违法行为或者依法履责，人民检察院可变更诉求为确认违法。

山东省济南市槐荫区人民检察院诉槐荫区应急管理局、区消防救援大队不履行消防监管职责公益诉讼案

《行政公益诉讼典型案例》案例七

2023 年 11 月 24 日

【关键词】

行政公益诉讼 消防安全 准予撤诉

【基本案情】

泰山某大厦是位于济南市槐荫区的一幢 24 层建筑，产权人为某物业管理公司，有多家酒店、教育培训机构、娱乐场所等在此经营，其中多层建有儿童活动场所。2016 年 3 月，槐荫区消防救援大队在执法检查中指出该建筑存在火灾隐患。同年 11 月，某科技公司承包了该建筑的消防水系统改造工程，改造工程完工后未经竣工验收。此后，该建筑陆续出现消防水泵出水管路漏水和自动喷水灭火系统、消火栓系统未设置稳压泵等质量问题，消防设备无法正常使用，存在重大安全事故隐患。2019 年之后，槐荫区消防救援大队对该建筑进行多次消防监督检查，认定某物业管理公司存在影响消防安全违法行为，责令其限期改正，但该公司长期未予改正。槐荫区应急管理局、区消防救援大队存在怠于履行消防监管职责的情形。

【检察监督】

槐荫区人民检察院对槐荫区应急管理局、区消防救援大队立案调查，于 2021 年 5 月 11 日分别向两单位发出检察建议，建议前者依法履行消防监督管理职责，建议后者依法对相关违法责任主体进行查处等。后经跟进调查，两单位均未按检察建议履责，公益侵害仍在持续。槐荫区人民检察院遂以槐荫区应急管理局、区消防救援大队为被告，于 2022 年 1 月 21 日向槐荫区人民法院提起行政公益诉讼，请求判令区应急管理局依法履行对泰山某大厦消防安全隐患的监督管理职责，判令区消防救援大队依法履行对该大厦消防安全隐

患的监督检查及违法行为查处职责，确保将消防安全隐患整改到位。

【法院裁判】

槐荫区人民法院审理期间，二被告均明确表示将尽快整改。法院与检察院、二被告保持持续沟通，了解整改进展情况。槐荫区应急管理局于2022年4月通过向区消防救援大队发出督办单，要求其立即采取措施，消除安全隐患。区消防救援大队对某物业管理公司进行立案调查并罚款6000元。该公司通过租用应急发电车解决消防用电设备供电负荷问题，组织对消防给水设施进行维修等，后委托第三方机构进行安全检测结论为合格。法院与检察院就整改标准充分交流，共同赴现场实地查看，并组织召开消防安全隐患整改效果公开听证会。后槐荫区人民检察院以安全隐患已全部消除为由，决定撤回起诉。槐荫区人民法院审查认为，被告已整改到位，公益诉求已实现，故裁定准予撤诉。

【典型意义】

消防工作事关社会安定和人民群众生命财产安全，酒店、商店、娱乐设施等公共场所的防范更是重中之重。未按国家消防技术标准设置灭火系统或火灾自动报警系统会埋下重大隐患。对此，应急管理部门和消防救援机构应各司其职，发挥好督促与监管职能。本案中，针对上述单位履责不到位问题，检察机关通过依法提出检察建议、跟进调查和提起诉讼等方式，发挥了有力监督作用；人民法院在审理过程中积极介入，把握时机适时协调，避免就案办案，与检察机关共同查看现场、组织听证会，最终促成隐患消除，公益保障到位。

河南省兰考县人民检察院诉三义寨乡人民政府不履行基本农田保护职责公益诉讼案

《行政公益诉讼典型案例》案例八

2023 年 11 月 24 日

【关键词】

行政公益诉讼　违法占用基本农田　责令复垦

【基本案情】

2021 年 4 月，兰考县三义寨乡赵楼村将该村一处面积为 17313.4 平方米的土地承包给某文化传媒公司经营游乐园。该公司先后建造旋转小火车、海盗船等游乐设施项目 20 余个，临时营业房 2 间，并硬化部分地面。所占土地全部为基本农田。2022 年 2 月，检察机关发现此线索后，认为该公司的行为破坏了基本农田种植条件，危害国家粮食安全，侵害社会公共利益，三义寨乡人民政府（以下称三义寨乡政府）存在履行保护基本农田职责不到位的情形。

【检察监督】

兰考县人民检察院对三义寨乡政府立案调查，于 2022 年 2 月 14 日发出检察建议，建议及时拆除某文化传媒公司建设的所有设施，复耕复垦。三义寨乡政府于同年 3 月回复称已按照检察建议整改完毕。检察机关于同年 5 月组织“回头看”时，发现涉案娱乐设施未全部拆除，经进一步督促被当场拆除；但同年 11 月再次跟进监督时，又发现部分设施恢复投入使用，公共利益持续被侵害。兰考县人民检察院遂以三义寨乡政府为被告，于同年 11 月 22 日向兰考县人民法院提起行政公益诉讼，请求判令其依法履职，督促该公司及时拆除所有娱乐设施，完成基本农田复垦。

【法院裁判】

兰考县人民法院由三名法官、四名人民陪审员组成合议庭审理本案。针对诉辩双方争议的现场所剩设施是否影响耕种、三义寨乡政府是否完全履职问题，法院、检察院和行政机关于2022年12月庭审后共同派人勘验现场，发现涉案基本农田里种植绿化树木，树木之间仍有娱乐设施。法院最终支持了检察机关有关基本农田只能种粮食，而绿化树木、非农设施不能占用的主张，同时，考虑到深冬不利于复垦，判决责令三义寨政府在判决生效后三个月内督促某文化传媒公司完成复垦。其后，三义寨乡政府于2023年3月向法院报告剩余设施已拆除，所占基本农田已完成复垦，经法检两院再次联合勘察现场，情况属实。

【典型意义】

全方位夯实粮食安全根基，牢牢守住十八亿亩耕地红线是当前基本国策。近年来，党中央、国务院三令五申持续加大耕地保护力度，但非法占地情形仍时有发生。本案中，检察机关以钉钉子精神狠抓不放，从发现问题，到提出检察建议、组织“回头看”和跟进监督，防范了虚假整改、反弹回潮；人民法院辨法析理，针对争议问题组织了多环节现场勘验，充分考虑了诉求本身和判决可执行因素，确保整改到位、恢复到位，有助于扩大社会影响，对有关单位、非法占地者起到教育、警示和震慑作用。耕地资源保护事关千家万户，司法机关通过公益诉讼发挥监督作用永远在路上。

安徽省芜湖市弋江区人民检察院诉芜湖市农业农村局行政公益诉讼案

《“两高”联合发布生态环境保护检察公益诉讼典型案例》案例1

2023年8月15日

【关键词】

行政公益诉讼　长江保护　家禽屠宰

【基本案情】

青弋江发源于黄山主峰北麓，流经池州、宣城，由芜湖市区汇入长江，是长江下游最大的支流。2018年以来，位于青弋江畔的芜湖市某禽业有限公司（以下简称某禽业公司）违法从事家禽屠宰经营活动，年均屠宰量达 980 余万只，屠宰废水未经处置直排青弋江，年污水排放量 80 余万吨，严重污染长江流域生态环境。

【诉前程序】

2021 年 4 月 10 日，中央生态环境保护督察组向安徽省芜湖市人民政府反馈某禽业公司污染环境问题。芜湖市生态环境局依据“府检联动”机制，将该线索转交芜湖市人民检察院，该院交芜湖市弋江区人民检察院办理。2021 年 4 月 21 日，弋江区检察院立案；经现场勘查、无人机巡查、实地走访等方式调查查明：某禽业公司租用待拆迁厂房设立家禽屠宰加工点，在无动物防疫条件合格证、未配备无害化处置设施的情况下，长期违法从事家禽屠宰生产经营活动（日均屠宰近 3 万只），存在动物防疫安全隐患；该屠宰加工点废水直排青弋江，日均 2000 余吨，造成周边水体黑臭，总氮、总磷、氨氮等指标超出地表水Ⅴ类标准 31～97 倍，污染青弋江及长江流域生态环境。

根据《环境保护法》第十条第二款、《动物防疫法》第九条第二款的规定，农业农村主管部门和生态环境主管部门负有相应监管职责。考虑到芜湖市生态环境局和弋江区生态环境分局已对企业采取行政罚款、停业整顿等措施，且芜湖市农业行政处罚以及与行政处罚相关的行政检查、行政强制等职能由芜湖市农业农村局（以下简称市农业农村局）统一行使，弋江区检察院于 2021 年 5 月 25 日向市农业农村局制发检察建议，要求依法查处某禽业公司未经许可从事家禽屠宰生产经营行为，消除该违法行为带来的动物防疫安全隐患。市农业农村局随后责令该禽业公司改正并处罚款。11 月 9 日，弋江区检察院“回头看”发现，该公司无证屠宰、违法排污等违法行为仍未停止。11 月 19 日，弋江区检察院向市农业农村局所在地的芜湖市鸠江区人民法院（以下简称鸠江区法院）提起行政公益诉讼，请求判令被告依法查处某禽业公司未取得动物防疫条件合格证从事禽类屠宰的违法行为，采取有效措施消除该违法行为带来的动物防疫安全等方面隐患。

【裁判结果】

2022 年 6 月 28 日，鸠江区法院经审理认为，市农业农村局在收到检察建议后虽对某禽业公司责令改正并处以罚款，但未能有效制止无证屠宰等违法行为，生态环境污染问题未得到根本解决，属于履职不全面、不充分，社会公共利益仍处于受侵害状态。判决支持检察机关全部诉请。该判决已生效。

案件审理过程中，芜湖市政府召开专题会议部署开展全市家禽屠宰行业集中整治，并在鸠江区沈巷镇建成投资3.2亿元、年屠宰量3000万只、华东地区规模最大的畜禽加工基地，从根源上解决家禽屠宰行业因分散式经营导致的无法集中检疫和环境污染问题，促进家禽产业转型升级健康发展。

判决执行过程中，市农业农村局反映涉案家禽非法屠宰加工点取缔困难。鸠江区法院通过“府院联动”机制，协调弋江区人民政府组织区市场监督管理局、区城市管理局、马塘街道办事处等单位配合市农业农村局开展执法行动。2023年1月，某禽业公司非法屠宰加工点被关闭，所属经营户搬迁至沈巷镇畜禽加工基地，生态环境污染和动物防疫安全隐患彻底消除。

【典型意义】

针对中央生态环境保护督察组反馈的环境污染问题，检察机关履行公益诉讼职责，通过诉前检察建议、提起行政公益诉讼等方式督促行政机关依法全面履职，助推生态环境突出问题得到全面彻底整改。检察机关、审判机关与行政机关协同联动，形成公益保护合力。以取缔非法屠宰加工点为切入口，推动家禽屠宰行业集中整治和规范化生产经营，从源头彻底解决生态环境污染问题。

云南省龙陵县人民检察院诉龙陵县某镇人民政府怠于履行外来物种阻截防控监管职责行政公益诉讼案

《最高人民法院发布青藏高原生态保护典型案例》案例九

2023年5月5日

【基本案情】

2021年以来，外来有害物种“红火蚁”入侵云南省保山市龙陵县部分地区，龙陵县某镇是被入侵的乡镇之一。2021年12月，龙陵县人民检察院向被告龙陵县某镇人民政府（以下简称某镇政府）发出行政公益诉讼诉前检察建议，建议其依法履行对辖区内红火蚁的阻截防控职责，某镇政府书面回复辖区暂未发现红火蚁。2022 年 3 月，龙陵县人民检察院监督发现，某镇龙山湖公园人行道周围、邦腊掌景区、中心公墓等进行过绿化或草皮移栽的区域有红火蚁蚁巢分布，数量增多，防控形势严峻性加剧，遂对某镇政府提起行政公益诉讼。

【裁判结果】

云南省保山市龙陵县人民法院一审认为，某镇政府对本行政区域内的生物安全工作负责，负有阻截、防控其辖区内外来入侵物种红火蚁的法定职责，但其未采取有效消杀措施，致使红火蚁侵害进一步蔓延。诉讼中，某镇政府虽对部分区域进行了消杀，但仍存在大量红火蚁侵害，社会公共利益持续处于被侵害状态。遂判决责令某镇政府继续履行对行政区域内外来物种红火蚁的阻截防控工作职责。宣判后，双方均未上诉，一审判决已发生法律效力。

【典型意义】

云南保山地处高黎贡山南麓，是青藏高原向云贵高原的过渡地带，拥有丰富的森林资源和多样的生物种群。青藏高原作为我国重要的生态安全屏障区，生物系统独特而脆弱，外来入侵物种在当地往往没有天敌，其大量繁殖会直接影响当地其他生物数量和种类，甚至对食物链造成灾难性破坏，影响生物多样性和生态平衡，严重危害生态安全。本案系因地方政府怠于履行法定职责，导致外来入侵物种侵害进一步蔓延而引发的行政公益诉讼。人民法院依法支持公益诉讼起诉人的诉讼请求，督促行政机关依法行政、主动作为。判决生效后，被告政府积极采取全面摸排、重点区域消杀诱杀、扩大宣传引导等措施，有效防治了辖区内红火蚁繁殖蔓延。本案审理为人民法院持续加强生物安全保护，防治外来物种侵害，以法治手段保障青藏高原生态系统健康稳定提供了有益司法样本。

西藏自治区朗县人民检察院诉某自然资源局怠于履行矿山修复监管职责行政公益诉讼案

《最高人民法院发布青藏高原生态保护典型案例》案例十

2023年5月5日

【基本案情】

2005年10月，某矿业有限公司（以下简称某矿业公司）取得西藏自治区林芝地区某铬铁矿采矿权。在采矿期限内，某矿业公司造成矿区环境损害面积达14亩，停止开采后未履行矿山地质环境恢复治理义务，造成矿区岩石裸露、水土流失、生态环境破坏。被告某自然资源局于2017年7月23日向某矿业公司发出限时整改紧急通知，要求其立即开展环境恢复工作，但该公司未对破坏地区进行治理恢复。朗县人民检察院于2017年9月4日向某自然资源局送达检察建议书，要求其依法履行矿山地质环境保护的监管职责，但该局未采取有效措施对案涉矿区进行恢复治理，检察机关遂提起行政公益诉讼。

【裁判结果】

西藏自治区朗县人民法院一审认为，某自然资源局应依法积极履行对案涉矿山地质环境恢复治理的监督管理职责，其通过下发文件的方式要求某矿业公司开展环境恢复工作效果不明显，在收到检察建议后仍未采取积极措施，案涉矿区环境治理恢复工作始终未能开展，国家和社会公共利益持续处于受侵害状态。遂判决确认某自然资源局怠于履行职责的行为违法，责令其依法继续履行监督管理职责。宣判后，双方均未上诉，一审判决已发生法律效力。

【典型意义】

西藏林芝地区资源丰富、拥有我国最大的原始森林，是世界生物多样性最典型的地区之一，素有“西藏江南”“雪域明珠”的美誉。案涉矿区开采期间造成的环境损害面积较大，地表植被和区域生态环境破坏严重。人民法院依法对相关职能部门怠于履行职责的行为予以否定性评价，要求其采取更为积极的措施消除地质灾害隐患，加快历史遗留矿山生态修复工作。判决生效后，被告单位采取土地复垦等措施对案涉矿区进行环境修复治理，已取得初步治理成效，后续修复工作正在有序推进中。本案处理对于督促行政机关进一步增强依法行政意识、规范履职行为、提高生态环境治理能力，引导矿产资源开发企业依法履行矿山污染防治和生态修复责任，加强青藏高原生态环境系统保护、协同保护、特殊保护具有积极意义。

吉林省靖宇县人民检察院诉靖宇县退役军人事务局不履行法定职责行政公益诉讼案

《依法保护文物和文化遗产典型案例》案例十四

2023 年 2 月 7 日

【基本案情】

杨靖宇将军殉国地位于吉林省白山市靖宇县濛江乡保安村，是国家级爱国主义教育基地和省级重点烈士纪念保护单位。2020 年，白山市人民代表大会常务委员会专门颁布《白山市杨靖宇将军殉国地保护条例》，规范杨靖宇将军殉国地的保护、管理和利用，其中明确规定，靖宇县退役军人事务主管部门负责杨靖宇将军殉国地日常保护管理等工作。靖宇县人民检察院在履行职责中发现，在杨靖宇将军殉国地存在游乐园、烧烤屋、游船等经营活动，影响爱国主义精神弘扬，损害了社会公共利益，遂向靖宇县退役军人事务局发出检察建议，要求其全面履行保护管理职责，依法对杨靖宇将军殉国地保护范围内餐饮、娱乐、野炊、露营、垂钓等与纪念、瞻仰、悼念烈士无关且有损环境的行为进行监管，责令改正，恢复杨靖宇将军殉国地庄严、肃穆的环境氛围。靖宇县退役军人事务局未按要求履行职责，靖宇县人民检察院向靖宇县人民法院提起行政公益诉讼。在审理过程中，案涉娱乐设施全部拆除，靖宇县人民检察院申请撤回起诉。

【裁判结果】

吉林省靖宇县人民法院认为，靖宇县退役军人事务局积极整改，履行职责，实现了公共利益的保护，靖宇县人民检察院自愿申请撤回起诉，符合法律规定，裁定准许撤回起诉。

【典型意义】

本案系有关机关怠于履职引发的行政公益诉讼案件。杨靖宇将军殉国地是党领导人民顽强奋斗、抵御外侮的重要见证，是承载独特精神标识和文化精髓的革命文物，是弘扬英烈精神、传承红色基因的宝贵财富。人民法院坚持多元共治和源头治理的理念，依法延伸审判职能，加强与检察机关、行政主管部门沟通协调，对整改情况进行监督，推动形成文物保护合力，促成各项问题及时、妥善解决。该案依法审理有效维护了英雄烈士的荣誉与尊严，积累了加强革命文物和红色文化遗产司法保护的探索性经验，对促进有关行政机关依法全面履职尽责，推动英雄烈士纪念设施保护、传承与合理利用，具有示范意义和导向价值。

贵阳市乌当区人民检察院诉贵阳市某自然资源局怠于履行行政管理职责行政公益诉讼案

《最高人民法院发布生物多样性司法保护典型案例》案例十五

2022年12月5日

【基本案情】

2020年9月，贵阳市乌当区人民检察院在调查辖区古树保护情况时发现，东风镇高穴村养猪大寨的一棵百年以上的古柏树未得到有效保护，其树干基部区域被水泥硬化，树干中部钉有输电线支架，违反了《贵州省古树名木大树保护条例》规定。该古柏树长势衰弱，出现明显枯枝，部分树皮缺失，树干暴露，且电线杂乱其间，存在火灾隐患。检察机关向贵阳市某自然资源局发出检察建议，建议对该古树履行监管职责，但未收到该局回复。2021年5月，检察机关现场查看发现该古树仍未得到保护，遂提起行政公益诉讼。

【裁判结果】

贵州省清镇市人民法院一审认为，贵阳市某自然资源局作为该地区林业主管部门，对辖区古树负有保护、管理和监督职责。该局收到检察建议直至本案一审开庭前，始终未有效解决案涉古树被破坏的问题，存在未依法履行职责情形。遂判决其依法履行法定职责，对东风镇高穴村养猪大寨的古树采取相应的保护措施等。宣判后，当事人均未上诉，一审判决已发生法律效力。

【典型意义】

古树是大自然和前人留下的自然遗产、文化遗产，弥足珍贵且不可再生。古树饱经沧桑，记录了自然变迁，承载着乡愁情思，是一个村庄、一个乡镇、一座城市悠久历史的见证者，是人与自然和谐共生的生动写照，具有重要的历史、文化、生态、科研、景观等价值，被誉为“绿色文物”“活的化石”。《森林法》明确国家保护古树名木和珍贵树木，禁止破坏古树名木和珍贵树木及其生存的自然环境。案涉古树及其生长环境遭受严重破坏，长势衰弱，而行政主管部门未依法及时进行管护。人民法院通过本案审理，判决行政机关履行法定职责，对于督促行政机关依法履行古树管护责任，提升社会公众古树保护意识具有积极意义。

人民陪审员参加七人合议庭审理行政机关不履行法定职责行政公益诉讼案

《人民陪审员参审十大典型案例》案例 9

2022 年 10 月 11 日

【基本案情】

2017 年，贵州省铜仁市沿河土家族自治县某街道部分商户和小区居民住户将未经处理的生活污水集中排放至某溪低洼地处，形成一个面积约 700 平方米的污水塘，该污水塘中的污水未经处理通过渗透、暗管或沟渠顺流到自然沟后直排乌江，严重影响了附近居民群众及企业的生产生活。2021 年 4 月，沿河自治县人民检察院向沿河土家族自治县水务局发出检察建议，建议其依法对排放污水行为进行调查处理。水务局收到建议后未在规定时间内回复。检察机关经回访发现，周边商户及居民生产、生活污水并未排入城镇排水设施，仍在向污水塘或沟渠排放不符合排放标准的污水，社会公共利益仍处于受侵害状态。沿河自治县人民检察院遂向贵州省德江县人民法院提起行政公益诉讼，请求确认该行政机关怠于履行职责行为违法，判令其依法履行职责。

德江县人民法院随机抽四名人民陪审员，与三名法官组成七人合议庭审理本案。法院经审理认为，本案被告在开庭审理后至宣判前积极采取了补救措施，对该片区污水网管进行彻底整治。鉴于黑臭水体已经消除、污水直排乌江问题已解决，行政公益诉讼诉讼目的已基本实现，裁定终结诉讼。

【人民陪审员发挥的参审作用】

本案开庭前，人民陪审员认真翻阅卷宗、了解案情，在法官指引下熟悉相关法律条文，多次赴实地勘察现场；庭审中，人民陪审员结合丰富的社会生活阅历，分析事实问题争议焦点，就被诉行政机关是否履职、是否应当继续履职的行为发表意见，指出行政机关不应当只看自己的职责以及在被起诉后有没有作出整改，还要看履行的实际情况以及取得的效果，也应负有提示警醒、宣传教育河流污染危害性的义务。人民陪审员提出，经庭前对案件实地勘查，整改情况并不乐观，有加大整改力度的必要，建议法院关注被告履职情况及治理成效。合议庭认真吸收人民陪审员意见，庭审后多次回访案件现场，持续跟进整改情况。在庭审后，水务局进行专项治理，有序推进整改。沿河自治县检察院建议本案终结审理，人民陪审员得知后提出，应当详细了解当地群众对整改情况的满意度，建议沿河自治县检察院采取听证的方式。德江县人民法院对整改情况及满意度向周边居民进行调查，对接沿河自治县人民检察院召开听证会，案件审理取得良好效果。

【典型意义】

本案人民陪审员熟悉当地社情民意，与群众接触较为密切，忠实履行法律赋予的审判职责，充分发挥参与司法、监督司法、见证司法的积极作用。本案审结后，人民陪审员将参审经历和感受到的法治精神带回日常生活中，以案释法，积极向身边的人民群众进行宣传，形成很好的辐射效应，进一步密切了人民法院和人民群众的血肉联系，增进了群众对人民法院司法工作的理解、信任与支持，提高了人民群众的法治意识。

西安铁路运输检察院诉陕西省西咸新区某管理委员会不履行环境监管职责行政公益诉讼案

《人民法院依法审理固体废物污染环境典型案例》案例十

2022 年 3 月 1 日

【基本案情】

战国时期的望夷宫遗址位于陕西省西咸新区，遗址总面积 30 余万平方米。因望夷宫遗址保护范围内一处东西走向的沟道内存在大量建筑垃圾，沟道南侧填埋的建筑垃圾约为 3 万立方米，沟道西北侧填埋的建筑垃圾约 6000 立方米，不仅污染周边生态环境，还对文物保护单位造成侵害，西安铁路运输检察院以陕西省西咸新区某管理委员会不履行环境监管职责为由提起行政公益诉讼。诉讼过程中，经法院督促，该管理委员会邀请环保专家及文物保护专家对现场进行了实地察看，委托具有相关资质的机构完成涉案地块的土壤分析调查，并根据专家意见制定了《望夷宫遗址专项整治行动工作方案》。依据该工作方案，由管理委员会牵头，组织文物局、生态环境局、城市管理和交通运输局、自然资源和规划局、公安部门及街道办事处等职能部门，按照“清、运、填、覆、绿”的程序，进行清理整治，使局部环境得到改善，扬尘污染得到根本性治理。西安铁路运输检察院认为其诉讼请求已得到实现，遂撤回起诉。

【裁判结果】

西安铁路运输法院一审认为，管理委员会在诉讼过程中清运整治建筑垃圾，消除文物保护潜在危险，有效保护遗址本体，达到预期目标。西安铁路运输检察院撤回起诉，符合《最高人民法院、最高人民检察院关于检察公益诉讼案件适用法律若干问题的解释》第二十四条“在行政公益诉讼案件审理过程中，被告纠正违法行为或者依法履行职责而使人民检察院的诉讼请求全部实现，人民检察院撤回起诉的，人民法院应当裁定准许”的规定，故裁定准许西安铁路运输检察院撤回起诉。

【典型意义】

本案是因行政机关未履行环境监管职责引发的行政公益诉讼案件。行政公益诉讼的目的，在于督促行政机关积极正确履行法定职责，维护国家利益、社会公共利益和人民群众环境权益。本案中，望夷宫遗址保护范围内填埋大量建筑垃圾，不仅污染周边生态环境，还影响遗址文物保护。为妥善保护遗址文物、整治环境，人民法院在案件审理过程中积极延伸审判职能，推动行政机关积极作为，通过现场勘查、征询专家、确定方案、多方联动、集中整治、现场验收等程序，实现了有效治理环境、消除文物潜在危险、保护遗址本体的诉讼目的，有效保护了文物遗址生态环境，充分体现了生态环境多元共治的积极作用，取得了良好的法律效果和社会效果。

碌曲县人民检察院诉碌曲县水务水电局行政公益诉讼案

《黄河流域生态环境司法保护典型案例》案例八

2021年11月25日

【基本案情】

2005年8月28日，洮河上游某水电有限责任公司（以下简称某公司）投资修建的阿拉山水电站开始发电投入生产。根据国家资源有偿使用原则和相关规定，作为用水单位的某公司应无条件缴纳水资源费，但该公司未予缴纳。2011年4月18日，碌曲县人民政府责令职能部门追缴，但碌曲县水务水电局并未采取有效执法行为。在碌曲县人民检察院发出督促其履行法定职责的诉前检察建议后，碌曲县水务水电局仅发出相应的执法文书，并未依法采取相应执法措施，造成国有资产的持续流失，碌曲县人民检察院督促整改无效，国家利益仍处于被侵害状态，碌曲县人民检察院遂提起本案行政公益诉讼。

【裁判结果】

甘肃省合作市人民法院经审理认为，至本案起诉时，某公司仍未缴纳水资源费，碌曲县水务水电局作为水资源费征收部门，虽在一定程度上履行了征收职责，但未采取相应有效的执法措施，未充分全面履行处罚和征收职责，导致国家利益仍处于被侵害状态，碌曲县水务水电局仍然有必要继续履行职责。判决碌曲县水务水电局在判决生效后 60 日内继续履行法定职责，向某公司依法征收水资源费。一审判决后，双方均未提起上诉。

【典型意义】

本案系检察机关诉水务水电局未全面履行处罚征收职责行政公益诉讼案件。水资源属于国家所有。黄河流域水资源短缺，人民法院应当树立严格贯彻最严格水资源管理制度的理念，落实水资源有偿使用原则，促进水资源的可持续利用，保障经济社会可持续发展。本案中，碌曲县水务水电局未充分全面履行处罚和征收职责，导致国家水资源权益处于长期被侵害状态。人民法院依法判令行政机关对长期不缴纳水资源费的水电站全面履行水资源利用监管和征缴法定职责，督促行政机关严格执行水资源开发利用控制红线，切实落实水资源有偿使用制度，对水资源节约、保护与合理开发利用起到监督和引导作用。

石嘴山市惠农区人民检察院诉石嘴山市惠农区农业农村和水务局行政公益诉讼案

《黄河流域生态环境司法保护典型案例》案例十

2021 年 11 月 25 日

【基本案情】

2006 年以来，王某红等在黄河河道上建设养殖场。石嘴山市惠农区人民检察院（以下简称惠农区检察院）调查发现，上述养殖场的建筑未经相关行政部门审批，属于在河道管理范围内修建阻碍行洪建筑物、构筑物的乱建行为，违反了国家河道管理规定，严重影响黄河行洪、防洪安全；石嘴山市惠农区农业农村和水务局（以下简称惠农区农水局）对上述情况存在未履行监管职责的问题。惠农区检察院遂于 2019 年 7 月向惠农区农水局发出检察建议。2019 年 11 月惠农区检察院提起环境行政公益诉讼，请求确认惠农区农水局未依法履行河道监管职责的行为违法，判令惠农区农水局依法履行监管职责，及时恢复土地原状。2019 年 11 月 26 日，惠农区检察院收到惠农区农水局回复并经实地查看后，认为惠农区农水局已经履行了对涉案养殖场的违法建筑设施拆除的法定监管职责，遂撤回了该项诉讼请求，保留确认违法的诉讼请求。

【裁判结果】

宁夏回族自治区石嘴山市大武口区人民法院作出判决：确认被告惠农区农水局未依法履行责令王某红等拆除在惠农区黄河河道管理范围内的养殖场违法建筑的河道监管职责的行为违法。一审判决后，双方均未提起上诉。

【典型意义】

本案系违法占用黄河河道建设生产场所及居住房屋引发的行政公益诉讼案件。在河道管理范围内修建阻碍行洪建筑物、构筑物的乱建行为，违反了国家河道管理规定，也严重影响行洪、防洪安全，对黄河两岸居民生活和生产安全造成潜在危害。本案通过行政公益诉讼，人民法院依法确认行政主管机关行为违法，有效促使行政主管机关积极履行法定监管职责，为黄河流域生态保护提供了有力司法支撑。

湖南省花垣县人民检察院诉龙山县自然资源局不履行收缴土地出让违约金职责公益诉讼案

《行政公益诉讼典型案例》案例一

2023年11月24日

【关键词】

行政公益诉讼　土地出让金　移送起诉　准予撤诉

【基本案情】

2017年12月18日，某房地产公司竞拍到龙山县一宗68670平方米的国有建设用地使用权。该公司与龙山县自然资源局于2018年1月15日签订土地使用权出让合同，约定出让金共计2.3亿元，分别在2018年2月、2019年1月前缴纳1.3亿元、1亿元，未按时缴纳的违约金标准为日均1‰。某房地产公司按期足额缴纳第一笔款后，第二笔款到期仅缴纳 4500 万元，之后分五次陆续缴清欠缴的本金 5500 万元，由此产生违约金 341.6 万元未缴。龙山县自然资源局遂于 2020 年 12 月 21 日向某房地产公司下达《催缴告知书》，要求该公司 15 日内缴齐上述违约金，逾期将申请人民法院强制执行。其后，该公司仍未缴纳，该局亦未向法院提出申请。该局存在怠于履行收缴土地出让违约金职责的情形，损害了国家利益。

【检察监督】

龙山县人民检察院对龙山县自然资源局立案调查，于 2021 年 8 月 31 日向该局发出检察建议，建议依法履行职责，将违约金收缴到位，并告知两个月履职期限。该局逾期未书面回复亦未收缴。按照《湖南省高级人民法院关于开展全省基层人民法院一审行政案件集中管辖工作的实施方案》，花垣县人民法院集中管辖龙山县、吉首市、保靖县、永顺县一审行政案件。根据《人民检察院公益诉讼办案规则》相关规定，需要提起诉讼的，应当将案件移送有管辖权人民法院对应的同级人民检察院。龙山县人民检察院遂将案件移送花垣县人民检察院起诉。同年 11 月 17 日花垣县人民检察院以龙山县自然资源局为被告，向花垣县人民法院提起行政公益诉讼，请求判令被告履行收缴涉案违约金 341.6 万元的职责。

【法院裁判】

花垣县人民法院立案后，及时与龙山县自然资源局和花垣县人民检察院沟通，努力做督促协调工作，促使该局于 2021 年 11 月 18 日收齐了某房地产公司欠缴的涉案违约金，并提交了收款凭证。花垣县人民检察院遂以行政公益诉求已全部实现为由，决定撤回起诉。花垣县人民法院经审查，最终裁定准予撤诉。

【典型意义】

土地出让金是国家财政收入的重要来源之一。企业欠缴会严重影响国家对收入的管理支配，损害市场和社会诚信体系。针对该领域突出问题，如何以较少成本实现最大效益，检察公益诉讼发挥着重要作用。本案土地出让违约金得以足额收缴，国家利益得以充分保障，离不开法院和检察院的相互配合。对某房地产公司拖欠的巨额违约金，作为合同相对人和履责机关的自然资源部门，经检察机关提出检察建议、提起公益诉讼和人民法院积极协调、释法说理等，最终认清问题并切实履责，维护了社会诚信体系和行政协议的严肃性。同时，将多元协调机制融入行政公益诉讼活动全过程，也是各参与机关明晰职责、保护公益、正确引导社会主义核心价值观的生动实践，是中国特色社会主义司法制度优越性的有力体现。

重庆市石柱土家族自治县人民检察院诉龙沙镇人民政府不履行供水工程监管职责公益诉讼案

《行政公益诉讼典型案例》案例二

2023 年 11 月 24 日

【关键词】

行政公益诉讼　供水安全　判令履责

【基本案情】

2021 年 1 月，石柱土家族自治县（以下称石柱县）人民检察院在对当地农村集中供水工程的水质情况履行检察监督职责时，发现该县龙沙镇大沙社区外口组（以下称大沙社区外口组）的“外口人畜饮水”水质可能不符合国家生活饮用水卫生要求，遂于 2021 年 1 月 8 日委托重庆市某检测技术有限公司对该处供水水质进行检测，检测结果表明“总大肠菌群、耐热大肠菌群、大肠埃希氏菌”等微生物指标不符合国家《生活饮用水卫生标准》（GB5749－2006）规定的限值要求。检察机关认为龙沙镇人民政府（以下称龙沙镇政府）存在怠于履行农村生活饮用水集中供水工程监管职责的情形，危害不特定多数人身体健康，侵害社会公共利益。

【检察监督】

石柱县人民检察院对龙沙镇政府立案调查，于 2021 年 2 月 24 日向其发出检察建议，建议立即采取有效措施保证其供水水质符合国家规定，保护人民群众生命健康安全。同年 4 月，龙沙镇政府回复称，通过新建水源池，其水质不达标问题已得到整改。此后至当年 9 月，石柱县人民检察院两次委托检测技术公司检测均显示微生物指标仍超标，当年 10 月组织勘查现场亦无改观。石柱县人民检察院遂以龙沙镇政府为被告，于同年 10 月 13 日向石柱县人民法院提起行政公益诉讼，请求判令被告对大沙社区外口组供水工程履行监督管理职责，采取有效措施保证其水质符合国家《生活饮用水卫生标准》(GB5749－2006)。

【法院裁判】

石柱县人民法院审理期间，龙沙镇政府于 2021 年 11 月 11 日向行政主管部门申请为大沙社区外口组提供供水工程配套消毒设施，组织清洗水池，委托石柱县疾病预防控制中心对水质进行检测，但显示水质仍未达标。法院认为尽管镇政府屡称水质问题已获整改，但检测结果均不符合国家标准。从保护大沙社区外口组 700 余人的生活饮用水安全考量，镇政府应当在发现问题时积极作为，即使不能解决也应及时呈报上级政府协调解决，确保当地群众喝上达标水，而非找理由不作为、慢作为，放任损害持续存在。故判决责令龙沙镇政府于判决生效之日起两个月内履行职责，支持了石柱县人民检察院的全部诉求。判决生效后，龙沙镇政府购买了净水和消毒设备对蓄水池出水进行过滤净化和消毒，安排专人定期对蓄水池内部进行全面清洗，对蓄水池外围环境进行全面整治，并在取水点和蓄水池处安装防护设施，避免人畜活动污染水源。经石柱县疾病预防控制中心检测，涉案集中供水工程饮用水中大肠埃希氏菌、总大肠菌群、耐热大肠菌群检测值均为“未检出”，符合《生活饮用水卫生标准》(GB5749－2006)。

【典型意义】

水是生命之源，获得安全饮用水是人类生存的最基本需要，关乎百姓生活健康，涉及最基础、最根本的公共利益。本案中，针对龙沙镇政府怠于履行对供水水质的监管职责，当地群众健康权益持续受损的情形，检察机关先后采取向镇政府发出检察建议、提起行政公益诉讼等方式，督促行政机关对饮用水水质履行监督管理职责。人民法院在案件审理中，针对龙沙镇政府一系列自行纠错未果的情形，最终以判决方式确定了责任与要求，依法督促行政机关及时转变观念，纠正持续已久的对饮用水水质监管缺位、不作为、慢作为问题，倒逼其强化民本意识，重视公共卫生安全。检察机关与人民法院积极发挥行政公益诉讼制度优势，强化司法监督，为今后处理类似问题探索出新路径。

吉林省白城市洮北区人民检察院诉洮北区林业和草原局行政公益诉讼案

《“两高”联合发布生态环境保护检察公益诉讼典型案例》案例2

2023年8月15日

【关键词】

行政公益诉讼　草原保护　科技赋能　跟进监督

【基本案情】

白城市地处吉林省西部、科尔沁草原东部，草原资源丰富。但近年来，非法开垦草原行为屡禁不止，由于农药、化肥等侵蚀，加速了草原退化。其中洮北区青山镇的一处国有天然牧草地被非法开垦种植水田，破坏面积达1700余亩，草原资源和生态环境遭到严重破坏，国家利益和社会公共利益受到损害。

【诉前程序】

2020年6月，白城市人民检察院在开展草原生态检察监督专项行动中发现该线索，并指定由镇赉县人民检察院办理。镇赉县检察院于2020年10月22日对该线索进行行政公益诉讼立案，经调查，白城市某兽药公司（以下简称兽药公司）因非法开垦破坏天然牧草地1713亩。

2020年11月4日，镇赉县检察院向白城市洮北区林业和草原局（以下简称洮北区林草局）制发检察建议，建议该局立即采取有效措施，责令兽药公司违法责任人恢复被其破坏的草原植被。2020年12月8日，洮北区林草局书面回复称，已于2020年12月1日对违法责任人下达了《责令恢复草原原状通知书》，责令违法责任人于2020年12月30日前停止耕种，恢复草原原状。

收到回复后，检察机关经跟进监督发现该地块与周围草原影像对比仍存在较大差异。洮北区林草局称该地块已停止耕种，正采取的自然恢复的方式进行恢复。检察机关随即邀请草原专家对现场研判，确认该地块土壤条件已遭到严重破坏，自然恢复方式无法恢复草原植被及生态功能。根据起诉管辖规定，2021 年 6 月 30 日，该案由洮北区人民检察院提起行政公益诉讼。

【裁判结果】

白城市洮北区人民法院（以下简称洮北区法院）于 8 月 11 日开庭审理此案。双方围绕被告洮北区林草局采取的行政手段是否能有效恢复案涉草原资源，进行举证质证并发表意见。检察机关通过出具的现场勘查图、与周边草原对比图、专家意见等证据证明，案涉草原因被非法开垦多年，被告所采取的自然恢复措施无法达到修复草原的目的，故应认定被告未采取有效措施恢复案涉草原，存在履职不到位的情形。

洮北区法院经审理认为，被告洮北区林草局对本辖区内非法使用草原的行为负有监督管理职责，在收到检察建议书后，仍未采取有效措施，案涉草原仍未恢复原状，致使生态环境处于持续被破坏的状态，认定被告不履行法定职责的行为违法，应当依法履行职责。2021 年 8 月 31 日，洮北区法院作出判决：判令洮北区林草局依法履行监督管理职责，恢复被兽药公司破坏的草原植被。收到判决后，洮北区林草局立即督促兽药公司通过平整土地、清除设施、播种草籽等措施恢复案涉草原。

检察机关于 2022 年 5 月、7 月分别对案涉草原恢复情况跟进监督，发现案涉草原正逐步修复。经一年的生长周期，2023 年 5 月 29 日，经专家评定案涉草原长势良好，已经恢复了原有的生态功能。

【典型意义】

检察机关针对非法开垦等破坏草原资源的违法行为，持续跟进监督。针对行政机关是否履职到位的争议焦点，人民法院综合判断检察机关提交的勘查图、专家评估意见等证据，认定行政机关未采取有效措施履行职责，从而督促行政机关全面依法履职，为加快改善草原生态环境，保持草原可持续发展贡献司法力量。

海南省儋州市人民检察院诉儋州市自然资源和规划局、儋州市农业农村局行政公益诉讼案

《“两高”联合发布生态环境保护检察公益诉讼典型案例》案例 3

2023 年 8 月 15 日

【关键词】

行政公益诉讼　占用海域养殖　海洋生态红线区保护

【基本案情】

2007 年 5 月，陈某诰、陈某道在海域使用权及水域滩涂养殖证到期后，未经批准继续占用儋州市峨蔓镇黄沙港湾海域养殖，占用面积分别为 114.2 亩、43.8 亩，属Ⅰ类近岸海域生态红线区，后陈某诰成立浩某合作社继续经营。2019 年 1 月，原儋州市海洋与渔业局对两人作出行政处罚决定，责令其自行拆除养殖设施，恢复海域原状。陈某诰提起行政复议和行政诉讼，法院判决维持行政处罚决定。其间，原儋州市海洋与渔业局被撤销，海域使用管理职责划归儋州市自然资源和规划局（以下简称儋州市资规局），海洋渔业管理职责划归儋州市农业农村局。两人非法占用海域养殖长达 14 年，海域生态环境和资源遭受严重破坏。

【诉前程序】

儋州市检察院检察官到水产养殖破坏环境案现场查看了解情况。

2019 年 7 月，海南省儋州市人民检察院在中央生态环境保护督察问题中发现该线索，依法立案。儋州市检察院后经调阅行政执法卷宗、询问违法行为人、现场勘验，发现案涉养殖场系通过围海造池的方式修建养虾池，不符合环评审批文件的选址要求。2019 年 9 月，儋州市检察院分别向儋州市资规局、农业农村局发出检察建议，建议对浩海养殖合作社、陈某诰、陈某道的违法行为依法作出行政处理。儋州市资规局回复称：拟委托峨蔓镇政府（代履行）对案涉养殖池进行拆除，该镇政府拒签文书，已上报市政府商请清退。儋州市农业农村局回复称：已制定整治方案，力争推进拆除工作。2020 年 3

月，海南省综合行政执法体制改革，由各市县综合行政执法部门集中行使行政处罚权，但该案件未移送综合行政执法部门查处。2020 年 11 月，儋州市检察院多次回访，发现案涉养殖池仍持续生产。

2020 年 12 月，儋州市检察院向海口海事法院提起行政公益诉讼，请求判令确认被告儋州市资规局、儋州市农业农村局未履行监督管理职责行为违法；判令被告立即制止占用海域养殖行为，依法履行监督管理职责。

【裁判结果】

诉讼过程中，儋州市农业农村局向相关职能部门发函要求查处案涉违法养殖池，并责令陈某诰等人自行拆除养殖设施；儋州市政府专题会议明确由峨蔓镇政府牵头制定拆除方案，各单位配合拆除工作，峨蔓镇政府签收代履行委托书但未实质性落实。

2021 年 9 月 2 日，海口海事法院合并开庭审理儋州市检察院诉儋州市资规局、儋州市农业农村局行政公益诉讼案。海口海事法院经审理认为，在原儋州市海洋渔业局被撤销后，儋州市资规局、儋州市农业农村局分别承继海域使用管理和渔业管理等法定职责，均系适格被告。二被告未依法采取有效监管手段对陈某诰等人继续发生的违法行为进行制止和监管，亦未及时将案件移送综合行政执法部门查处。在代履行遇阻后，被告儋州市资规局未依法自行组织代履行，未尽到监管职责。行政机关不履行职责的违法性构成了判决其继续履行职责的逻辑前提，判决行政机关继续履行职责本身已包含对其不履行职责行为的否定性评价，故不必同时判决确认行政机关不履行职责行为违法和要求行政机关继续履行职责。据此，该法院于 2021 年 9 月 26 日作出一审判决，判令二被告在判决生效之日起两个月内依法履行监督管理职责。二被告不服，提起上诉。

海南省高级人民法院二审认为，儋州市资规局在承继海域使用监管职责后，未采取有力的监管措施依法全面履行职责，未采取有效措施与执法机构沟通配合对案涉违法行为进行制止和查处。违法占用海域、违法养殖是具有牵连关系的两个独立违法行为，并非想象竞合的违法行为，被告儋州市农业农村局对陈某诰等人继续养殖行为，特别是停养后又反复恢复养殖的新的违法行为，应当依法进行监管，但被告未采取有效的监管手段进行制止和监管，未尽到监管职责。2022 年 3 月 31 日，二审法院作出判决：驳回上诉、维持原判。

判决生效后，检察机关与法院协同纪检监察部门督促行政机关全面履行生效判决，并主动向儋州市委、市政府报告，推动党委政府组织相关职能单位联合开展拆除整改工作，现案涉违法养殖场已全部拆除完毕。

【典型意义】

非法占用海域、违规建设用海设施、违法养殖排污等行为持续时间长、处置难度大，严重破坏海洋生态环境和资源。检察机关围绕行政机关的法定职责，厘清履职各环节的作为义务和标准，查明行政机关未全面履行代履行等法定职责，未穷尽法律手段制止违法行为、消除公益侵害等事实，依法提起行政公益诉讼。判决生效后，检察机关、人民法院发挥协同联动工作机制优势，协调地方政府落实解决方案，协同纪检监察部门共同监督，确保生效裁判的执行，推动解决公益侵害顽疾，强化海洋生态环境和资源保护。

河北省保定市莲池区人民检察院诉保定市生态环境局莲池区分局行政公益诉讼案

《“两高”联合发布生态环境保护检察公益诉讼典型案例》案例 4

2023 年 8 月 15 日

【关键词】

行政公益诉讼　医疗污水　排污许可证　确认违法

【基本案情】

保定某医院为辖区内二级综合医院，该医院医疗机构执业许可证登记床位数 100 张，根据《排污许可管理办法》和《固定污染源排污许可分类管理名录》的相关规定，床位数 100 张及以上、500 张以下的综合医院的排污管理类别为简化管理类，应当办理排污许可证，但该医院自 2004 年成立以来未办理排污许可证，属于无排污许可证，违法向外界排放医疗污水，破坏生态环境，造成社会公共利益受损。

【诉前程序】

2020 年 8 月，河北省保定市莲池区人民检察院通过开展莲池区医疗机构废水废物公益诉讼专项检察监督活动，发现本案线索，于 2020 年 8 月 25 日对保定市生态环境局莲池区分局（以下简称生态环境局莲池分局）立案。

立案后，莲池区检察院向保定市卫生监督局调取了《莲池区二级以上医疗机构医疗污水台账》，并进行了实地调查走访，查明保定某医院存在无排污许可证向外界非法排放医疗污水的情形。根据《环境保护法》的相关规定，保定市生态环境局莲池区分局对辖区内生态资源保护和污染防治环境保护工作负有监督管理职责。

2020 年 9 月 24 日，莲池区检察院向生态环境局莲池分局发出检察建议，建议该局履行环境监管职责，对保定某医院无排污许可证排放医疗污水的情形依法处置。

2020 年 11 月 5 日，生态环境局莲池区分局书面回复莲池区检察院，保定某医院为医疗机构执业许可证登记床位数 100 张的综合医院，经现场勘察，实际使用床位数为 79 张，未达到 100 张床位，在固定污染源排污许可清理整顿和 2000 年排污许可发证登记工作中，将该医疗机构的排污许可管理类别确定为“登记管理”类，已于 2020 年 7 月 14 日在全国排污许可管理信息平台完成排污登记工作。

法律规定的期限届满后，保定某医院仍未依法办理排污许可证，违法排放医疗污水，破坏生态环境，社会公共利益持续受到损害。2020 年 12 月 25 日，莲池区检察院根据法院集中管辖的规定，向保定市竞秀区人民法院依法提起行政公益诉讼，请求确认被告未依法履行环境监管职责行为违法，责令其依法履行环境监管职责，督促某医院依法办理排污许可证。

【裁判结果】

案件起诉后，为了明确医疗机构排污许可分类管理的床位张数是医疗机构执业许可证登记的床位数，检察机关向“名录”的制定部门生态环境部环境影响评价与排放管理司发出《〈固定污染源排污许可分类管理名录〉适用问题咨询函》，2021 年 1 月 7 日生态环境部环境影响评价与排放管理司作出关于《〈固定污染源排污许可分类管理名录〉适用问题咨询函的复函》，名录中医疗机构分类管理的床位张数指医疗机构执业许可证登记的床位数，生态环境部门的排污许可证分类管理，依据医疗机构执业许可证登记的床位数进行分类，确定其重点管理、简化管理、登记管理。

2021 年 4 月 22 日，竞秀区人民法院依法开庭审理了此案，庭审中诉讼双方围绕被告是否履行法定职责的焦点进行了辩论。公益诉讼起诉人指出，被告未严格按照规定确认管理类别，将“发证”类违规确认为“登记”类，存在未依法履行环境监管职责的违法行为。被告生态环境局莲池分局经质证后当庭表示自己对政策理解有误，把政策理解为现有床位数造成了行政履职过程中的分类错误。

法院经审理认为，被告对规定理解错误，造成其在检察建议要求的法定期限内未按规定履行职责，未对某医院无排污许可证排放污水的情形依法处置，其行为违法。某医院于案件审理期间变更注册登记，降低床位数低于 100 张，排污类别变更为不需办理排污许可证的“登记管理”类，完成申报，被告无须继续履行该职责。2021 年 5 月 27 日，河北省保定市竞秀区人民法院依法判决确认被告生态环境局莲池区分局行政行为违法。该判决已生效。

【典型意义】

行政机关在履行监管职责的过程中，对政策法规理解错误，违法履行职责，不但造成社会公益受损，还会形成监管漏洞。检察机关作为国家的法律监督机关，充分发挥检察公益诉讼的监督职责，高质效办好每一个案件，依法对行政机关的违法行为提起行政公益诉讼。人民法院判决确认行政机关因错误理解政策法规而实施的行政行为违法，以“诉”的形式体现司法价值引领。

重庆市人民检察院第一分院诉长寿区水利局、长寿区农业农村委员会行政公益诉讼案

《“两高”联合发布生态环境保护检察公益诉讼典型案例》案例 5

2023 年 8 月 15 日

【关键词】

行政公益诉讼　长江支流生态保护　违法围堰养鱼　确认违法

【基本案情】

龙溪河系长江一级支流，其重庆市长寿区但渡镇河段河道于 20 世纪 80 年代修建了多处围堰用作鱼塘养殖，并取得相关证照。但养殖证件过期后仍有 7 处围堰未及时拆除，其中 2 处至案发时仍在违法围堰养鱼。前述鱼塘共侵占龙溪河河道总面积约 2.4 公顷，距该区饮用水源取水点距离约 554 米，侵占龙溪河河道及水域、岸线资源，影响河道行洪，并存在污染饮用水源的风险。

【诉前程序】

2022 年 2 月 25 日，重庆市长寿区人民检察院经群众举报发现该案线索，因涉及历史遗留问题，遂将线索上报重庆市人民检察院第一分院（以下简称重庆市检一分院）。重庆市检一分院于 2022 年 5 月 5 日对长寿区水利局、长寿区农业农村委员会（以下简称长寿区农委）立案调查。经走访长寿区河长办、水利等部门，询问违法行为人，调取相关书证等，查明前述围堰养鱼塘已违法存续十余年，其中 2 处仍持续违法养鱼。

2022 年 5 月 10 日，重庆市检一分院、长寿区检察院邀请人大代表、政协委员等召开听证会，听取长寿区水利局、长寿区农委及当事人代表意见建议，形成初步整治共识。5 月 16 日，重庆市检一分院分别向长寿区农委、长寿区水利局发出检察建议，建议对龙溪河流域围堰养鱼侵占河道、无证非法养殖进行综合治理。

2022 年 7 月 7 日和 12 日，长寿区农委、长寿区水利局分别书面回复称已

向违法行为人送达责令停止违法行为通知书，计划于2022年11月底完成7处围堰拆除工作。

2022年10月，重庆市检一分院跟进调查发现，整改工作未取得实质性成效，于10月14日向长寿区水利局、长寿区农委送达工作函提示督促加快推进整改工作。但至12月8日，该院“回头看”发现，相关围堰仍未得到实质性整改。

鉴于侵占河道、违法养殖是具有牵连关系的两个独立违法行为，长寿区水利局、长寿区农委作为负有不同监督管理职责的行政机关在合理期限内未对上述两个违法行为进行有效整改，均存在未依法履职的情形，2022年12月26日，重庆市检一分院分别对长寿区水利局、长寿区农委向重庆市第一中级人民法院提起行政公益诉讼，请求判令长寿区水利局对案涉围堰养鱼塘侵占河道水域及岸线资源的情形进行监管治理；长寿区农委对案涉违法围堰渔业养殖进行监管治理。

【裁判结果】

诉讼过程中，长寿区水利局、长寿区农委于2023年2至3月完成7处围堰养鱼塘拆除工作，商请检察机关撤回起诉。4月17日，重庆市检一分院经现场勘查等方式确认7处围堰已完成拆除整改工作。

2023年5月19日，重庆第一中级人民法院分别对两案件公开开庭审理。重庆市检一分院变更诉讼请求为确认长寿区水利局、长寿区农委未依法履职行为违法。

重庆第一中级人民法院经审理认为，长寿区水利局、长寿区农委对案涉违法行为在较长时间内未依法督促整改，但考虑有历史原因、政策变化等因素影响，事出有因、情有可原。检察机关变更诉讼请求于法有据，且可进一步督促行政机关依法履职，实现最大限度维护国家利益和社会公共利益的目的，于2023年6月27日判决支持检察机关诉讼请求。

【典型意义】

检察机关针对历史遗留的围堰养鱼侵害长江生态环境问题，经检察建议、发函督促仍未有效整改，致使公共利益持续受损的，依法提起行政公益诉讼。人民法院结合诉讼过程中行政机关完成整改情况，准许公益诉讼起诉人变更诉讼请求，并最终确认行政机关未及时履行监督管理职责的行为违法，以“诉”的“确认”体现司法价值引领，强化对国家利益和社会公共利益的司法保护。

重庆市巫溪县人民检察院诉巫溪县城市管理局不履行法定职责行政公益诉讼案

《最高法发布 2022 年度人民法院环境资源审判典型案例》案例 10

2023 年 6 月 5 日

【基本案情】

重庆市巫溪县盼官山公墓内建有烈士陵园，以及铭刻有在解放战争、抗美援朝战争、对越自卫反击战、国家经济建设中牺牲的 113 名烈士的英名墙。2020 年下半年，巫溪县人民政府开展对盼官山公墓附近地块的征收工作，该地块逐渐变成垃圾倾倒地，临近墓区四处露天堆放大量建筑垃圾和生活垃圾，总面积达 1292 平方米。2021 年 11 月 8 日，巫溪县人民检察院与巫溪县城市管理局进行会议磋商，巫溪县城市管理局承诺及时清理上述垃圾。2022 年 1 月，巫溪县人民检察院对现场进行复核发现，堆放的垃圾未被彻底清运，且新增了两处露天堆放的建筑垃圾，公墓和烈士陵园、烈士墓周边环境卫生进一步恶化，遂向巫溪县城市管理局发出检察建议书。巫溪县城市管理局未予书面回复，也未履行监管职责。

巫溪县人民检察院提起行政公益诉讼，请求判令确认巫溪县城市管理局未履行监管职责的行为违法，判令巫溪县城市管理局依法履行监管职责。诉讼中，巫溪县人民检察院撤回第一项诉讼请求，巫溪县城市管理局制定了《关于盼官山公墓附近建筑垃圾露天堆放问题整治工作方案》。

【裁判结果】

重庆市万州区人民法院认为，巫溪县盼官山公墓和烈士陵园、烈士墓在巫溪县城市规划范围内，巫溪县城市管理局作为巫溪县行政区域内的建筑及生活垃圾监督管理部门，对案涉露天堆放的建筑及生活垃圾状况负有法定监管职责。巫溪县城市管理局未依法履行该法定职责，侵犯人民群众对先人、英烈的特殊感情，违反国家烈士纪念设施保护制度，损害社会公共利益。准许巫溪县人民检察院撤回关于确认违法的诉讼请求。依法判决巫溪县城市管理局立即对巫溪县盼官山公墓和烈士陵园、烈士墓附近建筑和生活垃圾露天堆放现状依法履行监管职责。该判决已生效。

【典型意义】

本案系有关机关怠于履职引发的行政公益诉讼案件。英雄烈士及其精神是中华民族精神的重要内核，是社会主义核心价值观的重要体现，是社会公共利益的重要组成部分。公墓承载了人民群众追忆先人、寄托哀思的特殊感情，公墓附近生态环境受损破坏了墓区的完整性，有违社会公德与民族伦理。庄重、肃穆、洁净的祭祀环境既是人们主动参与祭祀英烈活动的重要基础，也是人们表达对英雄烈士的尊崇与缅怀之情的关键需求。本案中，人民法院通过司法裁判监督行政机关依法履职，有序完成垃圾清理工作，重塑绿色文明的祭祀环境，回应了人民群众对缅怀英烈、纪念先人的情感需求，为全社会尊崇英雄烈士、维护英雄烈士尊严提供了有力保障，对于传承英雄烈士精神、弘扬社会主义核心价值观具有重要意义。

重庆市九龙坡区人民检察院诉重庆市九龙坡区某局不履行保护古树法定职责行政公益诉讼案

《最高法发布2021年度人民法院环境资源审判典型案例》案例十二

2022年6月5日

【基本案情】

重庆市九龙坡区人民检察院发现杨家坪步行街4株古树上设置有夜景灯饰，以损害树木健康方式直接钉于树木本体，影响了古树健康生长，侵害了国家利益和社会公共利益。检察院向九龙坡区某局发出检察建议，该局书面回复整改情况。经复勘现场，发现4株古树上又直接使用钉长钉、卡卡钉的形式设置夜景灯饰。重庆市中正司法鉴定中心出具评估意见认为，上述行为违反了《城市古树名木保护管理办法》等相关规定，应补挂古树标志牌，加强管理与养护。九龙坡区人民检察院提起诉讼，请求确认九龙坡区某局怠于履行古树保护管理职责违法，判令该局全面充分履职，对 4 株古树采取有效保护管理措施。九龙坡区某局收到起诉状副本后，履行了监督管理职责。公益诉讼起诉人将诉讼请求变更为确认被告未依法全面履行监管职责违法。

【裁判结果】

重庆市江津区人民法院一审认为，杨家坪步行街内 4 株古树存在以损害树体的方式设置夜景灯饰的情形，古树资源受到损害。被告作为辖区内城市园林绿化管理机关，怠于履行法定监管职责，致使国家利益和社会公共利益持续受到侵害。判决确认被告九龙坡区某局对杨家坪步行街 4 株古树的保护管理未及时依法全面履行监管职责违法。该案一审判决已发生法律效力。

【典型意义】

本案是因行政机关不履行古树保护职责引发的行政公益诉讼案件。古树是当地悠久历史与绿色文化的见证者，是历史变迁和亲情记忆的重要标志，具有重要的生态、经济、历史文化、社会和遗传学价值。古树上设置有夜景灯饰在日常生活中较为常见，但装饰设置不应损害古树健康生长。本案查明夜景灯饰损害树体的情形存在，被告怠于履行古树保护监管职责，未及时对城市古树采取有效保护措施。人民法院依法充分发挥司法职能，以司法手段推动行政机关履职尽责，守护国家和社会公共利益，有利于引导公众提升古树名木保护意识，科学合理开展装饰活动，留住城市名片，营造人与自然和谐的美好家园。

贵州省剑河县人民检察院诉剑河县某局不履行水土保持补偿费征缴法定职责行政公益诉讼案

《最高法发布 2021 年度人民法院环境资源审判典型案例》案例十四

2022 年 6 月 5 日

【基本案情】

贵州省剑河县某局具有水土保持工作职责，负责征缴水土保持补偿费，但其行政执法职责划入剑河县综合行政执法局。荣达公司等 6 家企业应缴水土保持补偿费共计362941元，实际未缴纳。剑河县人民检察院发出检察建议，要求对案涉6家企业征缴水土保持补偿费，剑河县某局未按要求履行职责，剑河县人民检察院提起诉讼。诉讼期间，该局征缴了3家企业的水土保持补偿费，并将其他3家企业的违法线索移送剑河县综合执法局。

【裁判结果】

贵州省雷山县人民法院一审认为，被告作为县级人民政府水行政主管部门，依法具备征缴水土保持补偿费的职责，其怠于履行水土保持补偿费的征收管理职责，造成水土保持补偿费被拖欠，国家利益处于受侵害状态。剑河县人民检察院提起公益诉讼后，被告征缴了3家企业的水土保持补偿费，并将其他3家企业的违法线索移送剑河县综合执法局，完成了法定职责，应判决其怠于履行法定职责的行为违法。据此，确认被告对6家企业拖欠水土保持补偿费怠于履行征缴职责的行为违法。贵州省黔东南苗族侗族自治州中级人民法院二审维持原判。

【典型意义】

本案是因行政机关不履行水土保持补偿费征缴职责引发的行政公益诉讼案件。水土保持补偿费的征收使用管理，对促进水土流失预防和治理，改善生态环境具有重要价值。贵州省黔东南州地处长江、珠江上游，保护好当地涵养水土、保护水源的重要生态功能，对于筑牢长江、珠江上游生态安全屏障具有重要意义。剑河县某局作为水行政主管部门，部分职权划归该县综合行政执法局行使，但依然保留征缴水土保持补偿费的职责。人民法院积极发挥审判职能，依法确认被告怠于履行法定职责的行为违法，促使其积极履职尽责。本案的依法审理对于促进行政机关厘清执法权责、积极担当作为，推动生态环境监督、管理和执法有效衔接，推进国家环境治理体系和治理能力现代化具有积极意义。

二十、司法处罚

宿某扰乱法院工作秩序案（北京）

《最高人民法院公布司法人员依法履职保障十大典型案例》第 7 号
2017 年 2 月 7 日

【基本案情】

宿某以进京信访为由，拒绝购买北京公交车票，与公交司机发生冲突，被公安机关行政处罚。宿某因此提起系列行政诉讼，因无事实法律依据，被北京市丰台区人民法院依法驳回。宿某不服判决，于 2014 年 3 月 21 日下午，擅自闯入丰台法院办公区、进入承办法官办公室，要求复印案件开庭笔录及部分证据材料，导致办公室内其他工作人员无法正常办公。承办法官将其劝离办公室后，宿某又在办公区楼道内大声辱骂承办法官达数分钟。后经法官劝导教育并与其约定领取相关案卷材料时间，宿某方才离院。3 月 24 日上午，宿某依约再次来到丰台法院，在等待过程中，再次长时间高声侮辱谩骂该院行政庭副庭长和承办法官，并频繁敲击审判区域与办公区域之间的玻璃门，严重影响法院工作秩序。

【处理结果】

《行政诉讼法》第五十九条规定："诉讼参与人或者其他人有下列行为之一的，人民法院可以根据情节轻重，予以训诫、责令具结悔过或者处一万元以下的罚款、十五日以下的拘留；构成犯罪的，依法追究刑事责任：……（六）以暴力、威胁或者其他方法阻碍人民法院工作人员执行职务，或者以哄闹、冲击法庭等方法扰乱人民法院工作秩序的。"根据以上法律规定，丰台法院认为，宿某严重扰乱人民法院工作秩序，侮辱人民法院工作人员，于 2014 年 3 月 24 日决定对宿某司法拘留 15 日。

【典型意义】

人民法院良好的工作秩序是司法人员履行职责的重要保障。法院内的区域属于公共场所，进入公共场所应当遵守公共规则。自觉维护国家机关工作场所秩序，是公民参加公共社会生活的基本要求。然而近年来，在立案大厅、信访接待室、诉讼服务中心、电梯间、楼道间和工作人员办公室等法院公共区域内喧哗吵闹，甚至公然侮辱、诽谤、殴打人民法院工作人员，毁损法院公共设施和办公物品等行为时有发生，不仅对其他公民参与诉讼活动造成干扰，也妨碍了司法人员依法履行职务。《人民法院落实〈保护司法人员依法履行法定职责的规定〉的实施办法》第十条要求各级人民法院的立案信访、诉讼服务、审判区域应当与法官办公区域相对隔离，配备一键报警装置，而且应当为法官、审判辅助人员配备相应设备，提供专门接待场所，强化依法履职的设施装备保障措施。本案中，宿某擅自闯入法院办公区域及法官办公室，用污言秽语辱骂承办法官，人民法院根据其行为对其予以制裁，不仅是为了维护法院正常工作秩序，也是为司法人员依法履行职责营造正常工作环境的必要举措。

二十一、政府采购

上海辉某医疗器械有限公司诉崇明县财政局行政决定案

《最高人民法院发布10起人民法院经济行政典型案例》第5号

2015年10月22日

【基本案情】

2012年6月1日，上海市崇明县政府采购中心受该县妇幼保健所委托，对高频X线摄片机设备政府采购项目组织招标。上海辉某医疗器械有限公司（以下简称辉某公司）、裕某公司等4家企业参与报名，招标文件中有“欧美一线品牌”等具体要求。辉某公司经竞争性谈判中标后，裕某公司以辉某公司投标设备为国产品牌，不属于招标文件所要求的“欧美一线品牌”为由提出质询。后县政府采购中心组织专家复评，并给辉某公司回函称：“我中心维持专家的复审意见，对你公司投标文件未作实质性响应，作废标处置。同时建议此次投标作流标处置。”辉某公司向县财政局投诉。该局经审查后作出崇财库〔2012〕9 号投诉处理决定，认定招标文件中设定产品为欧美品牌，且作为实质性条款加以限制，具有明显歧视性。根据《政府采购供应商投诉处理办法》第十八条之规定，决定责令重新开展采购活动。辉某公司不服诉至法院，请求撤销县财政局上述处理决定。

【裁判结果】

崇明县人民法院一审认为，被告县财政局对原告辉某公司投诉所涉政府采购活动进行了全面审查，认定招标文件中设定产品为欧美品牌，且作实质性条款加以限制，具有明显歧视性，有违《政府采购法》第二十二条第二款规定，故依据《政府采购供应商投诉处理办法》有关规定作出被诉处理决定，程序合法，事实清楚，适用法律正确，判决驳回原告诉讼请求。辉某公司上诉后，上海市第二中级人民法院二审认为，被上诉人县财政局认定招标文件条款存在歧视性，认定事实清楚；根据《政府采购法》第二十二条等规定作出被诉处理决定，适用法律并无不当。同时，根据《政府采购法》第十条的规定，政府采购应当优先采购本国货物、工程和服务。招标文件对采购产品的品牌限定为欧美品牌，亦不符合上述规定。遂判决驳回上诉、维持原判。

【典型意义】

本案是涉及政府采购的典型案例。政府采购通常指国家机关、事业单位等使用财政资金按法定要求和标准采购货物、工程和服务的行为，是受一定限制、底线清晰的市场交易活动，需要考虑公共资金的合理使用、采购产品或服务的质量及供应商的合理收益等多重因素，如果不依法规制、精打细算，会造成成本浪费、质次价高甚至滋生腐败，损害公共利益、破坏政府形象。《政府采购法》第二十二条规定了不得以不合理的条件对供应商实行差别待遇或者歧视待遇原则，第十条规定了除特定例外情形外，应当优先采购本国货物、工程和服务原则。本案中，涉案医疗器械招标文件设定产品为“欧美一线品牌”，排斥了非欧美品牌产品供应商，未平等地给予所有潜在供应商公平竞争的机会，带有明显的倾向性，违反了上述原则。人民法院据此支持县财政局的被诉处理决定，判决驳回辉某公司的诉讼请求，凸显了上述政府采购原则的实践价值，对今后类似案件的审理具有重要借鉴意义。

国家赔偿编

朱某蔚申请广东省人民检察院无罪逮捕国家赔偿案

——最高人民法院赔偿委员会〔2011〕法委赔字第4号国家赔偿决定书

《最高人民法院办公厅关于印发国家赔偿典型案例的通知》第1号

2012年12月14日

【案情摘要】

2005年7月25日，深圳市公安局以涉嫌合同诈骗罪将朱某蔚刑事拘留。同年8月26日，朱某蔚被取保候审。2006年5月26日，广东省人民检察院批准逮捕朱某蔚。同年6月1日，朱某蔚被执行逮捕。嗣后，深圳市人民检察院提起公诉。2008年9月11日，深圳市中级人民法院一审以指控依据不足为由判决朱某蔚无罪。9月19日，朱某蔚被释放。后因检察机关提起抗诉案件进入二审。二审审理期间，广东省人民检察院向广东省高级人民法院撤回抗诉。2010年3月25日，广东省高级人民法院裁定准许广东省人民检察院撤回抗诉。朱某蔚被羁押时间共计875天。

2011年3月15日，朱某蔚申请国家赔偿。赔偿义务机关广东省人民检察院于同年7月19日作出刑事赔偿决定：（1）按照2010年度全国职工日平均工资标准支付侵犯人身自由的赔偿金124254.09元（142.33元×873天）；（2）口头赔礼道歉并依法在职能范围内为朱某蔚恢复生产提供方便；（3）对支付精神损害抚慰金的请求不予支持。朱某蔚不服，于2011年8月2日向最高人民检察院邮寄申请复议书，最高人民检察院逾期未作出复议决定。朱某蔚遂向最高人民法院赔偿委员会申请作出赔偿决定。

最高人民法院赔偿委员会审理认为，本案应适用修正的国家赔偿法；朱某蔚实际羁押时间为875天，广东省人民检察院计算为873天有误，应予纠正；人民法院赔偿委员会变更赔偿义务机关尚未生效的赔偿决定，应以作出本赔偿决定时的上年度即2011年度全国职工日平均工资162.65元为赔偿标准计算赔偿金；朱某蔚被羁押875天，正常的家庭生活和公司经营因此受到影响，应认定精神损害后果严重，鉴于广东省高级人民法院、广东省人民检察院、广东省公安厅已联合发布《关于在国家赔偿工作中适用精神损害抚慰金若干问题的座谈会纪要》，经做协调工作，广东省人民检察院表示可按照该纪要支付精神损害抚慰金，根据本案实际情况，对朱某蔚主张的精神损害抚慰金确定为 5 万元。最高人民法院赔偿委员会据此作出国家赔偿决定：（1）维持广东省人民检察院刑事赔偿决定第二项；（2）撤销广东省人民检察院刑事赔偿决定第一项、第三项；（3）广东省人民检察院向朱某蔚支付侵犯人身自由的赔偿金 142318.75 元；（4）广东省人民检察院向朱某蔚支付精神损害抚慰金 5 万元；（5）驳回朱某蔚的其他赔偿请求。

【典型意义】

修正的《国家赔偿法》第三十五条明确了精神损害赔偿。对于精神损害抚慰金的数额，一般应根据侵害的手段、场合、行为方式等具体情节，结合侵权行为造成的影响、协商协调情况及当地平均生活水平等因素确定。本案是修正的《国家赔偿法》施行后，最高人民法院赔偿委员会审理的首例涉及精神损害抚慰金的国家赔偿案件。赔偿请求人以无罪逮捕为由申请赔偿，并提出精神损害赔偿请求。最高人民法院赔偿委员会经审理及做协调工作，最终确定由赔偿义务机关支付相应的精神损害抚慰金，并对原决定的其他问题予以纠正。

卜某光申请安徽省公安厅刑事违法追缴国家赔偿案

——最高人民法院赔偿委员会〔2011〕法委赔字第 1 号国家赔偿决定书

《最高人民法院办公厅关于印发国家赔偿典型案例的通知》第 2 号

2012 年 12 月 14 日

【案情摘要】

卜某光（深圳新某实业发展有限责任公司总经理）因涉嫌伪造公司印章罪、非法出具金融票证罪和挪用资金罪被安徽省公安厅立案侦查，1999 年 9 月 5 日被逮捕。合肥市人民检察院于 2000 年 10 月 16 日向合肥市中级人民法院提起公诉。2001 年 11 月 20 日，合肥市中级人民法院作出〔2001〕合刑初字第68 号刑事判决，认定卜某光自 1995 年 1 月起承包经营某投资公司深圳证券业务部（以下简称某证券部）期间，未经某投资公司（以下简称某公司）授权，安排其聘用人员私自刻制、使用属于某公司专有的公司印章，并用此假印章伪造文书，获得了某证券部的营业资格，其行为构成伪造印章罪；违反金融管理法规，两次向他人开具虚假的资信证明，造成1032万元的重大经济损失，其行为构成非法出具金融票证罪；作为某证券部总经理，利用职务之便，直接或间接将某证券部资金9173.2286万元用于其个人所有的深圳新某实业发展有限责任公司（以下简称新某公司）投资及各项费用，与某证券部经营业务没有关联，且造成的经济损失由某证券部、某公司承担法律责任，应视为卜某光挪用证券部资金归个人使用，其行为构成挪用资金罪。案发后，安徽省公安厅追回赃款、赃物1689.05万元，赃物、住房折合人民币1627万元；查封新某公司投资的价值2840万元房产和位于深圳市龙岗区横岗镇六约深坑村价值1950万元的土地（以下简称“深坑村土地”）使用权，共计价值8106.05万元。判决对卜某光数罪并罚决定执行有期徒刑十五年，赃款、赃物共计8106.05万元予以追缴。卜某光不服，提出上诉。安徽省高级人民法院二审维持原判。刑事判决生效后，安徽省公安厅对“深坑村土地”予以解封并将追缴的土地使用权返还受害人某证券部，用于抵偿卜某光以某证券部名义拆借深圳发展银行2500万元的债务。2009年8月4日卜某光刑满释放。

2010年12月1日，卜某光以安徽省公安厅违法处置“深坑村土地”使用权给其造成经济损失为由，申请国家赔偿。2011年1月15日，赔偿义务机关安徽省公安厅作出刑事赔偿决定，决定对卜某光提出的国家赔偿请求不予赔偿。卜某光不服，向公安部申请复议。2011年5月6日，公安部作出刑事赔偿复议决定，维持安徽省公安厅刑事赔偿决定。卜某光对该复议决定不服，向最高人民法院赔偿委员会申请作出赔偿决定。

最高人民法院赔偿委员会审理认为：卜某光在承包经营某证券部期间，未经某公司授权，私刻某公司印章并冒用，违反金融管理法规向他人开具虚假的资信证明，利用职务之便，挪用某证券部资金9173.2286万元，已被合肥市中级人民法院〔2001〕合刑初字第68号刑事判决认定构成伪造印章罪、非法出具金融票证罪、挪用资金罪。刑事判决同时对卜某光以新某公司名义投资的“深坑村土地”使用权（价值1950万元）等在内的价值8106.05万元的赃款、赃物判决予以追缴。卜某光以新某公司出资购买的该土地部分使用权属其个人合法财产的理由不成立，人民法院生效刑事判决已将新某公司投资的“深坑村土地”价值 1950 万元的使用权作为卜某光挪用资金罪的赃款、赃物的一部分予以追缴，卜某光无权对人民法院生效判决追缴的财产要求国家赔偿。卜某光主张安徽省公安厅违法返还土地给其造成 316.6 万元的损失没有法律依据。卜某光提出的其他赔偿请求没有事实根据，不符合国家赔偿法的规定。最高人民法院赔偿委员会据此作出国家赔偿决定，维持安徽省公安厅刑事赔偿决定和公安部刑事赔偿复议决定。

【典型意义】

修正的《国家赔偿法》取消了赔偿请求人申请国家赔偿需经先行确认的规定。据此，赔偿请求人认为赔偿义务机关有该法第十七条、第十八条规定情形的，可直接申请赔偿，本案是修正的《国家赔偿法》施行后，最高人民法院赔偿委员适用确赔合一程序审理的首例刑事赔偿案件。赔偿请求人以公安机关在刑事追诉过程中违法追缴、处置其合法财产为由申请赔偿。最高人民法院赔偿委员会审理认为，本案公安机关将人民法院生效刑事判决追缴的赃款、赃物发还受害单位，程序合法，且未侵犯赔偿请求人的合法权益，不应承担国家赔偿责任，并据此维持了赔偿义务机关、复议机关的决定。

某证券股份有限公司海口滨海大道（天某酒店）证券营业部申请海南省高级人民法院错误执行国家赔偿案

——最高人民法院赔偿委员会〔2011〕法委赔字第 3 号国家赔偿决定书

《最高人民法院办公厅关于印发国家赔偿典型案例的通知》第 3 号

2012 年 12 月 14 日

【案情摘要】

1998 年 9 月 21 日，海南省高级人民法院对原告国某证券有限公司海口营业部［赔偿请求人某证券股份有限公司海口滨海大道（天某酒店）证券营业部的前身，以下统称为某海口营业部］诉被告海南国某租赁有限公司（以下简称某租赁公司）证券回购纠纷一案作出〔1998〕琼经初字第 8 号民事判决，判决某租赁公司向某海口营业部支付证券回购款本金人民币 3620 万元和该款截止到1997年11月30日的利息人民币16362296元；某租赁公司向某海口营业部支付证券回购款本金3620万元的利息，计息方法为：从1997年12月1日起至付清之日止按年息18%计付。

1998年12月，某海口营业部申请海南省高级人民法院执行该判决。海南省高级人民法院受理后，向某租赁公司发出执行通知书，嗣后，经查明该公司无财产可供执行。某租赁公司提出其对第三人海南中某物业发展有限公司（以下简称中某公司）享有到期债权；中某公司对此亦予以认可，并表示愿意以景瑞大厦部分房产直接抵偿给某海口营业部，以清结其欠某租赁公司的部分债务。海南省高级人民法院遂于2000年6月13日作出9—10号裁定，查封景瑞大厦的部分房产，并于当日予以公告。2000年6月29日，某海口营业部、某租赁公司和中某公司共同签订《执行和解书》，约定某租赁公司、中某公司以中某公司所有的景瑞大厦部分房产抵偿某海口营业部的债务。据此，海南省高级人民法院于2000年6月30日作出9—11号裁定，对和解协议予以认可。

在办理过户手续过程中，案外人海某发展银行清算组（以下简称海某行清算组）和海南创某房地产有限公司（以下简称创某公司）以海南省高级人民法院9—11号裁定抵债的房产属其所有，该裁定损害其合法权益为由提出执行异议。海南省人民检察院也向海南省高级人民法院发出检察意见书。经审查，海南省高级人民法院分别作出9—12号、9—13号裁定，驳回异议。2002年3月14日，某海口营业部依照9—11号裁定将上述抵债房产的产权办理变更登记至自己名下，并缴纳相关税费。海某行清算组、创某公司不服，继续申诉。

海南省高级人民法院经再次审查认为：9—11号裁定将原金某城市信用社（后并入海某发展银行）向中某公司购买并已支付大部分价款的房产当作中某公司房产抵债给某海口营业部，损害了海某行清算组的利益，确属不当，海某行清算组的异议理由成立，创某公司异议主张应通过诉讼程序解决。据此海南省高级人民法院于2003年7月31日作出9—16号裁定，裁定撤销9—11号、9—12号、9—13号裁定，将原裁定抵债房产回转过户至执行前状态。

2004年12月18日，海口市中级人民法院对以海某行清算组为原告，中某公司为被告，创某公司为第三人的房屋确权纠纷一案作出〔2003〕海中法民再字第37号民事判决，确认原抵债房产分属创某公司和海某行清算组所有。该判决发生法律效力。2005 年 6 月，某海口营业部向海口市地方税务局申请退税，海口市地方税务局将契税退还某海口营业部。2006 年 8 月 4 日，海南省高级人民法院作出 9—18 号民事裁定，以某租赁公司已被裁定破产还债，某租赁公司清算组请求终结执行的理由成立为由，裁定终结〔1998〕琼经初字第 8 号民事判决的执行。

〔1998〕琼经初字第 8 号民事判决所涉债权，至 2004 年 7 月经协议转让给某投资管理股份有限公司（以下简称国某投资公司）。2005 年 11 月 29 日，某租赁公司向海口市中级人民法院申请破产清算。破产案件审理中，国某投资公司向某租赁公司管理人申报了包含〔1998〕琼经初字第 8 号民事判决确定债权在内的相关债权。2009 年 3 月 31 日，海口市中级人民法院作出〔2005〕海中法破字第 4—350 号民事裁定，裁定终结破产清算程序。国某投资公司债权未获得清偿。

2010 年 12 月 27 日，某海口营业部以海南省高级人民法院 9—16 号裁定及执行回转行为违法，并应予返还 9—11 号裁定抵债房产或赔偿相关损失为由向该院申请国家赔偿。2011 年 7 月 4 日，海南省高级人民法院作出〔2011〕琼法赔字第 1 号赔偿决定，决定对某海口营业部的赔偿申请不予赔偿。某海口营业部对该决定不服，向最高人民法院赔偿委员会申请作出赔偿决定。

最高人民法院赔偿委员会审理认为：被执行人某租赁公司没有清偿债务能力，因其对第三人中某公司享有到期债权，中某公司对此未提出异议并认可履行债务，中某公司隐瞒其与案外人已签订售房合同并收取大部分房款的事实，与某海口营业部及某租赁公司三方达成《执行和解书》，因侵犯案外人合法权益而存在重大瑕疵。海南省高级人民法院据此作出的 9—11 号裁定，以及某海口营业部据此取得的争议房产产权不应受到法律保护。海南省高级人民法院 9—16 号裁定系在执行程序中对案外人提出的执行异议审查成立的基础上，对原 9—11 号裁定予以撤销，将不属于法律文书指定交付特定物的争议房产回复至执行前状态。该裁定及执行回转行为不违反法律及相关司法解释规定，且经生效的海口市中级人民法院〔2003〕海中法民再字第 37 号民事判决所认定的内容予以印证，其实体处理并无不当。某海口营业部债权未能实现的实质在于某租赁公司没有清偿债务的能力，某海口营业部及其债权受让人虽经破产债权申报，仍无法获得清偿，该债权未能实现与海南省高级人民法院 9—16 号裁定及执行回转行为之间无法律上的因果联系。因此，海南省高级人民法院9—16号裁定及执行回转行为，不属于国家赔偿法及其司法解释规定的违法侵权情形。最高人民法院赔偿委员会据此作出国家赔偿决定，维持海南高院〔2011〕琼法赔字第1号赔偿决定。

【典型意义】

本案是修正的《国家赔偿法》施行后，最高人民法院赔偿委员会适用确赔合一程序审理的首例非刑事司法赔偿案件。最高人民法院赔偿委员会审理认为，人民法院在执行程序中，在审查发现原执行行为所依据的当事人执行和解协议因侵犯案外人合法权益而存在重大瑕疵，案外人提出的执行异议成立的基础上，对原执行行为以裁定形式予以撤销，将不属于法律文书指定交付特定物的争议房产，回复至执行之前状态。该裁定及执行回转行为，不属于《国家赔偿法》第三十八条以及相关司法解释规定的违法侵权情形，不应承担国家赔偿责任，并据此维持了赔偿义务机关的决定。

程某民、程某、曹某艳、杨某兰申请辽宁省丹东市公安局刑讯逼供致死国家赔偿案

——辽宁省高级人民法院赔偿委员会〔2010〕辽法委赔字第6号国家赔偿决定书

《最高人民法院办公厅关于印发国家赔偿典型案例的通知》第4号

2012年12月14日

【案情摘要】

2001年8月下旬，丹东市公安局成立“721”专案组，侦查程某武涉嫌黑社会性质组织犯罪一案，程某贵被列为该涉嫌黑社会性质组织成员之一接受审讯，2001年9月11日程某贵在审讯中死亡。2001年9月27日，辽宁省检察院、法院、公安厅法医联合对程某贵的死因进行鉴定，结论为：程某贵系在患有脂肪心、肺结核、胸膜粘连等疾病基础上，因带械具长时间处于异常体位而使呼吸、循环功能发生障碍，最终导致肺功能衰竭而死亡。2003年12月11日，抚顺市望花区人民法院作出〔2003〕望刑初字第269号刑事判决，认定丹东市公安局原案审处处长卢某忠为获取口供，指使办案人员将程某贵

戴口罩、头套、双臂平行铐在铁笼子两侧的栏杆上长达 18 小时，其行为构成刑讯逼供罪。该判决后经抚顺市中级人民法院二审维持。

2005 年 8 月 3 日，程某贵父亲程某洪向丹东市公安局提出国家赔偿申请，丹东市公安局于 2005 年 8 月 30 日作出不予确认决定书。程某洪不服，于 2005 年 9 月 19 日向辽宁省公安厅申请复议，辽宁省公安厅逾期未予答复。2006 年 4 月 5 日，程某洪向辽宁省高级人民法院赔偿委员会申请作出赔偿决定。案件审理中，丹东市公安局提出，复议机关逾期未作决定，赔偿请求人应在期限届满之日起 30 日内向同级人民法院赔偿委员会申请作出赔偿决定，本案赔偿请求人的申请已经超过法定申请期限，人民法院赔偿委员会不应受理。

辽宁省高级人民法院赔偿委员会审理认为，《国家赔偿法》① 第二十二条第二款规定，体现了方便当事人和有利于及时赔偿的原则，而非对当事人权利的限制。复议机关受理案件后，逾期不作出决定，也未告知赔偿请求人诉权，即复议机关逾期不作决定的，赔偿请求人可以向复议机关所在地的同级人民法院赔偿委员会申请作出赔偿决定，由此造成赔偿请求人逾期申请赔偿，其过错在于复议机关，不能因为复议机关的过错剥夺赔偿请求人的诉权。因此，人民法院赔偿委员会应当受理赔偿申请。本案中，有人民法院生效判决认定丹东市公安局干警卢某忠刑讯逼供罪名成立，并处以刑罚，故丹东市公安局应承担国家赔偿责任。在案件审理中，经该院主持协调，赔偿义务机关与赔偿请求人自愿达成协议。辽宁省高级人民法院赔偿委员会据此作出决定，由丹东市公安局向赔偿请求人支付赔偿金 40 万元。

【典型意义】

《国家赔偿法》设置国家赔偿复议程序，是为了更好地实现对赔偿请求人的权利救济。辽宁省高级人民法院赔偿委员会审理认为，复议机关受理案件后，逾期不作决定，亦未告知赔偿请求人有向复议机关所在地的同级人民法院赔偿委员会申请作出赔偿决定的权利，以致赔偿请求人逾期申请赔偿。因复议机关怠于行使法定职责，故不能因其过错而剥夺赔偿请求人的请求权。该院赔偿委员会在保护赔偿请求人享有请求权利的基础上，组织赔偿义务机

① 本案作出决定时间为修正的《国家赔偿法》施行以前，故其所称《国家赔偿法》为 1994 年《国家赔偿法》。

关与赔偿请求人达成协议，支付相应赔偿金，体现了充分救济权利的精神。

许某琴申请吉林省长春市公安局刑事违法扣押国家赔偿案

——吉林省高级人民法院赔偿委员会〔2006〕吉高法委赔字第1号国家赔偿决定书

《最高人民法院办公厅关于印发国家赔偿典型案例的通知》第5号

2012年12月14日

【案情摘要】

2003年6月26日，长春市公安局对长春市工商局移送的许某琴等人违法经营案件予以立案，并于同年7月4日、21日先后将许某琴投资经营的铁艺制品厂设备、产品、圆钢、方钢等予以扣押，但相关文书对于被扣押财产情况记载不明。2003年8月17日，长春市公安局向许某琴返还钢材61.7吨。2005年2月4日，长春市公安局决定撤销该违法经营刑事案件。许某琴随即提出国家赔偿申请。

2005年8月19日，长春市公安局作出刑事赔偿决定书，决定赔偿许某琴因扣押丢失的90.6吨钢材25.821万元，设备损失50万元，劳务费损失按3个月计算赔偿6万元，合计81.821万元。吉林省公安厅复议维持该赔偿决定。许某琴不服，向吉林省高级人民法院赔偿委员会申请作出赔偿决定。在审理过程中，吉林省高级人民法院赔偿委员组织双方质证，并参考吉林省价格认证中心出具的鉴定结论等相关证据，认定长春市公安局的违法扣押行为导致铁艺制品厂支付了劳务费26万元，相关设备损失127.265万元，并造成角钢和其他钢材灭失。由于缺少角钢和其他钢材数量、质量和价格的原始证据，损害事实无法认定。在吉林省高级人民法院赔偿委员会主持下，长春市公安局与许某琴经协商达成了角钢损失126万元、其他钢材损失25.821万元的协议。吉林省高级人民法院赔偿委员会据此作出决定，由长春市公安局赔偿许某琴前述各项损失共计305.086万元。

【典型意义】

修正前的《国家赔偿法》没有关于协商和质证的规定。司法实践中，人民法院赔偿委员通过协商和质证方式处理了大量赔偿争议，收到了良好的效果。修正的《国家赔偿法》肯定和吸收了上述成功经验，规定赔偿请求人和赔偿义务机关就赔偿方式、赔偿项目和赔偿数额依法进行协商，人民法院赔偿委员会可以组织双方进行质证。协商和质证体现了国家赔偿程序的公开性、参与性和公正性，有利于查明事实，确定责任，消除对立，化解矛盾。在本案损害事实难以查清、认定的情况下，吉林省高级人民法院赔偿委员会通过积极组织双方质证和协商，最终促成双方达成一致，纠纷得以实质解决。

马某平申请陕西省蒲城县人民检察院无罪逮捕国家赔偿案

——陕西省高级人民法院赔偿委员会〔2010〕陕赔他字第 00005 号国家赔偿决定书

《最高人民法院办公厅关于印发国家赔偿典型案例的通知》第 6 号

2012 年 12 月 14 日

【案情摘要】

马某平于 2003 年 9 月 8 日因涉嫌强奸罪、抢劫罪被蒲城县公安局拘留。同年 10 月 13 日，蒲城县人民检察院批准对其逮捕，11 月 10 日，案件移送蒲城县人民检察院审查起诉。因犯罪嫌疑人翻供，蒲城县人民检察院先后两次退回公安局补充侦查。2004 年 10 月 12 日，蒲城县人民检察院以证据不足，不符合起诉条件为由，对马某平作出不起诉决定，10 月 14 日马某平被释放。

随后，马某平申请国家赔偿。2005 年 12 月 15 日，蒲城县人民检察院以赔偿请求人“故意作虚伪供述”为由决定不予赔偿。2006 年 5 月 17 日，渭南市人民检察院以同样理由复议维持了蒲城县人民检察院的赔偿决定。马某平向渭南市中级人民法院赔偿委员会提出赔偿申请。2006 年 10 月 24 日，渭南市中级人民法院赔偿委员会维持了渭南市人民检察院的复议决定。马某平仍不服，向陕西省高级人民法院赔偿委员会提出申诉。

陕西省高级人民法院赔偿委员会审理认为：本案焦点是赔偿请求人是否“故意作虚伪供述”。公民自己故意作虚伪供述应，是指为欺骗、误导司法机关，或者有意替他人承担刑事责任而主动作与事实不符的供述。本案并无证据证明赔偿请求人具有以上情形，亦不能证明赔偿请求人希望自己被逮捕或定罪量刑，其不具有“故意”的目的和动机，因此不能认定其故意作虚伪供述。陕西省高级人民法院赔偿委员会据此作出决定，由蒲城县人民检察院赔偿马某平被侵犯人身自由赔偿金50422.86元。

【典型意义】

《国家赔偿法》第十九条第一项规定，因公民自己故意作虚伪供述被羁押或者被判处刑罚的，国家不承担赔偿责任。本案赔偿请求人曾在侦查阶段作出过有罪供述，争议焦点是其有罪供述是否属于第十九条规定的故意作虚伪供述。陕西省高级人民法院赔偿委员会审理认为，“公民自己故意作虚伪供述”是指，为欺骗、误导司法机关，或者有意替他人承担刑事责任而主动作与事实不符的供述。赔偿义务机关应提供证据证明赔偿请求人具有前述情形，属于故意作虚伪供述，并足以使检察机关认定其达到被逮捕的法定条件。本案不属于公民自己故意作虚伪供述的情况，因此决定由赔偿义务机关承担相应的赔偿责任。

叶某美申请江苏省南通监狱虐待致伤国家赔偿案

——江苏省高级人民法院赔偿委员会〔2011〕苏法委赔字第0002号国家赔偿决定书

《最高人民法院办公厅关于印发国家赔偿典型案例的通知》第7号

2012年12月14日

【案情摘要】

1994年12月23日，叶某美因犯诈骗罪被宝应县人民法院判处有期徒刑十一年，剥夺政治权利三年。1995年1月20日，叶某美被保外就医。1996年9月18日，叶某美在保外就医期间因犯奸淫幼女罪，被宝应县人民法院数罪并罚判处有期徒刑十五年，剥夺政治权利四年。在交付执行中，叶某美以患有“舌根部恶性淋巴肿瘤”为由，申请保外就医。1996 年 11 月 12 日，宝应县公安局决定对其保外就医一年；2000 年 5 月 10 日，叶某美获准继续保外就医一年。2001 年 12 月 21 日，宝应县人民法院以叶某美病情好转为由将其送监执行。2002 年 2 月至 4 月，江苏省南通监狱将叶某美安排在监狱医院服刑。其间，叶某美以患有“舌根部恶性淋巴肿瘤”为由，向南通监狱申请保外就医。后经南通大学附属医院（以下简称附属医院）检查，未见叶某美患有舌根部恶性淋巴肿瘤的病灶和手术切除切口。2004 年 9 月 16 日，叶某美因左眼视物模糊要求医治，根据当时监狱医院病历记载，叶某美主诉病症为左眼视物模糊呈雾状已 10 年余，经监狱医院检查，诊断为玻璃体云雾状浑浊，建议随诊。2005 年 6 月至 2006 年 6 月期间，监狱医院针对叶某美的眼病，先后采取监狱医院检查、外请附属医院眼科专家会诊、检查及至附属医院进行检查、手术等形式进行诊断、治疗。2006 年 6 月 8 日，叶某美经附属医院作三面镜检查，诊断为左眼视网膜脱离、右眼视网膜色素变性；同年 6 月 21 日，叶某美在附属医院眼科实施左眼巩膜外冷凝 + 硅胶加压 + 环孔手术。2006 年 8 月、2007 年 1 月经附属医院两次复查，手术部位环扎脊清晰，未见新鲜裂孔。2006 年 6 月至 2008 年 10 月间，监狱医院针对叶某美给予对症药治疗。2009 年 11 月 22 日，叶某美刑满出狱。2009 年 12 月 19 日，经江苏省宝应县残联指定医院进行鉴定，结论为叶某美双眼视力残疾等级为一级。

2010 年 7 月 15 日，叶某美以在南通监狱服刑期间受到监狱医院虐待致双眼残疾为由，申请国家赔偿，提出 2002 年 3 月 28 日被监狱医院注射 8 支度冷丁药水，面部被多次电击，此后服刑期间视力下降直至双眼残疾。南通监狱于 2010 年 9 月 14 日作出不予赔偿决定书。2010 年 11 月 26 日，江苏省司法厅复议予以维持。叶某美不服复议决定，向江苏省高级人民法院赔偿委员会申请作出赔偿决定。在江苏省高级人民法院赔偿委员会审理期间，南通监狱提供了相关证据材料。

江苏省高级人民法院赔偿委员会审理认为，度冷丁系国家特殊管理的麻醉药品，南通监狱医院对麻醉药品实行采购、使用、空瓶回收和专册登记簿的管理制度。2002 年 3 月间，监狱医院具有麻醉药品处方权的主任医师对其他 2 名重病犯人的治疗仅开出 3 支度冷丁麻醉药品处方，并登记在册。南通监狱对使用电警棍亦有严格的适用情形和审批程序，2001 年以来，监狱医院不再配置警棍，也没有使用警棍的记录。叶某美称被电击，但面部未留有痕迹，又无其他证据印证。其服刑前已患有眼部疾病，视力为700多度，左眼视物模糊症状已10年余。服刑期间，南通监狱考虑到赔偿请求人叶某美患有眼部疾病，将其安排在监狱医院服刑，叶某美的眼部疾病得到监狱医院的及时医治，并外请附属医院眼科专家会诊，同时对其实施左眼视网复位手术治疗。对此，有南通监狱提供的2003年8月至2008年10月间的病历予以印证。南通监狱提供的以上证据可以采信，赔偿请求人叶某美提出的相关主张理据不足，不予采纳。江苏省高级人民法院赔偿委员会据此作出决定，维持江苏省司法厅的复议决定。

【典型意义】

修正的《国家赔偿法》规定，被羁押人在羁押期间死亡或者丧失行为能力的，赔偿义务机关的行为与被羁押人的死亡或者丧失行为能力是否存在因果关系，赔偿义务机关应当提供证据。本案即属于适用举证责任倒置的情况。江苏省高级人民法院赔偿委员会审理认为，监狱作为刑罚执行机关，对罪犯依法进行监管的同时也负有保障其人格尊严、人身安全等职责，根据《国家赔偿法》规定精神，监狱对其行为与被羁押人一级视力残疾之间是否存在因果关系负有举证责任。本案最终通过审查南通监狱对此事实的举证责任完成情况，认定赔偿请求人双眼残疾与监狱行为无关。

张某军申请河南省平顶山市中级人民法院重审无罪国家赔偿案

——河南省高级人民法院赔偿委员会〔2011〕豫法委赔字第6号国家赔偿决定书

《最高人民法院办公厅关于印发国家赔偿典型案例的通知》第8号

2012年12月14日

【案情摘要】

2005年1月30日，平顶山市公安局石龙区分局以涉嫌故意杀人罪对张某军监视居住。2005年2月4日，该局对张某军刑事拘留，并于同日作出延长拘留期限通知书，对其延长拘留至2005年3月6日。2005年3月3日，该局提请批捕。2005 年 3 月 10 日，石龙区人民检察院以事实不清、证据不足为由，对张某军不予批捕。次日，石龙区分局作出释放通知书，对张某军采取监视居住措施。2005 年 5 月 30 日，石龙区分局再次以张某军涉嫌抢劫罪为由提请批捕。2005 年 6 月 3 日，石龙区人民检察院批准逮捕。石龙区分局于 6 月 4 日执行逮捕。2006 年 3 月 28 日，平顶山市中级人民法院作出一审刑事附带民事判决，以抢劫罪判处张某军死刑，缓期二年执行，剥夺政治权利终身；判令张某军与另一被告人共同赔偿附带民事诉讼原告人经济损失 79764. 75 元。张某军不服，提出上诉。河南省高级人民法院经审理以事实不清、证据不足为由，发回平顶山市中级人民法院重新审理。平顶山市中级人民法院经重审判决张某军无罪，不承担民事赔偿责任。2010 年 9 月 25 日，张某军被释放。2010 年 12 月 14 日，张某军提出国家赔偿申请。2011 年 1 月 25 日，平顶山市中级人民法院作出赔偿决定，认为对张某军的国家赔偿申请应适用 1994 年《国家赔偿法》，决定赔偿张某军被限制人身自由赔偿金 259012. 95 元。张某军不服，向河南省高级人民法院赔偿委员会申请作出赔偿决定。

河南省高级人民法院赔偿委员会审理认为，张某军于 2010 年 9 月 25 日被无罪释放，并于修正的《国家赔偿法》施行后申请国家赔偿，根据《最高人民法院关于适用〈中华人民共和国国家赔偿法〉若干问题的解释（一）》第二条第二项之规定，本案应适用修正的《国家赔偿法》；平顶山市中级人民法院决定将张某军被监视居住期间计算在赔偿范围之内，且依照 2009 年度全国职工日平均工资标准计算赔偿金有误，应予纠正；张某军无罪被错判并长期羁押，妻子离家出走，孩子无法照管，使其遭受严重精神损害，其关于支付精神损害抚慰金的请求应予支持。河南省高级人民法院赔偿委员会据此作出决定，撤销原赔偿决定，平顶山市中级人民法院支付张某军人身自由赔偿金 281244. 08 元、精神损害抚慰金 5 万元。

【典型意义】

修正的《国家赔偿法》加大了对赔偿请求人的权利保护力度。为更好地实现国家赔偿权利救济的核心理念，《最高人民法院关于适用〈中华人民共和国国家赔偿法〉若干问题的解释（一）》在遵循溯及力一般原理的基础上对部分情形采取有利法律溯及原则，规定国家机关及其工作人员行使职权侵犯公民、法人和其他组织合法权益的行为发生在 2010 年 12 月 1 日以前的，适用修正前的《国家赔偿法》，但是赔偿请求人在2010年12月1日以后提出赔偿请求的，适用修正的《国家赔偿法》。河南省高级人民法院赔偿委员会审理认为，根据修正的《国家赔偿法》及《最高人民法院关于适用〈中华人民共和国国家赔偿法〉若干问题的解释（一）》的规定，本案应适用修正的《国家赔偿法》，据此更正了原赔偿决定，并支持了赔偿请求人精神损害抚慰金的请求。

熊某祥申请四川省乐山市中级人民法院重审无罪国家赔偿案

——四川省乐山市中级人民法院〔2011〕乐法赔字第2号国家赔偿决定书

《最高人民法院办公厅关于印发国家赔偿典型案例的通知》第9号

2012年12月14日

【案情摘要】

熊某祥因涉嫌故意杀人罪、强奸罪于2002年10月18日被乐山市公安局金口河区分局刑事拘留，同月31日被逮捕。2002年12月25日，乐山市人民检察院提起公诉。2003年3月7日，乐山市中级人民法院一审判决熊某祥死刑，剥夺政治权利终身，并赔偿附带民事诉讼原告人经济损失51394元。熊某祥不服，提出上诉。2005年4月25日，四川省高级人民法院二审裁定发回重审。乐山市中级人民法院于2005年10月11日作出刑事附带民事判决，判处熊某祥死刑，缓期二年执行，剥夺政治权利终身，并赔偿附带民事诉讼原告人经济损失51394元。宣判后，熊某祥仍不服，再次提出上诉。同时，乐山市人民检察院提出抗诉。二审审理期间，四川省人民检察院撤回抗诉，四川省高级人民法院裁定准许其撤回抗诉，并于2008年7月17日以“原判事实不清，证据不足”为由裁定发回乐山市中级人民法院重审。在重审过程中，乐山市人民检察院以“事实、证据有变化”为由撤回起诉。2008年11月28日，乐山市中级人民法院作出刑事裁定，认为公诉机关指控熊某祥犯故意杀人罪、强奸罪的事实不清、证据不足，准许公诉机关撤回起诉。之后，乐山市人民检察院将刑事案件退回公安机关补充侦查。熊某祥于2008年12月4日收到乐山市中级人民法院准予公诉机关撤回起诉的刑事裁定。同日，公安机关以“不能在法定期限内办结、需继续查证”为由将熊某祥释放，同时对其采取监视居住措施，后于 2009 年 6 月 2 日解除监视居住措施。

熊某祥向乐山市中级人民法院申请国家赔偿。其间公安机关出具说明，称该案还在进一步侦查过程中。2011 年 3 月 22 日，乐山市中级人民法院以刑事案件尚在侦查之中，没有终止追究刑事责任为由，驳回熊某祥的赔偿申请。熊某祥不服，向四川省高级人民法院赔偿委员会申请作出赔偿决定。四川省高级人民法院赔偿委员会在审理过程中就该案刑事诉讼程序是否终结问题向最高人民法院赔偿委员会请示。最高人民法院赔偿委员会答复，本案可进入国家赔偿程序。2011 年 12 月 28 日，熊某祥与乐山市中级人民法院就赔偿事宜达成协议。同日，熊某祥向四川省高级人民法院赔偿委员会撤回赔偿申请。乐山市中级人民法院根据该协议作出赔偿决定，由该院支付熊某祥赔偿金 30 万元。

【典型意义】

《最高人民法院关于适用〈中华人民共和国国家赔偿法〉若干问题的解释（一）》规定，赔偿请求人认为赔偿义务机关有修正的《国家赔偿法》第十七条第一项、第二项、第三项和第十八条规定情形的，一般应当在刑事诉讼程序终结后申请赔偿。本案人民检察院将案件退回公安机关补充侦查后，公安机关未在法定期限内侦查完毕移送起诉，也未作出撤销案件决定；人民检察院亦未对该案重新起诉或者作出不起诉决定。赔偿请求人监视居住期限届满后，有关部门也未采取其他强制措施。根据《刑事诉讼法》及相关司法解释的规定，结合本案实际情况，乐山市中级人民法院准许乐山市人民检察院撤回起诉的裁定，可视为刑事诉讼程序已终结，可进入国家赔偿程序。本案情形的法律适用有利于充分保护当事人的国家赔偿请求权。

李某申请山东省嘉祥县人民法院重审无罪国家赔偿案

——山东省济宁市中级人民法院赔偿委员会

〔2011〕济法委赔字第1号赔偿决定书

《最高人民法院办公厅关于印发国家赔偿典型案例的通知》第10号

2012年12月14日

【案情摘要】

李某于2001年2月16日被嘉祥县人民检察院以涉嫌贪污罪刑事拘留，2001年3月2日被逮捕。同年5月2日，嘉祥县人民检察院提起公诉。嘉祥县人民法院经审理，认为犯罪事实不清，证据不足，建议嘉祥县人民检察院撤回起诉。2002年7月26日嘉祥县人民检察院作出取保候审决定，并于同日将李某释放。2003年2月25日，嘉祥县人民检察院以李某犯贪污罪再次向嘉祥县人民法院提起公诉，嘉祥县人民法院审理后再次建议嘉祥县人民检察院撤回起诉。嘉祥县人民检察院于2005年5月16日作出不起诉决定书。2005年9月22日，李某书面请求嘉祥县人民检察院退回被违法扣押的5万元现金，后于2007年3月13日向嘉祥县人民检察院提出赔偿申请，嘉祥县人民检察院逾期未作决定。2007年8月，李某向济宁市中级人民法院赔偿委员会申请作出赔偿决定。济宁市中级人民法院赔偿委员审理期间，嘉祥县人民检察院以发现新的证据为由，撤销了对李某的不起诉决定书，并于2008年2月23日以李某犯贪污罪向嘉祥县人民法院提起公诉。济宁市中级人民法院赔偿委员会因此终止赔偿案件审理。2008年12月9日，嘉祥县人民法院作出一审刑事判决，以李某犯贪污罪判决其有期徒刑一年五个月，追缴扣押在嘉祥县人民检察院的赃款21722元。李某不服，提起上诉。2009年4月17日，济宁市中级人民法院裁定发回重审。重审期间，嘉祥县人民检察院于2010年7月27日以认定李某犯贪污罪事实不清，证据不足为由，作出撤销案件决定，撤销李某涉嫌贪污罪一案。

李某随后向嘉祥县人民法院申请国家赔偿。嘉祥县人民法院于2011年7月25日作出赔偿决定：1. 支付李某被羁押526天的赔偿金74865.58元；2. 对李某的其他请求不予赔偿。李某对该决定第二项不服，向济宁市中级人民法院赔偿委员会申请作出赔偿决定。济宁市中级人民法院赔偿委员会在审理过程中，以抚慰受害人、案结事了为原则，组织双方进行质证并做了大量释法析理工作，在此基础上作出赔偿决定，由嘉祥县人民法院支付李某精神损害抚慰金 25000 元。李某对济宁市中级人民法院赔偿委员会的工作及案件处理结果表示满意，并赠送锦旗表示感谢。

【典型意义】

国家赔偿工作事关国家机关形象，事关人民群众切身利益。人民法院赔偿委员会不仅要保证案件公正审理、依法赔偿，更要注重案结事了，避免就案办案、机械办案。济宁中院赔偿委员会在审理案件过程中，对赔偿请求人既讲法理又讲情理，通过大量的释法析理、沟通协调工作，最终使赔偿请求人服判息诉，案件得以圆满解决，做到案结事了人和，实现了法律效果和社会效果的统一。

酒泉市乙啤酒花有限责任公司申请甘肃省酒泉市中级人民法院违法保全赔偿案

《最高人民法院办公厅关于印发非刑事司法赔偿典型案例的通知》第 1 号

2013 年 12 月 18 日

【案情摘要】

酒泉市甲啤酒花有限公司（以下简称甲公司）因与酒泉市乙啤酒花有限责任公司（以下简称乙公司）买卖合同纠纷，于 2007 年 9 月 6 日向甘肃省酒泉市中级人民法院（以下简称酒泉中院）申请保全乙公司 50 万元的财产。酒泉中院裁定查封乙公司 13.2 吨压缩啤酒花，并指定乙公司为保管人。查封后，乙公司提供房产证作为担保，请求解除查封。酒泉中院未予解除查封。2007 年 11 月，乙公司将被查封的压缩啤酒花加工成啤酒花颗粒。案件达成调解协议后，2008 年 5 月 20 日，乙公司以超标的查封为由，申请解除 10 吨压缩啤酒花的查封，酒泉中院未予同意。乙公司与甲公司达成执行和解协议并履行后，酒泉中院于 2008 年 10 月 6 日解除了对乙公司 13.2 吨压缩啤酒花的查封，但因长期查封致使压缩啤酒花甲酸含量降低，查封物报废。

乙公司申请确认酒泉中院违法保全，酒泉中院裁定不予确认违法。乙公司不服，提出申诉。甘肃省高级人民法院（以下简称甘肃高院）审理认为，酒泉中院的查封行为违反了《最高人民法院关于适用〈中华人民共和国民事诉讼法〉若干问题的意见》第九十九条的规定，超期查封不宜长期保存的压缩啤酒花，致查封物变质，据此确认酒泉中院查封行为违法。

乙公司据此向酒泉中院申请国家赔偿。酒泉中院经审查认为，乙公司擅自转移、加工、出售人民法院查封的压缩啤酒花，对此国家不承担赔偿责任，据此决定驳回乙公司赔偿请求。乙公司不服，向甘肃高院赔偿委员会申请作出赔偿决定。

甘肃高院赔偿委员会审理期间，在该院组织下，乙公司与酒泉中院达成调解协议，由酒泉中院对因查封造成乙公司的财产损失支付48万元。甘肃高院赔偿委员会审理认为，赔偿请求人、赔偿义务机关经协商，酒泉中院赔偿乙公司48万元，双方纠纷了结，该协议不违反法律规定，决定对协议内容予以确认。

【典型意义】

非刑事司法赔偿案件中，人民法院违法采取强制措施、保全措施、错误执行，既可能表现为积极作为的情形，也可能表现为怠于履行法定职责情形。本案中，被保全人多次申请解封并提供房产作为担保，但赔偿义务机关违反法律规定，对应予解封的不宜长期保存财产未予解封，又未依法及时处理或变卖保存价款，导致查封财产毁损变质，违反了《最高人民法院关于适用〈中华人民共和国民事诉讼法〉若干问题的意见》第九十九条关于“人民法院对季节性商品、鲜活、易腐烂变质以及其他不宜长期保存的物品采取保全措施时，可以责令当事人及时处理，由人民法院保存价款；必要时，人民法院可予以变卖，保存价款”的规定，且造成赔偿请求人的财产损失，应当予以赔偿。

此外，《最高人民法院关于民事、行政诉讼中司法赔偿若干问题的解释》第七条第五项关于“被保全人、被执行人，或者人民法院依法指定的保管人员违法动用、隐匿、毁损、转移、变卖人民法院已经保全的财产的”，国家不承担赔偿责任的规定，系针对保全、执行中被保全人、被执行人、保管人有违法侵权行为造成财产损害的情形。本案中，被保全人在查封期间自行加工压缩啤酒花的行为，系其作为保管人为确保查封物的价值、降低财产损失的行为，该行为未使查封物脱离法院的控制，性质上不存在违法性，故不属于该司法解释规定的国家免责情形。

新乐市某贸易公司破产清算组申请河北省新乐市人民法院违法保全赔偿案

《最高人民法院办公厅关于印发非刑事司法赔偿典型案例的通知》第 2 号

2013 年 12 月 18 日

【案情摘要】

河北省新乐市人民法院（以下简称新乐法院）在中国人民银行无极县支行（以下简称无极人行）诉新乐市某保健品出口公司（以下简称新乐市某公司）购销纠纷一案中，根据无极人行提出的财产保全申请和担保，裁定保全新乐市某公司价值 40 万元的财产，并实际查封海玉牌汽车一辆，扣押甘草 184 包由无极人行取走保管，就地查封 100 包甘草由新乐市某公司负责保管。新乐市某公司、葆某河北进出口集团公司（以下简称葆某公司）分别以被保全的甘草属葆某公司所有为由，提出保全异议。新乐法院经审查，以不能认定 284 包甘草使用权属葆某公司所有为由驳回了新乐市某公司的异议申请。嗣后，案件经过一审、二审程序，由石家庄市中级人民法院（以下简称石家庄中院）作出二审生效民事判决，判令新乐市某公司应偿还无极人行 186876 元并赔偿相应损失。执行期间，新乐法院对查封的甘草进行拍卖，实际得款 33712.7 元，海玉牌汽车一辆评估作价 3700 元，上述款项交付给无极人行。

在此期间，葆某公司以新乐市某公司不能按约交货为由将其诉至石家庄中院。石家庄中院作出〔1997〕石法经初字第 108 号民事判决，认定新乐法院将葆某公司在新乐市某公司加工的甘草查封，致使新乐市某公司不能按约交货属违约行为，应承担违约责任，故判决新乐市某公司赔偿葆某公司 284 件甘草的货款及违约金共计 334988.24 元。该判决已发生法律效力并已实际执行到位。后新乐市某贸易公司（含下属 16 家分支机构，包括新乐市某公司）被宣告破产。

新乐市某贸易公司破产清算组（以下简称清算组）以新乐法院诉讼财产保全违法为由向石家庄中院提出确认申请。石家庄中院审理认为，〔1997〕石法经初字第108号民事判决书认定的事实，能够证明新乐法院在保全中查封、扣押了案外人葆某公司的财产，遂裁定确认新乐法院查封、扣押284包甘草的行为违法。

清算组据此向新乐法院申请国家赔偿，新乐法院逾期不予赔偿，清算组即向石家庄中院赔偿委员会申请作出赔偿决定，石家庄中院赔偿委员会审理认为，新乐市某公司经民事判决判令并已支付给葆某公司的346104元（含诉讼费），属新乐法院错误查封、扣押284包甘草给赔偿请求人带来的直接损失，依法应予赔偿。284包甘草拍卖得款33712.7元已抵顶了新乐市某公司对无极人行的欠款，应当予以扣除，另赔偿运费为4850元，决定赔偿清算组人民币317241.3元。清算组不服该决定，向河北省高级人民法院赔偿委员会提出申诉。河北省高级人民法院赔偿委员经审查对其申诉予以驳回。

清算组不服，向最高人民法院赔偿委员会提出申诉。最高人民法院赔偿委员会审理认为，石家庄中院赔偿决定对因284包甘草被查封扣押造成新乐市某公司已赔偿葆某公司货款及违约金等所致损失31万余元，决定由新乐市人民法院予以赔偿。上述款项已对该公司的直接损失予以弥补。申诉人的理由不能成立，予以驳回。

【典型意义】

非刑事司法赔偿案件审理中，已经由生效刑事、民事、行政裁判文书认定的事实，对于人民法院赔偿委员会审查认定案件事实，具有羁束力；在无充分证据证明该生效裁判可能存在错误的情况下，赔偿委员会应直接予以认定。本案中，就法院查封扣押财产是否属于案外人财产以及错误执行案外人财产造成的损失数额，生效民事判决已予以认定。赔偿委员会应据此对错误执行案外人财产的事实及损失予以认定并决定赔偿。

此外，赔偿义务机关违法保全案外人财产，但案外人选择依据合同约定向赔偿请求人主张权利并已实际获得救济，即赔偿请求人已承担了因赔偿义务机关违法保全给案外人造成的损害后果，故赔偿请求人有权作为实际受害人申请并获得国家赔偿。

古某学申请陕西省汉中市中级人民法院违法保全赔偿案

《最高人民法院办公厅关于印发非刑事司法赔偿典型案例的通知》第 3 号

2013 年 12 月 18 日

【案情摘要】

古某学因与汉中市某木业制品厂（以下简称某厂）仲裁一案向陕西省汉中市中级人民法院（以下简称汉中法院）申请财产保全并提供担保。汉中法院作出〔1999〕汉经保字第 06 号民事裁定，对某厂的财产进行扣押，扣押金额 775000 元，或冻结银行存款 775000 元。裁定作出后，汉中法院先后对某厂的多项财产进行查封、扣押并制作清单，但未加贴封条。后某厂向汉中法院申请对扣押的岗木圆棒进行处理。汉中法院告中庭承办人员批注“保全 50 立方米圆棒同意出售，处理价款应如数存入银行，存票交法院保管”，但未实际采取控制措施。

经仲裁委员会裁决，某厂应返还古某学本金 754490 元、利息 201408. 40 元。案件进入执行程序后，汉中法院清点保全财产时，发现查封的 50 立方米圆棒材和 50 立方米圆木材均不存在，已被某厂的法定代表人胡某泉出售，被查封、扣押的青岗木板材 75 立方米、山毛榉板材 25 立方米，因保全时未编号登记、加贴封条，已无法辨认原物。后汉中法院通过执行某厂其他财产，总计为古某学实现债权 173000 元，因某厂已无财产可供执行，汉中法院终结该案的执行。另查，某厂法定代表人胡某泉因犯非法处置查封、扣押财产罪，被判处有期徒刑二年。

古某学申请确认汉中法院保全行为违法。案经汉中法院、陕西省高级人民法院（以下简称陕西高院）审理后，陕西高院作出确认裁定：对汉中法院作出〔1999〕汉经保字第 06 号民事裁定行为不予确认违法；对汉中法院在不便对保全财产加贴封条的情况下又未张贴查封、扣押公告的行为确认违法；对汉中法院没有组织监督被执行人按照合理价格在指定期限内变卖保全财产和没有采取措施控制变卖价款的行为确认违法。

2007 年 6 月 25 日，古某学向汉中法院申请赔偿。汉中法院决定赔偿古某学经济损失25万元。古某学不服该院决定，向陕西高院赔偿委员会申请作出赔偿决定。陕西高院赔偿委员会认为，古某学向汉中法院提出财产保全申请，请求对某厂的财产进行扣押，扣押金额限定在775000元或冻结存款775000元。执行中，古某学已实现债权173000元，汉中法院裁定查封金额为775000元，因其违法行为承担国家赔偿责任应以602000元为限。

【典型意义】

审查处理非刑事司法赔偿案件时，要注意区分人民法院在保全或执行中作出的法律行为和事实行为。本案中，人民法院依申请裁定采取保全措施的法律行为不存在违法情形，但事实行为不当，属“查封、扣押具体措施不当”的违法情形，具体表现为：裁定查封、扣押被保全人的动产，应当采取加贴封条或张贴公告的方式而未采取，《最高人民法院关于人民法院执行工作若干问题的规定（试行）》第四十一条。允许被保全人变卖保全财产且未采取措施控制变卖价款造成财产流失，该行为已经生效裁定确认违法。

此外，本案中人民法院违法保全行为与被保全人侵权行为并存，且与损害结果均具有因果关系，即存在多因一果、混合责任的情形。对此，如何确定责任承担方式，实践中存在不同认识。本案中，赔偿委员会在被保全人法定代表人因非法处置查封财产已经刑事判决定罪处罚、被保全人确无其他财产可供执行的情况下，以申请保全的数额为限，扣除执行中已经实现的利益对申请保全人给予全额赔偿，充分保护了申请保全人的合法权益。

海南丙彩色冲印有限公司申请海南省海口市中级人民法院违法保全赔偿案

《最高人民法院办公厅关于印发非刑事司法赔偿典型案例的通知》第4号

2013年12月18日

【案情摘要】

香港甲有限公司（以下简称甲公司）在与三亚市乙彩色冲印实业公司（以下简称三亚乙公司）企业经营纠纷申请仲裁期间，向海南省海口市中级人民法院（以下简称海口中院）申请保全其与三亚乙公司合资设立的海南丙彩色冲印有限公司（以下简称丙公司）和三亚乙公司的财产，并提供两套房屋作为担保。海口中院扣收担保房屋的房产证原件，作出〔1995〕海口法民保字第 38—1 号民事裁定，裁定查封丙公司、三亚乙公司的财产，并指定丙公司负责保管。查封期间，某集团公司致函海口中院称，该院查封三亚乙公司的机器设备所存放的铺面系该公司所有，该公司已将该铺面收回，请求将所封机器设备转移出该铺面。海口中院执行庭通知三亚乙公司及丙公司，因二公司不积极协助配合，海门中院在公安机关全程见证下转移查封财产至另一地点保存，不便拆卸的两部空调及一部冲印设备仍留原地，委托某集团公司保管。

申请人丙公司以海门中院违法查封为由申请确认违法，海南省高级人民法院（以下简称海南高院）审理认为，海门中院在〔1995〕海口法民保字第 38—1 号民事裁定执行过程中在查封财产被转移后，没有委托或指定专人负责看管，也没有依法采取适当的保全措施，对最终保全财产部分损毁，负有一定的监管不力责任，据此确认海门中院在〔1995〕海口法民保字第 38—1 号民事裁定中的执行措施违法。

丙公司据此向海口中院申请国家赔偿。海口中院审查认为，就丙公司被查封财产的实际损失，该院查封初始已指定了丙公司作为保管人，丙公司擅自使用，未尽保管之责，在接到该院通知后，其作为财产所有人及查封财产保管人又不积极配合财产清点、转移，因此对财产损失，丙公司自身存在过错，应承担主要责任；该院怠于行使监管职责，应承担次要责任。据此决定由丙公司承担 80% 的责任，该院承担 20% 的责任，故决定赔偿丙公司财产被违法采取保全措施的损失 48880.6 元。

丙公司不服，向海南高院赔偿委员会申请作出赔偿决定。海南高院赔偿委员会认为：海口中院因具有监管不力等情形，依法应承担其所造成查封财产损失的相应过错责任。丙公司对于财产损失也具有一定过错，理应承担与海口中院相等的过错责任，故决定撤销海口中院赔偿决定，由海口中院对损失承担 50% 的赔偿责任，决定赔偿丙公司 122951.53 元。

【典型意义】

非刑事司法赔偿案件中，人民法院违法行使职权造成损害，应承担与其违法侵权行为相适应的国家赔偿责任。此外，根据侵权法中普遍适用的过失相抵原则，如受害人对损害结果的发生或者扩大具有过错，应当依法减轻或者免除赔偿义务人的损害赔偿责任。本案中，查封财产损失，既有法院未指定保管人、未履行监管职责的过错，也有赔偿请求人自身不予配合、未尽保管之责，放任损害发生或扩大的原因。海南高院赔偿委员会的最终认定，既充分考虑了赔偿义务机关违法行为所致损害，也兼顾了受害人自身过错情形以及过失相抵原则的适用。

老挝力某摩托车组装有限公司申请重庆市第五中级人民法院违法保全赔偿案

《最高人民法院办公厅关于印发非刑事司法赔偿典型案例的通知》第5号

2013年12月18日

【案情摘要】

重庆联某机车有限公司（以下简称联某公司）因与老挝力某摩托车组装有限公司（以下简称力某公司）买卖合同纠纷向重庆市第五中级人民法院（以下简称市五中院）申请诉前保全。市五中院裁定扣押力某公司价值14万美元的摩托车散件1000套，查封联某公司提供的打包线、检测线、组装流水线等担保财产，并将上述扣押物和担保物委托联某公司一并保管。联某公司未尽妥善保管义务，私自处理了部分被查封物和担保物，现已下落不明。市五中院知情后随即变更了保管人，将尚存的扣押物和担保物委托第三人保管。嗣后，市五中院经审理作出民事判决，力某公司应支付联某公司违约金5万美元。判决生效后市五中院解除对摩托车散件价值超过5万美元的部分约640套的扣押，将封存于第三人处尚存的扣押物移交给了力某公司。

力某公司以市五中院违法保全为由申请国家赔偿。市五中院审查认为，法院依据联某公司的申请对力某公司的摩托车配件进行扣押后，依法将扣押财产交由联某公司保管，联某公司应当承担相应的保管责任。在案件审结后，法院裁定解除部分财产的扣押，联某公司应当将其保管并已解除扣押的财产如数返还给力某公司。对因部分财产未能返还而造成的财产损失，力某公司可以基于《民事诉讼法》第九十六条之规定要求联某公司赔偿，也可以依据《最高人民法院关于人民法院执行工作若干问题的规定（试行）》第四十四条之规定，向该院申请责令联某公司限期追回财产或承担相应的赔偿责任。据此决定驳回力某公司的赔偿申请。

【典型意义】

非刑事司法赔偿案件中，赔偿请求人所受损害，可能牵涉人民法院的职权行为、案件当事人甚至案外人的侵权行为等不同情形，要严格区分因果关系、分清责任。本案中，赔偿义务机关指定申请保全人为保管人，在发现其擅自处分财产后及时变更保管人，故不存在故意不履行监管职责的情形。赔偿请求人所受损害系因申请保全人在保管期间擅自处分查封财产的违法行为所致，《最高人民法院关于民事、行政诉讼中司法赔偿若干问题的解释》第七条第五项规定："被保全人、被执行人，或者人民法院依法指定的保管人员违法动用、隐匿、毁损、转移、变卖人民法院已经保全的财产的"，国家不承担赔偿责任。

方某英申请福建省福州市台江区
人民法院违法保全赔偿案

《最高人民法院办公厅关于印发非刑事司法

赔偿典型案例的通知》第 6 号

2013 年 12 月 18 日

【案情摘要】

方某英因与被告方子安等继承纠纷一案，于 2007 年 7 月 12 日向福建省福州市台江区人民法院（以下简称台江区法院）提出财产保全的申请，请求冻结属方某铨的房屋拆迁补偿款人民币 30 万元。同日，台江区法院通知方某英应提供担保，并裁定立即冻结拆迁补偿款 30 万元。7 月 13 日，台江区法院案件承办人到福州市拆迁工程处要求冻结房屋拆迁补偿款，但被该处工作人员口头告知该拆迁款在开发商处，应向开发商冻结。因方某英提供的开发商名称有误，7 月 13 日当日，承办人经多方查找联系开发商未果。经核查开发商准确名称为福建永某信房地产开发有限公司（以下简称永某信公司），台江区法院于7月17日向永某信公司和福州市拆迁工程处重新作出协助执行通知书，并于当日向福州市拆迁工程处送达，因仍查询不到永某信公司的住所地，该院承办人将协助通知书和裁定书送达到拆迁工地，由工作人员转交。7月18日永某信公司在送达回证上盖章，并说明拆迁补偿款已于7月14日由方子安领取。7月24日，经办人将拆迁款已于7月14日被方子安领走的事实告知方某英代理人。嗣后，台江区法院于2012年1月5日作出裁定，认定“方子安暂无财产可供执行”，2012年3月20日，台江区法院以经查证被告方子安已死亡为由，裁定终结该案执行。

方某英以台江区法院违法保全造成财产损失为由申请赔偿，福州市中级人民法院赔偿委员会审理认为，《民事诉讼法》第九十二条第三款规定：“人民法院接受申请后，对情况紧急的，必须在四十八小时内作出裁定；裁定采取财产保全措施的，应当立即开始执行。”本案中，赔偿义务机关台江区法院于2007年7月12日收到赔偿请求人方某英提出的财产保全申请后，同日即作出采取财产保全措施的裁定。因赔偿请求人方某英未能提供正确的执行信息，导致台江区法院无法在2007年7月14之前及时采取有效的执行措施，请求人主张台江区法院违法保全不能成立。据此决定不予赔偿。

【典型意义】

人民法院在审理各类案件过程中，或者是在考虑实施某些职权行为时，享有一定的自由裁量空间。一般来说，人民法院在行使职权过程中作出的司法裁量行为，如无明显违反法律、滥用职权、故意不履行职责或有悖常理等情形，则不属于国家承担赔偿责任的范围。本案中，民事诉讼法虽对何为“立即”执行未予明确，但赔偿义务机关在收到保全申请同日作出保全裁定，第二日即积极采取保全措施，因赔偿请求人提供的信息有误，后经多方查找核实，人民法院在裁定作出的5个工作日即送达了协助执行单位，不存在故意滥用权力或故意不履行职责或有悖常理等情形，因此，本案情形不具备承担国家赔偿责任的要件。

金昌华某商贸发展有限公司申请甘肃省金昌市金川区人民法院错误执行赔偿案

《最高人民法院办公厅关于印发非刑事司法赔偿典型案例的通知》第 7 号

2013 年 12 月 18 日

【案情摘要】

2003 年至 2005 年间，金昌华某商贸发展有限公司（以下简称华某公司）因多起民事案件被申请强制执行。2004 年 2 月 18 日甘肃省金昌市金川区人民法院（以下简称金川区法院）依法查封了华某公司所建华某娱乐园主楼。2004 年 12 月 8 日和 30 日金川区法院委托对华某公司在建工程进行评估。2005 年 3 月 28 日，甘肃信某房地产咨询估价中心作出在建工程价值为 162289 元的评估报告，送达后华某公司法定代表人魏某举未提出异议。同年 9 月 16 日，拍卖公司函告金川区法院称，标的物委托底价过高，无人竞买，建议降价拍卖。金川区法院于 9 月 23 日出具拍卖委托书，对首次拍卖的在建工程以评估价 162289 元为基础，三次相同比例降价后以 93478 元为保留价，委托拍卖公司继续拍卖。9 月 30 日，经公开拍卖，金某典泰房地产开发有限公司以 98810 元竞买成功。

嗣后，华某公司申请确认法院拍卖行为违法。甘肃省高级人民法院审理认为：金川区法院对华某公司在建工程首次拍卖时，确定的保留价 93478 元仅为评估价 162289 元的 57.6%，故确认金川区法院对华某公司在建工程降价拍卖行为违法。

华某公司向金川区法院申请国家赔偿。金川区法院决定赔偿华某公司经济损失 31021.2 元。华某公司不服，向金某市中级人民法院赔偿委员会申请作出赔偿决定。

金某市中级人民法院赔偿委员会审理认为，金川区法院应对华某公司在建工程降价拍卖行为给华某公司造成的损害予以赔偿，其直接损失应按照在建工程评估价 162289 元与实际成交价 98810 元之差额予以计算。华某公司提出的其他事项不属于国家赔偿法规定的赔偿范围，故不予支持。据此决定：

金川区法院赔偿金某华某商贸发展有限公司损失63479元。

【典型意义】

人民法院在民事执行过程中，存在对应当拍卖的财产未予拍卖、拍卖财产未经合法评估、低价拍卖等情形，给当事人造成损失的，应承担相应的赔偿责任。本案中，赔偿义务机关对其委托拍卖物确定保留价的行为违反了《最高人民法院关于人民法院民事执行中拍卖、变卖财产的规定》第八条关于"人民法院确定的保留价，第一次拍卖时，不得低于评估价的百分之八十；如果出现流拍，再行拍卖时，每次降价不得超过前次保留价的百分之二十"的规定内容。《国家赔偿法》第三十六条第五项规定："财产已经拍卖或者变卖的，给付拍卖或者变卖所得的价款；变卖的价款明显低于财产价值的，应当支付相应的赔偿金。"本案中，赔偿义务机关违法降低拍卖保留价，但评估价值仍为有效，赔偿委员会据此决定，对执行标的物评估价值与实际拍卖价值之间的差价作为直接损失予以赔偿，符合上述规定。

刘某艳申请确认吉林省长春市宽城区人民法院错误执行案

《最高人民法院办公厅关于印发非刑事司法赔偿典型案例的通知》第8号

2013年12月18日

【案情摘要】

吉林某有限公司（以下简称某公司）因与刘某艳房屋租赁纠纷诉至法院。案件审理期间，某公司强行将出租给刘某艳使用经营的房屋上锁，致使刘某艳无法对该房屋占有、使用。长春市中级人民法院（以下简称长春中院）审理并作出终审判决，判令双方租赁合同终止，刘某艳给付某公司各项费用10959.40元，某公司退还相关费用19500元，刘某艳立即将某美食广场房屋内物品自行拉走。案件执行期间，宽城区人民法院（以下简称宽城区法院）裁定"被执行人刘某艳立即将某美食广场房屋中的物品拉走"，并作出"长春市宽城区人民法院公告"，上述裁定及通知送达刘某艳本人。刘某艳拒不执行，宽城区法院对其强制执行并制作了执行笔录及物品清单。执行时，被执行人刘某艳未在场，某美食广场李某梅等10名工人在场。宽城区法院将执行的财物交某公司保管。后宽城区法院向刘某艳之母杜某珍送达搬走物品通知书。同日，杜某珍向宽城区法院出具了收到14248.60元的收条。

嗣后，经刘某艳申诉，长春中院作出再审民事判决，判决维持解除合同及部分赔偿项目；同时以某公司强行将出租给刘某艳使用经营的房屋上锁，违约行为造成刘某艳损失为由，判决某公司返还刘某艳清单所列的156项财产，如不能返还，赔偿损失128116元，赔偿利润损失114752.64元；上述款项相抵后，某公司给付刘某艳290970.02元。案件现已执行到位并终结。

刘某艳申请确认宽城区法院执行行为违法，长春中院以宽城区法院执行行为符合法律规定，某公司已对刘某艳滞留财产承担返还赔偿责任等为由，裁定不予确认违法。刘某艳不服，向吉林省高级人民法院提出申诉。吉林省高级人民法院作出裁定，对宽城区法院的执行行为不予确认违法。

刘某艳仍不服，向最高人民法院提出申诉。最高人民法院审理认为，本案系对2010年12月1日以前已生效确认裁定的复查，仍应适用1994年《国家赔偿法》。刘某艳未履行生效判决确定的义务，宽城区法院在立案执行及作出执行通知后对其予以强制搬出，执行时作出执行笔录及造具执行财产清单，并指定某公司保管，以上执行行为并无不妥。刘某艳申诉所称的财产损失，已由人民法院再审生效民事判决认定系因某公司自行封门、未清点财产的侵权行为所致，并已通过民事诉讼及执行程序予以补救。刘某艳再行申请确认宽城区法院违法执行造成其物品损失，缺乏事实及法律依据。据此裁定驳回刘某艳的申诉。

【典型意义】

国家赔偿实行法定赔偿原则。在人民法院民事诉讼、执行过程中，对于因其他民事主体违法、侵权行为造成的损害结果，应由相应的民事主体承担赔偿责任，对此国家不承担赔偿责任。本案中，赔偿义务机关依据生效民事判决采取执行措施，其执行行为并无不当。赔偿请求人所主张的损失，已经生效民事判决认定系申请执行人的侵权行为所致，并已通过民事诉讼及执行得到补救。因此，本案人民法院的执行行为不属于依法应予确认违法并予赔偿的情形。

此外，根据《最高人民法院关于适用〈中华人民共和国国家赔偿法〉若干问题的解释（一）》第四条、第六条的规定，人民法院在修正的《国家赔偿法》实施以后，对2010年12月1日以前已发生法律效力的确认裁定予以复查的，仍应适用1994年《国家赔偿法》及当时的司法解释规定。

张某娥申请重庆市渝北区人民法院错误执行赔偿案

《最高人民法院办公厅关于印发非刑事司法赔偿典型案例的通知》第9号

2013年12月18日

【案情摘要】

彭某芬向广东省惠州市惠城区人民法院申请执行生效民事判决，要求张某娥返还各类款项合计31万元，该院将此案委托重庆市渝北区人民法院（以下简称渝北区法院）执行。因张某娥未履行判决确定义务，2009年11月16日，渝北区法院将张某娥银行定期存款351863元（含迟延履行期间的债务利息）扣划至法院账户。同日，渝北区法院收到广东省惠州市惠城区人民法院向其发出的公函，要求对该案终结执行。2010年1月13日，渝北区法院通过原渠道退款未果。在终结执行后，该院未及时就上述退款事宜继续联系和查找张某娥。2010年8月31日，张某娥到渝北区法院了解情况后，领回其被该院扣划的351863元。

赔偿请求人张某娥以渝北区法院执行错误造成其银行定期存款利息损失31379.14元为由，申请国家赔偿。渝北区法院决定不予赔偿。张某娥向重庆市第一中级人民法院赔偿委员会申请作出赔偿决定。

重庆市第一中级人民法院赔偿委员会审理认为，赔偿请求人张某娥所主张的损害后果（利息损失）系渝北区法院实施的强制执行措施所致，依法应以渝北区法院为赔偿义务机关。渝北区法院在发现其对张某娥银行存款的扣划行为属于重复执行时，没有即时进行纠正，导致张某娥的银行存款在该院银行账户上无故停留九个多月的执行行为确有错误，张某娥要求赔偿法院扣划期间存款利息损失的请求符合申请国家赔偿的条件，决定：渝北区法院支付赔偿请求人张某娥相当于按351863元本金计算的2009年11月17日至2010

年 8 月 30 日期间的银行同期存款利息的赔偿金。因赔偿义务机关与赔偿请求人张某娥已庭外自行和解达成协议，决定准予赔偿请求人张某娥撤回赔偿申请。

【典型意义】

修正的《国家赔偿法》施行后，对于原需要单独确认程序认定的事项，应适用“确赔合一”审理模式，即人民法院赔偿委员会在非刑事司法赔偿案件审查中，对人民法院是否存在违法情形、是否给赔偿请求人造成损失、是否应予赔偿及赔偿数额、标准等一并予以审查；人民法院赔偿委员会在其赔偿决定中应当对案件是否存在法律规定的违法侵权情形，是否构成国家赔偿责任，以及赔偿事项及标准等一并进行认定及论证理由。

本案中，受委托执行的法院实际采取执行措施，在其收到终结执行通知后未及时履职，拖延将扣划款项返还赔偿请求人，并造成赔偿请求人的利息损失。《国家赔偿法》第三十六条第七项规定：“返还执行的罚款或者罚金、追缴或者没收的金钱，解除冻结的存款或者汇款的，应当支付银行同期存款利息。”受委托执行法院应对其扣划期间给赔偿请求人造成的利息损失予以赔偿。

高某乾申请确认河南省登封市人民法院违法拘留案

《最高人民法院办公厅关于印发非刑事司法
赔偿典型案例的通知》第 10 号
2013 年 12 月 18 日

【案情摘要】

张某伟诉高某乾人身损害赔偿纠纷一案，河南省登封市人民法院（以下简称登封法院）判决高某乾赔偿原告医疗费、误工费、护理费等 1734.14 元。判决生效后，张某伟申请执行，登封法院强制执行高某乾人民币 500 元。高某乾两次保证还款但均未履行。2004 年 1 月 12 日，登封法院以高某乾拒不履行生效法律文书所确定的义务为由，决定对高某乾拘留 15 日，后于 1 月 21 日提前解除对高某乾的拘留，对其实际拘留 10 日。嗣后，高某乾对原生效民事判决不服申请再审。案件经启动再审程序发回登封法院重审后，张某伟申请撤回起诉。

高某乾以登封法院违法拘留为由，向郑州市中级人民法院提出确认申请。郑州市中级人民法院、河南省高级人民法院经审理，均以民事判决虽被撤销，但登封法院在对高某乾采取强制执行措施时，存在合法的执行依据，高某乾不履行该法律文书确定的义务，登封法院对其采取拘留措施符合法律规定为由，裁定对登封法院的拘留行为不予确认违法。

高某乾不服，向最高人民法院提出申诉。最高人民法院审理认为，原二审判决生效后，该判决即对案件双方当事人具有法律约束力。在高某乾经人民法院多次催促及先后两次保证支付余款但均未履行的情况下，登封法院以其拒不履行生效法律文书确定的义务为由，对其采取司法拘留措施并无不当。该案经再审虽以撤诉告终，但并不意味着登封法院基于原生效判决采取的强制执行及司法拘留措施违法。据此裁定驳回高某乾的申诉。

【典型意义】

民事诉讼中的强制措施作为维护民事判决既判力和法律权威的合法手段，有其独立价值。生效判决在其被依法变更以前，对于案件当事人具有法律效力。当事人对生效判决存有异议，可通过合法渠道寻求救济。1991 年《民事诉讼法》第一百七十八条规定：“当事人对已发生法律效力的判决、裁定，认为有错误的，可以向原审人民法院或者上一级人民法院申请再审，但不停止判决、裁定的执行。”对于当事人拒不履行生效判决确定义务，或具有其他违法行为符合《民事诉讼法》关于采取拘留措施条件的，人民法院决定采取拘留措施于法有据。该措施之合法性不因作为执行依据的生效判决被依法改判而发生变化。因此，对于司法拘留、罚款等强制措施是否属于《国家赔偿法》第三十八条规定范围之审查，应适用违法归责原则，而非结果归责原则。

张某、张某平申请浙江省高级人民法院再审无罪赔偿案

《最高人民法院公布七起保障民生典型案例》第 5 号

2014 年 2 月 17 日

【基本案情】

张某、张某平（张某之叔）因涉及 2003 年发生在杭州的一起强奸致死案，被判决犯强奸罪并分别被判处死刑、缓期二年执行和有期徒刑十五年。案经再审，浙江省高级人民法院（以下简称浙江高院）于 2013 年 3 月 26 日公开宣判，撤销原一、二审判决，宣告张某、张某平无罪。2013 年 5 月 2 日，张某、张某平分别向浙江高院递交国家赔偿申请，请求赔偿合计 266 万元，其中人身自由赔偿金 120 万元，精神损害抚慰金 120 万元，财产损失 16 万元，律师费 10 万元。

【裁判结果】

浙江高院经审查认为，张某、张某平自 2003 年 5 月 23 日被刑事拘留至 2013 年 3 月 26 日经再审无罪释放，各被限制人身自由 3596 天，应由该院按照法定标准赔偿人身自由赔偿金并综合考虑两人被错误定罪量刑、刑罚执行和工作生活受影响等具体情况酌定精神损害抚慰金。据此，该院于 2013 年 5 月 17 日作出国家赔偿决定，赔偿张某、张某平人身自由赔偿金各 65.57306 万元，精神损害抚慰金各 45 万元。

【典型意义】

本案系 2013 年社会各界高度关注的刑事冤错赔偿案件，审理期间和赔偿决定作出后，各大媒体、网站均予跟踪报道评论。浙江省高级人民法院作为赔偿义务机关，在依法及时充分赔偿的同时，针对张某、张某平所提困难补助申请积极进行人道补偿救助，叔侄二人服判息诉，未向最高人民法院赔偿委员会申请作出国家赔偿决定。

1. 依法及时赔偿，让公平正义得以高效实现。为尽快实现赔偿请求人的合法权益，《国家赔偿法》为赔偿义务机关自赔程序设定了两个月的期限。本

案中，浙江高院一方面于再审改判后即向张某、张某平公开道歉，另一方面于收到赔偿申请的当日即予立案并派人听取了两人的意见，15日后即最高人民法院发布《关于2013年作出的国家赔偿决定涉及侵犯公民人身自由权赔偿金标准的通知》之日作出国家赔偿决定，依法及时地保障了两人的合法权益，社会反响普遍较好，被网民、法律界人士评价为“赔得快也是一种正义”“赔得快对蒙冤者也是一种慰藉”等。

2. 依法充分赔偿，体现了以人为本的司法关怀。为适应我国经济社会发展水平，《国家赔偿法》实行法定赔偿，只对属于法定范围且符合法定条件的赔偿项目按照法定标准计算赔偿金，例外项目如精神损害抚慰金允许自由裁量。本案中，浙江高院自始即确定了用好用足现有法律规定的工作思路，对属于国家赔偿范围的赔偿请求，按照法定标准确定人身自由赔偿金，并根据当地经济发展水平，综合张某、张某平被错误定罪量刑、刑罚执行和工作生活受影响等具体情况，依法酌定了精神损害抚慰金，体现了以人为本的司法关怀。

3. “改、赔、补”紧密衔接，实现了法律效果和社会效果的有机统一。在本案再审期间，浙江高院即根据案件进展拟定了初步的国家赔偿方案和补偿救助方案。再审改判无罪且张某、张某平提出国家赔偿申请后，国家赔偿工作即快速启动并及时办结，补偿救助问题亦同步研究并在赔偿处理后期特别是结案后即紧锣密鼓开展，三项工作衔接紧密，有效促成了张某、张某平服判息诉，实现了法律效果和社会效果的有机统一，为其他冤错赔偿案件的处理，起到了引领示范作用。

程某华申请大观区人民法院再审无罪国家赔偿案

《最高人民法院、最高人民检察院公布8起刑事赔偿典型案例》第1号

2016年1月7日

【基本案情】

2006年4月27日，安徽省安庆某有限公司原董事长、总经理程某华因涉嫌贪污罪被安庆市大观区人民检察院刑事拘留，同年5月11日被决定逮捕，

同月 30 日被取保候审。2007 年 7 月 31 日，大观区人民法院认定程某华犯职务侵占罪，判决免予刑事处罚。程某华未提出上诉，判决生效。2011 年 7 月 6 日，安庆市中级人民法院再审判决程某华无罪。

【处理结果】

程某华以无罪被羁押 34 天为由，向大观区人民法院提出国家赔偿申请，大观区人民法院逾期未作决定。程某华向安庆市中级人民法院赔偿委员会申请作出赔偿决定。2014 年 7 月 23 日，安庆市中级人民法院赔偿委员会以大观区人民法院判决免予刑事处罚，未实际侵犯人身自由权为由，决定驳回程某华的国家赔偿申请。程某华向安庆市人民检察院提出赔偿监督申请。安庆市人民检察院认为该国家赔偿决定书适用法律错误，遂提请安徽省人民检察院依法监督。2015 年 6 月 19 日，安徽省人民检察院依据《国家赔偿法》第三十条第三款之规定，向安徽省高级人民法院赔偿委员会提出重新审查意见。2015 年 9 月 6 日，安徽省高级人民法院赔偿委员会作出赔偿决定：撤销安庆市中级人民法院赔偿委员会的国家赔偿决定；安庆市大观区人民法院支付程某华人身自由赔偿金 7470. 48 元；安庆市大观区人民法院在侵权影响范围内，为程某华恢复名誉，并支付精神损害抚慰金 1200 元。

【典型意义】

本案是关于赔偿义务机关后置设定的案件。本案中，安庆市中级人民法院赔偿委员会作出决定时，仅评价免予刑事处罚未实际侵犯程某华人身自由权，未对前期的拘留、逮捕羁押行为进行评价，不符合《国家赔偿法》第二十一条确定的后置吸收赔偿原则。安徽省人民检察院依法提出监督意见，安徽省高级人民法院赔偿委员会依法纠正原违法不当的赔偿决定，维护了赔偿请求人程某华的合法权益，实现了较好的法律效果和社会效果。

蒙某争申请青秀区人民检察院无罪逮捕国家赔偿案

《最高人民法院、最高人民检察院公布8起
刑事赔偿典型案例》第2号
2016年1月7日

【基本案情】

2013年4月5日，蒙某争因涉嫌盗窃罪被南宁市公安局南湖分局刑事拘留，同月28日，被南宁市青秀区人民检察院批准逮捕。同年6月27日，南宁市公安局南湖分局移送青秀区人民检察院审查起诉。2014年1月9日，青秀区人民检察院以事实不清、证据不足为由，依据《刑事诉讼法》第一百七十一条第四款的规定，决定对蒙某争不起诉。

【处理结果】

2014年2月8日，蒙某争以无罪逮捕被错误关押为由，向青秀区人民检察院提出国家赔偿申请。青秀区人民检察院认为，蒙某争在审查批捕阶段作出虚假供述，承认其在公安机关所作供述是真实的，导致作出批捕决定，属于《国家赔偿法》第十九条第一款规定的情形，决定不予赔偿。蒙某争向南宁市人民检察院提出复议。2014年6月13日，南宁市人民检察院作出复议决定，认为公安机关提取证据存在瑕疵，在此期间蒙某争所作的有罪供述应予排除，不应认定为其故意作虚假供述，蒙某争请求赔偿的事项属于《国家赔偿法》第十七条第二款规定的赔偿范围；决定撤销青秀区人民检察院刑事赔偿决定书，青秀区人民检察院支付蒙某争人身自由赔偿金55992.51元。

【典型意义】

本案是关于免责条款适用的国家赔偿案件。本案中，赔偿请求人蒙某争提出赔偿申请后，赔偿义务机关南宁市青秀区人民检察院认为，蒙某争在审查批捕阶段作出虚假有罪供述，导致作出批捕决定，属于《国家赔偿法》第十九条第一项规定的情形。上述认定忽视了有罪供述与故意作虚伪供述在认识因素和意志因素等方面的重要区别。即，青秀区人民检察院不能把曾经作过有罪供述一概认定为故意作虚伪供述，只有查明行为人主观上确实出于故意，并作出了与客观真相相反的供述，才能依法认定为故意作虚伪供述。实践中，赔偿义务机关主张依据《国家赔偿法》第十九条第一项的情形免除赔偿责任的，应当就该免责事由的成立承担举证责任。

朱某机申请徐闻县人民检察院无罪逮捕国家赔偿案

《最高人民法院、最高人民检察院公布 8 起刑事赔偿典型案例》第 3 号

2016 年 1 月 7 日

【基本案情】

2012 年 7 月 17 日，朱某机因涉嫌故意伤害罪被徐闻县公安局刑事拘留，同月 27 日被徐闻县人民检察院批准逮捕。同年 8 月 3 日，徐闻县公安局将该案移送徐闻县人民检察院审查起诉，同月 20 日，徐闻县人民检察院向徐闻县人民法院提起公诉。2013 年 1 月 10 日，徐闻县人民检察院撤回起诉，同月 11 日，徐闻县人民法院裁定准许徐闻人民检察院撤回起诉；同月 21 日，徐闻县公安局向徐闻县人民检察院申请撤回该案；同月 22 日，徐闻县人民检察院同意徐闻县公安局撤回案件。同年 2 月 8 日，徐闻县公安局对朱某机变更强制措施为取保候审。

【处理结果】

2014 年 7 月 17 日，朱某机向徐闻县人民检察院提出国家赔偿申请，认为该院违法行使职权，对其合法权益造成损害。同月 21 日，徐闻县人民检察院以公安机关尚未撤销朱某机涉嫌故意伤害案，刑事诉讼程序未终结，不符合国家赔偿立案条件为由，决定不予立案。同年 10 月 13 日，朱某机向湛江市人民检察院申请复议。2014 年 12 月 12 日，湛江市人民检察院作出复议决定，认为根据《人民检察院刑事诉讼规则（试行）》第四百五十九条的规定，徐闻县人民检察院以“事实、证据有变化”为由向徐闻县人民法院撤回对朱某机涉嫌故意伤害罪一案的起诉，应当在撤回起诉后 30 日以内对朱某机作出不起诉决定。徐闻县人民检察院逾期没有依法对朱某机作出不起诉决定，根据

法律规定，可视为本案刑事诉讼程序已经终结。徐闻县人民检察院认为本案刑事诉讼程序尚未终结，朱某机的赔偿申请不符合国家赔偿条件的决定不当；并决定徐闻县人民检察院支付朱某机人身自由赔偿金41542.83元；徐闻县人民检察院在侵权行为影响的范围内，为朱某机消除影响、恢复名誉、赔礼道歉。

【典型意义】

本案是关于认定撤回起诉后终止追究刑事责任的国家赔偿案件。本案中，赔偿请求人朱某机被变更强制措施为取保候审，期满后超过一年多的时间，原案仍未依法作出终结性结论，导致不能启动国家赔偿程序。复议机关湛江市人民检察院依法认定原案刑事诉讼程序已视为终结，并及时作出复议决定，保障了赔偿请求人依法取得国家赔偿的权利，对于规范执法行为也发挥了积极的引导和促进作用。案件处理符合此次发布的《最高人民法院、最高人民检察院关于办理刑事赔偿案件适用法律若干问题的解释》精神。

胡某杰申请濮阳市中级人民法院重审无罪国家赔偿案

《最高人民法院、最高人民检察院公布8起
刑事赔偿典型案例》第4号
2016年1月7日

【基本案情】

胡某杰因涉嫌故意杀人罪于2002年3月23日被刑事拘留，同年4月17日被逮捕。在检察机关提起公诉后，濮阳市中级人民法院（以下简称濮阳中院）以犯故意杀人罪四次判处胡某杰死刑、缓期二年执行，但均被二审法院撤销原判，发回重审。在第四次重审期间，检察机关于2010年12月29日决定撤回起诉，濮阳中院裁定予以准许。获准撤诉后，检察机关又将案件退回公安机关补充侦查，公安机关随即将胡某杰释放并变更强制措施为监视居住。2011年7月19日监视居住期满后，胡某杰未再被采取强制措施，实际被羁押3225天。

【处理结果】

胡某杰于 2011 年 12 月 13 日向濮阳中级法院申请国家赔偿，该院不予受理。胡某杰向河南省高级人民法院赔偿委员会申请作出国家赔偿决定，该院赔偿委员会认为刑事案件发回重审过程中，检察机关撤回起诉后，没有在法定期限内再行起诉的，赔偿请求人有权依法申请国家赔偿，据此决定撤销濮阳中院不予受理案件通知，指令该院予以受理。濮阳中院受理后认为："申请刑事赔偿要以刑事诉讼程序终结为先决条件……胡某杰是在刑事诉讼程序中因羁押期限内不能结案被释放，并因其案件不能在法定期限内办结，需要继续侦查被监视居住，后因监视居住期间届满又被解除监视居住，不能确认胡某杰所涉及的刑事案件程序已经终结，也不能确认胡某杰与其涉及的刑事案件无关。胡某杰不符合申请国家赔偿的条件。"据此，该院于 2013 年 3 月 21 日作出〔2012〕濮中法赔字第 3 号决定，驳回胡某杰的国家赔偿申请。胡某杰再次申请河南省高级人民法院赔偿委员会作出国家赔偿决定，该院赔偿委员会审理后于 2015 年 11 月 16 日作出决定：一、撤销濮阳中院〔2012〕濮中法赔字第 3 号决定书；二、濮阳中院按照 2014 年度国家职工日平均工资标准（219.72 元）赔偿胡某杰被羁押 3225 天的赔偿金 70.8597 万元；三、濮阳中院赔偿胡某杰精神损害抚慰金 15 万元；四、濮阳中院在胡某杰户籍所在乡以公告形式为其消除影响、恢复名誉、赔礼道歉。

【典型意义】

本案是关于发回重审后被认定构成终止追究刑事责任情形的国家赔偿案件。本案中，胡某杰因涉嫌故意杀人罪被刑事拘留、逮捕，四次被以犯故意杀人罪判处死刑、缓期二年执行，但均被二审法院撤销原判，发回重审。在第四次重审期间，检察机关撤回起诉获得准许后，又将案件退回公安机关补充侦查，公安机关随后将胡某杰释放并变更强制措施为监视居住，监视居住期满后也未再采取强制措施。从保护公民合法权益的宗旨出发，重审期间濮阳中院准许检察机关撤回对胡某杰的起诉，此后检察机关长达数年未重新起诉，应认定为对胡某杰的刑事诉讼程序已经终结，胡某杰有权申请国家赔偿。濮阳中院处理自赔案件中以"不能确认胡某杰所涉及的刑事案件程序已经终结，也不能确认胡某杰与其涉及的刑事案件无关"为由驳回胡某杰的赔偿申请，使胡某杰陷入刑事案件终结无期，申请赔偿受理无望的程序困境。河南省高级人民法院对此予以纠正，为遭遇程序梗阻不能获得国家赔偿的公民提供了有效的程序救济和权利保障，与《关于办理刑事赔偿案件适用法律若干问题的解释》关于认定“属于终止追究刑事责任情形”的规定一致，体现了《国家赔偿法》救济权利、保障人权、规范公权的立法精神。

杨某琴、王某申申请辽中县人民检察院刑事违法扣押国家赔偿案

《最高人民法院、最高人民检察院公布8起刑事赔偿典型案例》第5号

2016年1月7日

【基本案情】

1992年7、8月间，王某成（已故，系共同赔偿请求人杨某琴的丈夫、王某申的父亲）与辽中县某供销社口头达成承包经营该社废旧物收购站的协议，双方约定了经营范围、方式、纳税及利润分配等问题，明确由辽宁省辽中县某供销社提供经营执照及银行账户，其后王某成按约定交纳了销售额的3%。1993年4月3日，辽宁省辽中县人民检察院（以下简称辽中县检察院）以王某成涉嫌偷税为由对其刑事拘留，同月17日决定对其取保候审并予以释放。王某成被限制人身自由15天。经辽中县检察院委托沈阳市税务咨询事务所鉴定，认定王某成属无证经营，其行为构成偷税。1994年3月3日，辽中县人民检察院向辽中县人民法院提起公诉。同年6月6日，辽中县人民法院以事实不清、证据不足为由，退回辽中县人民检察院补充侦查。经补充侦查，辽中县检察院认为王某成不是独立纳税人，非纳税主体，纳税申报应是作为企业法人的供销社的义务，因此王某成不能被认为无证经营，亦不构成偷税罪，决定撤销此案。王某成向辽中县人民检察院申请退回收缴的税款，该院以已经上缴税务机关为由不予退还。2007年7月13日，王某成病故。其后，王某成的妻子杨某琴作为王某成的继承人向辽中县检察院申请国家赔偿。另，王某成涉嫌偷税案侦办过程中，辽中县人民检察院先后三次从辽中县某供销社账户扣划的125681元为王某成所有。辽中县检察院先后七次共扣押、扣划王某成168681元，除去退还7500元，共有161181元未返还。

【处理结果】

辽中县检察院作出辽检刑赔字〔2012〕1 号刑事赔偿决定，决定返还扣押的税款 47500 元；赔偿王某成被羁押期间的误工费 2439. 75 元。杨某琴不服，向沈阳市人民检察院申请复议，沈阳市人民检察院逾期未作决定，杨某琴遂向沈阳市中级人民法院赔偿委员会申请作出赔偿决定。该院作出〔2013〕沈中委赔字第 4 号决定，维持辽中县检察院赔偿王某成被羁押期间的误工费 2439. 75 元、返还扣押的税款 47500 元的决定；增加返还杨某琴 47500 元的利息和精神损害抚慰金 1000 元。杨某琴向辽宁省高级人民法院提出申诉，辽宁省高级人民法院赔偿委员会〔2013〕辽法委赔监字第 30 号驳回申诉通知驳回了杨某琴申诉。其后，最高人民法院赔偿委员会作出〔2014〕赔监字第 25 号决定，决定对本案进行直接审理，并作出〔2014〕赔监字第 25 号国家赔偿决定，维持辽中县检察院赔偿王某成人身自由赔偿金 2439. 75 元和精神损害抚慰金 1000 元的决定；决定由辽中县检察院赔偿杨某琴、王某申 161181 元及利息。

【典型意义】

本案是关于刑事违法扣押赔偿的案件。辽中县检察院在侦查王某成偷税案时扣押了其钱款，后因不构成偷税罪而撤销案件，但当时划扣的钱款一直未予返还。此种情形，即刑事案件终结后，办案机关不予返还扣押财产，属于《国家赔偿法》第十八条规定的侵犯财产权的刑事赔偿范围。本案检察机关以收缴的财产已上缴税务机关为由不予返还，理由不能成立。本案的处理，与《关于办理刑事赔偿案件适用法律若干问题的解释》第三条的规定精神相一致，体现了《国家赔偿法》保护合法财产权利的权利救济法本质，也体现了规范公权力行使的国家治理功能。

陈某国、刘某德申请桐庐县公安局违法刑事拘留国家赔偿案

《最高人民法院、最高人民检察院公布8起刑事赔偿典型案例》第6号
2016年1月7日

【基本案情】

2010年10月1日晚，原浙江省桐庐县金某笔业有限公司董事长杨某平因行车问题，在其公司大门口与桐庐县分水镇胡某力等人发生纠纷。双方因口角不合，从言语争执发展到肢体冲突。杨某平叫来员工叶某华、陈某国、刘某德等人，对胡某力等人进行滋事殴打。经鉴定，胡某力等人被殴打致轻伤、轻微伤不等。2010年10月2日，陈某国、刘某德因涉嫌殴打他人被传唤至桐庐县公安局分水派出所。10月3日，桐庐县公安局将杨某平等人寻衅滋事行为刑事立案，并于同日决定对陈某国、刘某德刑事拘留。2010年10月6日，桐庐县公安局在进一步侦查后，以证据不足为由解除对陈某国、刘某德的刑事强制措施，并撤销对二人的刑事立案。

【处理结果】

杭州市中级人民法院赔偿委员会经审理认为，根据《刑法》第二百九十三条之规定，寻衅滋事罪的客观要件为：“（一）随意殴打他人，情节恶劣的……”据此规定，情节恶劣的殴打他人的行为构成寻衅滋事罪。根据《刑事诉讼法》第六十一条（注：修正后为第八十条）第二项之规定，公安机关对于现行犯或者重大嫌疑分子，如果有被害人或者在场亲眼看见的人指认他犯罪的，可以先行刑事拘留，即先行拘留须以被拘留人系现行犯或重大嫌疑分子为前提。本案中，陈某国、刘某德不属于上述情形，因而桐庐县公安局将陈某国、刘某德刑事拘留主要证据不足，该刑事拘留决定违反了《刑事诉讼法》的规定，应当承担赔偿责任。决定：一、分别撤销赔偿义务机关桐庐县公安局的刑事赔偿决定和杭州市公安局的刑事赔偿复议决定。二、赔偿义务机关桐庐县公安局赔偿侵犯陈某国、刘某德人身自由权4天的赔偿金。

【典型意义】

本案是关于违法刑事拘留审查判断标准的国家赔偿案件。人民法院赔偿委员会在审查判断刑事拘留决定是否违法时，既要对办案机关采取强制措施的程序是否合法进行审查，也要对采取该强制措施的条件是否合法进行实质审查。根据刑事诉讼法的规定，公安机关对于现行犯或者重大嫌疑分子，如果有被害人或者在场亲眼看见的人指认他犯罪的，可以先行拘留。本案中，人民法院赔偿委员会经实质审查，认为陈某国、刘某德不属于现行犯或重大嫌疑分子，桐庐县公安局将陈某国、刘某德刑事拘留主要证据不足，该刑事拘留决定违反了《刑事诉讼法》规定的条件。据此，受害人有取得国家赔偿的权利。

黄某申请福建省高级人民法院再审无罪国家赔偿案

《最高人民法院、最高人民检察院公布 8 起
刑事赔偿典型案例》第 7 号
2016 年 1 月 7 日

【基本案情】

1998 年 3 月 2 日，福建省福州市人民检察院指控黄某等人犯绑架罪、非法拘禁罪，向福建省福州市中级人民法院（以下简称福州中院）提起公诉。福州中院于 1998 年 11 月 6 日及 2000 年 4 月 11 日两次作出有罪判决。经福建省高级人民法院两次裁定发回重审，福州中院于 2002 年 8 月 22 日作出刑事附带民事判决，认定黄某犯绑架罪，判处死刑，缓期二年执行，犯非法拘禁罪，判处有期徒刑三年，合并决定执行死刑，缓期二年执行。2006 年 11 月 25 日，福建省高级人民法院作出刑事附带民事裁定，驳回上诉、维持原判。因被告人及其亲属申诉，福建省高级人民法院经审查后提起再审。2015 年 5 月 29 日，福建省高级人民法院作出〔2015〕闽刑再终字第 3 号刑事附带民事判决，认定黄某不构成绑架罪，判决：一、维持原审关于非法拘禁罪部分的判决，即原审被告人黄某犯非法拘禁罪，判处有期徒刑三年；二、撤销原审关于绑架罪部分的判决。黄某于当日被释放。其后，黄某以再审无罪为由，提出国

家赔偿申请。

自1996年6月2日被羁押至2015年5月29日获释，黄某共被完全限制人身自由6936天。扣除其因非法拘禁罪被判处的三年刑期后，其被完全限制人身自由天数为5841天。

【处理结果】

在国家赔偿案件办理过程中，福建省高级人民法院与赔偿请求人黄某就其提出的国家赔偿申请事项多次进行协商，通过协商，黄某对国家赔偿的法定性、抚慰性表示理解与认同，对福建省高级人民法院在协调过程中进行的赔礼道歉，亦表示接受。为此，双方依法达成赔偿协议。福建省高级人民法院决定支付黄某人身自由赔偿金1283384.52元，精神损害抚慰金58万元，共计1863384.52元，并在侵权行为影响的范围内为黄某消除影响，恢复名誉。

【典型意义】

本案是关于数罪并罚中个罪被改判无罪的国家赔偿案件。本案中，福建省高级人民法院的刑事附带民事判决，维持原审关于非法拘禁罪部分的判决，撤销原审关于绑架罪部分的判决。《国家赔偿法》第十七条第三项规定，依照审判监督程序再审改判无罪，原判刑罚已经执行的，受害人有取得赔偿的权利。这一规定应理解为是针对具体个罪而言的，黄某绑架罪被撤销，应当认定为属于再审改判无罪。因监禁期限超出再审判决确定的刑期，黄某对超期监禁部分有取得国家赔偿的权利。

滕某刚申请吉林省四平监狱违法不作为国家赔偿案

《最高人民法院、最高人民检察院公布8起
刑事赔偿典型案例》第8号
2016年1月7日

【基本案情】

赔偿请求人滕某刚因犯盗窃、抢劫罪于1996年被判处有期徒刑十六年，后在四平监狱服刑。1999年12月30日，滕某刚与吴某海、刘某新、孟某友

(均为服刑人员) 4 人被临时安排组成一个相互监督的互包组，在该监区内的水泥生产加工场地做推煤工作。其间，滕某刚等 3 人与吴某海因发生口角。后4 人擅离岗位到主控室休息。当日 5 时左右，吴某海趁滕某刚等3 人熟睡之机，拿起室内砸煤用的铁钎，向滕某刚等 3 人头部连续击打数下，发现 3 人没有反应后，认为 3 人已死亡，遂从该二楼窗外铁梯爬到楼顶欲跳楼自杀。当日 5 时许，3 人被发现受伤，四平监狱管教员及其他监狱管理人员赶到现场后，组织对伤员进行了救治，并于当日 22 时 45 分，将吴某海抓获。滕某刚后经吉林三源司法鉴定所鉴定为：脑软化灶形成左侧肢体偏瘫，肌力四级，属七级伤残；颅脑缺损 160 平方厘米，属九级伤残。修复颅骨费用约 5620 元至 21000 元之间属合理。后吴某海被四平市中级人民法院以故意杀人罪判处死刑。

【处理结果】

吉林省高级人民法院赔偿委员会审理认为，本案四平监狱劳动现场存在安全问题，监狱干警监管措施不到位，根据相关规定结合本案案情，可以确定四平监狱在监管上存在一定的不作为情形。根据《国家赔偿法》及相关规定，四平监狱应当承担一定比例的赔偿责任。因本案中滕某刚所受伤害系吴某海直接造成，另滕某刚在受伤前亦随同其他服刑人员擅自脱离推煤岗位，其自身亦有一定违规之处，故根据本案具体情况，吉林省高级人民法院赔偿委员会确定由四平监狱承担 30% 的监管不作为责任。决定由四平监狱向赔偿请求人滕某刚支付国家赔偿款总计人民币 136519. 11 元。

【典型意义】

本案是关于监狱管理机关怠于履行职责而承担国家赔偿责任的案件。监狱管理机关对其看管的服刑人员，具有法定的监管职责，如其怠于行使该职责，造成服刑人员的损害，即使损害系其他服刑人员的加害行为直接造成，监狱管理机关亦应就其不作为行为对造成损害结果所起的作用，结合其过错程度，承担一定比例的国家赔偿责任。

北某公司申请刑事违法扣押赔偿案

《最高人民法院发布人民法院充分发挥审判职能作用保护产权和企业家合法权益典型案例》第1号

2018年1月30日

【基本案情】

2008年，辽宁省公安厅根据举报线索，组成专案组对沈阳市于洪区兰胜台村村干部黄某等人涉黑犯罪立案侦查。侦查期间，除发现黄某等人犯罪行为外，还发现与该村联合进行村屯改造的北某房地产开发有限公司（以下简称北某公司）涉嫌毁损财务文件、非法占用农用地等犯罪行为，辽宁省公安厅遂扣押、调取了北某公司100余册财务文件，并扣押其人民币2000万元。此案经辽宁省本溪市中级人民法院审理，黄某等人分别被以贪污罪、非法转让土地使用权罪、故意毁坏财物罪定罪处罚，北某公司2名财务人员被以隐匿会计凭证罪定罪处罚，北某公司及其实际控制人、原法定代表人被以非法占用农用地罪定罪免刑。对前述扣押财物，刑事判决未作出认定和处理。

刑事判决生效后，北某公司申请辽宁省公安厅解除扣押、返还财物并赔偿损失。辽宁省公安厅逾期未作出处理决定，北某公司向公安部申请复议。公安部复议认为，北某公司的请求符合法定赔偿情形，遂责令辽宁省公安厅限期作出赔偿决定。辽宁省公安厅没有履行该决定。北某公司遂向我院赔偿委员会提出申请，请求：由辽宁省公安厅解除扣押，返还财务文件和2000万元，赔偿利息损失869万余元。

【裁判结果】

本案赔偿请求人沈阳北某公司涉案土地属于镉污染地且后期已补办相关手续，本溪市中级人民法院刑事判决认定北某公司及其责任人员构成非法占用农用地罪，但免予刑事处罚，此后，辽宁省公安厅继续扣押北某公司有关款项及财务账册，就丧失了法律依据。

经合议庭主持协商，赔偿请求人北某公司与赔偿义务机关辽宁省公安厅先就返还案涉财务文件达成协议，并于2015年12月1日实际履行完毕；此后又达成协议由辽宁省公安厅于 30 日内返还侦查期间扣押的 2000 万元，并支付相应的利息损失 83 万元。最高人民法院赔偿委员会审查认为，上述协议不违反法律规定，遂依照《最高人民法院关于人民法院赔偿委员会审理国家赔偿案件程序的规定》第十一条的规定，决定：一、辽宁省公安厅向沈阳北某房地产开发有限公司返还侦查期间扣押、调取的该公司财务文件；二、辽宁省公安厅于本决定生效后 30 日内向沈阳北某房地产开发有限公司返还侦查期间扣押的 2000 万元人民币，并支付相应的利息损失 83 万元。

【典型意义】

毫不动摇鼓励、支持、引导非公有制经济发展，保证各种所有制经济依法同等受到法律保护，支持民营企业发展，激发各类市场主体活力，是党的十八大和十九大报告提出的关于加快完善社会主义市场经济体制的重要内容。依法保护产权，应当历史、辩证地看待企业特别是民营企业发展中的不规范行为，严格规范涉案财产处置的法律程序，妥善处理历史形成的产权案件。北某案的圆满审结，生动展示了人民法院依法保护产权、平等对待各类市场主体的坚定决心和鲜明态度，突出展示了国家赔偿在监督和倒逼司法机关依法行使职权、恢复和提升司法机关公信方面的积极作用。今后，我们将进一步加大国家赔偿审判工作力度，努力让人民群众在每一个国家赔偿案件中感受到公平正义。

另外，本案的程序意义也很突出。本案案情重大复杂，赔偿请求人和赔偿义务机关均在沈阳，主要证据也在沈阳，为方便当事人活动，最高人民法院副院长、二级大法官陶凯元决定担任审判长并与合议庭全体成员远赴设在沈阳的最高人民法院第二巡回法庭公开质证、组织协商。公安部对本案高度重视，在刑事赔偿复议阶段即明确认定辽宁省公安厅的刑事扣押行为违法，为最高人民法院后续审理提供了有力支持，充分体现了公安部与最高人民法院在落实产权保护政策上的共识。此外，本案当事人当庭达成赔偿协议，最高人民法院赔偿委员会运用远程视频手段组织讨论、作出决定并由合议庭当庭宣布决定，保证了上百本账册及 2000 余万元扣押款本息得以及时返还，解决了北某公司的燃眉之急，公司经营逐步回到正常轨道，该公司实际控制人向最高人民法院赠送了“青天有鉴”等感谢字幅，代理律师亦专门撰文赞扬最高人民法院对本案的公正审理。北某案圆满审结，应该说是人民法院、公安机关、赔偿请求人通力合作的结果，突出体现了最高人民法院巡回办案的公正性、高效性和权威性，有助于构建开放、动态、透明、便民的阳光司法机制，增进公众对司法的了解、信赖和监督。

许某某诉金华市婺城区人民政府行政强制及行政赔偿案

《最高人民法院发布人民法院充分发挥审判职能作用保护产权和企业家合法权益典型案例》第2号

2018年1月30日

【基本案情】

2001年7月，因浙江省金华市婺城区后溪街西区地块改造及“两街”整合区块改造项目建设需要，原金华市房地产管理局向金华市城某开发有限公司颁发了房屋拆迁许可证，许某某位于金华市婺城区五一路迎宾巷8号、9号的房屋被纳入上述拆迁许可证的拆迁红线范围。但拆迁人在拆迁许可证规定的期限内一直未实施拆迁。2014年8月31日，婺城区政府发布《婺城区人民政府关于二七区块旧城改造房屋征收范围的公告》，明确对二七区块范围实施改造，公布了房屋征收范围图，许某某房屋所在的迎宾巷区块位于征收范围内。2014年10月26日，婺城区政府发布了房屋征收决定，案涉房屋被纳入征收决定范围。但该房屋于婺城区政府作出征收决定前的2014年9月26日即被拆除。许某某提起行政诉讼，请求确认婺城区政府强制拆除其房屋的行政行为违法，同时提出包括房屋损失、停产停业损失、物品损失在内的三项行政赔偿请求。

【裁判结果】

浙江省金华市中级人民法院一审认为，许某某未与房屋征收部门达成补偿协议，也未明确同意将案涉房屋腾空并交付拆除。在此情形下，婺城区政府依法应对许某某作出补偿决定后，通过申请人民法院强制执行的方式强制搬迁，而不能直接将案涉房屋拆除。婺城区政府主张案涉房屋系案外人“误拆”证据不足且与事实不符。鉴于案涉房屋已纳入征收范围，房屋已无恢复原状的可能性和必要性，宜由婺城区政府参照征收补偿安置方案作出赔偿。

遂判决确认婺城区政府强制拆除房屋行政行为违法，责令婺城区政府于判决生效之日起 60 日内参照《婺城区二七区块旧城改造房屋征收补偿方案》对许某某作出赔偿。

浙江省高级人民法院二审认为，案涉房屋虽被婺城区政府违法拆除，但该房屋被纳入征收范围后，仍可通过征收补偿程序获得补偿，许某某通过国家赔偿程序解决案涉房屋被违法拆除损失，缺乏法律依据。许某某提出要求赔偿每月 2 万元停产停业损失的请求，属于房屋征收补偿范围，可以通过征收补偿程序解决。至于许某某提出的赔偿财产损失 6 万元，因其没有提供相关财产损失的证据，不予支持。遂判决维持一审有关确认违法判项，撤销一审有关责令赔偿判项，驳回许某某的其他诉讼请求。

最高人民法院再审认为，本案虽然有婺城建筑公司主动承认“误拆”，但许某某提供的现场照片等证据均能证实强制拆除系政府主导下进行，婺城区政府主张强拆系民事侵权的理由不能成立，其应承担相应的赔偿责任。人民法院应当综合协调适用《国家赔偿法》《国有土地上房屋征收与补偿条例》的相关规定，依法、科学决定赔偿项目和赔偿数额，让被征收人得到的赔偿不低于其依照征收补偿方案应当获得、也可以获得的征收补偿，但国家赔偿与行政补偿相同的项目不得重复计付。具体而言，对于房屋损失的赔偿方式与赔偿标准问题，婺城区政府既可以用在改建地段或者就近地段提供类似房屋的方式予以赔偿，也可以根据作出赔偿决定时点有效的房地产市场评估价格计付赔偿款。鉴于案涉房屋已被拆除，房地产评估机构应当根据婺城区政府与许某某提供的原始资料，本着疑点利益归于产权人的原则，依法独立、客观、公正地出具评估报告。对于停产停业损失赔偿标准问题，如果许某某提供的营业执照、纳税证明等证据，能够证明其符合法律法规和当地规范性文件所确定的经营用房条件，则婺城区政府应当依法合理确定停产停业损失的金额并予以赔偿。对于屋内物品损失赔偿金额确定方式问题，婺城区政府可以根据市场行情，结合许某某经营的实际情况以及其所提供的现场照片、物品损失清单等，按照有利于许某某的原则酌情确定赔偿数额。遂判决维持原审关于确认婺城区政府强制拆除许某某房屋行政行为违法的判项；撤销一审责令婺城区政府参照《补偿方案》对许某某作出赔偿的判项；撤销二审驳回赔偿请求的判项；改判责令婺城区政府在本判决生效之日起 90 日内按照本判决对许某某依法予以行政赔偿。

【典型意义】

《国有土地上房屋征收与补偿条例》的颁布实施，为解决征收拆迁中的行政纠纷，实现国有土地上房屋征收补偿领域的“善治”，提供了良好的法律基础。被征收人与市、县级政府通过平等协商达成补偿协议后自愿搬迁已经成为常态，需要强制搬迁的越来越少。在婺城区政府分期分批对二七区块房屋进行征收补偿中，绝大多数被征收人在得到公平合理补偿及搬迁奖励后自愿搬迁，居住条件得到显著改善。在因建设快速公交等公共利益需要征收案涉区块包括许某某等22户1184平方米房屋，少数住户对补偿不满未自愿搬迁的情况下，婺城区政府本应依法分别作出征收决定、补偿决定，遵循先补偿、后搬迁原则，依法申请人民法院强制执行以实现强制搬迁。但在征收决定和补偿决定均未依法作出的情况下，婺城区二七区块改造工程指挥部即委托婺城某公司在拆除已签订补偿协议的邻居房屋时一并拆除了许某某房屋，侵犯了许某某的房屋产权。这样的事例具有一定普遍性，暴露了一些基层政府的法治意识不强，不善于用法治思维、法治方式和法律手段解决问题；也说明一些基层政府在征收补偿中未能做到效率与法治的统一，更多考虑行政效能，而忽视程序正义。婺城区政府在案涉房屋被拆除1个月之后才作出征收决定，至今未作出补偿决定，未给予许某某任何补偿，严重违反法定程序。由于婺城区二七区块改造工程指挥部是婺城区政府组建并赋予行政管理职能但不具有独立承担法律责任能力的临时机构，其违法侵权的责任应由婺城区政府承担。由于许某某在人民法院审理中始终主张应以在改建地段提供房屋的方式赔偿损失，故最高人民法院判决责令婺城区政府用在改建地段或者就近地段提供类似房屋的方式予以赔偿，或者以作出赔偿决定时的房地产市场评估价格为基准计付赔偿款；同时对许某某在合法的征收补偿程序中应当获得、也可以获得的可得利益损失一并予以赔偿。

本案再审判决，充分贯彻《中共中央国务院关于完善产权保护制度依法保护产权的意见》所规定的及时补偿、合理补偿和公平补偿的原则精神，体现有权必有责、违法须担责、侵权要赔偿、赔偿应全面的法治理念，明确宣示产权人因行政机关侵权所得到的赔偿不能低于依合法征收程序应得到的补偿。与此同时，本案再审判决充分发挥司法的评价、引导功能，加大对侵犯产权行为的监督力度，防范市、县级政府在违法强拆后利用补偿程序回避国家赔偿责任，从而促进行政机关自觉依法行政，从源头减少行政争议，既顺利推进公共利益建设，也确保房屋产权人得到公平合理补偿。

丹东益某投资有限公司申请丹东市中级人民法院错误执行国家赔偿案

《最高人民法院发布人民法院国家赔偿和司法救助典型案例》第 1 号

2018 年 11 月 13 日

【基本案情】

在益某公司诉辽宁省丹东市某厂借款纠纷一案中，丹东市中级人民法院根据益某公司的财产保全申请，裁定冻结某厂银行存款 1050 万元或查封其相应价值的财产，后查封丹东某厂的 6 宗土地。之后，丹东市中级人民法院判决丹东某厂于判决发生法律效力后 10 日内偿还益某公司欠款本金 422 万元及利息 6209022.76 元。案件执行过程中，丹东市国土资源局依据丹东市政府办公会议议定在《丹东日报》刊登将丹东某厂总厂土地挂牌出让公告，后丹东市中级人民法院裁定解除对某厂其中 3 宗土地的查封。随后，上述 6 宗土地被整体出让，出让款 4680 万元由某厂用于偿还职工内债、职工集资、医药费、普通债务等，但没有给付益某公司。2009 年起，益某公司多次向丹东市中级人民法院递交国家赔偿申请，请求赔偿本金 10429022.76 元及相应利息。丹东市中级人民法院于 2013 年 8 月 13 日立案受理，但一直未作决定，后益某公司向辽宁省高级人民法院赔偿委员会申请作出赔偿决定，2015 年 10 月 28 日辽宁省高级人民法院赔偿委员会予以立案。在审理过程中，2016 年 3 月 1 日，丹东市中级人民法院针对益某公司申请民事执行案，裁定终结本次执行程序。

【裁判结果】

辽宁省高级人民法院赔偿委员会认为，益某公司认为丹东市中级人民法院错误执行给其造成损害，应当在执行程序终结后提出赔偿请求，决定驳回其赔偿申请。

最高人民法院赔偿委员会提审认为，丹东市中级人民法院的解封行为属于执行行为，其为配合政府部门出让涉案土地，可以解除对涉案土地的查封，但未有效控制土地出让款并依法予以分配，致使益某公司的债权未受任何清偿，该行为不符合最高人民法院关于依法妥善审理金融不良资产案件的司法政策精神，侵害了益某公司的合法权益，应认定为错误执行行为。同时，在人民法院执行行为长期无任何进展、也不可能再有进展，被执行人实际上已经彻底丧失清偿能力，申请执行人等已因错误执行行为遭受无法挽回损失的情况下，应当允许其提出国家赔偿申请。本案中，丹东市中级人民法院的执行行为已经长达11年没有任何进展，其错误执行行为亦已被证实给益某公司造成了无法通过其他渠道挽回的实际损失，故应依法承担国家赔偿责任。最高人民法院赔偿委员会经组织双方进行协商，当庭达成赔偿协议，丹东市中级人民法院给予丹东益某公司国家赔偿300万元，随后丹东益某公司向丹东市中级人民法院申请撤回民事案件的执行，由丹东市中级人民法院裁定民事案件执行终结。

【典型意义】

根据《国家赔偿法》的规定，人民法院在民事、行政诉讼过程中，对判决、裁定及其他生效法律文书执行错误，造成损害的，受害人有取得赔偿的权利。今年是基本解决执行难的攻坚之年、决胜之年，人民法院任务艰巨、责任重大。同时，要实现基本解决执行难这一阶段性目标，在抓外部执行攻坚的同时，也要坚决解决法院内部在执行中存在的问题，对自身短板绝不回避遮掩，依法当赔则赔。本案是最高人民法院赔偿委员会提审的错误执行国家赔偿案，其典型意义在于，对于人民法院在执行程序中存在的问题不推诿、不回避，敢于承担责任，同时用案例的形式，对于如何理解“执行程序终结”“终结本次执行”，以及在执行程序、国家赔偿程序衔接过程中，如何有效地保护和规范赔偿请求人的求偿权利等法律适用问题，起到了示范引领作用，为处理此类纠纷树立了标杆，也为倒逼和规范法院执行行为，助推实现基本解决执行难目标，起到重要促进作用。

刘某娟申请北京市公安局朝阳分局刑事违法扣押赔偿案

《最高人民法院发布人民法院国家赔偿和司法救助典型案例》第 2 号

2018 年 11 月 13 日

【基本案情】

北京市公安局朝阳分局对刘某娟涉嫌诈骗案立案侦查，并于 2010 年 6 月 8 日对刘某娟予以刑事拘留，后经朝阳区检察院批准对刘某娟逮捕。其间，朝阳公安分局先后冻结刘某娟名下资金共计 39 万余元。刘某娟之兄代其向分局缴纳人民币 600 万元。8 月 18 日，朝阳公安分局以刘某娟涉嫌诈骗 132. 6 万元向检察机关移送起诉，全部涉案款项 639 万余元一并随案移交。2010 年 12 月 21 日，朝阳区检察院以刘某娟涉嫌诈骗 132. 6 万元向朝阳区法院提起公诉。2011 年 11 月 7 日，朝阳区法院经审理认定刘某娟诈骗拆迁补偿款 132. 6 万元的犯罪事实成立，以诈骗罪判处刘某娟有期徒刑 11 年，罚金 1. 1 万元，并将扣押冻结款项中的 132. 6 万元发还某乡政府，1. 1 万元用于执行罚金，余款 506 万余元（含冻结账户期间孳息 1 万余元）退回朝阳区检察院。2012 年 6 月 20 日，朝阳区检察院将 506 万余元退回朝阳公安分局。某乡政府于 2014 年向朝阳区法院提起民事诉讼，要求刘某娟返还 238 万余元补偿款。2015 年 5 月 11 日，区法院认为刘某娟补偿评估报告中地上建筑物面积 2247. 01 平方米为虚增面积，判决刘某娟返还某乡政府虚增面积相应补偿款 238 万余元。

【裁判结果】

朝阳公安分局决定解除扣押并发还 267 万余元剩余款项，但未提及利息。北京市公安局复议决定依法予以变更分局作为赔偿义务机关的原赔偿决定，并责令朝阳公安分局解除对 267 万余元的扣押，发还赔偿请求人，并支付相应利息。北京市第二中级人民法院赔偿委员会审理认为，从本案查明的事实看，公安机关在办理刘某娟诈骗案中，对涉案款项进行扣押并无不当。但在朝阳区检察院将判决未认定的人民币 506 万余元退回该局后，该局除协助执行法院生效民事判决，扣划 238 万余元外，应将余款 267 万余元及时解除扣押并发还，其未予发还并继续扣押该款项违反了《刑事诉讼法》的相关规定，北京市公安局对该款决定予以返还并承担相应利息并无不当，但在利息计算上存在一定错误，遂在维持北京市公安局返还267万余元及相应利息的决定项目之外，决定再向刘某娟支付未按期返还被扣押款项所应支付的银行同期存款利息30万余元。

【典型意义】

根据《国家赔偿法》的规定，侦查、检察、审判机关在刑事诉讼过程中，违法对财产采取查封、扣押、冻结、追缴等措施的，受害人有取得赔偿的权利。本案即是一起典型的刑事违法扣押赔偿案件，公安机关在侦查过程中采取扣押措施并无不当，但在被告人已被人民法院定罪量刑之后，其对原采取刑事强制措施的涉案财物亦应及时处置。如对未予认定的涉案款继续扣押，则有可能发生国家赔偿。本案的典型意义在于，通过国家赔偿案件的审理，以法治思维、法治方式处理“官民关系”、调和公权力和私权利冲突，一方面救济了受损的私权利，另一方面对于国家机关及其工作人员如何依法正当行使权力，提出了反向的参照标准，同时对于同类案件的处理具有一定的示范作用。

邓某华申请重庆市南川区公安局违法使用武器致伤赔偿案

《最高人民法院发布人民法院国家赔偿和司法救助典型案例》第3号
2018年11月13日

【基本案情】

2014年6月23日0时许，南川区公安局接到杨某忠报警，杨某忠称邓某华将其位于南坪镇农业银行附近的烧烤摊掀了，要求出警。南川区公安局民警李某和辅警张某接警后立即赶到现场，发现邓某华在持刀追砍杨某忠，并看到邓某华持刀向逃跑中被摔倒在地的杨某忠砍去，被杨某忠躲过。李某喝令邓某华把刀放下，张某试着夺刀未成。李某鸣枪示警后，邓某华持刀逼向李某和张某，李某遂开枪，将邓某华击伤。2014年6月23日，南川区公安局对邓某华所持的刀进行认定，结论为管制刀具。2014年6月25日，南川区公安局决定对邓某华涉嫌寻衅滋事予以立案侦查。2014 年 12 月 11 日，经重庆市南川区司法鉴定所鉴定，邓某华的伤属十级伤残。

【裁判结果】

重庆市南川区公安局对邓某华的国家赔偿申请不予赔偿，重庆市公安局复议维持该决定。重庆市高级人民法院赔偿委员会经审理认为，李某作为警察，在接到出警任务后和辅警张某到现场，看见邓某华正持刀追砍他人，应当依法履行职责制止其不法行为。邓某华无故寻衅滋事，持刀追砍他人，其行为已严重危及他人生命安全。在警察到达现场后，邓某华不但不听从警察命令，反而在听到鸣枪警告后持刀逼向警察，导致被警察开枪打伤。从当时的情况看，邓某华的行为已危及人民警察的生命安全，故李某对邓某华的开枪行为具有合法性。据此，重庆市高级人民法院赔偿委员会决定对邓某华提出的赔偿申请不予支持。

【典型意义】

《国家赔偿法》以切实保障人权为核心宗旨，但同时，其亦具有促进和维护国家机关及其工作人员依法行使职权的功能作用。本案中，人民警察使用武器是否合法，成为认定关键。在国家赔偿案件的审理过程中，既不能对违法行使职权的不法行为听之任之，漠视赔偿请求人的合法权益，也不能因盲目追求所谓保障人权的效果，而对国家工作人员合法正当行为过于苛责，以至于挫伤国家工作人员依法正当履职的积极性。因此，本案的处理体现出了在“权力”与“权利”之间的保障平衡。对于违法侵权行为，依法当赔则赔，绝不护短，而对于依法正当履职行为也要给予充分的保护，以保证国家工作人员都能够积极依法履职尽责，从而更有效地发挥国家赔偿工作保障人权、匡扶正义，以及促进法治国家和法治政府建设的双重职能。

郑某健申请广东省雷州市人民检察院无罪逮捕赔偿案

《最高人民法院发布人民法院国家赔偿和司法救助典型案例》第 4 号

2018 年 11 月 13 日

【基本案情】

1996 年下半年，郑某健以经营烟叶生意为名，经妻弟陈某军、妻子宋某燕通过假抵押向吴某华借款 200 万元，借款逾期本息不还，后海口市龙华区法院民事判决判令郑某健向吴某华偿还 200 万元，但郑某健未履行判决，吴某华遂以郑某健涉嫌诈骗为由向公安机关报案。2011 年 7 月 26 日，雷州市公安机关以郑某健涉嫌诈骗对其刑事拘留，后经检察院批准逮捕，并移送审查起诉。2011 年 12 月 16 日，湛江市检察院指控郑某健犯诈骗罪，向法院提起公诉，法院以现有证据不足以证实该院对该案有管辖权为由，将该案退回检察机关。2012 年 8 月 16 日，经上级机关指定海口市检察院管辖该案。海口市检察院经审查认为，郑某健行为性质是民事借贷纠纷还是刑事诈骗犯罪尚不能得出唯一排他的结论，经退回补充侦查，认定其行为构成诈骗罪仍然犯罪事实不清、证据不足，不符合起诉条件，决定对郑某健不起诉。郑某健遂被释放，其共被羁押 521 天。

【裁判结果】

雷州市检察院认为郑某健被逮捕系其故意作虚伪供述所致，对其羁押属于国家免责情形，国家不承担赔偿责任，对其赔偿请求不予支持。湛江市检察院复议决定由雷州市检察院赔偿郑某健人身自由赔偿金 114474.12 元，对其申请的精神损害抚慰金等其他事项不予支持。湛江中院赔偿委员会对该复议决定予以维持。广东省高级人民法院赔偿委员会提审认为，本案系无罪逮捕赔偿案，原决定对郑某健被无罪羁押 521 天予以赔偿的人身自由赔偿金 11 万余元并无不当。郑某健因无罪被羁押 521 天，其正常的家庭生活和公司经营因此受到影响，应认定精神损害后果严重，遂在维持原决定的基础上，决定再由雷州市检察院向郑某健赔偿精神损害抚慰金 3 万元，并为其消除影响、恢复名誉、赔礼道歉。

【典型意义】

《刑事诉讼法》与《国家赔偿法》均以尊重和保障人权为原则，最根本的是要始终做到严格公正司法，杜绝侵犯公民、法人和其他组织合法权益行为的发生。同时，根据《国家赔偿法》的规定，因侵犯公民人身自由权、生命健康权，并造成公民精神损害严重后果的，应予给付精神损害抚慰金。本案中，侦查机关、检察机关对于已经过法院民事判决认定的借贷纠纷案件，以刑事手段介入，“以刑代执”，对当事人采取拘留、逮捕刑事强制措施，后无法认定犯罪事实予以释放，应予国家赔偿。本案典型意义在于，明确了精神损害及其严重后果的认定标准，对精神损害赔偿和消除影响、赔礼道歉等赔偿方式的适用参照将起到示范作用，以体现国家责任的公正性，维护司法的公信力。

苗某顺、陈某萍等人申请黑龙江省牡丹江监狱怠于履行职责赔偿案

《最高人民法院发布人民法院国家赔偿和司法救助典型案例》第 5 号

2018 年 11 月 13 日

【基本案情】

2003 年 3 月 24 日 14 时 30 分许，牡丹江监狱二十二监区四分监区在毛纺厂修布车间出外役，该监区担任小组长的服刑人员赵某泉因他人举报服刑人员苗某成挑容易修的布匹，将苗叫至修布机旁边过道上，辱骂训斥后用拳击打其头部数分钟，直到将其打倒在地，其倒地后脑枕部摔在地上导致昏迷。在此期间，车间内负责监管罪犯劳动生产安全的原四分监区监区长焦某明未尽监管职责，未进行巡视和瞭望，直至苗某成被打倒昏迷后才组织人员将苗某成送往医院救治，苗某成经抢救无效于 2003 年 3 月 28 日死亡。2008 年 10 月 23 日，牡丹江中院作出刑事判决，以赵某泉犯故意伤害罪，判处死刑，缓期二年执行，剥夺政治权利终身。2008 年 11 月 18 日，宁安市人民法院作出刑事判决，判处焦某明犯玩忽职守罪，免予刑事处罚。2013 年 4 月 18 日，宁安法院经再审程序，维持宁安法院焦某明案刑事判决。

【裁判结果】

苗某成父亲苗某顺、妻子陈某萍等人据此向牡丹江监狱申请国家赔偿。牡丹江监狱作出答复函，以苗某成死亡系其他人犯殴打所致为由，对苗某顺不予赔偿。黑龙江省监狱管理局复议维持该不予赔偿决定。黑龙江省高级人民法院赔偿委员会审理认为，受害人苗某成已死亡，其继承人及有扶养关系的亲属有权申请国家赔偿。苗某成在牡丹江监狱服刑期间，被其他服刑人员殴打致死，监管人员焦某明因未及时制止，存在疏于监管的行为并被判处犯玩忽职守罪免予刑事处罚，故牡丹江监狱未尽到监管职责与苗某成的死亡之间存在一定联系，牡丹江监狱应承担相应的赔偿责任。本案应综合考虑该怠于履行职责的行为在损害发生过程和结果中所起的作用等因素，适当确定赔偿比例和数额。据此，决定黑龙江省牡丹江监狱支付苗某顺、陈某萍等人死亡赔偿金、丧葬费 405414 元，支付精神损害抚慰金 6 万元，支付被扶养人生活费等 2 万余元，以上共计赔偿 48. 5 万余元。

【典型意义】

近年来，监狱、看守所等监管机关作为赔偿义务机关的刑事赔偿案件数量有所增加。实践中，对于监管人员自身违法侵权行为所致损害应予国家赔偿并无争议，而对于监管人员怠于履职，国家应否承担赔偿责任，则存在不同看法。本案中，监管人员焦某明在苗某成被殴打时未尽监管职责，未进行巡视和瞭望，已经人民法院判决予以定罪，据此能够认定该监管机关未尽法定监管职责。同时，此类案件的缘起并非由于国家工作人员违法使用暴力或者唆使、放纵他人使用暴力所致，故亦应结合该具体情形，综合衡定该怠于履行职责的行为在损害发生过程和结果中所起的作用等因素，适当确定赔偿比例和数额。本案的典型意义在于，对于怠于履职行为，确定了应当由国家承担部分赔偿责任的原则，对国家赔偿责任理论与实践予以适当补充，从而更加彰显了《国家赔偿法》立足尊重与保障人权，促进国家机关依法行使职权的立法目的与意义。

天某公司、魏某国申请某某省某某市人民检察院国家赔偿案

《最高人民法院发布人民法院充分发挥审判职能作用保护产权和企业家合法权益典型案例（第二批）》第 5 号

2018 年 12 月 4 日

【基本案情】

魏某国原系某无线电服务部经理，该服务部于 2002 年 8 月 22 日改制为股份合作制的天某公司，魏某国任天某公司董事长兼总经理。无线电服务部自 1993 年起建立账外账资金。1998 年起该账外账资金由魏某国掌管使用。某某市江阳区人民法院〔2006〕江阳刑初字第 183 号刑事判决认定被告人魏某国犯挪用资金罪，并判处有期徒刑三年，缓刑四年。经某某省某某市中级人民法院审理，裁定：驳回上诉、维持原判。

某某省某某市人民检察院于 2006 年 7 月 14 日收取了魏某国退交的 20 万元赃款，另于 2006 年 4 月 29 日、6 月 21 日、7 月 3 日分别扣押天某公司资金 121.20 万元、15 万元、25 万元，并将上述扣押款项分 161.20 万元、20 万元两笔交至某某省某某市财政局，该局《四川省行政罚没收据》处罚摘要注明为“罚没款”。

天某公司、魏某国向四川省高级人民法院赔偿委员会请求：解除扣押或返还天某公司、魏某国被某某省某某市人民检察院扣押的企业及个人银行存款及现金 181.20 万元，并支付天某公司银行存款 106.90 万元、魏某国个人银行存款 4 万元的同期银行存款利息。

【裁判结果】

四川省高级人民法院赔偿委员会经审理认为，某某省某某市人民检察院扣押天某公司的资金 161.20 万元，虽然包含魏某国个人保管的账外账资金，可能带来违规违法管理资金的相应法律责任，但所保管资金所有权并未转移，仍然属于天某公司所有，故某某省某某市人民检察院扣押该 161.20 万元资金系错误扣押案外人财产，应当在 3 日以内解除扣押、冻结，退还原主。某某

省某某市人民检察院没有依照上述法律规定及时将扣押的上述资金退还天某公司，而是将181.20万元扣押资金按罚没款处理，全部缴纳至财政部门，处理不当。某某省某某市人民检察院应将扣押、处分的181.20万元返还给天某公司，并支付相应的利息。据此，四川省高级人民法院赔偿委员会决定，某某省某某市人民检察院返还天某公司扣押资金181.2万元，并支付扣押资金的利息180250.48元。

案例索引：四川省高级人民法院赔偿委员会〔2016〕川委赔32号国家赔偿决定书。

【典型意义】

在刑事办案实践中，在处理企业家犯罪时混淆企业家个人财产和企业法人财产、企业家家庭成员合法财产的情况时有发生。《中共中央国务院关于完善产权保护制度依法保护产权的意见》对此明确要求："进一步细化涉嫌违法的企业和人员财产处置规则，采取查封、扣押、冻结措施和处置案涉财物时，要依法严格区分个人财产和企业法人财产。对股东、企业经营管理者等自然人违法，在处置其个人财产时不任意牵连企业法人财产。"《最高人民法院关于充分发挥审判职能作用为企业家创新创业营造良好法治环境的通知》亦明确要求各级人民法院："严格区分企业家违法所得和合法财产，没有充分证据证明为违法所得的，不得判决追缴或者责令退赔。"本案中，人民法院严格区分了企业家犯罪所得和企业经营管理的合法财产，依法纠正了检察机关在办案过程中对企业经营管理的合法财产的不当处理行为，充分将《中共中央国务院关于完善产权保护制度依法保护产权的意见》和最高人民法院上述司法政策落到实处，具有典型指引价值。

徐某斗申请沈阳市公安局和平分局违法查封、冻结国家赔偿案

《人民法院国家赔偿和司法救助典型案例》第 1 号

2019 年 12 月 19 日

【基本案情】

2012 年 12 月 5 日，沈阳市和平区人民法院作出〔2012〕和刑初字第 683 号刑事判决，以徐某斗犯非法吸收公众存款罪，判处有期徒刑四年，并处罚金人民币 20 万元，上缴国库；侦查机关追缴扣押的涉案财产及违法所得，依法返还投资者。沈阳市中级人民法院二审维持原判。2013 年 7 月 19 日，沈阳市和平区人民法院作出〔2012〕和刑初字第 683 号刑事裁定，认定有关资产属于非法集资款或用非法集资款购买的资产，裁定将认定的资产依法追缴，并交付给沈阳市处置非法集资领导小组办公室，依法返还投资者。沈阳市和平区公安分局（以下简称和平公安分局）在该案侦查过程中，除查封、冻结〔2012〕和刑初字第 683 号刑事裁定中依法追缴的财产外，还查封了前述刑事判决、裁定追缴财产范围以外的 4 套房产和中国人寿保险公司的 3 份保险合同。其中一份保险合同于 2018 年 8 月 31 日被沈阳市和平区人民法院以〔2012〕和刑初字第 683 号查封令冻结了保单权益及孳息。徐某斗刑满释放后，向和平公安分局申请刑事赔偿。

【裁判结果】

沈阳市中级人民法院赔偿委员会经审理认为，本案中，徐某斗非法吸收公众存款一案所判处的刑罚及依法追缴财产已执行完毕。徐某斗要求返还的 4 套房产及 3 份保险合同均不在刑事生效刑事裁决范围内。且和平公安分局不能证明该财产属于违法所得或者应当返还被害人的财产。据此，侦查机关在生效裁决确定范围以外继续查封、扣押的房产及保险合同，没有合法依据，属于侵犯财产权的情形，应依法解除查封、冻结措施。因案涉的一份保险合同现已被沈阳市和平区人民法院冻结，故对该合同相关事宜，应另寻法律途径解决，本案不予处理。遂决定由和平公安分局对不在刑事判决、裁定追缴

财产范围内的4套房产以及2份保险合同予以解除查封、冻结。

【典型意义】

侦查机关在侦查过程中，对涉案财物采取扣押、冻结措施并无不当，但在被告人已被人民法院定罪量刑，且对涉案财物已作出明确认定之后，公权力机关应对涉案财物及时作出相应处置。如对生效刑事裁判未予认定的涉案财物继续查封、冻结，则有可能发生国家赔偿。本案即是一起典型的刑事违法扣押、冻结赔偿案件，其典型意义在于，通过国家赔偿案件的审理，依法维护涉案企业和人员的合法产权，依法严格规范涉案财产的处置，以法治思维、法治方式处理“官民关系”、调和公权力和私权利冲突，一方面救济了受损的合法产权，一方面也对于公权力机关依法正当行使职权，提出了反向的参照标准，对于同类案件的处理具有示范作用。

北京某科技有限公司申请湖南省长沙市望城区公安局刑事违法扣押国家赔偿案

《人民法院国家赔偿和司法救助典型案例》第2号

2019年12月19日

【基本案情】

北京某科技有限公司（以下简称某公司）于2000年6月成立。2004年4月至2006年11月，曲某良任某公司董事长兼总经理期间，某公司自主研发了《彩票大赢家》《双色球大赢家》《3D大赢家》《足彩大赢家》等分析软件，为彩民提供服务。2007年5月18日，湖南省长沙市望城区公安局（以下简称望城区公安局）以涉嫌非法经营对曲某良立案侦查，后该局扣押了某公司电脑主机4台、服务器6台、笔记本电脑1台、银行卡12张及账本、会议记录本等，责令某公司汇款27.32万元至望城区公安局账户暂扣。6月1日，曲某良被刑事拘留。6月28日，望城区公安局向检察机关提请批捕，检察机关作出不予批准逮捕的决定。7月7日，曲某良被取保候审。从7月6日起，望城区公安局陆续将扣押的财物退还某公司。8月9日至11月6日期间，望城区公安局共退还某公司服务器6台、笔记本电脑1台，银行卡12张。2008

年 4 月 23 日，望城区检察院以曲某良涉嫌非法经营罪对其批准逮捕，并于 4 月 25 日执行逮捕。因其患有心脏疾病，于 4 月 30 日经批准取保候审。2010 年 11 月 18 日，望城区检察院认为曲某良的行为不构成犯罪为由作出不起诉决定。12 月 8 日，望城区公安局将扣押的电脑主机 4 台退还某公司，同月 23 日将暂扣款 27.32 万元退还某公司。2011 年 12 月，曲某良、某公司以望城区公安局错拘错捕、扣押公司及私人财产造成损失为由，向望城区公安局申请国家赔偿。

【裁判结果】

湖南省高级人民法院赔偿委员会经审理认为：第一，望城区公安局在侦查过程中，扣押了某公司用于经营的电脑主机、服务器、笔记本电脑、银行卡、现金及账本等物品，导致某公司无法经营，实质上造成了某公司的停产停业，应按照直接损失给予赔偿房屋租金、水电费、留守职工工资。第二，望城区公安局无法举证证明退还时电脑能正常使用，故从有利于赔偿请求人的角度出发，望城区公安局应赔偿某公司电脑维修和数据恢复费用。第三，望城区公安局于 2007 年 5 月 31 日扣押某公司 27.32 万元，于 2010 年 12 月 23 日退还，应支付相应利息。据此决定由望城区公安局赔偿某公司房屋租金 165000 元、电费 4590.02 元、职工经济补偿 8 万元、留守职工工资 2 万元、电脑维修费 24800 元、被扣押款利息 14593.43 元，合计 308983.45 元。

【典型意义】

司法机关在刑事案件办理过程中，虽有权利对涉案财产采取查封扣押冻结等强制措施，但应同时注意对涉案企业或者犯罪嫌疑人的其他合法权益予以保护，避免由于措施的不当导致涉案企业、人员造成额外的损失。《中共中央国务院关于完善产权保护制度依法保护产权的意见》中明确强调，确需采取查封、扣押、冻结措施的，要严格按照法定程序进行，最大限度降低对企业正常生产经营活动的不利影响。《最高人民法院关于充分发挥审判职能作用切实加强产权司法保护的意见》亦明确指出，应准确把握、严格执行产权保护的司法政策，依法慎用强制措施和查封、扣押、冻结措施，最大限度降低对企业正常生产经营活动的不利影响。因此，在各类诉讼案件的办理过程中，要提倡做到依法公正办案和审慎保护产权的司法执法平衡。本案中，公安机关采取强制措施不当，对企业用于经营的设备等物品予以查封，导致企业无法经营，并造成相关损失，应承担相应的赔偿责任。本案的审理思路和法律适用，对于产权保护类案件，具有一定的示范作用。

重庆英某房地产经纪有限公司申请重庆市公安局九龙坡区分局违法查封国家赔偿案

《人民法院国家赔偿和司法救助典型案例》第3号

2019年12月19日

【基本案情】

2011年7月1日，重庆英某房地产经纪有限公司（以下简称英某公司）分别与重庆鼎某茂业汽车租赁有限公司（以下简称鼎某公司）、广东邦某健康产业超市有限公司（以下简称邦某公司）签订《房屋租赁合同》，将九龙坡区某商业用房负一层、一层出租给前述两公司。因两公司涉嫌非法吸收公众存款，重庆市公安局九龙坡区分局（以下简称九龙坡区公安局）于2012年5月15日决定立案侦查，同日对相关涉案人员进行查处，并对该两公司相关承租场地内的涉案物品及车辆进行就地扣押。因涉案物品不宜移动，九龙坡区公安局将其置于该两公司承租场地内。自2013年5月22日起，九龙坡区公安局将腾退的物资置于英某公司、重庆亚某房屋销售有限公司（以下简称亚某公司）车位内。九龙坡区公安局在使用英某公司、亚某公司物业期间，造成物业管理费、车位租金、水电费等损失。因九龙坡区公安局分别对英某公司、亚某公司的申请作出决定，对其损失不便计算，后经英某公司、亚某公司协商同意，将此部分损失的主张权利单独归为英某公司享有。英某公司遂向重庆市第五中级人民法院申请九龙坡区公安局赔偿损失。

【裁判结果】

重庆市第五中级人民法院赔偿委员会经审理认为，九龙坡区公安局在决定对鼎某公司、邦某公司立案侦查后，对上述公司相关承租场地内的涉案物品及车辆进行就地扣押，并将其置于承租场地内保管，虽然九龙坡区公安局未对上述物业进行查封，但客观上占用该物业，且在查明英某公司与刑事案件无关的情况下，未及时将案涉物业移交给英某公司，给英某公司造成损失，应当承担国家赔偿责任。据此决定由九龙坡区公安局赔偿英某公司 1083300 元。

【典型意义】

公权力的行使，往往是一把双刃剑，依法运行可以造福人民，违法行使则可能损害公民和企业的合法权益。党的十八大以来，党中央始终强调要把权力关进制度的笼子，加强对权力运行的制约和监督。本案即是一起因刑事扣押措施不当引发的国家赔偿案件。侦查机关虽未直接查封、扣押赔偿请求人的财产，但客观上占用了其物业，且在查明该公司与刑事案件无关的情况下，未及时将案涉物业移交，属于采取扣押措施不当，应当承担国家赔偿责任。本案的审理结果，对于促进公权力机关严格规范办案程序，依法审慎采取措施，改进办案方式方法，注意保护案外第三人的合法产权等，均具有一定的规范引导作用。

泸州天某电子科技公司、魏某国申请泸州市人民检察院刑事违法追缴国家赔偿案

《人民法院国家赔偿和司法救助典型案例》第 4 号

2019 年 12 月 19 日

【基本案情】

魏某国原系泸州市某监测站服务部（以下简称某服务部）经理，该服务部于 2002 年 8 月改制为股份合作制的劳服企业，即天某公司，魏某国任该公司董事长兼总经理。某服务部自 1993 年起建立账外账（即小金库）资金，1998 年起小金库的收入由魏某国掌管使用。2006 年 4 月，泸州市人民检察院收到纪检部门移送的魏某国涉嫌犯罪线索后，交由该市江阳区人民检察院管辖。根据泸州市江阳区人民法院〔2006〕江阳刑初字第 183 号刑事判决认定的事实，魏某国于 2004 年 11 月擅自将其保管的本单位资金 20 万元借给他人从事房地产开发，其行为已构成挪用资金罪，泸州市江阳区人民法院据此判决被告人魏某国犯挪用资金罪，判处有期徒刑三年，缓刑四年。被告人魏某

国不服，提出上诉。泸州市中级人民法院裁定驳回上诉、维持原判。泸州市人民检察院收到纪检部门移送的魏某国涉嫌犯罪线索后，于2006年7月14日收取了魏某国退交的20万元赃款，另于同年4月29日、6月21日、7月3日向天某公司出具《扣押物品、文件清单》，分别扣押天某公司资金121.20万元、15万元、25万元。2006年7月18日、19日，泸州市人民检察院分别将上述扣押款项分161.20万元、20万元两笔交至四川省泸州市财政局，该局《四川省行政罚没收据》处罚摘要注明为“罚没款”。嗣后，天某公司以泸州市人民检察院刑事违法查封、扣押、冻结为由申请国家赔偿。

【裁判结果】

四川省高级人民法院赔偿委员会经审理认为，泸州市人民检察院扣押的天某公司资金181.20万元，可分为魏某国退交的20万元赃款和扣押天某公司的资金161.20万元两部分。就20万元资金而言，天某公司系魏某国挪用资金刑事案件的受害人，该20万元资金属于天某公司的合法财产，应予返还。就扣押天某公司的资金161.20万元而言，其中虽包含魏某国个人保管的账外账（小金库）资金，可能带来违规违法管理资金的相应法律责任，但该资金所有权并未转移，仍然属于天某公司所有，故泸州市人民检察院扣押该资金系错误扣押案外人财产，应予返还，并支付相应的利息。据此决定由泸州市人民检察院返还天某公司扣押资金181.20万元，并支付相应利息18万余元。

【典型意义】

司法实践中，严格区分个人财产与企业法人财产，在处置其个人财产时不任意牵连企业法人财产，对于合法保护企业财产权，完善企业产权保护，均具有重要意义。本案中，魏某国个人行为虽构成犯罪，但其对企业相关涉案资金仅为保管，该笔资金所有权并未转移，也不存在视为其违法所得的情形，故检察机关对企业合法财产采取强制措施并予追缴，应认定为追缴案外人的合法财产，应当承担返还及赔偿责任。本案的审理，对于在司法过程中如何确认民事主体的独立人格，如何正确区分企业法人和公民个人财产，如何更加注重企业的产权保护，同时规范司法机关依法行使权力，具有积极意义。

孙某庆申请山东省潍坊高新技术产业开发区人民法院重审无罪国家赔偿案

《人民法院国家赔偿和司法救助典型案例》第 5 号

2019 年 12 月 19 日

【基本案情】

潍坊市公安局高新技术产业开发区分局接群众举报，对孙某庆涉嫌职务侵占、挪用资金一案立案侦查，于 2015 年 2 月 3 日对其刑事拘留。2015 年 3 月 12 日，孙某庆被潍坊高新技术产业开发区人民检察院（以下简称高新检察院）批准逮捕，后被提起公诉。2017 年 7 月 11 日，潍坊高新技术产业开发区人民法院（以下简称高新法院）作出一审刑事判决，以孙某庆犯虚开增值税专用发票罪，判处其有期徒刑三年六个月，并处罚金人民币 10 万元。孙某庆提出上诉，检察机关亦提出抗诉。2017 年 11 月 22 日，潍坊市中级人民法院以原判认定事实不清，证据不足，适用法律不当，诉讼程序违法为由，裁定撤销原判，发回高新法院重新审理。该案重审期间，高新法院于 2018 年 8 月 2 日作出取保候审决定，决定对孙某庆采取取保候审措施，期限为 2018 年 8 月 2 日至 2019 年 8 月 1 日。2019 年 5 月 9 日，高新检察院以证据发生变化为由，向高新法院申请撤回对孙某庆的起诉。同日高新法院作出刑事裁定，准许检察院撤回起诉。孙某庆不服提出上诉，潍坊市中级人民法院裁定驳回上诉、维持原裁定。2019 年 7 月 18 日，高新法院决定对孙某庆解除取保候审。2019 年 8 月 12 日，高新检察院作出不起诉决定书，决定对孙某庆不起诉。孙某庆自被刑事拘留至被采取取保候审措施，共被羁押 1277 天。2019 年 8 月 21 日，孙某庆向高新法院申请国家赔偿。

【裁判结果】

高新法院经审查认为，孙某庆因被该院一审错判有罪，后在该院重审期间，检察机关撤回起诉及嗣后作出不起诉决定，对孙某庆终止追究刑事责任，依照《国家赔偿法》及司法解释规定，该院作为赔偿义务机关依法应当向孙某庆支付被羁押期间的人身自由赔偿金。孙某庆因长期被羁押，精神受到损害，且因其被判决有罪，日常生活受到较大影响，社会评价降低，应当认定其精神受到损害且造成严重后果。该院作为赔偿义务机关应当在侵权行为影响范围内为其消除影响，恢复名誉，赔礼道歉，并支付精神损害抚慰金。该院据此决定向孙某庆支付人身自由赔偿金403455.38元；为孙某庆在侵权行为影响范围内消除影响、恢复名誉、赔礼道歉，并支付精神损害抚慰金141000元。该赔偿决定现已生效。

【典型意义】

实践中，有的民营企业家因经济纠纷被羁押，影响了企业的正常经营，也引发了一些企业家对于自己人身和财产安全的担忧。中央经济工作会议明确要求支持民营企业发展，营造良好的营商环境，保护民营企业家人身安全和财产安全。本案中，孙某庆为高级科研人才，在家乡创办科技企业，因涉及经济犯罪被羁押、判刑，后经司法机关终止追究刑事责任，作为赔偿义务机关的法院依法纠错，主动对给民营企业家造成的人身自由及精神损害予以赔偿，并在相关范围内为其消除影响、恢复名誉，向其赔礼道歉。其典型意义在于，司法机关应当始终坚持实事求是、公正司法的坚定立场和有错必纠、依法纠错的明确态度；对于民营企业、民营企业家，应当始终坚持贯彻落实党和政府关于产权保护的相关法律及政策，在司法的全过程，始终注重实施和传递党和政府关于依法保护产权和企业家人身财产安全的明确信号。

秦某义、李某静等人申请湖南省衡南县人民法院错误执行国家赔偿案

《国家赔偿法颁布实施二十五周年典型案例》

2020年12月29日

【入选理由】

本案是《国家赔偿法》颁布实施后，赔偿请求人较早依据《国家赔偿法》向人民法院申请国家赔偿的案例，也是全国首例人民法院赔偿委员会审理的因错误执行而予以赔偿的国家赔偿案。

【基本案情】

中国工商银行衡南县支行诉衡南县某副食品总公司（以下简称某公司）贷款利息纠纷一案，经湖南省衡南县人民法院作出生效判决后，由该院执行。1994 年 12 月 29 日，衡南县人民法院执行人员在某公司沿江北路批发部仓库拟查封库存的洋河大曲酒 500 件。某公司批发部主任李某静对查封提出异议，主张库存洋河大曲为私人寄存。法院执行人员要求李某静提供证据，李某静未能提供，法院执行人员采取了异地扣押措施。其后，秦某义、李某静提供了其与衡阳市城北公安分局下属的雁北物资贸易公司购销洋河大曲的清账协议和调拨单，某公司出具的被扣押的洋河大曲不是该公司所有的证明，以及诉争的洋河大曲寄存在沿江北路批发部仓库以及仓储费证明。1995 年 2 月 21 日，衡南县人民法院根据申请人的要求和所提供的证据，决定解除扣押，将先前扣押的 500 件洋河大曲返还给赔偿请求人，并支付搬运费 350 元，对扣押期间损坏的 10 瓶洋河大曲赔偿 225 元。1995 年 3 月 28 日，秦某义等人依据《国家赔偿法》的相关规定，向衡南县人民法院申请国家赔偿，因不服该院作出的不予赔偿决定，于同年 5 月 3 日向湖南省衡阳市中级人民法院赔偿委员会申请作出赔偿决定。

【裁判结果】

衡阳市中级人民法院赔偿委员会经审理认为，衡南县人民法院在行使职权、扣押某公司库存洋河大曲时，由于事先未能查清被扣押物的归属，且李某静以及被执行人的法定代表人王某友当场不能、不愿出具证明，导致错误扣押。后经查证被扣押的洋河大曲非某公司所有，执行人员及时解除了扣押，返还给赔偿请求人，支付了返还的搬运费，并赔偿扣押期间原物损坏的价款。衡南县人民法院对错误扣押行为的处理是合适的，但处理决定形式欠妥，应予纠正。赔偿请求人要求赔偿货款利息以及扣押物因扣押在时间上可能造成的差价损失于法无据，不予支持，遂于 1995 年 8 月 8 日决定：解除对 500 件洋河大曲酒的扣押，并返还给赔偿请求人，驳回其他赔偿请求。

【典型意义】

法者，国之权衡，时之准绳也。1994 年 5 月 12 日，第八届全国人民代表大会常务委员会第七次会议通过《国家赔偿法》，1995 年 1 月 1 日实施，标志着国家赔偿在立法层面上升为国家意志，为今后国家赔偿审判工作的开展提供了规范遵循。我国国家赔偿制度的建立与实施，在国家的法治化进程中发挥了积极作用。《国家赔偿法》实施以来，司法机关依法处理了一批国家赔偿案件，一批当事人依法获得了国家赔偿。本案是《国家赔偿法》实施后，目前能够确认的人民法院受理的首例申请人依据《国家赔偿法》请求国家赔偿，人民法院依据《国家赔偿法》审理且作出赔偿决定的国家赔偿案件。案件的审理与决定尽管今天看来稍显粗糙，但案件中所隐含的对人民法院执行程序中错误扣押行为的认定、造成实际损失应予赔偿的规则，体现了《国家赔偿法》保障受害人依法享有国家赔偿权利、促进国家机关依法行使职权的立法宗旨和制度价值。

郑某振申请福建省南平市中级人民法院再审无罪国家赔偿案

《国家赔偿法颁布实施二十五周年典型案例》

2020 年 12 月 29 日

【入选理由】

本案是首例由高级人民法院审理并决定赔偿的刑事冤错国家赔偿案件，首次明确了数罪并罚的案件经再审改判部分罪名不成立，监禁期限超出再审判决确定的刑期的，赔偿请求人有权获得相应的国家赔偿。

【基本案情】

1991 年 5 月，福建省邵武市人民法院作出刑事判决，以投机倒把罪判处郑某振有期徒刑一年，以盗窃罪判处郑某振有期徒刑七年，数罪并罚决定执行有期徒刑七年六个月。福建省南平地区中级人民法院裁定驳回上诉、维持原判。1995 年 3 月 15 日，福建省高级人民法院作出刑事判决，维持一、二审法院对郑某振投机倒把罪的判项，撤销一、二审法院对郑某振盗窃罪的判项。1995 年 4 月 24 日，郑某振被释放。同年 6 月，郑某振向南平市中级人民法院提出赔偿申请。因南平市中级人民法院决定不予赔偿，郑某振遂于同年 8 月向福建省高级人民法院赔偿委员申请作出赔偿决定。

【裁判结果】

福建省高级人民法院赔偿委员会经审理认为，本案虽不属于全案宣告无罪，但盗窃罪不能成立，原判郑某振盗窃罪被撤销，其盗窃罪已执行的刑期，赔偿请求人依法有取得国家赔偿的权利，南平市中级人民法院应当承担赔偿责任。对 1995 年 1 月 1 日以后羁押的部分，按照《国家赔偿法》的规定予以赔偿；对《国家赔偿法》实施以前羁押的部分，参照《国家赔偿法》的规定予以赔偿。据此，福建省高级人民法院赔偿委员会作出决定：撤销南平市中级人民法院南中法〔1995〕刑赔字第 1 号决定，由南平市中级人民法院赔偿郑某振限制人身自由赔偿金 16501. 12 元。

【典型意义】

保障人民群众享有更加充分的权利和自由，是人民司法的最高理想追求。根据 1995 年 1 月 1 日起施行的《国家赔偿法》规定，依照审判监督程序再审改判无罪，原判刑罚已经执行的，受害人有取得赔偿的权利。但在数罪并罚情形下，经再审改判部分罪名不成立，监禁期限超出再审判决确定刑期的应否赔偿，法律没有明确规定。本案中，人民法院深刻把握《国家赔偿法》的立法精神，明确了数罪并罚案件再审后，部分罪名不成立但实际羁押时间超过再审改判确定刑期的，赔偿请求人有权获得相应的国家赔偿。这一通过个案审理确定的国家赔偿领域裁判规则，最终被 2016 年起施行的《最高人民法院、最高人民检察院关于办理刑事赔偿案件适用法律若干问题的解释》（第六条）所吸收，上升为司法解释规范。该案在深层次上推进了公平正义的实现与司法裁判的良规递进，体现出司法对基本人权的现实关怀与制度保障。

王某中申请吉林省高级人民法院再审无罪国家赔偿案

《国家赔偿法颁布实施二十五周年典型案例》

2020年12月29日

【入选理由】

本案是最高人民法院赔偿委员会审理的首例国家赔偿案件。该案的赔偿决定，明确了刑事赔偿案件中侵犯人身自由权、生命健康权的赔偿标准，以及恢复名誉的实施方式。本案的审判实践，体现了人民法院在早期对国家赔偿法立法精神的贯彻实施，对人权的切实保障。

【基本案情】

1981年5月18日，吉林省辉南县某供销社综合商店被抢劫，更夫艾某被打伤致残。1981年12月，因王某中、施某喜涉嫌抢劫，吉林省通化地区中级人民法院作出刑事判决，判处王某中死刑，缓期二年执行，剥夺政治权利终身；判处施某喜有期徒刑十五年；并由吉林省高级人民法院作出裁定核准。1995年7月，辉南县公安局经侦查认定1981年“5.18”案件系顾某、于某所为。1995年9月，吉林省高级人民法院裁定撤销该院刑事裁定和通化地区中级人民法院刑事判决，发回原审法院重审。1995年9月，通化地区中级人民法院作出刑事判决，宣告王某中、施某喜无罪。王某中、施某喜于1995年12月以再审无罪为由申请国家赔偿。

【裁判结果】

吉林省高级人民法院决定赔偿王某中104846.29元，赔偿施某喜106475.92元，同时在赔偿请求人所在地召开会议，当场宣布赔偿决定，并当场给付赔偿金。后赔偿请求人王某中不服，向最高人民法院赔偿委员会申请作出赔偿决定。1997年8月4日，最高人民法院赔偿委员会决定维持原赔偿决定。

【典型意义】

《国家赔偿法》规定，中级以上人民法院设立赔偿委员会，审理国家赔偿案件。1995 年 1 月，最高人民法院成立了赔偿委员会并设立了赔偿委员会办公室，第一届赔偿委员会主任委员、副主任委员分别由两位副院长兼任，其他委员由本院有关审判庭庭长兼任，负责审理本院受理的国家赔偿案件，指导全国法院国家赔偿审判工作。本案是最高人民法院赔偿委员会成立后审理的首例国家赔偿案件。本案发生在《国家赔偿法》实施初期，错判羁押时间较长，赔偿金额较大。赔偿义务机关通过在赔偿请求人所在地召开会议、公开宣布赔偿决定、当场给付赔偿金的方式，为赔偿请求人恢复名誉、消除影响，尽最大可能帮助请求人回归社会，融入社区。最高人民法院赔偿委员会在依法维持原赔偿决定的同时，明确了刑事赔偿案件中侵犯人身自由权、生命健康权的赔偿标准，以及恢复名誉的实施方式，对于《国家赔偿法》实施初期全国法院审理此类案件起到了有力的指导作用。

黄某华等人申请广东省连平县公安局
刑讯逼供致死国家赔偿案

《国家赔偿法颁布实施二十五周年典型案例》

2020 年 12 月 29 日

【入选理由】

刑事侦查过程中，公安机关审讯犯罪嫌疑人应严格依法进行，在查明案件事实的同时，还应当依法保护犯罪嫌疑人的合法权益，不得刑讯逼供或者变相刑讯逼供，否则应当承担相应的赔偿责任。

【基本案情】

1997 年 7 月 30 日，韦某新因涉嫌盗窃罪被广东省河源市连平县公安局油溪派出所传唤。自 1997 年 7 月 30 日起至 8 月 1 日止，派出所警察黄某浩、黄某文审讯了韦某新 3 次，长达 30 多个小时，对其采用体罚、殴打等方式逼取口供。8 月 1 日，韦某新自缢于该派出所留置室。经法医鉴定，韦某新身上多处损伤均系钝器作用所致，属轻微的非致命伤，结论为韦某新系生前缢死。1998 年 1 月 7 日，广东省河源市中级人民法院认定黄某浩、黄某文构成刑讯逼供罪，依法追究二人刑事责任。1997 年 12 月 8 日，韦某新的亲属黄某华等人以刑讯逼供致韦某新死亡为由申请国家赔偿。

【裁判结果】

河源市中级人民法院经审理，决定：连平县公安局赔偿韦某新死亡赔偿金、丧葬费合计 149580 元；给付韦某新生前抚养的韦某锋、韦某勇二人生活费合计为 17745 元；给付韦某新的父母韦某金、黄某田二人每年 3120 元的生活费，从 1997 年 8 月 1 日起直至死亡时止。

【典型意义】

徒法无以自行，法律的生命在于实践。本案发生于 1997 年，系全国首例人民法院赔偿委员会审理的刑讯逼供致死国家赔偿案件，司法实践中对如何认定“刑讯逼供造成公民死亡”尚属空白。人民法院通过本案的审理明确，公安机关在刑事侦查过程中存在刑讯逼供，且与受害人自杀身亡具有内在联系，据此就应当认定属于“刑讯逼供造成公民死亡”的情形，赔偿义务机关应当对其违法行使职权的行为承担国家赔偿责任。本案的赔偿决定，让死者的配偶、未成年子女、父母均得到应有的赔偿，最大限度地保障了其权利，案件的审理结果即使在今天看来，依然有借鉴意义。

霍某中、霍某米申请陕西省宝鸡县人民检察院无罪逮捕国家赔偿案

《国家赔偿法颁布实施二十五周年典型案例》

2020 年 12 月 29 日

【入选理由】

基于同一案件、同一事实，同案犯罪嫌疑人先被公安机关刑事拘留、收容审查，后经检察机关批准逮捕，检察机关后又以事实不清、证据不足决定不起诉的，原批准逮捕决定应被视为对没有犯罪事实的人错误逮捕，作出逮

捕决定的检察机关应当是赔偿义务机关，对全部羁押期间承担赔偿责任。

【基本案情】

1996 年 8 月 22 日，霍某中、霍某米、霍某杰与同乡孔某一同外出购买石英矿石。因孔某早先订购的矿石未交货款，导致货主收取霍某杰 2000 元货款后不予返还，霍某杰向孔某索要该款被拒。霍某中、霍某米、霍某杰遂乘孔某熟睡之机采用绳子捆手、毛巾堵嘴等手段，强行从孔某裤兜内掏走现金 2000 元。陕西省宝鸡县公安局以霍某中、霍某米、霍某杰（在逃）涉嫌抢劫，于 1996 年 9 月将霍某中、霍某米刑事拘留，6 天后转为收容审查。同年 12 月 31 日，宝鸡县人民检察院对霍某中、霍某米批准逮捕。1997 年 6 月 16 日，宝鸡县人民检察院以该案事实不清、证据不足为由，作出不起诉决定。同年 6 月 24 日二人被释放。随后，霍某中、霍某米提出国家赔偿申请。

【裁判结果】

陕西省宝鸡市中级人民法院赔偿委员会认为，宝鸡县公安局以霍某中、霍某米涉嫌抢劫对其刑事拘留和收容审查，后经宝鸡县人民检察院批准逮捕。该院后又以事实不清、证据不足为由作出不起诉决定，说明原批准逮捕决定是错误的，宝鸡县人民检察院应为赔偿义务机关。虽然宝鸡县公安局对赔偿请求人采取了刑事拘留和收容审查措施，但宝鸡县人民检察院是基于同一案件、同一事实对二人批准逮捕，故应对刑事拘留和收容审查部分一并承担赔偿责任。据此决定由宝鸡县人民检察院赔偿二请求人侵犯人身自由赔偿金各 7948.8 元，并为其消除影响，恢复名誉，赔礼道歉。

【典型意义】

本案犯罪嫌疑人先经公安机关刑事拘留、收容审查，后经检察机关批准逮捕，检察机关最终以事实不清、证据不足决定不起诉的，检察机关应当作为赔偿义务机关，对包括此前刑事拘留和收容审查部分的全部羁押期间一并承担赔偿责任。1994 年《国家赔偿法》关于侵犯人身自由的刑事赔偿义务机关的规定不明确，导致实践中赔偿义务机关相互推诿的情形时有发生。本案中，人民法院按照赔偿义务机关“后置吸收原则”（即在刑事诉讼过程中，哪一个机关最后作出侵犯受害人合法权益的决定，该机关即为赔偿义务机关），确定检察机关为本案的赔偿义务机关并承担赔偿责任，保障了赔偿请求人及时获得赔偿，避免了程序空转对其权利保护不充分带来的诉累，也厘清了司法实践中的不同认识，推动国家赔偿制度在司法实践中进一步完善。

任某海申请通辽铁路运输检察院无罪逮捕国家赔偿案

《国家赔偿法颁布实施二十五周年典型案例》
2020 年 12 月 29 日

【入选理由】

赔偿请求人被法院判决无罪，获得所在单位足额经济补偿后，申请国家赔偿的，赔偿义务机关仍应给予国家赔偿。国家赔偿与企业补偿性质不同，企业补偿不能代替国家赔偿。

【基本案情】

任某海（原系通辽铁路分局业务员）因涉嫌贪污犯罪，于 1996 年 4 月被辽宁省通辽铁路运输检察院刑事拘留，同月 29 日被批准逮捕。通辽铁路运输检察院于 1996 年 7 月 22 日向辽宁省通辽铁路运输法院提起公诉。通辽铁路运输法院于 1996 年 8 月 12 日作出刑事判决，认为检察机关指控被告人任某海犯贪污罪证据不足，指控的犯罪不能成立，宣告任某海无罪。任某海于同月 14 日被释放。通辽铁路分局于 1997 年 4 月 2 日一次性补发任某海工资、奖金补贴、效益工资共计 20526. 21 元。1998 年 1 月 13 日，任某海向通辽铁路运输检察院申请国家赔偿。因不服辽宁省人民检察院沈阳铁路运输分院刑事赔偿复议决定，任某海向沈阳铁路运输中级法院赔偿委员会申请作出赔偿决定。

【裁判结果】

沈阳铁路运输中级法院赔偿委员会经审理，认为通辽铁路分局给赔偿请求人补发工资、奖金等属于企业补偿，通辽铁路运输检察院赔偿决定以及辽宁省人民检察院沈阳铁路运输分院复议决定不予赔偿的理由不能成立，应予撤销。据此，决定撤销通辽铁路运输检察院赔偿决定和辽宁省人民检察院沈阳铁路运输分院刑事赔偿复议决定关于不予赔偿部分；维持关于“应当在任某海原单位和现单位公开赔礼道歉、恢复名誉、消除影响”部分；通辽铁路运输检察院支付任某海被错误羁押赔偿金 3878.5 元；驳回请求人任某海的其他赔偿请求。

【典型意义】

赔偿请求人在已经获得单位经济补偿，且数额超过国家赔偿标准的情况下，是否还可以申请国家赔偿，是本案的争议焦点，类案审理中标准也不统一。本案在国家赔偿工作起步阶段中明确，国家赔偿是国家机关和国家机关工作人员因行使职权侵犯公民、法人和其他组织合法权益造成损害的，依照《国家赔偿法》对受害人进行的赔偿，与受害人所在单位给予的补偿性质不同，受害人所在单位的补偿不能代替国家赔偿。本案中人民法院作出的赔偿决定，划清了国家赔偿与善后工作的界限，厘清了国家赔偿和工资补发二者的不同性质，对正确适用《国家赔偿法》，救济赔偿请求人合法权益，实现《国家赔偿法》的立法宗旨起到了积极作用。

刘某鸿申请海南省海口市公安局返还追缴财产国家赔偿案

《国家赔偿法颁布实施二十五周年典型案例》

2020 年 12 月 29 日

【入选理由】

公安机关工作人员利用职务之便，滥用侦查职权，插手经济纠纷，侵犯他人合法权益并造成损失，属于职务行为的，公安机关应承担国家赔偿责任。

【基本案情】

刘某鸿原系海南永某药业公司（以下简称永某公司）会计，莫某强系该公司的法定代表人。1998 年 7 月，因莫某强将永某公司转手给韦某涉嫌合同诈骗，同月 20 日海口市公安局对其二人立案侦查，案件承办人为原海口市公安局经侦支队三大队副大队长赵某某。2000 年 3 月，刘某鸿受莫某强委托，经周某革介绍，以 29.5 万元将永某公司转让给金某谊。金某谊又委托周某革将该公司转让给他人。之后，周某革以刘某鸿非法转让公司使其无法经营为由要求退还转让费，刘某鸿不同意。2001 年 1 月 3 日，周某革与刘某鸿因退款一事发生争执后报警，当晚值班民警赵某某带着干警出警，以办案为由要求周某革、刘某鸿等人到海口市公安局接受调查。回到公安局后，赵某某对刘某鸿一方说，莫某强是在逃诈骗犯，刘某鸿帮其卖公司也属诈骗，刘某鸿如果不答应退钱，当晚就回不去。刘某鸿见状表示同意退还 20 万元，随后分两次在赵某某办公室将 20 万元交给周某革。后海南省海口市龙华区人民法院作出刑事判决，认定赵某某犯滥用职权罪。刘某鸿随后提出国家赔偿申请。

【裁判结果】

海南省高级人民法院赔偿委员会经审理认为，赵某某身为公安民警，利用职务之便，滥用侦查职权，插手经济纠纷，构成滥用职权罪。本案从报案、出警、追缴财产的地点及过程，均证明赵某某的行为属于职务行为，符合 1994 年《国家赔偿法》第十六条规定的违法追缴财产情形。海口市公安局应承担其工作人员违法行使职权造成受害人损失的赔偿责任。据此，决定由海口市公安局返还受害人 20 万元。

【典型意义】

《公安部关于公安机关不得非法越权干预经济纠纷案件处理的通知》规定，严禁公安机关非法干预经济纠纷，在办理涉嫌经济犯罪案件的过程中，必须划清经济犯罪与经济纠纷的界线，不得更不允许以查处诈骗等经济犯罪为名，以收审、扣押人质等非法手段插手经济纠纷，侵犯法人和公民的合法权益。本案中，个别公安干警利用职务之便，滥用侦查职权，对当事人进行传唤，违法介入经济纠纷，构成滥用职权罪，其行为属职务行为，其所在机关应当承担违法行使职权造成公民损失的国家赔偿责任。《国家赔偿法》以及国家赔偿审判实践，通过明确国家机关及其工作人员侵犯公民、法人和其他组织行为的情形及责任，形成了制约和监督公权力运行的倒逼机制，依法维护公民、法人及其他组织的合法权益。

佘某林申请湖北省荆门市中级人民法院再审无罪国家赔偿案

《国家赔偿法颁布实施二十五周年典型案例》

2020 年 12 月 29 日

【入选理由】

本案是较早引起社会广泛关注的刑事冤错国家赔偿案件。国家赔偿实行赔偿法定原则，1994 年《国家赔偿法》未将精神损害等纳入国家赔偿范围，也没有明确协商解决赔偿争议方面的规定。在国家赔偿案件审理过程中，赔偿请求人与赔偿义务机关之间通过协商解决赔偿争议，做到案结事了，同时协调有关部门在法定人身自由赔偿金之外给予赔偿请求人生活补助，体现了司法的温暖。

【基本案情】

1994 年 4 月 11 日，湖北省京山县雁门口镇吕冲村水库发现一具无名女尸。经过当地公安机关排查，认为死者为佘某林妻子张某玉，佘某林有故意杀人嫌疑。后湖北省京山县人民法院以故意杀人罪判处佘某林有期徒刑十五年，剥夺政治权利五年。佘某林上诉后，湖北省荆门市中级人民法院裁定驳回上诉、维持原判。之后，佘某林在湖北省沙洋监狱服刑。2005 年 3 月 28 日，“死亡”十一年的张某玉回到家中。同年 4 月 13 日，京山县人民法院重新作出刑事判决，宣告佘某林无罪。2005 年 5 月 10 日，佘某林以再审无罪赔偿为由向荆门市中级人民法院提出国家赔偿申请。

【裁判结果】

荆门市中级人民法院与赔偿请求人佘某林经协商达成和解协议：荆门市中级人民法院依法支付佘某林限制人身自由赔偿金 255894.47 元；赔偿佘某林家人支付的无名女尸安葬费 1100 元（应为 3600 元，扣除京山县公安局已支付的 2500 元）。此外，京山县雁门口镇人民政府一次性给予佘某林家庭生活困难补助费 20 万元。

【典型意义】

法无古今，唯其时之所宜与民之所安。本案是较早引起社会广泛关注的刑事冤错国家赔偿案件，面对申请人的高额赔偿请求以及社会舆论的高度关注，人民法院在司法实践中，灵活适用1994年《国家赔偿法》，率先将协商机制引入国家赔偿案件，并取得圆满成功，为2010年修正《国家赔偿法》引入协商机制提供了成功范例。当地政府给予赔偿请求人的家庭困难生活补助金，也在一定程度上推动了2010年《国家赔偿法》扩大国家赔偿范围、提高赔偿标准、增设赔偿精神损害抚慰金制度。佘某林国家赔偿案经新闻媒体的连续跟踪报道，加之大批法律界人士参与该案的深刻讨论及评析，为广大人民群众提供了一次深入了解和认识《国家赔偿法》的难得机会，对于宣传贯彻《国家赔偿法》以及随后的《国家赔偿法》修改完善起到积极推动作用。

赵某海申请河南省商丘市中级人民法院再审无罪国家赔偿案

《国家赔偿法颁布实施二十五周年典型案例》

2020年12月29日

【入选理由】

刑事案件再审改判无罪，原判刑罚实际执行并长期羁押的，应认定为致受害人精神损害并造成严重后果，赔偿义务机关应当赔偿精神损害抚慰金。本案可以认定是国家赔偿领域“精神损害赔偿第一案”。

【基本案情】

1998年2月15日，商丘市柘城县老王集乡赵楼村赵某晌失踪四个多月。公安机关调查后怀疑系被同村的赵某海杀害，遂将赵某海作为重大嫌疑人并予以刑事拘留。2002年12月5日，赵某海被河南省商丘市中级人民法院以故意杀人罪判处死刑，缓期二年执行，剥夺政治权利终身，并经河南省高级人民法院裁定核准。2010年4月30日，刑事案件认定的被害人赵某晌回村。2010年5月8日，河南省高级人民法院作出刑事再审判决：撤销该院刑事裁定和商丘市中级人民法院刑事判决，宣告赵某海无罪。2010 年 5 月 9 日，赵某海被依法释放。同月 11 日，赵某海向商丘市中级人民法院提出国家赔偿申请。

【裁判结果】

在国家赔偿案件处理中，商丘市中级人民法院与赵某海经协商达成赔偿协议：商丘市中级人民法院一次性支付赵某海国家赔偿金 50 万元，生活困难补助费 15 万元，两项共计 65 万元。2010 年 5 月 13 日，时任商丘市中级人民法院院长亲赴赵某海居住地，将 65 万元交到赵某海手中。赵某海撤回赔偿申请，并表示以后安心生活。

【典型意义】

国家赔偿中设立精神损害赔偿制度，体现的既是立法对公民人格价值的尊重与保护，也是国家责任的法律归位与担当。2010 年修正的《国家赔偿法》，将精神损害赔偿纳入国家赔偿范围，第三十五条规定“有本法第三条或者第十七条规定情形之一，致人精神损害的，应当在侵权行为范围内，为受害人消除影响，恢复名誉，赔礼道歉；造成严重后果的，应当支付相应的精神损害抚慰金”，这是加强人权保障的重大进步。赵某海案再审改判无罪时，恰逢 2010 年修正的《国家赔偿法》颁布后、实施前的时间节点，鉴于新法已经明确规定了精神损害抚慰金赔偿内容，本案在依法给予无罪羁押赔偿金的基础上，参照修正后的《国家赔偿法》规定，考虑到赵某海被长期羁押，应视为致其精神损害且后果严重，通过协商以另行支付生活困难补助费的方式弥补其精神损害，及时回应了社会各界对国家赔偿中精神损害抚慰金的广泛关切，取得良好社会效果，具有重要的标杆意义。

叶某梅等人申请安徽省巢湖监狱怠于履职国家赔偿案

《国家赔偿法颁布实施二十五周年典型案例》

2020 年 12 月 29 日

【入选理由】

监狱管理机关及其工作人员对突发疾病的被羁押罪犯未尽及时救治义务，应认定与其死亡之间具有一定因果关系，监狱管理机关应予赔偿，同时综合考虑该怠于履行职责行为在损害发生过程和结果中所起的作用等因素，适当确定责任承担比例和赔偿数额。

【基本案情】

2001 年 8 月 23 日，解某明因犯盗窃罪入安徽省巢湖监狱服刑。2011 年 4 月 30 日 7 时许，民警巡查发现解某明身体不适，随即安排两名服刑人员送解某明至监内医院治疗。9 时 40 分左右，医院下达病危通知书。5 月 2 日 20 时许，解某明病情加重，巢湖监狱将解某明送至巢湖市第二人民医院救治。5 月 3 日 5 时 50 分，解某明经抢救无效死亡。2011 年 7 月 8 日，皖南医学院司法鉴定中心对解某明的死亡原因鉴定结论为：解某明符合全身多脏器急性化脓性感染，出现败血症、DIC 及中毒性休克；导致急性呼吸功能、心功能、肾功能等多脏器功能衰竭而死亡。解某明的亲属叶某梅等人向巢湖监狱提出国家赔偿申请，因不服安徽省监狱管理局作出的不予赔偿复议决定，向安徽省高级人民法院赔偿委员会申请作出赔偿决定。

【裁判结果】

安徽省高级人民法院赔偿委员会经审理认为，巢湖监狱在解某明生病救治过程中，怠于履行职责，未尽到及时转院救治的义务，与解某明死亡之间存在一定联系，应当承担相应的赔偿责任。承担赔偿责任应综合考虑其怠于履行职责的行为在损害发生过程和结果中所起的作用等因素适当确定赔偿比例和数额。鉴于解某明死亡的直接原因是其患病，巢湖监狱未及时转院救治在导致解某明死亡中起次要作用，应按照 40% 的比例确定赔偿数额。2012 年

12 月 11 日，安徽省高级人民法院赔偿委员会作出〔2012〕皖法委赔字第 00001 号国家赔偿决定，由巢湖监狱赔偿叶某梅等人死亡赔偿金、丧葬费 339616 元，精神损害抚慰金 32000 元。

【典型意义】

本案是 2010 年《国家赔偿法》修改后，在全国范围内较早认定监狱不及时履行救治义务致羁押人员死亡，应承担国家赔偿责任的案件。2010 年《国家赔偿法》第十七条第四项规定：看守所、监狱管理机关及其工作人员在行使职权时存在刑讯逼供或者以殴打、虐待等行为造成公民身体伤害或者死亡情形的，受害人有取得赔偿的权利。对于该条文中的“等”字应根据条文本身的价值追求，结合立法本意去理解。监狱管理机关对服刑人员在服刑期间的人身安全、生命健康等依法负有监管和保护的职责，如果监狱管理机关及其工作人员怠于履行监管和保护职责，导致服刑人员人身伤害或者死亡的，应当认定为属于该条文规范的情形。本案中，巢湖监狱未及时履行救治义务是导致解某明死亡的次要原因，与解某明死亡之间具有一定关联，应当承担相应的赔偿责任。同时考虑到解某明死亡的主要原因是其生病，人民法院经审理依法决定巢湖监狱承担一定比例的赔偿责任，体现了司法的客观与公正。

朱某蔚申请广东省人民检察院无罪逮捕国家赔偿案

《国家赔偿法颁布实施二十五周年典型案例》

2020 年 12 月 29 日

【入选理由】

2010 年修正的《国家赔偿法》规定了精神损害抚慰金制度，本案是首例由最高人民法院决定支付精神损害抚慰金的国家赔偿案件。赔偿决定明确了支付精神损害抚慰金的数额应当结合侵权行为的手段、场合、方式等具体情节，根据侵权行为造成的影响、后果，以及当地居民平均生活水平等因素合理确定。

【基本案情】

朱某蔚因涉嫌合同诈骗罪，于2005年7月被刑事拘留，同年8月被取保候审。2006年5月26日，广东省人民检察院批准逮捕朱某蔚。同年6月1日，朱某蔚被执行逮捕。2008年9月11日，深圳市中级人民法院以指控依据不足为由，判决宣告朱某蔚无罪。同月19日，朱某蔚被释放。2011年3月15日，朱某蔚以无罪逮捕为由申请国家赔偿。

【裁判结果】

最高人民法院赔偿决定认为，朱某蔚于2011年3月15日向广东省人民检察院提出赔偿请求，本案应适用修正后的《国家赔偿法》。朱某蔚被宣告无罪后，广东省人民检察院已决定向朱某蔚以口头方式赔礼道歉，并为其恢复生产提供方便，从而在侵权行为范围内为朱某蔚消除影响、恢复名誉，该项决定应予维持。朱某蔚被羁押875天，正常的家庭生活和公司经营因此受到影响，应认定精神损害后果严重。对朱某蔚主张的精神损害抚慰金，根据自2005年朱某蔚被羁押以来其公司不能正常经营、女儿患病，以及广东省赔偿精神损害抚慰金的参考标准，结合赔偿协商协调情况以及当地平均生活水平等情况，确定为5万元。

【典型意义】

本案是2010年《国家赔偿法》实施后，首例由最高人民法院决定支付精神损害抚慰金的国家赔偿案件。本案的审理，明确了国家赔偿案件适用精神损害抚慰金条款应当具体考虑的因素，为以后类似案件的审理提供了参考标准。国家机关及其工作人员行使职权时侵犯公民人身权，严重影响受害人正常的工作、生活，导致其精神极度痛苦，属于致人精神损害造成严重后果。赔偿义务机关除在侵权行为影响范围内为受害人消除影响，恢复名誉，赔礼道歉外，还应当结合侵权行为的手段、场合、方式等具体情节，根据侵权行为造成的影响、后果，以及当地居民平均生活水平等综合因素，支付相应的精神损害抚慰金。本案经最高人民法院审判委员会讨论，被确定为最高人民法院第42号指导性案例。

绿某鑫啤酒花有限责任公司申请甘肃省酒泉市中级人民法院违法查封国家赔偿案

《国家赔偿法颁布实施二十五周年典型案例》

2020 年 12 月 29 日

【入选理由】

人民法院在民事诉讼中查封易变质商品后，因怠于履行法定职责、处置不当致使被查封物价值贬损的，应当依法予以赔偿。

【基本案情】

2007 年 9 月 6 日，甘肃省酒泉市中级人民法院在审理酒泉市西某啤酒花有限公司（以下简称西某公司）与酒泉市绿某鑫啤酒花有限责任公司（以下简称绿某鑫公司）买卖合同纠纷一案中，依据西某公司申请，查封了绿某鑫公司 13.2 吨压缩啤酒花并指定该公司为保管人。后绿某鑫公司提供房产证作为担保请求解封，酒泉市中级人民法院以西某公司不同意为由不予解封。2008 年 5 月 13 日，西某公司和绿某鑫公司就双方民事纠纷达成调解协议。后绿某鑫公司再次申请解除 10 吨压缩啤酒花的查封，酒泉市中级人民法院未予同意。2008 年 8 月 14 日，酒泉市中级人民法院对查封的啤酒花进行了检测，拟抵顶债务，发现该批啤酒花甲酸含量严重降低，抵顶未果。2008 年 9 月 23 日，绿某鑫公司和执行申请人西某公司达成并履行了执行和解协议，酒泉市中级人民法院于 2008 年 10 月 6 日解除了对绿某鑫公司压缩啤酒花的查封，但因被长期查封，该压缩啤酒花甲酸含量过低，基本报废。绿某鑫公司向酒泉市中级人民法院申请国家赔偿被驳回，遂向甘肃省高级人民法院赔偿委员会申请作出赔偿决定。

【裁判结果】

甘肃省高级人民法院赔偿委员会委托兰州市价格认证中心对 13.2 吨压缩啤酒花查封时的市场价格进行鉴定，并以此为依据主持双方协商。绿某鑫公司与酒泉市中级人民法院达成协议，由酒泉市中级人民法院对因查封造成绿某鑫公司的财产损失赔偿48万元，甘肃省高级人民法院赔偿委员会决定对协议内容予以确认。

【典型意义】

《国家赔偿法》是一部权利救济法，其重要职能之一就是在人民群众合法权益受到公权力违法侵害时为其提供救济。本案中，被保全人多次申请解封并提供房产作为担保，但赔偿义务机关违反法律规定，对应予解封的不宜长期保存的财产未予解封，又未依法及时处理或变卖查封财产，导致查封财产变质毁损，造成赔偿请求人财产损失，赔偿义务机关应当予以赔偿。人民法院根据《国家赔偿法》的立法精神，将赔偿义务机关怠于履行法定职责的不作为情形界定为违法行使职权，由此造成权利人损害的，赔偿义务机关应予赔偿，体现了国家赔偿审判对权利人财产权利的充分保护。

陈某阳、田某冬、王某平、朱某平、田某平申请浙江省高级人民法院再审无罪国家赔偿案

《国家赔偿法颁布实施二十五周年典型案例》

2020年12月29日

【入选理由】

刑事再审改判，赔偿请求人在原审认定的主要犯罪事实被否定，而其他犯罪事实仍被认定有罪但减轻刑罚，监禁期限超出再审判决确定刑期的，赔偿请求人有权申请国家赔偿。

【基本案情】

陈某阳、田某冬、王某平、朱某平、田某平因涉嫌抢劫、盗窃犯罪，于1997年分别被判决：陈某阳、田某冬犯抢劫罪、盗窃罪，王某平、朱某平犯抢劫罪，均判处死刑，缓期二年执行；田某平犯抢劫罪，判处无期徒刑。案经再审，浙江省高级人民法院于2013年7月1日判决撤销原审部分判决内容，宣告王某平、朱某平无罪；陈某阳、田某冬犯盗窃罪，判处有期徒刑一年；田某平犯抢劫罪，判处有期徒刑三年。陈某阳等五人以抢劫（杀人）再审改

判无罪为由，分别向浙江省高级人民法院申请国家赔偿。

【裁判结果】

浙江省高级人民法院与田某冬、陈某阳、朱某平、田某平达成赔偿协议：支付田某冬人身自由赔偿金、精神损害抚慰金共计 182.40415 万元；支付陈某阳人身自由赔偿金、精神损害抚慰金共计 182.823555 万元；支付朱某平人身自由赔偿金、精神损害抚慰金共计 192.388155 万元；支付田某平人身自由赔偿金、精神损害抚慰金共计 133.51493 万元。因未与王某平达成赔偿协议，该院依法决定赔偿王某平人身自由赔偿金、精神损害抚慰金共计 196.01107 万元。

【典型意义】

《国家赔偿法》规定的无罪赔偿，应理解为针对具体的个罪。本案中赔偿请求人陈某阳、田伟东经再审判决虽保留了盗窃罪，但抢劫（杀人）部分宣告无罪，且监禁期限超过再审判决确定的刑期，故其享有依法取得国家赔偿的权利。赔偿请求人田某平的情形比较特殊，原审认定的主要抢劫犯罪事实不存在，因其他抢劫犯罪事实，田某平仍被再审判处抢劫罪，但减轻了刑罚，致其监禁期限超过刑事再审判决确定的刑期，人民法院仍决定予以赔偿。本案中，考虑到此类重大冤错刑事赔偿案件的赔偿请求人被错判羁押的时间较长，重新融入社会困难重重，人民法院还在案件审理过程中采用非货币化方式给予适当的救助，切实解决请求人养老、住房等实际生活困难，既体现了司法的尺度，也彰显了司法的温度。

张某、张某平申请浙江省高级人民法院再审无罪国家赔偿案

《国家赔偿法颁布实施二十五周年典型案例》

2020 年 12 月 29 日

【入选理由】

对于冤错案件受害人而言，能够及时充分获得赔偿尤为重要。张某、张

某平没有从事违法或犯罪行为，无故被判有罪并被长期羁押，人民法院坚持有错必纠再审改判无罪后，依法及时启动国家赔偿，让人民群众相信，正义不会缺席，也不会迟到。

【基本案情】

张某、张某平因涉及2003年发生的一起强奸致死案，被判决犯强奸罪并分别被判处死刑缓期二年执行和有期徒刑十五年。案经再审，浙江省高级人民法院于2013年3月26日公开宣判，撤销原一、二审判决，宣告张某、张某平无罪。2013年5月2日，张某、张某平分别向浙江省高级人民法院申请国家赔偿。

【裁判结果】

浙江省高级人民法院于再审改判后即向张某、张某平公开道歉，于收到国家赔偿申请的当日即立案并派人听取请求人的意见，15日后即作出国家赔偿决定，认为：张某、张某平自2003年5月23日被刑事拘留至2013年3月26日经再审无罪释放，应由该院按照法定标准赔偿人身自由赔偿金，并综合考虑二人被错误定罪量刑、刑罚执行和工作生活受影响等具体情况，酌定精神损害抚慰金。该院遂于2013年5月17日作出国家赔偿决定，赔偿张某、张某平人身自由赔偿金和精神损害抚慰金各110余万元。

【典型意义】

本案系2013年社会各界高度关注的刑事冤错国家赔偿案件。张某、张某平无故蒙冤入狱且长期羁押，人民法院坚持有错必纠并依法及时充分赔偿，体现了国家司法公正与司法文明的显著进步。本案中，人民法院坚持“改、赔”紧密衔接，于再审改判后即向张某、张某平公开道歉，于收到赔偿申请的15日后即作出国家赔偿决定，被评价为“赔得快也是一种正义”“赔得快对蒙冤者也是一种慰藉”。人民法院就受害人提出的赔偿请求，按照法定标准确定限制人身自由赔偿金，并根据当地经济发展水平，综合张某、张某平被错误定罪量刑、刑罚执行和工作生活受影响等具体情况，酌定精神损害抚慰金。本案的审理，昭示着公平和正义不但要内化于人民法院的司法行为之中，也要让人民群众切切实实感受得到。

呼某再审无罪国家赔偿案

《国家赔偿法颁布实施二十五周年典型案例》

2020 年 12 月 29 日

【入选理由】

原死刑判决已执行，经再审改判无罪，死亡受害人的继承人有权获得国家赔偿。赔偿项目应当包括死亡赔偿金、生前被羁押期间的限制人身自由赔偿金和精神损害抚慰金。精神损害抚慰金应在死亡赔偿金和限制人身自由赔偿金总额的范围内，采取合理标准确定；被害人父母生活费根据其现实生活状况依法酌定。

【基本案情】

1996 年 6 月，呼某因犯故意杀人罪、流氓罪，被判处死刑，并于同月 10 日被执行死刑。2014 年 12 月 13 日，内蒙古自治区高级人民法院作出再审刑事判决：判决呼某无罪。呼某父母李某仁、尚某云于 2014 年 12 月 25 日向内蒙古自治区高级人民法院申请国家赔偿。

【裁判结果】

内蒙古自治区高级人民法院于 2014 年 12 月 30 日作出〔2014〕内法赔字第 00001 号国家赔偿决定，向赔偿请求人李某仁、尚某云支付死亡赔偿金、丧葬费、呼某生前被限制人身自由赔偿金、精神损害抚慰金。赔偿决定书送达后，李某仁、尚某云在法定期限内未提出异议。

【典型意义】

呼某案的再审改判和国家赔偿，在国内外均产生重大影响。受害人死亡的此类国家赔偿案件，在赔偿项目、赔偿标准等问题上，法律规定尚不明晰，亦无经验可资借鉴。人民法院本着充分保护赔偿请求人合法权益的国家赔偿审判理念，认真研判法律难题，合理确定赔偿项目和赔偿标准。赔偿项目包括了死亡赔偿金、生前被羁押期间的限制人身自由赔偿金，以及在死亡赔偿金和限制人身自由赔偿金总额范围内采取合理标准确定的精神损害抚慰金。在确定精神损害抚慰金的标准时，充分考虑侵害受害人生命权以及由此给其父母造成的巨大精神痛苦等因素。生命权无价，国家赔偿虽然不能挽回已经失去的生命，但一定要给受害人亲属一定程度上的精神慰藉。此案的处理，让受害人亲属充分感受到国家对重大刑事冤错案件有错必纠的决心和国家赔偿司法的温暖，取得了较好的政治效果、法律效果和社会效果。本案是落实党的十八届四中全会《决定》“实现公民权利保障法治化”的具体体现，从处理理念、办理程序、法律适用等方面均具有典型示范意义。

沈阳北某房地产开发有限公司申请辽宁省公安厅刑事违法扣押国家赔偿案

《国家赔偿法颁布实施二十五周年典型案例》

2020 年 12 月 29 日

【入选理由】

本案是最高人民法院赔偿委员会受理并决定赔偿的首例涉及财产权益的刑事违法扣押赔偿案。《国家赔偿法》没有规定违法扣押金钱应否计息及如何计息，但鉴于刑事扣押与追缴存在密切关系，故从平衡各方利益、完善裁判规则的角度考虑，参照有关违法追缴的计息规定予以计息，并将计息标准进一步细化。

【基本案情】

2005～2006 年间，沈阳北某房地产开发有限公司（以下简称北某公司）在参与兰胜台村村屯改造过程中，擅自扩大占地 29.7 亩。2008 年，辽宁省公安厅在侦办兰胜台村村干部黄某涉黑犯罪案件过程中，发现北某公司及其人员涉嫌非法占用农用地等犯罪，遂扣押该公司款项 2000 万元。案经审理，北某公司及实际控制人刘某、原法定代表人刘某甲被以非法占用农用地罪定罪免刑，但前述 2000 万元未被认定为犯罪所得。判决生效后，北某公司向辽宁省公安厅申请国家赔偿。因不服公安部复议决定，北某公司向最高人民法院赔偿委员会申请作出赔偿决定。

【裁判结果】

本案审理中，北某公司与辽宁省公安厅先于证据交换期间达成了返还财务文件的协议并于质证前履行完毕，后于最高人民法院赔偿委员会组织质证期间，经合议庭主持协商，双方自愿达成协议，由辽宁省公安厅于本决定生效后 30 日内向北某公司返还侦查期间扣押的 2000 万元，并支付相应的利息损失 83 万元。最高人民法院赔偿委员会审查后依据该协议内容作出赔偿决定并当庭宣布，当日送达且全部履行完毕。

【典型意义】

本案是公正、高效、阳光、便民司法的典范，通过公开质证，敲响了本部大法官到巡回法庭办案的“第一槌”，通过听取意见、证据交换、开庭质证、分步协商、远程视频决议、电子签章等，有效促成了协议达成和当庭宣布决定、当日完成送达。本案中隐含的对违法扣押金钱的赔偿应予计息并细化的计息标准的规则，被《最高人民法院、最高人民检察院关于办理刑事赔偿案件适用法律若干问题的解释》所吸收，推动了该解释的顺利出台（第二十条第一款规定：“返还执行的罚款或者罚金、追缴或者没收的金钱，解除冻结的汇款的，应当支付银行同期存款利息，利率参照赔偿义务机关作出赔偿决定时中国人民银行公布的人民币整存整取定期存款一年期基准利率确定，不计算复利”）。本案的顺利审结，也彰显了人民法院充分发挥审判职能作用，通过国家赔偿审判保护企业产权和企业家合法权益的职责担当。

郭某先等人因郭某华死亡申请湖南省郴州监狱国家赔偿案

《国家赔偿法颁布实施二十五周年典型案例》

2020 年 12 月 29 日

【入选理由】

审理司法赔偿案件直播公开质证，是国家赔偿审判实践发展和司法公开的必然要求。对于案件事实和因果关系争议较大、不涉及国家秘密和个人隐私的疑难复杂案件，适用质证程序公开直播审理，既有利于查清事实，又能有效化解矛盾纠纷，实现国家赔偿审判的功能作用。本案是首例在“中国庭审公开网”公开直播质证过程的国家赔偿案件。

【基本案情】

郭某华因犯强奸罪于2012年6月28日被送交湖南省郴州监狱服刑。2013年10月24日晚，郭某华出现呕吐和晕厥症状，被送至湘南医院，并被诊断为肺部感染、肾功能不全和酸碱失衡等病因导致感染性休克，建议转ICU治疗。监狱警官建议先观察，暂不转ICU治疗。25日凌晨，郭某华经抢救无效死亡。2014年12月2日，郭某华亲属郭某先等人向湖南省郴州监狱提出赔偿申请。因赔偿义务机关、复议机关均逾期未作出赔偿决定，郭某先等人遂向湖南省高级人民法院赔偿委员会申请作出赔偿决定。

【裁判结果】

湖南省高级人民法院赔偿委员会适用质证程序，通过网络庭审直播公开审理了本案。审理期间，赔偿请求人与赔偿义务机关达成和解并撤回国家赔偿申请，该院赔偿委员会依法予以准许。

【典型意义】

公平正义不但要实现，而且要以人民群众可以看得见的方式来实现。2010年修正的《国家赔偿法》第二十七条规定，人民法院赔偿委员会处理赔偿请求采取书面审查方式，对损害事实及因果关系有争议的可以质证。近年来，随着司法公开不断深入和网络科技发展，庭审直播成为人民法院公开审理案件的主要形式和司法公开的新趋势。本案于2015年9月10日首次在“中国庭审公开网”公开直播质证过程，开创了人民法院通过直播公开质证审理司法赔偿案件的先例，对于推进通过直播公开质证审理国家赔偿案件，起到了示范和引领作用。

菲某海运公司申请广东省揭阳市公安局刑事违法扣押国家赔偿案

《国家赔偿法颁布实施二十五周年典型案例》
2020 年 12 月 29 日

【入选理由】

公安机关以涉嫌走私为由扣押外籍货船上所载的货物，16 年后撤销刑事侦查案件，对于赔偿请求人财产损失的认定，应当基于违法扣押行为造成的直接损失。被扣押财产无法恢复原状、返还原物的，应当给付相应的赔偿金。

【基本案情】

1997 年 10 月 12 日，广东省揭阳市公安局以涉嫌走私为由，对菲某海运公司（以下简称菲某公司）的务萨号集装箱货船（船籍利比里亚共和国，船东新加坡菲某公司）立案侦查。随后，揭阳市公安局对航行在广东省惠来县神泉封开海面的务萨号货船进行搜查，并扣押船上 38 个集装箱及物品。船东菲某公司缴纳 10 万美元担保金后，该船船长和船员被随船押送出境。2014 年 1 月 21 日，揭阳市公安局决定撤销菲某公司集装箱货船涉嫌走私侦查案。2015 年 10 月 22 日，菲某公司以刑事违法扣押造成财产损失为由，向揭阳市公安局申请国家赔偿，后因不服广东省公安厅复议决定，向广东省高级人民法院赔偿委员会申请作出赔偿决定。

【裁判结果】

广东省高级人民法院赔偿委员会经审理认为，根据《最高人民法院、最高人民检察院关于办理刑事赔偿案件适用法律若干问题的解释》第二十条第一款“返还执行的罚款或者罚金、追缴或者没收的金钱，解除冻结的汇款的，应当支付银行同期存款利息，利率参照赔偿义务机关作出赔偿决定时中国人民银行公布的人民币整存整取定期存款一年期基准利率确定，不计算复利”的规定，揭阳市公安局除退还 10 万美元外还应对利息予以赔偿，利息以一年定期存款基准利率 1.5% 计算至作出复议决定时止；根据《国家赔偿法》第三十六条第三项侵犯公民、法人和其他组织的财产权造成损害，应当返还的财产损坏的，能够恢复原状的恢复原状，不能恢复原状的，按照损害程度给付相应的赔偿金的规定，对集装箱（货柜）损失应予赔偿。遂决定维持广东省公安厅关于揭阳市公安局赔偿菲某公司担保金、船上设备物品损坏修理费等损失及利息、支付30个集装箱相应赔偿金的复议决定，驳回菲某公司的其他国家赔偿请求。

【典型意义】

本案系涉外刑事赔偿案件。扣押行为发生在广东沿海地区走私猖獗的20世纪90年代，公安机关以涉嫌走私为由扣押外籍公司货船上的货物，16年后才撤销刑事案件，造成外籍公司财产损失，侵害了该公司的财产权，应给予赔偿。对金钱损失，根据《最高人民法院、最高人民检察院关于办理刑事赔偿案件适用法律若干问题的解释》的相关规定，应支付相应利息；对财产损失，根据《国家赔偿法》第三十六条第三项的规定，不能恢复原状的，以直接损失为标准，按照损害程度给付相应的赔偿金。另外，具有涉外因素的国家赔偿案件审理，应坚持司法对等保护原则，正视本国公安机关侵犯外籍公司财产权的违法事实，平等对待中外主体，适用我国法律保护外籍公司的合法财产权益。通过依法赔偿，提高了外籍主体对我国司法机关公正司法的信心，对发展中外经济交流，营造良好的法治化营商环境具有积极意义。

邓某华申请重庆市南川区公安局违法使用武器致伤国家赔偿案

《国家赔偿法颁布实施二十五周年典型案例》

2020年12月29日

【入选理由】

人民警察在执行职务过程中，当生命安全受到威胁时，可以在必要限度内合理使用武器，对赔偿请求人因此受到的损失，依法不予赔偿。

【基本案情】

2014年6月23日，重庆市南川区公安局接到杨某报警称，邓某华将其烧烤摊掀翻，要求出警。邓某华追砍杨某过程中，民警李某和辅警张某到达现场，看到邓某华持刀向逃跑中摔倒在地的杨某砍去，被杨某躲过，遂喝令邓某华将刀放下，邓某华放弃继续追砍杨某，提刀准备离开案发现场。民警跟上并继续责令其将刀放下，但邓某华拒不服从命令。辅警张某上前试图夺刀控制邓某华，邓某华拒绝就擒，民警李某鸣枪示警，邓某华不但未停下，反而提刀逼向民警。民警李某多次警告无效后开枪击伤邓某华。后经司法鉴定，邓某华所持刀具为管制刀具，其伤属十级伤残。后邓某华以民警违法开枪为由向南川区公安局申请国家赔偿。因不服南川区公安局及重庆市公安局作出的不予赔偿决定，邓某华向重庆市第三中级人民法院赔偿委员会申请作出赔偿决定。

【裁判结果】

重庆市第三中级人民法院赔偿委员会认为，邓某华无故寻衅滋事，持刀追砍他人，其行为已严重危及他人生命安全。民警李某和辅警张某到达现场后，喝令邓某华站住并放下刀具，邓某华仅停止了继续追砍杨某的行为，但没有服从警察命令放刀站住，而是提刀准备离开现场。民警李某及辅警张某在履行职责决定将邓某华控制并带到公安机关接受讯问和处理的过程中，邓某华拒不服从命令且在控制无果后，民警李某才鸣枪示警，而鸣枪示警没有达到震慑效果，邓某华反而持刀逼向警察，邓某华持刀拒捕及持刀逼向警察的行为符合《人民警察使用警械和武器条例》第九条第一款第十项“以暴力方法抗拒或者阻碍人民警察依法履行职责或者暴力袭击警察”的情形，警察在警告无效后可以使用武器。遂决定维持重庆市公安局不予赔偿的复议决定。

【典型意义】

本案是入选案例中唯一一件不予国家赔偿的案件。人民警察负有侦查违法犯罪活动、维护社会治安秩序、保障人民生命财产安全等职责，作为其权能体现及实施方式之一的武器使用问题极易引发社会关注。人民警察在与违法犯罪嫌疑人较量博弈的瞬息之间，难以精准确认其武器使用的合法性及适度性，往往不敢使用武器或者使用武器不及时。国家赔偿制度是一个硬币的两面，在平冤理直、扶危济困的同时，又要保护国家机关及其工作人员依法正常履职。人民法院在审理此类国家赔偿案件时，既要注重保障赔偿请求人的合法权益，又要注意维护人民警察的执法权威，对人民警察合法合理使用武器的行为予以支持。本案是构建执法权与公民权平衡发展和良性互动的典型案例，体现了国家赔偿平冤理直与维护公权的双重意义所在。

泸州天某电子科技公司、魏某国申请四川省泸州市人民检察院刑事违法追缴国家赔偿案

《国家赔偿法颁布实施二十五周年典型案例》
2020 年 12 月 29 日

【入选理由】

司法机关在刑事诉讼程序中，错误扣押、追缴案外人财产，对造成的损失应予赔偿。本案对于依法保护企业财产权、完善企业产权保护、规范司法机关依法行使权力、丰富国家赔偿司法实践具有示范作用。

【基本案情】

魏某国原系泸州天某电子科技公司（以下简称天某公司）董事长兼总经理。四川省泸州市江阳区人民法院刑事判决认定，魏某国于 2004 年 11 月擅自将其保管的本单位资金 20 万元借给他人从事房地产开发，其行为已构成挪用资金罪，遂判决：被告人魏某国犯挪用资金罪，判处有期徒刑三年，缓刑四年。在该案侦查过程中，泸州市人民检察院收取了魏某国退交的 20 万元赃款，另扣押了天某公司资金共计 161.2 万元。此后，泸州市人民检察院将上述扣押款项以“罚没款”名义上缴至四川省泸州市财政局。天某公司、魏某国于 2016 年 1 月 18 日向泸州市人民检察院申请国家赔偿。后因四川省人民检察院逾期不作出复议决定，天某公司、魏某国向四川省高级人民法院赔偿委员会申请作出赔偿决定，请求解除扣押或返还天某公司、魏某国被四川省泸州市人民检察院扣押的企业及个人银行存款、现金 181.2 万元。

【裁判结果】

四川省高级人民法院赔偿委员会认为，天某公司系魏某国犯挪用资金罪刑事案件的受害人，所涉 20 万元资金属于天某公司的合法财产，应当及时返

还。检察机关扣押天某公司的资金 161.2 万元，虽然其中包含魏某国个人保管的账外账资金，可能带来违规违法管理资金的相应法律责任，但所保管资金所有权并未转移，仍然属于天某公司所有，故泸州市人民检察院系错误扣押、追缴案外人财产。遂决定：由泸州市人民检察院返还天某公司扣押资金 181.2 万元及利息 180250.48 元。

【典型意义】

2016 年 11 月 4 日，《中共中央、国务院关于完善产权保护制度依法保护产权的意见》出台，提出产权制度是社会主义市场经济的基石，保护产权是坚持社会主义基本经济制度的必然要求，加强产权保护根本之策是全面推进依法治国。最高人民法院充分落实“一个案例胜过一打文件”的要求，通过案例效应增强企业和企业家的人身和财产安全感，稳定社会预期，让产权人安心经营、放心投资、创业发展。本案的审理，对因刑事违法追缴引发的国家赔偿案件的请求权主体、有关违反刑事诉讼“物随案走”原则的相关情形、应追缴财产的范围界定、被追缴人的程序性权利等问题予以明确，属于企业产权保护的典型案例。

聂某斌再审无罪国家赔偿案

《国家赔偿法颁布实施二十五周年典型案例》

2020 年 12 月 29 日

【入选理由】

最高人民法院于 2016 年对聂某斌案再审改判无罪后，聂某斌父母向人民法院提出国家赔偿申请，此案成为全社会关注的热点案件。因错误判决被执行死刑引发的国家赔偿案件，如何正确履行国家责任，合理确定赔偿项目、赔偿数额和赔偿方式，充分维护受害人亲属的合法权益，是国家赔偿案件审理中的重点和难点。

【基本案情】

聂某斌因涉嫌强奸、故意杀人被判处死刑，并于 1995 年 4 月 27 日被执行死刑。后经最高人民法院提审，于2016年11月30日作出刑事再审判决，改判聂某斌无罪。同年12月14日，聂某斌的父母向河北省高级人民法院申请国家赔偿。

【裁判结果】

河北省高级人民法院在办案过程中，经多次与赔偿请求人充分沟通协商，双方在赔偿项目、赔偿数额等方面达成一致意见。根据双方达成的协议内容，河北省高级人民法院作出〔2016〕冀法赔1号决定，向聂某斌父母支付死亡赔偿金、丧葬费、聂某斌生前被侵犯人身自由赔偿金、精神损害抚慰金以及聂某斌母亲张某枝生活费等费用。

【典型意义】

聂某斌再审改判无罪是我国法治建设进程中具有标志意义的重要事件，其后续引发的国家赔偿案件也是衡量我国人权保障能力和保障水平的标志性案件。人民法院与赔偿请求人在死亡赔偿金、丧葬费和侵犯人身自由赔偿金及聂某斌母亲生活费等方面依法定标准达成一致意见的基础上，通过双方协商确定了精神损害抚慰金，体现了国家对此类情况下受害人亲属的诚意，对其相关权利的全力维护和保障。在有重大影响的国家赔偿案件处理过程中，让赔偿请求人充分表达赔偿意愿，通过协商达成一致意见的方式解决纠纷，有利于全面保障受害人及其亲属的合法权益。

丹东益某投资有限公司申请辽宁省丹东市中级人民法院错误执行国家赔偿案

《国家赔偿法颁布实施二十五周年典型案例》

2020年12月29日

【入选理由】

本案是最高人民法院赔偿委员会提审的首例错误执行国家赔偿案件，确立了人民法院执行行为确有错误造成申请执行人损害，因被执行人没有清偿能力且不可能再有清偿能力而终结本次执行的案件，不影响申请执行人依法申请国家赔偿的裁判规则。

【基本案情】

在益某公司诉辽宁省丹东市某厂债权转让合同纠纷一案中，辽宁省丹东市中级人民法院根据益某公司的财产保全申请，裁定冻结某厂银行存款 1050 万元或查封其相应价值的财产，后查封丹东某厂的 6 宗土地。之后，丹东市中级人民法院判决丹东某厂偿还益某公司欠款本金 422 万元及利息 6209022.76 元。案件执行过程中，上述 6 宗土地被整体出让，出让款 4680 万元由某厂用于偿还职工内债等，但没有给付益某公司。2016 年 3 月 1 日，丹东市中级人民法院针对益某公司申请民事执行案，裁定终结本次执行程序。自 2009 年起，益某公司多次向丹东市中级人民法院提出国家赔偿申请，该院于 2013 年 8 月 13 日立案受理，但一直未作决定。后益某公司向辽宁省高级人民法院赔偿委员会申请作出赔偿决定，被以益某公司应当在执行程序终结后提出赔偿请求为由决定驳回其赔偿申请。益某公司不服，向最高人民法院赔偿委员会提出申诉。最高人民法院赔偿委员会于 2018 年 3 月 22 日决定提审。

【裁判结果】

最高人民法院赔偿委员会提审认为，丹东市中级人民法院的解封行为属于执行行为，其为配合政府部门出让涉案土地，可以解除对涉案土地的查封，但未有效控制土地出让款并依法予以分配，致使益某公司的债权未获任何清偿，该行为侵害了益某公司的合法权益，应认定为错误执行行为。同时，在人民法院执行案件长期无任何进展、也不可能再有进展，被执行人实际上已经彻底丧失清偿能力，申请执行人等已因错误执行行为遭受无法挽回损失的情况下，应当允许其提出国家赔偿申请。本案审理过程中，最高人民法院赔偿委员会组织双方进行协商，当庭达成赔偿协议，丹东市中级人民法院赔偿益某公司 300 万元，随后益某公司向丹东市中级人民法院申请撤回民事案件的执行，由丹东市中级人民法院裁定民事案件执行终结。

【典型意义】

人民法院赔偿委员会对于人民法院在执行工作中存在的问题不推诿、不回避，敢于承担责任，用典型案例的形式对于如何理解和区分“执行程序终结”“终结本次执行”，以及在执行程序、国家赔偿程序之间如何有机衔接，如何有效地保护和规范赔偿请求人的求偿权利等法律适用问题，进行了富有创造性的探索。本案对于全国法院进一步提升国家赔偿审判工作质效，切实加强产权司法保障，倒逼和规范执行行为，起到助推和促进的作用。本案经最高人民法院审判委员会讨论，被确定为第116号指导性案例。

刘某成申请重庆市忠县人民检察院违法刑事拘留国家赔偿案

《国家赔偿法颁布实施二十五周年典型案例》

2020年12月29日

【入选理由】

刑事侦查机关以询问证人方式变相拘禁犯罪嫌疑人，后终止追究刑事责任的，应视为违法刑事拘留，纳入国家赔偿范围，违法刑事拘留赔偿期间自违法限制人身自由之日起计算。

【基本案情】

重庆市忠县人民检察院办理他案过程中，发现刘某成有涉嫌收受贿赂的线索，于2016年5月以办案需要接触初查对象为由，连续3日在该院办案区对刘某成进行询问，时间均为23时许持续至第二天9时许，白天则送其至他处接受监察部门组织谈话。同月13日，忠县人民检察院以刘某成涉嫌犯受贿罪为由立案侦查，并决定刑事拘留，报请逮捕。重庆市人民检察院第二分院于同月26日以无逮捕必要为由，作出不予逮捕决定。同月27日，忠县人民检察院对刘某成变更强制措施为取保候审。2018年2月8日，重庆市万州区检察院作出不起诉决定，决定对刘某成不起诉。随后，刘某成提出国家赔偿申请。

【裁判结果】

重庆市第二中级人民法院赔偿委员会认为，根据询问刘某成的同步录音录像，忠县人民检察院于2016年5月连续三个晚上均有近十小时的询问，从询问时间、询问场所、被询问人所坐位置、询问方式以及未保证必要休息时间等综合判断，明显与对待证人的做法不同。故依法认定忠县人民检察院于2016 年 5 月以传唤证人调查为名，实际为变相违法拘禁限制刘某成的人身自由。对于变相拘禁等违法限制人身自由的，从实质结果上看，应视为违法刑事拘留，属于国家赔偿范围。决定由忠县人民检察院赔偿刘某成人身自由赔偿金 5125.32 元。

【典型意义】

刑事侦查机关以询问证人的方式变相拘禁犯罪嫌疑人的情形偶有发生。从国家赔偿司法实务角度考量，以询问证人的方式变相拘禁犯罪嫌疑人，具备刑事拘留关于“限制人身自由”这一本质特点。且变相拘禁发生的时间往往在刑事立案之前，因而该行为更具有程序违法性以及损害后果的严重性。将该情形认定为违法刑事拘留，纳入国家赔偿范围，既具有法理基础和现实需要，也能够将正式刑事侦查立案前的变相拘禁行为和立案后的刑事强制措施视为一个整体，倒逼刑事侦查机关严格依法开展刑事侦查活动，进一步提高我国刑事诉讼活动中人权保障水平。

王某宏申请河北省秦皇岛市中级人民法院二审无罪国家赔偿案

《国家赔偿法颁布实施二十五周年典型案例》

2020 年 12 月 29 日

【入选理由】

因法律的修改致赔偿请求人被宣告无罪，赔偿义务机关依据修改前的法律规定对其进行追诉并采取羁押措施的，属于《国家赔偿法》第十九条第三项规定的法定免责情形，国家对此不承担赔偿责任；但在法律修改后继续对赔偿请求人限制人身自由则丧失法律依据，赔偿义务机关应对此承担国家赔偿责任。

【基本案情】

王某宏因涉嫌抽逃出资于2011年7月9日被刑事拘留，同年8月16日被批准逮捕，2014年9月12日被取保候审。河北省秦皇岛市中级人民法院于2013年12月19日，判决王某宏犯抽逃出资罪，判处有期徒刑四年，并处罚金25万元。王某宏不服上诉后，河北省高级人民法院于2014年9月24日作出判决，认为法律规定发生变化，自2014年3月1日起，王某宏担任法定代表人的公司已不属于注册资本实缴登记制的公司，根据《全国人民代表大会常务委员会关于〈中华人民共和国刑法〉第一百五十八条、第一百五十九条的解释》的规定，判决王某宏无罪。王某宏据此于2015年3月25日向秦皇岛市中级人民法院申请国家赔偿被驳回。王某宏不服，向河北省高级人民法院赔偿委员会申请作出赔偿决定。

【裁判结果】

河北省高级人民法院赔偿委员会认为，赔偿请求人王某宏抽逃出资案二审期间，因全国人大常委会对《公司法》作出修改，由原来的注册资本实缴登记制改为认缴登记制，导致《刑法》第一百九十五条抽逃出资罪的含义发生变化，故二审法院认为王某宏的行为不再构成抽逃出资罪，并改判其无罪。修改后的《公司法》于2014年3月1日起施行，此前依据相关法律规定对抽逃出资行为进行追诉并对行为人采取羁押措施的，属于《国家赔偿法》第十九条第三项和《刑事诉讼法》规定的法定免责情形，对此国家不承担赔偿责任。虽然《全国人民代表大会常务委员会关于〈中华人民共和国刑法〉第一百五十八条、第一百五十九条的解释》于2014年4月24日发布和实施，但因全国人大常委会在作出修改《公司法》的决定时已经为有关法律规定的实施预留了时间，故对于因《公司法》修改而不再符合抽逃出资罪构成要件的行为人继续羁押的，已经丧失法律依据，属于错误羁押侵犯人身自由的情形。修改后的《公司法》于2014年3月1日施行后，继续对王某宏羁押限制人身自由的行为已属违法，赔偿义务机关应对此承担国家赔偿责任。遂决定，赔偿王某宏人身自由赔偿金55809.04元；精神损害抚慰金1万元；由秦皇岛市中级人民法院在侵权行为影响的范围内，为王某宏消除影响、恢复名誉、赔礼道歉。

【典型意义】

《国家赔偿法》和《刑事诉讼法》没有就因法律的修改致终止追究刑事责任的情形是否应予国家赔偿的问题作出明确规定。而无罪羁押赔偿原则是国家赔偿法确定的刑事赔偿的原则，因相关法律的修改导致赔偿请求人被宣告无罪，应区分对赔偿请求人进行追诉并采取羁押措施所依据的法律适用情形。法律修改前，因法律规定赔偿请求人的行为构成犯罪，对其羁押属于《国家赔偿法》第十九条第三项和刑事诉讼法规定的法定免责情形，国家对此不承担赔偿责任；法律修改后，赔偿请求人的行为依法已不构成犯罪，仍对赔偿请求人采取羁押措施，构成非法羁押，赔偿义务机关应予以赔偿。本案的审理结果，对于今后同类案件处理具有重要借鉴意义。

黄某亿申请广西壮族自治区平果县公安局违法使用武器致伤国家赔偿案

《国家赔偿法颁布实施二十五周年典型案例》

2020 年 12 月 29 日

【入选理由】

赔偿请求人因人身损害致残获得国家赔偿，在残疾赔偿金等费用的给付年限或者期限届满后，再次提起国家赔偿申请的应否予以支持，法律和司法解释对此均无明文规定，致使实践中此类请求难以获得支持。本案通过精细的法律分析，在认可赔偿请求人再次申请的同时，对再次赔偿的请求在法律限度内给予最大程度的积极回应。

【基本案情】

1997 年 8 月，广西壮族自治区平果县公安局民警违法使用武器，开枪击中黄某亿并致其终身残疾，经鉴定为一级残疾。1998 年，广西壮族自治区百色市中级人民法院赔偿委员会作出赔偿决定：由平果县公安局赔偿黄某亿残疾赔偿金等各种费用近 30 万元。其中残疾赔偿金按 20 年给付年限计算。该决定生效后平果县公安局已全部履行完毕。20 年后的 2018 年，黄某亿再次申请国家赔偿，要求平果县公安局支付残疾赔偿金以及护理费、辅助器具费、留置尿管费等各项费用共计 150 余万元。平果县公安局作出不予受理通知，决定不予受理黄某亿的申请。百色市公安局复议后维持。黄某亿仍不服，向百色市中级人民法院赔偿委员会申请作出国家赔偿决定。

【裁判结果】

百色市中级人民法院赔偿委员会受理了黄某亿再次提出的赔偿请求，并作出〔2018〕桂 10 委赔 5 号国家赔偿决定，认为：依据《国家赔偿法》第三十四条第一款第二项“残疾赔偿金根据丧失劳动能力的程度，按照国家规定的伤残等级确定，最高不超过国家上年度职工年平均工资的二十倍”的规定，赔偿请求人黄某亿就同一损害事实再次申请残疾赔偿金，没有法律依据。但黄某亿 20 年后仍生存，且其损害后果持续至今，应视为新的损害发生，依据《最高人民法院、最高人民检察院关于办理刑事赔偿案件适用法律若干问题的解释》第十四条第二款“护理期限应当计算至公民恢复生活自理能力时止。公民因残疾不能恢复生活自理能力的，可以根据其年龄、健康状况等因素确定合理的护理期限，一般不超过二十年”和第十五条第一款“残疾生活辅助器具费赔偿按照普通适用器具的合理费用标准计算。伤情有特殊需要的，可以参照辅助器具配制机构的意见确定”的规定，应予支付其护理费、残疾生活辅助器具费等费用，遂决定在撤销平果县公安局不予受理决定和百色市公安局刑事复议决定的同时，责令平果县公安局继续支付黄某亿护理费、残疾生活辅助器具费、留置尿管费等各项费用共计 49 万余元，驳回黄某亿提出的其他国家赔偿请求。

【典型意义】

赔偿请求人在得到国家赔偿后再次申请国家赔偿，审判实务中多以“一事不再理”为由不予受理。本案中，人民法院没有因循守旧，而是基于事理情理提出了新的法律观点，认为残疾赔偿金等赔偿项目的给付年限或者期限过后，申请人继续发生的损害，相对于原赔偿决定指向的损害而言属于新的损害，申请人就此提出的赔偿请求与原赔偿请求并非一事，故“一事不再理”不宜作为否定再次请求赔偿的理由。关于再次请求国家赔偿如何处理的问题，《国家赔偿法》没有规定，该案参照了侵权法及相关规定的立法精神，对给付年限届满后继续发生的必要支出包括护理费、残疾生活辅助器具费、留置尿管费等给予赔偿。但因为《国家赔偿法》对残疾赔偿金设定最高20年上限的规定属于特别规定，不得突破，故对赔偿请求人再次主张残疾赔偿金的请求未予支持。本案的审理，创造性运用《国家赔偿法》及相关法律规定，打破不合理惯例的束缚，精准诠释了“当赔则赔”“把好事办好”国家赔偿审判新理念，表明了人民法院努力打通国家责任制度堵点，畅通国家赔偿渠道的鲜明态度。

吴某红申请再审无罪赔偿案

《纪念国家赔偿法颁布三十周年典型案例》案例 1

2024 年 5 月 15 日

【入选理由】

本案是最高人民法院适用《最高人民法院关于审理国家赔偿案件确定精神损害赔偿责任适用法律若干问题的解释》审理并作出国家赔偿决定的案件，入选新时代推动法治进程 2021 年度十大案件。

【基本案情】

吴某红因涉嫌故意杀人被判处无期徒刑。最高人民法院指令河南省高级人民法院再审后，该院于 2020 年 2 月 24 日作出再审判决，撤销一、二审判决，宣告吴某红无罪。2020 年 6 月，吴某红申请国家赔偿。河南省高级人民法院作出决定后，吴某红不服，向最高人民法院赔偿委员会申请作出赔偿决定。

【裁判结果】

最高人民法院赔偿委员会于 2021 年 4 月 23 日作出（2020）最高法委赔 25 号国家赔偿决定，对河南省高级人民法院原国家赔偿决定中赔偿吴某红侵犯人身自由赔偿金及向吴某红赔礼道歉予以维持，并决定按照《国家赔偿法》第三十五条以及 2021 年 4 月 1 日施行的《最高人民法院关于审理国家赔偿案件确定精神损害赔偿责任适用法律若干问题的解释》的规定，将精神损害抚慰金由68万元提高至120万元。

【典型意义】

如何对刑事冤错案件受害人给予更好的补救，尤其是如何考量精神损害赔偿标准，是社会关注的热点问题之一。为落实《国家赔偿法》第三十五条关于精神损害赔偿的规定精神，最高人民法院立足司法实践，发布《最高人民法院关于审理国家赔偿案件确定精神损害赔偿责任适用法律若干问题的解释》。本案中，最高人民法院适用新发布的解释规定，综合考量原判罪名、刑罚、羁押时间，受害人精神受损情况等诸多因素，决定提高精神损害抚慰金的数额，最大限度地抚慰赔偿请求人所受精神创伤，将国家赔偿法权利救济的立法宗旨落实到位。

张某、张某平申请再审无罪赔偿案

《纪念国家赔偿法颁布三十周年典型案例》案例2
2024年5月15日

【入选理由】

对于刑事冤错案件受害人而言，能够及时充分获得赔偿尤为重要。张某、张某平被错判有罪并被长期羁押，人民法院坚持有错必纠，在再审改判无罪后立即依法启动国家赔偿，对刑事冤错案件受害人给予应有的赔偿，以迅速而充分的补救让人民群众相信，正义终将不会缺席。

【基本案情】

张某、张某平因涉及2003年发生的一起强奸致死案，被判决犯强奸罪并分别被判处死刑缓期二年执行和有期徒刑十五年。案经再审，浙江省高级人民法院于2013年3月26日公开宣判，撤销原一、二审判决，宣告张某、张某平无罪。2013年5月2日，张某、张某平申请国家赔偿。

【裁判结果】

浙江省高级人民法院再审改判后即向张某、张某平公开道歉，于收到国家赔偿申请的当日即立案并派人听取张某、张某平的意见，15 日后即作出国家赔偿决定，认为：张某、张某平自 2003 年 5 月 23 日被刑事拘留至 2013 年 3 月 26 日经再审无罪释放，应按照法定标准赔偿人身自由赔偿金，并综合考虑二人被错误定罪量刑、刑罚执行和工作生活受影响等具体情况，酌定精神损害抚慰金。该院遂于 2013 年 5 月 17 日作出国家赔偿决定，分别赔偿张某、张某平人身自由赔偿金和精神损害抚慰金各 110 余万元。

【典型意义】

本案系党的十八大以来较早纠正和赔偿的具有标杆意义的刑事冤错赔偿案件。人民法院坚持对刑事冤错案件有错必纠并对受害人依法及时充分赔偿，体现了国家追求司法公正与不断推动法治文明进步的鲜明态度。本案中，人民法院坚持“改、赔”紧密衔接，再审改判后即向张某、张某平公开道歉，收到赔偿申请 15 日后即作出国家赔偿决定，被评价为“赔得快也是一种正义”“赔得快对蒙冤者也是一种慰藉”。同时，人民法院根据当地经济发展水平，综合张某、张某平被错误定罪量刑、刑罚执行和工作生活受影响等具体情况酌定精神损害抚慰金。这些积极作为和探索，为推动国家赔偿案件适用精神损害赔偿相关指导意见的出台，具有重要借鉴价值。

呼某家属申请再审无罪赔偿案

《纪念国家赔偿法颁布三十周年典型案例》案例 3

2024 年 5 月 15 日

【入选理由】

本案原刑事案件的改判，在全国范围内具有重大影响。原错判死刑的判决已执行，经再审改判无罪，对死亡受害人家属从优给予赔偿，既表达了对逝者的哀悼和对生者的抚慰，也体现了国家对刑事冤错案件零容忍及有错必纠的坚定决心。

【基本案情】

1996 年 6 月，呼某被以犯故意杀人罪、流氓罪为由，被判处死刑，并于同月10日被执行死刑。2014年12月13日，内蒙古自治区高级人民法院作出再审刑事判决：判决呼某无罪。呼某家属于2014年12月25日申请国家赔偿。

【裁判结果】

内蒙古自治区高级人民法院于2014年12月30日作出（2014）内法赔字第00001号国家赔偿决定，向赔偿请求人呼某家属支付死亡赔偿金、丧葬费、呼某生前被限制人身自由赔偿金以及精神损害抚慰金等共计2059621.4元。

【典型意义】

呼某案的再审改判和国家赔偿，在国内外均产生重大影响。本案涉及再审改判无罪，受害人死亡。人民法院本着充分保护赔偿请求人合法权益的精神，认真研判并充分考虑受害人死亡给其家属造成的巨大精神痛苦等情况，从优确定死亡赔偿金、丧葬费、生前被限制人身自由赔偿金以及精神损害抚慰金一并予以赔偿的整体方案。此案通过对受害人家属给予充分救济，既表达了对逝者的哀悼和对生者的抚慰，也体现了国家对刑事冤错案件零容忍及有错必纠的坚定决心。

沈阳某房地产开发有限公司申请刑事违法扣押赔偿案

《纪念国家赔偿法颁布三十周年典型案例》案例4

2024年5月15日

【入选理由】

本案是最高人民法院赔偿委员会受理并决定赔偿的首例涉及产权保护的刑事违法扣押赔偿案，其审判结果和过程，实现了政治效果、社会效果和法律效果的有机统一，彰显了产权保护国家赔偿必有担当。

【基本案情】

2005年至2006年间，沈阳某房地产开发有限公司（以下简称房地产公司）在参与村屯改造过程中，擅自扩大占地29.7亩。2008年，辽宁省公安厅在侦办兰胜台村干部黄某涉黑犯罪案件过程中，发现房地产公司及其人员涉嫌非法占用农用地等犯罪，遂扣押该公司款项 2000 万元。案经审理，房地产公司及实际控制人及原法定代表人被以非法占用农用地罪定罪免刑，但前述 2000 万元未被生效判决认定为犯罪所得。刑事判决生效后，房地产公司申请国家赔偿。

【裁判结果】

本案审理中，房地产公司与辽宁省公安厅先于证据交换期间达成了返还财务文件的协议并于质证前履行完毕，后于最高人民法院赔偿委员会组织质证期间，经合议庭主持协商，双方自愿达成协议，由辽宁省公安厅于国家赔偿决定生效后 30 日内向房地产公司返还侦查期间扣押的 2000 万元，并支付相应的利息损失 83 万元。最高人民法院赔偿委员会审查后依据该协议内容作出赔偿决定并当庭宣布，当日送达且全部履行完毕。

【典型意义】

学习贯彻党中央关于加强产权保护的重要精神，依法妥善处理涉产权保护案件，是人民法院落实为大局服务、为人民司法的重要举措。本案中，最高人民法院依法认定辽宁省公安厅刑事扣押行为违法，并促成协商结案，保障了当事人合法权益，彰显了在国家赔偿程序中加强产权保护的责任担当。同时，本案敲响了大法官巡回审理国家赔偿案件的“第一槌”，通过听取意见、证据交换、公开质证、分步协商、远程视频决议、电子签章等，有效促成了协议达成和当庭宣布决定、当日完成送达，体现了公正、高效、阳光、便民的司法追求。此外，本案所采用的利息赔偿规则，被《最高人民法院、最高人民检察院关于办理刑事赔偿案件适用法律若干问题的解释》所吸收，发挥出“审理一案、治理一片”的引领作用。

司法救助编

张某申请刑事被害人司法救助案

《最高人民法院发布人民法院国家赔偿和司法救助典型案例》第6号

2018年11月13日

【基本案情】

张某系在校小学生，在其父亲张某军、母亲孙某荣、姐姐张某被害身亡后，与年迈的爷爷奶奶共同生活。2016年11月29日，内蒙古自治区呼伦贝尔市中级人民法院作出〔2016〕内07刑初72号刑事附带民事判决：一、被告人宫某连犯故意杀人罪，判处死刑，剥夺政治权利终身；二、被告人宫某侠犯帮助毁灭证据罪，判处有期徒刑一年六个月；三、被告人宫某连赔偿附带民事诉讼原告人张某、陈某英、张某文经济损失共计人民币86814元。宣判后，张某、陈某英、张某文对附带民事部分不服，提出上诉；宫某连对刑事部分不服，亦提出上诉。2017年9月29日，内蒙古高院作出〔2017〕内刑终122号刑事附带民事裁定，撤销原判，发回重审。经内蒙古自治区高级人民法院法官依职权告知，张某向该院提出司法救助申请。

【裁判结果】

内蒙古自治区高级人民法院经审查认为，救助申请人张某系未成年人，在父母被害后丧失生活来源，与爷爷奶奶共同生活，但其爷爷奶奶均已丧失劳动能力，刑事附带民事赔偿尚未执行到位，生活面临急迫困难，属于应当予以司法救助的情形。结合内蒙古自治区2016年职工月平均工资标准和呼伦贝尔市当地生活水平，考虑张某家庭困难程度，依照《最高人民法院关于加强和规范人民法院国家司法救助工作的意见》的相关规定，决定给予张某司法救助金15万元。

【典型意义】

刑事案件被害人受到犯罪侵害而死亡，因加害人没有赔偿能力，依靠被害人收入为主要生活来源的近亲属无法通过诉讼获得赔偿，造成生活困难的，是现行国家司法救助政策明确列举的应予救助的情形之一。本案是此类情形的典型案例，也是人民法院主动甄别、救早救急、有效保障生存权利、真诚传递司法温暖的示范案例。本案救助工作并未等到执行不能才启动，而是刑事承办法官在发回重审过程中发现并依职权告知被害人近亲属提出救助申请。随后跟进的救助案件承办法官不仅积极引导申请人完成救助申请，而且第一时间冒着零下 40 摄氏度的严寒、踏着过膝深的大雪，深入大兴安岭腹地到申请人家中调查核实情况。正是因为前期工作的高效和扎实，本案救助金才得以最快速度落实到位，使遭遇巨大不幸的张某生活上的困难得以缓解，体现了司法救助工作扶危济困的价值所在。

刘某金、徐某容申请刑事被害人司法救助案

《最高人民法院发布人民法院国家赔偿和司法救助典型案例》第 7 号

2018 年 11 月 13 日

【基本案情】

刘某因被故意伤害经抢救无效死亡，死后其父母刘某金、徐某容无偿捐献了刘某的肝脏和肾脏。2016 年 9 月 6 日，浙江省台州市中级人民法院作出〔2016〕浙 10 刑初 49 号刑事附带民事判决，以故意伤害罪，分别判处被告人余某死刑，缓期二年执行，剥夺政治权利终身，判处被告人李三涛有期徒刑六年；以寻衅滋事罪，分别判处被告人王某伟有期徒刑三年，判处被告人余某赛有期徒刑一年；同时判令四被告人赔偿附带民事诉讼原告人刘某金、徐某容经济损失 59 万元。宣判后，余某对刑事部分不服，提出上诉。2016 年 12 月 22 日，浙江省高级人民法院作出〔2016〕浙刑终 480 号刑事裁定，驳回上诉、维持原判。因抢救刘某，其父母已支付医疗费近 14 万元，但四被告人仅赔偿到位 4 万元，刘家生活因此陷入急迫困难，靠举债度日。经浙江省高级人民法院法官依职权告知，刘某金、徐某容向该院提出司法救助申请。

【裁判结果】

浙江省高级人民法院经审查认为，救助申请人刘某金、徐某容系农村低收入家庭，又因抢救被故意伤害的唯一儿子刘某支付大额医疗费，但刘某仍然不幸去世，致二申请人经济和精神遭受双重打击，生活陷入急迫困难，属

于应予司法救助的情形。在刘某去世后，二申请人无偿捐献其肝脏和肾脏，挽救了三位器官衰竭患者的生命，应予褒扬。依照《最高人民法院关于加强和规范人民法院国家司法救助工作的意见》的相关规定，决定给予刘某金、徐某容司法救助金9万元。

【典型意义】

恶性人身伤害类刑事案件不仅会给被害人及其亲属造成严重的身心损害，且往往会产生高额的医疗费用，使众多家庭难以承受，故现有国家司法救助政策将其作为重点救助范围加以规范。对于这类情形，既要救早救急，也要从优用足救助金。本案中，浙江省高级人民法院不仅在审判程序中就对被告人赔偿能力进行了核实判断，据此及时依职权告知申请人提出司法救助申请，而且在一般考量因素基础上特别考虑了其捐献器官情节，据此从优用足救助金。如此，既缓解了被害人家庭的急迫困难，又褒扬了申请人所具有的善举，从而在物质、精神上给予申请人以最大程度的精神慰藉，充分体现了“国家有正义、司法有温度”的司法救助制度效益，以及传递和弘扬了社会主义核心价值观的正能量。

谢某松申请民事扶养纠纷司法救助案

《最高人民法院发布人民法院国家赔偿和司法救助典型案例》第8号

2018年11月13日

【基本案情】

谢某松于1997年与高某登记结婚，于2001年开始出现精神异常。2013年9月22日，高某诉请离婚。2014年春节前，高某将谢某松送回娘家居住。2014年2月21日，谢某松的父亲将其送往医疗机构诊治，被诊断为精神分裂症。2015年1月26日，谢某松向浦北县法院提起扶养费纠纷之诉。同年4月15日，浦北县法院作出〔2015〕浦民初字第256号民事判决，判令高某支付谢某松扶养费10200元并从2015年4月起每月支付谢某松扶养费600元，直至谢某松精神病痊愈并能独立生活为止。因高某未按生效判决自觉履行，浦北县法院依法对其强制执行，但高某无财产可供执行。谢某松父母均是80多岁的农民，家庭生活因照顾诊治谢某松更加困难。

【裁判结果】

广西壮族自治区浦北县人民法院经审查认为，谢某松是扶养费执行案的申请执行人，具备国家司法救助申请人的资格。谢某松因被执行人高某没有履行能力而生活困难，其申请符合国家司法救助的情形，应当给予救助。结合谢某松实际遭受的损失、目前家庭的经济情况，以及本地基本生活水平所必需的最低支出等因素，依照《最高人民法院关于加强和规范人民法院国家司法救助工作的意见》的相关规定，决定给予谢某松司法救助金 5000 元。

【典型意义】

父母子女之间具有抚育赡养义务，而夫妻之间具有相互扶助的义务。一方通过诉讼追索赡养费、扶养费、抚育费，本来就是充满辛酸的不得已之举，若因被执行人没有履行能力而陷入生活困难，申请执行人必将遭受感情上和经济上的双重打击。对此类情形予以适当救助，不仅能缓解涉案群众的急迫生活困难，而且能预防某些人伦悲剧的发生，从而维护社会和谐稳定。本案中，浦北县法院不仅按照现行国家司法救助政策规定在民事判决金额内给予谢某松适当金钱救助，而且通过协调当地政法委、妇联等机关为其申请了低保和残疾人生活补助。此举既充分彰显了党和政府的民生关怀，传递了人民司法的温度，又为同类案件的办理提供了很好的示范样本。

李某清、陆某凤申请行政诉讼司法救助案

《最高人民法院发布人民法院国家赔偿和司法救助典型案例》第 9 号

2018 年 11 月 13 日

【基本案情】

李某清、陆某凤夫妻系四川省汉源县富春乡楠木村 3 组村民。2010 年 9 月 30 日，二人在承包地内采收黄豆时遭到国家二级保护动物黑熊袭击致伤。在抢救和治疗二人过程中，当地林业部门承担了大部分医疗费用。经司法鉴定，二人的伤残情况和后续医疗费用为：“李某清的伤残等级定级为三级伤

残，后期医疗费用共计 54500～77500 元，如遇并发症或感染等费用可能增加，以当时具体出具为准；陆某凤的伤残等级定级为四级伤残，后期医疗费用共计 30700～35600 元，如遇并发症或感染等费用可能增加，以当时具体出具为准。”后因剩余及后续医疗费用未获解决，李某清、陆某凤以请求“判令四川省人民政府在有关野生保护动物人身伤害补偿办法尚未出台的情况下为二申请人尽快解决后续医疗和生活的现实困难问题”为由，以四川省人民政府为被告提起行政诉讼。四川省成都市中级人民法院经审理，以诉讼请求较为概括、抽象、不具体为由，判决驳回诉讼请求。二人上诉后，四川高院驳回上诉、维持原判。2018 年，李某清、陆某凤向四川省高级人民法院申请国家司法救助。

【裁判结果】

四川省高级人民法院经审查认为，申请人李某清、陆某凤确因案件原因陷入生活急迫困难，属于“人民法院根据实际情况，认为需要救助的其他人员”，应予一次性司法救助。依照《最高人民法院关于加强和规范人民法院国家司法救助工作的意见》的相关规定，决定给予李某清、陆某凤司法救助金 10 万元。

【典型意义】

本案系人民法院在审理行政诉讼案件过程中决定予以救助的典型案例。本案申请人因受到国家保护动物袭击而致残，虽然部分医疗费已由当地政府承担，但大量后续医疗费用无法落实，生活因此陷入急迫困难，应予救助。司法救助金基本解决了申请人取体内医用“钢板”的治疗费用，解了其燃眉之急，申请人服判息诉并向法院寄来感谢信。四川省高级人民法院在决定救助的同时，先后向四川省人民政府、四川省汉源县人民政府发出司法建议书，建议省政府尽快制定《四川省陆生野生动物危害补偿办法》，建议县政府依法及时处理案涉补偿问题。据了解，两份司法建议书得到及时反馈，汉源县政府积极落实后续补偿事宜，四川省政府起草的《四川省陆生野生动物危害补偿办法》已公开征求意见，法院办案过程中以一案推全面，推进了社会治理格局创新，实现了法律效果与社会效果的有机统一。

常某海申请执行道交侵权赔偿司法救助案

《最高人民法院发布人民法院国家赔偿和
司法救助典型案例》第 10 号
2018 年 11 月 13 日

【基本案情】

常某海系河北省魏县东代固乡张故村的一名以种地为生的农民。2015 年 9 月 18 日 19 时许，申某驾驶小型客车与驾驶电动三轮车的常某海相撞，致常某海重型颅脑损伤、肺挫伤等全身多处伤害。住院治疗期间，申某为常某海支付医疗费 55000 元。后因不能承担巨额医疗费，常某海被迫出院，出院时仍处于重度昏迷，遗留有植物状态，生活完全不能自理，经司法鉴定为一级伤残。起诉后，魏县人民法院判决：被告申某于判决发生法律效力之日起 10 日内赔偿原告常某海 609554.22 元。因申某未自觉履行，常某海申请强制执行。执行期间，肇事车辆经评估变卖仅得款 23000 元，申某又分三次缴纳执行款 17000 元。经穷尽执行措施，剩余 56 万余元赔偿款仍未能执行到位。经法院法官依职权告知，常某海家属代为向法院申请司法救助。

【裁判结果】

邯郸市中级人民法院经审查材料和实地走访发现，常某海家处农村，没有其他工作和经济收入，生活特别困难，同时，常某海因交通事故致残，生活完全不能自理，已产生的医疗费等高达 50 多万元，但仍需继续治疗，整个家庭负债累累，陷入绝望之中。该院认为，常某海的申请符合国家司法救助的条件，根据其受伤程度及其家庭经济困难状况，决定给予常某海司法救助金 13 万元。

【典型意义】

因道路交通事故等民事侵权行为造成人身伤害，无法经过诉讼获得赔偿，造成生活困难的，是现行国家司法救助政策明确列举的应予救助的情形之一。本案是这类情形的典型案例，也是人民法院认真审查、及时救助、帮助因案致贫群众重新燃起生活希望的示范案例，充分体现了国家司法救助“救急救难”的功能属性和“加强生存权保障”的价值取向。邯郸市中级人民法院在核实常家的情况后，以最快速度办结了本起救助案件，缓解了常家的燃眉之急。当法官们将救助金送到常某海的病榻前时，其妻子激动地流下了眼泪。经过治疗，常某海病情缓解。2018 年春节前夕，常某海给办案法官发来感谢短信：“我们已经不再像当初那样绝望，家里的日子也慢慢好起来，我也会积极治疗，坚强活下去。”

吴某永申请刑事被害人司法救助案

《人民法院国家赔偿和司法救助典型案例》第 6 号

2019 年 12 月 19 日

【基本案情】

刑事被告人张某芝于 2011 年因犯有寻衅滋事罪，被北京市顺义区人民法院判处有期徒刑十一个月。该案中，吴某永是证实张某芝存在犯罪事实的证人之一。后张某芝因不满吴某永作证，对吴某永进行殴打，并致其轻伤。北京市顺义区人民法院于 2014 年 6 月 20 日作出〔2014〕顺刑初字第 235 号刑事附带民事判决书，判决：一、被告人张某芝犯打击报复证人罪，判处有期徒刑一年十个月；二、被告人张某芝赔偿附带民事诉讼原告人吴某永各项经济损失共计人民币 43793. 38 元。该判决生效后，吴某永于 2014 年 7 月 14 日向北京市顺义区人民法院申请执行，当时被执行人张某芝尚在服刑期间。经查询，张某芝名下无存款，无房产信息，唯一一辆小货车达到报废条件。经向张某芝服刑的监狱调查，张某芝入狱后即患脑血栓，生活不能自理。张某芝出狱后，将其名下小货车予以报废，并将部分报废款 5000 元交至北京市顺义区人民法院，余款 1000 元留作其生活费，并表示已无财产可供履行。

【裁判结果】

北京市顺义区人民法院经审查认为，案件剩余执行标的为 38793. 38 元，但张某芝患有脑血栓等疾病，生活不能自理，没有工作能力，无收入，案件已不具备采取其他执行措施的条件。吴某永已 76 岁，无劳动能力，原无工作单位，无经济来源，生活陷入窘境，符合《最高人民法院关于加强和规范人民法院国家司法救助工作的意见》规定的应予救助情形，遂决定给予吴某永国家司法救助金 38793 元。

【典型意义】

依法保障证人权益，解除其后顾之忧，是公民认真履行作证义务、如实反映案件事实的前提和基础。实践中，对证人进行打击报复的现象时有发生，给证人的人身、财产权利造成损失，也严重影响了诉讼活动的顺利进行。吴某永作为刑事案件中的证人，其在证明被告人存在犯罪事实后遭受打击报复致身体伤害，且无法通过诉讼获得赔偿，陷入生活困难。法院在对打击报复人判处刑罚的同时，积极对受到伤害的证人给予司法救助，既让证人真切地感受到法律对其因作证受到伤害，而表现出的惩罚犯罪和抚慰伤痛并重的正当价值取向，也向全社会传递了人民法院力求全方位保障证人合法权益的决心。另外，本案系北京市高级人民法院与北京市顺义区人民法院联动救助的案件，有效缓解了基层法院救助资金不足的困难，体现了司法救助的及时性。

王某芳申请刑事被害人司法救助案

《人民法院国家赔偿和司法救助典型案例》第 7 号

2019 年 12 月 19 日

【基本案情】

2014 年 11 月 4 日晚，王某芳家着火。火灾导致王某芳被烧伤，其丈夫王某文死亡，7 间房屋被烧毁。经山西省和顺县公安局消防大队认定，起火原因排除电路故障，排除遗留火种，不排除人为放火。犯罪嫌疑人刘某明因涉嫌放火罪被逮捕。2017 年 5 月 24 日，山西省晋中市中级人民法院经审理后，认为检察机关指控的刘某明犯放火罪事实不清、证据不足，遂判决被告人刘某明无罪，同时驳回附带民事诉讼原告人王某芳等人的诉讼请求。王某芳及其家庭，因被人放火导致 7 间房屋毁坏，丈夫王某文死亡，王某芳本人被烧成重伤一级，治疗 3 年，生活仍不能自理，依靠其女王某晶全程陪护，家中唯一的经济来源是其子王某务工所得，但王某因无固定工作，收入微薄，居无定所，且已负债累累，无力承受家庭重负。因刑事案件无法侦破，王某芳无法通过诉讼获得赔偿，造成生活极度困难。

【裁判结果】

山西省晋中市中级人民法院经审查认为，救助申请人王某芳受到犯罪侵害致严重残疾，现因刑事案件无法侦破，无法通过诉讼获得赔偿，生活面临急迫困难，符合《最高人民法院关于加强和规范人民法院国家司法救助工作的意见》规定的应予救助情形，遂决定给予王某芳司法救助金5万元。

【典型意义】

司法实践中，刑事被害人及其家属往往难以获得应有的赔偿，不仅无法弥补被害人遭受的人身和财产损害，而且加重被害人及其家属的心理创伤，不利于社会的和谐稳定。本案是刑事案件被害人受到犯罪侵害，致使严重残疾，因案件无法侦破造成生活极度困难的典型案例。因案件无法侦破，申请人王某芳受犯罪行为侵害致严重残疾，无法通过诉讼获得赔偿，家庭生活陷入极度困难。人民法院及时给予司法救助，帮助他们摆脱生活困境，体现了国家司法救助的救急难、扶危困的重要功能，既彰显了党和政府对于弱势群体的民生关怀，又有利于促进社会和谐。

汪某友申请民事侵权纠纷司法救助案

《人民法院国家赔偿和司法救助典型案例》第8号

2019年12月19日

【基本案情】

汪某友系带病回乡的退役军人。2016年8月12日，两个孩子在汪某友家屋前玩火，不慎将汪某友的房屋烧毁。法院判决两个孩子的监护人赔偿汪某友被烧毁房屋损失108800元。在执行和解时，监护人偿付了61000元。该案尚有47800元难以执行到位，江西省资溪县人民法院裁定执行终结。汪某友自己失去住房、患有胃癌且没有收入，妻子染病，两个小孩正在读书，家庭生活陷入急迫困难。

【裁判结果】

江西省高级人民法院经审查认为，申请人汪某友因民事侵权案件所面临的上述情形，符合《最高人民法院关于加强和规范人民法院国家司法救助工作的意见》规定的应予救助情形，遂决定给予汪某友国家司法救助金共 47800 元。

【典型意义】

党的十九大以来，党和政府高度重视退役军人的安置和权益保障。人民法院贯彻落实中央决策部署，贯彻军民融合发展战略，促进军政军民团结，通过司法审判活动维护军人军属合法权益。本案中，申请人汪某友系带病回乡的退役军人，因居住房屋被烧毁，只能借住在亲戚家，其自身及妻子亦患有疾病，无法正常工作，且医疗费用开支较大，生活陷入急迫困难。人民法院决定对其给予司法救助，将司法的人文关怀及时送到退役军人及军属身边，既有效救济了军人军属的合法权益，也让他们在司法案件中感受到国家和社会的温暖，具有良好的政治效果和社会效果。

吴某申请民事侵权纠纷司法救助案

《人民法院国家赔偿和司法救助典型案例》第 9 号
2019 年 12 月 19 日

【基本案情】

2014 年 5 月 1 日 17 时 20 分许，被告人杨某海驾驶农用运输车与行人吴某（2008 年 1 月 1 日出生）相撞，吴某被碾压受伤。经鉴定，吴某属重伤一级，杨某海负本次事故的主要责任。杨某海交通肇事一案，河南省罗山县人民法院判决被告人杨某海赔偿附带民事诉讼原告人各项经济损失共计人民币 890025.40 元。执行中查明，被告人杨某海因犯交通肇事罪被判处有期徒刑，于 2015 年 7 月 26 日出狱，目前无工作，除筹借的 2 万元已偿还给吴某之外，经调查未发现其他可供执行的财产，导致该案执行不能。本案申请人吴某因车祸失去右臂和左腿，生活完全不能自理，辍学在家，因经济困难装不上假肢，且因申请人需要专人照顾，其父无法从事其他工作，全家人只有每月210元低保维持生计。吴某家庭生活因此陷入急迫困难，其父吴某国向罗山县人民法院申请司法救助2万元。

【裁判结果】

人民法院经审查认为，吴某因车祸致严重残疾，生活不能自理，被执行人杨某海无银行存款，无履行能力，赔偿款无法执行到位，以致吴某及其家庭生活陷入急迫困难。因罗山县人民法院救助资金不足，河南省高级人民法院、信阳市中级人民法院、罗山县人民法院启动联动救助机制，分别作出决定，给予吴某救助3万元、1万元、1.5万元。

【典型意义】

未成年人是祖国的希望和未来，加强对未成年人的保护，为其提供良好的生活学习环境，对于保障未成年人健康成长、维护社会和谐具有重要意义。人民法院始终高度重视未成年人的权益保障问题。本案中，申请人吴某系未成年人，因车祸失去右臂和左腿，生活完全不能自理，且因被执行人无能力履行，赔偿款无法执行到位，以致吴某及其家庭生活陷入急迫困难。为有效缓解未成年人吴某及其家庭所面临的急迫生活困难，三级法院联动救助，为未成年人吴某提供司法救助金，帮助其暂渡难关，也让其家庭体会到司法的温度和国家的温暖。

张某良等26人申请民事侵权纠纷司法救助案

《人民法院国家赔偿和司法救助典型案例》第10号

2019年12月19日

【基本案情】

李某山于2014年将自用小型面包车出售并交付王某兵，未办理过户登记手续。2017年6月2日9时许，因车辆严重超员和驾驶员王某兵操作不当等原因，致乘坐在车上的张某文、程某喜等8人死亡，王某兵、李某军受轻伤。经交管部门认定王某兵负本次事故的全部责任。陕西省镇巴县人民法院判决被告人王某兵犯交通肇事罪，判处有期徒刑六年三个月，王某兵和李某山分别赔偿 26 名申请人 1320540.77 元、565946.03 元，合计 1886486.8 元。王某兵和李某山连带赔偿以上损失。该民事判决生效后，穷尽执行措施仍不能执结案款致各申请人家庭生活困难。26 名申请人于 2018 年 8 月向人民法院提出司法救助申请。

【裁判结果】

人民法院经审查认为，被告人王某兵因交通肇事致 7 个农户中的多位青壮年劳动力死亡，依靠这些劳动力收入为主要生活来源的 7 个农户中 26 名近亲属无法通过执行获得赔偿，生活陷入老无所养，幼无所依，基本生活无保障的困难。26 名申请人的司法救助申请符合《最高人民法院关于加强和规范人民法院国家司法救助工作的意见》规定的应予救助条件。因一级法院司法救助金额有限，陕西省高级人民法院、汉中市中级人民法院、镇巴县人民法院启动联动救助机制，决定由三级法院共同给予张某良等 26 人司法救助金共计 1603616 元。

【典型意义】

老人与儿童作为社会特殊群体，缺乏正常的劳动能力和稳定的生活来源，更需要社会的关爱和帮助。本案中，26 名司法救助申请人大多为交通肇事案件受害人的父母或子女，受害人父母多为古稀之年以上的多病老人，受害人子女多为从婴儿到上初、高中年龄不等的少年儿童。每个家庭中唯一劳动力的丧生，致使这些受受害人赡养和抚养的老人与儿童失去了生活依靠和经济来源，且案件经穷尽执行措施仍无法执结案款，申请人的基本生活难以维系。人民法院及时启动联动救助措施，合力筹措资金 160 余万元，短期内为多个家庭解决了燃眉之急，同时协调相关部门做好救助后续延伸工作，取得了良好的社会效果，体现了人民法院司法为民的温暖情怀。

跨省对被害人甲某司法救助案

《最高人民法院发布依法严惩侵害未成年人权益典型案例》第4号

2020年5月18日

【基本案情】

被害人甲某（彝族）生前在渔船打工。2017年11月，甲某在从事捕捞作业时与船员郭某因琐事发生争执厮打，郭某持刀捅刺甲某，致其死亡。案件办理过程中，山东高院承办法官了解到被害人甲某家深处四川大凉山腹地的昭觉县，是国家重点扶持贫困县，甲某遇害后，留下6名未成年子女，妻子没有固定收入，家庭生活非常困顿。考虑到上述情况，承办法官向院司法救助委员会提出了司法救助申请。

【裁判结果】

山东高院司法救助委员会经审查认为，甲某遇害后，其家庭生活困难，符合救助条件。为切实保护6名未成年子女的健康成长，本着“细致关怀、精准救助”的工作理念，用足用好司法救助政策，为其家庭申请了23万元司法救助金。

【典型意义】

未成年人司法救助是法院少年审判工作一项非常重要的延伸职能，本案是山东高院开展的首例跨省对少数民族未成年当事人进行司法救助的案件。为确保司法救助金能够切实保障孩子们的生活和学习，承办法官亲手将司法救助金和相关手续送到大山深处的被害人家，向被害人妻子讲解了司法救助的用意，与其签订了司法救助金使用监管协议，并邀请村支书作为保证人，由村支书监督救助金的使用情况。

经后续追踪，因为有司法救助金的支持，被害人的未成年子女的学习、生活和成长环境得到了极大的改善。这次跨省司法救助，在当地引发了强烈的社会反响，让更多更远的人了解到未成年人司法救助工作，感受到了司法的温度。

小敏申请刑事被害人司法救助案

《最高人民法院、中华全国妇女联合会保护未成年人权益司法救助典型案例》案例 1

2023 年 5 月 29 日

【基本案情】

小敏（化名）母亲被害，四川省德阳市中级人民法院作出刑事附带民事判决，认定被告人犯故意杀人罪，判处死刑，缓期二年执行，剥夺政治权利终身；同时判决被告人赔偿附带民事诉讼原告人经济损失 4 万余元。因被告人无赔偿能力，附带民事判决无法执行到位。

【救助过程】

小敏为未成年人，其母亲生前已与小敏父亲离婚。小敏的父亲在城市打零工维持生计，居无定所。母亲被害后，小敏因丧母之痛身心遭受巨大打击，不愿在老家小学继续就读，来到城市与父亲生活，家庭生活十分困难。四川省高级人民法院调查发现小敏符合司法救助情形后，及时启动救助程序，在决定向其发放司法救助金的同时，针对小敏辍学后虽恢复上学但只能在小学借读、无正式学籍，以及需要心理疏导等问题，立即与当地妇联及教育部门进行沟通，帮助协调解决了小敏的实际困难。之后，四川省高级人民法院还开展回访工作，为小敏送去书籍、牛奶等学习生活用品，鼓励其认真学习、快乐生活。

【典型意义】

本案是人民法院加大司法救助与社会救助衔接力度，保护未成年人受教育权，为其提供学习条件的典型案例。司法救助不是终点，而是帮扶被救助人的起点。本案中，人民法院在救助生活陷入急困的未成年人时，发现其身心因亲历刑事案件惨烈现场而遭受巨大创伤，宁愿失学也不愿再留在原籍地，而是坚持投奔在异地谋生的父亲等特殊情况后，为了尽可能保护未成年人权益，及时向妇女儿童权益保护组织和教育部门通报情况，协调解决被救助未成年人异地入学难题，并提供专业心理疏导等帮扶措施，帮助其逐渐恢复正常的学习生活状态，是未成年人司法保护的生动法治故事，具有很好的示范引领作用。

小安申请民事侵权纠纷司法救助案

《最高人民法院、中华全国妇女联合会保护未成年人权益司法救助典型案例》案例2

2023年5月29日

【基本案情】

小安（化名）的父亲与母亲离婚，约定小安由父亲抚养，小安母亲每月支付抚养费1000元，至其18周岁止。父母离婚后，小安与父亲和爷爷奶奶一起生活，后父亲因患尿毒症丧失劳动能力，每月还需支付医药费、透析费等治疗费用，平时主要依靠爷爷奶奶微薄的退休金维持生活。小安的母亲在离婚后未支付过抚养费，小安诉至法院，要求其母亲支付抚养费。山西省太原市迎泽区人民法院作出民事判决，判决小安的母亲支付抚养费7万余元。后经调查核实，小安母亲离婚后无工作亦无其他收入来源，无履行能力。

【救助过程】

为妥善解决小安的实际困难，迎泽区人民法院庙前法庭依托迎泽区矛盾纠纷多元调解中心，协调各进驻单位妇联、检察院、社区等部门，统筹各方力量开展跨区域联合救助，共同实地走访小安的家庭、居住的社区、就读的学校，了解小安的学习生活情况，并协商制定联合救助方案。在迎泽区人民法院的协调下，该院与迎泽区人民检察院分别向小安发放司法救助金；迎泽区妇联联系小安居住地妇联将其纳入未成年人保护办公室的重点关注对象，随时关注小安的生活情况，并与山西省妇联一同向小安发放生活救助金；小安居住的社区给小安和父亲办理了低保，在日常生活上给予关心和帮助。

【典型意义】

本案是一起基层人民法院统筹各方力量跨区域联合救助未成年人的典型

案例。本案中，人民法院派出法庭作为基层社会治理单位，依托矛盾纠纷多元调解中心，在审理未成年人案件中，统筹协调检察院、妇联、社区、教育等各部门，形成帮扶救助未成年人的合力，发动社会各方力量共同解决未成年人的实际困难，呵护其健康成长。人民法院通过司法救助带动多部门共同发力，不仅缓解了小安的燃眉之急，更为其提供了常态化的有效帮助，这既是人民法院加强新时代未成年人司法工作的缩影，也是以实际行动贯彻落实党的二十大关于建设共建共治共享社会治理体系精神的司法举措，更是依靠党的领导，发动群众，就地化解矛盾纠纷的“枫桥经验”的具体实践。

小婷申请刑事被害人司法救助案

《最高人民法院、中华全国妇女联合会保护未成年人权益司法救助典型案例》案例 3

2023 年 5 月 29 日

【基本案情】

小婷（化名）患有中度精神发育迟滞，缺乏性自我防卫能力。李某（化名）与小婷发生性关系。广东省某区人民法院以强奸罪判处李某有期徒刑六年。

【救助过程】

广东省某区人民法院在刑事案件审理过程中了解到，小婷和母亲均为二级智力残疾人，其家庭为低保户，靠养父打散工维持生计，因家庭困难和智力问题，小婷 16 岁仍是文盲。该院认为小婷符合予以司法救助的条件，在决定向小婷发放司法救助金的同时，法院还将她的相关情况通报给区妇联，会同区妇联主要领导两次前往小婷家中实地了解情况，并向小婷所在市教育局发出商请函，商请市教育局联络辖区内特殊教育学校，解决小婷的教育问题。最终小婷进入某市特殊教育学校免费就读。在小婷入学当日，人民法院派员协助小婷办理入学事宜。

【典型意义】

本案是人民法院联合妇联、教育部门多维联合救助智力残疾未成年人，通过为其提供教育及心理疏导，帮助其走出被伤害的阴影，使其具备独立生存能力的典型案例。近年来，性侵智力残疾未成年人案件时有发生，这些被害人不但面临身体和心灵的创伤，日后独立生活更成问题。单纯的经济救助明显不足以解决被害人及其家庭的实际困难。本案中，人民法院在给予司法救助金解决小婷家庭急迫困难的同时，主动延伸司法职能，拓展救助思路，针对小婷智力残疾可能难以独立生存的问题，通过协调有关部门为其提供特殊教育的方式“授人以渔”，培养小婷形成健全人格，掌握独立生活技能，使其具备一定的生活能力，并派员协助小婷办理入学手续，打消其担心受到歧视的顾虑，实现了司法救助与社会救助的有机衔接，提升了司法救助的效果。

小丹申请刑事被害人司法救助案

《最高人民法院、中华全国妇女联合会保护未成年人权益司法救助典型案例》案例4

2023年5月29日

【基本案情】

小丹（化名）奶奶被害，其本人和爷爷身受重伤。河南省安阳市中级人民法院作出刑事附带民事判决，认定被告人犯故意杀人罪，判处死刑，缓期二年执行，剥夺政治权利终身；同时判决被告人赔偿附带民事诉讼原告人经济损失10万余元。河南省高级人民法院二审发回重审后，安阳市中级人民法院因证据不足而改判被告人无罪。

【救助过程】

安阳市中级人民法院经调查发现，小丹的父母未办理结婚登记，其母亲于多年前离家出走失去联系，小丹一直随父亲生活，家庭经济来源仅为其父亲的种地收入。小丹受重伤后已经花费了大量医疗费，后续还要负担沉重的治疗费用，这对本就困难的家庭而言更是雪上加霜。安阳市中级人民法院及时启动司法救助程序，并报请河南省高级人民法院进行联动救助，两级法院决定分别向小丹发放司法救助金。小丹收到司法救助金后，表示一定会好好学习，将来回报社会。安阳市中级人民法院在对小丹进行定期回访中了解到其仍面临后续治疗及求学等困难后，又积极与当地妇联联系，共同对小丹开展心理疏导，协调民政部门将小丹家庭纳入低保及困难群众慰问范围，协助小丹申请学校资助项目，协调减免小丹的就医费用等。

【典型意义】

人身伤害类刑事案件不仅会给被害人及其亲属造成严重的身心损害，往往还会产生高额的医疗费用。有些案件一时又难以侦破，被害人无法从加害人处及时获得赔偿，被害人家庭很容易陷入急迫困境。所以，国家司法救助政策将此作为重点救助情形，既要救早救急，也要优先用足救助金。本案中，人民法院在审理刑事案件过程中，主动了解被害人家庭生活困难情况，迅速启动司法救助程序，并报请上级人民法院进行联动救助，加大了救助力度，帮助被救助人渡过难关。在司法救助后，人民法院并未止步于此，而是与妇联加强协作，共同开展综合帮扶和跟踪回访，帮助被救助未成年人恢复生活信心，充分体现了司法救助“救急救难”的功能属性和“加强生存权保障”的价值取向。小丹受到不法伤害是不幸的，但他因及时得到帮扶救助而感受到社会的关爱，并藉此产生回报社会的感恩之心，又是幸运的，更是难能可贵的。该案例充分体现了司法救助和社会救助的价值与意义。

小吉等 6 人申请刑事被害人司法救助案

《最高人民法院、中华全国妇女联合会保护未成年人权益司法救助典型案例》案例 5

2023 年 5 月 29 日

【基本案情】

小吉（化名，彝族）等 6 人的父亲被害，山东省威海市中级人民法院作出刑事附带民事判决，认定被告人犯故意伤害罪，判处有期徒刑十五年，剥夺政治权利三年；同时判决被告人赔偿附带民事诉讼原告人经济损失 4.1 万余元。

【救助过程】

山东省高级人民法院了解到，小吉等6人居住在大凉山腹地深处的四川省某县，小吉父亲遇害后家庭失去主要经济来源，小吉等6人都尚未成年，最大的只有12岁，家庭生活十分困难，符合司法救助条件，该院遂决定对小吉等6人发放司法救助金。为确保司法救助金能够切实用以保障孩子们的学习生活，承办法官辗转2000多公里，将司法救助金送到大山深处的小吉家中，并与小吉等人的母亲签订了司法救助金使用监管协议，约定每年提取2万元救助金用于孩子们的生活和学习，同时还邀请村支书作为保证人监督救助金的使用情况。在办理手续的过程中，小吉一家几度落泪表示感谢，后来还向山东省高级人民法院邮寄了用汉语和彝文双语书写的“不忘初心，司法为民”的锦旗。

【典型意义】

未成年人是祖国的希望和未来，加强对未成年人的保护，为其提供良好的生活学习环境，对于保障未成年人健康成长、维护社会和谐具有重要意义。人民法院始终高度重视未成年人的权益保障问题。本案中，人民法院服务巩固脱贫攻坚成果，不远千里跨省将司法救助金及时送至大山深处的少数民族未成年被救助人手中，并与监护人签订司法救助金使用监管协议，确保司法救助金用于未成年人的学习生活，有效缓解了未成年被救助人面临的急迫生活困难，帮助他们暂渡难关，让他们感受到司法的温度和国家的温暖，进一步增强了中华民族共同体意识，取得了良好的社会效果。

小思、小乐申请民事侵权纠纷司法救助案

《最高人民法院、中华全国妇女联合会保护未成年人权益司法救助典型案例》案例 6

2023 年 5 月 29 日

【基本案情】

小思、小乐（化名）父亲去世后，母亲再婚，二人由爷爷奶奶抚养。随着年龄的增长，爷爷奶奶除了务农之外，无其他劳动收入，抚养两名未成年人生活艰难。小思、小乐遂起诉至法院，请求判决二人的母亲履行抚养义务。江苏省射阳县人民法院作出民事判决，判令二人的母亲承担月生活费 500 元/人，教育费、医疗费凭票据承担。判决生效后，小思的母亲未主动履行义务。后经调查发现，小思母亲患有疾病，没有劳动收入，无力承担抚养费。

【救助过程】

射阳县人民法院审查认定小思、小乐符合司法救助的条件后，迅速启动司法救助程序，及时向两名未成年人发放了司法救助金。同时，法院还积极延伸司法救助功能，协调当地民政部门为两名未成年人办理了每月 400 元/人的最低生活保障、每月 600 元/人的困境儿童保障，并号召社会各界爱心力量伸出援助之手，该案的主审法官向两名未成年人捐助 2000 元，社会爱心人士捐助 3000 元，两名未成年人居住地乡政府、居委会工作人员多次通过捐款捐物、上门走访等方式提供帮扶，一些社会组织还送去了慰问品。司法救助后，射阳县人民法院始终牵挂着两名未成年人的教育和生活状况，定期对案件进行回访，邀请心理咨询师进行心理辅导，呵护两名未成年人健康成长。同时，针对两名未成年人的母亲与爷爷奶奶的心理隔阂，通过道德教育与法治教育并行的方式，让双方体会到各自生活的不易，最终握手言和。

【典型意义】

本案是人民法院主动作为，将司法救助与社会资源有效衔接，对农村地区生活困难的未成年人进行救助的典型案例。父母子女之间具有抚养赡养义

务，一方通过诉讼获得抚养费，本来就是充满辛酸的不得已之举，若因被执行人没有履行能力而陷入生活困难，申请执行人必将遭受感情和经济上的双重打击。对此类情形予以适当救助，不仅能缓解涉案未成年人的急迫生活困难，而且能预防某些人伦悲剧的发生，从而维护社会和谐稳定。本案中，人民法院在对未成年人进行司法救助的同时，积极协调当地民政部门为两名未成年人办理专项补助、号召社会力量进行帮扶，并定期开展回访工作，将法治温暖和社会大家庭的关怀送到两名未成年人心间，充分体现了司法救助救急解难、传递温暖、关心关爱困难人群的功能属性，实现了“当下救”和“长久助”的统一。

小良、小徐申请刑事被害人司法救助案

《最高人民法院、中华全国妇女联合会保护未成年人权益司法救助典型案例》案例 7

2023 年 5 月 29 日

【基本案情】

小良、小徐（化名）的父亲被害。辽宁省高级人民法院二审作出刑事附带民事判决，认定被告人犯故意杀人罪，判处无期徒刑，剥夺政治权利终身；同时判决被告人赔偿附带民事诉讼原告人经济损失 4.6 万余元。后执行到位赔偿款 2 万元。

【救助过程】

辽宁省高级人民法院在审理刑事上诉案件期间，发现小良、小徐家庭生活困难，遂启动司法救助程序。该院经调查发现小良、小徐均为在校学生，父母离婚后，二人随母亲生活，父亲每月支付抚养费，母亲靠打零工维持生活。二人的父亲去世后，家庭失去了稳定的经济来源，生活陷入困难，且刑事附带民事判决确定的赔偿数额仅为丧葬费、交通费，且未执行到位。辽宁省高级人民法院决定向小良、小徐发放司法救助金。同时，辽宁省高级人民法院还发现被害人的母亲年老体弱，丧子后生活亦十分困难，遂积极协调辽宁省人民检察院对被害人的母亲进行联合司法救助。

【典型意义】

刑事案件被害人受到犯罪侵害而死亡，依靠被害人收入为主要生活来源的未成年人无法通过诉讼获得充分赔偿，造成生活困难的，属于应予救助的情形。本案是此类情形的典型案例，同时也是人民法院主动甄别、救早救急、有效保障生存权利、真诚传递司法温暖的示范案例。本案中，人民法院的司法救助工作并未等到执行不能才启动，而是在刑事审判过程中，发现被害人近亲属存在生活困难后，即依职权启动司法救助程序，同时协调人民检察院横向联合共同救助被害人家人。人民法院在审查决定司法救助金额时，未局限于刑事附带民事判决赔偿金额，而是充分考虑被救助人的实际困难，结合案件具体情况确定合理的救助金额，将司法的人文关怀及时送到未成年人身边，让他们在司法案件中感受到国家和社会的温暖。

小依等 5 人申请民事侵权纠纷司法救助案

《最高人民法院、中华全国妇女联合会保护未成年人权益司法救助典型案例》案例 8

2023 年 5 月 29 日

【基本案情】

逊某（化名）、杜某（化名）驾驶摩托车与小依（化名，维吾尔族）母亲驾驶的摩托车相撞，小依母亲当场死亡。新疆维吾尔自治区墨玉县人民法院判令逊某赔偿原告 18 万余元、杜某赔偿原告 17 万余元。判决生效后，仅杜某给付了 1 万余元。后经调查发现二被执行人无财产可供执行。

【救助过程】

墨玉县人民法院在执行过程中发现小依的家庭困难，经调查核实，小依等 5 人均为在校学生，随外祖母生活。小依的外祖母患有精神疾病，家庭系低保户，生活特别困难。因墨玉县人民法院无独立司法救助资金，故向和田地区中级人民法院申请对救助申请人进行救助。和田地区中级人民法院在对救助申请人予以司法救助的同时，报请新疆维吾尔自治区高级人民法院进行联动救助。新疆维吾尔自治区高级人民法院经审查认为符合联动救助条件，决定向小依等5人发放司法救助金。司法救助后，人民法院还对救助申请人进行了电话回访，为他们提供心理疏导和精神抚慰。

【典型意义】

本案系民族地区三级人民法院联动合力救助少数民族未成年人的典型案例。人民法院在规定的范围与标准内，为少数民族未成年救助申请人开辟绿色救助通道，加快办案节奏、加大救助力度、倾斜救助资金，充分体现了“把好事办好”的救助精神。本案中，三级法院通过联动救助，有效缓解了基层法院救助资金不足的困难，通过及时联动救助，在一定程度上解决了案涉少数民族未成年人的生活困难，体现了国家司法救助救急难、扶危困的重要功能，既彰显了党和政府对于民族地区未成年人的民生关怀，又有利于促进社会和谐。

小伟等3人申请刑事被害人司法救助案

《最高人民法院、中华全国妇女联合会保护未成年人权益司法救助典型案例》案例9

2023年5月29日

【基本案情】

小伟（化名）等3人的父亲被害。重庆市第二中级人民法院作出刑事附带民事诉讼判决，判处被告人死刑，缓期二年执行，剥夺政治权利终身；同时判决被告人赔偿附带民事诉讼原告人经济损失41万余元。因被告人无赔偿能力，附带民事判决未得到执行。

【救助过程】

重庆市第二中级人民法院经过实地走访调查发现，小伟、小君、小青均为在校中、小学生，父亲去世后，3人的母亲打零工维生，家庭生活困难，符合司法救助条件，遂决定向3人发放司法救助金。为保障该笔司法救助金能够切实用于3人的学习生活，承办法官经小伟母亲书面同意，与被救助人所在地乡镇政府、学校、居委会以及法定监护人共同协商签订《国家司法救助金使用、监管、监督方案》，由人民法院、镇政府、学校等 6 家单位共同监管，在居委会设立专门账户，实际托管司法救助金，确保救助金用于 3 名未成年人的学习生活。每一学年，由学生所在班级的班主任提交预算表，经校领导签字同意、法定监护人签字确认后，交居委会存档核实，由居委会按照预算金额从监管账户支付给监护人。与此同时，重庆市第二中级人民法院充分利用“一街道一法官”工作机制，通过定期查看司法救助金管理档案、电话询问、实地走访等方式履行监督职责；其他监管单位也保持常态化联系，实时了解小伟等 3 人的学习生活情况，并在给予社会救助或帮扶政策时予以适当倾斜。

【典型意义】

本案是人民法院坚持“倾力救助 + 全程呵护”司法救助理念，引入“第三方司法救助金监管主体”，延伸司法服务职能的典型案例。相比一次性发放大额救助金而言，采取分时、分批、定额的发放模式，更能确保司法救助金切实用于未成年人的学习生活。本案中，人民法院积极协调未成年人所在地政府、学校、居委会等单位，与法院共同制定《司法救助金使用、监督、监管方案》，明确司法救助金发放方式、程序、相关单位责任等内容，多方合力构建起规范、安全、方便、实用的司法救助金使用监管机制，精准使用司法救助金，确保每一分救助金都能用在解决未成年人学习生活困难的刀刃上，取得了良好的社会效果。

小浩申请刑事被害人司法救助案

《最高人民法院、中华全国妇女联合会保护未成年人权益司法救助典型案例》案例 10

2023 年 5 月 29 日

【基本案情】

小浩（化名）的父亲被害，其本人亦受到人身伤害。天津市第一中级人民法院作出刑事附带民事判决，判处被告人死刑，并判决其赔偿附带民事诉讼原告人经济损失13万余元。后经调查，被告人无财产可供执行。

【救助过程】

在刑事案件二审期间，天津市第一中级人民法院发现小浩依靠其父亲收入为主要生活来源，父亲去世后，家庭生活陷入困境，且无法从加害人处获得赔偿。考虑到小浩系未成年人、其心理因刑事案件受到重创的实际情况，天津市第一中级人民法院除决定直接向小浩发放生活救助金外，还为其申请了心理救助金，并与小浩居住地四川省广安市中级人民法院联系，采取跨省接力救助的方式，将心理救助金存放于广安市中级人民法院，由该院协助医疗机构对小浩进行心理治疗。

【典型意义】

本案是人民法院协调区域间司法资源，并联合医疗机构跨省对未成年被害人提供心理救助的典型案例。审理涉未成年人司法救助案件，需要充分考虑未成年人身心发育尚不成熟的特殊性，在关注到犯罪行为对未成年人造成的生活困境外，更要关注未成年人所受到的心理伤害。本案中，小浩既是刑事犯罪被害人的直系亲属又是犯罪行为的直接被害人，其身心健康受到了严重伤害。单纯救助申请人的经济困难难以有效帮助未成年被害人尽早走出心理阴影恢复正常生活。人民法院在办理这起司法救助案件时，创新工作思路，拟定了生活救助金与心理干预救助金并行的工作方案，并与被害人居住地人民法院共同确定了跨省救助计划，联合医疗机构对未成年人提供持续的心理危机干预、心理咨询、情绪疏导服务，有效维护了未成年人健康成长的长远权益，充分发挥了司法救助最大限度保护未成年人的职能作用。

退役军人刘某才申请国家司法救助案

《最高人民法院发布人民法院依法维护国防利益和
军人军属合法权益典型案例》案例四
2024 年 7 月 31 日

【基本案情】

申请人刘某才 68 岁，农业户籍，退役军人，未婚无子女，一人生活，身患癌症，生活困难。2021 年，刘某才被朱某豹驾驶的机动车撞伤致残，起诉至法院。法院依法判决朱某豹承担相应的损害赔偿责任。但因朱某豹无偿付能力，生效判决无法执行到位。

【救助过程】

刘某才提出司法救助申请后，受理法院及时调查核实，接谈申请人，掌握现实急迫困难，秉持“救急救困”“拥军优属”的救助理念，不到一周就完成救助工作，向刘某才发放司法救助金 12 万元。此后，受理法院加强跟踪回访，刘某才收到救助金后很快就到医院进行了手术治疗。

【典型意义】

本案是依法救助退役军人的典型案例。退役军人为国防和军队建设作出了重要贡献，尊重和保护退役军人合法权益，对于促进让军人成为全社会尊崇的职业具有重要意义。对于权利受到侵害，无法获得有效赔偿，生活面临急迫困难，符合国家司法救助条件的退役军人，应当优先救助。本案作为紧贴退役军人生活的“小案件”，鲜活践行了将党和国家对困难退役军人的帮扶关爱落到实处的“大道理”，体现了人民法院关心关爱退役军人合法权益的司法温度。